中華古籍保護計劃

ZHONG HUA GU JI BAO HU JI HUA CHENG GUO

·成果·

安徽省安慶市圖書館古籍普查登記目録

全國古籍普查登記目録

國家圖書館出版社
National Library of China Publishing House

圖書在版編目(CIP)數據

安徽省安慶市圖書館古籍普查登記目録/安慶市圖書館編. —北京:國家圖書館出版社,2021.7

(全國古籍普查登記目録)

ISBN 978-7-5013-7031-3

Ⅰ.①安… Ⅱ.①安… Ⅲ.①公共圖書館—古籍—圖書館目録—安慶 Ⅳ.①Z838

中國版本圖書館 CIP 數據核字(2021)第 095132 號

書　　名　安徽省安慶市圖書館古籍普查登記目録
著　　者　安慶市圖書館　編
責任編輯　景　晶

出版發行　國家圖書館出版社(北京市西城區文津街 7 號　100034)
(原書目文獻出版社 北京圖書館出版社)
010-66114536　63802249　nlcpress@nlc.cn(郵購)
網　　址　http://www.nlcpress.com
排　　版　京荷(北京)科技有限公司
印　　裝　河北三河弘翰印務有限公司
版次印次　2021 年 7 月第 1 版　2021 年 7 月第 1 次印刷

開　　本　787×1092　1/16
印　　張　29.75
字　　數　650 千字
書　　號　ISBN 978-7-5013-7031-3
定　　價　280.00 圓

《全國古籍普查登記目録》

序　言

全國古籍普查登記工作是“中華古籍保護計劃”的首要任務，是全面開展古籍搶救、保護和利用工作的基礎，也是有史以來第一次由政府組織、參加收藏單位最多的全國性古籍普查登記工作。

2007年國務院辦公廳發布《關於進一步加强古籍保護工作的意見》（國辦發［2007］6號），明確了古籍保護工作的首要任務是對全國公共圖書館、博物館和教育、宗教、民族、文物等系統的古籍收藏和保護狀况進行全面普查，建立中華古籍聯合目録和古籍數字資源庫。2011年12月，文化部下發《文化部辦公廳關於加快推進全國古籍普查登記工作的通知》（文辦發［2011］518號），進一步落實了全國古籍普查登記工作。根據文化部2011年518號文件精神，國家古籍保護中心擬訂了《全國古籍普查登記工作方案》，進一步規範了古籍普查登記工作的範圍、内容、原則、步驟、辦法、成果和經費。目前進行的全國古籍普查登記工作的中心任務是通過每部古籍的身份證——“古籍普查登記編號”和相關信息，建立古籍總臺賬，全面瞭解全國古籍存藏情况，開展全國古籍保護的基礎性工作，加强各級政府對古籍的管理、保護和利用。

《全國古籍普查登記工作方案》規定了全國古籍普查登記工作的三個主要步驟：一、開展古籍普查登記工作；二、在古籍普查登記基礎上，編纂出版館藏古籍普查登記目録，形成《全國古籍普查登記目録》；三、在古籍普查登記工作基本完成的前提下，由省級古籍保護中心負責編纂出版本省古籍分類聯合目録《中華古籍總目》分省卷，由國家古籍保護中心負責編纂出版《中華古籍總目》統編卷。

在黨和政府領導下，在各地區、各有關部門和全社會共同努力下，古籍普查登記工作得以扎實推進。古籍普查已在除臺、港、澳之外的全國各省級行政區域開展，普查内容除漢文古籍外，還包括各少數民族文字古籍，特别是於2010年分别啓動了新疆古籍保護和西藏古籍保護專項，因地制宜，開展古籍普查登記工作；國家古籍保護中心研製的“全國古籍普查登記平臺”已覆蓋到全國各省級古籍保護中心，并進一步研發了“中華古籍索引庫”，爲及時展現古籍普查成果提供有力支持；截至目前，已有11375部古籍進入《國家珍貴古籍名録》，浙江、江蘇、山東、河北等省公布了省級《珍貴古籍名録》,古籍分級保護機制初步形成。

《全國古籍普查登記目録》是古籍普查工作的階段性成果,旨在摸清家底,揭示館藏,反映古籍的基本信息。原則上每申報單位獨立成册,館藏量少不能獨立成册者,則在本省範圍内幾個館目合并成册。無論獨立成册還是合并成册,均編製獨立的書名筆畫索引附於書後。著録的必填基本項目有:古籍普查登記編號、索書號、題名卷數、著者(含著作方式)、版本、册數及存缺卷數。其他擴展項目有:分類、批校題跋、版式、裝幀形式、叢書子目、書影、破損狀况等。有條件的收藏單位多著録的一些擴展項目,也反映在《全國古籍普查登記目録》上。目録編排按古籍普查登記編號排序,内在順序給予各古籍收藏單位較大自由度,可按分類排列古籍普查登記編號,也可按排架號、按同書名等排列古籍普查登記編號,以反映各館特色。

此次全國古籍普查登記工作,克服了古籍數量多、普查人員少、普查難度大等各種困難,也得到了全國古籍保護工作者的極大支持。在古籍普查登記過程中,國家古籍保護中心、各省古籍保護中心爲此舉辦了多期古籍普查、古籍鑒定、古籍普查目録審校等培訓班,全國共1600餘家單位參加了培訓,爲古籍普查登記工作培養了大量人才。同時在古籍普查登記工作中,也鍛煉了普查員的實踐能力,爲將來古籍保護事業發展奠定了良好的基礎。

《全國古籍普查登記目録》的出版,將摸清我國古籍家底,爲古籍保護和利用工作提供依據,也將是古籍保護長期工作的一個里程碑。

國家古籍保護中心
2013 年 10 月

《全國古籍普查登記目録》

編纂凡例

一、收録範圍爲我國境内各收藏機構或個人所藏，産生於1912年以前，具有文物價值、學術價值和藝術價值的文獻典籍，包括漢文古籍和少數民族文字古籍以及甲骨、簡帛、敦煌遺書、碑帖拓本、古地圖等文獻。其中，部分文獻的收録年限適當延伸。

二、以各收藏機構爲分册依據，篇幅較小者，適當合并出版。

三、一部古籍一條款目，複本亦單獨著録。

四、著録基本要求爲客觀登記、規範描述。

五、著録款目包括古籍普查登記編號、索書號、題名卷數、著者、版本、册數、存缺卷等。古籍普查登記編號的組成方式是：省級行政區劃代碼—單位代碼—古籍普查登記順序號。

六、以古籍普查登記編號順序排序。

《安徽省安慶市圖書館古籍普查登記目録》

編委會

《安徽省安慶市圖書館古籍普查登記目録》

前　言

安慶市圖書館成立於1950年3月，在此之前，作爲曾經的皖省省會，安慶的現代公共圖書館事業已經走過30多年的發展歷程。安慶，曾是古皖國所在地，又稱皖城、宜城，地處長江中下游北岸，始建城於南宋紹興年間，距今已有800多年歷史，2005年被評爲"國家歷史文化名城"。康熙《安慶府志》叙其"爲吴楚接壤，天柱、龍眠背枕而卧，其面則吞岷漢，匯彭蠡、洞庭，左右襟带，固屹然金陵咽喉，江介扼要也"。明末清初著名詩人錢澄之有詩稱其"長江萬里此咽喉，吴楚分江第一州"。如此重鎮要塞，自是成爲兵家必争之地，自元至中華人民共和國成立前，每逢皇朝更迭、政權動蕩之際，安慶城必遭刀兵之禍。自清康熙六年（1667）至中華人民共和國成立，其間282年，安慶幾乎一直爲安慶府治、懷寧縣治以及民國時期的省會所在地，爲全省的政治、經濟、文化中心，也是中國較早接受現代文明的城市之一。1913年2月，安徽省立圖書館在當時的省城安慶正式開館，在隨後的30多年間，圖書館先輩們積極收集、購置圖書和設備，開展讀者服務，整理、保存地方文獻，在軍閥混戰、日寇入侵的戰火紛亂中，艱難維繫，輾轉圖存。堅守着圖書館"啓迪民智"、傳播文化知識、保存中華民族傳統文化遺産的理想信念與歷史使命。1949年4月安慶解放後，人民政府接收了安徽省立圖書館和省通志館的全部圖書，共約五萬多册，次年3月即以這批圖書爲資源正式成立了安慶市圖書館。

目前，我館收藏有各類中國傳統裝幀文獻85977册（件），其中綫裝書11747部85317册，在省内地市級公共圖書館中首屈一指。其中上報收入《中國古籍善本書目》的善甲本196部2237册；收入《安徽省古籍善本書目録》的善乙本190部943册。2007年至今，我館先後有9部圖書入選《國家珍貴古籍名録》，24部入選《安徽省珍貴古籍名録》。館藏本省方志約200多部，其中安慶地方志較爲齊全。家譜方面，收藏有100多部民國及民國以前綫裝家譜，包括諸多安慶地方名家望族家譜。如號稱"父子宰相"張英、張廷玉家族的桐城《張氏家譜》，新文化運動先驅、中國共産黨創始人之一陳獨秀家族的《義門陳氏宗譜》等。另外還有古字畫、碑帖拓片、文契、墨錠等其他藏品。2015年，我館被評爲首批"安徽省古籍重點保護單位"，并於2020年10月底成爲第六批全國古籍重點保護單位。

我館的古籍館藏來源首先即爲原安徽省立圖書館和省通志館的藏書。1953 年安徽省圖書館在合肥建立時,我館移交省圖書館 3.59 萬册圖書,其中包括近 2 萬册古籍文獻。其次爲安慶市古舊書店和安慶法院移交的圖書。1967 年安慶市古舊書店撤銷時,將其收存的古舊書刊全部移交給我館,共計 47123 册。第三來自安慶地區有識之士的捐贈。如樅陽李相樸先生、安慶以胡子穆爲代表的胡氏明經堂、復旦大學退休教授徐太素先生等。其中胡氏明經堂捐獻圖書 1.4 萬多册。另外,還有圖書館先輩們從社會上搜集而來的古籍,如《十竹齋畫譜》《資治通鑑綱目集覽》等,桐城方宗誠等人的手稿本即爲蔣元卿先生從破書廢紙中搶救出來的。

我館先輩們在館藏古籍的整理、保存與研究利用上做了大量的工作,取得了豐碩的成果。這其間最值一提的是蔣元卿先生。蔣元卿(1905—1999),山東青島人,著名文獻學家。1928 年蔣元卿考上青島圖書館練習生,1932 年應安徽省立圖書館陳東原館長的聘請來到安慶,1944 年任安徽省立圖書館館長。1950 年 3 月,安慶市圖書館成立後,他歷任副館長、館長,1987 年退休。蔣先生既無高等學歷,也未受過系統的圖書館專業教育,在進入圖書館後,憑着對工作的一腔熱忱和對古典文獻的熱愛,勤於自學,刻苦鑽研,幾十年筆耕不輟,著述纍纍,出版《中國圖書分類之沿革》《校讎學史》《皖人書録》等,發表過 30 多篇關於圖書館學、版本目録學、古籍整理等方面的文章,爲我國近現代圖書館事業的發展作出了貢獻。20 世紀 50 年代到 80 年代中旬,我館的古籍整理、編目工作基本是在蔣老的帶領與指導下開展的。1962 年蔣老按照經、史、子、集、叢五部將除子部醫家類外的館藏綫裝古籍編印成四册本《安慶市圖書館館藏古籍目録》,供讀者檢索。由於我館自建館起一直借用作古籍書庫的安慶天主教堂樓房"文革"中變成武鬥據點,導致館藏古籍一度遭劫,散亂不堪。1978 年圖書館新館舍建成,纔始搬入新樓書庫。同年,中央决定編製全國古籍善本總目,剛剛獲得平反重回工作崗位的蔣先生帶領古籍組成員,開始對 8 萬餘册的館藏古籍進行清點與整理。自此我館的古籍整理與編目工作進入穩步發展階段,取得一系列成果。1981 年,古籍整理組采用傳統的"五部法",在《善本書總目分類表》的基礎上,編製了《(安慶市圖書館)古籍分類法》,讓我館的古籍編目工作規範化、標準化。市級的圖書館擁有自己專門的古籍分類法,這在圖書館界是極爲難得的。1982 年又編印了《館藏本省史志資料目録》,所收資料近 500 種。到 1985 年共編成兩套書名目録,一套分類目録、著者目録和排架目録,基本健全了館藏古籍的卡片目録體系。正是這些分類法、書目與卡片式目録等爲我們後來全面的古籍普查登記工作奠定了堅實的基礎。

從"中華古籍保護計劃"實施以來,我館的古籍保護工作步入快速發展階段,保護制度漸趨完善,保護環境得到了很大的改善,古籍保護工作取得了多方面的成就。具體有如下幾個方面:1. 堅持古籍普查登記工作,全面摸清家底。2016 年,"中華古籍普查文化志愿服務行動"安慶站活動啓動,18 名來自安徽大學和安徽師范大學的志愿者來我館協助開展古籍普查工作,歷時一個月,將我館一直裝箱存放未分編的綫裝書整理完畢,完成了館藏古籍(含民國綫裝書)的分編工作。同時在全面的普查中我們也發現了一些被忽視的好書,如入選了首批《安徽省珍貴古籍名録》的《繡虎軒尺牘八卷二集八卷三集八卷》(名録號:00219)和《本朝試賦新硎五卷首一卷補編一卷失編一卷》(名録號:00254);明崇禎二年(1629)武林花嶼刻《春秋約注四卷》等,非常珍貴;2. 自 2018 年起,市財政每年撥款 10 萬元用作古籍保護專項經費,爲我館古籍保護工作長期開展提供了經費保障;3. 打造專門古籍修復室,注重培養專門人才,將古籍修復工作提上日程;4. 積極進行古籍整理出版與數字化工作,努力平衡古籍保護與利用的矛盾。目前,我館先後出版了《中國古籍珍本叢刊·安慶市圖書館卷》和《安慶市圖書館藏稀見方志叢刊》。建成推廣工程數字資源聯合建設專題資源《安慶市圖書館館藏特色珍貴文獻專題庫(一、二期)》,完成 213 部 56787 頁古籍的數字化。《安徽省安慶市圖書館古籍普查登記目録》的編纂出版,是我館古籍保護工作的又一重要成果。該目録包含了本館全部漢文古籍(1912 年以前)共 7071 部 60373 册。本次普查我館繼續采用《(安慶市圖書館)古籍分類法》,同時做了一些適當的調整,如添加種次號,解决一直存在的索書號重號問題。本書的順利出版,得益於數代圖書館人的不忘初心、不懈努力,也離不開歷任領導的大力支持和古籍部諸位同事的辛勤付出,以及省古籍保護中心專家的指導,在此向關心本書出版的領導、專家及參與編纂的同仁表示衷心感謝。囿於能力,本書訛誤之處在所難免,祈請方家批評指正。

安慶市圖書館

2020 年 5 月

目　　録

340000－1802－0000001　G0001
春秋繁露十七卷附錄一卷　(漢)董仲舒撰　(明)孫鑛評　明天啟五年(1625)刻本　六冊

340000－1802－0000002　G0002
六子全書六十卷　(明)顧春編　明萬曆十一年(1583)金陵胡東塘刻本　七冊

340000－1802－0000003　G0003
春秋穀梁傳十二卷　(明)閔齊伋裁注　明天啟元年(1621)文林閣唐錦池刻本　四冊

340000－1802－0000004　G0004
春秋公羊傳十二卷　(明)閔齊伋裁注　明天啟元年(1621)文林閣唐錦池刻本　四冊

340000－1802－0000005　G0005
春秋左傳十五卷　(明)孫鑛批點　明萬曆四十四年(1616)吳興閔齊伋刻朱墨套印本　十二冊

340000－1802－0000006　G0006
精選故事黃眉十卷　(明)鄧志謨編　明萬曆四十二年(1614)萃慶堂刻本　五冊

340000－1802－0000007　G0007
增訂二三場群書備考四卷　(明)袁黃著　(明)袁儼注　(明)沈昌世增訂　明崇禎十五年(1642)刻本　四冊

340000－1802－0000008　G0008
二如亭群芳譜三十卷　(明)王象晉撰　明天啟元年(1621)刻本　二十冊

340000－1802－0000009　G0009
新增說文韻府群玉二十卷　(元)陰時夫編　(元)陰中夫編注　明萬曆十八年(1590)聚錦堂刻本　二十冊

340000－1802－0000010　G0010
草堂詩餘正集六卷　(明)顧從敬編　(明)沈際飛評　**續集二卷**　(明)長湖外史編　(明)沈際飛注　**別集四卷**　(明)沈際飛編　**新集五卷**　(明)錢億治編　(明)沈際飛評　明刻本　六冊　存十四卷(正集四至六、續集二卷、別集四卷、新集五卷)

340000－1802－0000011　G0011
坡仙集十六卷　(宋)蘇軾撰　(明)李贄評輯　明萬曆四十七年(1619)刻本　十冊

340000－1802－0000012　G0012
資治通鑑綱目集覽五十九卷　(元)王幼學撰　明景泰元年(1450)魏氏仁實書堂刻本　二十二冊　存二十三卷(一至二、七至九、十一、十三、十五至十八、二十一至二十四、二十七、四十二、四十九、五十五至五十九)

340000－1802－0000013　G0013
世說新語六卷　(南朝宋)劉義慶撰　(南朝梁)劉孝標注　明萬曆三十七年(1609)周氏博古堂刻本　六冊

340000－1802－0000014　G0014
世說新語三卷　(南朝宋)劉義慶撰　(南朝梁)劉孝標注　明萬曆三十七年(1609)周氏博古堂刻本　六冊

340000－1802－0000015　G0015
世說新語八卷　(南朝宋)劉義慶撰　(南朝梁)劉孝標注　(明)王世貞批點　(明)淩瀛初校勘　明萬曆十四年(1586)余碧泉刻本　八冊

340000－1802－0000016　G0016
李卓吾批點世說新語補二十卷　(南朝宋)劉義慶撰　(南朝梁)劉孝標注　(宋)劉辰翁批　(明)何良俊補　(明)王世貞刪定　(明)李贄批點　(明)張文柱校注　明萬曆十四年(1586)刻本　五冊

340000－1802－0000017　G0017
白氏長慶集七十一卷目錄二卷附錄一卷　(唐)白居易撰　明萬曆三十四年(1606)馬元調刻本　十冊

340000－1802－0000018　G0018
尚書註疏二十卷　(漢)孔安國傳　(唐)陸德明音義　(唐)孔穎達疏　明崇禎五年(1632)毛氏汲古閣刻十三經注疏本　十冊

340000－1802－0000019　G0019
新刻張太岳先生文集四十七卷　(明)張居正

撰　明萬曆四十年(1612)刻本　十六册

340000－1802－0000020　G0020
新刻張太岳先生文集四十七卷　(明)張居正撰　明萬曆四十年(1612)刻本　十六册

340000－1802－0000021　G0021
十竹齋書畫譜八帙　(明)胡正言編　明崇禎刻彩色套印本　八帙

340000－1802－0000022　G0022
古今韻會舉要小補三十卷　(明)方日升撰　明萬曆三十四年(1606)書林余氏刻本　十二册

340000－1802－0000023　G0023
皇極經世書傳八卷　(宋)邵雍撰　(明)黃畿傳　(明)黃佐校　明刻本　八册

340000－1802－0000024　G0024
涇野先生語錄二十卷附錄一卷　(明)呂柟撰　明萬曆四十年(1612)刻本　四册　存十七卷(一至十七)

340000－1802－0000025　G0025
人物志三卷　(三國魏)劉邵撰　(北魏)劉昞注　明萬曆新安程氏刻漢魏叢書本　一册

340000－1802－0000026　G0026
四書圖史合考二十四卷　(明)蔡清編　明金閶擁萬堂刻本　四册　存九卷(一至七、二十一至二十二)

340000－1802－0000027　G0027
鍥旁訓古事鏡十二卷　(明)鄭志謨撰　明萬曆四十三年(1615)書林萃慶堂刻本　三册　存六卷(一至六)

340000－1802－0000028　G0028
春秋公羊傳注疏二十八卷　(漢)何休注疏　明崇禎七年(1634)汲古閣刻本　六册　存十六卷(一至十三、二十六至二十八)

340000－1802－0000029　G0029
耕祿藁一卷　(宋)胡錡撰　明萬曆會稽商氏半野堂刻稗海本　一册

340000－1802－0000030　G0030
畫墁錄一卷　(宋)張舜民撰　明萬曆會稽商氏半野堂刻稗海本　一册

340000－1802－0000031　G0031
睽車志六卷　(宋)郭彖撰　明萬曆會稽商氏半野堂刻稗海本　一册

340000－1802－0000032　G0032
泊宅編三卷　(宋)方勺撰　明萬曆會稽商氏半野堂刻稗海本　一册

340000－1802－0000033　G0033
東觀奏記三卷　(唐)裴庭裕撰　明萬曆會稽商氏半野堂刻稗海本　一册

340000－1802－0000034　G0034
過庭錄一卷　(宋)范公稱撰　明萬曆會稽商氏半野堂刻稗海本　一册

340000－1802－0000035　G0035
閑窗括異志一卷　(宋)魯應龍撰　明萬曆會稽商氏半野堂刻稗海本　一册

340000－1802－0000036　G0036
東坡文選二十卷　(宋)蘇軾撰　(明)鍾惺編　明萬曆四十八年(1620)刻本　六册

340000－1802－0000037　G0037
龍川文集三十卷　(宋)陳亮撰　明萬曆四十四年(1616)聚星堂刻本　九册

340000－1802－0000038　G0038
史記一百三十卷　(漢)司馬遷撰　(南朝宋)裴駰集釋　(唐)司馬貞索隱　(唐)張守節正義　明萬曆二十六年(1598)國子監刻本　二十六册

340000－1802－0000039　G0039
新刻補遺標題論策指南綱鑑纂要二十卷首一卷　(明)余有丁編　(明)申時行補遺　明萬曆十四年(1586)余氏自新齋刻本　八册

340000－1802－0000040　G0040
焦氏易林四卷　(漢)焦贛著　明汲古閣刻本　四册

340000－1802－0000041　G0041
劉槎翁先生詩選十二卷　(明)劉崧撰　(明)

蕭翀編　明萬曆二十五年(1597)刻本　四冊

340000－1802－0000042　G0042
孟子注疏解經十四卷　(漢)趙岐注　(宋)孫奭疏　明崇禎六年(1633)古虞毛氏汲古閣刻十三經注疏本　五冊　缺三卷(十至十二)

340000－1802－0000043　G0043
新刻來瞿唐先生易註十五卷首一卷末一卷　(明)來知德撰　(清)凌夫純批點　明末清初刻本　十冊

340000－1802－0000044　G0044
東都事略一百三十卷　(宋)王稱撰　清初蘇州寶華堂影宋刻本　十二冊

340000－1802－0000045　G0045
孔子家語十卷　(三國魏)王肅注　(明)吳勉學校　明末刻本　二冊

340000－1802－0000046　G0046
唐陸宣公集二十卷　(唐)陸贄撰　明萬曆三十四年(1606)刻本　三冊　存十七卷(一至十七)

340000－1802－0000047　G0047
周禮注疏四十二卷　(漢)鄭玄注　(唐)賈公彥疏　明崇禎元年(1628)毛氏汲古閣刻十三經注疏本　二十冊

340000－1802－0000048　G0048
春秋貫玉四卷　(明)顔鯨撰　明萬曆刻本　四冊　存二卷(三至四)

340000－1802－0000049　G0049
古逸書三十卷首一卷後一卷　(明)潘基慶編　明萬曆三十九年(1611)刻本　十冊

340000－1802－0000050　G0050
唐陸宣公奏議七卷　(唐)陸贄撰　明萬曆三十四年(1606)二十七世陸基忠刻本　四冊

340000－1802－0000051　G0051
戰國策十二卷　(明)閔齊伋裁注　明萬曆四十八年(1620)閔齊伋刻本　八冊

340000－1802－0000052　G0052
寧澹居文集四卷附一卷　(明)方大鎮撰　明崇禎元年(1628)刻本(卷二、四有抄配)　二冊

340000－1802－0000053　G0053
五雅全書四十一卷　(明)郎奎金編　明武林堂策檻刻本　四冊　存十三卷(爾雅二卷、小爾雅一卷、埤雅十一至二十)

340000－1802－0000054　G0054
名媛匯詩二十卷　(明)鄭文昂編　明泰昌元年(1620)張正嶽刻本　七冊　存十七卷(一至十二、十六至二十)

340000－1802－0000055　G0055
朱文公校昌黎先生文集四十卷外集十卷附錄一卷　(唐)韓愈撰　(明)朱吾弼編　明萬曆三十三年(1605)朱崇沐刻本　十六冊

340000－1802－0000056　G0056
周禮注疏四十二卷　(漢)鄭玄注　(唐)賈公彥疏　(唐)陸德明釋　明嘉靖李元陽刻本　七冊　存二十五卷(一至八、十三至十六、二十二至二十四、二十八至三十、三十四至三十六、三十九至四十二)

340000－1802－0000057　G0057
樂府詩集一百卷　(宋)郭茂倩編　(明)毛晉考訂　明汲古閣刻本　十二冊

340000－1802－0000058　G0058
徐文長文集三十卷　(明)徐渭撰　(明)袁宏道評　明萬曆刻本　八冊

340000－1802－0000059　G0059
三禮編繹二十六卷　(明)鄧元錫撰　明萬曆三十三年(1605)刻本　十二冊

340000－1802－0000060　G0060
車書樓彙輯各名公四六爭奇八卷　(明)許以忠編　明萬曆四十八年(1620)金溪王世茂車書樓刻本　四冊

340000－1802－0000061　G0061
文苑彙雋二十四卷　(明)孫丕顯編　(明)屠隆考訂　明萬曆三十六年(1608)刻本　八冊　存二十三卷(一至二十三)

340000－1802－0000062　G0062
釋氏稽古略四卷　（元）釋覺岸編　明崇禎十一年（1638）嚴爾珪刻本　四冊

340000－1802－0000063　G0063
荀子二十卷　（戰國）荀況撰　（唐）楊倞注　明嘉靖世德堂刻本　十二冊

340000－1802－0000064　G0064
荀子二十卷　（戰國）荀況撰　（唐）楊倞注　明嘉靖顧氏世德堂刻本　六冊

340000－1802－0000065　G0065
史記一百三十卷　（漢）司馬遷撰　（明）葛鼎　（明）金蟠編　明崇禎十年（1637）九松里刻本　十二冊

340000－1802－0000066　G0066
古學彙纂十卷　（明）周旹雍編　明崇禎十五年（1642）愛日齋刻本　二十冊

340000－1802－0000067　G0067
古學彙纂十卷　（明）周旹雍編　明崇禎十五年（1642）愛日齋刻本　八冊

340000－1802－0000068　G0068
北齊書五十卷　（唐）李百藥撰　明崇禎毛氏汲古閣刻本　四冊

340000－1802－0000069　G0069
五代史七十四卷　（宋）歐陽修撰　明萬曆二十八年（1600）北監刻本　十冊

340000－1802－0000070　G0070
宋書一百卷　（南朝梁）沈約撰　明萬曆二十二年（1594）南監刻本　二十四冊

340000－1802－0000071　G0071
武備志二百四十卷　（明）茅元儀編　清末湖南刻本　六十四冊

340000－1802－0000072　G0072
山堂肆考五集二百二十八卷補遺十二卷　（明）彭大翼　（明）張儀伯編　明萬曆二十三年（1595）刻本　四十三冊　缺三十六卷（角集五至九、十八至二十八、四十四至四十八，徵集六至九、四十三至四十八，羽集三十一至三十五）

340000－1802－0000073　G0073
魏晋小說十二卷　（□）苕上野客編　明末刻本　十冊

340000－1802－0000074　G0074
陳書三十六卷　（唐）姚思廉撰　明崇禎四年（1631）毛氏汲古閣刻十七史本　四冊

340000－1802－0000075　G0075
南齊書五十九卷　（南朝梁）蕭子顯撰　明崇禎十年（1637）毛氏汲古閣刻十七史本　六冊

340000－1802－0000076　G0076
五代史七十四卷　（宋）歐陽修撰　（宋）徐無黨注　明崇禎三年（1630）毛氏汲古閣刻十七史本　六冊

340000－1802－0000077　G0077
五代史七十四卷　（宋）歐陽修撰　（宋）徐無黨注　明崇禎三年（1630）毛氏汲古閣刻十七史本　五冊　缺二十五卷（三十一至四十一、六十一至七十四）

340000－1802－0000078　G0078
隋書八十五卷　（唐）魏徵撰　明崇禎八年（1635）毛氏汲古閣刻十七史本　十冊

340000－1802－0000079　G0079
南齊書五十九卷　（南朝梁）蕭子顯撰　明崇禎十年（1637）毛氏汲古閣刻十七史本　四冊

340000－1802－0000080　G0080
南史八十卷　（唐）李延壽撰　明崇禎十三年（1640）毛氏汲古閣刻十七史本　十六冊

340000－1802－0000081　G0081
文獻通考三百四十八卷　（元）馬端臨著　明嘉靖三年（1524）司禮監刻本　一百冊

340000－1802－0000082　G0082
宋史四百九十六卷目錄三卷　（元）脫脫修　明萬曆二十七年（1599）國子監刻本　九十九冊　缺七卷（四百六十九至四百七十五）

340000－1802－0000083　G0083
津逮秘書十五集一百四十一種七百五十五卷

（明）毛晉輯　明崇禎虞山毛氏汲古閣刻本　二十冊　存六十四卷（通鑑地理通釋一至十一，急就篇四卷，漢制考四卷，東觀餘論二卷、附錄一卷，廣川書跋十卷，卻掃篇三卷，西京雜記六卷，洛陽伽藍記五卷，洛陽名園記一卷，佛國記一卷，老學庵筆記十卷，漢雜事秘辛一卷，焚椒錄一卷，周氏冥通記四卷）

340000－1802－0000084　G0084

史記評林一百三十卷　（漢）司馬遷撰　（南朝宋）裴駰集解　（唐）司馬貞索隱　（唐）張守節正義　（明）淩稚隆輯　明萬曆五年（1577）吳興凌氏刻本　三十八冊　存一百二十八卷（三至一百三十）

340000－1802－0000085　G0085

尋親記二卷　（明）范受益撰　明虞山毛氏汲古閣刻六十種曲本　一冊

340000－1802－0000086　G0086

金雀記二卷　（明）□□撰　明虞山毛氏汲古閣刻六十種曲本　一冊

340000－1802－0000087　G0087

荊釵記二卷　（明）朱權撰　明虞山毛氏汲古閣刻六十種曲本　一冊　存一卷（下）

340000－1802－0000088　G0088

浣紗記二卷　（明）梁辰魚撰　明虞山毛氏汲古閣刻六十種曲本　一冊

340000－1802－0000089　G0089

幽閨記二卷　（元）施惠撰　明虞山毛氏汲古閣刻六十種曲本　一冊

340000－1802－0000090　G0090

明珠記二卷　（明）陸采撰　明虞山毛氏汲古閣刻六十種曲本　一冊

340000－1802－0000091　G0091

玉簪記二卷　（明）高濂撰　明虞山毛氏汲古閣刻六十種曲本　一冊

340000－1802－0000092　G0092

紅拂記二卷　（明）張鳳翼撰　明虞山毛氏汲古閣刻六十種曲本　一冊

340000－1802－0000093　G0093

綵毫記二卷　（明）屠隆撰　明虞山毛氏汲古閣刻六十種曲本　一冊

340000－1802－0000094　G0094

春秋左傳註疏六十卷　（晉）杜預注　（唐）孔穎達疏　明崇禎十一年（1638）毛氏汲古閣刻十三經註疏本　一冊　存二卷（二十三至二十四）

340000－1802－0000095　G0095

泊如齋重修宣和博古圖錄三十卷　（宋）王黼撰　明萬曆十六年（1588）刻本　三十冊

340000－1802－0000096　G0096

天下一統志九十卷　（明）李賢等修　明萬壽堂刻本　三十六冊

340000－1802－0000097　G0097

文山先生全集二十八卷　（宋）文天祥撰　（明）鄢懋卿編　明嘉靖三十一年（1552）刻本　十冊

340000－1802－0000098　G0098

北史一百卷　（唐）李延壽撰　明崇禎十二年（1639）毛氏汲古閣刻清順治十年（1653）補刻十七史本　二十五冊

340000－1802－0000099　G0099

函史上編八十一卷下編二十一卷　（明）鄧元錫纂　明萬曆刻本　四十六冊　缺十八卷（上編七十三至七十四、七十九至八十一，下編一、十至二十一）

340000－1802－0000100　G0100

新刻重校增補圓機活法詩學全書二十四卷新刊校正增補圓機韻學活法全書十四卷　（明）李衡編　（明）王世貞增　明刻本　十冊

340000－1802－0000101　G0101

新刻重校增補圓機活法詩學全書二十四卷新刊校正增補圓機韻學活法全書十四卷　（明）李衡編　（明）王世貞增　明刻本　六冊　缺十四卷（新刊校正增補圓機韻學活法全書十四卷）

340000－1802－0000102　G0102

新刻重校增補圓機活法詩學全書二十四卷新刊校正增補圓機韻學活法全書十四卷 （明）李衡編 （明）王世貞增 明刻本 八冊 存十五卷（新刻重校增補圓機活法詩學全書五至八、十一至十四、十七至十八，新刊校正增補圓機韻學活法全書五至九）

340000－1802－0000103 G0103
十七史一千五百七十四卷 （明）毛晉編 明崇禎元年至十七年（1628－1644）毛氏汲古閣刻清初補刻本 二百三十八冊

340000－1802－0000104 G0104
元史二百十卷目錄二卷 （明）宋濂撰 明萬曆三十年（1602）北監刻本 四十八冊

340000－1802－0000105 G0105
晉書一百三十卷 （唐）房玄齡等撰 明南監刻明清遞修本 三十八冊

340000－1802－0000106 G0106
文選纂註評林十二卷 （南朝梁）蕭統編 （明）張鳳翼纂注 明萬曆八年（1580）刻本 十二冊

340000－1802－0000107 G0107
山海經十八卷 （晉）郭璞傳 清康熙項氏羣玉書堂刻本 五冊

340000－1802－0000108 G0108
周書五十卷 （唐）令狐德棻撰 明崇禎五年（1632）毛氏汲古閣刻十七史本 六冊

340000－1802－0000109 G0109
魏書一百十四卷 （北齊）魏收撰 明崇禎九年（1636）毛氏汲古閣刻十七史本 十冊 存五十二卷（六十三至一百十四）

340000－1802－0000110 G0110
玉海十四種二百六十二卷 （宋）王應麟撰 元刻明清遞脩本 三十四冊 存一百卷（玉海三至四、七至十二、十七至二十六、三十二至四十一、四十七至四十八、八十四至八十六、八十九至九十一、一百二十二、一百二十四至一百三十二、一百三十九至一百六十、一百六十五至一百六十八、一百七十一至一百七十二、一百七十八至一百七十九，詩地理攷六卷，漢書藝文志攷證十卷，六經天文編二卷，周易鄭康成注一卷，通鑑答問五卷）

340000－1802－0000111 G0111
唐宋叢書六十五種一百十卷 （明）鍾人傑 （明）張遂辰編 明末刻本 二十二冊

340000－1802－0000112 G0112
蘇學士集十六卷 （宋）蘇舜欽撰 清影宋抄本 八冊

340000－1802－0000113 G0113
薛考功集十卷附集一卷 （明）薛蕙撰 清抄本 四冊

340000－1802－0000114 G0115
筆花書室藏珍不分卷 （□）□□撰 清末仁山氏抄本 一冊

340000－1802－0000115 G0116
［嘉慶］東流縣志三十卷 （清）吳篪修 清抄本 三冊 存六卷（三至五、十五至十七）

340000－1802－0000116 G0117
湘軍志十六卷 王闓運撰 清末抄本 二冊

340000－1802－0000117 G0118
庚申圍城始末追記一卷 （清）潘灝撰 清末抄本 一冊

340000－1802－0000118 G0124
思豫述略六卷 （清）江同文輯 清末抄本 一冊

340000－1802－0000119 G0126
詩句類腋不分卷 （清）雪蘭氏編 清末抄本 一冊

340000－1802－0000120 G0127
五經集注摘抄不分卷 （□）□□編 清末抄本 五冊

340000－1802－0000121 G0128
重訂歷代君臣歌三卷 （清）葛南重訂 清末抄本 一冊

340000－1802－0000122 G0129

古文彙存一卷駢體彙存一卷　(清)汪錚撰　清末抄本　一冊

340000－1802－0000123　G0130
長江路程歌不分卷　(清)□□撰　清末藍邊紙抄本　一冊

340000－1802－0000124　G0131
江氏窮源錄一卷　(清)江佐撰　**文園詩集一卷**　(清)江源撰　清光緒二十年(1894)抄本　一冊

340000－1802－0000125　G0132
鈍齋詩選二十二卷　(清)方孝標著　清紅格抄本　四冊

340000－1802－0000126　G0133
瓊州雜事詩不分卷　(清)程秉釗撰　清光緒蓬梗齋抄本　一冊

340000－1802－0000127　G0135
南陽懿行錄二卷　(清)葉日昭編　清抄本　二冊

340000－1802－0000128　G0136
粹語彙編四卷　(清)葉日昭編　清光緒抄本　四冊

340000－1802－0000129　G0137
輿頌錄二卷　(清)葉日昭編　清宣統二年(1910)抄本　一冊

340000－1802－0000130　G0138
歷代口碑錄四卷　(清)葉日昭編　清光緒二十五年(1899)抄本　四冊

340000－1802－0000131　G0139
西樓易說十八卷　(清)楊家洙撰　清末抄本　十五冊　存十五卷(一、三至十二、十四至十七)

340000－1802－0000132　G0140
海南詩草一卷　(清)吳夢元撰　清末抄本　一冊

340000－1802－0000133　G0141
李煌奏疏彙抄不分卷　(清)李煌撰　清抄本　一冊

340000－1802－0000134　G0142
稼門奏稿不分卷　(清)汪志伊撰　清抄本　三冊

340000－1802－0000135　G0144
蒙城王瑞臣詩集一卷　(清)王垦祥撰　清末抄本　一冊

340000－1802－0000136　G0145
冶父山詩鈔四卷　(清)吳量才撰　清末抄本　一冊　存一卷(一)

340000－1802－0000137　G0147
桐城誌略一卷　(□)□□撰　清抄本　一冊

340000－1802－0000138　G0148
[光緒]桐城縣志十卷　(清)王國均纂修　清抄本　五冊　缺二卷(九至十)

340000－1802－0000139　G0149
記和州戴氏文字獄不分卷　(清)□□撰　清末抄本　一冊

340000－1802－0000140　G0150
姚惜抱先生前漢書評點附錄一卷　(清)姚鼐撰　清抄本　一冊

340000－1802－0000141　G0153
茗香書屋詩草一卷　(清)慶錫綸撰　**眄齋詩存一卷**　(清)慶承顏撰　清合肥楊韻芝抄本　一冊

340000－1802－0000142　G0154
潛室陳先生木鍾集十一卷　(宋)陳埴撰　清抄本　四冊

340000－1802－0000143　G0156
無聲詩史七卷　(清)姜紹書輯　清抄本　六冊

340000－1802－0000144　G0157
紅術軒紫泥法定本一卷　(清)汪鎬京撰　清咸豐七年(1857)南溪漁子抄本　一冊

340000－1802－0000145　G0158
蓉洲初集六卷　(清)戴鈞衡撰　清光緒十年(1884)抄本　二冊

340000－1802－0000146　G0159
白雲窩梅花百詠一卷　(清)陶璋撰　清末抄本　一册

340000－1802－0000147　G0160
禹貢摘註不分卷　(清)方玉編　清抄本　一册

340000－1802－0000148　G0162
易理蒙訓二卷　(清)陳濬撰　清末抄本　二册

340000－1802－0000149　G0163
汪繼之先生遺著各序暨目録抄本不分卷　(清)汪承簠撰　清末抄本　一册

340000－1802－0000150　G0164
寫定尚書不分卷　(清)吳汝綸撰　清末抄本　一册

340000－1802－0000151　G0165
南詔野史一卷　(明)倪輅編　清光緒十年(1884)寅山氏抄本　二册

340000－1802－0000152　G0166
東坡先生編年詩五十卷　(宋)蘇軾著　(清)查慎行補注　清乾隆香雨齋抄本　三册　存七卷(一至七)

340000－1802－0000153　G0168
四本堂座右編二十四卷　(清)朱潮遠編　清抄本　四册

340000－1802－0000154　G0169
春秋世族譜二十卷　(清)陳厚耀撰　清嘉慶七年(1802)張褧抄本　二册

340000－1802－0000155　G0170
陳芷馨詩稿不分卷　(清)陳芷馨撰　清抄本　一册

340000－1802－0000156　G0171
鄉黨便蒙二卷　(清)劉傳一著　(清)劉潮補考　清同治七年(1868)抄本　二册

340000－1802－0000157　G0172
漁洋山人題畫詩不分卷　(清)王士禛撰　清光緒十六年(1890)隱芝抄本　一册

340000－1802－0000158　G0173
文信國指南録四卷　(宋)文天祥撰　清抄本　一册

340000－1802－0000159　G0180
[乾隆]池州府志五十八卷首一卷　(清)張士范修　清抄本　九册　存二十七卷(七至二十八、四十至四十四)

340000－1802－0000160　G0181
[道光]歙縣志十卷首一卷　(清)勞逢源修　清末抄本　一册　存二卷(九至十)

340000－1802－0000161　G0182
[道光]歙縣志十卷首一卷　(清)勞逢源修　(清)沈伯棠纂　清末抄本　十二册

340000－1802－0000162　G0183
製造火藥圖說不分卷　(清)吳鸚撰　清末抄本　一册

340000－1802－0000163　G0184
青史吟談三卷　(清)汪博撰　清光緒十一年(1885)稿本　二册

340000－1802－0000164　G0187
金文毅公殉國文獻彙鈔三卷　(明)金聲撰　(清)金素風軒輯　清稿本　一册

340000－1802－0000165　G0190
禮記集說補義一卷　(清)方宗誠撰　清稿本　一册

340000－1802－0000166　G0191
春秋傳正誼四卷　(清)方宗誠撰　清稿本　一册　存二卷(三至四)

340000－1802－0000167　G0192
庸晦堂詩集四卷　(清)方葆馨撰　清抄本　二册

340000－1802－0000168　G0193
昭昧詹言節録四卷　(清)方東樹撰　(清)方宗誠編　清末方宗誠抄本　一册

340000－1802－0000169　G0194
春秋集義十二卷　(清)方宗誠撰　清稿本　六册　存八卷(一至五、八至九、十二)

340000－1802－0000170　G0196
闇修記四卷　(清)王檢心撰　(清)方宗誠節錄　清光緒稿本　四冊

340000－1802－0000171　G0197
毋不敬齋全書二卷　(清)方潛撰　(清)方宗誠錄　清光緒方宗誠抄本　二冊

340000－1802－0000172　G0198
輔仁錄四卷　(清)方宗誠撰　清稿本　一冊

340000－1802－0000173　G0199
衛道篇二卷　(清)劉紹攽編注　清抄本　一冊　存一卷(上)

340000－1802－0000174　G0200
曹阮陶三家詩鈔三卷　(清)徐經綸輯評　清末稿本　一冊

340000－1802－0000175　G0201
普門和尚不像語一卷　(明)釋唯安撰　清末抄本　一冊

340000－1802－0000176　G0202
黃山普門和尚究心指一卷　(明)釋唯安撰　清末抄本　一冊

340000－1802－0000177　G0203
四書集注十九卷　(宋)朱熹集注　明嘉靖八年(1529)武昌府儒學刻本　四冊　存十四卷(大學一卷、中庸一卷、論語十卷、孟子四至五)

340000－1802－0000178　G0204
史記彙評一百三十卷　(漢)司馬遷撰　明崇禎十年(1637)葛氏九松里刻本　二十四冊

340000－1802－0000179　G0205
莊子南華真經三卷　(宋)劉辰翁評點　明天啟刻本　三冊

340000－1802－0000180　G0206
嶺南三大家詩選二十四卷　(清)王隼編　清康熙三十一年(1692)刻本　四冊

340000－1802－0000181　G0207
王臨川全集一百卷目錄二卷　(宋)王安石撰　清光緒九年(1883)小峴山館刻本　十六冊

340000－1802－0000182　G0208
唐宋八大家文讀本三十卷　(清)沈德潛評點　清初刻本　十二冊

340000－1802－0000183　G0209
古文辭類纂七十四卷　(清)姚鼐纂　清同治八年(1869)江蘇書局刻本　十二冊

340000－1802－0000184　G0210
近思錄集解十四卷　(宋)朱熹編　(宋)葉采集解　明刻本　一冊

340000－1802－0000185　G0211
白香山詩集四十卷[白居易]年譜一卷　(唐)白居易撰　(清)汪立名編　清康熙四十一年(1702)汪氏一隅草堂刻本　五冊　缺一卷(年譜一卷)

340000－1802－0000186　G0212
寫定尚書不分卷　(清)吳汝綸撰　清光緒十八年(1892)桐城吳氏家塾石印本　一冊

340000－1802－0000187　G0213
近思錄集註十四卷　(清)江永集注　清道光五年(1825)婺源一經堂刻本　四冊

340000－1802－0000188　G0214
南華真經解三卷　(清)宣穎撰　清康熙六十年(1721)經綸堂刻本　六冊

340000－1802－0000189　G0215
周易觀象十二卷　(清)李光地注　清道光七年(1827)許乃晉等刻本　五冊

340000－1802－0000190　G0216
南華真經評注五卷　(西周)莊周著　(晉)向秀注　(晉)郭象評　清康熙刻本　六冊

340000－1802－0000191　G0217
陳文恭公手札節要三卷　(清)陳弘謀撰　清道光二十六年(1846)刻本　一冊

340000－1802－0000192　G0218
漁洋山人精華錄箋注十二卷補註一卷　(清)王士禛撰　(清)金榮注　(清)徐淮纂輯　清初鳳翽堂刻本　八冊

340000－1802－0000193　G0219

雙池先生[汪紱]年譜四卷　(清)余龍光撰　清同治五年(1866)刻本　二冊

340000－1802－0000194　G0220
羅近溪先生語要不分卷　(明)羅汝芳撰　(明)陶望齡輯　清光緒十四年(1888)鉛印本　一冊

340000－1802－0000195　G0221
莊子獨見三卷　(清)胡文英評釋　(清)武啓圖訂　清乾隆十七年(1752)刻本　三冊

340000－1802－0000196　G0222
墨子十五卷目錄一卷　(清)畢沅校注　清光緒二十七年(1901)新化三味書室刻本　四冊

340000－1802－0000197　G0223
周易費氏學八卷敘錄一卷　馬其昶撰　清光緒三十年(1904)刻集虛草堂叢書甲集本　三冊

340000－1802－0000198　G0224
理學宗傳二十六卷　(清)孫奇逢編　清光緒六年(1880)浙江書局刻本　十二冊

340000－1802－0000199　G0225
三魚堂文集十二卷外集六卷附錄一卷　(清)陸隴其著　(清)侯銓編　**[陸隴其]年譜一卷**　(清)吳光酉編　清乾隆五十三年(1788)刻本　五冊

340000－1802－0000200　G0226
善卷堂四六十卷　(清)陸繁弨撰　(清)吳自高注　清道光二年(1822)刻本　四冊

340000－1802－0000201　G0227
洗冤錄詳義四卷　(清)許槤編　清咸豐六年至光緒四年(1856－1878)刻本　四冊

340000－1802－0000202　G0228
世說新語六卷　(南朝宋)劉義慶撰　(南朝梁)劉孝標注　清光緒三年(1877)湖北崇文書局刻本　四冊

340000－1802－0000203　G0229
古文詞畧二十四卷　(清)梅曾亮編　清同治六年(1867)合肥李氏刻本　五冊

340000－1802－0000204　G0230
漁洋山人詩合集十八卷　(清)王士禛編　清康熙三十三年(1694)刻本　四冊

340000－1802－0000205　G0231
洗冤錄詳義四卷　(清)許槤編　**洗冤錄摭遺二卷**　(清)葛元煦編　清光緒二年(1876)仁和葛氏嘯園刻本　五冊

340000－1802－0000206　G0232
漁洋山人古詩選三十二卷　(清)王士禛撰　清同治五年(1866)金陵書局刻本　八冊

340000－1802－0000207　G0233
袁文箋正十六卷　(清)袁枚撰　(清)石韞玉注　清道光七年(1827)刻本(卷十五至十六為抄配)　四冊

340000－1802－0000208　G0234
惜抱軒文集十六卷後集十卷　(清)姚鼐撰　清光緒九年(1883)桐城徐氏刻本(文集卷一至四為抄配)　十冊

340000－1802－0000209　G0235
史記一百三十卷　(漢)司馬遷撰　(明)歸有光評點　**方望溪平點史記四卷**　(清)方苞撰　清光緒二年(1876)武昌張氏活字印本　八冊

340000－1802－0000210　G0236
庾子山集十六卷首一卷總釋一卷　(北周)庾信撰　(清)倪璠注　清康熙二十六年(1687)崇岫堂刻本　八冊

340000－1802－0000211　G0238
國語二十一卷　(三國吳)韋昭注　**校刊明道本韋氏解國語札記**　(清)黃丕烈撰　**國語明道本考異四卷**　(清)汪遠孫撰　清同治八年(1869)湖北崇文書局影宋刻本　五冊

340000－1802－0000212　G0239
大學衍義四十三卷　(宋)真德秀編　(明)陳仁錫評　明崇禎五年(1632)刻本　十二冊

340000－1802－0000213　G0240
宋李忠定公奏議選十五卷文集選二十九卷首

四卷　(宋)李綱撰　(明)左光先編　(明)李春熙輯　(明)李嗣玄評　清康熙刻本　十冊　缺二卷(首一至二)

340000 - 1802 - 0000214　G0241

戰國策十卷　(宋)鮑彪注　(明)鍾人傑校　明天啟三年(1623)刻本　三冊

340000 - 1802 - 0000215　G0242

莊子因六卷　(清)林雲銘評　清康熙二十七年(1688)刻本　六冊

340000 - 1802 - 0000216　G0243

昌黎先生詩集注十一卷　(唐)韓愈撰　(清)顧嗣立編　清康熙三十八年(1699)長洲顧氏秀野草堂刻本　四冊

340000 - 1802 - 0000217　G0244

醫方湯頭歌括不分卷　(清)汪昂撰　清康熙三十三年(1694)還讀齋刻本　一冊

340000 - 1802 - 0000218　G0245

幼科鐵鏡六卷　(清)夏鼎著　清康熙刻本　一冊

340000 - 1802 - 0000219　G0246

澄懷園語四卷　(清)張廷玉撰　清乾隆十一年(1746)木樨山房刻本　一冊

340000 - 1802 - 0000220　G0247

楚辭燈四卷　(清)林雲銘撰　清康熙三十六年(1697)刻本　一冊　存二卷(一至二)

340000 - 1802 - 0000221　G0248

王臨川全集一百卷目錄二卷　(宋)王安石撰　清光緒九年(1883)溧陽繆氏小岯山館刻本　十六冊

340000 - 1802 - 0000222　G0249

大觀亭志二卷　李丙榮編　清宣統三年(1911)皖城衙齋鉛印本　一冊

340000 - 1802 - 0000223　G0251

蘇文忠詩合註五十卷首一卷　(宋)蘇軾撰　(清)馮應榴編　清同治九年(1870)刻本　十七冊　缺十四卷(二十五至三十八)

340000 - 1802 - 0000224　G0252

資治通鑑二百九十四卷　(宋)司馬光編　(元)胡三省音注　**通鑑釋文辯誤十二卷**　(元)胡三省撰　清嘉慶二十一年(1816)胡克家刻本　一百二十冊

340000 - 1802 - 0000225　G0253

說文解字十五卷標目一卷　(漢)許慎撰　(五代)徐鉉等編　清初毛氏汲古閣刻本　八冊

340000 - 1802 - 0000226　G0254

說文解字十五卷標目一卷　(漢)許慎撰　(五代)徐鉉等編　清初毛氏汲古閣刻本　八冊

340000 - 1802 - 0000227　G0256

資治通鑑考異三十卷　(宋)司馬光撰　清光緒十四年(1888)長沙楊氏刻校刊資治通鑑全書本　八冊

340000 - 1802 - 0000228　G0257

[康熙]徽州府志十八卷圖一卷　(清)趙吉士纂修　清康熙三十八年(1699)刻本　十冊

340000 - 1802 - 0000229　G0258

文選六十卷　(南朝梁)蕭統撰　(唐)李善注　清乾隆三十七年(1772)長洲葉氏海録軒刻朱墨套印本　十二冊

340000 - 1802 - 0000230　G0259

文選六十卷　(南朝梁)蕭統撰　(唐)李善注　**文選攷異十卷**　(清)胡克家撰　清嘉慶十四年(1809)影宋刻本　二十四冊

340000 - 1802 - 0000231　G0260

池北偶談二十六卷　(清)王士禛撰　清康熙三十九年(1700)刻本　五冊

340000 - 1802 - 0000232　G0261

西山先生真文忠公讀書記四十卷　(宋)真德秀撰　清乾隆四年(1739)刻本　二十冊

340000 - 1802 - 0000233　G0262

西山先生真文忠公讀書記四十卷　(宋)真德秀撰　清乾隆四年(1739)刻本　二十四冊

340000 - 1802 - 0000234　G0263

蔡中郎集六卷補遺一卷　(漢)蔡邕撰　清康熙刻本　四册

340000－1802－0000235　G0264
蔡中郎集十卷外紀一卷外集四卷末一卷　(漢)蔡邕撰　清光緒十六年(1890)番禺陶氏愛廬刻本　五册

340000－1802－0000236　G0265
胡敬齋先生居業錄八卷　(明)胡居仁撰　清康熙四十七年(1708)正誼堂刻本　四册

340000－1802－0000237　G0267
唐語林八卷　(宋)王讜撰　清刻本　四册

340000－1802－0000238　G0268
唐語林八卷　(宋)王讜撰　清刻本　四册

340000－1802－0000239　G0269
吴詩集覽二十卷　(清)吴偉業撰　(清)顧湄　(清)許旭編　(清)靳榮藩輯　清乾隆四十四年(1779)刻本　二十四册

340000－1802－0000240　G0270
類林新詠三十六卷　(清)姚之駰撰　清康熙四十六年(1707)刻本　十二册

340000－1802－0000241　G0271
六書分類十二卷首一卷　(清)傅世垚撰　(清)周天辰補　清康熙四十四年(1705)聽松閣刻本　十四册

340000－1802－0000242　G0272
香祖筆記十二卷　(清)王士禛撰　清康熙四十四年(1705)刻本　四册

340000－1802－0000243　G0273
六書音均表五卷　(清)段玉裁撰　清乾隆四十二年(1777)刻本　一册

340000－1802－0000244　G0274
爾雅注疏十一卷　(晉)郭璞注　(唐)陸德明音義　(宋)邢昺疏　清乾隆四年(1739)刻本　二册

340000－1802－0000245　G0275
古詩源十四卷　(清)沈德潛編　清康熙五十八年(1719)刻本　四册

340000－1802－0000246　G0276
明詩别裁集十二卷　(清)沈德潛　(清)周準編　清乾隆四年(1739)刻本　八册

340000－1802－0000247　G0277
明詩别裁集十二卷　(清)沈德潛　(清)周準編　清乾隆四年(1739)刻本　六册

340000－1802－0000248　G0278
明詩别裁集十二卷　(清)沈德潛　(清)周準編　清乾隆四年(1739)刻本　六册

340000－1802－0000249　G0279
唐宋十大家全集錄五十一卷　(清)儲欣編　清康熙四十二年(1703)刻本　二十七册　缺六卷(東坡集一至六)

340000－1802－0000250　G0280
白虎通四卷校勘補遺一卷　(漢)班固撰　(清)盧文弨校　**闕文一卷**　(清)莊述祖編　清乾隆四十九年(1784)抱經堂刻本　二册

340000－1802－0000251　G0281
秘書廿一種九十四卷　(清)汪士漢校　清康熙刻本　十二册　缺一種二卷(白虎通二卷)

340000－1802－0000252　G0282
秘書廿一種九十四卷　(清)汪士漢校　清康熙刻本　十五册　缺二種五卷(劍俠傳四卷、楚史梼杌一卷)

340000－1802－0000253　G0283
本事詩十二卷　(清)徐釚編　(清)王士禛論定　清雍正刻本　六册

340000－1802－0000254　G0284
本事詩十二卷　(清)徐釚編　(清)王士禛論定　清雍正刻本　六册

340000－1802－0000255　G0285
黄山志十卷　(清)釋弘眉編　清康熙六年(1667)刻本　十册

340000－1802－0000256　G0286
續文獻通考鈔三十卷　(明)王圻撰　清康熙二年(1663)美延堂刻本　十册

340000－1802－0000257　G0287

世說新語補四卷 (明)何良俊撰 (明)王世貞編 (明)張文柱注 (明)淩濛初攷訂 **世說新語六卷** (南朝宋)劉義慶撰 (南朝梁)劉孝標注 清康熙十五年(1676)刻本 五冊

340000－1802－0000258 G0288
新刊古列女傳八卷 (漢)劉向編撰 (晉)顧愷之圖畫 清道光五年(1825)揚州阮氏影宋刻本 四冊

340000－1802－0000259 G0289
宋邵康節先生伊川擊壤集十卷 (宋)邵雍撰 (明)吳翰摘 (明)吳泰增注 **洛陽邵氏三世名賢行實圖像錄不分卷** (清)邵養定 (清)邵養貞編 清康熙八年(1669)刻本 六冊

340000－1802－0000260 G0290
春秋穀梁傳讀本四卷公羊傳讀本四卷 (清)周樽編 清乾隆五十八年(1793)刻本 四冊

340000－1802－0000261 G0291
通雅五十二卷首三卷 (清)方以智撰 清康熙五年(1666)立教館刻本 二十四冊

340000－1802－0000262 G0292
晚笑堂畫傳不分卷 (清)上官周繪 清乾隆八年(1743)刻本 四冊

340000－1802－0000263 G0293
儀禮十七卷 (漢)鄭玄注 **嚴本儀禮鄭氏注校錄一卷** (清)黃丕烈撰 清同治九年(1870)楚北崇文書局刻本 二冊

340000－1802－0000264 G0294
田間易學不分卷 (清)錢澄之述 清康熙二十三年(1684)斟雉堂刻本 八冊

340000－1802－0000265 G0295
田間易學不分卷 (清)錢澄之述 清康熙二十三年(1684)刻本 七冊

340000－1802－0000266 G0296
思綺堂文集十卷 (清)章藻功撰 清康熙六十一年(1722)刻本 十冊

340000－1802－0000267 G0297
桃花扇二卷 (清)孔尚任撰 清康熙刻本 三冊 缺卷上之上

340000－1802－0000268 G0299
史傳三編五十六卷 (清)朱軾 (清)蔡世遠訂 清刻本 二十四冊 缺五卷(名臣傳續編五卷)

340000－1802－0000269 G0300
顏氏家訓二卷 (北齊)顏之推撰 (清)朱軾點評 清康熙五十八年(1719)刻本 二冊

340000－1802－0000270 G0301
王陽明先生全集二十二卷首一卷 (明)王守仁撰 (清)俞嶙編 清康熙十二年(1673)刻本 二十冊

340000－1802－0000271 G0302
王摩詰集六卷 (唐)王維撰 清康熙項氏玉淵堂影宋刻本 二冊

340000－1802－0000272 G0303
溫飛卿詩集七卷別集一卷集外詩一卷 (唐)溫庭筠撰 (清)曾益注 (清)顧予咸補注 清康熙三十六年(1697)長洲顧氏秀野草堂刻本 二冊

340000－1802－0000273 G0304
桐陰論畫二卷附錄一卷 (清)秦祖永著 清同治三年(1864)刻朱墨套印本 二冊

340000－1802－0000274 G0305
青在堂菊譜二卷 (清)王槩輯 清乾隆四十七年(1782)金閶書業堂刻多色套印本 一冊

340000－1802－0000275 G0306
溫飛卿詩集九卷 (唐)溫庭筠著 (清)曾益注 (清)顧予咸補注 清康熙三十六年(1697)長洲顧氏秀野草堂刻本 四冊

340000－1802－0000276 G0307
芥子園畫傳初集五卷 (清)王槩輯 清刻多色套印本 三冊 存三卷(一、四至五)

340000－1802－0000277 G0308
芥子園畫傳二集四種八卷 (清)王槩輯 清乾隆四十七年(1782)金閶書業堂刻多色套印

本　一册　存二卷(蘭譜二卷)

340000－1802－0000278　G0309
芥子園畫傳四集四卷　(清)丁皋撰　**圖章會纂一卷**　(清)李漁輯　清嘉慶二十三年(1818)刻本　四册

340000－1802－0000279　G0310
讀杜心解六卷首二卷　(清)浦起龍撰　清雍正二年(1724)寧我齋刻本　十册

340000－1802－0000280　G0311
居易錄三十四卷　(清)王士禛著　清雍正刻本　八册

340000－1802－0000281　G0312
增訂本草備要四卷　(清)汪昂著　清康熙三十三年(1694)還讀齋刻本　二册　存二卷(三至四)

340000－1802－0000282　G0313
斯文精萃不分卷　(清)尹繼善編　清乾隆二十九年(1764)京都三槐堂書鋪刻本　十二册

340000－1802－0000283　G0314
説文解字繫傳四十卷　(南唐)徐鍇撰　**校勘記三卷**　(清)祁寯藻撰　清同治十二年(1873)粵東書局刻小學彙函本　六册

340000－1802－0000284　G0315
芥子園畫傳三集二種四卷末一卷　(清)王槩輯　清乾隆金陵文光堂刻五色套印本　四册

340000－1802－0000285　G0316
阮亭選古詩三十二卷　(清)王士禛選　(清)宋犖校　清康熙三十六年(1697)刻本　八册

340000－1802－0000286　G0317
古文淵鑒六十四卷　(清)徐乾學編　清康熙二十四年至四十九年(1685－1710)刻五色套印本　二十册

340000－1802－0000287　G0318
古文淵鑒六十四卷　(清)徐乾學編　清康熙二十四年(1685)内府刻五色套印本　二十八册

340000－1802－0000288　G0319
宋黄文節公文集正集三十二卷首四卷外集二十四卷首一卷别集十九卷首一卷　(宋)黄庭堅撰　清乾隆三十年(1765)刻本　三十册

340000－1802－0000289　G0320
山谷詩集注二十卷　(宋)黄庭堅撰　清末鄂省三佛閣陶子麟刻朱印本　六册

340000－1802－0000290　G0321
山谷外集詩注十七卷别集二卷　(宋)黄庭堅撰　(宋)史容　(宋)史季溫注　清光緒十年(1884)陶子麟影宋刻本　十册

340000－1802－0000291　G0322
陶淵明集十卷　(晉)陶潛撰　清同治二年(1863)何氏篤慶堂影宋刻本　二册

340000－1802－0000292　G0323
陶淵明集十卷　(晉)陶潛撰　清光緒五年(1879)俞秀山刻本　三册

340000－1802－0000293　G0324
榕村全集四十卷語錄三十卷講授三卷遺稿一卷　(清)李光地撰　(清)李清植編　清乾隆五十八年(1793)刻本　二十四册　缺三卷(榕村全集三十至三十二)

340000－1802－0000294　G0325
樊榭山房集文集八卷詩詞集十卷續詩詞集十卷　(清)厲鶚撰　清乾隆四十三年(1778)刻本　五册　缺五卷(續詩詞集六至十)

340000－1802－0000295　G0326
史外三十二卷　(清)汪有典纂　清乾隆刻本　六册

340000－1802－0000296　G0327
讀書日記六卷　(清)劉源淥著　清雍正十一年(1733)刻本　二册

340000－1802－0000297　G0328
坤輿圖説不分卷　(清)劉茂吉撰　清乾隆三十九年(1774)刻本　一册

340000－1802－0000298　G0329
四書朱子大全精言四十一卷　(清)周大璋輯　清康熙五十六年(1717)實旭齋刻本　二十

七册

340000－1802－0000299　G0330
蘇學士文集十六卷　（宋）蘇舜欽撰　清康熙三十七年（1698）刻本　四册

340000－1802－0000300　G0331
六如居士全集七卷補遺一卷外集六卷　（明）唐寅撰　（清）唐仲冕編　**花隖聯吟四卷**　（清）唐仲冕編　清嘉慶六年（1801）刻本　四册

340000－1802－0000301　G0332
東坡先生編年詩五十卷　（宋）蘇軾撰　（清）查慎行補註　清乾隆二十六年（1761）香雨齋刻本　十六册

340000－1802－0000302　G0333
張子全書十四卷附録一卷　（宋）張載撰　（宋）朱熹注　清康熙五十八年（1719）刻本　六册

340000－1802－0000303　G0334
張子全書十五卷　（宋）張載撰　（宋）朱熹注　清康熙五十八年（1719）高安朱軾刻本　四册

340000－1802－0000304　G0336
易傳十七卷　（唐）李鼎祚集解　**經典釋文一卷**　（唐）陸德明撰　**鄭氏周易三卷**　（宋）王應麟撰　（清）惠棟增補　清乾隆二十一年（1756）盧氏雅雨堂刻本　六册

340000－1802－0000305　G0336
易傳十七卷　（唐）李鼎祚集解　**經典釋文一卷**　（唐）陸德明撰　**鄭氏周易三卷**　（宋）王應麟撰　（清）惠棟增補　清乾隆二十一年（1756）盧氏雅雨堂刻本　六册

340000－1802－0000306　G0338
周易乾鑿度二卷　（漢）鄭玄注　清乾隆二十一年（1756）雅雨堂刻本　一册

340000－1802－0000307　G0339
周易發明啟蒙翼傳三卷外篇一卷　（元）胡一桂撰　清康熙十九年（1680）通志堂刻通志堂經解本　四册

340000－1802－0000308　G0340
東嵒草堂評訂唐詩鼓吹十卷　（元）郝天挺注　（明）廖文炳解　（清）朱三錫評　清康熙二十七年（1688）刻本　八册

340000－1802－0000309　G0341
重訂唐詩別裁集二十卷　（清）沈德潛編　清乾隆二十八年（1763）教忠堂刻本　八册

340000－1802－0000310　G0342
西湖志纂十五卷首一卷　（清）沈德潛　（清）傅王露編　清乾隆二十年（1755）刻二十七年（1762）增刻本　五册

340000－1802－0000311　G0343
北夢瑣言二十卷　（宋）孫光憲撰　清乾隆二十一年（1756）雅雨堂刻本　二册

340000－1802－0000312　G0344
北夢瑣言二十卷　（宋）孫光憲撰　清乾隆二十一年（1756）雅雨堂刻本　四册

340000－1802－0000313　G0345
北夢瑣言二十卷　（宋）孫光憲撰　清乾隆二十一年（1756）雅雨堂刻本　二册

340000－1802－0000314　G0346
高厚蒙求四集八卷　（清）徐朝俊纂　清嘉慶二十年（1815）刻本　四册

340000－1802－0000315　G0347
史記菁華錄六卷　（清）姚苧田編　清道光四年（1824）姚氏扶荔山房刻朱墨套印本　六册

340000－1802－0000316　G0348
明季北略二十四卷　（清）計六奇編　清康熙十年（1671）刻本　十册

340000－1802－0000317　G0349
古品節錄六卷　（清）松筠編　清嘉慶刻本　六册

340000－1802－0000318　G0350
容齋隨筆十六卷續筆十六卷三筆十六卷四筆十六卷五筆十卷　（宋）洪邁撰　清末皖南洪氏刻本　四册　存二十卷（續筆一至四、三筆

六至十一、四筆一至五、五筆六至十）

340000－1802－0000319　G0351
昌黎先生詩集注十一卷　（唐）韓愈撰　（清）顧嗣立編　清康熙三十八年（1699）長洲顧氏秀野草堂刻本　三冊　存四卷（三至四、七至八）

340000－1802－0000320　G0352
韓昌黎詩集編年箋注十二卷　（唐）韓愈撰　（清）方世舉考訂　清乾隆二十三年（1758）雅雨堂刻本　四冊

340000－1802－0000321　G0353
韓昌黎詩集編年箋注十二卷　（唐）韓愈撰　（清）方世舉考訂　清乾隆二十三年（1758）雅雨堂刻本　六冊

340000－1802－0000322　G0354
昌黎先生詩集注十一卷　（唐）韓愈撰　（清）顧嗣立編　清康熙三十八年（1699）長洲顧氏秀野草堂刻本　六冊

340000－1802－0000323　G0355
劍南詩鈔六卷　（宋）陸游撰　（清）楊大鶴編　清康熙二十四年（1685）刻本　八冊

340000－1802－0000324　G0356
陸桴亭思辨錄輯要二十二卷　（清）陸世儀撰　清康熙四十八年（1709）正誼堂刻本　四冊

340000－1802－0000325　G0357
蘭臺軌範八卷　（清）徐大椿輯　清乾隆二十九年（1764）刻本　四冊

340000－1802－0000326　G0358
孔子家語十卷　（三國魏）王肅注　清乾隆四十六年（1781）刻本　二冊

340000－1802－0000327　G0359
南華真經解不分卷　（清）宣穎撰　清康熙六十年（1721）寶旭齋刻本　六冊

340000－1802－0000328　G0360
南華真經解不分卷　（清）宣穎撰　清康熙六十年（1721）寶旭齋刻本　二冊

340000－1802－0000329　G0361
靈樞經九卷　（清）張志聰集注　清康熙十一年（1672）刻本　十冊

340000－1802－0000330　G0362
宋王忠文公文集五十卷　（宋）王十朋撰　（清）唐傳鉎編　清雍正六年（1728）刻本　十六冊

340000－1802－0000331　G0363
笛漁小稾十卷　（清）朱昆田撰　（清）朱彝尊考訂　清光緒會稽陶闓刻朱印本　一冊

340000－1802－0000332　G0364
有懷堂文稾十四卷　（清）韓菼撰　清康熙四十二年（1703）刻本　四冊

340000－1802－0000333　G0365
三家詩三種八卷　（三國魏）曹植　（晉）陶潛　（南朝宋）謝靈運撰　清康熙刻本　一冊

340000－1802－0000334　G0366
地學答問三卷　（清）魏青江撰　清乾隆四十九年（1784）甘泉汪氏刻本　三冊

340000－1802－0000335　G0367
新刻性理大全書七十卷　（明）胡廣等纂修　清康熙四十年（1701）刻本　三十二冊

340000－1802－0000336　G0368
庚子銷夏記八卷閒者軒帖考一卷　（清）孫承澤撰　清乾隆二十六年（1761）鮑氏知不足齋刻本　四冊

340000－1802－0000337　G0369
庚子銷夏記八卷閒者軒帖考一卷　（清）孫承澤撰　清乾隆二十六年（1761）鮑氏知不足齋刻本　四冊

340000－1802－0000338　G0370
范文正公集四十八卷首一卷　（宋）范仲淹撰　清康熙四十四年（1705）歲寒堂刻本　十冊

340000－1802－0000339　G0371
莊子解三卷　（清）吳世尚評注　清康熙五十四年（1715）光裕堂刻本　二冊

340000－1802－0000340　G0372
才調集補注十卷　（五代）韋縠輯　（清）殷元

勳注　（清）宋邦綏補注　清乾隆五十八年(1793)宋思仁刻本　六册

340000－1802－0000341　G0373
東萊先生古文關鍵二卷　（宋）吕祖謙評　（宋）蔡文子注　（清）徐樹屏考異　清康熙刻本　二册

340000－1802－0000342　G0374
廣事類賦四十卷　（清）華希閔著　清康熙三十八年(1699)刻本　十册

340000－1802－0000343　G0375
紅豆村人詩稿九卷　（清）袁樹撰　清乾隆四十六年(1781)刻本　二册

340000－1802－0000344　G0376
五知齋琴譜八卷　（清）周魯封纂　清雍正二年(1724)刻本　三册　存四卷(一至四)

340000－1802－0000345　G0377
黄青社先生伐檀集二卷　（宋）黄庶撰　清乾隆緝香堂刻本　二册

340000－1802－0000346　G0378
尚書大傳四卷考異一卷補遺一卷續補遺一卷　（漢）伏勝撰　（漢）鄭玄注　**鄭司農集一卷**　（漢）鄭玄撰　清乾隆二十一年(1756)德州盧氏刻雅雨堂藏書本　一册

340000－1802－0000347　G0379
文昌雜録六卷補遺一卷　（宋）龐元英撰　清乾隆二十一年(1756)德州盧氏刻雅雨堂藏書本　一册

340000－1802－0000348　G0380
鄭氏周易三卷　（宋）王應麟撰　（清）惠棟增補　清乾隆二十一年(1756)德州盧氏刻雅雨堂藏書本　一册

340000－1802－0000349　G0381
楚辭燈四卷　（清）林雲銘撰　清康熙三十六年(1697)刻本　四册

340000－1802－0000350　G0382
封氏聞見記十卷　（唐）封演撰　清乾隆二十一年(1756)德州盧氏刻雅雨堂藏書本　一册

340000－1802－0000351　G0383
去僞齋文集十卷　（明）吕坤著　清康熙十三年(1674)吕慎多刻本　十册

340000－1802－0000352　G0384
金石契不分卷　（清）張燕昌編　清乾隆四十三年(1778)刻本　四册

340000－1802－0000353　G0385
初唐四傑集三十七卷　（清）項家達編　清乾隆四十六年(1781)星渚項氏刻本　十二册

340000－1802－0000354　G0387
古文苑九卷　（宋）韓元吉編　清嘉慶十四年(1809)影宋刻岱南閣叢書本　二册

340000－1802－0000355　G0388
歷代鐘鼎彝器款識法帖二十卷　（宋）薛尚功撰　清嘉慶二年(1797)仿宋刻本　四册

340000－1802－0000356　G0390
省軒考古類編十二卷　（清）柴紹炳纂　清乾隆二十三年(1758)刻本　四册

340000－1802－0000357　G0391
本草綱目五十二卷萬方鍼線八卷奇經八脈不分卷　（明）李時珍撰　清順治十二年(1655)刻本　四十六册

340000－1802－0000358　G0392
傷寒論三註十六卷　（清）周揚俊編　清康熙二十二年(1683)刻本　五册

340000－1802－0000359　G0393
六經圖二十四卷　（清）鄭之僑編　清乾隆九年(1744)述堂刻本　十二册

340000－1802－0000360　G0394
安陽集五十卷别録三卷遺事一卷家傳十卷
（宋）韓琦撰　清乾隆四年(1739)陳錫輅刻本　十册

340000－1802－0000361　G0395
安陽集五十卷家傳十卷别録三卷遺事一卷
（宋）韓琦撰　（清）黄邦寧重修　清乾隆三十五年(1770)刻本　十册

340000－1802－0000362　G0396

五禮通考二百六十二卷首四卷 （清）秦蕙田編　清乾隆二十六年（1761）刻本　九十册

340000－1802－0000363　G0397
司馬溫公文集八十二卷 （宋）司馬光撰　明崇禎吳時亮刻清康熙四十七年（1708）補刻本　二十四册

340000－1802－0000364　G0398
司馬氏書儀十卷 （宋）司馬光撰　清雍正二年（1724）汪氏刻本　一册

340000－1802－0000365　G0399
司馬溫公文集八十二卷 （宋）司馬光撰　明崇禎吳時亮刻清康熙四十七年（1708）補刻本　二十四册

340000－1802－0000366　G0400
詞律二十卷 （清）萬樹撰　清康熙二十六年（1687）堆絮園刻本　十册

340000－1802－0000367　G0401
白香山詩集四十卷［白居易］年譜一卷 （唐）白居易撰　（清）汪立名編　清康熙四十一年（1702）一隅草堂刻本　十二册

340000－1802－0000368　G0402
白香山詩集四十卷［白居易］年譜一卷 （唐）白居易撰　（清）汪立名編　清康熙四十一年（1702）一隅草堂刻本　十册

340000－1802－0000369　G0403
泊如齋重修宣和博古圖錄三十卷 （宋）王黼撰　明萬曆十六年（1588）刻本　三十二册

340000－1802－0000370　G0404
管窺輯要八十卷 （清）黄鼎纂　清刻本　二十七册　存四十二卷（十至十四、十七至十八、二十至四十四、六十九至七十六、七十九至八十）

340000－1802－0000371　G0405
午亭文編五十卷 （清）陳廷敬撰　（清）林佶編　清乾隆四十三年（1778）刻本　十六册

340000－1802－0000372　G0406
重訂李義山詩集箋注三卷集外詩箋注一卷 （唐）李商隱撰　（清）朱鶴齡注　（清）程夢星編　清乾隆十一年（1746）江都東柯草堂刻本　四册

340000－1802－0000373　G0407
李義山詩集三卷 （唐）李商隱撰　（清）朱鶴齡箋注　（清）沈厚塽輯評　清同治九年（1870）廣州倅署刻三色套印本　一册　存一卷（上）

340000－1802－0000374　G0408
蘇詩補註五十卷 （宋）蘇軾撰　（清）查慎行補注　清乾隆二十六年（1761）香雨齋刻本　十册

340000－1802－0000375　G0409
施注蘇詩四十二卷總目二卷 （宋）蘇軾撰　（宋）施元之注　（清）邵長蘅等刪補　**蘇東坡年譜一卷** （宋）王宗稷編　（清）邵長蘅重訂　**蘇詩續補遺二卷** （清）馮景補註　清康熙三十九年（1700）刻本　十册　缺二卷（蘇詩續補遺二卷）

340000－1802－0000376　G0410
格致鏡原一百卷 （清）陳元龍編　清康熙刻雍正十三年（1735）印本　二十五册

340000－1802－0000377　G0411
皇朝壹統輿地全圖一卷 （清）李兆洛撰　清道光二十二年（1842）刻朱墨套印本　八册

340000－1802－0000378　G0412
書疑九卷 （宋）王柏撰　清康熙十九年（1680）通志堂刻通志堂經解本　一册

340000－1802－0000379　G0413
春秋名號歸一圖二卷春秋年表 （三國蜀）馮繼先撰　（宋）岳珂重編　清康熙十九年（1680）通志堂刻通志堂經解本　一册

340000－1802－0000380　G0414
春秋權衡十七卷 （宋）劉敞撰　清康熙十九年（1680）通志堂刻通志堂經解本　四册

340000－1802－0000381　G0415
劉氏春秋意林二卷 （宋）劉敞撰　清康熙十

九年(1680)通志堂刻通志堂經解本　一冊

340000－1802－0000382　G0416

青邱高季迪先生詩集十八卷遺詩一卷扣舷集一卷鳧藻集五卷附錄一卷　(明)高啟撰　(清)金壇校注　清雍正六年(1728)桐鄉金壇刻本　六冊

340000－1802－0000383　G0417

尚論篇四卷首一卷後編四卷　(清)喻昌撰　清乾隆二十八年(1763)刻喻氏醫書三種本　四冊

340000－1802－0000384　G0418

類書纂要三十三卷　(清)周魯編　清康熙三年(1664)倓杲刻本　十一冊　缺一卷(三十三)

340000－1802－0000385　G0419

水經注四十卷　(漢)桑欽撰　(北魏)酈道元注　清乾隆十八年(1753)天都黃晟刻本　十四冊

340000－1802－0000386　G0420

詩經疑問七卷附編一卷　(元)朱倬撰　(宋)趙悳編　清康熙十九年(1680)通志堂刻通志堂經解本　一冊

340000－1802－0000387　G0421

禹貢錐指二十卷圖一卷　(清)胡渭撰　清康熙四十四年(1705)漱六軒刻本　八冊

340000－1802－0000388　G0422

蘭言集十二卷　(清)趙紹祖編　清嘉慶元年至道光十四年(1796－1834)涇縣趙氏古墨齋刻古墨齋集本　六冊

340000－1802－0000389　G0423

二程先生全書五十一卷拾遺一卷　(宋)程顥　(宋)程頤撰　清康熙二十五年(1686)刻本　十二冊

340000－1802－0000390　G0424

宋宗忠簡公全集十二卷首一卷末一卷　(宋)宗澤撰　(清)宗文燦修　清康熙四十五年(1706)刻乾隆印本　六冊

340000－1802－0000391　G0425

國語九卷　(周)左丘明撰　**戰國策十二卷**　(漢)劉向編　明萬曆四十七年(1619)烏程閔氏刻清康熙四十二年(1703)金穀園補刻本　七冊

340000－1802－0000392　G0426

國語九卷　(周)左丘明撰　**戰國策十二卷**　(漢)劉向編　明萬曆四十七年(1619)烏程閔氏刻清康熙四十二年(1703)金穀園補刻本　二冊　存四卷(國語一至四)

340000－1802－0000393　G0427

戰國策三十三卷　(漢)劉向撰　(漢)高誘注　清乾隆二十一年(1756)德州盧氏刻雅雨堂藏書本　四冊

340000－1802－0000394　G0428

戰國策三十三卷　(漢)劉向撰　(漢)高誘注　**重刻剡川姚氏本戰國策劄記三卷**　(清)黃丕烈撰　清同治八年(1869)湖北崇文書局刻本　五冊

340000－1802－0000395　G0429

[乾隆]望江縣志八卷　(清)鄭交泰修　(清)曹京纂　清乾隆三十三年(1768)刻本　十冊

340000－1802－0000396　G0430

[乾隆]望江縣志八卷　(清)鄭交泰修　(清)曹京纂　清乾隆三十三年(1768)刻本　一冊　存三卷(四至六)

340000－1802－0000397　G0432

客緣印萃一卷　(清)釋意如篆　清光緒十年(1884)醫俗齋鈐印本　一冊

340000－1802－0000398　G0433

清河書畫舫十二卷　(明)張醜撰　清乾隆二十七年(1762)吳氏池北草堂刻本　十二冊

340000－1802－0000399　G0435

信古齋印存不分卷　(清)徐信之篆　(清)孝安藏　清鈐印本　一冊

340000－1802－0000400　G0442

四香堂摹印不分卷　(清)巴慰祖篆　清鈐印本　一册

340000－1802－0000401　G0443

胡鼻山人印譜不分卷　(清)胡震篆　清末西泠印社鈐印本　一册

340000－1802－0000402　G0448

樂府新編陽春白雪前集五卷後集五卷　(元)楊朝英編　清光緒三十一年(1905)影元刻隨盦徐氏叢書本　一册

340000－1802－0000403　G0457

李商隱詩集三卷　(唐)李商隱撰　(清)錢謙益手書　清宣統元年(1909)影印錢謙益手書本　二册

340000－1802－0000404　G0459

脈經十卷　(晉)王叔和撰　(宋)林億編　清光緒三十一年(1905)長沙徐氏橘隱園影宋刻本　四册

340000－1802－0000405　G0464

東坡七集一百十卷　(宋)蘇軾撰　**坡集校記二卷**　繆荃孫撰　清宣統二年(1910)寶華盦刻本　十二册　存三十二卷(東坡集四至十七、二十一至二十六,奏議十二至十五,應詔五至十,校記二卷)

340000－1802－0000406　G0465

[康熙]安慶府志三十二卷　(清)張楷纂修　清康熙六十年(1721)刻本　二十四册

340000－1802－0000407　G0467

南華真經解三卷　(清)宣穎撰　清康熙六十年(1721)啟元堂刻本　六册

340000－1802－0000408　G0485

月令廣義二十四卷首一卷　(明)馮應京編　(清)戴任增釋　明萬曆二十九年(1601)麟瑞堂刻本　五册　存十三卷(三至四、十至十九,首一卷)

340000－1802－0000409　G0486

庚申圍城始末追記不分卷　(清)潘瀾撰　清抄本　一册

340000－1802－0000410　G0489

史記集解一百三十卷　(漢)司馬遷撰　(南朝宋)裴駰集解　清光緒四年(1878)金陵書局刻本　十六册

340000－1802－0000411　G0490

智囊補二十八卷　(明)馮夢龍編　明末刻本　十册

340000－1802－0000412　G0491

潛虛先生文集十四卷　(清)戴名世撰　(清)尤雲鶚編　清光緒十一年(1885)刻本　八册

340000－1802－0000413　G0492

[乾隆]霍邱縣志十二卷首一卷　(清)張海修　(清)薛觀光纂　清乾隆二十九年(1764)刻本　六册

340000－1802－0000414　G0493

[乾隆]灊山縣志二十四卷　(清)李載陽修　(清)遊端友　(清)張必剛纂　清乾隆四十六年(1781)刻本　十册

340000－1802－0000415　G0494

[康熙]安慶府懷寧縣志三十六卷　(清)段鼎臣修　(清)方都秦纂　清康熙十二年(1673)刻本　二册　存十一卷(十四至十九、二十一至二十五)

340000－1802－0000416　G0495

釋氏稽古略四卷　(元)釋覺岸撰　**釋鑑稽古略續集三卷**　(明)釋大聞彙編　清光緒十二年(1886)仿明崇禎刻本　五册

340000－1802－0000417　G0512

耕織圖一卷　(清)焦秉貞　(清)朱圭繪　清刻彩印本　一册

340000－1802－0000418　G1877

諸子彙函二十六卷　(明)歸有光編　明天啟六年(1626)刻本　二十七册

340000－1802－0000419　G1977

大學衍義四十三卷　(宋)真德秀撰　明崇禎十一年(1638)刻本　十三册

340000－1802－0000420　G1980

大學衍義補一百六十卷首一卷 (明)丘濬撰 (明)陳仁錫評 明萬曆三十三年(1605)刻本 四十冊 卷三十六有缺葉

340000－1802－0000421 G2196
蘭臺軌範八卷 (清)徐大椿輯 清乾隆二十九年(1764)刻本 八冊

340000－1802－0000422 G2508
漢學商兑四卷刊誤補義一卷書林揚觶一卷刊誤補義一卷 (清)方東樹撰 清道光十一年(1831)刻本 六冊 缺一卷(刊誤補義一卷)

340000－1802－0000423 G2515
讀書錄十一卷續錄十二卷 (明)薛瑄撰 明嘉靖四年(1525)刻本 四冊

340000－1802－0000424 G2630
司馬文正公家範十卷 (宋)司馬光撰 (清)朱軾評點 清乾隆十四年(1749)刻本 二冊

340000－1802－0000425 G2828
唐宋八大家文分體讀本三集二十四卷 (清)汪份編 清康熙五十八年(1719)遄喜齋刻本 八冊 存八卷(一集一至八)

340000－1802－0000426 G3068
紀效新書十四卷 (明)戚繼光撰 明崇禎十一年(1638)永懷堂刻本 六冊

340000－1802－0000427 G3432
合肥葉氏文鈔不分卷 (清)葉士選 (清)葉日昭著 清末抄本 一冊

340000－1802－0000428 G3498
墨子十五卷目錄一卷 (清)畢沅校注 清光緒二十七年(1901)新化三味書室刻本 四冊

340000－1802－0000429 G3698
增訂金壺字考十九卷 (宋)釋適之編 (清)田朝恒增訂 清乾隆二十六年(1761)刻本 二冊

340000－1802－0000430 G5345
鹿忠節公[善繼]年譜二卷 (清)陳鋐編 清康熙六年(1667)尋樂堂刻本 二冊

340000－1802－0000431 G5368
唐陸宣公集二十二卷 (唐)陸贄撰 清雍正元年(1723)年龔堯刻本 六冊

340000－1802－0000432 102.2/0030
讀易筆記二卷 (清)方宗誠撰 清光緒三年(1877)刻柏堂遺書本 一冊

340000－1802－0000433 102.2/0047
周易人事疏證八卷春秋筮法一卷 (清)章世臣輯 清宣統二年(1910)同文書館鉛印本 四冊 缺二卷(七至八)

340000－1802－0000434 102.2/0047:1
周易人事疏證八卷續四卷 (清)章世臣輯 清宣統二年(1910)同文書館鉛印本 十二冊

340000－1802－0000435 102.2/0047:2
周易人事疏證八卷續四卷 (清)章世臣輯 清宣統二年(1910)同文書館鉛印本 十一冊

340000－1802－0000436 102.2/0047:3
周易人事疏證八卷續四卷 (清)章世臣輯 清宣統二年(1910)同文書館鉛印本 十二冊

340000－1802－0000437 102.2/0047:4
周易人事疏證八卷 (清)章世臣輯 清宣統二年(1910)同文書館鉛印本 八冊

340000－1802－0000438 102.2/0047:5
傳家易傳義存疑三卷 (清)章世臣輯 清光緒十三年(1887)姑孰傳聚文堂刻本 一冊 存一卷(一)

340000－1802－0000439 102.2/0047:7
傳家易傳義存疑三卷 (清)章世臣輯 清光緒十三年(1887)姑孰傳聚文堂刻本 一冊 存一卷(一)

340000－1802－0000440 102.2/0047:8
傳家易傳義存疑三卷 (清)章世臣輯 清光緒十三年(1887)姑孰傳聚文堂刻本 一冊

340000－1802－0000441 102.2/1017
周易兼義九卷音義一卷注疏校勘記九卷釋文校勘記一卷 (三國魏)王弼 (晉)韓康伯注 (唐)孔穎達正義 (唐)陸德明音義 (清)阮元校勘記 清嘉慶二十年(1815)南昌

府學刻重刊宋十三經注疏附校勘記本　六冊

340000－1802－0000442　102.2/1017:1
周易十四卷　(三國魏)王弼注　(晉)韓康伯補注　清稽古樓刻本　一冊　存二卷(一至二)

340000－1802－0000443　102.2/1017:2
周易十卷　(三國魏)王弼注　清光緒二年(1876)江南書局刻本　三冊

340000－1802－0000444　102.2/1053
周易内傳六卷發例一卷　(清)王夫之撰　清同治四年(1865)曾氏刻本　六冊

340000－1802－0000445　102.2/1060
易林釋文二卷　(清)丁晏撰　清光緒十六年(1890)廣雅書局刻廣雅書局叢書本　一冊

340000－1802－0000446　102.2/1114
占易祕解一卷　(清)張丙嘉輯　清光緒二十二年(1896)保陽刻本　一冊

340000－1802－0000447　102.2/1114:1
周易卦象六卷附古易秘解不分卷　(清)張丙嘉輯　清光緒二十二年(1896)保陽刻本　二冊

340000－1802－0000448　102.2/1114:2
周易卦象六卷附古易秘解不分卷　(清)張丙嘉輯　清光緒二十二年(1896)保陽刻本　六冊

340000－1802－0000449　102.2/1144
易經衷論二卷　(清)張英著　清光緒二十三年(1897)桐城張氏家刻本　一冊

340000－1802－0000450　102.2/1144:1
易經衷論二卷　(清)張英著　清光緒二十三年(1897)桐城張氏家刻本　一冊

340000－1802－0000451　102.2/1144:2
易經衷論二卷　(清)張英著　清光緒二十三年(1897)桐城張氏家刻本　一冊

340000－1802－0000452　102.2/1150
虞氏易言二卷　(清)張惠言撰　清刻張皋文箋易詮全集本　一冊

340000－1802－0000453　102.2/1150:1
周易虞氏義九卷虞氏消息二卷　(清)張惠言撰　清嘉慶八年(1803)阮氏瑯嬛仙館刻張皋文箋易詮全集本　四冊

340000－1802－0000454　102.2/1262
周易集解十卷　(清)孫星衍撰　清嘉慶三年(1798)刻本　九冊　存九卷(一至八、十)

340000－1802－0000455　102.2/2007
焦氏易林四卷　(漢)焦贛撰　清光緒元年(1875)湖北崇文書局刻本　四冊

340000－1802－0000456　102.2/2007:1
焦氏易林四卷　(漢)焦贛撰　清光緒元年(1875)湖北崇文書局刻本　二冊

340000－1802－0000457　102.2/2044
喬氏易俟二十卷　(清)喬萊撰　清乾隆刻道光二十一年(1841)補刻本　五冊

340000－1802－0000458　102.2/2540
周易四卷圖說一卷新增圖說一卷卦歌一卷　(宋)朱熹本義　清同治七年(1868)湖北崇文書局刻本　二冊

340000－1802－0000459　102.2/2540:1
周易四卷易圖一卷筮儀一卷卦歌一卷　(宋)朱熹本義　清光緒十二年(1886)上洋江左書林刻本　二冊

340000－1802－0000460　102.2/2540:2
周易四卷易圖一卷筮儀一卷卦歌一卷　(宋)朱熹本義　清光緒十二年(1886)上洋江左書林刻本　二冊

340000－1802－0000461　102.2/2540:3
周易四卷附筮儀一卷圖說一卷卦歌一卷　(宋)朱熹本義　清同治十年(1871)刻本　二冊

340000－1802－0000462　102.2/2540:5
周易四卷筮儀一卷卦歌一卷圖說一卷　(宋)朱熹本義　清光緒三年(1877)狀元閣刻本　二冊

340000－1802－0000463　102.2/2540:6

易經十二卷首一卷末一卷周易本義考一卷 （宋）朱熹本義 **音訓十二卷** （宋）呂祖謙著 **周易本義考一卷** （清）劉世讜輯 清同治五年（1866）金陵書局刻本 二冊

340000－1802－0000464 102.2/2540:8
易經十二卷首一卷末一卷 （宋）朱熹本義 **音訓十二卷** （宋）呂祖謙著 清同治四年（1865）金陵書局刻十三經讀本本 二冊

340000－1802－0000465 102.2/2540:9
易經十二卷首一卷末一卷音訓十二卷 （宋）朱熹本義 **音訓十二卷** （宋）呂祖謙著 **周易本義考一卷** （清）劉世讜輯 清光緒十九年（1893）江南書局刻本 二冊

340000－1802－0000466 102.2/2540:10
周易四卷附筮儀卦歌圖說 （宋）朱熹本義 清刻本 二冊

340000－1802－0000467 102.2/2540:11
周易四卷附筮儀卦歌圖說 （宋）朱熹本義 清李光明莊刻本 二冊

340000－1802－0000468 102.2/2540:12
周易四卷圖說一卷新增圖說一卷卦歌一卷 （宋）朱熹本義 清同治七年（1868）湖北崇文書局刻本 二冊

340000－1802－0000469 102.2/2540:13
易經十二卷首一卷末一卷 （宋）朱熹本義 **音訓十二卷** （宋）呂祖謙著 **周易本義考一卷** （清）劉世讜輯 清光緒十九年（1893）江南書局刻本 二冊

340000－1802－0000470 102.2/2540:14
周易本義四卷 （宋）朱熹本義 清李光明莊刻本 二冊

340000－1802－0000471 102.2/2540:15
易經十二卷首一卷末一卷 （宋）朱熹本義 **音訓十二卷** （宋）呂祖謙著 清同治四年（1865）金陵書局刻十三經讀本本 二冊

340000－1802－0000472 102.2/2540:16
周易四卷 （宋）朱熹本義 清道光十六年（1836）揚郡惜字公局刻本 二冊

340000－1802－0000473 102.2/2540:17
周易本義十二卷五贊一卷筮儀一卷 （宋）朱熹本義 清光緒十七年（1891）山東書局刻本 二冊

340000－1802－0000474 102.2/2540:18
周易四卷 （宋）朱熹本義 清同治七年（1868）楚北崇文書局刻本 二冊

340000－1802－0000475 102.2/2540:19
周易四卷 （宋）朱熹本義 清同治三年（1864）浙江撫署刻本 二冊

340000－1802－0000476 102.2/2540:20
易經十二卷首一卷末一卷 （宋）朱熹本義 **音訓十二卷** （宋）呂祖謙著 清同治四年（1865）金陵書局刻十三經讀本本 二冊

340000－1802－0000477 102.2/2540:21
易經十二卷首一卷末一卷 （宋）朱熹本義 **音訓十二卷** （宋）呂祖謙著 清同治四年（1865）金陵書局刻十三經讀本本 一冊 存十九卷（四至十二、末一卷、音訓四至十二）

340000－1802－0000478 102.2/2553
周易傳義合訂十二卷 （清）朱軾撰 清乾隆二年（1737）刻朱文端公藏書本 六冊

340000－1802－0000479 102.2/2553:1
周易傳義合訂十二卷 （清）朱軾撰 清乾隆二年（1737）刻朱文端公藏書本 五冊

340000－1802－0000480 102.2/2572
大易參訂折中講義補象十卷 （清）朱用行輯 清乾隆二十七年（1762）刻本 二冊 存二卷（一至二）

340000－1802－0000481 102.2/2603
易漢學攷二卷易漢學師承表一卷漢置五經博士攷一卷 （清）吳翊寅撰 清光緒二十年（1894）廣州刻本 一冊

340000－1802－0000482 102.2/2603:1
周易彖傳消息升降大義述一卷周易消息升降爻例一卷 （清）吳翊寅撰 清光緒二十一年

(1895)廣雅書局刻本　一冊

340000－1802－0000483　102.2/2627
周易參同契分章註解三卷　(漢)魏伯陽撰　(元)陳致虛註解　(清)傅金銓批點　清道光二十一年(1841)善成堂刻本　一冊

340000－1802－0000484　102.2/2627:1
周易參同契分章註解三卷　(漢)魏伯陽撰　(元)陳致虛註解　(清)傅金銓批點　清道光二十一年(1841)善成堂刻本　一冊

340000－1802－0000485　102.2/2631
易冒十卷　(清)程良玉著　(清)胡介編　清光緒十二年(1886)刻本　四冊

340000－1802－0000486　102.2/2669
易經集粹三卷　(清)吳曰慎纂輯　清光緒三年(1877)刻本　四冊

340000－1802－0000487　102.2/2669:1
易經集粹三卷　(清)吳曰慎纂輯　清光緒三年(1877)刻本　二冊　缺一卷(三)

340000－1802－0000488　102.2/2671
伊川易傳四卷　(宋)程頤撰　清刻本　一冊　存一卷(四)

340000－1802－0000489　102.2/2671:1
易經八卷　(宋)程頤傳　清同治五年(1866)金陵書局刻十三經讀本本　二冊

340000－1802－0000490　102.2/2671:2
易經八卷　(宋)程頤傳　清同治五年(1866)金陵書局刻十三經讀本本　二冊

340000－1802－0000491　102.2/2671:3
易經八卷　(宋)程頤傳　清同治五年(1866)金陵書局刻十三經讀本本　二冊

340000－1802－0000492　102.2/2671:4
易經八卷　(宋)程頤傳　清同治五年(1866)金陵書局刻十三經讀本本　二冊

340000－1802－0000493　102.2/2671:5
易經八卷　(宋)程頤傳　(宋)朱熹系述　清同治五年(1866)金陵書局刻十三經讀本本　三冊

340000－1802－0000494　102.2/2671:6
易經八卷　(宋)程頤傳　清光緒九年(1883)江南書局刻本　三冊

340000－1802－0000495　102.2/2671:7
易經八卷　(宋)程頤傳　清光緒九年(1883)江南書局刻本　三冊

340000－1802－0000496　102.2/2671:8
易經四卷　(宋)程頤撰　清末商務印書館鉛印本　二冊

340000－1802－0000497　102.2/2671:9
易經八卷　(宋)程頤傳　清同治五年(1866)金陵書局刻十三經讀本本　二冊　存四卷(一至四)

340000－1802－0000498　102.2/2671:10
易經八卷　(宋)程頤傳　清同治五年(1866)金陵書局刻本　一冊　存三卷(一至三)

340000－1802－0000499　102.2/2671:11
易經四卷　(宋)程頤撰　清末抄本　一冊　存一卷(一)

340000－1802－0000500　102.2/2681
鼎鍥卜筮鬼谷便讀易課源流大全三卷　(戰國)鬼谷子撰　清末刻本　一冊　存一卷(中)

340000－1802－0000501　102.2/2681:1
鼎鍥卜筮鬼谷源流斷易天機大全三卷首一卷　(戰國)鬼谷子撰　清道光二十七年(1847)刻本　一冊　存二卷(上、首一卷)

340000－1802－0000502　102.2/2717
寄傲山房塾課纂輯御案易經備旨七卷　(清)鄒聖脈纂輯　(清)鄒廷猷編　清嘉慶三年(1798)刻本　四冊

340000－1802－0000503　102.2/2717:1
寄傲山房塾課纂輯御案易經備旨七卷　(清)鄒聖脈纂輯　(清)鄒廷猷編　清嘉慶三年(1798)善成堂刻本　四冊

340000－1802－0000504　102.2/2744
觀易外編六卷　(清)紀大奎撰　清嘉慶十三

年(1808)刻紀慎齋先生全集本　一册　存三卷(四至六)

340000－1802－0000505　102.2/2760
周易倸氏注三卷　(唐)倸果撰　(清)馬國翰輯　清光緒十年(1884)長沙湘遠堂刻本　一册　存二卷(中、下)

340000－1802－0000506　102.2/2813
周易理揆六卷　(清)徐元禧撰　清道光二十八年(1848)刻本　六册

340000－1802－0000507　102.2/3133
周易學統九卷附十翼遺文日卦表月卦表來卦表　(清)汪宗沂編　清末鮑錫章刻本　六册

340000－1802－0000508　102.2/3135
周易衷翼集解二十卷　(清)汪泩撰　清嘉慶九年(1804)穫經堂刻本　十二册

340000－1802－0000509　102.2/3191
周易詮義十四卷首一卷　(清)汪烜著　清刻本　三册　存四卷(十一至十四)

340000－1802－0000510　102.2/3191:1
周易詮義十四卷首一卷　(清)汪烜著　清同治十二年(1873)安徽敷文書局刻本　十四册

340000－1802－0000511　102.2/3438
易説醒四卷　(明)洪守美撰　清同治十一年(1872)刻本　三册

340000－1802－0000512　102.2/3438:1
易説醒四卷　(明)洪守美撰　清同治十一年(1872)刻本　三册

340000－1802－0000513　102.2/3438:2
易説醒四卷　(明)洪守美撰　清同治十一年(1872)刻本　三册

340000－1802－0000514　102.2/3532
周易辨畫四十卷　(清)連斗山著　清光緒二十三年(1897)刻本　六册　存二十一卷(一至二十一)

340000－1802－0000515　102.2/4009
周易本義拾遺六卷　(清)李文炤著　清刻本　六册

340000－1802－0000516　102.2/4009:1
周易本義拾遺六卷　(清)李文炤著　清四為堂刻本　一册

340000－1802－0000517　102.2/4037
易經體註大全合參四卷　(清)李兆賢編　清刻本　二册

340000－1802－0000518　102.2/4082
新刻來瞿唐先生易註十五卷首一卷末一卷　(明)來知德撰　(清)凌夫惇圈點　清朝爽堂刻本　十册

340000－1802－0000519　102.2/4082:1
梁山來知德先生易經來註十五卷首一卷末一卷　(明)來知德撰　清刻本　八册

340000－1802－0000520　102.2/4082:2
新刻來瞿唐先生易注十五卷首一卷末一卷　(明)來知德撰　(清)凌夫惇圈點　清同治十年(1871)刻本　十二册

340000－1802－0000521　102.2/4094
御纂周易折中二十二卷首一卷　(清)李光地等撰　清刻御纂七經本　十二册

340000－1802－0000522　102.2/4094:1
御纂周易折中二十二卷首一卷　(清)李光地等撰　清刻御纂七經本　十二册

340000－1802－0000523　102.2/4094:10
御纂周易折中二十二卷首一卷　(清)李光地等撰　清刻御纂七經本　十二册

340000－1802－0000524　102.2/4094:11
周易觀彖十二卷　(清)李光地注　清刻本　五册

340000－1802－0000525　102.2/4094:12
御纂周易折中二十二卷首一卷　(清)李光地等撰　清康熙五十四年(1715)内府刻御纂七經本　十册

340000－1802－0000526　102.2/4094:13
御纂周易折中二十二卷首一卷　(清)李光地等撰　清刻御纂七經本　一册　存二卷(二十一至二十二)

340000－1802－0000527　102.2/4094:14
御纂周易折中二十二卷首一卷　(清)李光地等撰　清同治六年(1867)浙江書局刻御纂七經本　九册

340000－1802－0000528　102.2/4094:15
御纂周易折中二十二卷首一卷　(清)李光地等撰　清刻御纂七經本　八册

340000－1802－0000529　102.2/4094:2
御纂周易折中二十二卷首一卷　(清)李光地等撰　清同治六年(1867)浙江書局刻御纂七經本　十册

340000－1802－0000530　102.2/4094:3
御纂周易折中二十二卷首一卷　(清)李光地等撰　清同治六年(1867)浙江書局刻御纂七經本　十册

340000－1802－0000531　102.2/4094:4
御纂周易折中二十二卷首一卷　(清)李光地等撰　清同治六年(1867)浙江書局刻御纂七經本　十册

340000－1802－0000532　102.2/4094:5
御纂周易折中二十二卷首一卷　(清)李光地等撰　清同治六年(1867)浙江書局刻御纂七經本　十册

340000－1802－0000533　102.2/4094:6
御纂周易折中二十二卷首一卷　(清)李光地等撰　清同治六年(1867)浙江書局刻御纂七經本　十册

340000－1802－0000534　102.2/4094:7
周易觀彖大指二卷　(清)李光地著　清嘉慶許乃普等刻本　一册

340000－1802－0000535　102.2/4094:8
御纂周易折中二十二卷首一卷　(清)李光地等撰　清光緒二十年(1894)湖北書局刻御纂七經本　十二册

340000－1802－0000536　102.2/4094:9
御纂周易折中二十二卷首一卷　(清)李光地等撰　清刻御纂七經本　十二册

340000－1802－0000537　102.2/4215
周易姚氏學十六卷首一卷　(清)姚配中撰　清光緒三年(1877)湖北崇文書局刻本　六册

340000－1802－0000538　102.2/4215:1
周易姚氏學十六卷首一卷　(清)姚配中撰　清光緒元年(1875)湖北崇文書局刻本　四册

340000－1802－0000539　102.2/4215:2
周易姚氏學十六卷首一卷　(清)姚配中撰　清光緒三年(1877)湖北崇文書局刻本　六册

340000－1802－0000540　102.2/4493
周易屬辭十二卷通例五卷通説二卷　(清)蕭光遠著　清咸豐三年(1853)王燦奎刻遵義蕭氏遺書本　一册　存二卷(通説二卷)

340000－1802－0000541　102.2/4633
西樓易説十八卷　(清)楊家洙著　清光緒十四年(1888)木活字印本　十八册

340000－1802－0000542　102.2/4633:1
西樓易説十八卷　(清)楊家洙著　清光緒十四年(1888)木活字印本　十八册

340000－1802－0000543　102.2/4658
易例大全不分卷　(清)榕園書屋主人著　清咸豐十一年(1861)刻本　一册

340000－1802－0000544　102.2/4714
易附録纂注十五卷　(元)胡一桂纂注　清康熙十九年(1680)通志堂刻通志堂經解叢書本　三册

340000－1802－0000545　102.2/4714:1
周易發明啓蒙翼傳三卷外篇一卷　(元)胡一桂撰　清康熙十九年(1680)通志堂刻通志堂經解叢書本　一册　存一卷(一)

340000－1802－0000546　102.2/4733
勞謙室讀易隨筆一卷　(清)胡遠濬著　清光緒二十九年(1903)活字印本　一册

340000－1802－0000547　102.2/4733
易學一得録三卷猶賢編一卷　(清)胡澤漳著　清光緒三年(1877)刻本　二册

340000－1802－0000548　102.2/4733:1

勞謙室讀易隨筆一卷　胡遠濬著　清光緒二十九年(1903)活字印本　一册

340000－1802－0000549　102.2/4733:2
勞謙室讀易隨筆一卷　胡遠濬著　清光緒二十九年(1903)活字印本　一册

340000－1802－0000550　102.2/4733:3
勞謙室讀易隨筆一卷　胡遠濬著　清光緒二十九年(1903)活字印本　一册

340000－1802－0000551　102.2/4733:4
勞謙室讀易隨筆一卷　胡遠濬著　清光緒二十九年(1903)活字印本　一册

340000－1802－0000552　102.2/4733:5
勞謙室讀易隨筆一卷　胡遠濬著　清光緒二十九年(1903)活字印本　一册

340000－1802－0000553　102.2/4733:6
勞謙室讀易隨筆一卷　胡遠濬著　清光緒二十九年(1903)活字印本　一册

340000－1802－0000554　102.2/4733:7
勞謙室讀易隨筆一卷　胡遠濬著　清光緒二十九年(1903)活字印本　一册

340000－1802－0000555　102.2/4733:8
勞謙室讀易隨筆一卷　胡遠濬著　清光緒二十九年(1903)活字印本　一册

340000－1802－0000556　102.2/4733:9
勞謙室讀易隨筆一卷　胡遠濬著　清光緒二十九年(1903)活字印本　一册

340000－1802－0000557　102.2/4733:10
勞謙室讀易隨筆一卷　胡遠濬著　清光緒二十九年(1903)活字印本　一册

340000－1802－0000558　102.2/4733:11
勞謙室讀易隨筆一卷　胡遠濬著　清光緒二十九年(1903)活字印本　一册

340000－1802－0000559　102.2/4733:12
勞謙室讀易隨筆一卷　胡遠濬著　清光緒二十九年(1903)活字印本　一册

340000－1802－0000560　102.2/4733:13

勞謙室讀易隨筆一卷　胡遠濬著　清光緒二十九年(1903)活字印本　一册

340000－1802－0000561　102.2/4733:14
勞謙室讀易隨筆一卷　胡遠濬著　清光緒二十九年(1903)活字印本　一册

340000－1802－0000562　102.2/4733:15
勞謙室讀易隨筆一卷　胡遠濬著　清光緒二十九年(1903)活字印本　一册

340000－1802－0000563　102.2/4733:16
勞謙室讀易隨筆一卷　胡遠濬著　清光緒二十九年(1903)活字印本　一册

340000－1802－0000564　102.2/4733:17
勞謙室讀易隨筆一卷　胡遠濬著　清光緒二十九年(1903)活字印本　一册

340000－1802－0000565　102.2/4733:18
勞謙室讀易隨筆一卷　胡遠濬著　清光緒二十九年(1903)活字印本　一册

340000－1802－0000566　102.2/4733:19
勞謙室讀易隨筆一卷　胡遠濬著　清光緒二十九年(1903)活字印本　一册

340000－1802－0000567　102.2/4733:20
勞謙室讀易隨筆一卷　胡遠濬著　清光緒二十九年(1903)活字印本　一册

340000－1802－0000568　102.2/4733:21
勞謙室讀易隨筆一卷　胡遠濬著　清光緒二十九年(1903)活字印本　一册

340000－1802－0000569　102.2/4733:22
勞謙室讀易隨筆一卷　胡遠濬著　清光緒二十九年(1903)活字印本　一册

340000－1802－0000570　102.2/4733:23
勞謙室讀易隨筆一卷　胡遠濬著　清光緒二十九年(1903)活字印本　一册

340000－1802－0000571　102.2/4733:24
勞謙室讀易隨筆一卷　胡遠濬著　清光緒二十九年(1903)活字印本　一册

340000－1802－0000572　102.2/4733:25

勞謙室讀易隨筆一卷　胡遠濬著　清光緒二十九年(1903)活字印本　一冊

340000－1802－0000573　102.2/4733:26
勞謙室讀易隨筆一卷　胡遠濬著　清光緒二十九年(1903)活字印本　一冊

340000－1802－0000574　102.2/4733:27
勞謙室讀易隨筆一卷　胡遠濬著　清光緒二十九年(1903)活字印本　一冊

340000－1802－0000575　102.2/4790
周易本義通釋十二卷輯錄雲峰文集易義一卷　(元)胡炳文撰　清刻本　三冊　存十一卷(周易本義通釋一至十、輯錄雲峰文集易義一卷)

340000－1802－0000576　102.2/4790:1
周易本義通釋十二卷　(元)胡炳文通　清刻本　一冊　存一卷(二)

340000－1802－0000577　102.2/4943
周易告蒙四卷圖注三卷　(清)趙世迥著　清乾隆三十九年(1774)四德堂刻本　八冊

340000－1802－0000578　102.2/5045
周易述四十卷　(清)惠棟注疏　清乾隆二十七年(1762)雅雨堂刻本　六冊　存二十三卷(一至二十三)

340000－1802－0000579　102.2/7104
易經文捷訣一卷　(□)□□撰　**漢易臨文捷徑一卷**　(□)馬庚吉輯　清末石印本　一冊

340000－1802－0000580　102.2/7548
周易廓二十四卷　(清)陳世鎔撰　清咸豐元年(1851)刻本　五冊　缺五卷(二十至二十四)

340000－1802－0000581　102.2/7548:1
周易廓二十四卷　(清)陳世鎔撰　清咸豐元年(1851)刻本　六冊

340000－1802－0000582　102.2/7548:2
周易廓二十四卷　(清)陳世鎔撰　清咸豐元年(1851)刻本　六冊

340000－1802－0000583　102.2/7746
周易揭要三卷　(清)周蕙田輯　清乾隆五十三年(1788)刻五經揭要本　二冊

340000－1802－0000584　102.2/8042
周易内傳十二卷　(清)金士升撰　(清)錢時雍編　清道光二年(1822)楊學烈刻本　六冊

340000－1802－0000585　102.4/7120
讀易綱領一卷周易正蒙一卷　(清)馬徵麐撰　清鉛印本　一冊

340000－1802－0000586　102.4/7120:1
讀易綱領一卷周易正蒙一卷　(清)馬徵麐撰　清鉛印本　一冊

340000－1802－0000587　102.5/6030
周易古本十二篇附音訓二卷　(宋)呂祖謙輯　清光緒二十九年(1903)孫氏刻本　二冊

340000－1802－0000588　103.2/1012
欽定書經傳説彙纂二十一卷首二卷書序一卷　(清)王頊齡等撰　清刻本　一冊　存二卷(十四至十五)

340000－1802－0000589　103.2/1012:1
欽定書經傳説彙纂二十一卷首二卷書序一卷　(清)王頊齡等撰　清同治七年(1868)刻本　十二冊

340000－1802－0000590　103.2/1012:2
欽定書經傳説彙纂二十一卷首二卷書序一卷　(清)王頊齡等撰　清同治七年(1868)刻本　十二冊

340000－1802－0000591　103.2/1012:3
欽定書經傳説彙纂二十一卷首二卷書序一卷　(清)王頊齡等撰　清同治七年(1868)刻本　十二冊

340000－1802－0000592　103.2/1012:4
欽定書經傳説彙纂二十一卷首二卷書序一卷　(清)王頊齡等撰　清雍正八年(1730)内府刻御纂七經本　八冊

340000－1802－0000593　103.2/1012:5
欽定書經傳説彙纂二十一卷首二卷書序一卷　(清)王頊齡等撰　清雍正八年(1730)刻御

纂七經本　十二册

340000－1802－0000594　103.2/1012:6
欽定書經傳説彙纂二十一卷首二卷書序一卷　(清)王頊齡等撰　清同治七年(1868)刻御纂七經本　十二册

340000－1802－0000595　103.2/1012:7
欽定書經傳説彙纂二十一卷首二卷書序一卷　(清)王頊齡等撰　清雍正八年(1730)刻御纂七經本　十二册

340000－1802－0000596　103.2/1012:8
欽定書經傳説彙纂二十一卷首二卷書序一卷　(清)王頊齡等撰　清雍正八年(1730)刻御纂七經本　十二册

340000－1802－0000597　103.2/1012:9
欽定書經傳説彙纂二十一卷首二卷書序一卷　(清)王頊齡等撰　清刻本　十六册

340000－1802－0000598　103.2/1012:10
欽定書經傳説彙纂二十一卷首二卷書序一卷　(清)王頊齡等撰　清雍正八年(1730)刻御纂七經本　十四册

340000－1802－0000599　103.2/1053
尚書引義六卷　(清)王夫之撰　清同治四年(1865)金陵節署刻本　一册　存三卷(一至三)

340000－1802－0000600　103.2/1053:1
書經稗疏四卷　(清)王夫之撰　清同治四年(1865)湘鄉曾國荃金陵刻船山遺書本　一册　存二卷(三至四)

340000－1802－0000601　103.2/1065
尚書後案三十卷後辨一卷　(清)王鳴盛撰　清乾隆四十五年(1780)刻本　八册

340000－1802－0000602　103.2/1065:1
尚書後案三十卷後辨一卷　(清)王鳴盛撰　清乾隆四十五年(1780)刻本　八册

340000－1802－0000603　103.2/1144
書經衷論四卷　(清)張英著　清光緒二十三年(1897)桐城張氏家刻本　二册

340000－1802－0000604　103.2/1144:1
書經衷論四卷　(清)張英撰　清光緒二十三年(1897)桐城張氏家刻本　一册

340000－1802－0000605　103.2/1144:2
書經衷論四卷　(清)張英著　清光緒二十三年(1897)桐城張氏家刻本　二册

340000－1802－0000606　103.2/1213
尚書集解二十卷　(清)孫承澤撰　清刻本　六册

340000－1802－0000607　103.2/1232
欽定書經圖説五十卷　(清)孫家鼐等修　清光緒三十一年(1905)石印本　十五册　缺三卷(三十三至三十五)

340000－1802－0000608　103.2/1232:1
欽定書經圖説五十卷　(清)孫家鼐等修　清光緒三十一年(1905)石印本　十四册

340000－1802－0000609　103.2/1236
尚書註疏二十卷　(漢)孔安國傳　(唐)陸德明音義　(唐)孔穎達疏　明崇禎五年(1632)汲古閣刻本　四册　存八卷(十三至二十)

340000－1802－0000610　103.2/2378
尚書大傳四卷附補遺一卷續補遺一卷考異一卷　(漢)伏勝撰　(漢)鄭玄注　(清)盧文弨輯併撰考異　清乾隆二十一年(1756)德州盧氏刻雅雨堂藏書本　一册

340000－1802－0000611　103.2/2378:1
尚書大傳四卷附補遺一卷續補遺一卷考異一卷　(漢)伏勝撰　(漢)鄭玄注　(清)盧文弨輯併撰考異　清光緒元年(1875)湖北崇文書局刻崇文書局彙刻書本　一册

340000－1802－0000612　103.2/2378:2
尚書大傳四卷附補遺一卷續補遺一卷考異一卷　(漢)伏勝撰　(漢)鄭玄注　(清)盧文弨輯併撰考異　清光緒三年(1877)湖北崇文書局刻本　一册

340000－1802－0000613　103.2/2540
書經揭要六卷　(宋)朱熹撰　清刻本　一册

存三卷(四至六)

340000－1802－0000614　103.2/2632
寫定尚書不分卷　(清)吳汝綸撰　清光緒十八年(1892)桐城吳氏家塾刻本　一冊

340000－1802－0000615　103.2/2632:1
尚書讀本二卷　(清)吳汝綸撰　清光緒三十四年(1908)保陽書局鉛印本　二冊

340000－1802－0000616　103.2/2632:2
尚書讀本二卷　(清)吳汝綸撰　清光緒三十四年(1908)保陽書局鉛印本　二冊

340000－1802－0000617　103.2/2632:3
寫定尚書不分卷　(清)吳汝綸撰　清光緒十八年(1892)桐城吳氏家塾刻本　一冊

340000－1802－0000618　103.2/2632:4
寫定尚書不分卷　(清)吳汝綸撰　清光緒十八年(1892)桐城吳氏家塾刻本　一冊

340000－1802－0000619　103.2/2632:5
寫定尚書不分卷　(清)吳汝綸撰　清光緒十八年(1892)桐城吳氏家塾刻本　一冊

340000－1802－0000620　103.2/2632:6
寫定尚書不分卷　(清)吳汝綸撰　清光緒十八年(1892)桐城吳氏家塾刻本　一冊

340000－1802－0000621　103.2/2632:7
寫定尚書不分卷　(清)吳汝綸撰　清光緒十八年(1892)桐城吳氏家塾刻本　一冊

340000－1802－0000622　103.2/2717
寄傲山房塾課纂輯書經備旨蔡註捷錄七卷　(清)鄒聖脈纂輯　(清)鄒廷猷編　清光緒十二年(1886)上海點石齋石印本　二冊

340000－1802－0000623　103.2/2717:1
寄傲山房塾課纂輯書經備旨蔡註捷錄七卷　(清)鄒聖脈纂輯　(清)鄒廷猷編　清雍正八年(1730)刻本　四冊

340000－1802－0000624　103.2/2717:2
寄傲山房塾課纂輯書經備旨蔡註捷錄七卷　(清)鄒聖脈纂輯　(清)鄒廷猷編　清雍正八年(1730)刻本　四冊

340000－1802－0000625　103.2/2717:3
寄傲山房塾課纂輯書經備旨蔡註捷錄七卷　(清)鄒聖脈纂輯　(清)鄒廷猷編　清雍正八年(1730)刻本　四冊

340000－1802－0000626　103.2/2717:4
寄傲山房塾課纂輯書經備旨蔡註捷錄七卷　(清)鄒聖脈纂輯　(清)鄒廷猷編　清刻本　二冊　存三卷(一至三)

340000－1802－0000627　103.2/2717:5
寄傲山房塾刻纂輯書經備旨蔡傳捷錄七卷　(清)鄒聖脈纂輯　(清)鄒可庭編　清刻本　一冊　存二卷(六至七)

340000－1802－0000628　103.2/3191
書經詮義十二首二卷　(清)汪烜編　清光緒十年(1884)曲水書局刻本　十三冊

340000－1802－0000629　103.2/4382
書傳補商十七卷　(清)戴鈞衡撰　清刻本　六冊

340000－1802－0000630　103.2/4382:1
書傳補商十七卷　(清)戴鈞衡撰　清刻本　六冊

340000－1802－0000631　103.2/4382:2
書傳補商十七卷　(清)戴鈞衡撰　清刻本　六冊

340000－1802－0000632　103.2/4382:3
書傳補商十七卷　(清)戴鈞衡撰　清刻本　六冊

340000－1802－0000633　103.2/4400
尚書說七卷　(宋)黃度著　清道光九年(1829)刻本　六冊

340000－1802－0000634　103.2/4434
書經六卷首一卷末一卷　(宋)蔡沈集傳　清光緒七年(1881)刻本　四冊

340000－1802－0000635　103.2/4434:1
書經六卷首一卷末一卷　(宋)蔡沈集傳　清李光明莊刻本　四冊

340000－1802－0000636　103.2/4434:2

書經六卷首一卷末一卷　(宋)蔡沈集傳　清李光明莊刻本　四册

340000－1802－0000637　103.2/4434:3
書經六卷首一卷末一卷　(宋)蔡沈集傳　(元)鄒季友音釋　清咸豐五年(1855)浦城祝氏與古齋刻本　四册

340000－1802－0000638　103.2/4434:4
書經六卷首一卷末一卷　(宋)蔡沈集傳　清同治五年(1866)金陵書局刻本　四册

340000－1802－0000639　103.2/4434:5
書經六卷首一卷末一卷　(宋)蔡沈集傳　清同治五年(1866)金陵書局刻本　四册

340000－1802－0000640　103.2/4434:6
書經六卷首一卷末一卷　(宋)蔡沈集傳　清同治五年(1866)金陵書局刻本　四册

340000－1802－0000641　103.2/4434:7
書經六卷首一卷末一卷　(宋)蔡沈集傳　清同治五年(1866)金陵書局刻本　四册

340000－1802－0000642　103.2/4434:8
書經六卷　(宋)蔡沈集傳　清同治十三年(1874)湖南書局刻本　四册

340000－1802－0000643　103.2/4434:9
書經六卷首一卷末一卷　(宋)蔡沈集傳　清同治刻本　四册

340000－1802－0000644　103.2/4434:10
書經六卷　(宋)蔡沈集傳　清末刻本　三册　存五卷(二至六)

340000－1802－0000645　103.2/4434:11
書經六卷首一卷末一卷　(宋)蔡沈集傳　清光緒七年(1881)金陵書局刻本　四册

340000－1802－0000646　103.2/4434:12
書經六卷首一卷末一卷　(宋)蔡沈集傳　清光緒七年(1881)金陵書局刻本　四册

340000－1802－0000647　103.2/4434:13
書經六卷首一卷末一卷　(宋)蔡沈集傳　清光緒七年(1881)金陵書局刻本　四册

340000－1802－0000648　103.2/4434:14
書經六卷首一卷末一卷　(宋)蔡沈集傳　清光緒七年(1881)金陵書局刻本　四册

340000－1802－0000649　103.2/4434:15
書經六卷首一卷末一卷　(宋)蔡沈集傳　清光緒七年(1881)金陵書局刻本　四册

340000－1802－0000650　103.2/4434:16
書經六卷　(宋)蔡沈集傳　清光緒二十一年(1895)湖北官書處刻本　四册

340000－1802－0000651　103.2/4434:17
書經六卷　(宋)蔡沈集傳　清光緒二十一年(1895)湖北官書處刻本　四册

340000－1802－0000652　103.2/4434:18
書經六卷首一卷末一卷　(宋)蔡沈集傳　清光緒六年(1880)刻本　四册

340000－1802－0000653　103.2/4434:19
書經六卷首一卷末一卷　(宋)蔡沈集傳　清光緒六年(1880)刻本　四册

340000－1802－0000654　103.2/4434:20
書經六卷首一卷末一卷　(宋)蔡沈集傳　清光緒六年(1880)醉六堂刻本　四册

340000－1802－0000655　103.2/4434:21
書經六卷　(宋)蔡沈集傳　清同治七年(1868)楚北崇文書局刻本　四册

340000－1802－0000656　103.2/4434:22
書經六卷　(宋)蔡沈集傳　清同治七年(1868)楚北崇文書局刻本　四册

340000－1802－0000657　103.2/4434:23
書經六卷　(宋)蔡沈集傳　清同治七年(1868)楚北崇文書局刻本　四册

340000－1802－0000658　103.2/4434:24
書經六卷　(宋)蔡沈集傳　清同治七年(1868)楚北崇文書局刻本　四册

340000－1802－0000659　103.2/4434:25
尚書六卷　(宋)蔡沈集傳　清光緒十六年(1890)桂垣書局刻本　四册

340000－1802－0000660　103.2/4434:26
書經集注六卷　(宋)蔡沈集傳　清安省聚文堂刻本　五冊　存五卷(一至五)

340000－1802－0000661　103.2/4434:27
書經六卷首一卷末一卷　(宋)蔡沈集傳　清同治三年(1864)浙江撫署刻本　四冊

340000－1802－0000662　103.2/4434:28
書經六卷　(宋)蔡沈集傳　清同治七年(1868)楚北崇文書局刻本　四冊

340000－1802－0000663　103.2/4434:29
書經精華十卷首一卷　(宋)蔡沈集傳　清刻本　六冊

340000－1802－0000664　103.2/4438
書經精義四卷首一卷末一卷　(清)黄淦纂　清嘉慶九年(1804)刻本　三冊

340000－1802－0000665　103.2/7115
古文尚書十卷　(漢)馬融　(漢)鄭玄注　(宋)王應麟編　(清)孫星衍補集　**尚書逸文二卷**　(清)江聲撰　(清)孫星衍補　清乾隆六十年(1795)蘭陵孫氏問字堂刻本　二冊

340000－1802－0000666　103.2/7148
新刻書經備旨善本輯要六卷　(清)馬大猷編　清光緒二十三年(1897)經綸元記刻本　四冊

340000－1802－0000667　103.2/7741
尚書古文疏證八卷　(清)閻若璩撰　清嘉慶元年(1796)天津吳人驥刻本　九冊

340000－1802－0000668　103.2/7741:1
尚書古文疏證八卷　(清)閻若璩撰　**朱子古文書疑一卷**　(清)閻詠輯　清嘉慶元年(1796)刻本　八冊

340000－1802－0000669　103.2/7741:2
尚書古文疏證八卷　(清)閻若璩撰　**朱子古文書疑一卷**　(清)閻詠輯　清嘉慶元年(1796)天津吳人驥刻本　一冊　存一卷(朱子古文書疑一卷)

340000－1802－0000670　103.2/8343
書經體註大全合參六卷　(清)張聖度編　(清)錢希祥參　清刻本　四冊

340000－1802－0000671　103.2/8344
尚書離句六卷　(清)錢在培注　清光緒四年(1878)刻本　四冊

340000－1802－0000672　103.2/8344:1
尚書離句六卷　(清)錢在培注　清兩儀堂刻本　一冊　存三卷(四至六)

340000－1802－0000673　103.2/8700
尚書大傳四卷附補遺一卷續補遺一卷考異一卷　(漢)伏勝撰　(漢)鄭玄注　(清)盧文弨輯併撰考異　清乾隆二十一年(1756)刻本　一冊

340000－1802－0000674　103.6/1171
禹貢水道析疑二卷　(清)張履元編　清道光五年(1825)刻本　二冊

340000－1802－0000675　103.6/2330
禹貢集解二卷　(宋)傅寅撰　清同治八年(1869)退補齋刻金華叢書本　二冊

340000－1802－0000676　103.6/2639
夏書禹貢考略一卷　(清)魏近光著　清咸豐三年(1853)刻本　一冊

340000－1802－0000677　103.6/4736
禹貢錐指二十卷圖一卷　(清)胡渭撰　清康熙四十四年(1705)漱六軒刻本　六冊

340000－1802－0000678　103.6/4736:1
禹貢錐指二十卷圖一卷　(清)胡渭撰　清康熙四十四年(1705)漱六軒刻本　十一冊　缺一卷(圖一卷)

340000－1802－0000679　103.7/8772
洪範圖説不分卷　(清)舒俊鯤纂　清乾隆三十七年(1772)刻本　二冊

340000－1802－0000680　104.2/0041
詩經蝠注大全體要八卷　(清)高朝瓔定　(清)沈世楷輯　(清)沈存仁參　清康熙五十年(1711)漁古山房刻本　四冊

340000－1802－0000681　104.2/1032

欽定詩經傳說匯纂二十一卷首二卷詩序上下卷　(清)王鴻緒等撰　清雍正五年(1727)內府刻御纂七經本　二十四冊

340000－1802－0000682　104.2/1032:1
欽定詩經傳說匯纂二十一卷首二卷詩序上下卷　(清)王鴻緒等撰　清雍正五年(1727)內府刻御纂七經本　十八冊

340000－1802－0000683　104.2/1032:2
欽定詩經傳說匯纂二十一卷首二卷詩序上下卷　(清)王鴻緒等撰　清同治七年(1868)刻御纂七經本　十六冊

340000－1802－0000684　104.2/1032:3
欽定詩經傳說彙纂二十一卷首二卷詩序二卷　(清)王鴻緒等撰　清同治七年(1868)刻御纂七經本　十六冊

340000－1802－0000685　104.2/1032:4
欽定詩經傳說匯纂二十一卷首二卷詩序上下卷　(清)王鴻緒等撰　清同治七年(1868)刻御纂七經本　十六冊

340000－1802－0000686　104.2/1032:5
欽定詩經傳說匯纂二十一卷首二卷詩序上下卷　(清)王鴻緒等撰　清雍正五年(1727)內府刻御纂七經本　二十冊

340000－1802－0000687　104.2/1032:6
欽定詩經傳說匯纂二十一卷首二卷詩序上下卷　(清)王鴻緒等撰　清同治七年(1868)刻御纂七經本　十二冊

340000－1802－0000688　104.2/1032:7
欽定詩經傳說彙纂二十一卷首二卷詩序二卷　(清)王鴻緒等編　清刻御纂七經本　十七冊　存十九卷(一至十二、十五至十九,首二卷)

340000－1802－0000689　104.2/1053
詩廣傳五卷　(清)王夫之撰　清同治四年(1865)金陵節署刻船山遺書本　一冊　存三卷(一至三)

340000－1802－0000690　104.2/1114
三頌備說不分卷　(清)張承華編　清同治六年(1867)刻本　一冊　殘存周頌備說和魯頌備說

340000－1802－0000691　104.2/2000
毛詩二十卷　(漢)毛亨　(漢)毛萇輯　(漢)鄭玄注　清刻本　四冊

340000－1802－0000692　104.2/2000:1
附釋音毛詩注疏七十卷校勘記七十卷　(漢)毛亨傳　(漢)鄭玄箋　(唐)陸德明音義　(唐)孔穎達疏　清嘉慶二十年(1815)江西南昌府學刻重刊宋本十三經注疏附校勘記本　十四冊　缺二十二卷(三十三至三十九、六十七至七十,校勘記三十三至三十九、六十七至七十)

340000－1802－0000693　104.2/2000:2
毛詩註疏二十卷　(漢)毛亨傳　(漢)鄭玄箋　(唐)孔穎達疏　明崇禎三年(1630)汲古閣刻十三經注疏本　九冊　存八卷(四至五、十二至十七)

340000－1802－0000694　104.2/2142
詩經世本古義二十八卷首一卷　(明)何楷撰　清光緒十九年(1893)上海鴻寶齋石印本　十六冊

340000－1802－0000695　104.2/2142:1
詩經世本古義二十八卷首一卷　(明)何楷撰　清光緒十九年(1893)上海鴻寶齋石印本　十六冊

340000－1802－0000696　104.2/2391
御纂詩義折中二十卷　(清)傅恒等纂　清刻本　六冊

340000－1802－0000697　104.2/2391:1
御纂詩義折中二十卷　(清)傅恒等纂　清文光堂刻本　八冊

340000－1802－0000698　104.2/2391:2
御纂詩義折中二十卷　(清)傅恒等纂　清經元堂刻本　十冊

340000－1802－0000699　104.2/2391:3

御纂詩義折中二十卷　(清)傅恒等纂　清刻本　六冊

340000－1802－0000700　104.2/2391:4
御纂詩義折中二十卷　(清)傅恒等纂　清乾隆二十年(1755)刻本　四冊

340000－1802－0000701　104.2/2391:5
御纂詩義折中二十卷　(清)傅恒等纂　清乾隆二十年(1755)刻本　六冊

340000－1802－0000702　104.2/2540
詩經八卷　(宋)朱熹集傳　清同治三年(1864)浙江撫署刻本　四冊

340000－1802－0000703　104.2/2540:1
詩經八卷　(宋)朱熹集傳　清同治五年(1866)金陵書局刻本　四冊

340000－1802－0000704　104.2/2540:2
詩經八卷　(宋)朱熹集傳　清李光明莊刻本　六冊

340000－1802－0000705　104.2/2540:3
詩經八卷　(宋)朱熹集傳　清李光明莊刻本　六冊

340000－1802－0000706　104.2/2540:4
詩經八卷　(宋)朱熹集傳　清李光明莊刻本　六冊

340000－1802－0000707　104.2/2540:5
詩經八卷　(宋)朱熹集傳　清同治七年(1868)楚北崇文書局刻本　四冊

340000－1802－0000708　104.2/2540:6
詩經八卷　(宋)朱熹集傳　清安省聚文堂刻本　四冊

340000－1802－0000709　104.2/2540:7
詩經八卷　(宋)朱熹集傳　清刻本　四冊

340000－1802－0000710　104.2/2540:8
詩經八卷　(宋)朱熹集傳　清刻本　四冊

340000－1802－0000711　104.2/2540:9
詩經八卷　(宋)朱熹集傳　清光緒六年(1880)南京李光明莊刻本　六冊

340000－1802－0000712　104.2/2540:10
詩經八卷　(宋)朱熹集傳　清嘉慶十年(1805)刻本　四冊

340000－1802－0000713　104.2/2540:11
詩經八卷　(宋)朱熹集傳　清光緒元年(1875)湖北崇文書局刻本　四冊

340000－1802－0000714　104.2/2540:12
詩經八卷　(宋)朱熹集傳　清刻本　三冊　存六卷(三至八)

340000－1802－0000715　104.2/2631
詩古微上編六卷中編十卷下編二卷首一卷　(清)魏源撰　清光緒十三年(1887)刻本　十二冊

340000－1802－0000716　104.2/2631:1
詩古微上編六卷中編十卷下編二卷首一卷　(清)魏源撰　清光緒十三年(1887)刻本　八冊　缺四卷(上編四至六、下編一)

340000－1802－0000717　104.2/2717
新增詩經補注附考備旨八卷　(清)鄒聖脈輯　(清)鄒廷猷編　清刻本　四冊

340000－1802－0000718　104.2/2717:1
御案詩經備旨八卷　(清)鄒聖脈纂　(清)鄒廷猷編　清刻本　四冊

340000－1802－0000719　104.2/2717:2
御案詩經備旨八卷　(清)鄒聖脈纂　(清)鄒廷猷編　清刻本　四冊

340000－1802－0000720　104.2/3444
詩經體註大全合參八卷　(清)沈世楷輯　清康熙五十年(1711)兩儀堂刻本　四冊

340000－1802－0000721　104.2/3444:1
詩經揶環體注大全八卷　(清)沈世楷編　詩經八卷　(宋)朱熹集傳　清經正堂刻本　四冊

340000－1802－0000722　104.2/4039
學詩堂經解二十卷　(清)李宗棠纂輯　清宣統三年(1911)鉛印本　八冊

340000－1802－0000723　104.2/4039:1

學詩堂經解二十卷　(清)李宗棠纂輯　清宣統三年(1911)鉛印本　八冊

340000－1802－0000724　104.2/4442
詩經精華十卷　(清)薛嘉穎撰　清同治十三年(1874)刻本　六冊

340000－1802－0000725　104.2/4442:1
詩經精華十卷　(清)薛嘉穎撰　清道光五年(1825)魏氏古香閣刻本　四冊

340000－1802－0000726　104.2/4480
毛詩吻訂十卷　(清)苗夔撰　清咸豐元年(1851)刻苗氏說文四種本　三冊

340000－1802－0000727　104.2/5040
詩傳十二卷　(周)申培著　清刻本　一冊　存四卷(一至四)

340000－1802－0000728　104.2/7254
學詩闕疑二卷　(清)劉青芝纂　清光緒六年(1880)刻本　一冊

340000－1802－0000729　104.2/7533
毛詩稽古編三十卷附考一卷　(清)陳啟源撰　清光緒九年(1883)上海同文書局石印本　八冊

340000－1802－0000730　104.2/7554
詩經喈鳳詳解八卷　(清)陳抒孝纂　(清)汪基增訂　清雍正十三年(1735)刻本　八冊

340000－1802－0000731　104.2/7714
詩經正義八卷　(清)周廷華纂　清雍正十一年(1733)四美堂刻本　四冊

340000－1802－0000732　104.2/7772
毛詩本義十六卷　(宋)歐陽修著　清道光十四年(1834)刻本　四冊

340000－1802－0000733　104.2/8333
田間詩學五卷　(清)錢澄之撰　清同治二年(1863)桐城斟雉堂刻桐城錢飲光先生全書本　六冊

340000－1802－0000734　104.3/1020
詩經正訛八卷　(清)王隼著　清康熙大樗堂刻本　四冊

340000－1802－0000735　104.3/1092
詩古韻表集說二卷　(清)夏炘編　清末鉛印本　一冊

340000－1802－0000736　104.3/1092:1
詩古韻表集說二卷　(清)夏炘編　清末鉛印本　一冊

340000－1802－0000737　104.3/2818
詩經廣詁三十卷　(清)徐璈編　清道光十年(1830)刻本　八冊

340000－1802－0000738　104.3/3246
毛詩古音參義五卷首一卷　(清)潘相撰　清刻本　二冊

340000－1802－0000739　104.3/4310
詩經音義約編十卷首一卷　(清)戴元裔編　清咸豐元年(1851)刻本　十冊

340000－1802－0000740　104.3/7588
毛詩古音考五卷　(明)陳第編　清光緒六年(1880)武昌張氏刻本　二冊

340000－1802－0000741　104.4/2300
詩小序一卷　(春秋)卜商撰　**詩傳孔氏傳一卷**　(春秋)端木賜撰　清刻本　二冊

340000－1802－0000742　104.4/2540
詩序辨說一卷　(宋)朱熹撰　清刻本　一冊

340000－1802－0000743　104.7/4466
韓詩外傳十卷　(漢)韓嬰著　清光緒元年(1875)湖北崇文書局刻崇文書局彙刻書本　一冊

340000－1802－0000744　104.7/4466:1
韓詩外傳十卷　(漢)韓嬰著　清練江述古齋刻本　一冊　存五卷(三至七)

340000－1802－0000745　105.1/0036
直省釋奠禮樂記六卷首一卷末一卷　(清)應寶時輯　清光緒十七年(1891)廣東藩署刻本　四冊

340000－1802－0000746　105.1/1223
文廟禮器圖式不分卷　(清)孔繼汾編　清同治六年(1867)寶翰樓刻本　一冊　存一冊

340000－1802－0000747　105.1/1286
聖門禮誌一卷　(清)孔令貽輯　清光緒十三年(1887)刻本　一册

340000－1802－0000748　105.1/2636
文廟上丁禮樂備考四卷　(清)吳祖昌編　清同治九年(1870)江右乙藜齋刻本　四册

340000－1802－0000749　105.1/2853
皇朝祭器樂舞錄二卷　(清)徐暢達輯　清同治十年(1871)楚北崇文書局刻本　二册

340000－1802－0000750　105.12/0044
周官辨一卷喪禮或問二卷離騷經正義一卷　(清)方苞撰　清乾隆七年(1742)刻抗希堂十六種本　二册

340000－1802－0000751　105.12/1047
周禮注疏删翼三十卷　(明)葉培恕纂　(明)王志長輯　清刻本　九册　存十八卷(十三至三十)

340000－1802－0000752　105.12/1200
周禮政要二卷　(清)孫詒讓著　清光緒二十八年(1902)瑞安普通學堂刻本　二册

340000－1802－0000753　105.12/1200:1
周禮政要二卷　(清)孫詒讓著　清光緒安慶正誼書局活字印本　二册

340000－1802－0000754　105.12/2233
任釣臺先生遺書四卷　(清)任啟運撰　(清)張紀植編　清嘉慶十三年(1808)瀨上彭吉士等刻本　二册

340000－1802－0000755　105.12/2737
周官注釋十二卷　(清)鮑梁纂輯　清乾隆四十一年(1776)刻本　四册

340000－1802－0000756　105.12/3130
周禮疑義舉要七卷　(清)江永撰　清歙西延古樓刻本　一册

340000－1802－0000757　105.12/3532
周官精義十二卷　(清)連斗山編　清乾隆四十一年(1776)刻本　四册

340000－1802－0000758　105.12/3532:1
周官精義十二卷　(清)連斗山編　清乾隆五十九年(1794)崇義書院刻本　六册

340000－1802－0000759　105.12/3532:2
周官精義十二卷　(清)連斗山編　清乾隆四十一年(1776)刻本　五册　存十卷(一至七、十至十二)

340000－1802－0000760　105.12/3532:3
周官精義十二卷　(清)連斗山編　清刻本　一册　存二卷(六至七)

340000－1802－0000761　105.12/3532:4
周官精義十二卷　(清)連斗山編　清刻本　五册　存九卷(四至十二)

340000－1802－0000762　105.12/4421
周禮節訓六卷　(清)黄叔琳撰　(清)姚培謙重訂　清光緒十二年(1886)蘇州掃葉山房刻本　二册

340000－1802－0000763　105.12/4421:1
周禮節訓六卷　(清)黄叔琳撰　(清)姚培謙重訂　清光緒二十五年(1899)刻本　二册

340000－1802－0000764　105.12/4421:2
周禮節訓六卷　(清)黄叔琳撰　(清)姚培謙重訂　清刻本　二册

340000－1802－0000765　105.12/4464:1
宋葉文康公禮經會元節本四卷　(宋)葉時撰　(清)陸隴其點定　(清)許元淮節選　清嘉慶五年(1800)瘦竹山房刻本　四册

340000－1802－0000766　105.12/4464:2
宋葉文康公禮經會元節本四卷　(宋)葉時撰　(清)陸隴其點定　(清)許元淮節選　清光緒十一年(1885)掄元堂刻本　三册

340000－1802－0000767　105.12/4464:3
宋葉文康公禮經會元節本四卷　(宋)葉時撰　(清)陸隴其點定　(清)許元淮節選　清光緒十五年(1889)刻本　一册　存一卷(二)

340000－1802－0000768　105.12/6715
欽定周官義疏四十八卷　(清)鄂爾泰撰　清乾隆十三年(1748)内府刻御纂七經本(卷三

十三至三十六為抄配）　二十九册

340000－1802－0000769　105.12/6715:1
欽定周官義疏四十八卷首一卷　（清）鄂爾泰撰　清乾隆十三年（1748）内府刻御纂七經本　二十一册　缺六卷（四十三至四十八）

340000－1802－0000770　105.12/6715:2
欽定周官義疏四十八卷首一卷　（清）鄂爾泰撰　清同治七年（1868）浙江書局刻御纂七經本　二十四册

340000－1802－0000771　105.12/6715:3
欽定周官義疏四十八卷首一卷　（清）鄂爾泰撰　清刻本　五册　存六卷（四十三至四十八）

340000－1802－0000772　105.12/6715:4
欽定周官義疏四十八卷首一卷　（清）鄂爾泰撰　清同治十年（1871）湖北崇文書局刻本　二十八册

340000－1802－0000773　105.12/6715:5
欽定周官義疏四十八卷首一卷　（清）鄂爾泰撰　清同治十年（1871）刻本　二十八册

340000－1802－0000774　105.12/6715:7
欽定周官義疏四十八卷首一卷　（清）鄂爾泰撰　清刻本　二十三册　存二十三卷（十五至二十四、二十九至三十三、四十二至四十八，首一卷）

340000－1802－0000775　105.12/7504
周禮精華六卷　（清）陳龍標編　清嘉慶二十三年（1818）刻本　四册

340000－1802－0000776　105.12/7504:1
周禮精華六卷　（清）陳龍標輯　清嘉慶二十三年（1818）刻本　四册　存四卷（一至四）

340000－1802－0000777　105.12/8700
周禮六卷　（漢）鄭玄注　（唐）陸德明音義
序周禮廢興一卷　（唐）賈公彦撰　清光緒二十年（1894）金陵書局刻本　六册

340000－1802－0000778　105.12/8700:1
周禮折衷六卷　（漢）鄭玄注　（唐）賈逵疏　（清）胡興全重訂　清嘉慶十一年（1806）經綸堂刻本　六册

340000－1802－0000779　105.12/8700:10
周禮六卷　（漢）鄭玄注　（唐）陸德明音義　清嘉慶十一年（1806）清芬閣刻本　六册

340000－1802－0000780　105.12/8700:11
周禮六卷　（漢）鄭玄注　（唐）陸德明音義　清嘉慶十一年（1806）清芬閣刻本　六册

340000－1802－0000781　105.12/8700:12
周禮六卷　（漢）鄭玄注　（唐）陸德明音義　清嘉慶十一年（1806）清芬閣刻本　六册

340000－1802－0000782　105.12/8700:13
周禮六卷　（漢）鄭玄注　（唐）陸德明音義　清乾隆五十二年（1787）福禮堂刻本　六册

340000－1802－0000783　105.12/8700:2
周禮十二卷　（漢）鄭玄注　（唐）陸德明音義　清光緒十二年（1886）湖北官書處刻本　六册

340000－1802－0000784　105.12/8700:3
周禮十二卷　（漢）鄭玄注　（唐）陸德明音義　清同治七年（1868）湖北崇文書局刻本　六册

340000－1802－0000785　105.12/8700:4
周禮六卷　（漢）鄭玄注　（唐）陸德明音義　清光緒二十年（1894）金陵書局刻本　六册

340000－1802－0000786　105.12/8700:5
周禮六卷　（漢）鄭玄注　（唐）陸德明音義　清光緒二十年（1894）金陵書局刻本　六册

340000－1802－0000787　105.12/8700:6
周禮六卷　（漢）鄭玄注　（唐）陸德明音義　清嘉慶十一年（1806）清芬閣刻本　六册

340000－1802－0000788　105.12/8700:7
周禮六卷　（漢）鄭玄注　（唐）陸德明音義　清嘉慶十一年（1806）清芬閣刻本　六册

340000－1802－0000789　105.12/8700:8
周禮六卷　（漢）鄭玄注　（唐）陸德明音義　清嘉慶十一年（1806）清芬閣刻本　六册

340000－1802－0000790　105.12/8700:9
周禮六卷　(漢)鄭玄注　(唐)陸德明音義　清嘉慶十一年(1806)清芬閣刻本　六冊

340000－1802－0000791　105.22/0044
儀禮析疑十七卷　(清)方苞著　(清)程崟　(清)方道興編　清乾隆十一年(1746)刻本　六冊

340000－1802－0000792　105.22/1080
儀禮疏五十卷　(唐)賈公彥等撰　清刻本　四冊　存十二卷(三十六至四十四、四十八至五十)

340000－1802－0000793　105.22/1080:1
儀禮疏五十卷　(唐)賈公彥等撰　清嘉慶二十一年(1816)刻本　一冊　存三卷(四十五至四十七)

340000－1802－0000794　105.22/2337
欽定儀禮義疏四十八卷首二卷　(清)允祿等撰　清刻御纂七經本　二十八冊

340000－1802－0000795　105.22/2337:1
欽定儀禮義疏四十八卷首二卷　(清)允祿等撰　清内府刻御纂七經本　四十一冊

340000－1802－0000796　105.22/2337:2
欽定儀禮義疏四十八卷首二卷　(清)允祿等撰　清内府刻御纂七經本　十九冊　缺十七卷(三十至三十七、四十至四十八)

340000－1802－0000797　105.22/2337:3
欽定儀禮義疏四十八卷首二卷　(清)鄂爾泰撰　清同治十年(1871)湖北崇文書局刻本　三十二冊

340000－1802－0000798　105.22/2540
朱子儀禮經傳通解六十九卷後序一卷　(宋)朱熹撰　(清)梁萬方編　清聚錦堂刻本　二十冊

340000－1802－0000799　105.22/2540:1
儀禮經傳通解二十三卷續二十九卷集傳集注十四卷　(宋)朱熹撰　清呂氏寶誥堂刻本　二十四冊

340000－1802－0000800　105.22/2574
儀禮經注一隅二卷　(清)朱駿聲撰　清光緒八年(1882)臨嘯閣刻朱氏羣書本　一冊

340000－1802－0000801　105.22/2614
儀禮章句十七卷　(清)吳廷華章句　清乾隆二十二年(1757)刻本　四冊

340000－1802－0000802　105.22/4741
儀禮正義四十卷　(清)胡培翬撰　(清)楊大堉補　清咸豐二年(1852)蘇州湯晉苑局刻同治七年(1868)印本　二十冊

340000－1802－0000803　105.22/4741:1
儀禮正義四十卷　(清)胡培翬撰　(清)楊大堉補　清咸豐二年(1852)蘇州湯晉苑局刻同治七年(1868)印本　二十冊

340000－1802－0000804　105.22/4770
儀禮釋官九卷首一卷　(清)胡匡衷著　清同治八年(1869)胡肇智刻本　四冊

340000－1802－0000805　105.22/8700
儀禮註疏十七卷　(漢)鄭玄注　(唐)賈公彥疏　明崇禎十二年(1639)汲古閣刻十三經注疏本　四冊　存九卷(一至三、六至十一)

340000－1802－0000806　105.22/8700:1
儀禮十七卷　(漢)鄭玄注　(唐)陸德明音義　清光緒十二年(1886)湖北官書處刻本　四冊

340000－1802－0000807　105.22/8700:2
儀禮十七卷　(漢)鄭玄注　(唐)陸德明音義　清同治七年(1868)湖北崇文書局刻本　四冊

340000－1802－0000808　105.22/8700:3
儀禮十七卷　(漢)鄭玄注　(唐)陸德明音義　清同治七年(1868)湖北崇文書局刻本　四冊

340000－1802－0000809　105.22/8700:4
儀禮註疏五十卷　(漢)鄭玄注　(唐)賈公彥疏　清刻本　二冊　存三卷(七、十四至十五)

340000－1802－0000810　105.22/8718
儀禮私箋八卷　（清）鄭珍撰　清同治五年(1866)成山唐氏刻本　二冊

340000－1802－0000811　105.22/9048
儀禮瑣辨一卷　（清）常增撰　清道光二十七年(1847)刻本　一冊

340000－1802－0000812　105.23/1150
儀禮圖六卷　（清）張惠言撰　清同治九年(1870)楚北崇文書局刻本　三冊

340000－1802－0000813　105.23/1150:1
儀禮圖六卷　（清）張惠言撰　清同治九年(1870)楚北崇文書局刻本　三冊

340000－1802－0000814　105.23/3133:1
聖廟祀典圖考五卷附聖蹟圖一卷孟子聖蹟圖一卷　（清）顧沅輯　清道光六年(1826)刻本　六冊

340000－1802－0000815　105.23/3133:2
聖廟祀典圖考五卷首一卷附二卷　（清）顧沅輯　清道光六年(1826)刻本　六冊

340000－1802－0000816　105.24/1112
儀禮鄭注句讀十七卷　（清）張爾岐句讀　清光緒二十六年(1900)新化三味堂刻本　四冊

340000－1802－0000817　105.24/1112:1
儀禮鄭注句讀十七卷　（清）張爾岐句讀　清同治七年(1868)金陵書局刻本　五冊

340000－1802－0000818　105.24/1112:2
儀禮鄭注句讀十七卷　（清）張爾岐句讀　清同治七年(1868)金陵書局刻本　四冊

340000－1802－0000819　105.24/1112:3
儀禮鄭注句讀十七卷　（清）張爾岐句讀　清同治七年(1868)金陵書局刻本　四冊

340000－1802－0000820　105.24/1112:4
儀禮鄭注句讀十七卷　（清）張爾岐句讀　清同治七年(1868)金陵書局刻本　四冊

340000－1802－0000821　105.24/1112:5
儀禮鄭注句讀十七卷　（清）張爾岐句讀　清同治七年(1868)金陵書局刻本　四冊

340000－1802－0000822　105.24/1112:6
儀禮鄭注句讀十七卷　（清）張爾岐句讀　清同治七年(1868)金陵書局刻本　四冊

340000－1802－0000823　105.24/1112:7
儀禮鄭注句讀十七卷　（清）張爾岐句讀　清同治七年(1868)金陵書局刻本　四冊

340000－1802－0000824　105.24/1112:8
儀禮鄭注句讀十七卷　（清）張爾岐句讀　清同治七年(1868)金陵書局刻本　四冊

340000－1802－0000825　105.24/1112:9
儀禮鄭注句讀十七卷　（清）張爾岐句讀　清同治七年(1868)金陵書局刻本　四冊

340000－1802－0000826　105.24/1112:10
儀禮鄭注句讀十七卷　（清）張爾岐句讀　清同治七年(1868)金陵書局刻本　四冊

340000－1802－0000827　105.24/1112:11
儀禮鄭注句讀十七卷　（清）張爾岐句讀　清同治七年(1868)金陵書局刻本　四冊

340000－1802－0000828　105.24/1112:12
儀禮鄭注句讀十七卷　（清）張爾岐句讀　清同治七年(1868)金陵書局刻本　四冊

340000－1802－0000829　105.24/1112:13
儀禮鄭注句讀十七卷　（清）張爾岐句讀　清同治七年(1868)金陵書局刻本　四冊

340000－1802－0000830　105.32/0044
禮記析疑四十八卷　（清）方苞著　清桐城方氏刻抗希堂十六種本　六冊

340000－1802－0000831　105.32/1053
禮記章句四十九卷　（清）王夫之撰　清同治四年(1865)湘鄉曾國荃金陵刻船山遺書本　二冊　存七卷(十三至十九)

340000－1802－0000832　105.32/1092
檀弓辨誣三卷　（清）夏炘撰　清刻本　一冊

340000－1802－0000833　105.32/1231
檀弓二卷　（清）孫濩孫編　清光緒七年(1881)刻本　二冊

340000－1802－0000834　105.32/2542
禮記訓纂四十九卷　(清)朱彬輯　清咸豐六年(1856)刻本　十册

340000－1802－0000835　105.32/2632
禮記纂言三十六卷　(元)吳澄纂　清雍正五年(1727)刻本　十二册

340000－1802－0000836　105.32/2717:1
寄傲山房塾課纂輯禮記全文備旨十一卷　(清)鄒聖脈纂輯　(清)鄒廷猷編　清刻本　六册

340000－1802－0000837　105.32/2717:2
寄傲山房塾課纂輯禮記全文備旨十一卷　(清)鄒聖脈纂輯　(清)鄒廷猷編　清刻本　六册

340000－1802－0000838　105.32/2860
全本禮記體注大全合參十卷　(清)徐旦編　(清)徐瑄補輯　清乾隆三十一年(1766)學源堂刻本　十册

340000－1802－0000839　105.32/3123
禮記或問八卷　(清)汪紱著　清光緒二十二年(1896)刻本　四册

340000－1802－0000840　105.32/3308
夏小正通釋一卷　(清)梁章鉅編　清光緒十三年(1887)浙江書局刻本　一册

340000－1802－0000841　105.32/4022
禮記典要一卷　(清)袁時行編　(清)袁壯行注　清刻本　一册

340000－1802－0000842　105.32/4271
禮記省度四卷　(清)彭頤纂　清光緒七年(1881)刻朱墨套印本　四册

340000－1802－0000843　105.32/4271:1
禮記省度四卷　(清)彭頤纂　清光緒七年(1881)刻朱墨套印本　四册

340000－1802－0000844　105.32/4271:2
禮記省度四卷　(清)彭頤纂　清光緒七年(1881)刻朱墨套印本　四册

340000－1802－0000845　105.32/4316
禮記不分卷　(漢)戴聖撰　清刻本　一册

340000－1802－0000846　105.32/4324
夏小正補傳一卷　(漢)戴德傳　(清)朱駿聲補傳　清光緒八年(1882)臨嘯閣刻朱氏群書本　一册

340000－1802－0000847　105.32/4441
禮記集説四十九卷　(清)莊有可撰　清嘉慶九年(1804)刻本　八册

340000－1802－0000848　105.32/4441:1
禮記集説四十九卷　(清)莊有可撰　清嘉慶九年(1804)刻本　八册

340000－1802－0000849　105.32/4441:2
禮記集説四十九卷　(清)莊有可撰　清嘉慶九年(1804)刻本　三册　存十一卷(一至十一)

340000－1802－0000850　105.32/4487
漱芳軒合纂禮記體注四卷　(清)范翔編　清光緒二年(1876)刻本　三册

340000－1802－0000851　105.32/6715
欽定禮記義疏八十二卷首一卷　(清)鄂爾泰撰　清刻本　七册　存九卷(四十至四十八)

340000－1802－0000852　105.32/6715:1
欽定禮記義疏八十二卷首一卷　(清)鄂爾泰撰　清刻本　四十四册

340000－1802－0000853　105.32/6715:2
欽定禮記義疏八十二卷首一卷　(清)鄂爾泰撰　清刻本　四十九册

340000－1802－0000854　105.32/6715:3
欽定禮記義疏八十二卷首一卷　(清)鄂爾泰撰　清同治七年(1868)刻本　三十六册　存五十六卷(十二至十八、二十一至二十七、二十九至三十五、四十八至八十二)

340000－1802－0000855　105.32/6715:4
欽定禮記義疏八十二卷首一卷　(清)鄂爾泰撰　清刻本　六册　存九卷(二至十)

340000－1802－0000856　105.32/6715:5
欽定禮記義疏八十二卷首一卷　(清)鄂爾泰

撰　清刻本　三十二册

340000－1802－0000857　105.32/7067
禮記節本六卷　(清)學部圖書局編　清宣統二年(1910)京師學部圖書局鉛印本　三册

340000－1802－0000858　105.32/7534
禮記十卷　(元)陳澔集說　清刻本　一册　存一卷(二)

340000－1802－0000859　105.32/7534:1
禮記十卷　(元)陳澔集說　清光緒十九年(1893)江南書局刻本　十册

340000－1802－0000860　105.32/7534:2
禮記十卷　(元)陳澔集說　清光緒刻本　九册　存九卷(二至十)

340000－1802－0000861　105.32/7534:3
禮記十卷　(元)陳澔集說　清光緒十九年(1893)江南書局刻本　十册

340000－1802－0000862　105.32/7534:4
禮記揭要六卷　(元)陳澔撰　清刻本　二册

340000－1802－0000863　105.32/7534:5
禮記十卷　(元)陳澔集說　清同治七年(1868)湖北崇文書局刻本　十册

340000－1802－0000864　105.32/7534:6
禮記十卷　(元)陳澔集說　清同治七年(1868)湖北崇文書局刻本　十册

340000－1802－0000865　105.32/7534:7
禮記十卷　(元)陳澔集說　清慎詒堂刻本　五册　缺三卷(二至四)

340000－1802－0000866　105.32/7534:8
禮記十卷　(元)陳澔集說　清金陵鄭元美刻本　十册

340000－1802－0000867　105.32/7534:9
禮記十卷　(元)陳澔集說　清光緒十九年(1893)江南書局刻本　十册

340000－1802－0000868　105.32/7534:10
禮記十卷　(元)陳澔集說　清南京李光明莊刻本　十册

340000－1802－0000869　105.32/7534:11
禮記十卷　(元)陳澔集說　清南京李光明莊刻本　十册

340000－1802－0000870　105.32/7534:12
禮記十卷　(元)陳澔集說　清光緒十九年(1893)江南書局刻本　十册

340000－1802－0000871　105.32/7534:13
禮記十卷　(元)陳澔集說　清光緒二年(1876)刻本　九册　存九卷(一至九)

340000－1802－0000872　105.32/7534:14
禮記十卷　(元)陳澔集說　清光緒十九年(1893)江南書局刻本　二册　存二卷(一至二)

340000－1802－0000873　105.32/7534:15
禮記十卷　(元)陳澔集說　清同治三年(1864)浙江撫署刻本　十册

340000－1802－0000874　105.32/7534:16
禮記十卷　(元)陳澔集說　清同治七年(1868)楚北崇文書局刻本　十册

340000－1802－0000875　105.32/7534:17
禮記十卷　(元)陳澔集說　清刻本　十册

340000－1802－0000876　105.32/7534:18
禮記十卷　(元)陳澔集說　清光緒十九年(1893)江南書局刻本　十册

340000－1802－0000877　105.32/7748
禮記讀本六卷　(清)周樽編　清乾隆五十八年(1793)刻本　四册

340000－1802－0000878　105.32/8700
禮記二十卷　(漢)鄭玄注　**撫本禮記鄭注考異二卷**　(清)張敦仁撰　清同治九年(1870)楚北崇文書局刻本　八册

340000－1802－0000879　105.32/8700:1
禮記二十卷　(漢)鄭玄注　清抄本　一册　存三卷(八至十)

340000－1802－0000880　105.4/4324
大戴禮記十三卷　(漢)戴德撰　清刻本　一册

340000－1802－0000881　105.4/4324:1
大戴禮記十三卷　(漢)戴德撰　(北周)盧辯注　清乾隆二十一年(1756)盧氏刻雅雨堂叢書本　二册

340000－1802－0000882　105.4/4324:2
大戴禮記十三卷　(漢)戴德撰　(北周)盧辯注　清刻本　二册

340000－1802－0000883　105.5/1028
新定三禮圖二十卷　(宋)聶崇義集注　清上海同文書局石印本　二册

340000－1802－0000884　105.5/2713
漢禮器制度一卷　(漢)叔孫通撰　**漢舊儀二卷補遺二卷**　(漢)衛宏撰　清末刻本　一册

340000－1802－0000885　105.5/2847
讀禮通考一百二十卷　(清)徐乾學撰　清刻本　二十九册　存九十四卷(三至九十六)

340000－1802－0000886　105.5/5046
五禮通考二百六十二卷首四卷　(清)秦蕙田編　清光緒六年(1880)江蘇書局刻本　一百册

340000－1802－0000887　105.5/7532
禮書附錄十二卷　(清)陳寶泉輯　清嘉慶二十五年(1820)含暉閣刻本　六册

340000－1802－0000888　105.6/3123
六禮或問十二卷末一卷　(清)汪紱著　清光緒二十二年(1896)刻本　四册

340000－1802－0000889　105.6/3130
禮書綱目八十五卷首三卷　(清)江永編　清嘉慶十五年(1810)刻本　二十八册

340000－1802－0000890　105.6/3130:1
禮書綱目八十五卷首三卷　(清)江永編　清嘉慶十五年(1810)刻本　二十册

340000－1802－0000891　105.6/3130:2
禮書綱目八十五卷首三卷　(清)江永編　清光緒二十一年(1895)廣雅書局刻本　十九册　缺六卷(四至九)

340000－1802－0000892　105.6/3130:3
禮書綱目八十五卷首三卷　(清)江永編　清嘉慶十五年(1810)刻本　二十四册

340000－1802－0000893　105.6/3130:4
禮書綱目八十五卷首三卷　(清)江永編　清嘉慶十五年(1810)刻本　二十四册

340000－1802－0000894　105.6/6045
四禮翼不分卷　(明)呂坤撰　清同治二年(1863)刻本　一册

340000－1802－0000895　105.6/6045:1
四禮翼不分卷　(明)呂坤撰　清同治二年(1863)刻本　一册

340000－1802－0000896　105.6/6045:2
四禮翼不分卷　(明)呂坤撰　清同治二年(1863)刻本　一册

340000－1802－0000897　105.6/6045:3
四禮翼不分卷　(明)呂坤撰　清同治二年(1863)刻本　一册

340000－1802－0000898　105.6/6045:4
四禮翼不分卷　(明)呂坤撰　清同治二年(1863)刻本　一册

340000－1802－0000899　105.6/6045:5
呂氏四禮翼不分卷　(明)呂坤撰　清康熙五十八年(1719)刻本　一册

340000－1802－0000900　105.6/6045:6
四禮翼不分卷　(明)呂坤著　清光緒二十三年(1897)多益齋刻本　一册

340000－1802－0000901　105.6/6045:7
四禮翼不分卷　(明)呂坤撰　清同治二年(1863)刻本　一册

340000－1802－0000902　105.7/1292
聖門樂誌一卷　(清)孔尚任纂　(清)孔繼汾　(清)孔憲轂編　清光緒十三年(1887)刻本　一册

340000－1802－0000903　105.7/0000
文廟丁祭譜不分卷　(清)□□撰　清同治七年(1868)江蘇書局刻本　一册　存一册

340000－1802－0000904　105.7/1779
司馬氏書儀十卷　(宋)司馬光撰　清同治七年(1868)江蘇書局刻本　一册

340000－1802－0000905　105.7/2042
毛西河先生家禮辨說十六卷明新建伯王文成公傳本三卷　(清)毛奇齡編　清同治三年(1864)長沙余氏家塾刻本　四册

340000－1802－0000906　105.7/2540
文公家禮儀節八卷　(宋)朱熹編　(明)楊慎輯　清乾隆四十二年(1777)德義堂刻本　四册

340000－1802－0000907　106.12/0020
左傳鈔六卷　(清)高嵣集評　清乾隆五十三年(1788)培元堂刻高梅亭讀書叢鈔本　六册

340000－1802－0000908　106.12/0044
左傳義法舉要一卷評點二卷　(清)方苞撰　(清)王兆符編　清光緒十九年(1893)金匱廉氏刻本　三册

340000－1802－0000909　106.12/0044:1
左傳義法舉要一卷評點二卷　(清)方苞撰　(清)王兆符編　清光緒十九年(1893)金匱廉氏刻本　三册

340000－1802－0000910　106.12/1044
春秋左傳分類賦四卷　(清)夏大觀撰　(清)夏大鼎注　清乾隆三十七年(1772)刻本　二册

340000－1802－0000911　106.12/1280
春秋左傳十五卷　(明)孫鑛批點　明萬曆四十四年(1616)吳興閔氏刻朱墨套印本　十二册

340000－1802－0000912　106.12/1722
左傳易讀六卷　(清)司徒修編　清道光十六年(1836)刻本　六册

340000－1802－0000913　106.12/2477
左傳選十四卷　(清)儲欣評　清乾隆三十八年(1773)同文堂刻本　八册

340000－1802－0000914　106.12/4022
曲江書屋新訂批註左傳快讀十八卷首一卷　(清)李紹崧編　清刻本　十六册

340000－1802－0000915　106.12/4022:1
曲江書屋新訂批註左傳快讀十八卷首一卷　(清)李紹崧輯　清刻本　十六册

340000－1802－0000916　106.12/4062
春秋左氏傳賈服註輯述二十卷　(清)李貽德撰　清同治五年(1866)刻本　十册

340000－1802－0000917　106.12/4062:1
春秋左氏傳賈服註輯述二十卷　(清)李貽德撰　清同治五年(1866)刻本　六册

340000－1802－0000918　106.12/4076
春秋左傳不分卷　(周)左丘明撰　清抄本　十六册

340000－1802－0000919　106.12/4240
春秋左傳杜注三十卷首一卷　(清)姚培謙撰　清光緒九年(1883)江南書局刻本　十册

340000－1802－0000920　106.12/4240:1
春秋左傳杜注三十卷首一卷　(清)姚培謙撰　清光緒九年(1883)江南書局刻本　十册

340000－1802－0000921　106.12/4240:2
春秋左傳杜注三十卷首一卷　(清)姚培謙撰　清光緒九年(1883)江南書局刻本　十册

340000－1802－0000922　106.12/4240:3
春秋左傳杜注三十卷首一卷　(清)姚培謙撰　清光緒九年(1883)江南書局刻本　十册

340000－1802－0000923　106.12/4240:4
春秋左傳杜注三十卷首一卷　(清)姚培謙撰　清李光明莊刻本　十二册

340000－1802－0000924　106.12/4240:5
春秋左傳杜注三十卷首一卷　(清)姚培謙撰　清同治五年(1866)金陵書局刻本　八册

340000－1802－0000925　106.12/4240:6
春秋左傳杜注三十卷首一卷　(清)姚培謙撰　清光緒九年(1883)江南書局刻本　八册

340000－1802－0000926　106.12/4240:7

春秋左傳杜注三十卷首一卷　（清）姚培謙撰　清光緒九年（1883）江南書局刻本　十冊

340000 – 1802 – 0000927　106.12/4240：8
春秋左傳杜注三十卷首一卷　（清）姚培謙撰　清光緒九年（1883）江南書局刻本　八冊

340000 – 1802 – 0000928　106.12/4240：9
春秋左傳杜注三十卷首一卷　（清）姚培謙撰　清同治五年（1866）金陵書局刻本　十冊

340000 – 1802 – 0000929　106.12/4240：10
春秋左傳杜注三十卷首一卷　（清）姚培謙撰　清光緒九年（1883）江南書局刻本　十冊

340000 – 1802 – 0000930　106.12/4240：11
春秋左傳杜注三十卷首一卷　（清）姚培謙撰　清同治五年（1866）金陵書局刻本　十冊

340000 – 1802 – 0000931　106.12/4240：12
春秋左傳杜注三十卷首一卷　（清）姚培謙撰　清光緒九年（1883）江南書局刻本　十冊

340000 – 1802 – 0000932　106.12/4240：13
春秋左傳杜注三十卷首一卷　（清）姚培謙撰　清光緒刻本　十冊

340000 – 1802 – 0000933　106.12/4411
春秋左傳五十卷　（晉）杜預　（宋）林堯叟注　（唐）陸德明音義　清文會堂刻本　十冊

340000 – 1802 – 0000934　106.12/4411：1
春秋左傳三十卷首一卷　（晉）杜預注　（宋）林堯叟附注　（唐）陸德明音釋　（清）馮李驊集解　清光緒十二年（1886）湖北官書處刻本　十二冊

340000 – 1802 – 0000935　106.12/4411：2
春秋左傳三十卷　（晉）杜預注　（宋）林堯叟附注　（唐）陸德明音釋　（清）馮李驊集解　清同治七年（1868）湖北崇文書局刻本　十二冊

340000 – 1802 – 0000936　106.12/4411：3
春秋左傳三十卷　（晉）杜預注　（宋）林堯叟附注　（唐）陸德明音釋　（清）馮李驊集解　清同治七年（1868）湖北崇文書局刻本　十二冊

340000 – 1802 – 0000937　106.12/4411：4
春秋左傳五十卷　（晉）杜預　（宋）林堯叟注　（唐）陸德明音釋　（明）孫鑛評點　清李光明莊刻本　十六冊

340000 – 1802 – 0000938　106.12/4411：5
春秋左傳五十卷　（晉）杜預　（宋）林堯叟注　（唐）陸德明音義　清文會堂刻本　十二冊

340000 – 1802 – 0000939　106.12/4411：6
春秋左傳三十卷首一卷　（晉）杜預注　（宋）林堯叟附注　（唐）陸德明音釋　（清）馮李驊集解　清光緒十二年（1886）湖北官書處刻本　十二冊

340000 – 1802 – 0000940　106.12/4411：7
春秋左傳五十卷　（晉）杜預　（宋）林堯叟注　（唐）陸德明音義　清光緒二年（1876）刻本　三冊　存二十六卷（一至二十六）

340000 – 1802 – 0000941　106.12/4411：8
春秋左傳五十卷　（晉）杜預　（宋）林堯叟注　（唐）陸德明音義　（明）孫鑛　（明）鍾惺評點　清道光二十年（1840）刻本　三冊　存三十八卷（一至三十八）

340000 – 1802 – 0000942　106.12/4411：9
春秋經傳集解三十卷首一卷左繡三十卷首一卷　（晉）杜預注　（清）馮李驊　（清）陸浩評輯　清宣統三年（1911）上海會文堂石印本　十六冊

340000 – 1802 – 0000943　106.12/4411：10
春秋經傳集解三十卷首一卷左繡三十卷首一卷　（晉）杜預注　（清）馮李驊　（清）陸浩評輯　清翠筠山房刻本　八冊

340000 – 1802 – 0000944　106.12/4411：11
春秋經傳集解三十卷首一卷左繡三十卷首一卷　（晉）杜預注　（清）馮李驊　（清）陸浩評輯　清同光南京李光明莊刻本　十六冊

340000 – 1802 – 0000945　106.12/4411：12
春秋經傳集解三十卷首一卷左繡三十卷首一

卷　（晉）杜預注　（清）馮李驊　（清）陸浩評輯　清嘉慶十年（1805）刻本　十二册

340000－1802－0000946　106.12/4411：13
春秋經傳集解三十卷首一卷左繡三十卷首一卷　（晉）杜預注　（清）馮李驊　（清）陸浩評輯　清刻本　五册　存二十卷（春秋經傳集解一至四、十至十五，左繡一至四、十至十五）

340000－1802－0000947　106.12/4444
評點春秋綱目左傳句解彙雋六卷　（清）韓菼編　清刻本　二册　存二卷（三至四）

340000－1802－0000948　106.12/4444：1
如西所刻諸名家評點春秋綱目左傳集解六卷　（清）韓菼編　清刻本　四册　存四卷（一至二、四至五）

340000－1802－0000949　106.12/4444：2
批點春秋左傳綱目句解彙鐫六卷　（清）韓菼編　清兩儀堂刻本　四册　存四卷（二至五）

340000－1802－0000950　106.12/4444：3
分國左傳十八卷　（清）曹基編　清啟文堂刻本　十册

340000－1802－0000951　106.12/6030
東萊先生左氏博議二十五卷　（宋）呂祖謙撰　清道光十八年（1838）清吟閣刻本　五册　缺四卷（一至四）

340000－1802－0000952　106.12/6030：1
東萊博議四卷增補虛字注釋一卷　（宋）呂祖謙撰　（清）張文炳點定　清光緒八年（1882）李光明莊刻本　四册

340000－1802－0000953　106.12/6030：2
東萊博議四卷增補虛字注釋一卷　（宋）呂祖謙撰　（清）馮泰松點定　清光緒八年（1882）馮泰松刻本　四册

340000－1802－0000954　106.12/6030：3
東萊博議四卷增補虛字注釋一卷　（宋）呂祖謙撰　（清）馮泰松點定　清光緒七年（1881）馮泰松刻本　二册

340000－1802－0000955　106.12/6030：4
東萊博議四卷增補虛字注釋一卷　（宋）呂祖謙撰　（清）馮泰松注　清光緒八年（1882）馮泰松刻本　四册

340000－1802－0000956　106.12/6030：5
批評注釋東萊博議四卷　（宋）呂祖謙撰　（清）劉紫山注　清末上海廣益書局石印本　一册

340000－1802－0000957　106.12/6030：6
東萊先生左氏博議二十五卷虛字注釋備考六卷　（宋）呂祖謙撰　（清）張文炳點定　清光緒十四年（1888）雲陽義秀書屋刻本　六册

340000－1802－0000958　106.12/7203
左傳舊疏考證八卷　（清）劉文淇撰　清光緒三年（1877）湖北崇文書局刻崇文書局彙刻書本　四册

340000－1802－0000959　106.12/7743
東萊左氏博議輯註六卷　（清）駱根深注　清光緒二十九年（1903）刻本　二册　存二卷（一至二）

340000－1802－0000960　106.12/7748
春秋左傳讀本十八卷　（清）周樽輯　清乾隆五十八年（1793）刻本　八册

340000－1802－0000961　106.12/8091
讀左補義五十卷首一卷　（清）姜炳璋輯　清醉經樓刻本　十四册

340000－1802－0000962　106.12/8091：1
讀左補義五十卷首一卷　（清）姜炳璋輯　清刻本　十二册

340000－1802－0000963　106.12/8091：2
讀左補義五十卷首一卷　（清）姜炳璋輯　清乾隆刻本　十六册

340000－1802－0000964　106.22/2124
監本附音春秋公羊注疏二十八卷校勘記二十八卷　（漢）何休撰　（唐）陸德明音義　（清）阮元校勘　清嘉慶二十年（1815）江西南昌府學刻重刊宋本十三經註疏附校勘記本

八冊

340000－1802－0000965　106.22/2124:1
春秋公羊傳十一卷　(漢)何休撰　(唐)陸德明音義　清同治七年(1868)湖北崇文書局刻本　四冊

340000－1802－0000966　106.22/2124:2
春秋公羊經傳解詁十二卷　(漢)何休撰　**重刊宋紹熙公羊傳注附音本校記一卷**　(清)魏彥撰　清道光四年(1824)揚州汪氏問禮堂仿宋刻本　二冊

340000－1802－0000967　106.22/2124:3
春秋公羊經傳解詁十二卷　(漢)何休撰　**重刊宋紹熙公羊傳注附音本校記一卷**　(清)魏彥撰　清道光四年(1824)揚州汪氏問禮堂仿宋刻本　二冊

340000－1802－0000968　106.22/2124:4
春秋公羊經傳解詁十二卷　(漢)何休撰　**重刊宋紹熙公羊傳注附音本校記一卷**　(清)魏彥撰　清道光四年(1824)揚州汪氏問禮堂仿宋刻本　二冊

340000－1802－0000969　106.22/2124:5
春秋公羊經傳解詁十二卷　(漢)何休撰　**重刊宋紹熙公羊傳注附音本校記一卷**　(清)魏彥撰　清道光四年(1824)揚州汪氏問禮堂仿宋刻本　二冊

340000－1802－0000970　106.22/2124:6
春秋公羊經傳解詁十二卷　(漢)何休撰　**重刊宋紹熙公羊傳注附音本校記一卷**　(清)魏彥撰　清道光四年(1824)揚州汪氏問禮堂仿宋刻本　二冊

340000－1802－0000971　106.22/2124:7
春秋公羊經傳解詁十二卷　(漢)何休撰　**重刊宋紹熙公羊傳注附音本校記一卷**　(清)魏彥撰　清道光四年(1824)揚州汪氏問禮堂仿宋刻本　二冊

340000－1802－0000972　106.22/2124:8
春秋公羊經傳解詁十二卷　(漢)何休撰　**重刊宋紹熙公羊傳注附音本校記一卷**　(清)魏彥撰　清道光四年(1824)揚州汪氏問禮堂仿宋刻本　二冊

340000－1802－0000973　106.22/2124:9
春秋公羊傳十二卷　(漢)何休撰　明天啟元年(1621)閔齊伋刻本　二冊

340000－1802－0000974　106.22/2124:10
春秋公羊註疏二十八卷　(漢)何休撰　明崇禎七年(1634)古虞毛氏汲古閣刻十三經注疏本　四冊　存十二卷(十四至二十五)

340000－1802－0000975　106.22/2124:11
春秋公羊經傳解詁十二卷　(漢)何休撰　**重刊宋紹熙公羊傳注附音本校記一卷**　(清)魏彥撰　清光緒二十一年(1895)金陵書局刻本　二冊

340000－1802－0000976　106.22/2124:12
春秋公羊經傳解詁十二卷　(漢)何休撰　**重刊宋紹熙公羊傳注附音本校記一卷**　(清)魏彥撰　清光緒二十一年(1895)金陵書局刻本　二冊

340000－1802－0000977　106.22/2124:13
春秋公羊傳十一卷　(漢)何休撰　(唐)陸德明音義　清同治七年(1868)湖北崇文書局刻本　四冊

340000－1802－0000978　106.22/2124:14
春秋公羊傳十一卷　(漢)何休撰　(唐)陸德明音義　清同治七年(1868)湖北崇文書局刻本　四冊

340000－1802－0000979　106.22/2124:15
春秋公羊傳十一卷　(漢)何休撰　(唐)陸德明音義　清光緒三年(1877)永康退補齋刻本　四冊

340000－1802－0000980　106.32/4430
春秋穀梁傳十二卷　(晉)范甯集解　清李光明莊刻本　四冊

340000－1802－0000981　106.32/4430:1
春秋穀梁傳十二卷　(晉)范甯集解　(唐)陸德明音義　清光緒三年(1877)永康退補齋刻

本　四冊

340000－1802－0000982　106.32/4430:2
春秋穀梁傳十二卷　（晉）范甯集解　清同治七年(1868)金陵書局刻十三經讀本本　二冊

340000－1802－0000983　106.32/4430:3
春秋穀梁傳十二卷　（晉）范甯集解　清同治七年(1868)金陵書局刻十三經讀本本　二冊

340000－1802－0000984　106.32/4430:4
春秋穀梁傳十二卷　（晉）范甯集解　明天啟元年(1621)烏程閔齊伋刻本　二冊

340000－1802－0000985　106.32/4430:5
春秋穀梁傳十二卷　（晉）范甯集解　清光緒二十一年(1895)金陵書局刻本　二冊

340000－1802－0000986　106.32/4430:6
春秋穀梁傳十二卷　（晉）范甯集解　清光緒二十一年(1895)金陵書局刻本　二冊

340000－1802－0000987　106.32/4430:7
春秋穀梁傳十二卷　（晉）范甯集解　清光緒二十一年(1895)金陵書局刻本　二冊

340000－1802－0000988　106.32/4430:8
春秋穀梁傳十二卷　（晉）范甯集解　清同治七年(1868)金陵書局刻本　二冊

340000－1802－0000989　106.32/4430:9
春秋穀梁傳十二卷　（晉）范甯集解　（唐）陸德明音義　清同治七年(1868)湖北崇文書局刻本　四冊

340000－1802－0000990　106.32/4430:10
春秋穀梁傳十二卷　（晉）范甯集解　（唐）陸德明音義　清同治七年(1868)湖北崇文書局刻本　四冊

340000－1802－0000991　106.32/4430:11
春秋穀梁傳十二卷　（晉）范甯集解　（唐）陸德明音義　清同治七年(1868)湖北崇文書局刻本　四冊

340000－1802－0000992　106.4/0030
春秋集義十二卷　（清）方宗誠撰　清光緒八年(1882)刻柏堂遺書本　七冊

340000－1802－0000993　106.4/0030:1
春秋集義十二卷　（清）方宗誠撰　清光緒八年(1882)刻柏堂遺書本　八冊

340000－1802－0000994　106.4/0030:2
春秋集義十二卷　（清）方宗誠撰　清光緒八年(1882)刻柏堂遺書本　七冊

340000－1802－0000995　106.4/0044
春秋通論四卷　（清）方苞著　清乾隆九年(1744)方氏刻抗希堂十六種本　二冊

340000－1802－0000996　106.4/0131
春秋日月考四卷　（清）譚澐著　清刻本　一冊　存二卷(三至四)

340000－1802－0000997　106.4/0804
推春秋日食法一卷附一卷　（清）施彦士撰　清道光十二年(1832)刻求己堂八種本　一冊

340000－1802－0000998　106.4/0804:1
春秋朔閏表發覆四卷首一卷　（清）施彦士撰　清道光十二年(1832)刻求己堂八種本　二冊

340000－1802－0000999　106.4/1021
春秋約註四卷　（明）王衡纂注　明崇禎二年(1629)武林花嶼刻本　二冊

340000－1802－0001000　106.4/1042
春秋朔閏至日考三卷　（清）王韜撰　清光緒十五年(1889)弢園鉛印本　三冊

340000－1802－0001001　106.4/1053
春秋家說三卷　（清）王夫之撰　清同治四年(1865)刻船山遺書本　三冊

340000－1802－0001002　106.4/1059
欽定春秋傳説彙纂三十八卷首二卷　（清）王掞等纂　清同治九年(1870)浙江書局刻御纂七經本　二十冊

340000－1802－0001003　106.4/1059:1
欽定春秋傳説彙纂三十八卷首二卷　（清）王掞等纂　清康熙内府刻御纂七經本　二十冊

340000－1802－0001004　106.4/1059:2
欽定春秋傳説彙纂三十八卷首二卷　（清）王

掞等纂　清康熙内府刻御纂七經本　二十四册

340000－1802－0001005　106.4/1059:3
欽定春秋傳説彚纂三十八卷首二卷　(清)王掞等纂　清康熙内府刻御纂七經本　二十六册

340000－1802－0001006　106.4/1059:4
欽定春秋傳説彚纂三十八卷首二卷　(清)王掞等纂　清同治九年(1870)浙江書局刻御纂七經本　二十册

340000－1802－0001007　106.4/1059:5
欽定春秋傳説彚纂三十八卷首二卷　(清)王掞等纂　清同治九年(1870)浙江書局刻御纂七經本　二十册

340000－1802－0001008　106.4/1059:6
欽定春秋傳説彚纂三十八卷首二卷　(清)王掞等纂　清同治九年(1870)浙江書局刻御纂七經本　二十册

340000－1802－0001009　106.4/2040
春秋諸家解十二卷總論一卷　(清)毛士撰　清同治十一年(1872)深澤王氏毛氏春秋三種本　五册

340000－1802－0001010　106.4/2040:1
春秋三子傳六卷傳前答問四卷　(清)毛士撰　清同治十一年(1872)深澤王氏刻本　七册

340000－1802－0001011　106.4/2391
御纂春秋直解十二卷　(清)傅恒等撰　清刻本　十二册

340000－1802－0001012　106.4/2477
公羊傳選二卷穀梁傳選二卷　(清)儲欣評　清乾隆三十八年(1773)同文堂刻本　二册

340000－1802－0001013　106.4/2553
公羊穀梁春秋合編附注疏纂十二卷　(明)朱泰禎纂述　(明)朱爾鄴校輯　明末清初經綸堂刻本　六册

340000－1802－0001014　106.4/2553:1
春秋鈔十卷首一卷　(清)朱軾輯　清乾隆元年(1736)刻朱文端公藏書本　二册

340000－1802－0001015　106.4/2553:2
春秋鈔十卷首一卷　(清)朱軾輯　清刻本　三册　存七卷(四至十)

340000－1802－0001016　106.4/2717
寄傲山房塾課纂輯春秋備旨十二卷　(清)鄒聖脈纂輯　(清)鄒廷猷編　清刻本　六册

340000－1802－0001017　106.4/3128
春秋偶記二卷　(清)汪德鉞撰　清道光十二年(1832)汪時漣長汀木活字印七經偶記本　一册　存一卷(上)

340000－1802－0001018　106.4/3140
春秋大事表五十卷讀春秋偶筆一卷　(清)顧棟高輯　清同治十二年(1873)平遠丁寶楨刻本　二十册

340000－1802－0001019　106.4/3140:1
春秋大事表五十卷讀春秋偶筆一卷　(清)顧棟高輯　清光緒十四年(1888)陝西求友齋刻本　二十四册

340000－1802－0001020　106.4/4411
春秋經傳集解三十卷　(晉)杜預注　**年表一卷**　(宋)岳珂纂　**名號歸一圖二卷**　(五代)馮繼先撰　清同治八年(1869)湖北崇文書局刻本　十二册

340000－1802－0001021　106.4/4411:1
春秋經傳集解三十卷　(晉)杜預注　(唐)陸德明音義　**年表一卷**　(宋)岳珂纂　**名號歸一圖二卷**　(五代)馮繼先撰　清光緒二年(1876)江南書局刻仿宋相臺五經本　十四册

340000－1802－0001022　106.4/4411:2
春秋釋例十五卷　(晉)杜預撰　清嘉慶二年(1797)刻岱南閣叢書本　六册

340000－1802－0001023　106.4/4428
春秋繁露十七卷　(漢)董仲舒撰　清光緒元年(1875)湖北崇文書局刻本　二册

340000－1802－0001024　106.4/4428:1
董子春秋繁露十七卷　(漢)董仲舒撰　清光

緒二十三年(1897)新化三味書局刻本　二册

340000－1802－0001025　106.4/4428:2
董子春秋繁露十七卷附錄一卷　(漢)董仲舒撰　明天啟五年(1625)刻本　二册

340000－1802－0001026　106.4/4428:3
春秋繁露十七卷　(漢)董仲舒撰　清刻本　二册

340000－1802－0001027　106.4/4480
春秋比事參議十六卷　(清)桂含章輯　清光緒八年(1882)金陵刻本　十六册

340000－1802－0001028　106.4/4730
全本春秋三傳遵解三十卷綱領一卷　(清)胡必豪　(清)胡紹曾輯　清乾隆六十年(1795)三多齋刻本　十册

340000－1802－0001029　106.4/4742
春秋比二卷　(清)郝懿行輯　清光緒十六年(1890)恰敬齋刻本　一册　存一卷(上)

340000－1802－0001030　106.4/4742:1
春秋比二卷　(清)郝懿行輯　清光緒十六年(1890)恰敬齋刻本　二册

340000－1802－0001031　106.4/5029
春秋考證不分卷　(□)□□撰　清刻本　一册

340000－1802－0001032　106.4/5029:1
春秋十六卷首一卷　(□)□□撰　清同治三年(1864)浙江撫署刻本　十二册

340000－1802－0001033　106.4/7228
春秋筆削微旨二十六卷春秋通論六卷　(清)劉紹攽撰　清同治十二年(1873)傳經堂刻西京清麓叢書本　八册

340000－1802－0001034　106.4/7426
陸氏三傳釋文音義十六卷　(唐)陸德明撰　清刻本　二册

340000－1802－0001035　107.1/1270
孝經一卷　(春秋)孔丘等撰　清光緒二年(1876)蘭簃刻本　一册

340000－1802－0001036　107.2/2824
孝經質疑一卷　(清)徐紹楨撰　清光緒十年(1884)刻本　一册

340000－1802－0001037　107.2/3222
孝經集注一卷　(清)潘任輯　清晚期活字印本　一册

340000－1802－0001038　107.2/4074
孝經一卷　(唐)玄宗李隆基注　**弟子職一卷**　(清)任文田集注　清光緒二十三年(1897)商務印書館鉛印本　一册

340000－1802－0001039　107.2/4421
孝經易知一卷太極圖說一卷西銘集說一卷　不著撰者　清雍正十二年(1734)徐廷鈞刻本　一册

340000－1802－0001040　107.2/8700
忠經集註一卷　(漢)鄭玄集注　(清)王期齡講義　**孝經集注一卷**　(明)陳選集注　(清)王期齡講義　清文盛堂刻本　一册

340000－1802－0001041　108.12/1033
論語訓二卷　王闓運撰　清光緒十七年(1891)刻本　二册

340000－1802－0001042　108.12/2160
論語注疏解經二十卷校勘記二十卷　(三國魏)何晏集解　(宋)邢昺疏　清嘉慶二十年(1815)江西南昌府學刻重刊宋十三經註疏附校勘記本　四册　缺十卷(十六至二十、校勘記十六至二十)

340000－1802－0001043　108.12/2160:1
鄉黨正義十四卷　(三國魏)何晏集解　(南朝梁)皇侃義疏　(宋)邢昺疏　(宋)朱熹集注　(清)王鎏刪補　清道光二十一年(1841)刻本　六册

340000－1802－0001044　108.12/2160:2
論語注疏解經二十卷校勘記二十卷　(三國魏)何晏集解　(宋)邢昺疏　(清)阮元校勘記　清光緒十八年(1892)湖南務本書局重刊宋本十三經注疏附校勘記本　十册

340000－1802－0001045　108.12/2531
論語隨筆二十卷　(清)牛運震撰　清嘉慶四年(1799)空山堂刻本(原缺卷十、十八、二十)　四册

340000－1802－0001046　108.12/2540
論語十卷　(宋)朱熹集注　清聚文書局刻本　一册　存五卷(六至十)

340000－1802－0001047　108.12/2540:1
論語十卷　(宋)朱熹集注　清刻本　二册

340000－1802－0001048　108.12/2540:2
論語十卷　(宋)朱熹集注　(清)吳昌宗集證　清嘉慶二十二年(1817)刻四書經注集證本　十册

340000－1802－0001049　108.12/2540:3
朱子論語或問小注二十卷　(宋)朱熹撰　清刻本　四册　存四卷(一至四)

340000－1802－0001050　108.12/2696
鄉黨經傳通解二卷　(清)程光國纂輯　清嘉慶十年(1805)刻本　二册

340000－1802－0001051　108.12/3130
鄉黨圖考十卷　(清)江永著　清乾隆五十七年(1792)刻本　四册

340000－1802－0001052　108.12/3130:1
鄉黨圖考十卷　(清)江永著　清乾隆五十二年(1787)刻本　四册

340000－1802－0001053　108.12/3130:2
鄉黨圖考十卷　(清)江永著　清乾隆三十八年(1773)刻本　五册

340000－1802－0001054　108.12/3130:3
鄉黨圖考十卷　(清)江永著　清乾隆三十八年(1773)刻本　五册

340000－1802－0001055　108.12/3130:4
鄉黨圖考十卷　(清)江永著　清乾隆三十八年(1773)刻本　五册

340000－1802－0001056　108.12/3130:5
鄉黨圖考十卷　(清)江永著　清學源堂刻本　六册

340000－1802－0001057　108.12/3130:6
鄉黨圖考十卷　(清)江永編　清乾隆五十二年(1787)刻本　四册

340000－1802－0001058　108.12/3130:7
鄉黨圖考十卷　(清)江永著　清乾隆五十九年(1794)匯源堂刻本　四册

340000－1802－0001059　108.12/3130:8
鄉黨圖考十卷　(清)江永著　清乾隆五十二年(1787)致和堂刻本　一册　存二卷(一至二)

340000－1802－0001060　108.12/3130:9
鄉黨圖考十卷　(清)江永著　清集秀堂刻本　一册　存二卷(一至二)

340000－1802－0001061　108.12/4744
鄉黨義考七卷　(清)胡薰輯　清乾隆六十年(1795)刻本　七册

340000－1802－0001062　108.12/7520
論語古訓十卷　(清)陳鱣撰　清光緒九年(1883)浙江書局刻本　二册

340000－1802－0001063　108.12/7531
論語話解四卷　(清)陳濬撰　清光緒活字印本　二册

340000－1802－0001064　108.13/3224
朱子論語集注訓詁考二卷　(清)潘衍桐輯　清光緒十七年(1891)浙江書局刻本　一册

340000－1802－0001065　108.22/0131
孟子辨證二卷　(清)譚澐著　清光緒六年(1880)味義根齋刻本　一册

340000－1802－0001066　108.22/1246
孟子編略五卷末一卷　(清)孫葆田撰　清光緒七年(1881)活字印本　一册

340000－1802－0001067　108.22/2531
孟子論文七卷　(清)牛運震撰　清嘉慶二十三年(1818)空山堂刻本　二册

340000－1802－0001068　108.22/2540
孟子七卷　(宋)朱熹集注　清刻本　一册　存二卷(六至七)

340000－1802－0001069　108.22/2540：1
孟子七卷　(宋)朱熹集注　清青黎閣刻本　一册　存二卷(六至七)

340000－1802－0001070　108.22/2540：2
孟子集注本義匯參十四卷　(宋)朱熹集注　清刻本　二册　存二卷(七、十二)

340000－1802－0001071　108.22/3149
標孟七卷　(清)汪有光評　(清)汪能承編　清光緒十三年(1887)刻本　二册

340000－1802－0001072　108.22/4437
增補蘇批孟子二卷　(宋)蘇洵撰　(清)趙大浣增補　清嘉慶十七年(1812)刻朱墨套印本　二册

340000－1802－0001073　108.32/1161
大學闡要一卷　(清)張恩霨著　清光緒九年(1883)刻本　一册

340000－1802－0001074　108.32/1161：1
大學闡要一卷　(清)張恩霨著　清光緒九年(1883)刻本　一册

340000－1802－0001075　108.42/1161
中庸闡要一卷　(清)張恩霨著　清光緒九年(1883)刻本　一册

340000－1802－0001076　108.42/1161：1
中庸闡要一卷　(清)張恩霨著　清光緒九年(1883)刻本　一册

340000－1802－0001077　108.42/2435
中庸直指一卷　(明)釋德清撰　清光緒十年(1884)金陵刻經處刻本　一册

340000－1802－0001078　108.5/0014
集虚齋四書口義十卷　(清)方棨如著　(清)於光華編　清乾隆五十三年(1788)刻本　六册

340000－1802－0001079　108.5/0082
四書說約三十三卷　(明)鹿善繼著　清刻本　一册　存六卷(大學二卷、中庸四卷)

340000－1802－0001080　108.5/1053
讀四書大全說十卷　(清)王夫之撰　清同治四年(1865)曾國荃刻船山遺書本　三册　存六卷(三至四、六至九)

340000－1802－0001081　108.5/1066
詳訂四書難題問答□□卷　(清)王鳴昌撰　(清)陸嘉賓評　清光緒十四年(1888)上海積山書局石印本　一册　存六卷(一至六)

340000－1802－0001082　108.5/1114
學庸臆解不分卷　(清)張承華著　清同治三年(1864)刻本　一册

340000－1802－0001083　108.5/1114：1
學庸補釋新編二卷　(清)張承華注　清同治三年(1864)刻本　二册

340000－1802－0001084　108.5/1114：2
學庸補釋新編二卷　(清)張承華注　清同治三年(1864)刻本　二册

340000－1802－0001085　108.5/1114：3
大學補釋不分卷　(清)張承華注　清同治三年(1864)刻本　二册

340000－1802－0001086　108.5/1114：4
學庸補釋新編二卷　(清)張承華注　清同治三年(1864)刻本　二册　存一卷(中庸補釋一卷)

340000－1802－0001087　108.5/1117
四書翼注論文三十卷　(清)張甄陶撰　清乾隆五十三年(1788)刻本　十二册

340000－1802－0001088　108.5/1117：1
四書翼注論文三十八卷　(清)張甄陶撰　清刻本　二册　存四卷(下孟一至四)

340000－1802－0001089　108.5/1117：2
四書翼注論文不分卷　(清)張甄陶撰　清敦化堂刻本　八册

340000－1802－0001090　108.5/1708
四書新論六卷　(清)石臞主人編　清光緒二十九年(1903)刻本　四册　存四卷(一至四)

340000－1802－0001091　108.5/1744
新訂四書補注備旨十卷　(清)鄧林著　(清)鄧煜編　(清)杜定基增訂　清光緒七年

(1881)刻本　六冊

340000－1802－0001092　108.5/1744:1
新訂四書補註備旨十卷　(清)鄧林著　(清)鄧煜編　(清)杜定基增訂　清刻本　四冊　存七卷(大學一卷、中庸一卷、論語一至二、孟子一至三)

340000－1802－0001093　108.5/1744:2
新訂四書補注備旨十卷　(清)鄧林著　(清)鄧煜編　(清)杜定基增訂　清刻本　六冊

340000－1802－0001094　108.5/1744:3
新訂四書補註備旨十卷　(清)鄧林著　(清)鄧煜編　(清)杜定基增訂　清光緒三十一年(1905)經綸森寶刻本　六冊

340000－1802－0001095　108.5/1744:4
新訂四書補注備旨十卷　(清)鄧林著　(清)鄧煜編　(清)杜定基增訂　清光緒二十三年(1897)刻本　五冊

340000－1802－0001096　108.5/1744:5
新訂四書補注備旨十卷　(清)鄧林著　(清)鄧煜編　(清)杜定基增訂　清光緒二十年(1894)澹雅局刻本　六冊

340000－1802－0001097　108.5/1744:6
新訂四書補注備旨十卷　(清)鄧林著　(清)鄧煜編　(清)杜定基增訂　清刻本　二冊　存二卷(孟子上、下)

340000－1802－0001098　108.5/1744:7
新訂四書補注備旨十卷　(清)鄧林著　(清)鄧煜編　(清)杜定基增訂　清末上海鑄記書局石印本　五冊　存六卷(上論一至二、四，上孟一至二、四)

340000－1802－0001099　108.5/1744:8
新訂四書補注備旨十卷　(清)鄧林著　(清)鄧煜編　(清)杜定基增訂　清光緒七年(1881)刻本　六冊

340000－1802－0001100　108.5/1744:9
新訂四書補註備旨十卷　(清)鄧林著　(清)鄧煜編　(清)杜定基增訂　清刻本　一冊　存一卷(下孟三)

340000－1802－0001101　108.5/1744:10
新訂四書補註備旨十卷　(清)鄧林著　(清)鄧煜編　(清)杜定基增訂　清光緒十年(1884)上海福瀛書局刻本　二冊　存四卷(大學、中庸、上孟一至二)

340000－1802－0001102　108.5/1744:11
新訂四書補注備旨十卷　(清)鄧林著　(清)鄧煜編　(清)杜定基增訂　清刻本　三冊　存五卷(下論三至四、上孟一至二、下孟三)

340000－1802－0001103　108.5/1744:12
新訂四書補注備旨十卷　(清)鄧林著　(清)鄧煜編　(清)杜定基增訂　清刻本　一冊　存二卷(上孟一至二)

340000－1802－0001104　108.5/2342
四書人物類典串珠四十卷　(清)臧志仁編　清刻本　一冊　存八卷(一至八)

340000－1802－0001105　108.5/2342:1
四書人物類典串珠四十卷　(清)臧志仁編　清刻本　一冊　存七卷(五至十一)

340000－1802－0001106　108.5/2342:2
四書人物類典串珠四十卷　(清)臧志仁編　清刻本　一冊　存十卷(九至十八)

340000－1802－0001107　108.5/2453
圖畫四書白話解二十卷　(清)彪蒙書室編　清光緒三十四年(1908)上海彪蒙書室石印本　五冊

340000－1802－0001108　108.5/2540
批點四書十九卷家塾讀本句讀一卷　(宋)朱熹章句　清宗德堂刻本　六冊

340000－1802－0001109　108.5/2540:1
筠盛堂四書讀本十九卷　(宋)朱熹章句　清嘉慶二十一年(1816)兩儀堂刻本　六冊

340000－1802－0001110　108.5/2540:2
四書章句十九卷　(宋)朱熹集注　清李光明莊刻本　六冊

340000－1802－0001111　108.5/2540:3

四書或問三十九卷　(宋)朱熹著　清刻本　五册

340000－1802－0001112　108.5/2540:4
四書集注十九卷　(宋)朱熹章句　清光緒二十年(1894)金陵書局刻本　六册

340000－1802－0001113　108.5/2540:5
四書章句十九卷　(宋)朱熹章句　清光緒元年(1875)湖北崇文書局刻本　六册

340000－1802－0001114　108.5/2540:6
四書章句十九卷　(宋)朱熹章句　清同治六年(1867)湖北崇文書局刻本　六册

340000－1802－0001115　108.5/2540:7
四書章句十九卷　(宋)朱熹章句　清道光二年(1822)刻本　六册

340000－1802－0001116　108.5/2540:8
四書朱子本義匯參四十三卷首四卷　(宋)朱熹章句　(清)王步青輯　清乾隆十年(1745)刻本　二十四册

340000－1802－0001117　108.5/2540:9
四書或問三十九卷　(宋)朱熹撰　清同治十二年(1873)霍山劉氏五忠堂刻本　六册

340000－1802－0001118　108.5/2540:10
四書章句十九卷　(宋)朱熹章句　清刻本　四册

340000－1802－0001119　108.5/2540:11
四書章句十九卷　(宋)朱熹章句　清刻本　六册

340000－1802－0001120　108.5/2540:12
四書朱子本義匯參四十三卷首四卷　(宋)朱熹章句　(清)王步青輯　清敦復堂刻本　二十册

340000－1802－0001121　108.5/2540:13
四書經注集證十九卷　(宋)朱熹集注　清嘉慶十八年(1813)刻本　十三册

340000－1802－0001122　108.5/2540:14
四書集注正蒙十九卷集字音義辨一卷　(宋)朱熹章句　清光緒十四年(1888)八旗官學刻本　六册

340000－1802－0001123　108.5/2540:15
四書便蒙十九卷　(宋)朱熹章句　(清)俞長城　(清)焦袁熹　(清)戴有祺編　清同治二年(1863)刻本　六册

340000－1802－0001124　108.5/2540:16
四書集注十九卷　(宋)朱熹集注　清刻本　五册　存十七卷(論語一至十、孟子一至七)

340000－1802－0001125　108.5/2540:17
四書朱子本義匯參四十三卷首四卷　(宋)朱熹集注　(清)王步青輯　清刻本　三册　存四卷(孟子四至五、十三至十四)

340000－1802－0001126　108.5/2540:18
四書朱子本義匯參四十三卷首四卷　(宋)朱熹集注　(清)王步青輯　清刻本　九册　存十二卷(中庸四至六;論語七至八;孟子一至二、四至七,首一)

340000－1802－0001127　108.5/2540:19
四書集注十九卷　(宋)朱熹集注　清同治十一年(1872)金陵書局刻本　六册

340000－1802－0001128　108.5/2540:20
四書經注集證十九卷　(宋)朱熹集注　清刻本　三册　存三卷(論語二至四)

340000－1802－0001129　108.5/2540:21
四書合講十九卷　(宋)朱熹章句　(清)翁復編　清光緒二年(1876)刻本　一册　存二卷(大學一卷、中庸一卷)

340000－1802－0001130　108.5/2540:22
四書朱子本義匯參四十三卷首四卷　(宋)朱熹章句　(清)王步青輯　(清)王士鼇編　清早期刻本　二十九册　缺二卷(孟子十三至十四)

340000－1802－0001131　108.5/2540:23
四書朱子本義匯參四十三卷首四卷　(宋)朱熹章句　(清)王步青輯　清乾隆十年(1745)敦復堂刻本　十七册

340000－1802－0001132　108.5/2540:24

四書章句本義匯參不分卷　(宋)朱熹章句　(清)王步青編　清光緒三十一年(1905)上海宏文閣書局鉛印本　十二冊

340000－1802－0001133　108.5/2540:25
四書經注集證十九卷　(宋)朱熹集注　(清)吳昌宗編　清嘉慶二十二年(1817)江都汪氏刻本　十八冊

340000－1802－0001134　108.5/2540:26
四書合講十九卷　(宋)朱熹集注　清刻本　一冊　存二卷(孟子四至五)

340000－1802－0001135　108.5/2540:27
慎齋四書捷講□□卷　(宋)朱熹集注　清刻本　一冊　存五卷(六至十)

340000－1802－0001136　108.5/2542
四書小參一卷問答一卷　(明)朱斯行撰　清光緒三年(1877)姑蘇刻經處刻本　一冊

340000－1802－0001137　108.5/2572
大中講義三卷　(清)朱用純撰　清光緒二年(1876)江蘇書局刻本　三冊

340000－1802－0001138　108.5/2608
朱子四書全義六十三卷　(清)魏裔介編　清康熙五十五年(1716)魏荔彤刻本　二十八冊

340000－1802－0001139　108.5/2663
四書經注集證十九卷附孔子弟子考一卷　(清)吳昌宗撰　清嘉慶三年(1798)刻本　十四冊

340000－1802－0001140　108.5/2824
四書質疑十九卷　(清)徐紹楨撰　清光緒九年(1883)刻本　二冊

340000－1802－0001141　108.5/2844
學庸圖說並疑誤二卷　(清)徐如桂編　清道光二十九年(1849)刻本　一冊

340000－1802－0001142　108.5/3128
四書題鏡三十六卷　(清)汪鯉翔撰　清刻本　四冊　存九卷(論語八至十、十七至二十，孟子一、六)

340000－1802－0001143　108.5/3128:1
四書大全四十二卷　(清)汪份編　清康熙四十一年(1702)遄喜齋刻本　二十六冊

340000－1802－0001144　108.5/3128:2
四書題鏡三十六卷　(清)汪鯉翔撰　清刻本　二冊　存七卷(下論一卷、孟子一至六)

340000－1802－0001145　108.5/3130
四書古人典林十二卷　(清)江永編　清乾隆三十九年(1774)刻本　五冊

340000－1802－0001146　108.5/3130:1
四書典林三十卷四書古人典林十二卷　(清)江永編　清光緒二年(1876)刻本　九冊　缺六卷(四書古人典林一至六)

340000－1802－0001147　108.5/4031
四書朱子異同條辨四十卷　(清)李沛霖　(清)李禎編　清康熙四十四年(1705)近譬堂刻本　三十五冊

340000－1802－0001148　108.5/4031:1
四書釋義旁訓十九卷　(清)李沛霖撰　(清)李學會　(清)李夢雷編　清雍正二年(1724)刻本　六冊

340000－1802－0001149　108.5/4061
四書反身錄八卷　(清)李顒著　**李二曲先生事略一卷**　(清)杜紹祁撰　清嘉慶二十二年(1817)刻本　二冊

340000－1802－0001150　108.5/4061:1
四書反身錄八卷首一卷　(清)李顒撰　清光緒元年(1875)刻本　四冊

340000－1802－0001151　108.5/4061:2
四書反身錄八卷　(清)李顒著　清道光十一年(1831)浙江書局刻本　四冊

340000－1802－0001152　108.5/4061:3
四書反身錄八卷　(清)李顒著　清道光十一年(1831)浙江書局刻本　四冊

340000－1802－0001153　108.5/4212
四書生人眼目一卷　(□)藥師琉璃光王佛著　清光緒二十三年(1897)刻本　一冊

340000－1802－0001154　108.5/4412:1

家塾四書講義錄□□卷　(清)黄瑞輯　清刻本　三册　存十卷(論語四至六、孟子一至七)

340000－1802－0001155　108.5/4412:2
四書會要錄三十卷　(清)黄瑞編　清刻本　四册　存八卷(孟子一至二、五至六、九至十二)

340000－1802－0001156　108.5/4432
四書摭餘説六卷　(清)曹之升編　清道光十年(1830)刻本　六册

340000－1802－0001157　108.5/4435
四書圖史合考二十四卷　(明)蔡清編　清刻本　八册　存十七卷(八至二十四)

340000－1802－0001158　108.5/4452
讀大學記一卷讀中庸記一卷讀尚書記一卷　(清)范泰衡撰　清刻本　二册

340000－1802－0001159　108.5/4491
四書圖考十三卷　(清)杜炳撰　清光緒十三年(1887)鴻文書局石印本　四册

340000－1802－0001160　108.5/4491:1
四書圖考十三卷　(清)杜炳撰　清光緒十三年(1887)鴻文書局石印本　四册

340000－1802－0001161　108.5/4491:2
四書圖考十三卷　(清)杜炳撰　清光緒十三年(1887)鴻文書局石印本　二册

340000－1802－0001162　108.5/4491:3
四書圖考十三卷　(清)杜炳撰　清末石印本　一册　存四卷(三至六)

340000－1802－0001163　108.5/4608
論孟發隱二卷　(清)楊文會注　清末刻本　一册

340000－1802－0001164　108.5/6050
增廣四書小題題鏡□□卷　(□)□□撰　清末石印本　五册　存十五卷(七至十二、十六至二十四)

340000－1802－0001165　108.5/6050:1
四書古註群義彙解九種九十四卷　(清)□□編　清光緒十四年(1888)上海點石齋石印本　十六册

340000－1802－0001166　108.5/6050:2
四書古註群義彙解十種九十八卷　(清)□□編　清光緒三十年(1904)上海同文升記書局鉛印本　十六册

340000－1802－0001167　108.5/6236
日講四書解義二十六卷　(清)喇沙里撰　清刻本　一册　存二卷(十三至十四)

340000－1802－0001168　108.5/6715
御制繙譯四書六卷　(清)鄂爾泰等譯　清光緒十四年(1888)聚珍堂刻本　六册

340000－1802－0001169　108.5/7204
四書讀本辨義十七卷　(清)劉慶觀纂輯　清乾隆十二年(1747)青藜閣刻本　四册　缺三卷(孟子一至三)

340000－1802－0001170　108.5/7474
松陽講義十二卷　(清)陸隴其著　(清)侯銓　(清)席永恂　(清)王前席編　清康熙二十九年(1690)刻本　四册

340000－1802－0001171　108.5/7474:1
松陽講義十二卷　(清)陸隴其著　(清)侯銓　(清)席永恂　(清)王前席編　清光緒十三年(1887)固始張氏刻朱印本　四册

340000－1802－0001172　108.5/7474:2
松陽講義十二卷　(清)陸隴其著　清同治十年(1871)公善堂刻本　四册

340000－1802－0001173　108.5/7528
增訂四書通典人物備考十二卷　(明)陳仁錫增定　清乾隆五十五年(1790)啟元堂刻本　六册

340000－1802－0001174　108.5/7528:1
增補四書精繡圖像人物備考十二卷　(明)陳仁錫增定　清康熙五十八年(1719)四美堂刻本　五册

340000－1802－0001175　108.5/7530
四書考輯要二十卷　(清)陳宏謀編　清乾隆

三十六年(1771)培遠堂刻本　十冊

340000－1802－0001176　108.5/7530:1
四書字義二卷附錄一卷　(宋)陳淳著　(宋)王雋編　清刻本　一冊　存一卷(上)

340000－1802－0001177　108.5/7741
校正四書釋地八卷　(清)閻若璩著　(清)顧問編　清嘉慶八年(1803)刻本　四冊

340000－1802－0001178　108.5/7741:1
四書釋地一卷續一卷又續一卷三續一卷孟子生卒年月考一卷　(清)閻若璩撰　清乾隆五十二年(1787)眷西堂刻本　四冊

340000－1802－0001179　108.5/7741:2
四書釋地一卷續增一卷　(清)閻若璩撰　清嘉慶元年(1796)刻本　二冊

340000－1802－0001180　108.5/7741:3
四書釋地一卷續一卷又續一卷三續一卷孟子生卒年月考一卷　(清)閻若璩撰　清乾隆五十二年(1787)眷西堂刻本　三冊

340000－1802－0001181　108.5/7741:4
四書釋地一卷續一卷孟子生卒年月考一卷　(清)閻若璩撰　清乾隆五十二年(1787)吳照聽雨齋刻本　一冊　存一卷(四書釋地一卷)

340000－1802－0001182　108.5/7741:5
四書釋地一卷　(清)閻若璩撰　清刻本　一冊

340000－1802－0001183　108.5/7743
四書典制類聯音註三十三卷　(清)閻其淵編　清嘉慶元年(1796)經文堂刻本　十冊

340000－1802－0001184　108.5/7743:1
四書典制類聯音註三十三卷　(清)閻其淵編　清嘉慶五年(1800)蕭山縣刻本　四冊　存十四卷(一至十四)

340000－1802－0001185　108.5/7745
四書典故辨正二十卷附錄一卷　(清)周柄中著　清乾隆四十九年(1784)刻本　三冊

340000－1802－0001186　108.5/7760
四書羽儀十九卷　(清)周冕　(清)劉景周纂　清雍正八年(1730)寶旭齋刻本　二冊　存七卷(大學一卷、中庸一卷、論語一至五)

340000－1802－0001187　108.5/8028
酌雅齋四書遵註合講十九卷圖說一卷　(清)翁復編　(清)詹文煥定　清乾隆四十六年(1781)酌雅齋刻本　五冊

340000－1802－0001188　108.5/8028:1
酌雅齋四書遵注合講十九卷　(清)翁復編　清會文樓刻本　六冊

340000－1802－0001189　108.5/8028:2
大文堂四書體註合講十九卷　(清)翁復編　(清)詹文煥參定　清雍正八年(1730)刻本　五冊　缺三卷(孟子一至三)

340000－1802－0001190　108.5/8028:3
四書體注合講十九卷　(清)翁復編　清刻本　二冊　存八卷(論語六至十、孟子一至三)

340000－1802－0001191　108.5/8038
四書味根錄三十八卷　(清)金澂編　清道光二十六年(1846)刻本　十二冊

340000－1802－0001192　108.5/8038:1
四書味根錄三十八卷　(清)金澂編　清光緒十二年(1886)上海同文書局石印本　一冊　存九卷(大學一卷、中庸一卷、論語一至七)

340000－1802－0001193　108.5/8038:2
四書味根錄三十八卷　(清)金澂編　清光緒十二年(1886)上海同文書局石印本　一冊　存九卷(大學一卷、中庸一卷、論語一至七)

340000－1802－0001194　108.5/8728
朱子四書或問小註三十六卷　(清)鄭任鑰編　清康熙六十一年(1722)刻本　十四冊

340000－1802－0001195　109/0030
柏堂經說三十三卷　(清)方宗誠撰　清光緒三年至八年(1877－1882)刻本　八冊　存十五卷(讀易筆記二卷,書傳補義三卷,詩傳補義三卷,禮記集說補義一卷,春秋集義一至三、五至七)

340000－1802－0001196　109/0041

五經體注大全三十二卷　(清)高朝瓔編　清光緒二年(1876)刻本　七冊　存十三卷(易經大全會解二至四、詩經體注大全合參一至五、書經體注大全合參二至六)

340000-1802-0001197　109/0043
新學偽經考十四卷　康有為撰　清光緒十七年(1891)廣州康氏萬木艸堂刻本　七冊

340000-1802-0001198　109/0838
五經揭要二十六卷　(清)許寶善編　清刻本　四冊　存九卷(書經一至二、禮記四至六、詩經一、周易一至三)

340000-1802-0001199　109/0838:1
五經揭要二十六卷　(清)許寶善編　清廣東但氏刻本　一冊　存一卷(周易一)

340000-1802-0001200　109/1004
十三經策案二十二卷　(清)王謨輯　(清)喻祥麟編　清刻本　六冊　缺四卷(一、五至七)

340000-1802-0001201　109/1013
經義述聞二十八卷　(清)王引之撰　清末鉛印本　五冊　存十卷(三至四、七至十、十三至十六)

340000-1802-0001202　109/1013:1
經義述聞三十二卷　(清)王引之撰　清上海文瑞樓石印本　二十冊

340000-1802-0001203　109/1013:2
經義述聞三十二卷　(清)王引之撰　清上海文瑞樓石印本　十冊　存十六卷(十七至三十二)

340000-1802-0001204　109/1013:3
經義述聞三十二卷　(清)王引之撰　清末石印本　十四冊　缺四卷(十一至十二、二十五至二十六)

340000-1802-0001205　109/1014
經餘必讀八卷　(清)雷琳　(清)錢樹棠　(清)錢樹立輯　清嘉慶十年(1805)刻本　二冊

340000-1802-0001206　109/1014:1
經餘必讀八卷　(清)雷琳　(清)錢樹棠　(清)錢樹立輯　清嘉慶八年(1803)刻本　四冊

340000-1802-0001207　109/1014:2
經餘必讀八卷續編八卷　(清)雷琳　(清)錢樹棠　(清)錢樹立輯　清嘉慶十年(1805)刻本　四冊

340000-1802-0001208　109/1014:3
經餘必讀八卷　(清)雷琳　(清)錢樹棠　(清)錢樹立輯　清嘉慶八年(1803)刻本　四冊

340000-1802-0001209　109/1014:4
經餘必讀續編八卷　(清)雷琳　(清)錢樹棠　(清)錢樹立輯　清嘉慶十一年(1806)經餘堂刻本　四冊

340000-1802-0001210　109/1014:5
經餘必讀續編八卷　(清)雷琳　(清)錢樹棠　(清)錢樹立輯　清嘉慶十三年(1808)刻本　四冊

340000-1802-0001211　109/1020
皇清經解續編一千四百三十卷　王先謙輯　清光緒十五年(1889)上海蜚英館石印本　三十二冊

340000-1802-0001212　109/1020:1
皇清經解續編一千四百三十卷　王先謙輯　清光緒十四年(1888)南菁書院刻本　三百二十冊

340000-1802-0001213　109/1020:2
皇清經解續編一千四百三十卷　王先謙輯　清光緒十五年(1889)上海蜚英館石印本　三十二冊

340000-1802-0001214　109/1041
理數合解四卷　(清)王希孟撰　清光緒二十一年(1895)刻本　二冊

340000-1802-0001215　109/1041:1
理數合解四卷　(清)王希孟撰　清光緒二十

一年(1895)刻本　二冊

340000－1802－0001216　109/1041:2
理數合解四卷　(清)王希孟撰　清光緒二十一年(1895)刻本　二冊

340000－1802－0001217　109/1041:3
理數合解四卷　(清)王希孟撰　清光緒二十一年(1895)刻本　二冊

340000－1802－0001218　109/1134
經學備纂九卷　(清)張汝大　(清)張眉大纂　清光緒二十三年(1897)經綸元刻本　六冊

340000－1802－0001219　109/1730
許鄭經文異同詁九卷　(清)桑宣撰　清光緒三十年(1904)鉛印鐵研齋叢書本　一冊　存三卷(一至三)

340000－1802－0001220　109/2177
經學講義□□卷　(清)□□編　清末安徽高等學堂鉛印本　二冊　存六卷(詩經講義一卷、周禮節訓補訂一卷、周禮一卷、周禮節訓補義一卷、周禮節訓補義地官校字二卷)

340000－1802－0001221　109/2180
經義不分卷　(清)□□編　清刻本　二冊

340000－1802－0001222　109/2314
經義雜記三十卷　(清)臧琳撰　**敘錄一卷**　(清)臧鏞堂編　清嘉慶四年(1799)武進臧氏拜經堂刻本　六冊

340000－1802－0001223　109/2410
繪圖列表簡明講義初等經學教科書十六卷　(清)儲丙鶉編　清光緒三十一年(1905)英商育文書局石印本　四冊

340000－1802－0001224　109/2504
十三經劄記二十二卷　(清)朱亦棟撰　清光緒四年(1878)武林竹簡齋刻本　八冊

340000－1802－0001225　109/2528
經義考三百卷　(清)朱彝尊編　清乾隆刻本(原缺卷二百九十九至三百)　四十八冊

340000－1802－0001226　109/2528:1
經義考三百卷　(清)朱彝尊編　清乾隆刻本(原缺卷二百九十九至三百)　三十二冊

340000－1802－0001227　109/2622
朱子五經語類八十卷　(清)程川編　清雍正三年(1725)刻本　六冊　存四十卷(易一至四十)

340000－1802－0001228　109/2629
經學輯要二十四卷　(清)吳潁炎輯　清光緒十四年(1888)上海點石齋石印本　三十冊　缺三卷(二至三、十六下)

340000－1802－0001229　109/2642
四經精華三十六卷　(清)魏朝俊編　清光緒二十年(1894)刻本　十六冊

340000－1802－0001230　109/2642:1
增訂四經精華七十八卷　(清)魏朝俊編　清光緒十一年至二十五年(1885－1899)魏氏古香閣刻本　四十冊

340000－1802－0001231　109/2717
五經備旨四十五卷　(清)鄒聖脈纂輯　(清)鄒廷猷編　清刻本　十八冊　缺九卷(易經備旨一至四、書經備旨六至七、詩經備旨一至三)

340000－1802－0001232　109/2717:1
五經備旨四十五卷　(清)鄒聖脈纂輯　(清)鄒廷猷編　清嘉慶三年(1798)善成堂刻本　二十冊　存三十八卷(易經備旨一至七、詩經備旨一至八、春秋備旨一至十二、禮記備旨一至十一)

340000－1802－0001233　109/2717:2
五經備旨四十五卷　(清)鄒聖脈纂輯　(清)鄒廷猷編　清刻本　十四冊　存三十卷(易經備旨二至四、春秋備旨一至十二、禮記全文備旨一至十一、詩經備旨五至八)

340000－1802－0001234　109/2717:3
五經備旨四十五卷　(清)鄒聖脈纂輯　(清)鄒廷猷編　清光緒五年(1879)星沙韞玉山房刻本　二十一冊　存四十卷(易經備旨一至七、書經備旨一至五、詩經備旨四至八、春秋備旨一至十二、禮記萃精備旨一至十一)

340000－1802－0001235　109/2717∶4
五經備旨四十五卷　(清)鄒聖脈纂輯　(清)鄒廷猷編　清刻本　一冊　存二卷(易經備旨三至四)

340000－1802－0001236　109/2717∶5
五經備旨四十五卷　(清)鄒聖脈纂輯　(清)鄒廷猷編　清光緒十二年(1886)上海點石齋石印本　七冊　存二十六卷(易經備旨一至七、禮記全文備旨十一卷、詩經備旨八卷)

340000－1802－0001237　109/2717∶6
五經備旨四十五卷　(清)鄒聖脈纂輯　(清)鄒廷猷編　清刻本　一冊　存三卷(春秋備旨十至十二)

340000－1802－0001238　109/3128
七經偶記十二卷附周易雜卦反對互圖一卷讀易義例一卷　(清)汪德鉞撰　(清)臧庸編　清道光十二年(1832)汪時漣長汀木活字印本　三冊

340000－1802－0001239　109/3128∶1
七經偶記十四卷　(清)汪德鉞撰　(清)臧庸編次　清道光十二年(1832)汪時漣長汀木活字印本　四冊

340000－1802－0001240　109/3128∶2
七經偶記十四卷　(清)汪德鉞撰　清道光刻本　四冊

340000－1802－0001241　109/3130
群經補義五卷　(清)江永著　(清)江鴻緒編　清乾隆五十七年(1792)江起泰等刻讀書隨筆本　二冊

340000－1802－0001242　109/3130∶1
群經補義五卷　(清)江永著　(清)江鴻緒編　清乾隆五十七年(1792)江起泰等刻讀書隨筆本　一冊

340000－1802－0001243　109/3143
五經集解三十卷附錄三卷石經考辨一卷　(清)馮世瀛編　清同治八年(1869)刻本　十四冊　存三十一卷(五經集解三十卷、附錄一)

340000－1802－0001244　109/3143∶1
雪樵經解三十卷附錄三卷　(清)馮世瀛輯　清光緒十一年(1885)馮氏辨齋錫活字印本　八冊

340000－1802－0001245　109/3143∶2
雪樵經解三十三卷　(清)馮世瀛輯　清末石印本　二冊　存八卷(五至八、二十五至二十八)

340000－1802－0001246　109/3143∶3
雪樵經解三十三卷　(清)馮世瀛輯　清光緒十二年(1886)上海點石齋石印本　七冊

340000－1802－0001247　109/3143∶4
雪樵經解三十三卷　(清)馮世瀛輯　清末修文書館鉛印本　一冊　存三卷(十二至十四)

340000－1802－0001248　109/3191
五經同異三卷　(清)顧炎武撰　清蔣氏省吾堂刻本　三冊

340000－1802－0001249　109/3437
沈氏經學六種二十卷　(清)沈淑著　清雍正七年(1729)刻本　六冊

340000－1802－0001250　109/4022
五經典要五卷　(清)袁壯行纂　清刻本　三冊　存三卷(詩經典要一卷、書經典要一卷、易經典要一卷)

340000－1802－0001251　109/4022∶1
五經典要註釋五卷　(清)袁壯行纂注　(清)袁時行編　清康熙二十九年(1690)刻本　一冊　存一卷(一)

340000－1802－0001252　109/4094
御纂七經二百九十四卷　(清)李光地等纂　清光緒三十年(1904)上海育文書局石印本　二十四冊

340000－1802－0001253　109/4094∶1
御纂七經二百九十四卷　(清)李光地等纂　清光緒三十年(1904)上海育文書局石印本　二十四冊

340000－1802－0001254　109/4094∶2

御纂七經二百九十四卷 (清)李光地等纂 清光緒二十九年(1903)上海鑄記書局石印本 二十四册

340000－1802－0001255 109/4094:3
御纂七經二百九十四卷 (清)李光地等纂 清光緒三十年(1904)上海育文書局石印本 二十四册

340000－1802－0001256 109/4094:4
御纂七經二百九十四卷 (清)李光地等纂 清光緒三十年(1904)上海育文書局石印本 二十四册

340000－1802－0001257 109/4094:5
御纂七經二百九十四卷 (清)李光地等纂 清光緒三十年(1904)上海育文書局石印本 十四册 存一百七十五卷(御纂周易折中一至十、首一卷;欽定詩經傳說彙纂十二至二十一、詩序二卷;欽定春秋傳說彙纂一至十、二十五至三十八,首二卷;欽定禮記義疏八十二卷、首一卷;欽定儀禮義疏一至十八、首二卷;欽定周官義疏一至十、二十九至四十,首一卷)

340000－1802－0001258 109/4094:6
御纂七經二百九十四卷 (清)李光地等纂 清光緒三十年(1904)上海育文書局石印本 一册 存十卷(欽定儀禮義疏一至八、首二卷)

340000－1802－0001259 109/4094:7
御纂七經二百九十四卷 (清)李光地等纂 清光緒二十九年(1903)上海鑄記書局石印本 二十四册

340000－1802－0001260 109/4094:8
篆文六經四書六十三卷 (清)李光地等撰 清光緒九年(1883)上海同文書局石印本 七册 缺十卷(毛詩、儀禮一至八、孟子)

340000－1802－0001261 109/4217
惜抱軒九經說十七卷 (清)姚鼐著 清嘉慶十五年(1810)刻本 四册

340000－1802－0001262 109/4217:1
惜抱軒九經說十七卷 (清)姚鼐著 清嘉慶十五年(1810)刻本 三册

340000－1802－0001263 109/4234
羣經考略十六卷 姚永樸撰 清末鉛印本 四册

340000－1802－0001264 109/4234
群經考略十六卷 姚永樸撰 清末鉛印本 二册 存七卷(一至二、八至十二)

340000－1802－0001265 109/4234:1
羣經考略十六卷 姚永樸撰 清末鉛印本 二册 存五卷(一至三、六至七)

340000－1802－0001266 109/4412
四書會要錄三十卷 (清)黄瑞編 清同治十一年(1872)漁古軒刻本 十五册 存二十卷(大學一至二,中庸一至四,論語一至十,孟子三至四、七至八)

340000－1802－0001267 109/4427
經義大醇初編□□卷 (清)黄彝編 清同治三年(1864)刻本 一册 存二卷(禮記上、下)

340000－1802－0001268 109/4427:1
經義大醇初編□□卷 (清)黄彝編 清刻本 一册 存一卷(詩經下)

340000－1802－0001269 109/4438
七經精義三十九卷 (清)黄淦撰 清嘉慶十五年(1810)刻本 七册

340000－1802－0001270 109/4637
經解斠十二卷 (清)楊述臣 (清)王鳳沼 (清)徐沂舫撰 清道光二十八年(1848)刻本 四册 存七卷(一至三、七至十)

340000－1802－0001271 109/4637:1
咫學讀經史並雜記略三卷 (清)楊澄鑒輯 清光緒刻本 一册

340000－1802－0001272 109/5045
九經古義十六卷 (清)惠棟撰 清乾隆三十八年(1773)刻貸園叢書初集本 四册

340000－1802－0001273 109/5233

皇朝五經彙解二百七十卷　(清)抉經心室纂　清光緒十九年(1893)同文書局石印本　三十一册

340000－1802－0001274　109/5324:1
通志堂經解一百四十種一千八百卷　(清)納蘭成德輯　清同治十二年(1873)粵東書局刻本　四百八十四册

340000－1802－0001275　109/5324:2
通志堂經解一百三十九種一千八百十一卷　(清)納蘭成德輯　清康熙十九年(1680)通志堂刻本　三十二册　存一百二卷(東穀鄭先生易翼傳二卷,易學啟蒙小傳一卷,晦庵先生朱文公易説二十三卷,學易記九卷、首一卷,讀易私言一卷,周易參義十二卷,增修東萊書説三十五卷、首一卷,儀禮圖十七卷)

340000－1802－0001276　109/5324:3
通志堂經解一百四十種一千八百卷　(清)納蘭成德輯　清同治十二年(1873)粵東書局刻本　八册　存十六卷(大易象數鉤深圖中、下,三易備遺十卷,書古文訓八至十一)

340000－1802－0001277　109/5324:4
通志堂經解一百三十九種一千八百十一卷　(清)納蘭成德輯　清康熙十九年(1680)通志堂刻本　六册　存十一卷(學易記九卷、首一卷,讀易私言一卷)

340000－1802－0001278　109/6715
十三經註疏十三種三百四十七卷　(清)鄂爾泰　(清)張照等編　清同治十年(1871)廣東書局刻本　一百二十册

340000－1802－0001279　109/7110
重刊宋本十三經註疏十三種四百十六卷校勘記四百十六卷　(清)阮元撰　(清)盧宣旬摘錄　**校勘記識語四卷**　(清)汪文臺撰　清同治十二年(1873)江西書局刻本　一百七十三册　缺一百二十六卷(附釋音毛詩注疏二十五至七十、校勘記二十五至七十,儀禮注疏三十六至五十、校勘記三十六至五十,校勘記識語四卷)

340000－1802－0001280　109/7110:1
重刊宋本十三經註疏十三種四百十六卷校勘記四百十六卷　(清)阮元撰　(清)盧宣旬摘錄　**校勘記識語四卷**　(清)汪文臺撰　清光緒十八年(1892)湖南寶慶務本書局刻本　一百六十册　缺四卷(識語四卷)

340000－1802－0001281　109/7110:10
皇清經解一千四百八卷　(清)阮元輯　清道光九年(1829)廣東學海堂刊咸豐十一年(1861)補刊本　三百六十册

340000－1802－0001282　109/7110:11
皇清經解一千四百八卷　(清)阮元輯　清道光九年(1829)廣東學海堂刊咸豐十一年(1861)補刊本　三百三十二册　缺七十七卷(三百二至三百九、八百八十九至八百九十三、一千二十七至一千三十一、一千三十四至一千五十八、一千一百三至一千一百三十六)

340000－1802－0001283　109/7110:12
皇清經解一千四百八卷　(清)阮元輯　清道光九年(1829)廣東學海堂刊咸豐十一年(1861)補刊本　三百五十七册

340000－1802－0001284　109/7110:2
重刊宋本十三經注疏四百十六卷校勘記四百十六卷　(清)阮元校勘　(清)盧宣旬摘錄　**校勘記識語四卷**　(清)汪文臺撰　清光緒十三年(1887)脈望仙館石印本　一册　存五十八卷(論語注疏解經二十卷、校勘記二十卷,孝經注疏九卷、校勘記九卷)

340000－1802－0001285　109/7110:3
重刊宋本十三經注疏四百十六卷校勘記四百十六卷　(清)阮元校勘　(清)盧宣旬摘錄　**校勘記識語四卷**　(清)汪文臺撰　清光緒十三年(1887)脈望仙館石印本　三十二册

340000－1802－0001286　109/7110:4
阮本十三經注疏四百十六卷附校勘記四百十六卷　(清)阮元校勘記　清光緒二十四年(1898)點石齋石印本　三十一册　缺十卷(周易注疏四卷、附校勘記四卷,周易釋文一卷、附校勘記一卷)

340000－1802－0001287　109/7110:5
宋本十三經注疏附校勘記　(清)阮元校勘　清光緒二十九年(1903)點石齋石印本　五冊　存十二卷(周易兼義一至四、毛詩注疏一至八)

340000－1802－0001288　109/7110:6
皇清經解一百九十卷首一卷　(清)阮元輯　清光緒上海點石齋石印本　二十四冊

340000－1802－0001289　109/7110:7
皇清經解一百九十卷首一卷　(清)阮元輯　清光緒十七年(1891)上海鴻寶齋石印本　二十二冊　缺七卷(十三至十六、八十八至九十)

340000－1802－0001290　109/7110:9
皇清經解分經彙纂一千七十卷　(清)阮元輯　清光緒十九年(1893)袖海山房石印本　三十二冊

340000－1802－0001291　109/7211
仿宋相臺五經五種九十六卷　(宋)岳珂編　清道光賀長齡刻本　三十六冊

340000－1802－0001292　109/7211:1
仿宋相臺五經九十六卷　(宋)岳珂編　清光緒二年(1876)江南書局刻本　三十二冊

340000－1802－0001293　109/7211:2
仿宋相臺五經九十六卷　(宋)岳珂編　清光緒二年(1876)江南書局刻本　二十九冊　缺六卷(禮記十八至二十、春秋經傳集解一至三)

340000－1802－0001294　109/7211:3
仿宋相臺五經九十六卷　(宋)岳珂編　清光緒二年(1876)江南書局刻本　二冊　存七卷(周易一至三、七至十)

340000－1802－0001295　109/7211:4
九經三傳沿革例一卷　(宋)岳珂撰　清光緒三年(1877)湖北崇文書局刻本　一冊

340000－1802－0001296　109/7211:5
岳氏相臺五經九十六卷　(宋)岳珂輯　清光緒十年(1884)長沙龍氏家塾刻二十年(1894)印本　十八冊　缺三十三卷(春秋經傳集解三十卷、春秋年表一卷、春秋名號歸一圖二卷)

340000－1802－0001297　109/7535
東塾讀書記二十五卷　(清)陳澧撰　清光緒二十七年(1901)紉蘭書館刻本　二冊　存九卷(一至九)

340000－1802－0001298　109/7535:1
東塾讀書記二十五卷　(清)陳澧撰　清光緒二十七年(1901)邵州勸學書舍刻本(原缺卷十三至十四、十七至二十、二十二至二十五)　四冊

340000－1802－0001299　109/7535:2
東塾讀書記二十五卷　(清)陳澧撰　清光緒二十四年(1898)紉蘭書館刻本(原缺卷十三至十四、十七至二十、二十二至二十五)　六冊

340000－1802－0001300　109/7548
求志居經說二十四卷　(清)陳世鎔撰　清同治四年(1865)獨秀山莊刻求志居全集本　六冊

340000－1802－0001301　109/7594
經傳繹義五十卷　(清)陳焯撰　清嘉慶九年(1804)校字齋刻本　二十四冊

340000－1802－0001302　109/7707
鳳氏經說三卷　(清)鳳韶著　清同治元年(1862)刻粵雅堂叢書本　一冊

340000－1802－0001303　109/7734
五經類典囊括六十四卷　(清)周祐輯　清末鉛印本　八冊　存三十四卷(七至十一、十五至十七、二十二至二十六、三十三至四十八、五十四至五十八)

340000－1802－0001304　109/7742
五經備解十卷　(清)周封魯編　清道光二十七年(1847)刻本　十冊

340000－1802－0001305　109/7744

五經類編二十八卷　(清)周世樟編　清道光二十六年(1846)宏盛堂刻本　十二册

340000 – 1802 – 0001306　109/7744:1
十三經分類政要十卷　(清)周世樟編　清末石印本　二册　存三卷(二、七至八)

340000 – 1802 – 0001307　109/7744:2
五經類編二十八卷　(清)周世樟編　清乾隆四十四年(1779)芥子園刻本　十册

340000 – 1802 – 0001308　109/7744:3
十三經分類政要十卷　(清)周世樟編　清光緒二十八年(1902)教育世界社石印本　八册

340000 – 1802 – 0001309　109/7744:4
十三經分類政要十卷　(清)周世樟編　清光緒二十八年(1902)教育世界社石印本　六册　缺二卷(七至八)

340000 – 1802 – 0001310　109/7744:5
五經類編二十八卷　(清)周世樟撰　清道光刻本　十一册　存二十六卷(三至二十八)

340000 – 1802 – 0001311　109/7744:6
五經類編二十八卷　(清)周世樟編　清道光刻本　一册

340000 – 1802 – 0001312　109/7749
五經味根錄四十三卷　(清)闞蔚煌編　清光緒十九年(1893)同文書局石印本　十六册

340000 – 1802 – 0001313　109/8008
古經解彙函十六種一百三十卷附小學彙函十四種一百五十三卷　(清)鍾謙鈞輯　清同治十二年(1873)粵東書局刻本　二十四册　存一百二十二卷(鄭氏周易注三卷、補遺一卷,陸氏周易述一卷,周易集解十七卷,周易口訣義六卷,易緯八種十二卷,尚書大傳三卷、附序錄一卷、辨偽一卷,韓詩外傳十卷、附校注拾遺一卷,毛詩草木鳥獸蟲魚疏二卷,春秋繁露十七卷、附錄一卷,論語集解義疏一至五,輶軒使者絕代語釋別國方言十三卷、校正補遺一卷,釋名八卷,廣雅十卷,匡謬正俗八卷,急就篇考異一卷)

340000 – 1802 – 0001314　109/8324
新鐫經苑二十五種二百五十一卷　(清)錢儀吉輯　清大梁書院刻同治七年(1868)王儒行等印本　七十七册

340000 – 1802 – 0001315　109/8324:1
新鐫經苑二十五種二百五十一卷　(清)錢儀吉輯　清大梁書院刻同治七年(1868)王儒行等印本　六十一册　缺五十二卷(詩總聞二十卷、呂氏家塾讀詩記三十二卷)

340000 – 1802 – 0001316　109/8732
六經圖十二卷　(清)鄭之僑編　清乾隆八年(1743)述堂刻本　六册

340000 – 1802 – 0001317　109/8732:1
六經圖十二卷　(清)鄭之僑編　清乾隆八年(1743)述堂刻本　十二册

340000 – 1802 – 0001318　109/8740
宋鄭來潨先生六經奧論六卷　(宋)鄭樵撰　清嘉慶九年(1804)刻本　四册

340000 – 1802 – 0001319　109.1/3143
石經考辨二卷增訂畊餘瑣錄十二卷　(清)馮世瀛編　清同治八年(1869)刻本　四册

340000 – 1802 – 0001320　110/0436
小學考五十卷　(清)謝啟昆編　清光緒十四年(1888)浙江書局刻本　十二册

340000 – 1802 – 0001321　110/1748
尹氏小學大全十五卷　(清)尹嘉銓輯　清光緒二十五年(1899)刻民國六年(1917)印本　五册

340000 – 1802 – 0001322　110/1748:1
尹氏小學大全十五卷　(清)尹嘉銓輯　清光緒二十五年(1899)刻民國六年(1917)印本　四册　存八卷(小學義疏六卷、或問一卷、後編一卷)

340000 – 1802 – 0001323　110/6000
日文小教科書二卷　(清)□□撰　清光緒二十九年(1903)石印本　一册　存一卷(下)

340000 – 1802 – 0001324　110/8208

小學彙函十四種一百五十三卷　(清)鍾謙鈞等編　清同治十二年(1873)粵東書局刻本　十一册　存四十四卷(釋名一至七、廣雅十卷、匡謬正俗八卷、急就篇四卷、說文解字十卷、說文解字篆韻譜一至五)

340000－1802－0001325　110/8208:1
小學彙函十四種一百五十三卷　(清)鍾謙鈞等編　清同治十二年(1873)粵東書局刻本　二十一册　存四十八卷(釋名一至七、廣雅十卷、匡謬正俗八卷、急就篇四卷、說文解字十五卷、說文解字篆韻譜一至四)

340000－1802－0001326　110.1/0124
刊謬正俗八卷　(唐)顔師古撰　清光緒元年(1875)湖北崇文書局刻崇文書局彙刻書本　一册

340000－1802－0001327　110.1/0754
佩觿三卷　(宋)郭忠恕撰　清康熙四十九年(1710)刻本　一册

340000－1802－0001328　110.1/1122
小學集解六卷輯說一卷書題一卷　(清)張伯行輯纂　清同治四年(1865)刻本　二册

340000－1802－0001329　110.1/1122:1
小學集解六卷輯說一卷書題一卷題辭一卷　(清)張伯行輯注　清同治十年(1871)刻本　四册

340000－1802－0001330　110.1/1122:2
小學集解六卷　(清)張伯行輯注　清光緒二十七年(1901)刻廣雅書局叢書本　四册

340000－1802－0001331　110.1/1122:3
小學集解六卷總論一卷書題一卷附文公朱子[熹]年譜一卷童蒙須知一卷訓子從學帖一卷　(清)張伯行輯注　清光緒二十年(1894)滄雅局刻本　四册

340000－1802－0001332　110.1/1224
小爾雅一卷　(漢)孔鮒撰　(清)朱駿聲注　清刻本　一册

340000－1802－0001333　110.1/2819
增訂釋義經書便用通考雜字二卷外卷一卷　(清)徐三省編　(清)戴啟達增訂　清李光明莊刻本　一册　存一卷(上)

340000－1802－0001334　110.1/7277
釋名疏證補八卷續一卷補遺一卷補附一卷　(漢)劉熙撰　王先謙輯纂　清光緒二十二年(1896)刻本　四册

340000－1802－0001335　110.1/8043
古書疑義舉例七卷　(清)俞樾撰　清末蘇州文學山房活字印本　四册

340000－1802－0001336　110.11/0718
爾雅注疏十一卷　(晉)郭璞注　(宋)邢昺疏　清同治十年(1871)湖南省城尊經閣刻本　四册

340000－1802－0001337　110.11/0718:1
爾雅三卷　(晉)郭璞注　(唐)陸德明音義　清李光明莊刻本　四册

340000－1802－0001338　110.11/0718:2
爾雅三卷　(晉)郭璞注　(唐)陸德明音義　清李光明莊刻本　四册

340000－1802－0001339　110.11/0718:3
爾雅注疏十一卷　(晉)郭璞注　(唐)陸德明音義　(宋)邢昺疏　清乾隆六十年(1795)敦化堂刻本　六册

340000－1802－0001340　110.11/0718:4
爾雅三卷　(晉)郭璞注　(唐)陸德明音釋　清嘉慶二十二年(1817)刻本　三册

340000－1802－0001341　110.11/0718:5
爾雅三卷　(晉)郭璞注　(唐)陸德明音釋　清同治七年(1868)湖北崇文書局刻本　三册

340000－1802－0001342　110.11/0718:6
爾雅三卷　(晉)郭璞注　(唐)陸德明音釋　清光緒十二年(1886)湖北官書處刻本　三册

340000－1802－0001343　110.11/0718:7
爾雅三卷　(晉)郭璞注　(唐)陸德明音釋　清光緒十二年(1886)湖北官書處刻本　三册

340000－1802－0001344　110.11/0718:8

爾雅三卷　(晉)郭璞注　(唐)陸德明音釋　清同治十三年(1874)湖南書局刻本　三冊

340000－1802－0001345　110.11/0718:9
爾雅註疏十一卷　(晉)郭璞注　(宋)邢昺疏　清乾隆四十三年(1778)三樂齋刻本　四冊

340000－1802－0001346　110.11/0718:10
爾雅註疏十一卷　(晉)郭璞注　(宋)邢昺疏　清刻本　四冊

340000－1802－0001347　110.11/0718:11
爾雅註疏十一卷　(晉)郭璞注　(宋)邢昺疏　清刻本　四冊

340000－1802－0001348　110.11/0718:12
爾雅三卷　(晉)郭璞注　清光緒十年(1884)上海點石齋石印本　二冊

340000－1802－0001349　110.11/0718:13
爾雅三卷　(晉)郭璞注　(唐)陸德明音義　清嘉慶刻本　三冊

340000－1802－0001350　110.11/0718:14
爾雅三卷　(晉)郭璞注　(唐)陸德明音義　清嘉慶刻本　三冊

340000－1802－0001351　110.11/0718:15
爾雅三卷　(晉)郭璞注　(唐)陸德明音義　清光緒二十一年(1895)金陵書局刻本　三冊

340000－1802－0001352　110.11/0718:16
爾雅三卷　(晉)郭璞注　(唐)陸德明音義　清嘉慶刻本　二冊　存二卷(一、三)

340000－1802－0001353　110.11/0718:17
爾雅三卷　(晉)郭璞注　(唐)陸德明音義　清同治十三年(1874)湖南書局刻本　四冊

340000－1802－0001354　110.11/0718:18
爾雅□□卷　(晉)郭璞注　清刻本　一冊　存五十五葉(六十至一百十四)

340000－1802－0001355　110.11/1226
爾雅直音二卷　(清)孫偘輯　清光緒六年(1880)常熟抱芳閣刻本　一冊

340000－1802－0001356　110.11/3224
爾雅正郭三卷　(清)潘衍桐撰　清光緒十七年(1891)刻本　一冊

340000－1802－0001357　110.11/4742
爾雅郭注義疏三卷　(清)郝懿行撰　清光緒十四年(1888)湖北官書處刻本　八冊

340000－1802－0001358　110.11/6616
爾雅匡名二十卷　(清)嚴元照撰　清光緒十一年(1885)陸氏刻本　四冊

340000－1802－0001359　110.11/7426
爾雅釋文三卷　(唐)陸德明撰　清末刻本　一冊

340000－1802－0001360　110.11/8740
爾雅三卷　(宋)鄭樵注　清晉祁書業堂刻本　一冊

340000－1802－0001361　110.12/2610
別雅五卷　(清)吳玉搢　清道光二十九年(1849)小蓬萊山館刻本　五冊

340000－1802－0001362　110.12/2644
駢雅訓纂十六卷首一卷　(清)魏茂林訓纂　清光緒二十年(1894)上海積山書局石印本　八冊

340000－1802－0001363　110.12/2644:1
駢雅訓纂十六卷首一卷　(清)魏茂林訓纂　清光緒二十年(1894)上海積山書局石印本　五冊　存十二卷(一至二、五至七、十至十六)

340000－1802－0001364　110.12/7426
埤雅二十卷　(宋)陸佃撰　清刻本　一冊　存十卷(十一至二十)

340000－1802－0001365　110.13/7110
經籍籑詁一百六卷　(清)阮元撰　清光緒十四年(1888)鴻文書局石印本　十五冊　缺六卷(六十五至七十)

340000－1802－0001366　110.14/4310
輶軒使者絕代語釋別國方言十三卷　(清)戴震注　清乾隆曲阜孔氏刻微波榭叢書本　二冊

340000－1802－0001367　110.14/5640:1

方言十三卷　(漢)揚雄撰　(晉)郭璞解　清末上海掃葉山房石印本　一冊

340000－1802－0001368　110.14/5640:2
方言十三卷　(漢)揚雄撰　(晉)郭璞解　清末上海掃葉山房石印本　一冊

340000－1802－0001369　110.15/2631
和文釋例不分卷　(清)吳啟孫撰　清光緒二十八年(1902)鉛印本　二冊

340000－1802－0001370　110.15/3488
和文譯翼一卷　(清)沈銓　(清)胡祝眉著　清光緒二十八年(1902)石印本　一冊

340000－1802－0001371　110.16/1013
經傳釋詞十卷　(清)王引之撰　清刻本　三冊　缺二卷(一至二)

340000－1802－0001372　110.16/4627
經書字音辨要九卷　(清)楊名飏編　清道光二十七年(1847)令德堂刻本　二冊

340000－1802－0001373　110.16/4627:1
經書字音辨要九卷　(清)楊名飏編　清道光二十七年(1847)令德堂刻本　二冊

340000－1802－0001374　110.16/4627:2
經書字音辨要九卷　(清)楊名飏編　清道光二十七年(1847)令德堂刻本　二冊

340000－1802－0001375　110.16/4664
十一經音訓十一種不分卷　(清)楊國楨撰　清光緒三年(1877)湖北崇文書局刻本　二十六冊

340000－1802－0001376　110.16/4664:1
十一經音訓十一種不分卷　(清)楊國楨撰　清道光十年(1830)大櫟書院刻本　二十五冊　缺一種(爾雅音訓)

340000－1802－0001377　110.16/7426
經典釋文二十卷　(唐)陸德明撰　**攷證二十卷**　(清)盧文弨輯　清同治十年(1871)刻本　十六冊

340000－1802－0001378　110.2/1079
形聲類篇四卷校勘記一卷　(清)丁履恒著　清光緒十五年(1889)陽湖楊氏刻大亭山館叢書本　一冊

340000－1802－0001379　110.2/2147
龍龕手鑑四卷　(遼)釋行均編　清刻本　四冊

340000－1802－0001380　110.2/4746
增訂金壺字考一卷古體假借字一卷　(清)郝在田編　清同治十三年(1874)刻本　一冊

340000－1802－0001381　110.21/0080
說文經典異字釋一卷　(清)高翔麟著　清光緒九年(1883)萬卷樓刻本　一冊

340000－1802－0001382　110.21/0894
說文解字十五卷　(漢)許慎撰　(宋)徐鉉編　清同治十二年(1873)粵東書局刻古經解彙函本　六冊

340000－1802－0001383　110.21/0894:1
說文解字十五卷　(漢)許慎撰　(宋)徐鉉編　清同治十年(1871)刻本　八冊

340000－1802－0001384　110.21/0894:2
說文解字十五卷標目一卷　(漢)許慎撰　(宋)徐鉉編　清同治十三年(1874)東吳浦氏刻本　六冊

340000－1802－0001385　110.21/0894:3
說文解字十五卷標目一卷　(漢)許慎撰　(宋)徐鉉編　清嘉慶十二年(1807)刻本　八冊

340000－1802－0001386　110.21/0894:4
說文解字十五卷標目一卷　(漢)許慎撰　(宋)徐鉉編　清同治十三年(1874)東吳浦氏刻本　六冊

340000－1802－0001387　110.21/0894:5
說文解字十五卷　(漢)許慎撰　(宋)徐鉉編　清同治十二年(1873)粵東書局刻本　四冊

340000－1802－0001388　110.21/1033
說文外編十六卷桂氏說文解字義證引二條一卷　(清)雷浚撰　清光緒二年(1876)刻本　四冊

340000－1802－0001389　110.21/1033:1
說文外編十六卷桂氏說文解字義證引二條一卷　(清)雷浚撰　**劉氏碎金一卷**　(清)劉禧延著　清光緒二年(1876)刻本　六冊

340000－1802－0001390　110.21/1088
說文解字句讀三十卷　(清)王筠撰　清光緒八年(1882)餘姚朱迴然刻本　十六冊

340000－1802－0001391　110.21/1088:1
說文釋例二十卷　(清)王筠撰　清同治四年(1865)刻本　十冊

340000－1802－0001392　110.21/1088:2
說文釋例二十卷　(清)王筠撰　清刻本　十冊

340000－1802－0001393　110.21/1088:3
說文釋例二十卷　(清)王筠撰　清同治四年(1865)刻本　十冊

340000－1802－0001394　110.21/1088:4
說文釋例二十卷　(清)王筠撰　清同治四年(1865)刻本　十冊

340000－1802－0001395　110.21/1088:5
說文釋例二十卷　(清)王筠撰　清光緒九年(1883)成都御風樓刻本　十二冊

340000－1802－0001396　110.21/1140
復古編二卷　(宋)張有著　清光緒八年(1882)淮南書局刻本　二冊

340000－1802－0001397　110.21/1741
說文解字繫傳校勘記三卷　(清)承培元撰　清道光十九年(1839)刻本　一冊

340000－1802－0001398　110.21/2077
說文解字述誼二卷說文新坿通誼二卷　(清)毛際盛撰　清道光二十四年(1844)刻本　三冊

340000－1802－0001399　110.21/2574
說文通訓定聲十八卷分部柬韻一卷附說雅十九篇古今韻準一卷行狀一卷　(清)朱駿聲撰　清光緒十三年(1887)上海積山書局石印本　八冊

340000－1802－0001400　110.21/2574:1
說文通訓定聲十八卷分部柬韻一卷附說雅十九篇一卷古今韻準一卷　(清)朱駿聲紀錄　**行狀一卷**　朱孔彰撰　清道光三十年(1850)刻同治九年(1870)補刻本　二十四冊

340000－1802－0001401　110.21/2574:2
說文通訓定聲十八卷分部柬韻一卷附說雅十九篇一卷古今韻準一卷　(清)朱駿聲紀錄　**行狀一卷**　朱孔彰撰　清道光三十年(1850)刻同治九年(1870)補刻本　二十四冊

340000－1802－0001402　110.21/2614
說文引經異字三卷　(清)吳雲蒸撰　清道光六年(1826)刻本　一冊

340000－1802－0001403　110.21/2734
說文通檢十四卷首一卷末一卷　(清)黎永椿編　清同治十二年(1873)廣州富文齋刻本　二冊

340000－1802－0001404　110.21/2734:1
說文通檢十四卷首一卷末一卷　(清)黎永椿編　清光緒二年(1876)崇文書局刻本　二冊

340000－1802－0001405　110.21/2734:2
說文通檢十四卷首一卷末一卷　(清)黎永椿編　清光緒二年(1876)崇文書局刻本　二冊

340000－1802－0001406　110.21/2882
說文解字繫傳四十卷校勘記三卷　(南唐)徐鍇傳釋　(南唐)朱翺反切　(清)承培元　(清)夏灝　(清)吳汝庚校勘記　清光緒二年至三年(1876－1877)平江吳氏影宋刻本　八冊

340000－1802－0001407　110.21/2882:1
說文解字繫傳四十卷校勘記三卷　(南唐)徐鍇傳釋　(南唐)朱翺反切　(清)承培元　(清)夏灝　(清)吳汝庚校勘記　清光緒二年至三年(1876－1877)平江吳氏影宋刻本　八冊

340000－1802－0001408　110.21/2882:2
說文解字繫傳四十卷校勘記三卷　(南唐)徐鍇傳釋　(南唐)朱翺反切　(清)承培元

(清)夏灝　(清)吳汝庚校勘記　清光緒二年至三年(1876－1877)平江吳氏影宋刻本　八冊

340000－1802－0001409　110.21/3104
說文辨疑一卷　(清)顧廣圻撰　清光緒三年(1877)湖北崇文書局刻本　一冊

340000－1802－0001410　110.21/4031
說文辯字正俗八卷　(清)李富孫撰　清同治九年(1870)刻本　二冊

340000－1802－0001411　110.21/4031:1
說文辯字正俗八卷　(清)李富孫撰　清同治九年(1870)刻本　四冊

340000－1802－0001412　110.21/4050
重刊許氏說文解字五音韻譜十二卷　(宋)李燾撰　明天啟七年(1627)世裕堂刻本　六冊

340000－1802－0001413　110.21/4428
說文解字義證五十卷　(清)桂馥撰　清同治九年(1870)湖北崇文書局刻本　三十二冊

340000－1802－0001414　110.21/4444
唐寫本說文解字木部箋異一卷　(清)莫友芝撰　清同治三年(1864)刻影山草堂六種本　一冊

340000－1802－0001415　110.21/4444:1
唐寫本說文解字木部箋異一卷　(清)莫友芝撰　清同治三年(1864)刻影山草堂六種本　一冊

340000－1802－0001416　110.21/4444:2
唐寫本說文解字木部箋異一卷　(清)莫友芝撰　清同治三年(1864)刻影山草堂六種本　一冊

340000－1802－0001417　110.21/4444:3
唐寫本說文解字木部箋異一卷　(清)莫友芝撰　清同治三年(1864)刻影山草堂六種本　一冊

340000－1802－0001418　110.21/4444:4
唐寫本說文解字木部箋異一卷　(清)莫友芝撰　清同治三年(1864)刻影山草堂六種本　一冊

340000－1802－0001419　110.21/4480
說文建首字讀一卷　(清)苗夔纂　清咸豐元年(1851)刻苗氏說文四種本　一冊

340000－1802－0001420　110.21/4720
說文字原韻表二卷　(清)胡重編　清嘉慶十六年(1811)刻本　一冊

340000－1802－0001421　110.21/7512
說文提要一卷　(清)陳建侯撰　清光緒元年(1875)湖北崇文書局刻本　一冊

340000－1802－0001422　110.21/7529
說文引經考證七卷說文引經互異說一卷　(清)陳瑑撰　清同治十三年(1874)湖北崇文書局刻本　二冊

340000－1802－0001423　110.21/7714
汲古閣說文訂一卷　(清)段玉裁撰　清嘉慶二年(1797)刻本　一冊

340000－1802－0001424　110.21/7714:1
說文解字注三十二卷　(清)段玉裁注　清同治六年(1867)蘇州保息局刻本　十冊　存二十一卷(一至八、十六至二十八)

340000－1802－0001425　110.21/7714:2
說文解字十五卷　(清)段玉裁注　清嘉慶刻本　五冊　存五卷(五至八、十五)

340000－1802－0001426　110.21/7714:3
說文解字注三十二卷　(清)段玉裁注　清同治十一年(1872)湖北崇文書局刻本　十五冊　存三十卷(一至三十)

340000－1802－0001427　110.21/8741
說文新附攷六卷續攷一卷　(清)鈕樹玉撰　清同治七年(1868)碧螺山館刻本　一冊

340000－1802－0001428　110.21/8741:1
段氏說文注訂八卷　(清)鈕樹玉著　清道光吳郡青霞齋吳學圃局刻同治五年(1866)碧螺山館補刻本　一冊

340000－1802－0001429　110.21/8787
說文本經答問二卷　(清)鄭知同撰　清光緒

十六年(1890)廣雅書局刻本　一册

340000－1802－0001430　110.22/2574
六書段借經徵四卷　(清)朱駿聲纂　清光緒十八年(1892)金陵刻本　三册

340000－1802－0001431　110.23/1123
五經文字三卷　(唐)張參撰　**新加九經字樣一卷**　(唐)唐玄度撰　清叢書樓刻本　八册

340000－1802－0001432　110.23/1134
簡字摘要四卷　(清)張裕藻輯　清宣統元年(1909)皖懷養平學堂鉛印本　一册

340000－1802－0001433　110.23/1134:1
簡字摘要四卷　(清)張裕藻輯　清宣統元年(1909)皖懷養平學堂鉛印本　一册

340000－1802－0001434　110.23/1200
名原二卷　(清)孫詒讓撰　清光緒三十一年(1905)上海千頃堂石印本　一册

340000－1802－0001435　110.23/1200:1
名原二卷　(清)孫詒讓記　清末刻本　一册

340000－1802－0001436　110.23/2298
校定字體字音一卷校勘記一卷　(清)師儉堂主人編　清道光二十九年(1849)師儉堂刻本　二册

340000－1802－0001437　110.23/2746
篆字彙十二集　(清)佟世男編　清咸豐二年(1852)漁古山房刻本　六册

340000－1802－0001438　110.23/3144
隸辨八卷　(清)顧藹吉撰　清同治十二年(1873)刻本　四册

340000－1802－0001439　110.23/3144:1
隸辨八卷　(清)顧藹吉撰　清乾隆八年(1743)刻本　十二册

340000－1802－0001440　110.23/3144:2
隸辨八卷　(清)顧藹吉撰　清乾隆八年(1743)刻本　八册

340000－1802－0001441　110.23/3144:3
隸辨八卷　(清)顧藹吉撰　清同治十二年(1873)刻本　四册

340000－1802－0001442　110.23/5042
班馬字類五卷　(宋)婁機撰　清刻本　二册

340000－1802－0001443　110.23/7234
助字辨略五卷　(清)劉淇撰　清咸豐五年(1855)海源閣刻海源閣叢書本　五册

340000－1802－0001444　110.23/7702
六書通十卷　(明)閔齊伋撰　(清)畢宏述篆　清乾隆六十年(1795)刻本　十册

340000－1802－0001445　110.23/8317
增廣字學舉隅四卷　(清)鐵珊編　(清)王寶鏞書　清同治十三年(1874)蘭州郡署刻本　二册

340000－1802－0001446　110.24/0004
正字通十二集三十六卷舊本首一卷末一卷　(清)廖文英輯　清康熙三畏堂刻本　三十六册　缺一卷(末一卷)

340000－1802－0001447　110.24/1115
康熙字典十二集三十六卷總目一卷檢字一卷辨似一卷等韻一卷備考一卷補遺一卷　(清)張玉書等撰　清光緒二十八年(1902)上海育文書局石印本　六册

340000－1802－0001448　110.24/1115:1
康熙字典三十六卷備考一卷補遺一卷　(清)張玉書等撰　清光緒十六年(1890)上洋鴻寶齋石印本　五册　缺六卷(未集上、中、下,申集上、中、下)

340000－1802－0001449　110.24/1115:2
康熙字典十二集三十六卷備考一卷補遺一卷　(清)張玉書等撰　清光緒三十一年(1905)上海久敬齋石印本　六册

340000－1802－0001450　110.24/1115:3
康熙字典十二集三十六卷備考一卷補遺一卷　(清)張玉書等撰　清光緒三十一年(1905)上海久敬齋石印本　六册

340000－1802－0001451　110.24/1115:4
康熙字典十二集三十六卷備考一卷補遺一卷

（清）張玉書等撰　清光緒三十二年（1906）上海商務印書館石印本　六冊

340000－1802－0001452　110.24/1115：5
康熙字典十二集三十六卷備考一卷補遺一卷　（清）張玉書等撰　清光緒三十二年（1906）上海商務印書館銅活字印本　七冊

340000－1802－0001453　110.24/1115：6
康熙字典十二集三十六卷備考一卷補遺一卷　（清）張玉書等撰　清光緒三十二年（1906）上海商務印書館石印本　六冊

340000－1802－0001454　110.24/1115：7
康熙字典十二集三十六卷總目一卷檢字一卷辨似一卷等韻一卷備考一卷補遺一卷　（清）張玉書等撰　清光緒元年（1875）湖北崇文書局刻本　四十冊

340000－1802－0001455　110.24/1115：8
康熙字典十二集三十六卷附諸集補遺一卷（清）張玉書等撰　清道光七年（1827）刻本　三十冊　缺一卷（酉集中）

340000－1802－0001456　110.24/1115：9
康熙字典十二集三十六卷備考一卷補遺一卷　（清）張玉書等撰　清光緒十八年（1892）上海文選書局石印本　六冊

340000－1802－0001457　110.24/1115：10
康熙字典十二集三十六卷備考一卷補遺一卷　（清）張玉書等撰　清光緒石印本　六冊

340000－1802－0001458　110.24/1115：11
康熙字典十二集三十六卷備考一卷補遺一卷　（清）張玉書等撰　清宣統元年（1909）上海集成圖書公司石印本　六冊

340000－1802－0001459　110.24/1115：12
康熙字典十二集三十六卷備考一卷補遺一卷　（清）張玉書等撰　清光緒十三年（1887）上海積山書局石印本　二冊

340000－1802－0001460　110.24/1115：13
康熙字典十二集三十六卷備考一卷補遺一卷　（清）張玉書等撰　清光緒十三年（1887）上海積山書局石印本　七冊

340000－1802－0001461　110.24/1115：14
康熙字典十二集三十六卷備考一卷補遺一卷　（清）張玉書等撰　清光緒十三年（1887）上海積山書局石印本　五冊　缺五卷（亥集三卷、備考一卷、補遺一卷）

340000－1802－0001462　110.24/1115：15
康熙字典十二集三十六卷備考一卷補遺一卷　（清）張玉書等撰　清末石印本　六冊

340000－1802－0001463　110.24/1115：16
康熙字典十二卷備考一卷補遺一卷　（清）張玉書等撰　清光緒十三年（1887）上海點石齋石印本　六冊

340000－1802－0001464　110.24/1115：17
康熙字典十二卷備考一卷補遺一卷　（清）張玉書等撰　清光緒十三年（1887）上海點石齋石印本　六冊

340000－1802－0001465　110.24/1115：18
康熙字典十二集三十六卷總目一卷檢字一卷辨似一卷等韻一卷備考一卷補遺一卷　（清）張玉書等撰　清光緒十九年（1893）上海寶文書局石印本　六冊

340000－1802－0001466　110.24/1115：19
康熙字典十二集三十六卷總目一卷檢字一卷辨似一卷等韻一卷備考一卷補遺一卷　（清）張玉書等撰　清光緒十六年（1890）上海同文書局石印本　六冊

340000－1802－0001467　110.24/1115：20
康熙字典十二集三十六卷總目一卷檢字一卷辨似一卷備考一卷補遺一卷等韻一卷　（清）張玉書等撰　清刻本　三十九冊

340000－1802－0001468　110.24/1115：21
康熙字典十二集三十六卷　（清）張玉書撰　清手抄本　二十四冊　存二十三卷（子集中、下，卯集中、下，辰集中，巳集中、下，午集上、下，未集上、下，申集上、中、下，酉集上、中、下，戌集上、中、下，亥集上、中、下）

340000－1802－0001469　110.24/1115:22
康熙字典十二集三十六卷備考一卷補遺一卷　(清)張玉書等撰　清鴻寶齋書局石印本　五冊

340000－1802－0001470　110.24/4423
函牘舉隅碎錦註釋十二卷　(清)黃伯祿輯　清末鉛印本　四冊

340000－1802－0001471　110.24/4477
五方元音二卷　(清)樊騰鳳編　(清)年希堯增補　清康熙三十七年(1698)刻本　一冊　存一卷(上)

340000－1802－0001472　110.24/4803
字彙十二集　(明)梅膺祚音釋　清刻本　三冊　存三集(丑、午、戌)

340000－1802－0001473　110.24/4803:1
字彙十二卷首一卷　(明)梅膺祚音釋　清康熙五十四年(1715)刻本　十三冊

340000－1802－0001474　110.24/4803:2
字彙十二卷首一卷末一卷　(明)梅膺祚音釋　清雍正十二年(1734)吳郡寶綸堂刻本　七冊

340000－1802－0001475　110.24/4803:3
字彙十二集　(明)梅膺祚音釋　清刻本　六冊　存六集(子、卯至巳、未、亥)

340000－1802－0001476　110.25/0010
辨正文字一卷　(□)□□撰　清末石印本　一冊

340000－1802－0001477　110.25/0131
字學舉隅二卷敬避字樣一卷摘誤一卷　(清)龍啟瑞　(清)黃本驥編　清光緒十三年(1887)上海鴻文書局石印本　一冊

340000－1802－0001478　110.25/0131:1
字學舉隅二卷附摘誤一卷敬避字樣一卷　(清)龍啟瑞　(清)黃本驥編　清同治十年(1871)刻本　一冊

340000－1802－0001479　110.25/0131:2
字學舉隅二卷附敬避字樣一卷摘誤一卷　(清)龍啟瑞　(清)黃本驥編　清光緒十一年(1885)息訟軒刻本　一冊

340000－1802－0001480　110.25/0131:3
字學舉隅二卷附摘誤一卷　(清)龍啟瑞　(清)黃本驥編　清道光二十六年(1846)刻本　一冊

340000－1802－0001481　110.25/0131:4
字學舉隅二卷附摘誤一卷敬避字樣一卷　(清)龍啟瑞　(清)黃本驥編　清光緒十六年(1890)榆蔭書屋刻本　一冊

340000－1802－0001482　110.25/0131:5
字學舉隅二卷附摘誤一卷　(清)龍啟瑞　(清)黃本驥編　清同治十二年(1873)刻本　一冊

340000－1802－0001483　110.25/1046
百家姓考一卷　(清)王相纂　清晚期刻本　一冊

340000－1802－0001484　110.25/1046:1
百家姓考一卷　(清)王相纂　清經元堂刻本　一冊

340000－1802－0001485　110.25/1046:2
百家姓考一卷　(清)王相纂　清經綸堂刻本　一冊

340000－1802－0001486　110.25/1088
文字蒙求廣義四卷　(清)王筠撰　(清)蒯光典補注　清光緒二十七年(1901)刻本　一冊　存二卷(一至二)

340000－1802－0001487　110.25/1088:1
文字蒙求四卷　(清)王筠撰　清道光十六年(1836)刻本　一冊　存二卷(一至二)

340000－1802－0001488　110.25/1088:2
文字蒙求廣義四卷　(清)王筠撰　清末刻本　四冊　存二卷(三至四)

340000－1802－0001489　110.25/1117
普通學歌訣一卷　張一鵬撰　清光緒二十六年(1900)蘇州中西小學堂刻本　一冊

340000－1802－0001490　110.25/1122

臨文便覽四卷　(清)張仰山編　清同治十三年(1874)刻本　一冊

340000－1802－0001491　110.25/1122:1
臨文便覽四卷　(清)張仰山編　清同治十三年(1874)刻本　一冊

340000－1802－0001492　110.25/1122:2
臨文便覽四卷　(清)張仰山編　清光緒五年(1879)京都琉璃廠刻本　一冊

340000－1802－0001493　110.25/1146
畫母聯解一卷　(清)張藜照著　清光緒三年(1877)刻本　一冊

340000－1802－0001494　110.25/1262
蒼頡篇三卷續一卷補二卷　(清)孫星衍撰　清光緒十六年(1890)江蘇書局刻本　一冊　缺二卷(補二卷)

340000－1802－0001495　110.25/1453
中等日本文典譯釋初編十章　(日)三土忠造著　清光緒二十七年(1901)教育改良會石印本　一冊

340000－1802－0001496　110.25/2780
鄉會須知一卷　不著撰者　清光緒二年(1876)活字印本　一冊

340000－1802－0001497　110.25/2803
字學舉隅補正不分卷　(清)徐文祥撰　清光緒二十一年(1895)京都琉璃廠青雲齋刻本　一冊

340000－1802－0001498　110.25/3130
重訂空穀傳聲一卷　(清)汪鎏編　清光緒八年(1882)李光明莊刻本　一冊

340000－1802－0001499　110.25/3173
攷正同音字彙一卷　(清)江學海輯　清末鑄記書莊石印本　一冊

340000－1802－0001500　110.25/3214
養蒙針度五卷　(清)潘子聲撰　清光緒十年(1884)京口文成堂刻本　二冊

340000－1802－0001501　110.25/3214:1
養蒙針度五卷　(清)潘子聲撰　清光緒十年(1884)京口文成堂刻本　二冊

340000－1802－0001502　110.25/3214:2
養蒙針度五卷　(清)潘子聲撰　清光緒十年(1884)京口文成堂刻本　二冊

340000－1802－0001503　110.25/3214:3
養蒙針度五卷　(清)潘子聲撰　清光緒十年(1884)京口文成堂刻本　二冊

340000－1802－0001504　110.25/3214:4
養蒙針度五卷　(清)潘子聲撰　清光緒十年(1884)京口文成堂刻本　二冊

340000－1802－0001505　110.25/3214:5
養蒙針度五卷　(清)潘子聲撰　清光緒十年(1884)京口文成堂刻本　二冊

340000－1802－0001506　110.25/3214:6
養蒙針度五卷　(清)潘子聲撰　清光緒十年(1884)京口文成堂刻本　二冊

340000－1802－0001507　110.25/3214:7
養蒙針度五卷　(清)潘子聲撰　清光緒十年(1884)京口文成堂刻本　二冊

340000－1802－0001508　110.25/3214:8
養蒙針度五卷　(清)潘子聲撰　清光緒十年(1884)京口文成堂刻本　二冊

340000－1802－0001509　110.25/3214:9
養蒙針度五卷　(清)潘子聲撰　清光緒十年(1884)京口文成堂刻本　二冊

340000－1802－0001510　110.25/3214:10
養蒙針度五卷　(清)潘子聲撰　清光緒十年(1884)京口文成堂刻本　二冊

340000－1802－0001511　110.25/3214:11
養蒙針度五卷　(清)潘子聲撰　清光緒十年(1884)京口文成堂刻本　一冊　存三卷(一至三)

340000－1802－0001512　110.25/3214:12
養蒙針度五卷　(清)潘子聲撰　清刻本　二冊

340000－1802－0001513　110.25/3214:13

養蒙針度五卷　(清)潘子聲撰　清刻本　二冊

340000－1802－0001514　110.25/3214:14
養蒙針度五卷　(清)潘子聲撰　清刻本　二冊

340000－1802－0001515　110.25/3214:15
養蒙針度五卷　(清)潘子聲撰　清刻本　二冊

340000－1802－0001516　110.25/3214:16
養蒙針度五卷　(清)潘子聲撰　清光緒十年(1884)京口文成堂刻本　二冊

340000－1802－0001517　110.25/3214:17
養蒙針度五卷　(清)潘子聲撰　清光緒十年(1884)京口文成堂刻本　二冊

340000－1802－0001518　110.25/3214:18
養蒙針度五卷　(清)潘子聲撰　清光緒十年(1884)京口文成堂刻本　二冊

340000－1802－0001519　110.25/3214:19
養蒙針度五卷　(清)潘子聲撰　清合川會善堂慈善會刻本　一冊　存三卷(三至五)

340000－1802－0001520　110.25/3214:20
養蒙針度五卷　(清)潘子聲撰　清光緒十年(1884)京口文成堂刻本　二冊

340000－1802－0001521　110.25/3214:21
養蒙針度五卷　(清)潘子聲撰　清光緒十年(1884)京口文成堂刻本　一冊　存二卷(四至五)

340000－1802－0001522　110.25/4010
小學弦歌八卷　(清)李元度編　清光緒八年(1882)漢文書局刻本　四冊

340000－1802－0001523　110.25/4010:1
小學弦歌八卷　(清)李元度編　清光緒五年(1879)刻本　四冊

340000－1802－0001524　110.25/4034
重校十三經不貳字一卷　(清)李鴻藻編　清光緒八年(1882)刻本　一冊

340000－1802－0001525　110.25/4034:1
重校十三經不貳字一卷　(清)李鴻藻編　清光緒十一年(1885)刻本　一冊

340000－1802－0001526　110.25/4211
十三經集字摹本十三卷　(清)彭玉雯纂　清道光二十九年(1849)彭玉雯刻本　六冊　缺二卷(論語、孟子)

340000－1802－0001527　110.25/4211:1
十三經集字摹本十三卷　(清)彭玉雯纂　清道光二十九年(1849)彭玉雯刻本　八冊

340000－1802－0001528　110.25/4211:2
十三經集字摹本十三卷　(清)彭玉雯纂　清道光二十九年(1849)彭玉雯刻本　八冊

340000－1802－0001529　110.25/4211:3
十三經集字摹本十三卷　(清)彭玉雯纂　清道光二十九年(1849)彭玉雯刻本　八冊

340000－1802－0001530　110.25/4211:4
十三經集字摹本十三卷　(清)彭玉雯纂　清道光二十九年(1849)彭玉雯刻本　七冊　缺一卷(論語一卷)

340000－1802－0001531　110.25/4211:5
十三經集字摹本十三卷　(清)彭玉雯纂　清道光二十九年(1849)彭玉雯刻本　八冊

340000－1802－0001532　110.25/4211:6
十三經集字摹本十三卷　(清)彭玉雯纂　清道光二十九年(1849)彭玉雯刻本　八冊　缺一卷(爾雅)

340000－1802－0001533　110.25/4434
如古堂新刻旁訓故事四字經一卷　(明)蕭良有著　清屯溪黄如古堂刻本　一冊

340000－1802－0001534　110.25/4714
重校臨文便覽□□卷　(清)胡子英輯　清光緒十二年(1886)石印本　一冊

340000－1802－0001535　110.25/5038
急就篇四卷　(漢)史遊撰　(唐)顔師古注　(宋)王應麟補注　清光緒九年(1883)浙江書局刻玉海本　二冊

340000－1802－0001536　110.25/6034
小學韻語一卷　(清)羅澤南著　清光緒七年(1881)刻本　一册

340000－1802－0001537　110.25/6034:2
小學韻語一卷　(清)羅澤南著　清光緒七年(1881)刻本　一册

340000－1802－0001538　110.25/6034:3
小學韻語一卷　(清)羅澤南著　清光緒七年(1881)刻本　一册

340000－1802－0001539　110.25/6034:4
小學韻語一卷　(清)羅澤南著　清光緒七年(1881)刻本　一册

340000－1802－0001540　110.25/6034:5
小學韻語一卷　(清)羅澤南撰　清光緒四年(1878)刻本　一册

340000－1802－0001541　110.25/7247
澄衷蒙學堂字課圖說四卷附檢字類字　(清)劉樹屏編　(清)吳子城繪圖　清光緒三十年(1904)崇實書局刻本　八册

340000－1802－0001542　110.25/7478
新鐫幼學雜字一卷附選集啟蒙幼學三字巧對　(清)開來閣主人撰　清安省大盛堂刻本　一册

340000－1802－0001543　110.25/7528
翰林要訣一卷　(元)陳繹曾撰　**鄉會須知一卷**　(清)□□撰　清光緒五年(1879)京都西山堂書坊刻本　一册

340000－1802－0001544　110.25/7528:1
翰林要訣一卷　(元)陳繹曾撰　**鄉會須知一卷**　(清)□□撰　清光緒五年(1879)京都西山堂書坊刻本　一册

340000－1802－0001545　110.25/8073
會文學社字課圖說八卷　(清)會文學社編纂　清光緒三十年(1904)上海順成書局石印本　八册

340000－1802－0001546　110.25/8401
辨字摘要四卷　(清)饒應召撰　清光緒二十二年(1896)南昌廣益書局石印本　一册　存二卷(一至二)

340000－1802－0001547　110.25/8401:1
辨字摘要四卷　(清)饒應召撰　(清)盧紹麒　(清)楊召鰲編　清文奎堂刻本　二册

340000－1802－0001548　110.3/7703:1
山門新語二卷　(清)周贇著　清光緒十九年(1893)刻本　二册

340000－1802－0001549　110.3/7703:2
山門新語五卷　(清)周贇著　清光緒三十二年(1906)石鏡如刻本　二册

340000－1802－0001550　110.31/0406
詩韻類錦十二卷　(清)郭化霖編　清刻本　二册　存二卷(二至三)

340000－1802－0001551　110.31/0838
韻史二卷　(清)許遯翁著　**韻史補一卷**　(清)朱玉岑著　清光緒十三年(1887)上海廣百宋齋鉛印本　一册

340000－1802－0001552　110.31/1297
音韻正訛四卷　(明)孫耀撰　清刻本　一册　存三卷(二至四)

340000－1802－0001553　110.31/1297:1
音韻正訛四卷　(明)孫耀輯　清刻本　一册

340000－1802－0001554　110.31/1774
古今韻略五卷　(清)邵長蘅纂　清康熙三十五年(1696)刻本　四册

340000－1802－0001555　110.31/1774:1
古今韻略五卷　(清)邵長蘅纂　清康熙三十五年(1696)刻本　五册

340000－1802－0001556　110.31/2004
韻字略十二卷　(清)毛謨編　清光緒元年(1875)湖北崇文書局刻本　一册　存六卷(子至巳)

340000－1802－0001557　110.31/2736
五均論二卷　(清)鄒漢勛撰　清光緒九年(1883)刻本　一册

340000－1802－0001558　110.31/3191
音學五書三十八卷　(清)顧炎武撰　清光緒十六年(1890)思賢講舍刻本　二册　存六卷(唐韻正十七至二十、古音表二卷)

340000－1802－0001559　110.31/3191:1
音學五書三十八卷　(清)顧炎武撰　清光緒十六年(1890)思賢講舍刻本　十册

340000－1802－0001560　110.31/3191:2
音學五書三十八卷　(清)顧炎武撰　清光緒十六年(1890)思賢講舍刻本　十册

340000－1802－0001561　110.31/4013:1
佩文廣韻匯編五卷　(清)李元祺編　清同治十一年(1872)金陵書局刻本　二册

340000－1802－0001562　110.31/4013:2
佩文廣韻匯編五卷　(清)李元祺編　清同治十一年(1872)金陵書局刻本　二册

340000－1802－0001563　110.31/4427
增註字類標韻六卷　(清)華綱撰　(清)范多玨重訂　清光緒二十三年(1897)上海書局石印本　一册

340000－1802－0001564　110.31/4427:1
字類標韻六卷　(清)華綱輯　清光緒元年(1875)肄江王氏刻本　二册

340000－1802－0001565　110.31/4427:2
增注字類標韻六卷　(清)華綱撰　(清)范多玨重訂　清光緒二十二年(1896)煥文書局石印本　一册　存三卷(一至三)

340000－1802－0001566　110.31/4803
韻法直圖一卷末一卷　(明)梅膺祚撰　**韻法橫圖一卷**　(明)李世澤撰　明末刻本　一册

340000－1802－0001567　110.31/4803:1
韻法直圖一卷末一卷　(明)梅膺祚撰　**韻法橫圖一卷**　(明)李世澤撰　明末刻本　一册

340000－1802－0001568　110.31/4803:2
韻法直圖一卷末一卷　(明)梅膺祚撰　**韻法橫圖一卷**　(明)李世澤撰　清刻本　一册

340000－1802－0001569　110.31/5958
詩韻全璧五卷　(清)暢懷書屋主人編　**初學檢韻袖珍十二卷**　(清)姚文登編　清光緒十七年(1891)上海錦章圖書局石印本　六册

340000－1802－0001570　110.31/6010
佩文詩韻五卷　(清)景石齋輯　清刻本　一册　存三卷(三至五)

340000－1802－0001571　110.31/7224
韻辨十五卷　(清)劉贊編　清道光五年(1825)刻本　五册

340000－1802－0001572　110.31/7535
切韻考六卷　(清)陳澧撰　清同治八年(1869)成都書局刻本　一册

340000－1802－0001573　110.31/7714
六書音均表五卷　(清)段玉裁撰　清乾隆四十二年(1777)刻本　二册

340000－1802－0001574　110.31/7714:1
六書音均表五卷　(清)段玉裁記　**說文部目分韻一卷**　(清)陳煥編　清刻本　二册

340000－1802－0001575　110.31/7734
佩文詩韻釋要五卷　(清)周兆基輯　(清)朱蘭重輯　清同治三年(1864)刻本　一册

340000－1802－0001576　110.31/7734:1
佩文詩韻釋要五卷　(清)周兆基輯　(清)朱蘭重輯　清同治三年(1864)刻本　一册

340000－1802－0001577　110.31/7734:2
佩文詩韻釋要五卷　(清)周兆基輯　(清)朱蘭重輯　清光緒十五年(1889)旌德湯明林刻本　一册

340000－1802－0001578　110.31/7865
新增說文韻府群玉二十卷　(元)陰時夫編　(元)陰中夫注　清康熙五十五年(1716)刻本　二十册

340000－1802－0001579　110.31/8067
詩韻集成十卷　(清)余照輯　清光緒三年(1877)上海三元堂銅活字印本　四册

340000－1802－0001580　110.31/8067:2
詩韻集成十卷　(清)余照輯　清光緒三年

(1877)刻本　四冊

340000－1802－0001581　110.31/8067:3
詩韻集成十卷　(清)余照輯　清同治五年(1866)刻本　四冊

340000－1802－0001582　110.32/0838:2
韻史二卷　(清)許遯翁編　清光緒二十八年(1902)上海煥文書局刻本　一冊

340000－1802－0001583　110.32/1271
今韻三辨七卷　(清)孫同元編　清道光二十三年(1843)刻本　二冊　存五卷(訓辨二卷、詩辨三卷)

340000－1802－0001584　110.32/4206
古音諧八卷首一卷　(清)姚文田編　清道光二十五年(1845)刻本　六冊

340000－1802－0001585　110.32/4722
古韻論三卷　(清)胡秉虔撰　清光緒二年(1876)世澤樓刻績溪胡氏叢書本　一冊

340000－1802－0001586　110.34/3000
字音攷異一卷　(□)□□撰　清光緒八年(1882)石印本　一冊

340000－1802－0001587　111.5/1247
古微書三十六卷　(明)孫瑴著　清嘉慶二十一年(1816)對山問月樓刻本　六冊

340000－1802－0001588　111.5/1247:1
古微書三十六卷　(明)孫瑴著　清嘉慶二十一年(1816)對山問月樓刻本　三冊

340000－1802－0001589　111.5/2048
緯攟十四卷首一卷末一卷　(清)喬松年編　清光緒三年(1877)強恕堂刻本　八冊

340000－1802－0001590　111.5/9048
四書緯四卷　(清)常增撰　清道光十六年(1836)刻本　四冊

340000－1802－0001591　111.51/8700
易緯十二卷　(漢)鄭玄注　**易象意言一卷**　(宋)蔡淵撰　清浙江刻武英殿聚珍版書本　一冊　存四卷(易緯乾坤鑿度二卷、易緯乾鑿度二卷)

340000－1802－0001592　111.51/8700:1
易緯十二卷　(漢)鄭玄注　**易象意言一卷**　(宋)蔡淵撰　清浙江刻武英殿聚珍版書本　三冊

340000－1802－0001593　111.51/8700:2
易緯十二卷　(漢)鄭玄注　**易象意言一卷**　(宋)蔡淵撰　清浙江刻武英殿聚珍版書本　一冊　存三卷(易緯乾坤鑿度二卷、易象意言一卷)

340000－1802－0001594　111.56/7115
左傳事緯十二卷　(清)馬驌撰　清黃暹刻本　十冊

340000－1802－0001595　111.56/7115
左傳事緯十二卷　(清)馬驌撰　清光緒四年(1878)敏德堂刻本　二冊　存二卷(四至五)

340000－1802－0001596　111.56/7115:1
左傳事緯十二卷　(清)馬驌撰　清乾隆四十九年(1784)刻本　十二冊

340000－1802－0001597　111.56/7115:2
左傳事緯十二卷　(清)馬驌撰　清光緒四年(1878)敏德堂刻本　九冊　存十卷(一至十)

340000－1802－0001598　111.56/7115:3
左傳事緯十二卷　(清)馬驌撰　清光緒四年(1878)敏德堂刻本　十冊

340000－1802－0001599　201.1/1718
函史上編八十二卷下編二十一卷　(明)鄧元錫纂　明末刻本　三冊　存九卷(上編八十二,下編一、十一、十六至十九、二十至二十一)

340000－1802－0001600　201.1/7334
荊駝逸史五十二種八十三卷　(清)陳湖逸士編　清宣統三年(1911)中國圖書館石印本　二十八冊　缺二卷(盧公遺事、東陽兵變)

340000－1802－0001601　201.1/7723
重修廿一史□□卷　(清)陶岱等修　明刻明清遞修本　一冊　存序、目錄

340000－1802－0001602　201.1/8710

廿一史約編八卷首一卷　(清)鄭元慶撰　(清)鄭惟鞠　(清)徐秋蓴編　清康熙三十五年(1696)刻本　五冊　缺三卷(五、七至八)

340000－1802－0001603　201.1/8710:1
廿一史約編八卷首一卷　(清)鄭元慶撰　(清)鄭惟鞠　(清)徐秋蓴編　清康熙三十五年(1696)刻本　八冊

340000－1802－0001604　201.1/8710:2
廿一史約編八卷首一卷　(清)鄭元慶撰　(清)鄭惟鞠　(清)徐秋蓴編　清康熙三十六年(1697)刻本　四冊

340000－1802－0001605　201.1/8710:3
廿一史約編八卷首一卷　(清)鄭元慶撰　(清)鄭惟鞠　(清)徐秋蓴編　清康熙三十五年(1696)刻本　八冊

340000－1802－0001606　201.1/8710:4
廿一史約編八卷首一卷　(清)鄭元慶撰　(清)鄭惟鞠　(清)徐秋蓴編　清康熙三十五年(1696)刻本　八冊

340000－1802－0001607　201.1/8710:5
廿一史約編八卷首一卷　(清)鄭元慶撰　(清)鄭惟鞠　(清)徐秋蓴編　清康熙三十五年(1696)刻本　八冊

340000－1802－0001608　201.1/8710:6
廿一史約編八卷首一卷　(清)鄭元慶撰　清刻本　一冊　存一卷(一)

340000－1802－0001609　201.2/1013
史記月表正譌一卷　(清)王元啟撰　清光緒二十年(1894)廣雅書局刻本　一冊

340000－1802－0001610　201.2/1057
歸方評點史記合筆六卷　(清)王拯纂　清光緒元年(1875)錦城節署刻本　四冊

340000－1802－0001611　201.2/1102
校刊史記集解索隱正義劄記五卷　(清)張文虎撰　清同治十一年(1872)金陵書局刻本　二冊

340000－1802－0001612　201.2/1725
弘簡錄二百五十四卷　(明)邵經邦撰　清刻本　九冊　存四十四卷(五十一至五十八、九十三至九十八、一百五至一百十三、一百六十二至一百七十七、二百五十至二百五十四)

340000－1802－0001613　201.2/1773
史記一百三十卷　(漢)司馬遷撰　(南朝宋)裴駰注　清光緒四年(1878)金陵書局刻本　十五冊

340000－1802－0001614　201.2/1773:1
史記一百三十卷　(漢)司馬遷撰　清同治五年至九年(1866－1870)金陵書局刻本　二十冊

340000－1802－0001615　201.2/1773:2
史記一百三十卷　(漢)司馬遷撰　清同治五年至九年(1866－1870)金陵書局刻本　二十冊

340000－1802－0001616　201.2/1773:3
史記一百三十卷　(漢)司馬遷撰　清同治五年至九年(1866－1870)金陵書局刻本　二十冊

340000－1802－0001617　201.2/1773:4
史記一百三十卷　(漢)司馬遷撰　清光緒四年(1878)金陵書局刻本　十六冊

340000－1802－0001618　201.2/1773:5
史記一百三十卷　(漢)司馬遷撰　清光緒四年(1878)金陵書局刻本　十六冊

340000－1802－0001619　201.2/1773:6
史記一百三十卷　(漢)司馬遷撰　(南朝宋)裴駰注　清光緒四年(1878)金陵書局刻本　十六冊

340000－1802－0001620　201.2/1773:7
史記一百三十卷　(漢)司馬遷撰　(南朝宋)裴駰注　清光緒四年(1878)金陵書局刻本　八冊

340000－1802－0001621　201.2/1773:8
史記一百三十卷　(漢)司馬遷撰　(南朝宋)裴駰注　清光緒四年(1878)金陵書局刻本

二十册

340000－1802－0001622　201.2/1773:9
史記一百三十卷　(漢)司馬遷撰　(南朝宋)裴駰注　清光緒四年(1878)金陵書局刻本　二十册

340000－1802－0001623　201.2/1773:10
史記一百三十卷　(漢)司馬遷撰　(南朝宋)裴駰注　清光緒四年(1878)金陵書局刻本　十六册

340000－1802－0001624　201.2/1773:11
史記一百三十卷　(漢)司馬遷撰　(南朝宋)裴駰注　清光緒四年(1878)金陵書局刻本　十六册

340000－1802－0001625　201.2/1773:12
史記一百三十卷　(漢)司馬遷撰　(南朝宋)裴駰集解　(唐)司馬貞索隱　(唐)張守節正義　清光緒十四年(1888)上海圖書集成印書局鉛印本　十六册

340000－1802－0001626　201.2/1773:13
史記一百三十卷　(漢)司馬遷撰　(南朝宋)裴駰集解　(唐)司馬貞索隱　(唐)張守節正義　清光緒十四年(1888)上海圖書集成印書局鉛印本　十六册

340000－1802－0001627　201.2/1773:14
史記一百三十卷　(漢)司馬遷撰　(南朝宋)裴駰集解　(唐)司馬貞索隱　(唐)張守節正義　明末刻本　二十四册

340000－1802－0001628　201.2/1773:15
史記一百三十卷附方望溪評點史記四卷　(漢)司馬遷撰　(明)歸有光評點　清光緒二年(1876)刻本　二十册

340000－1802－0001629　201.2/1773:16
史記一百三十卷附方望溪評點史記四卷　(漢)司馬遷撰　(明)歸有光評點　清光緒二年(1876)刻本　十九册　缺四卷(方望溪評點史記四卷)

340000－1802－0001630　201.2/1773:17
史記一百三十卷　(漢)司馬遷撰　(南朝宋)裴駰注　清光緒四年(1878)金陵書局刻本　十八册

340000－1802－0001631　201.2/1773:18
史記一百三十卷　(南朝宋)裴駰撰　清光緒四年(1878)金陵書局仿汲古閣刻本　十六册

340000－1802－0001632　201.2/1773:19
史記一百三十卷劄記五卷　(漢)司馬遷撰　清同治五年(1866)金陵書局刻本　十九册　缺五卷(劄記五卷)

340000－1802－0001633　201.2/1773:20
史記一百三十卷　(漢)司馬遷撰　(南朝宋)裴駰集解　(唐)司馬貞索隱　(唐)張守節正義　清光緒十四年(1888)上海蜚英館石印本　八册　存七十卷(一至七十)

340000－1802－0001634　201.2/1773:21
史記一百三十卷　(漢)司馬遷撰　(南朝宋)裴駰集解　(唐)司馬貞索隱　(唐)張守節正義　清末石印本　一册　存十八卷(一百十三至一百三十)

340000－1802－0001635　201.2/1773:22
史記一百三十卷　(清)司馬遷撰　(南朝宋)裴駰集解　(唐)司馬貞索隱　(唐)張守節正義　清光緒二十八年(1902)竢實齋石印本　十册

340000－1802－0001636　201.2/1773:23
史記一百三十卷　(漢)司馬遷撰　清光緒四年(1878)金陵書局刻本　二册　存十卷(一至十)

340000－1802－0001637　201.2/1773:24
史記一百三十卷　(漢)司馬遷撰　清刻遞修本　一册　存八卷(六至七、一百七至一百十二)

340000－1802－0001638　201.2/2500:1
史畧八十七卷　(清)朱堃輯　清同治五年(1866)鄂城冷文秀堂書坊刻本　二十册

340000－1802－0001639　201.2/2500:2

史略八十七卷　(清)朱堃輯　清刻本　二十四册

340000－1802－0001640　201.2/2680
歷代名家評註史記集說□□卷　(清)程餘慶撰　清末石印本　九册

340000－1802－0001641　201.2/3427
史記評林一百三十卷　(明)淩稚隆輯　清光緒十年(1884)湖南佩蘭堂刻本　三十二册

340000－1802－0001642　201.2/3633
最近支那史□□卷　(日本)河野通之　(日本)石村貞一編　清末鉛印本　二册　存二卷(一下、二上)

340000－1802－0001643　201.2/4082
尚史七十卷　(清)李鍇纂　清乾隆三十八年(1773)刻本　二十册

340000－1802－0001644　201.2/4234
史記約選一卷　姚永樸編　清末安徽高等學堂鉛印本　一册

340000－1802－0001645　201.2/4623
續支那通史二卷　(日本)藤田久道編　清光緒二十九年(1903)石印本　二册

340000－1802－0001646　201.2/8373
普通新歷史十章　(清)普通學書室編　清光緒二十七年(1901)鉛印本　一册

340000－1802－0001647　201.324/2548
逸周書集訓校釋十卷逸文一卷　(清)朱右曾撰　清光緒元年(1875)湖北崇文書局刻本　二册

340000－1802－0001648　201.334/1160
前漢書一百二十卷　(漢)班固撰　(唐)顏師古注　清同治八年(1869)金陵書局刻本　十六册

340000－1802－0001649　201.334/1160:1
前漢書一百二十卷　(漢)班固撰　(唐)顏師古注　清末鉛印本　二十册

340000－1802－0001650　201.334/1160:2
前漢書一百二十卷　(漢)班固撰　(唐)顏師古注　清末鉛印本　二十册

340000－1802－0001651　201.334/1160:3
前漢書一百二十卷　(漢)班固撰　(唐)顏師古注　清光緒十八年(1892)武林竹簡齋石印本　十二册

340000－1802－0001652　201.334/1160:4
前漢書一百二十卷　(漢)班固撰　(唐)顏師古注　清光緒十八年(1892)武林竹簡齋石印本　十二册

340000－1802－0001653　201.334/1160:5
前漢書一百二十卷　(漢)班固撰　(唐)顏師古注　清光緒二十五年(1899)慎記書莊石印本　十二册

340000－1802－0001654　201.334/1160:6
前漢書一百二十卷　(漢)班固撰　(唐)顏師古注　清光緒二十六年(1900)煥文書局石印本　十二册

340000－1802－0001655　201.334/1160:7
前漢書一百二十卷　(漢)班固撰　(唐)顏師古注　清光緒二十八年(1902)史學會社石印本　八册

340000－1802－0001656　201.334/1160:8
前漢書一百二十卷　(漢)班固撰　(唐)顏師古注　清光緒二十八年(1902)竢實齋石印本　十二册

340000－1802－0001657　201.334/1160:9
前漢書一百二十卷　(漢)班固撰　(唐)顏師古注　清光緒二十九年(1903)五洲同文局石印本　三十二册

340000－1802－0001658　201.334/1160:10
前漢書一百二十卷　(漢)班固撰　(唐)顏師古注　清光緒三十一年(1905)武林竹簡齋石印本　十册

340000－1802－0001659　201.334/1160:11
前漢書一百二十卷　(漢)班固撰　(唐)顏師古注　清光緒二十年(1894)上海點石齋石印本　八册

340000－1802－0001660　201.334/1160:12
前漢書一百二十卷　(漢)班固撰　(唐)顔師古注　清乾隆刻本　三十二册

340000－1802－0001661　201.334/1160:13
前漢書一百二十卷　(漢)班固撰　(唐)顔師古注　清同治八年(1869)金陵書局刻本　二十四册

340000－1802－0001662　201.334/1160:14
前漢書一百二十卷　(漢)班固撰　(唐)顔師古注　清同治八年(1869)金陵書局刻本　十六册

340000－1802－0001663　201.334/1160:15
前漢書一百二十卷　(漢)班固撰　(唐)顔師古注　清同治八年(1869)金陵書局刻本　十六册

340000－1802－0001664　201.334/1160:16
前漢書一百二十卷　(漢)班固撰　(唐)顔師古注　清同治八年(1869)金陵書局刻本　十六册

340000－1802－0001665　201.334/1160:17
前漢書一百二十卷　(漢)班固撰　(唐)顔師古注　清同治八年(1869)金陵書局刻本　十六册

340000－1802－0001666　201.334/1160:18
前漢書一百二十卷　(漢)班固撰　(唐)顔師古注　清同治十年(1871)成都書局刻本　三十二册

340000－1802－0001667　201.334/1160:19
前漢書一百二十卷附姚姬傳評點一卷　(漢)班固撰　(唐)顔師古注　清光緒八年(1882)桐城方氏刻本　三十二册

340000－1802－0001668　201.334/1160:20
前漢書一百二十卷附姚姬傳評點一卷　(漢)班固撰　(唐)顔師古注　清光緒八年(1882)桐城方氏刻本　十九册　存四十七卷(一至二十九、八十四至一百,姚姬傳評點一卷)

340000－1802－0001669　201.334/1160:21
前漢書一百二十卷　(漢)班固撰　(唐)顔師古注　清光緒十三年(1887)金陵書局刻本　三十册

340000－1802－0001670　201.334/1160:22
前漢書一百二十卷　(漢)班固撰　(唐)顔師古注　清光緒三十四年(1908)上海集成圖書公司鉛印本　二十册

340000－1802－0001671　201.334/1160:23
前漢書一百二十卷　(漢)班固撰　(唐)顔師古注　清光緒十三年(1887)金陵書局刻本　十八册

340000－1802－0001672　201.334/1160:24
前漢書一百二十卷　(漢)班固撰　(唐)顔師古注　清光緒十三年(1887)金陵書局刻本　二十册

340000－1802－0001673　201.334/1160:25
前漢書一百二十卷　(漢)班固撰　(唐)顔師古注　清光緒十三年(1887)金陵書局刻本　二十四册

340000－1802－0001674　201.334/1160:26
前漢書一百二十卷　(漢)班固撰　(唐)顔師古注　清同治八年(1869)刻本　十六册

340000－1802－0001675　201.334/1160:27
前漢書一百二十卷　(漢)班固撰　(唐)顔師古注　清同治八年(1869)金陵書局仿汲古閣刻本　十六册

340000－1802－0001676　201.334/1160:28
前漢書一百卷　(漢)班固撰　(唐)顔師古注　清光緒刻本　三十六册

340000－1802－0001677　201.334/1160:29
漢書一百二十卷　(漢)班固撰　(唐)顔師古注　清同治八年(1869)金陵書局刻本　十六册

340000－1802－0001678　201.334/1160:30
前漢書一百二十卷　(漢)班固撰　(唐)顔師古注　清光緒十四年(1888)上海圖書集成印書局石印本　二十册

340000－1802－0001679　201.334/1160:31
前漢書一百二十卷　(漢)班固著　(唐)顔師古注　清光緒八年(1882)刻本　五册　存十七卷(一至十七)

340000－1802－0001680　201.334/1160:32
漢書一百二十卷　(漢)班固撰　(唐)顔師古注　清光緒十三年(1887)刻本　十六册

340000－1802－0001681　201.334/1160:33
前漢書一百二十卷　(漢)班固撰　(唐)顔師古注　清光緒十三年(1887)金陵書局刻本　十四册　缺七卷(二十六至三十二)

340000－1802－0001682　201.334/1160:34
前漢書一百二十卷附考證　(漢)班固撰　(唐)顔師古注　清光緒十年(1884)同文書局石印本　十九册　缺三十九卷(十六至十八、二十三至五十八)

340000－1802－0001683　201.334/1160:35
前漢書一百二十卷　(漢)班固著　(唐)顔師古注　清刻本　一册　存一卷(十九)

340000－1802－0001684　201.334/1160:36
漢書一百二十卷　(漢)班固撰　(唐)顔師古注　清同治十二年(1873)嶺東使署刻本　十六册

340000－1802－0001685　201.334/1160:37
漢書一百二十卷附姚惜抱先生前漢書評點一卷　(漢)班固撰　(唐)顔師古注　清桐城方氏刻本　二十一册

340000－1802－0001686　201.334/1160:38
漢書一百二十卷　(漢)班固著　(唐)顔師古注　清同治八年(1869)刻本　十六册

340000－1802－0001687　201.334/1160:39
漢書一百二十卷附姚惜抱先生前漢書評點一卷　(漢)班固撰　(唐)顔師古注　清桐城方氏刻本　十六册　存四十九卷(十八至三十六、四十一至七十)

340000－1802－0001688　201.334/1160:40
漢書一百二十卷附姚惜抱先生前漢書評點一卷　(漢)班固撰　(唐)顔師古注　清桐城方氏刻本　四册　存九卷(四至八、十五、十八至十九、二十七)

340000－1802－0001689　201.334/1160:41
漢書一百二十卷　(漢)班固撰　(唐)顔師古注　清同治八年(1869)金陵書局刻二十四史本　四册　存二十七卷(六十四至七十二、八十三至一百)

340000－1802－0001690　201.334/1160:42
前漢書一百二十卷　(漢)班固著　(唐)顔師古注　清光緒八年(1882)刻本　一册　存三卷(一至三)

340000－1802－0001691　201.334/1160:43
漢書一百二十卷　(漢)班固撰　(唐)顔師古注　清同治八年(1869)金陵書局刻本　十六册　存一百卷(一至一百)

340000－1802－0001692　201.334/1160:44
漢書一百二十卷　(漢)班固撰　清同治八年(1869)金陵書局刻本　十六册

340000－1802－0001693　201.334/1160:45
漢書一百二十卷　(漢)班固撰　(唐)顔師古注　清同治八年(1869)金陵書局刻本　十六册

340000－1802－0001694　201.334/1160:46
漢書一百二十卷　(漢)班固著　清同治八年(1869)金陵書局刻本　十六册

340000－1802－0001695　201.334/1160:47
漢書一百二十卷　(漢)班固撰　(唐)顔師古注　清同治八年(1869)金陵書局刻本　十六册

340000－1802－0001696　201.334/1160:48
漢書一百二十卷　(漢)班固撰　(唐)顔師古注　清同治八年(1869)金陵書局刻本　十六册

340000－1802－0001697　201.334/1160:49
漢書一百二十卷　(漢)班固撰　(唐)顔師古注　清同治八年(1869)金陵書局刻本　十

六冊

340000－1802－0001698　201.334/1160:50
漢書一百二十卷　(漢)班固撰　(唐)顏師古注　清光緒十三年(1887)刻本　四十冊　存一百卷(一至一百)

340000－1802－0001699　201.334/1160:51
漢書一百卷　(漢)班固撰　(唐)顏師古注　清同治八年(1869)金陵書局刻本　十二冊　存六十三卷(一至六十三)

340000－1802－0001700　201.334/1160:52
漢書一百二十卷　(漢)班固撰　(唐)顏師古注　清同治八年(1869)金陵書局刻二十四史本　十一冊　存八十卷(二十一至一百)

340000－1802－0001701　201.334/1160:53
漢書一百二十卷　(漢)班固撰　(唐)顏師古注　清金陵書局刻本　一冊　存九卷(八十三至九十一)

340000－1802－0001702　201.334/1772
續漢志三十卷　(晉)司馬彪撰　(南朝梁)劉昭補　清金陵書局刻本　二冊

340000－1802－0001703　201.334/1772:1
續漢志三十卷　(晉)司馬彪撰　(南朝梁)劉昭補　清金陵書局仿刻本　一冊　存十七卷(十三至二十九)

340000－1802－0001704　201.334/1772:2
續漢志三十卷　(晉)司馬彪撰　(南朝梁)劉昭補　清金陵書局刻本　二冊

340000－1802－0001705　201.334/1772:3
續漢志三十卷　(晉)司馬彪撰　(南朝梁)劉昭補　清金陵書局刻本　一冊　存五卷(一至五)

340000－1802－0001706　201.334/2622
兩漢刊誤補遺十卷　(宋)吳仁傑撰　清同治七年(1868)金陵書局活字印本　二冊

340000－1802－0001707　201.334/3104
七家後漢書二十卷失氏名後漢書一卷　(清)汪文臺輯　清刻本　四冊

340000－1802－0001708　201.334/3427
漢書評林一百卷首一卷　(明)淩稚隆輯　清光緒十年(1884)刻本　三十二冊

340000－1802－0001709　201.334/4030
後漢光武皇帝紀三十卷兩漢紀校記二卷　(晉)袁宏撰　清光緒二年(1876)嶺南學海堂刻本　八冊

340000－1802－0001710　201.334/4464
後漢書一百卷　(南朝宋)范曄撰　(唐)李賢注　**續漢書八志三十卷**　(晉)司馬彪撰　(南朝梁)劉昭注補　清光緒十三年(1887)金陵書局刻本　二十七冊　存一百十八卷(後漢書一至七十九、八十二下至九十,續漢書八志三十卷)

340000－1802－0001711　201.334/4464:1
後漢書一百卷　(南朝宋)范曄撰　(唐)李賢注　**續漢書八志三十卷**　(晉)司馬彪撰　(南朝梁)劉昭注補　清光緒十三年(1887)金陵書局刻本　三十二冊

340000－1802－0001712　201.334/4464:2
後漢書一百卷　(南朝宋)范曄撰　(唐)李賢注　**續漢書八志三十卷**　(晉)司馬彪撰　(南朝梁)劉昭注補　清光緒十三年(1887)金陵書局刻本　十六冊

340000－1802－0001713　201.334/4464:3
後漢書一百卷　(南朝宋)范曄撰　(唐)李賢注　**續漢書八志三十卷**　(晉)司馬彪撰　(南朝梁)劉昭注　清光緒十三年(1887)金陵書局刻本　二十四冊

340000－1802－0001714　201.334/4464:4
後漢書一百卷　(南朝宋)范曄撰　(唐)李賢注　**續漢書八志三十卷**　(晉)司馬彪撰　(南朝梁)劉昭注　清光緒十三年(1887)金陵書局刻本　二十六冊

340000－1802－0001715　201.334/4464:5
後漢書一百三十卷　(南朝宋)范曄撰　(唐)李賢注　清光緒十年(1884)上海同文書局石印本　二十八冊

340000－1802－0001716　201.334/4464:6

後漢書一百三十卷　(南朝宋)范曄撰　(唐)李賢注　清光緒十年(1884)上海同文書局石印本　三十二册

340000－1802－0001717　201.334/4464:7
後漢書一百卷　(南朝宋)范曄撰　(唐)李賢注　**續漢書八志三十卷**　(晉)司馬彪撰　(南朝梁)劉昭注　清光緒十三年(1887)金陵書局刻本　二十四册

340000－1802－0001718　201.334/4464:8
後漢書一百二十卷　(南朝宋)范曄撰　(唐)李賢注　**續漢書八志三十卷**　(晉)司馬彪撰　(南朝梁)劉昭注　清光緒十三年(1887)金陵書局刻本　十九册　缺四卷(後漢書三十至三十三)

340000－1802－0001719　201.334/4464:9
後漢書一百三十卷　(南朝宋)范曄撰　(唐)李賢注　清光緒十四年(1888)上海蜚英館石印本　十二册

340000－1802－0001720　201.334/4464:10
後漢書一百三十卷　(南朝宋)范曄撰　(唐)李賢注　清光緒十四年(1888)上海圖書集成印書局鉛印本　十二册

340000－1802－0001721　201.334/4464:11
後漢書一百三十卷　(南朝宋)范曄撰　(唐)李賢注　清光緒十四年(1888)上海圖書集成印書局鉛印本　十六册

340000－1802－0001722　201.334/4464:12
後漢書一百三十卷　(南朝宋)范曄撰　(唐)李賢注　清光緒十八年(1892)武林竹簡齋石印本　八册

340000－1802－0001723　201.334/4464:13
後漢書一百三十卷　(南朝宋)范曄撰　(唐)李賢注　清光緒二十五年(1899)慎記書莊石印本　八册

340000－1802－0001724　201.334/4464:14
後漢書一百三十卷　(南朝宋)范曄撰　(唐)李賢注　清光緒二十六年(1900)煥文書局石印本　八册

340000－1802－0001725　201.334/4464:15
後漢書一百三十卷　(南朝宋)范曄撰　(唐)李賢注　清光緒二十八年(1902)誒實齋石印本　八册

340000－1802－0001726　201.334/4464:16
後漢書一百三十卷　(南朝宋)范曄撰　(唐)李賢注　清光緒二十八年(1902)史學會社石印本　八册

340000－1802－0001727　201.334/4464:17
後漢書一百二十卷　(南朝宋)范曄撰　(唐)李賢注　清光緒二十九年(1903)五洲同文局石印本　二十八册

340000－1802－0001728　201.334/4464:18
後漢書一百三十卷　(南朝宋)范曄撰　(唐)李賢注　清光緒三十一年(1905)武林竹簡齋石印本　十册

340000－1802－0001729　201.334/4464:19
後漢書一百二十卷　(南朝宋)范曄撰　(唐)李賢注　清光緒三十一年(1905)上海父敬齋石印本　八册

340000－1802－0001730　201.334/4464:20
後漢書一百二十卷　(南朝宋)范曄撰　(唐)李賢注　清光緒三十三年(1907)上海華商集成圖書公司鉛印本　十二册

340000－1802－0001731　201.334/4464:21
後漢書一百三十卷　(南朝宋)范曄撰　(唐)李賢注　清光緒三十四年(1908)上海集成圖書公司鉛印本　十六册

340000－1802－0001732　201.334/4464:22
後漢書一百卷　(南朝宋)范曄撰　(唐)李賢注　**續漢書八志三十卷**　(晉)司馬彪撰　(南朝梁)劉昭注　清同治八年(1869)金陵書局仿汲古閣刻本　十六册

340000－1802－0001733　201.334/4464:23
後漢書一百卷　(南朝宋)范曄撰　(唐)李賢注　**續漢書八志三十卷**　(晉)司馬彪撰　(南朝梁)劉昭注　清同治八年(1869)金陵書局仿汲古閣刻本　十六册

340000－1802－0001734　201.334/4464：24
後漢書一百卷　(南朝宋)范曄撰　(唐)李賢注　**續漢書八志三十卷**　(晉)司馬彪撰　(南朝梁)劉昭注　清同治八年(1869)金陵書局仿汲古閣刻本　十六册

340000－1802－0001735　201.334/4464：25
後漢書九十卷　(南朝宋)范曄撰　(唐)李賢注　**續漢書八志三十卷**　(晉)司馬彪撰　(南朝梁)劉昭注　清光緒十三年(1887)金陵書局刻本　二十六册

340000－1802－0001736　201.334/4464：26
後漢書一百卷　(南朝宋)范曄撰　(唐)李賢注　**續漢書八志三十卷**　(晉)司馬彪撰　(南朝梁)劉昭注　清同治八年(1869)金陵書局仿汲古閣刻本　十册　存六十二卷(一至十七、四十六至九十)

340000－1802－0001737　201.334/4464：27
後漢書一百卷　(南朝宋)范曄撰　(唐)李賢注　**續漢書八志三十卷**　(晉)司馬彪撰　(南朝梁)劉昭注補　清同治八年(1869)金陵書局仿汲古閣刻本　十六册

340000－1802－0001738　201.334/4464：28
後漢書一百卷　(南朝宋)范曄撰　(唐)李賢注　**續漢書八志三十卷**　(晉)司馬彪撰　(南朝梁)劉昭注補　清同治八年(1869)金陵書局仿汲古閣刻本　十六册

340000－1802－0001739　201.334/4464：29
後漢書九十卷　(南朝宋)范曄撰　(唐)李賢注　清光緒十三年(1887)金陵書局刻本　十册

340000－1802－0001740　201.334/4464：30
後漢書一百卷　(南朝宋)范曄撰　(唐)李賢注　**續漢書八志三十卷**　(晉)司馬彪續　(南朝梁)劉昭注補　清同治八年(1869)金陵書局仿汲古閣刻本　十六册

340000－1802－0001741　201.334/4464：31
後漢書一百卷　(南朝宋)范曄撰　(唐)李賢注　**續漢書八志三十卷**　(晉)司馬彪續　(南朝梁)劉昭注補　清同治十二年(1873)韓江書局刻本　十四册　缺七卷(列傳四十四至五十下)

340000－1802－0001742　201.334/4464：32
後漢書一百卷　(南朝宋)范曄撰　(唐)李賢注　**續漢書八志三十卷**　(晉)司馬彪撰　(南朝梁)劉昭注補　清同治八年(1869)金陵書局仿汲古閣刻本　十六册

340000－1802－0001743　201.334/4464：33
後漢書一百三十卷　(南朝宋)范曄撰　(南朝梁)劉昭補志　(唐)李賢注　清刻本　二十八册

340000－1802－0001744　201.334/4464：34
後漢書一百卷　(南朝宋)范曄撰　(唐)李賢注　**續漢書八志三十卷**　(晉)司馬彪撰　(南朝梁)劉昭注　清光緒十三年(1887)金陵書局刻本　十五册　缺七卷(列傳五十八至六十四下)

340000－1802－0001745　201.334/4464：35
後漢書一百三十卷　(南朝宋)范曄撰　(唐)李賢注　明崇禎汲古閣刻本　一册　存三卷(一至三)

340000－1802－0001746　201.334/4464：36
後漢書一百卷　(南朝宋)范曄撰　(唐)李賢注　**續漢書八志三十卷**　(晉)司馬彪續　(南朝梁)劉昭注補　清同治八年(1869)金陵書局仿汲古閣刻本　十六册

340000－1802－0001747　201.334/4464：37
後漢書一百三十卷　(南朝宋)范曄撰　(唐)李賢注　(南朝梁)劉昭補注　清末石印本　十三册　存六十一卷(十六至三十二、四十九至九十二)

340000－1802－0001748　201.334/4464：38
後漢書一百卷　(南朝宋)范曄撰　(唐)李賢注　**續漢書八志三十卷**　(晉)司馬彪續　(南朝梁)劉昭注補　清光緒二十年(1894)上海點石齋石印本　五册　缺三十一卷(後漢書九十、續漢書八志三十卷)

340000－1802－0001749　201.334/4464:39
後漢書一百卷　(南朝宋)范曄撰　(唐)李賢注　**續漢書八志三十卷**　(晉)司馬彪撰　(南朝梁)劉昭補　清同治八年(1869)金陵書局仿汲古閣刻本　十四冊

340000－1802－0001750　201.334/4464:40
後漢書一百卷　(南朝宋)范曄撰　(唐)李賢注　**續漢書八志三十卷**　(晉)司馬彪撰　(南朝梁)劉昭注補　清同治八年(1869)金陵書局仿汲古閣刻本　五冊　存二十九卷(一至二十五、四十至四十三)

340000－1802－0001751　509.8/7593
玉獅堂傳奇十種十五卷悲鳳曲一卷　(清)陳烺撰　清光緒十七年(1891)徐光鎣等刻本　十四冊

340000－1802－0001752　201.334/4464:42
後漢書一百卷　(南朝宋)范曄撰　(唐)李賢注　**續漢書八志三十卷**　(晉)司馬彪撰　(南朝梁)劉昭注補　清光緒十三年(1887)金陵書局刻本　十四冊　存九十卷(一至九十)

340000－1802－0001753　201.334/4464:43
後漢書一百卷　(南朝宋)范曄撰　(唐)李賢注　**續漢書八志三十卷**　(晉)司馬彪撰　(南朝梁)劉昭注補　清同治八年(1869)金陵書局仿汲古閣刻本　十四冊　存九十卷(一至九十)

340000－1802－0001754　201.334/4464:44
後漢書一百卷　(南朝宋)范曄撰　(唐)李賢注　**續漢書八志三十卷**　(晉)司馬彪撰　(南朝梁)劉昭注補　清光緒十三年(1887)金陵書局刻本　十六冊

340000－1802－0001755　201.334/4464:45
後漢書一百三十卷　(南朝宋)范曄撰　(唐)李賢注　清末掃葉山房石印本　一冊　存五卷(七十二至七十六)

340000－1802－0001756　201.334/4464:46
後漢書一百三十卷　(南朝宋)范曄撰　(唐)李賢注　清石印本　四冊　存二十三卷(九十八至一百二十)

340000－1802－0001757　201.334/4464:47
後漢書一百卷　(南朝宋)范曄撰　(唐)李賢注　**續漢書八志三十卷**　(晉)司馬彪撰　(南朝梁)劉昭補　清金陵書局刻本　三冊　存四十卷(後漢書八十一至九十、續漢書八志三十卷)

340000－1802－0001758　201.334/4464:48
後漢書一百卷　(南朝宋)范曄撰　(唐)李賢注　**續漢書八志三十卷**　(晉)司馬彪撰　(南朝梁)劉昭補　清金陵書局刻本　四冊　存二十二卷(五至十、六十五至八十)

340000－1802－0001759　201.334/4464:49
後漢書一百卷　(南朝宋)范曄撰　(唐)李賢注　**續漢書八志三十卷**　(晉)司馬彪撰　(南朝梁)劉昭注補　清同治八年(1869)金陵書局仿汲古閣刻本　十六冊

340000－1802－0001760　201.334/4464:50
後漢書一百三十卷　(南朝宋)范曄撰　(南朝梁)劉昭補　(唐)李賢注　清光緒二十八年(1902)武林竹簡齋石印本　九冊　存九十六卷(一至九十六)

340000－1802－0001761　201.334/4498
前漢高祖皇帝紀三十卷　(漢)荀悦撰　清光緒二年(1876)嶺南學海堂刻本　六冊

340000－1802－0001762　201.336/7540
三國志六十五卷　(晉)陳壽撰　(南朝宋)裴松之注　清同治九年(1870)金陵書局刻本　八冊

340000－1802－0001763　201.336/7540:1
三國志六十五卷　(晉)陳壽撰　清光緒十三年(1887)江南書局刻本　十二冊

340000－1802－0001764　201.336/7540:2
三國志六十五卷　(晉)陳壽撰　(南朝宋)裴松之注　清光緒十三年(1887)江南書局刻本　十二冊

340000－1802－0001765　201.336/7540:3
三國志六十五卷　(晉)陳壽撰　(南朝宋)裴

松之注　清光緒十年(1884)上海同文書局石印本　十四册

340000－1802－0001766　201.336/7540:4
三國志六十五卷　(晉)陳壽撰　(南朝宋)裴松之注　清同治十一年(1872)成都書局刻本　十四册

340000－1802－0001767　201.336/7540:5
三國志六十五卷　(晉)陳壽撰　(南朝宋)裴松之注　清同治九年(1870)金陵書局刻本　八册

340000－1802－0001768　201.336/7540:6
三國志六十五卷　(晉)陳壽撰　(南朝宋)裴松之注　清同治九年(1870)金陵書局刻本　八册

340000－1802－0001769　201.336/7540:7
三國志六十五卷　(晉)陳壽撰　(南朝宋)裴松之注　清同治九年(1870)金陵書局刻本　八册

340000－1802－0001770　201.336/7540:8
三國志六十五卷　(晉)陳壽撰　(南朝宋)裴松之注　清同治九年(1870)金陵書局刻二十四史本　八册

340000－1802－0001771　201.336/7540:9
三國志六十五卷　(晉)陳壽撰　(南朝宋)裴松之注　清末石印本　八册

340000－1802－0001772　201.336/7540:10
三國志六十五卷　(晉)陳壽撰　(南朝宋)裴松之注　清光緒二十八年(1902)竢實齋石印本　四册

340000－1802－0001773　201.336/7540:11
三國志六十五卷　(晉)陳壽撰　(南朝宋)裴松之注　清末鉛印本　六册　存五十一卷(魏志七至二十二、蜀志一至十五、吴志一至二十)

340000－1802－0001774　201.336/7540:12
三國志六十五卷　(晉)陳壽撰　(南朝宋)裴松之注　清光緒十三年(1887)江南書局刻本　八册

340000－1802－0001775　201.336/7540:13
三國志六十五卷　(晉)陳壽撰　(南朝宋)裴松之注　清同治九年(1870)金陵書局刻本　八册

340000－1802－0001776　201.336/7540:14
三國志六十五卷　(晉)陳壽撰　(南朝宋)裴松之注　清光緒十三年(1887)江南書局刻本　八册

340000－1802－0001777　201.336/7540:15
三國志六十五卷　(晉)陳壽撰　(南朝宋)裴松之注　清光緒十三年(1887)江南書局刻本　八册

340000－1802－0001778　201.336/7540:16
三國志六十五卷　(晉)陳壽撰　(南朝宋)裴松之注　清同治九年(1870)金陵書局刻本　八册

340000－1802－0001779　201.336/7540:17
三國志六十五卷　(晉)陳壽撰　(南朝宋)裴松之注　清同治九年(1870)金陵書局刻本　八册

340000－1802－0001780　201.336/7540:18
三國志六十五卷　(晉)陳壽撰　(南朝宋)裴松之注　清光緒十三年(1887)江南書局刻本　六册　缺十五卷(三十一至四十五)

340000－1802－0001781　201.336/7540:19
三國志六十五卷　(晉)陳壽撰　(南朝宋)裴松之注　清同治九年(1870)金陵書局刻本　四册　存二十卷(三至五、十六至二十、三十一至四十二)

340000－1802－0001782　201.336/7540:20
三國志六十五卷　(晉)陳壽撰　(南朝宋)裴松之注　清光緒十三年(1887)江南書局刻本　十一册

340000－1802－0001783　201.337/4047
晉書一百三十卷音義三卷　(唐)太宗李世民撰　(唐)何超音義　清同治十年(1871)金陵

書局刻本　二十册

340000－1802－0001784　201.337/4047:1
晉書一百三十卷音義三卷　(唐)太宗李世民撰　(唐)何超音義　清光緒十年(1884)五洲同文書局石印本　三十册

340000－1802－0001785　201.337/4047:2
晉書一百三十卷音義三卷　(唐)太宗李世民撰　(唐)何超音義　清光緒二十八年(1902)上海文瀾書局石印本　六册

340000－1802－0001786　201.337/4047:3
晉書一百三十卷音義三卷　(唐)太宗李世民撰　(唐)何超音義　清光緒二十九年(1903)上海同文書局影印本　三十册

340000－1802－0001787　201.337/4047:4
晉書一百三十卷音義三卷　(唐)太宗李世民撰　(唐)何超音義　清光緒三十三年(1907)上海華商圖書公司鉛印本　十六册

340000－1802－0001788　201.337/4047:5
晉書一百三十卷音義三卷　(唐)太宗李世民撰　(唐)何超音義　清光緒三十三年(1907)上海集成圖書公司石印三十四年(1908)重印本　十六册

340000－1802－0001789　201.337/4047:6
晉書一百三十卷音義三卷　(唐)太宗李世民撰　(唐)何超音義　清同治十年(1871)金陵書局刻本　十六册

340000－1802－0001790　201.337/4047:7
晉書一百三十卷音義三卷　(唐)太宗李世民撰　(唐)何超音義　清同治十年(1871)金陵書局刻本　二十四册

340000－1802－0001791　201.337/4047:8
晉書一百三十卷音義三卷　(唐)太宗李世民撰　(唐)何超音義　清同治十年(1871)金陵書局刻本　二十四册

340000－1802－0001792　201.337/4047:9
晉書一百三十卷音義三卷　(唐)太宗李世民撰　(唐)何超音義　清同治十年(1871)金陵書局刻本　二十册

340000－1802－0001793　201.337/4047:10
晉書一百三十卷音義三卷　(唐)太宗李世民撰　(唐)何超音義　清同治十年(1871)金陵書局刻本　二十册

340000－1802－0001794　201.337/4047:11
晉書一百三十卷音義三卷　(唐)太宗李世民撰　(唐)何超音義　清光緒三十三年(1907)上海華商集成圖書公司鉛印本　十六册

340000－1802－0001795　201.337/4047:12
晉書一百三十卷　(唐)太宗李世民撰　(唐)何超音義　清光緒十四年(1888)上海圖書集成印書局鉛印本　十六册

340000－1802－0001796　201.337/4047:13
晉書一百三十卷音義三卷　(唐)太宗李世民撰　(唐)何超音義　清光緒二十九年(1903)五洲同文局石印本　二十九册　缺五卷(六十至六十四)

340000－1802－0001797　201.337/4047:14
晉書一百三十卷音義三卷　(唐)太宗李世民撰　(唐)何超音義　清光緒圖書集成局鉛印本　十四册　缺十五卷(一至十三、音義二至三)

340000－1802－0001798　201.337/7730
晉畧六十六卷　(清)周濟撰　清光緒二年(1876)味雋齋刻本　十册

340000－1802－0001799　201.339/2628
魏書一百十四卷　(北齊)魏收撰　清刻本　一册　存四卷(九至十二)

340000－1802－0001800　201.339/2628:1
魏書一百十四卷　(北齊)魏收撰　清同治十一年(1872)金陵書局刻本　二十册

340000－1802－0001801　201.339/2628:2
魏書一百十四卷　(北齊)魏收撰　清同治十一年(1872)金陵書局刻本　二十四册

340000－1802－0001802　201.339/2628:3
魏書一百十四卷　(北齊)魏收撰　清光緒十

年(1884)上海同文書局石印本　二十三册　存一百十卷(一至八、十三至一百十四)

340000－1802－0001803　201.339/2628:4
魏書一百十四卷　(北齊)魏收撰　清光緒十四年(1888)上海圖書集成印書局鉛印本　十六册

340000－1802－0001804　201.339/2628:5
魏書一百十四卷　(北齊)魏收撰　清光緒三十三年(1907)上海華商集成圖書公司鉛印本　十六册

340000－1802－0001805　201.339/2628:6
魏書一百十四卷　(北齊)魏收撰　清光緒三十三年(1907)上海華商集成圖書公司鉛印本　十六册

340000－1802－0001806　201.339/2628:7
魏書一百十四卷　(北齊)魏收撰　清光緒三十三年(1907)上海華商集成圖書公司鉛印本　十六册

340000－1802－0001807　201.339/2628:8
魏書一百十四卷　(北齊)魏收撰　清光緒二十九年(1903)五洲同文局石印本　二十四册

340000－1802－0001808　201.339/2628:9
魏書一百十四卷　(北齊)魏收撰　清同治十二年(1873)金陵書局刻本　十五册

340000－1802－0001809　201.339/3148
南北史補志十四卷　(清)汪士鐸撰　清同治刻本　六册

340000－1802－0001810　201.339/3427
宋書一百卷　(南朝梁)沈約撰　清同治十一年(1872)金陵書局刻本　二十册

340000－1802－0001811　201.339/3427:1
宋書一百卷　(南朝梁)沈約撰　清同治十一年(1872)金陵書局刻本　二十册

340000－1802－0001812　201.339/3427:2
宋書一百卷　(南朝梁)沈約撰　清光緒十年(1884)上海同文書局石印本　二十四册

340000－1802－0001813　201.339/3427:3
宋書一百卷　(南朝梁)沈約撰　清光緒十四年(1888)上海圖書集成書局鉛印本　十二册

340000－1802－0001814　201.339/3427:4
宋書一百卷　(南朝梁)沈約撰　清光緒十四年(1888)上海圖書集成書局鉛印本　十二册

340000－1802－0001815　201.339/3427:5
宋書一百卷　(南朝梁)沈約撰　清同治十一年(1872)金陵書局刻本　十六册

340000－1802－0001816　201.339/3427:6
宋書一百卷　(南朝梁)沈約撰　清同治十一年(1872)金陵書局刻本　十六册

340000－1802－0001817　201.339/3427:7
宋書一百卷　(南朝梁)沈約撰　清同治十一年(1872)金陵書局刻本　十六册

340000－1802－0001818　201.339/3427:8
宋書一百卷　(南朝梁)沈約撰　清光緒二十九年(1903)五洲同文局石印本　二十四册

340000－1802－0001819　201.339/3427:9
宋書一百卷　(南朝梁)沈約撰　清光緒二十八年(1902)上海文瀾書局石印本　一册　存二十一卷(一至二十一)

340000－1802－0001820　201.339/3427:10
宋書一百卷　(南朝梁)沈約撰　清同治十一年(1872)金陵書局刻本　十六册

340000－1802－0001821　201.339/3427:11
宋書一百卷　(南朝梁)沈約撰　明毛氏汲古閣刻本　二册　存九卷(十五至十九、四十五至四十八)

340000－1802－0001822　201.339/3427:12
宋書一百卷　(南朝梁)沈約撰　明毛氏汲古閣刻本　十七册　存五十四卷(十四、二十、二十五至二十九、三十四至四十四、五十八至八十七、九十五至一百)

340000－1802－0001823　201.339/3427:13
宋書一百卷　(南朝梁)沈約撰　清同治十一年(1872)金陵書局刻本　十二册

340000－1802－0001824　201.339/3427:14

宋書一百卷　(南朝梁)沈約撰　明毛氏汲古閣刻本　二册　存十四卷(十八至二十二、六十五至七十三)

340000－1802－0001825　201.339/3427:15
宋書一百卷　(南朝梁)沈約撰　明毛氏汲古閣刻本　一册　存五卷(九至十三)

340000－1802－0001826　201.339/3427:16
宋書一百卷　(南朝梁)沈約撰　明末清初毛氏汲古閣刻本　一册　存四卷(三十至三十三)

340000－1802－0001827　201.339/4014
南史八十卷　(唐)李延壽撰　清同治十一年(1872)金陵書局刻本　十二册

340000－1802－0001828　201.339/4014:1
北齊書五十卷　(唐)李百藥撰　清同治十三年(1874)金陵書局刻本　六册

340000－1802－0001829　201.339/4014:2
北齊書五十卷　(唐)李百藥撰　清同治十三年(1874)金陵書局刻本　六册

340000－1802－0001830　201.339/4014:3
北齊書五十卷　(唐)李百藥撰　清同治十三年(1874)金陵書局刻本　四册

340000－1802－0001831　201.339/4014:4
北齊書五十卷　(唐)李百藥撰　清光緒十年(1884)上海同文書局石印本　八册

340000－1802－0001832　201.339/4014:5
北齊書五十卷　(唐)李百藥撰　清光緒十四年(1888)上海圖書集成印書局鉛印本　六册

340000－1802－0001833　201.339/4014:6
北齊書五十卷　(唐)李百藥撰　清光緒十四年(1888)上海圖書集成印書局鉛印本　六册

340000－1802－0001834　201.339/4014:7
北齊書五十卷　(唐)李百藥撰　清光緒十四年(1888)上海圖書集成印書局鉛印本　六册

340000－1802－0001835　201.339/4014:8
北齊書五十卷　(唐)李百藥撰　清光緒二十九年(1903)五洲同文局石印本　八册

340000－1802－0001836　201.339/4014:9
北齊書五十卷　(唐)李百藥撰　清光緒三十三年(1907)上海華商集成圖書公司鉛印本　六册

340000－1802－0001837　201.339/4014:10
北齊書五十卷　(唐)李百藥撰　清光緒三十三年(1907)上海華商集成圖書公司鉛印本　六册

340000－1802－0001838　201.339/4014:11
北齊書五十卷　(唐)李百藥撰　清光緒三十四年(1908)上海集成圖書公司鉛印本　六册

340000－1802－0001839　201.339/4014:12
北史一百卷　(唐)李延壽撰　清同治刻本　二十四册

340000－1802－0001840　201.339/4014:13
北史一百卷　(唐)李延壽撰　清光緒十年(1884)上海同文書局石印本　二十三册　存九十七卷(一至二、六至一百)

340000－1802－0001841　201.339/4014:14
北史一百卷　(唐)李延壽撰　清光緒十四年(1888)上海圖書集成印書局鉛印本　十六册

340000－1802－0001842　201.339/4014:15
北史一百卷　(唐)李延壽撰　清光緒十四年(1888)上海圖書集成印書局鉛印本　十六册

340000－1802－0001843　201.339/4014:16
北史一百卷　(唐)李延壽撰　清光緒二十八年(1902)上海文瀾書局石印本　六册

340000－1802－0001844　201.339/4014:17
北史一百卷　(唐)李延壽撰　清光緒二十九年(1903)五洲同文局石印本　二十四册

340000－1802－0001845　201.339/4014:18
北史一百卷　(唐)李延壽撰　清光緒三十三年(1907)上海華商集成圖書公司鉛印本　十六册

340000－1802－0001846　201.339/4014:19
北史一百卷　(唐)李延壽撰　清光緒三十三年(1907)上海華商集成圖書公司鉛印本　十

六冊

340000－1802－0001847　201.339/4014:20
北史一百卷　(唐)李延壽撰　清同治十一年(1872)金陵書局刻本　十六冊

340000－1802－0001848　201.339/4014:21
北史一百卷　(唐)李延壽撰　清同治十一年(1872)金陵書局刻本　十六冊

340000－1802－0001849　201.339/4014:22
北史一百卷　(唐)李延壽撰　清同治十一年(1872)金陵書局刻本　十六冊

340000－1802－0001850　201.339/4014:23
南史八十卷　(唐)李延壽撰　清光緒二十九年(1903)五洲同文局石印本　二十冊

340000－1802－0001851　201.339/4014:24
南史八十卷　(唐)李延壽撰　清同治十二年(1873)金陵書局刻本　十二冊

340000－1802－0001852　201.339/4014:25
南史八十卷　(唐)李延壽撰　清同治十二年(1873)金陵書局刻本　二十四冊

340000－1802－0001853　201.339/4014:26
南史八十卷　(唐)李延壽撰　清光緒十四年(1888)上海圖書集成印書局鉛印本　十二冊

340000－1802－0001854　201.339/4014:27
南史八十卷　(唐)李延壽撰　清光緒十四年(1888)上海圖書集成印書局鉛印本　十二冊

340000－1802－0001855　201.339/4014:28
南史八十卷　(唐)李延壽撰　清光緒十八年(1892)上海文瀾書局石印本　四冊

340000－1802－0001856　201.339/4014:29
南史八十卷　(唐)李延壽撰　清光緒三十三年(1907)上海華商集成圖書公司鉛印本　十二冊

340000－1802－0001857　201.339/4014:30
南史八十卷　(唐)李延壽撰　清同治十一年(1872)金陵書局刻本　二十四冊

340000－1802－0001858　201.339/4014:31
南史八十卷　(唐)李延壽撰　清同治十一年(1872)金陵書局刻本　十二冊

340000－1802－0001859　201.339/4014:32
南史八十卷　(唐)李延壽撰　清同治十一年(1872)金陵書局刻本　十冊

340000－1802－0001860　201.339/4014:33
南史八十卷　(唐)李延壽撰　明末汲古閣刻本　十二冊

340000－1802－0001861　201.339/4014:34
北史一百卷　(唐)李延壽撰　清同治十一年(1872)金陵書局刻本　二十冊

340000－1802－0001862　201.339/4014:35
北史一百卷　(唐)李延壽撰　清同治十一年(1872)金陵書局刻本　二十冊

340000－1802－0001863　201.339/4014:36
北史一百卷　(唐)李延壽撰　清同治十一年(1872)金陵書局刻本　二十四冊

340000－1802－0001864　201.339/4014:37
北史一百卷　(唐)李延壽撰　清同治十一年(1872)金陵書局刻本　三十二冊

340000－1802－0001865　201.339/4014:38
北史一百卷　(唐)李延壽撰　清光緒三十三年(1907)上海華商集成圖書公司鉛印本　十六冊

340000－1802－0001866　201.339/4014:39
北史一百卷　(唐)李延壽撰　清同治十一年(1872)金陵書局刻本　七冊　存三十卷(一至三十)

340000－1802－0001867　201.339/4014:40
南史八十卷　(唐)李延壽撰　清同治十一年(1872)金陵書局刻本　十六冊

340000－1802－0001868　201.339/4014:41
北齊書五十卷　(唐)李百藥撰　清同治十三年(1874)金陵書局刻本　四冊

340000－1802－0001869　201.339/4014:42
南史八十卷　(唐)李延壽撰　清同治十一年(1872)金陵書局刻本　十冊

340000－1802－0001870　201.339/4014:43
北齊書五十卷　(唐)李百藥撰　清同治十三年(1874)金陵書局刻本　四册

340000－1802－0001871　201.339/4014:44
北齊書五十卷　(唐)李百藥撰　清同治十三年(1874)金陵書局刻本　四册

340000－1802－0001872　201.339/4014:45
南史八十卷　(唐)李延壽撰　清光緒三十三年(1907)上海華商集成圖書公司石印本　九册　存五十九卷(一至三十六、四十五至五十二、六十至七十四)

340000－1802－0001873　201.339/4014:46
南史八十卷　(唐)李延壽撰　清同治十一年(1872)金陵書局刻本　十六册

340000－1802－0001874　201.339/4260
陳書三十六卷　(唐)姚思廉撰　清光緒十四年(1888)上海圖書集成印書局鉛印本　四册

340000－1802－0001875　201.339/4260:1
梁書五十六卷　(唐)姚思廉撰　清同治十三年(1874)金陵書局刻本　六册

340000－1802－0001876　201.339/4260:2
梁書五十六卷　(唐)姚思廉撰　清同治十三年(1874)金陵書局刻本　四册

340000－1802－0001877　201.339/4260:3
梁書五十六卷　(唐)姚思廉撰　清光緒十年(1884)上海同文書局石印本　八册

340000－1802－0001878　201.339/4260:4
梁書五十六卷　(唐)姚思廉撰　清光緒十四年(1888)上海圖書集成印書局鉛印本　四册

340000－1802－0001879　201.339/4260:5
梁書五十六卷　(唐)姚思廉撰　清光緒二十九年(1903)五洲同文局石印本　八册

340000－1802－0001880　201.339/4260:6
梁書五十六卷　(唐)姚思廉撰　清光緒三十三年(1907)華商集成圖書公司鉛印本　四册

340000－1802－0001881　201.339/4260:7
梁書五十六卷　(唐)姚思廉撰　清同治十三年(1874)金陵書局刻本　八册

340000－1802－0001882　201.339/4260:8
陳書三十六卷　(唐)姚思廉撰　清同治十一年(1872)金陵書局刻本　四册

340000－1802－0001883　201.339/4260:9
陳書三十六卷　(唐)姚思廉撰　清同治十一年(1872)金陵書局刻本　四册

340000－1802－0001884　201.339/4260:10
陳書三十六卷　(唐)姚思廉撰　清同治十一年(1872)金陵書局刻本　四册

340000－1802－0001885　201.339/4260:11
陳書三十六卷　(唐)姚思廉撰　清同治十一年(1872)金陵書局刻本　四册

340000－1802－0001886　201.339/4260:12
陳書三十六卷　(唐)姚思廉撰　清同治十一年(1872)金陵書局刻本　四册

340000－1802－0001887　201.339/4260:13
陳書三十六卷　(唐)姚思廉撰　清光緒十年(1884)上海同文書局石印本　六册

340000－1802－0001888　201.339/4260:14
陳書三十六卷　(唐)姚思廉撰　清光緒二十九年(1903)五洲同文局石印本　六册

340000－1802－0001889　201.339/4260:15
陳書三十六卷　(唐)姚思廉撰　清光緒十四年(1888)上海圖書集成印書局鉛印本　四册

340000－1802－0001890　201.339/4260:16
陳書三十六卷　(唐)姚思廉撰　清光緒三十三年(1907)上海華商集成圖書公司鉛印本　四册

340000－1802－0001891　201.339/4260:17
欽定梁書五十六卷　(唐)姚思廉撰　清光緒十年(1884)上海同文書局石印本　八册

340000－1802－0001892　201.339/4416
南齊書五十九卷　(南朝梁)蕭子顯撰　清同治十三年(1874)金陵書局刻本　六册

340000－1802－0001893　201.339/4416:1

南齊書五十九卷　(南朝梁)蕭子顯撰　清光緒二十九年(1903)五洲同文局石印本　八册

340000－1802－0001894　201.339/4416:2
南齊書五十九卷　(南朝梁)蕭子顯撰　清同治十三年(1874)金陵書局刻本　八册

340000－1802－0001895　201.339/4416:3
南齊書五十九卷　(南朝梁)蕭子顯撰　清同治十三年(1874)金陵書局刻本　八册

340000－1802－0001896　201.339/4416:4
南齊書五十九卷　(南朝梁)蕭子顯撰　清光緒十年(1884)上海同文書局石印本　八册

340000－1802－0001897　201.339/4416:5
南齊書五十九卷　(南朝梁)蕭子顯撰　清光緒二十八年(1902)上海文瀾書局石印本　二册

340000－1802－0001898　201.339/4416:6
南齊書五十九卷　(南朝梁)蕭子顯撰　清光緒三十三年(1907)上海華商集成圖書公司鉛印本　六册

340000－1802－0001899　201.339/4416:7
南齊書五十九卷　(南朝梁)蕭子顯撰　清同治十三年(1874)金陵書局刻本　一册　存八卷(一至八)

340000－1802－0001900　201.339/8424
周書五十卷　(唐)令狐德棻撰　清同治十三年(1874)金陵書局刻本　四册

340000－1802－0001901　201.339/8424:1
周書五十卷　(唐)令狐德棻撰　清同治十三年(1874)金陵書局刻本　四册

340000－1802－0001902　201.339/8424:2
周書五十卷　(唐)令狐德棻撰　清同治十三年(1874)金陵書局刻本　六册

340000－1802－0001903　201.339/8424:3
周書五十卷　(唐)令狐德棻撰　清同治十三年(1874)金陵書局刻本　六册

340000－1802－0001904　201.339/8424:4
周書五十卷　(唐)令狐德棻撰　清光緒十年(1884)上海同文書局石印本　八册

340000－1802－0001905　201.339/8424:5
周書五十卷　(唐)令狐德棻撰　清光緒十四年(1888)上海圖書集成書局鉛印本　四册

340000－1802－0001906　201.339/8424:6
周書五十卷　(唐)令狐德棻撰　清光緒十四年(1888)上海圖書集成書局鉛印本　四册

340000－1802－0001907　201.339/8424:7
周書五十卷　(唐)令狐德棻撰　清光緒二十九年(1903)五洲同文局石印本　八册

340000－1802－0001908　201.339/8424:8
周書五十卷　(唐)令狐德棻撰　清光緒三十三年(1907)上海華商圖書集成公司鉛印本　四册

340000－1802－0001909　201.339/8424:9
周書五十卷　(唐)令狐德棻撰　清光緒三十四年(1908)上海圖書集成印書局鉛印本　四册

340000－1802－0001910　201.341/2628
隋書八十五卷　(唐)魏徵撰　清同治十年(1871)淮南書局刻本　十六册

340000－1802－0001911　201.341/2628:1
隋書八十五卷　(唐)魏徵撰　清光緒三十四年(1908)上海集成圖書公司鉛印本　十二册

340000－1802－0001912　201.341/2628:2
隋書八十五卷　(唐)魏徵撰　清同治十年(1871)淮南書局刻本　十二册

340000－1802－0001913　201.341/2628:3
隋書八十五卷　(唐)魏徵撰　清同治十年(1871)淮南書局刻本　十二册

340000－1802－0001914　201.341/2628:4
隋書八十五卷　(唐)魏徵撰　清同治十年(1871)淮南書局刻本　十二册

340000－1802－0001915　201.341/2628:5
隋書八十五卷　(唐)魏徵撰　清光緒十年(1884)上海同文書局石印本　二十四册

340000－1802－0001916　201.341/2628:6
隋書八十五卷　(唐)魏徵撰　清光緒十四年(1888)上海圖書集成印書局鉛印本　十二册

340000－1802－0001917　201.341/2628:7
隋書八十五卷　(唐)魏徵撰　清光緒三十三年(1907)上海華商集成圖書公司鉛印本　十二册

340000－1802－0001918　201.341/2628:8
隋書八十五卷　(唐)魏徵撰　清光緒二十九年(1903)五洲同文局石印本　二十四册

340000－1802－0001919　201.342/4923
新舊唐書互證二十卷　(清)趙紹祖撰　清光緒十七年(1891)刻廣雅書局叢書本　四册

340000－1802－0001920　201.342/7267
舊唐書二百十四卷　(五代)劉昫撰　清刻本　三十册

340000－1802－0001921　201.342/7267:1
舊唐書二百卷　(五代)劉昫撰　清光緒二十九年(1903)五洲同文局石印本　四十八册

340000－1802－0001922　201.342/7267:2
舊唐書二百卷　(五代)劉昫撰　清光緒三十三年(1907)上海華商集成圖書公司鉛印本　三十册

340000－1802－0001923　201.342/7267:3
舊唐書二百卷　(五代)劉昫撰　清光緒三十三年(1907)上海華商集成圖書公司鉛印本　三十册

340000－1802－0001924　201.342/7267:4
舊唐書二百卷　(五代)劉昫撰　清同治十一年(1872)浙江書局刻本　四十册

340000－1802－0001925　201.342/7267:5
舊唐書二百卷　(五代)劉昫撰　清同治十一年(1872)浙江書局刻本　四十册

340000－1802－0001926　201.342/7267:6
舊唐書二百卷　(五代)劉昫撰　清同治十一年(1872)浙江書局刻本　四十册

340000－1802－0001927　201.342/7267:7
舊唐書二百卷　(五代)劉昫撰　清光緒十四年(1888)上海圖書集成印書局鉛印本　三十册

340000－1802－0001928　201.342/7267:8
舊唐書二百卷　(五代)劉昫撰　清末石印本　八册　缺三十一卷(一至三十一)

340000－1802－0001929　201.342/7267:9
舊唐書二百十四卷　(五代)劉昫撰　清同治十一年(1872)浙江書局刻本　十九册　存八十六卷(一至十二、十七上下、十八上下、二十上下至九十一)

340000－1802－0001930　201.342/7267:10
舊唐書二百十四卷　(五代)劉昫撰　清同治十一年(1872)浙江書局刻本　三十五册　缺三十六卷(四十九至八十四)

340000－1802－0001931　201.342/7267:11
舊唐書二百十四卷　(五代)劉昫撰　清同治十一年(1872)浙江書局刻本　四十册

340000－1802－0001932　201.342/7267:12
舊唐書二百卷　(五代)劉昫撰　清光緒十四年(1888)上海圖書集成印書局鉛印二十四史叢書本　二十九册　缺六卷(二十三至二十八)

340000－1802－0001933　201.342/7267:13
舊唐書二百卷　(五代)劉昫撰　清鉛印本　一册　存六卷(二十三至二十八)

340000－1802－0001934　201.342/7772
唐書二百二十五卷　(宋)歐陽修　(宋)宋祁撰　清同治十二年(1873)浙江書局刻本　二十册　缺一百十二卷(列傳九至五十五、八十六至一百五十下)

340000－1802－0001935　201.342/7772:1
唐書二百二十五卷　(宋)歐陽修　(宋)宋祁撰　清光緒二十九年(1903)五洲同文書局石印本　五十册

340000－1802－0001936　201.342/7772:2
唐書二百二十五卷　(宋)歐陽修　(宋)宋祁

撰　清同治十二年(1873)浙江書局刻本　四十冊

340000－1802－0001937　201.342/7772:3
唐書二百二十五卷釋音二十五卷　(宋)歐陽修　(宋)宋祁撰　(宋)董衝釋音　清光緒二十八年(1902)上海文瀾書局石印本　八冊

340000－1802－0001938　201.342/7772:4
唐書二百二十五卷釋音二十五卷　(宋)歐陽修　(宋)宋祁撰　(宋)董衝釋音　清光緒十年(1884)上海同文書局石印本　五十冊

340000－1802－0001939　201.342/7772:5
唐書二百二十五卷釋音二十五卷　(宋)歐陽修　(宋)宋祁撰　(宋)董衝釋音　清光緒三十三年(1907)上海華商集成圖書公司鉛印本　三十二冊

340000－1802－0001940　201.342/7772:6
唐書二百二十五卷釋音二十五卷　(宋)歐陽修　(宋)宋祁撰　(宋)董衝釋音　清光緒三十三年(1907)上海華商集成圖書公司鉛印本　三十二冊

340000－1802－0001941　201.342/7772:7
唐書二百二十五卷釋音二十五卷　(宋)歐陽修　(宋)宋祁撰　(宋)董衝釋音　清光緒三十三年(1907)上海華商集成圖書公司鉛印本　三十二冊

340000－1802－0001942　201.342/7772:8
唐書二百二十五卷釋音二十五卷　(宋)歐陽修　(宋)宋祁撰　(宋)董衝釋音　清光緒十四年(1888)上海圖書集成印書局鉛印本　三十二冊

340000－1802－0001943　201.342/7772:9
唐書二百七十三卷　(宋)歐陽修　(宋)宋祁撰　清末刻本　三十一冊　存一百七十一卷(四十八至一百七十一、一百七十九至二百二十五)

340000－1802－0001944　201.342/7772:10
唐書二百七十三卷　(宋)歐陽修　(宋)宋祁撰　清同治十二年(1873)浙江書局刻本　十冊　存五十六卷(一至四十七、二百十一至二百十九)

340000－1802－0001945　201.342/7772:11
唐書二百七十三卷　(宋)歐陽修　(宋)宋祁撰　清刻本　十一冊　存六十卷(九至二十六、二十七上下、二十八上下、二十九、三十上下、三十一至三十三、四十八、四十九上下、五十至六十、七十二中下、七十四上下、七十五上下、七十六至九十四)

340000－1802－0001946　201.342/7772:12
唐書二百二十五卷　(宋)歐陽修等撰　清同治十二年(1873)浙江書局刻二十四史本　四十冊

340000－1802－0001947　201.342/7772:13
唐書二百二十五卷　(宋)歐陽修等撰　清刻本　七冊　存三十卷(一百八十六至二百十五)

340000－1802－0001948　201.342/7772:14
唐書二百二十五卷　(宋)歐陽修等撰　清刻本　二十五冊　存一百十七卷(六十九至一百八十五)

340000－1802－0001949　201.342/7772:15
唐書二百二十五卷　(宋)歐陽修等撰　清刻本　十四冊　存一百四十卷(八十三至二百二十二中)

340000－1802－0001950　201.342/7772:16
唐書二百二十五卷　(宋)歐陽修等撰　清刻本　十九冊　存一百四十一卷(八十五至二百二十五)

340000－1802－0001951　201.343/4471
舊五代史一百五十卷　(宋)薛居正撰　清同治十一年(1872)湖北崇文書局刻本　十六冊

340000－1802－0001952　201.343/4471:1
舊五代史一百五十卷目錄二卷　(宋)薛居正撰　清乾隆四十九年(1784)刻本　二十四冊

340000－1802－0001953　201.343/4471:2
舊五代史一百五十卷　(宋)薛居正撰　清光

緒二十九年(1903)五洲同文局石印本　二十四册

340000－1802－0001954　201.343/4471:3
舊五代史一百五十卷目録二卷　(宋)薛居正撰　清光緒十四年(1888)上海圖書集成印書局鉛印本　十二册

340000－1802－0001955　201.343/4471:4
舊五代史一百五十卷目録二卷　(宋)薛居正撰　清光緒十四年(1888)上海圖書集成印書局鉛印本　十二册

340000－1802－0001956　201.343/4471:5
舊五代史一百五十卷目録二卷　(宋)薛居正撰　清光緒三十三年(1907)上海華商集成圖書公司鉛印本　十二册

340000－1802－0001957　201.343/4471:6
舊五代史一百五十卷　(宋)薛居正撰　清刻本　十六册

340000－1802－0001958　201.343/4471:7
舊五代史一百五十卷　(宋)薛居正撰　清末刻本　八册　存八十七卷(五十二至六十一、七十四至一百五十)

340000－1802－0001959　201.343/4471:8
舊五代史一百五十卷　(宋)薛居正撰　清同治十一年(1872)湖北崇文書局刻本　十册

340000－1802－0001960　201.343/4471:9
舊五代史一百五十卷目録二卷　(宋)薛居正撰　清同治十一年(1872)湖北崇文書局刻本　十六册　缺十卷(一百四十一至一百五十)

340000－1802－0001961　201.343/4471:10
舊五代史一百五十卷　(宋)薛居正撰　清光緒二十九年(1903)五洲同文局石印本　二十四册

340000－1802－0001962　201.343/4471:11
舊五代史一百五十卷目録二卷　(宋)薛居正撰　清光緒三十三年(1907)上海華商集成圖書公司鉛印本　十册　存一百三十九卷(一至三十三、四十七至一百五十,目録二卷)

340000－1802－0001963　201.343/4471:12
舊五代史一百五十卷目録二卷　(宋)薛居正撰　清光緒三十三年(1907)上海華商集成圖書公司鉛印本　二册　存二十五卷(三十四至四十六、一百二十七至一百三十八)

340000－1802－0001964　201.343/4471:13
舊五代史一百五十卷目録二卷　(宋)薛居正撰　清光緒三十三年(1907)上海華商集成圖書公司鉛印本　十二册

340000－1802－0001965　201.343/4471:14
舊五代史一百五十卷目録二卷　(宋)薛居正撰　清光緒三十三年(1907)上海華商集成圖書公司鉛印本　十二册

340000－1802－0001966　201.343/4471:15
舊五代史一百五十卷目録二卷　(宋)薛居正撰　清同治十一年(1872)湖北崇文書局刻本　十二册

340000－1802－0001967　201.343/4471:16
舊五代史一百五十卷附考證　(宋)薛居正撰　清刻本　八册　存七十七卷(七十四至一百五十)

340000－1802－0001968　201.343/7772
五代史七十四卷　(宋)歐陽修撰　(宋)徐無黨注　清同治十一年(1872)湖北崇文書局刻本　八册

340000－1802－0001969　201.343/7772:1
五代史七十四卷　(宋)歐陽修撰　(宋)徐無黨注　清同治十一年(1872)湖北崇文書局刻本　八册

340000－1802－0001970　201.343/7772:2
五代史七十四卷　(宋)歐陽修撰　(宋)徐無黨注　清同治十一年(1872)湖北崇文書局刻本　八册

340000－1802－0001971　201.343/7772:3
五代史七十四卷　(宋)歐陽修撰　(宋)徐無黨注　清同治十一年(1872)湖北崇文書局刻本　八册

340000－1802－0001972　201.343/7772:4
五代史七十四卷　(宋)歐陽修撰　(宋)徐無黨注　清光緒二十九年(1903)五洲同文局石印本　十冊

340000－1802－0001973　201.343/7772:5
五代史七十四卷　(宋)歐陽修撰　(宋)徐無黨注　清光緒十年(1884)上海同文書局石印本　十冊

340000－1802－0001974　201.343/7772:6
五代史七十四卷　(宋)歐陽修撰　(宋)徐無黨注　清光緒十四年(1888)上海圖書集成印書局鉛印本　六冊

340000－1802－0001975　201.343/7772:7
五代史七十四卷　(宋)歐陽修撰　(宋)徐無黨注　清光緒十四年(1888)上海圖書集成印書局鉛印本　六冊

340000－1802－0001976　201.343/7772:8
五代史七十四卷　(宋)歐陽修撰　(宋)徐無黨注　清光緒二十八年(1902)上海文瀾書局石印本　二冊

340000－1802－0001977　201.343/7772:9
五代史七十四卷　(宋)歐陽修撰　(宋)徐無黨注　清光緒三十三年(1907)上海華商集成圖書公司鉛印本　六冊

340000－1802－0001978　201.343/7772:10
五代史七十四卷　(宋)歐陽修撰　(宋)徐無黨注　清光緒三十三年(1907)上海華商集成圖書公司鉛印本　六冊

340000－1802－0001979　201.343/7772:11
五代史七十四卷　(宋)歐陽修撰　(宋)徐無黨注　清光緒三十三年(1907)上海華商集成圖書公司鉛印本　六冊

340000－1802－0001980　201.343/7772:12
五代史七十四卷　(宋)歐陽修撰　(宋)徐無黨注　清同治十一年(1872)湖北崇文書局刻本　八冊

340000－1802－0001981　201.343/7772:13
五代史七十四卷　(宋)歐陽修撰　(宋)徐無黨注　清同治十一年(1872)湖北崇文書局刻本　五冊

340000－1802－0001982　201.343/7772:14
五代史七十四卷　(宋)歐陽修撰　(宋)徐無黨注　清光緒三十三年(1907)上海華商集成圖書公司鉛印本　六冊

340000－1802－0001983　201.343/7772:15
五代史七十四卷　(宋)歐陽修撰　(宋)徐無黨注　清光緒十四年(1888)上海圖書集成印書局鉛印二十四史本　六冊

340000－1802－0001984　201.343/7772:16
五代史七十四卷　(宋)歐陽修撰　(宋)徐無黨注　清同治十一年(1872)湖北崇文書局刻本　八冊

340000－1802－0001985　201.343/7772:17
五代史七十四卷　(宋)歐陽修撰　(宋)徐無黨注　清同治十一年(1872)湖北崇文書局刻本　八冊

340000－1802－0001986　201.343/7772:18
五代史七十四卷　(宋)歐陽修撰　(宋)徐無黨注　清同治十一年(1872)湖北崇文書局刻本　八冊

340000－1802－0001987　201.343/7772:19
五代史七十四卷　(宋)歐陽修撰　(宋)徐無黨注　清同治十一年(1872)湖北崇文書局刻本　八冊

340000－1802－0001988　201.344/7878
宋史四百九十六卷　(元)脱脱等撰　清刻本　二十六冊　存一百四十六卷(二百四十七至三百九十二)

340000－1802－0001989　201.344/7878:1
宋史四百九十六卷目錄三卷　(元)脱脱等修　清光緒元年(1875)浙江書局刻本　八十八冊　存四百五十八卷(一至四百五十八)

340000－1802－0001990　201.344/7878:2
宋史四百九十六卷目錄三卷　(元)脱脱等修

清光緒元年(1875)浙江書局刻本　一百册

340000－1802－0001991　201.344/7878:3
宋史四百九十六卷目録三卷　(元)脱脱等修　清光緒二十九年(1903)五洲同文局石印本　一百册

340000－1802－0001992　201.344/7878:4
宋史四百九十六卷目録三卷　(元)脱脱等修　清末刻本　七十六册　存四百九十卷(一至四百十一、四百十八至四百九十六)

340000－1802－0001993　201.344/7878:5
宋史四百九十六卷目録三卷　(元)脱脱等修　清光緒二十八年(1902)上海文瀾書局石印本　二十册

340000－1802－0001994　201.346/5245
金史一百三十五卷　(元)托克托等修　清乾隆四年(1739)刻道光四年(1824)遞修本　三十册

340000－1802－0001995　201.346/5245:1
遼史一百十五卷　(元)托克托等修　清同治十二年(1873)江蘇書局刻本　十二册

340000－1802－0001996　201.346/5245:2
遼史一百十五卷語解十卷　(元)托克托等修　清道光四年(1824)刻本　三十二册

340000－1802－0001997　201.346/5245:3
遼史一百十五卷　(元)托克托等修　清同治十二年(1873)江蘇書局刻本　十四册

340000－1802－0001998　201.346/5245:4
金史一百三十五卷　(元)托克托等修　清同治十三年(1874)江蘇書局刻本　十六册

340000－1802－0001999　201.346/5245:5
金史一百三十五卷　(元)托克托等修　清同治十三年(1874)江蘇書局刻本　二十八册

340000－1802－0002000　201.346/5245:6
金史一百三十五卷　(元)托克托等修　清同治十三年(1874)江蘇書局刻本　二十册

340000－1802－0002001　201.346/5245:7
金史一百三十五卷　(元)托克托等修　清同治十三年(1874)江蘇書局刻本　二十册

340000－1802－0002002　201.346/5245:8
遼史一百十五卷　(元)托克托等修　清同治十二年(1873)江蘇書局刻本　十六册

340000－1802－0002003　201.346/5245:9
遼史一百十五卷　(元)托克托等修　清同治十二年(1873)江蘇書局刻本　十册

340000－1802－0002004　201.346/5245:10
遼史一百十五卷　(元)托克托等修　清同治十二年(1873)江蘇書局刻本　十册　缺二十二卷(三十六至四十三、七十一至八十四)

340000－1802－0002005　201.346/5245:11
遼史一百十五卷　(元)托克托等撰　清同治十二年(1873)江蘇書局刻本　十二册

340000－1802－0002006　201.346/5245:12
遼史一百十五卷　(元)托克托等修　清同治十二年(1873)江蘇書局刻本　十二册

340000－1802－0002007　201.346/7878
遼史一百十六卷　(元)脱脱等修　清光緒十四年(1888)上海圖書集成印書局鉛印本　八册

340000－1802－0002008　201.346/7878:1
遼史一百十六卷　(元)脱脱等修　清光緒二十九年(1903)五洲同文局石印本　八册

340000－1802－0002009　201.346/7878:2
遼史一百十六卷　(元)脱脱等修　清光緒十年(1884)上海同文書局石印本　八册

340000－1802－0002010　201.346/7878:3
遼史一百十六卷　(元)脱脱等修　清光緒十四年(1888)上海圖書集成印書局鉛印本　八册

340000－1802－0002011　201.346/7878:4
遼史一百十六卷　(元)脱脱等修　清光緒三十三年(1907)上海華商集成圖書公司鉛印本　八册

340000－1802－0002012　201.346/7878:5
遼史一百十六卷　(元)脱脱等修　清光緒三十三年(1907)上海華商集成圖書公司鉛印本　八册

340000－1802－0002013　201.346/7878:6
遼史一百十六卷　(元)脱脱等修　清光緒三十三年(1907)上海華商集成圖書公司鉛印本　八册

340000－1802－0002014　201.346/7878:7
金史一百三十五卷　(元)脱脱等修　清光緒二十九年(1903)五洲同文局石印本　二十四册

340000－1802－0002015　201.346/7878:8
金史一百三十五卷　(元)脱脱等修　清光緒三十三年(1907)上海華商圖書集成公司鉛印本　十六册

340000－1802－0002016　201.346/7878:9
金史一百三十五卷　(元)脱脱等修　清光緒三十三年(1907)上海華商圖書集成公司鉛印本　十六册

340000－1802－0002017　201.346/7878:10
金史一百三十五卷　(元)脱脱等修　清光緒三十三年(1907)上海華商圖書集成公司鉛印本　十六册

340000－1802－0002018　201.346/7878:11
金史一百三十五卷　(元)脱脱等修　清光緒二十八年(1902)上海文瀾書局石印本　四册

340000－1802－0002019　201.346/7878:12
金史一百三十五卷　(元)脱脱等修　清光緒十四年(1888)上海圖書集成印書局鉛印本　十六册

340000－1802－0002020　201.346/7878:13
金史一百三十五卷　(元)脱脱等修　清光緒十四年(1888)上海圖書集成印書局鉛印本　十六册

340000－1802－0002021　201.347/1731
續弘簡錄元史類編四十二卷　(清)邵遠平撰　清刻本　四册　存十一卷(十至十九、四十二)

340000－1802－0002022　201.347/2631
元史新編九十五卷　(清)魏源撰　清光緒三十一年(1905)邵陽魏慎微堂刻本　三十二册

340000－1802－0002023　201.347/3030
元史二百十卷目錄二卷　(明)宋濂等修　清同治十三年(1874)江蘇書局刻本　二十九册

340000－1802－0002024　201.347/3030:1
元史二百十卷目錄二卷　(明)宋濂等修　清同治十三年(1874)江蘇書局刻本　四十册

340000－1802－0002025　201.347/3030:2
元史二百十卷目錄二卷　(明)宋濂等修　清同治十三年(1874)江蘇書局刻本　四十册

340000－1802－0002026　201.347/3030:3
元史二百十卷目錄二卷　(明)宋濂等修　清光緒二十九年(1903)五洲同文局石印本　五十一册

340000－1802－0002027　201.347/3030:4
元史二百十卷目錄二卷　(明)宋濂等修　清光緒二十九年(1903)五洲同文局石印本　五十一册

340000－1802－0002028　201.347/3030:5
元史二百十卷目錄二卷　(明)宋濂等修　清光緒三十三年(1907)上海華商圖書集成公司鉛印本　二十四册

340000－1802－0002029　201.347/3030:6
元史二百十卷目錄二卷　(明)宋濂等修　清光緒三十三年(1907)上海華商圖書集成公司鉛印本　二十二册　缺十一卷(四十八至五十八)

340000－1802－0002030　201.348/1032
明史稿三百十卷　(清)王鴻緒撰　清敬慎堂刻本　六十四册　缺六十四卷(本紀十九卷、志一至十四、列傳一百十七至一百四十七)

340000－1802－0002031　201.348/1053
永曆實錄二十六卷　(清)王夫之撰　清刻本　一册　存八卷(八至十五)

340000－1802－0002032　201.348/1111
明史三百三十二卷目錄四卷　(清)張廷玉等修　清光緒三年(1877)湖北崇文書局刻本　八十册

340000－1802－0002033　201.348/1111:1
明史三百三十二卷目錄四卷　(清)張廷玉等修　清光緒三年(1877)湖北崇文書局刻本　七十三册

340000－1802－0002034　201.348/1111:2
明史三百三十二卷　(清)張廷玉等修　清光緒十年(1884)同文書局石印本　一百九册　缺七卷(九十一至九十二、一百七十八至一百七十九、二百五十六至二百五十八)

340000－1802－0002035　201.348/1111:3
明史三百三十二卷　(清)張廷玉等修　清光緒二十九年(1903)五洲同文局石印本　五十四册　存一百七十四卷(一百五十九至三百三十二)

340000－1802－0002036　201.348/1111:4
明史三百三十二卷　(清)張廷玉等修　清末石印本　一册　存三卷(一百七十五至一百七十七)

340000－1802－0002037　201.348/1111:5
明史三百三十二卷　(清)張廷玉等修　清石印本　十一册　存一百四十七卷(二十五至三十九、七十八至九十九、一百十三至一百二十七、一百四十六至二百三十一、三百十二至三百二十)

340000－1802－0002038　201.348/1111:6
明史三百三十二卷　(清)張廷玉等撰　清刻本　五十五册　存一百七十八卷(三十八至六十、一百九至一百八十三、二百二十四至三百三)

340000－1802－0002039　201.348/1111:7
明史三百三十二卷　(清)張廷玉等撰　清光緒三年(1877)湖北崇文書局刻本　五十二册

340000－1802－0002040　201.349/2114
皇朝紀略一卷　(清)何琪編　清光緒二十七年(1901)學堂刻本　一册

340000－1802－0002041　201.349/2631
聖武記十四卷　(清)魏源撰　清道光二十四年(1844)刻本　十二册

340000－1802－0002042　201.349/2631:1
聖武記十四卷　(清)魏源撰　清道光二十六年(1846)刻本　十二册

340000－1802－0002043　201.349/4861
增補清史攬要八卷　(日本)增田貢著　(清)毛浛編補　清光緒二十八年(1902)上海時務書局鉛印本　四册

340000－1802－0002044　202/0014
歷史資治綱鑑摘要八卷　(清)章琢其編　清光緒二十八年(1902)稼墨軒活字印本　八册

340000－1802－0002045　202/0057
續資治通鑑綱目二十七卷　(明)商輅撰　清光緒八年(1882)刻本　二十册

340000－1802－0002046　202/0057:1
御批續資治通鑑綱目二十七卷　(明)商輅撰　(清)宋犖校刊　清康熙四十六年(1707)宋犖刻本　二十册

340000－1802－0002047　202/1042
綱鑑會纂三十九卷首一卷明鑑二十卷　(明)王世貞編　清刻本　四十册

340000－1802－0002048　202/1042:1
重訂王鳳洲先生綱鑑會纂四十六卷　(明)王世貞撰　(明)陳仁錫訂　清木活字印本　十六册　存二十四卷(一至八、十二至二十三、四十三至四十六)

340000－1802－0002049　202/1042:2
重訂王鳳洲先生綱鑑會纂四十八卷　(明)王世貞纂　(明)陳仁錫訂　清清畏堂刻本　四十八册

340000－1802－0002050　202/1042:3
重訂王鳳洲先生綱鑑會纂四十六卷　(明)王世貞纂　(明)陳仁錫訂　清刻本　三十册　缺七卷(二十七至二十八、三十三、四十三至四十六)

340000－1802－0002051　202/1042:4
重訂王鳳洲先生綱鑑會纂四十六卷　(明)王世貞纂　清刻本　五册　存七卷(十至十一、

二十六至二十八、三十至三十一)

340000－1802－0002052　202/1042:5

重訂王鳳洲先生綱鑑會纂四十六卷附編二十三卷　(明)王世貞纂　(明)陳仁錫訂　**御批資治通鑑綱目三編四卷**　(清)張廷玉等撰　清光緒二十五年(1899)富文書局石印本　三冊　存五十二卷(重訂王鳳洲先生綱鑑會纂一至三十五、附編十一至二十三、御批資治通鑑綱目三編四卷)

340000－1802－0002053　202/1114

通鑑校勘記宋本五卷元本二卷　(清)張瑛撰　清光緒八年(1882)江蘇書局刻本　一冊

340000－1802－0002054　202/1171

帝鑑圖說不分卷　(明)張居正著　清刻本　四冊

340000－1802－0002055　202/1779

資治通鑑二百九十四卷　(宋)司馬光撰　(元)胡三省音注　清末鉛印本　一冊　存八卷(八十一至八十八)

340000－1802－0002056　202/1779:1

資治通鑑二百九十四卷辨誤十二卷　(宋)司馬光撰　(元)胡三省音注　清同治十年(1871)湖北崇文書局刻本　一百四冊

340000－1802－0002057　202/1779:2

資治通鑑二百九十四卷辨誤十二卷　(宋)司馬光撰　(元)胡三省音注　清同治十年(1871)湖北崇文書局刻本　一百四冊

340000－1802－0002058　202/1779:3

資治通鑑二百九十四卷　(宋)司馬光撰　(元)胡三省音注　**通鑑釋文辨誤十二卷**　(元)胡三省撰　清嘉慶二十一年(1816)刻本　十四冊　存四十八卷(資治通鑑二百五十九至二百九十四、通鑑釋文辨誤十二卷)

340000－1802－0002059　202/1779:4

資治通鑑二百九十四卷　(宋)司馬光撰　(宋)胡三省音註　清刻本　六十六冊　存一百九十八卷(七至五十一、七十至一百六十八、二百五至二百五十八)

340000－1802－0002060　202/1779:5

資治通鑑二百九十四卷　(宋)司馬光撰　(宋)胡三省音注　清刻本　二十七冊　存九十卷(一百十五至一百五十九、一百六十六至二百十)

340000－1802－0002061　202/1779:6

資治通鑑二百九十四卷　(宋)司馬光編　(元)胡三省音注　清嘉慶刻本　二冊　存六卷(二百五至二百十)

340000－1802－0002062　202/2391

御批歷代通鑑輯覽一百十六卷明唐桂二王本末四卷　(清)傅恒等編　清光緒二十四年(1898)上海圖書集成局鉛印本　二十四冊

340000－1802－0002063　202/2391:1

御批歷代通鑑輯覽一百十六卷明唐桂二王本末四卷　(清)傅恒等編　清刻本　六十冊

340000－1802－0002064　202/2391:2

御批歷代通鑑輯覽一百十六卷明唐桂二王本末四卷　(清)傅恒等編　清同治十三年(1874)湖南書局刻本　四十八冊

340000－1802－0002065　202/2391:3

御批歷代通鑑輯覽一百十六卷明唐桂二王本末四卷　(清)傅恒等編　清同治十三年(1874)湖南書局刻本　四十八冊

340000－1802－0002066　202/2391:4

御批歷代通鑑輯覽一百十六卷明唐桂二王本末四卷　(清)傅恒等編　清光緒十一年(1885)同文書局石印本　二十冊

340000－1802－0002067　202/2391:5

御批歷代通鑑輯覽一百十六卷明唐桂二王本末四卷　(清)傅恒等編　清光緒十一年(1885)同文書局石印本　二十冊

340000－1802－0002068　202/2391:6

御批歷代通鑑輯覽一百十六卷明唐桂二王本末四卷　(清)傅恒等編　清光緒二十年(1894)湖南澹雅書局刻本　六十四冊

340000－1802－0002069　202/2391:7

御批歷代通鑑輯覽一百十六卷明唐桂二王本末四卷 （清）傅恒等編　清光緒三十年(1904)商務印書館鉛印本　四十冊

340000－1802－0002070　202/2391:8
御批歷代通鑑輯覽一百十六卷明唐桂二王本末四卷 （清）傅恒等編　清光緒三十年(1904)商務印書館鉛印本　四十冊

340000－1802－0002071　202/2391:9
御批歷代通鑑輯覽一百十六卷明唐桂二王本末四卷 （清）傅恒等編　清光緒三十年(1904)商務印書館鉛印本　四十冊

340000－1802－0002072　202/2391:10
御批歷代通鑑輯覽一百十六卷明唐桂二王本末四卷 （清）傅恒等編　清光緒三十年(1904)商務印書館鉛印本　四十冊

340000－1802－0002073　202/2391:11
御批歷代通鑑輯覽一百十六卷明唐桂二王本末四卷 （清）傅恒等編　清光緒三十年(1904)上海錦章書局石印本　二十八冊

340000－1802－0002074　202/2391:12
御批歷代通鑑輯覽一百十六卷明唐桂二王本末四卷 （清）傅恒等編　清刻本　二十一冊　存三十六卷(三十七至三十八、六十六至六十八、七十至七十二、七十五至七十九、八十二至八十九、九十三至九十九、一百七至一百十四)

340000－1802－0002075　202/2391:13
御批歷代通鑑輯覽一百十六卷明唐桂二王本末四卷 （清）傅恒等編　清光緒鉛印本　二冊　存八卷(御批歷代通鑑輯覽一百十三至一百十六、明唐桂二王本末四卷)

340000－1802－0002076　202/2391:14
御批歷代通鑑輯覽一百十六卷明唐桂二王本末四卷 （清）傅恒等編　清光緒三十四年(1908)鉛印本　二十九冊

340000－1802－0002077　202/2391:15
御批歷代通鑑輯覽一百十六卷明唐桂二王本末四卷 （清）傅恒等編　清末鑄記書局石印本　二十四冊　缺三十二卷(一至三十二)

340000－1802－0002078　202/2391:16
御批歷代通鑑輯覽一百十六卷明唐桂二王本末四卷 （清）傅恒等編　清末鑄記書局石印本　八冊　存二十四卷(九十三至一百十六)

340000－1802－0002079　202/2391:17
御批歷代通鑑輯覽一百十六卷明唐桂二王本末四卷 （清）傅恒等編　清刻本　五十九冊　缺一卷(御批歷代通鑑輯覽一)

340000－1802－0002080　202/2391:18
御批歷代通鑑輯覽一百十六卷明唐桂二王本末四卷 （清）傅恒等編　清光緒二十四年(1898)湖北書局刻本　六十二冊　缺六卷(二十二至二十三、明唐桂二王本末四卷)

340000－1802－0002081　202/2391:19
御批歷代通鑑輯覽一百十六卷明唐桂二王本末四卷 （清）傅恒等編　清刻本　二冊　存五卷(三十七至三十九、六十七至六十八)

340000－1802－0002082　202/2391:20
御批歷代通鑑輯覽一百十六卷明唐桂二王本末四卷 （清）傅恒等編　清末石印本　三十一冊　缺二卷(一百十二至一百十三)

340000－1802－0002083　202/2391:21
御批歷代通鑑輯覽一百十六卷明唐桂二王本末四卷 （清）傅恒等編　清末藜光閣石印本　二冊　存十卷(一百十一至一百十六、明唐桂二王本末四卷)

340000－1802－0002084　202/2391:22
御批歷代通鑑輯覽一百十六卷明唐桂二王本末四卷 （清）傅恒等編　清末石印本　二十冊

340000－1802－0002085　202/2391:23
御批歷代通鑑輯覽一百十六卷明唐桂二王本末四卷 （清）傅恒等編　清石印本　二十一冊　缺十五卷(一至十、八十一至八十五)

340000－1802－0002086　202/2391:24
御批歷代通鑑輯覽一百十六卷明唐桂二王本末四卷 （清）傅恒等編　清光緒三十年

(1904)上海美華書館鉛印本　二十四冊

340000－1802－0002087　202/2391:25
御批歷代通鑑輯覽一百十六卷明唐桂二王本末四卷　(清)傅恒等編　清末鉛印本　一冊　存五卷(九十六至一百)

340000－1802－0002088　202/2590
御批資治通鑑綱目正編五十九卷首一卷　(宋)朱熹撰　**前編十八卷首一卷舉要三卷**　(宋)金履祥撰　**續編二十七卷首一卷**　(明)商輅撰　清光緒二十八年(1902)上海經香閣石印本　十六冊

340000－1802－0002089　202/2624
大文堂綱鑑易知錄九十二卷　(清)吳乘權　(清)周之炯　(清)周之燦輯　清刻本　三十冊　存七十四卷(三至七、十至十八、二十一至二十二、二十五至三十二、三十五至七十二、七十五至七十六、七十九至八十八)

340000－1802－0002090　202/2624:1
尺木堂綱鑑易知錄二十卷明鑑易知錄四卷　(清)吳乘權　(清)周之炯　(清)周之燦輯　清光緒十三年(1887)上海點石齋石印本　十二冊

340000－1802－0002091　202/2624:2
尺木堂綱鑑易知錄九十二卷明鑑易知錄十五卷　(清)吳乘權　(清)周之炯　(清)周之燦輯　清光緒二十七年(1901)商務印書館鉛印本　十六冊

340000－1802－0002092　202/2624:3
尺木堂綱鑑易知錄九十二卷明鑑易知錄十五卷　(清)吳乘權　(清)周之炯　(清)周之燦輯　清光緒十五年(1889)上海廣百宋齋鉛印本　十五冊　存一百卷(尺木堂綱鑑易知錄九十二卷、明鑑易知錄八至十五)

340000－1802－0002093　202/2624:4
大文堂綱鑑易知錄九十二卷　(清)吳乘權　(清)周之炯　(清)周之燦輯　清大文堂刻本　三十四冊　存七十二卷(十五至六十三、六十六至七十七、八十至八十七、九十至九十二)

340000－1802－0002094　202/2624:5
大文堂綱鑑易知錄九十二卷　(清)吳乘權　(清)周之炯　(清)周之燦輯　清大文堂刻本　十冊　存二十八卷(三至五、十五至三十九)

340000－1802－0002095　202/2624:6
尺木堂綱鑑易知錄九十二卷明鑑易知錄十五卷　(清)吳乘權　(清)周之炯　(清)周之燦輯　清刻本　九冊　存十八卷(一至十四、七十八至七十九、八十八至八十九)

340000－1802－0002096　202/2624:7
尺木堂綱鑑易知錄九十二卷明鑑易知錄十五卷　(清)吳乘權　(清)周之炯　(清)周之燦輯　清刻本　一冊　存二卷(尺木堂綱鑑易知錄一至二)

340000－1802－0002097　202/2624:8
尺木堂綱鑑易知錄九十二卷明鑑易知錄十五卷　(清)吳乘權　(清)周之炯　(清)周之燦輯　清刻本　一冊　存二卷(尺木堂綱鑑易知錄一至二)

340000－1802－0002098　202/2624:9
尺木堂綱鑑易知錄二十卷明鑑易知錄四卷資治明紀一卷　(清)吳乘權　(清)周之炯　(清)周之燦輯　清光緒十三年(1887)上海點石齋石印本　十六冊

340000－1802－0002099　202/2624:10
芸居樓綱鑑易知錄九十二卷明鑑易知錄十五卷　(清)吳乘權　(清)周之炯　(清)周之燦輯　清光緒四年(1878)刻本　二十三冊　缺五十八卷(芸居樓綱鑑易知錄十九至七十四、明鑑易知錄三至四)

340000－1802－0002100　202/2624:11
尺木堂綱鑑易知錄九十二卷　(清)吳乘權　(清)周之炯　(清)周之燦輯　清刻本　十七冊

340000－1802－0002101　202/2624:12
尺木堂綱鑑易知錄九十二卷　(清)吳乘權等

編　清刻本　九冊　存五十一卷(四十二至九十二)

340000－1802－0002102　202/2800
竹書紀年統箋十二卷前編一卷雜述一卷　(南朝梁)沈約注　(清)徐文靖統箋　清乾隆十五年(1750)刻本　三冊

340000－1802－0002103　202/2800:1
竹書紀年統箋十二卷前編一卷雜述一卷　(南朝梁)沈約注　(清)徐文靖統箋　清光緒三年(1877)浙江書局刻本　四冊

340000－1802－0002104　202/2800:2
竹書紀年統箋十二卷前編一卷雜述一卷　(南朝梁)沈約注　(清)徐文靖統箋　清光緒三年(1877)浙江書局刻本　四冊

340000－1802－0002105　202/2800:3
竹書紀年統箋十二卷前編一卷雜述一卷　(南朝梁)沈約注　(清)徐文靖統箋　清乾隆十五年(1750)刻本　四冊

340000－1802－0002106　202/2800:4
竹書紀年統箋十二卷前編一卷雜述一卷　(南朝梁)沈約注　(清)徐文靖統箋　清宣統三年(1911)育文書局石印子書二十八種叢書本　一冊　存十卷(一至九、前編一卷)

340000－1802－0002107　202/3100
廣注綱鑑總論二卷　(明)顧充撰　(清)周道卿編　清刻本　一冊　存一卷(二)

340000－1802－0002108　202/3186
增訂綱鑑正史約三十六卷甲子紀元一卷　(明)顧錫疇編　(清)陳弘謀增訂　清同治八年(1869)浙江書局刻本　二十冊

340000－1802－0002109　202/3186:1
增訂綱鑑正史約三十六卷甲子紀元一卷　(明)顧錫疇編　(清)陳弘謀增訂　清同治八年(1869)浙江書局刻本　二十冊

340000－1802－0002110　202/3186:2
增訂綱鑑正史約三十六卷甲子紀元一卷　(明)顧錫疇編　(清)陳弘謀增訂　清同治八年(1869)浙江書局刻本　二十冊

340000－1802－0002111　202/3186:3
增訂綱鑑正史約三十六卷甲子紀元一卷　(明)顧錫疇編　(清)陳弘謀增訂　清同治八年(1869)浙江書局刻本　二十冊

340000－1802－0002112　202/4044
鼎鍥趙田了凡袁先生編纂古本歷史大方綱鑑補三十九卷首一卷　(宋)劉恕撰　(元)金履祥編　(明)袁黄編纂　明余象斗刻清修本　三十五冊

340000－1802－0002113　202/4044:1
鼎鍥趙田了凡袁先生編纂古本歷史大方綱鑑補三十九卷首一卷　(宋)劉恕撰　(元)金履祥編　(明)袁黄編纂　明余象斗刻本　二十六冊　缺七卷(十四、十七至二十二)

340000－1802－0002114　202/4044:2
鼎鍥趙田了凡袁先生編纂古本歷史大方綱鑑補三十九卷首一卷　(明)袁黄編纂　清刻本　五冊　存六卷(二十五至二十七、二十九至三十一)

340000－1802－0002115　202/4044:3
鼎鍥趙田了凡袁先生編纂古本歷史大方綱鑑補三十九卷首一卷　(明)袁黄編纂　清刻本　一冊　存一卷(二十九)

340000－1802－0002116　202/4044:4
鼎鍥趙田了凡袁先生編纂古本歷史大方綱鑑補三十九卷首一卷　(宋)劉恕撰　(元)金履祥編　(明)袁黄編纂　明余象斗刻本　八冊　存十九卷(十至十一、十四至十八、二十八至三十九)

340000－1802－0002117　202/4044:5
新刊趙田了凡袁先生編纂古本歷史大方綱鑑補三十九卷首一卷　(明)袁黄編纂　清同治五年(1866)刻本　二十九冊

340000－1802－0002118　202/4044:6
了凡綱鑑補三十九卷首一卷　(明)袁黄編纂　清光緒二十九年(1903)益元書局刻本　十冊

340000－1802－0002119　202/5097
資治通鑑釋文三十卷　(宋)史炤撰　清光緒五年(1879)吳興陸氏十萬卷樓刻本　六冊

340000－1802－0002120　202/6031：1
續資治通鑑二百二十卷　(清)畢沅編　清畢氏刻同治遞修本　六十冊

340000－1802－0002121　202/6031：2
續資治通鑑二百二十卷　(清)畢沅編　清畢氏刻同治遞修本　六十冊

340000－1802－0002122　202/7175
繹史一百六十卷　(清)馬驌撰　清光緒三十年(1904)浙江書局刻本　五十冊

340000－1802－0002123　202/7246：1
資治通鑑外紀十卷目錄五卷　(宋)劉恕撰　(清)胡克家注補　清同治十年(1871)江蘇書局刻本　十冊

340000－1802－0002124　202/7246：2
資治通鑑外紀十卷目錄五卷　(宋)劉恕撰　(清)胡克家注補　清同治十年(1871)江蘇書局刻本　十冊

340000－1802－0002125　202/7528
資治通鑑綱目正編五十九卷前編二十五卷續編二十七卷　(明)陳仁錫評　明崇禎刻本　二十五冊　存二十卷(正編一至七,前編二十四至二十五,續編一至五、十三至十八)

340000－1802－0002126　202/7528：1
資治通鑑綱目正編五十九卷前編二十五卷續編二十七卷　(明)陳仁錫評　清刻本　七冊　存七卷(正編四、十六、四十一至四十二,續編十至十一、十五)

340000－1802－0002127　202/7528：2
資治通鑑綱目正編五十九卷前編二十五卷續編二十七卷　(明)陳仁錫評　清刻本　一冊　存一卷(續編五代卷)

340000－1802－0002128　202/7586
分類歷代通鑑輯覽六十四卷終一卷　(清)陳善扃撰　清末石印本　一冊　存一卷(十四)

340000－1802－0002129　202/7586：1
分類歷代通鑑輯覽六十四卷終一卷　(清)陳善扃撰　清光緒二十九年(1903)點石齋石印本　二十冊

340000－1802－0002130　202/7586：2
分類歷代通鑑輯覽六十四卷終一卷　(清)陳善扃撰　清光緒二十九年(1903)點石齋石印本　二十冊

340000－1802－0002131　202/8337
錢陟園考訂資治通鑑綱目全書五十九卷首一卷　(清)錢選纂　(清)錢鵬　(清)錢鳴編　清康熙三十七年(1698)刻本　六十冊

340000－1802－0002132　202/8337：1
錢陟園考訂資治通鑑綱目全書五十九卷首一卷　(清)錢選纂　(清)錢鵬　(清)錢鳴編　清光緒八年(1882)惜物軒刻本　六十冊

340000－1802－0002133　202.2/0413
支那史要六卷　(日本)市村瓚次郎著　(清)陳毅譯　清光緒二十八年(1902)上海廣智書局鉛印本　四冊

340000－1802－0002134　202.2/1134
支那通史七卷　(日本)那珂通世編　清光緒二十五年(1899)東文學社石印本　五冊　存四卷(一至四)

340000－1802－0002135　202.2/1134：1
支那通史七卷　(日本)那珂通世編　清光緒二十五年(1899)東文學社石印本　五冊　存四卷(一至四)

340000－1802－0002136　202.2/1134：2
支那通史七卷　(日本)那珂通世編　清光緒二十七年(1901)東文學社石印本　二冊　存二卷(一、四)

340000－1802－0002137　202.2/1134：3
支那通史七卷　(日本)那珂通世編　清光緒二十五年(1899)東文學社石印本　二冊　存二卷(一、四)

340000－1802－0002138　202.42/3641

大唐創業起居注三卷　(唐)温大雅撰　明末刻本　一册

340000－1802－0002139　202.44/4032
建炎以來繫年要録二百卷　(宋)李心傳撰　清光緒五年(1879)仁壽蕭氏刻本　六十册

340000－1802－0002140　202.44/4032:1
建炎以來繫年要録二百卷　(宋)李心傳撰　清光緒五年(1879)仁壽蕭氏刻本　六十册

340000－1802－0002141　202.48/1111
御撰資治通鑑綱目三編二十卷　(清)張廷玉等編　清刻本　四册

340000－1802－0002142　202.48/1111:1
御撰資治通鑑綱目三編二十卷　(清)張廷玉等編　清刻本　四册　存四卷(一至四)

340000－1802－0002143　202.48/1111:2
御撰資治通鑑綱目三編二十卷　(清)張廷玉等編　清乾隆十一年(1746)活字印本　三册　存十五卷(一至十、十六至二十)

340000－1802－0002144　202.48/1111:3
御撰資治通鑑綱目三編二十卷　(清)張廷玉等編　清乾隆十一年(1746)活字印本　五册

340000－1802－0002145　202.48/1111:4
御撰資治通鑑綱目三編二十卷　(清)張廷玉等編　清刻本　二册　存十三卷(八至二十)

340000－1802－0002146　202.48/1111:5
御撰資治通鑑綱目三編二十卷　(清)張廷玉等編　清木活字印本　三册　存十五卷(一至十五)

340000－1802－0002147　202.48/1111:6
御撰資治通鑑綱目三編二十卷　(清)張廷玉等編　清乾隆刻本　四册

340000－1802－0002148　202.48/1111:7
御撰資治通鑑綱目三編二十卷　(清)張廷玉等編　清刻本　三册

340000－1802－0002149　202.48/1111:8
御撰資治通鑑綱目三編二十卷　(清)張廷玉等編　清刻本　一册　存七卷(一至七)

340000－1802－0002150　202.48/2624
尺木堂明鑑易知録十五卷　(清)吳乘權　(清)周之炯　(清)周之燦輯　清光緒十五年(1889)廣百宋齋鉛印本　一册　存七卷(一至七)

340000－1802－0002151　202.48/5235
明鑑二十四卷首一卷　(清)托津等編纂　清同治九年(1870)湖北崇文書局刻本　十册

340000－1802－0002152　202.48/5235:1
欽定明鑑二十四卷首一卷　(清)托津等編纂　清刻本　十册

340000－1802－0002153　202.48/5235:2
欽定明鑑二十四卷首一卷　(清)托津等編纂　清刻本　一册　存五卷(一至四、首一卷)

340000－1802－0002154　202.48/7547
明紀六十卷　(清)陳鶴纂　清同治十年(1871)江蘇書局刻本　二十册

340000－1802－0002155　202.49/0094
兩朝御批合璧二十一卷　(清)聖祖玄燁　(清)高宗弘曆纂　清光緒二十九年(1903)富強齋譯新書局石印本　四册

340000－1802－0002156　202.49/1020
東華録一百九十四卷續録二百三十卷　王先謙編　清光緒十三年(1887)擷華書局鉛印本　一百五十八册

340000－1802－0002157　202.49/1020:1
東華録一百九十四卷續録二百三十卷　王先謙編　清光緒十年(1884)刻本　一百六十册

340000－1802－0002158　202.49/2840
小腆紀年坿攷二十卷　(清)徐鼒撰　清咸豐十一年(1861)刻本　十二册

340000－1802－0002159　202.49/4437
東華録三十二卷　(清)蔣良騏編　清道光刻本　十二册

340000－1802－0002160　202.49/4437:1
東華録三十二卷　(清)蔣良騏撰　清乾隆三十年(1765)刻本　十册

340000－1802－0002161　202.49/4437:2
東華錄三十二卷　(清)蔣良騏撰　清刻本　十六册

340000－1802－0002162　202.49/4437:3
東華錄三十二卷　(清)蔣良騏撰　清刻本　九册

340000－1802－0002163　202.49/4437:4
東華錄三十二卷　(清)蔣良騏撰　清刻本　十二册　存二十四卷(一至十二、十七至二十、二十五至三十二)

340000－1802－0002164　202.52/1020
東華續錄一百卷(同治朝)　王先謙編　清光緒二十五年(1899)公記書莊石印本　二十四册

340000－1802－0002165　202.52/1020:1
東華續錄一百卷(咸豐朝)　王先謙編　清末刻朱印本　四十九册　存九十七卷(一至五十、五十四至一百)

340000－1802－0002166　202.52/1020:2
東華續錄一百卷(同治朝)　王先謙編　清光緒二十四年(1898)文瀾書局石印本　二十四册

340000－1802－0002167　202.52/2547
東華續錄二百二十卷　(清)朱壽朋編　清宣統元年(1909)上海集成圖書公司鉛印本　五十八册　缺二十二卷(五十二至六十九、一百三十九至一百四十二)

340000－1802－0002168　203/0044
左傳紀事本末五十三卷　(清)高士奇撰　清光緒二十一年(1895)上海積山書局石印本　五册

340000－1802－0002169　203/2631
聖武記十四卷　(清)魏源撰　清道光二十六年(1846)刻本　十二册

340000－1802－0002170　203/2631:3
聖武記十四卷　(清)魏源撰　清道光二十六年(1846)刻本　五册　存七卷(一、九至十四)

340000－1802－0002171　203/4041
通鑑紀事本末二百三十九卷　(宋)袁樞編　(明)張溥評　清光緒二十八年(1902)上海捷記書局石印本　九册　存一百二十二卷(一至四十二、六十二至七十、七十二至一百四十二)

340000－1802－0002172　203/4041:1
通鑑紀事本末二百三十九卷　(宋)袁樞編　(明)張溥評　清同治十二年(1873)江西書局刻本　八十册

340000－1802－0002173　203/4041:2
通鑑紀事本末二百三十九卷　(宋)袁樞編　(明)張溥評　清光緒十三年(1887)廣雅書局刻本　四十八册

340000－1802－0002174　203/4917
皇朝武功紀盛四卷　(清)趙翼撰　清刻本　二册

340000－1802－0002175　203/6084
鑑撮四卷　(清)曠敏本編　清刻本　三册　存二卷(一至二)

340000－1802－0002176　203/7542
歷朝紀事本末九種六百五十八卷　(清)陳如升　(清)朱記榮編　清光緒二十五年(1899)慎記書莊石印本　五十六册

340000－1802－0002177　203/7542:1
歷朝紀事本末九種六百五十八卷　(清)陳如升　(清)朱記榮輯　清光緒二十五年(1899)慎記書莊石印本　四十七册　存五百十七卷(左傳一至五十三,金史二十七至三十四,元史一至二十七,西夏史一至十八、首上下,宋史一至一百九,明史一至八十,通鑑一至六十一、七十二至一百八十二、一百九十二至二百三十九)

340000－1802－0002178　203/7542:2
歷朝紀事本末九種六百五十八卷　(清)陳如升　(清)朱記榮編　清光緒二十五年(1899)上海玉麟書局石印本　二十七册　缺三百二十七卷(左傳一至二十六,通鑑一至一百五十四、二百十七至二百三十九,宋史八十一至九

十二,金史十四至五十二,遼史十七至十九、四十,西夏史二十七卷,明史十一至三十三、五十六至六十六、七十三至八十)

340000－1802－0002179　203.46/1188
西夏紀事本末三十六卷首二卷　(清)張鑑著　清光緒十一年(1885)刻本　三冊

340000－1802－0002180　203.46/4049
遼史紀事本末四十卷首一卷　(清)李有棠撰　清光緒二十五年(1899)上海書局石印本　五冊

340000－1802－0002181　203.48/4679
三藩紀事本末四卷　(清)楊陸榮編　清康熙五十六年(1717)刻本　四冊

340000－1802－0002182　203.48/8005
明史紀事本末八十卷　(清)谷應泰編輯　清光緒二十一年(1895)上海積山書局石印本　八冊

340000－1802－0002183　203.49/0011
宦遊紀略二卷　(清)高廷瑤撰　清光緒二十六年(1900)刻本　一冊

340000－1802－0002184　203.49/1073
湘軍志十六卷　王闓運撰　清末刻本　四冊

340000－1802－0002185　203.49/1073:1
湘軍志十六卷首一卷　王闓運撰　清光緒十一年(1885)刻本　二冊　存七卷(一至六、首一卷)

340000－1802－0002186　203.49/2628
綏寇紀略十二卷　(清)吳偉業撰　**補遺三卷**　(清)吳偉業撰　(清)張海鵬增訂　清照曠閣刻本　四冊

340000－1802－0002187　203.49/4428
中東戰紀本末初編八卷續編四卷文學興國策二卷　(美國)林樂知譯　清光緒二十二年(1896)圖書集成局鉛印本　一冊　存二卷(文學興國策二卷)

340000－1802－0002188　203.52/1099
中西紀事二十四卷首一卷　(清)夏燮編　清光緒十年(1884)活字印本　五冊　缺一卷(二十四)

340000－1802－0002189　204/0208
本朝史講義不分卷　(清)京師譯學館編　清末湖北兩湖總師範學堂鉛印本　一冊　存第三編六章

340000－1802－0002190　204/1223
世界通史三十卷　(日)石川利之著　清石印本　九冊　缺二卷(一至二)

340000－1802－0002191　204/1472
萬國通史擥要六卷　(日本)工藤助作撰　(清)馬猶龍譯　清光緒二十九年(1903)上海通文書局石印本　六冊

340000－1802－0002192　204/2632
大日本維新史二卷　(日本)重野安繹著　清光緒二十五年(1899)鉛印本　二冊

340000－1802－0002193　204/3131
國語明道本考異四卷　(清)汪遠孫撰　清道光二十六年(1846)汪氏振綺堂刻振綺堂遺書本　一冊

340000－1802－0002194　204/3627
英人強賣鴉片記八卷附錄一卷　(清)湯叡譯　清光緒二十四年(1898)上海大同譯書局石印本　二冊

340000－1802－0002195　204/6033
路史節讀十卷　(宋)羅泌纂　(清)廖文錦節訂　清光緒二十七年(1901)刻本　四冊

340000－1802－0002196　204/6033:1
路史前紀九卷後紀十四卷餘論十卷發揮六卷國名紀八卷　(宋)羅泌撰　(宋)羅蘋注　(明)喬可傳校勘　清光緒二年(1876)刻本　十六冊

340000－1802－0002197　204/6033:2
重訂路史前紀九卷後紀十四卷國名紀八卷發揮六卷餘論十卷　(宋)羅泌著　(明)吳弘基訂　清嘉慶六年(1801)刻本　一冊　存四卷(前紀一至四)

340000－1802－0002198　204/7121
泰西新史攬要二十四卷　(英國)馬懇西著　(英國)李提摩太譯　(清)蔡爾康編　清光緒二十七年(1901)美華書館鉛印本　四冊　存十一卷(一至六、二十至二十四)

340000－1802－0002199　204.2/2477
國語選八卷　(清)儲欣評　清乾隆三十八年(1773)同文堂刻本　二冊

340000－1802－0002200　204.2/2632
桐城吳先生點勘國語二十一卷　(清)吳汝綸編　清宣統二年(1910)鉛印本　一冊　存九卷(一至九)

340000－1802－0002201　204.2/3131
國語三君注輯存四卷發正二十一卷考異四卷　(清)汪遠孫撰　清刻本　五冊　缺四卷(國語三君注輯存四卷)

340000－1802－0002202　204.2/3131:1
國語三君注輯存四卷發正二十一卷攷異四卷　(清)汪遠孫撰　清道光二十六年(1846)振綺堂刻本　六冊

340000－1802－0002203　204.2/3131:2
國語三君注輯存四卷發正二十一卷攷異四卷　(清)汪遠孫撰　清道光二十六年(1846)振綺堂刻本　六冊

340000－1802－0002204　204.2/3131:3
國語三君注輯存四卷發正二十一卷考異四卷　(清)汪遠孫撰　清道光二十六年(1846)振綺堂刻本　五冊　缺四卷(國語三君注輯存四卷)

340000－1802－0002205　204.2/3131:4
國語三君注輯存四卷發正二十一卷考異四卷　(清)汪遠孫撰　清道光二十六年(1846)振綺堂刻本　六冊

340000－1802－0002206　204.2/4067
國語二十一卷劄記一卷　(三國吳)韋昭解　清光緒二十一年(1895)寶善堂刻本　四冊

340000－1802－0002207　204.2/4067:1
國語二十一卷　(三國吳)韋昭解　(宋)宋庠補音　清刻本　二冊

340000－1802－0002208　204.2/4067:2
國語二十一卷　(三國吳)韋昭解　(宋)宋庠補音　**戰國策十卷**　(宋)鮑彪校注　(元)吳師道重校　清聚梓堂刻本　八冊

340000－1802－0002209　204.2/4067:3
國語二十一卷　(三國吳)韋昭解　(宋)宋庠補音　清刻本　六冊

340000－1802－0002210　204.2/4067:4
國語二十一卷　(三國吳)韋昭解　**國語明道本攷異四卷**　(清)汪遠孫撰　清同治八年(1869)湖北崇文書局刻本　五冊

340000－1802－0002211　204.2/4067:5
國語二十一卷　(三國吳)韋昭解　**國語明道本攷異四卷**　(清)汪遠孫撰　清同治八年(1869)湖北崇文書局刻本　五冊

340000－1802－0002212　204.2/4067:6
國語二十一卷　(三國吳)韋昭解　**國語明道本攷異四卷**　(清)汪遠孫撰　清同治八年(1869)湖北崇文書局刻本　五冊

340000－1802－0002213　204.2/4067:7
國語二十一卷　(三國吳)韋昭解　**國語明道本攷異四卷**　(清)汪遠孫撰　清同治八年(1869)湖北崇文書局刻本　五冊

340000－1802－0002214　204.31/1162
國策評林十八卷　(清)張星徽評點　清雍正七年(1729)塞翁亭刻本　十冊

340000－1802－0002215　204.31/2477
戰國策選四卷　(清)儲欣評　清乾隆三十八年(1773)同文堂刻本　四冊

340000－1802－0002216　204.31/7227
戰國策三十三卷　(漢)劉向撰　(漢)高誘注　**重刻剡川姚氏本戰國策劄記三卷**　(清)黄丕烈撰　清同治八年(1869)湖北崇文書局刻本　五冊

340000－1802－0002217　204.31/7227:1

戰國策三十三卷　（漢）劉向撰　（漢）高誘注　清乾隆二十一年（1756）刻本　六冊

340000－1802－0002218　204.31/7227:2
戰國策三十三卷劄記三卷　（漢）劉向撰　（漢）高誘注　清刻本　六冊

340000－1802－0002219　204.31/7227:3
戰國策三十三卷　（漢）劉向撰　（漢）高誘注　**重刻剡川姚氏本戰國策劄記三卷**　（清）黄丕烈撰　清同治八年（1869）湖北崇文書局刻本　五冊

340000－1802－0002220　204.31/7227:4
戰國策三十三卷　（漢）劉向撰　（漢）高誘注　**重刻剡川姚氏本戰國策劄記三卷**　（清）黄丕烈撰　清同治八年（1869）湖北崇文書局刻本　五冊

340000－1802－0002221　204.31/7227:5
戰國策十卷　（漢）劉向撰　（宋）鮑彪校注　清乾隆二十七年（1762）刻本　十冊

340000－1802－0002222　204.31/7227:6
戰國策三十三卷　（漢）劉向撰　（漢）高誘注　**重刻剡川姚氏本戰國策劄記三卷**　（清）黄丕烈撰　清同治八年（1869）湖北崇文書局刻本　五冊

340000－1802－0002223　204.31/7227:7
戰國策十卷　（漢）劉向撰　（宋）鮑彪校注　（元）吴師道重校　清刻本　八冊

340000－1802－0002224　204.31/7227:8
戰國策三十三卷　（漢）劉向撰　（漢）高誘注　**重刻剡川姚氏本戰國策劄記三卷**　（清）黄丕烈撰　清末寶善書局刻本　八冊

340000－1802－0002225　204.31/7227:9
戰國策補注三十三卷　（漢）劉向撰　（漢）高誘注　清末商務印書館鉛印本　四冊

340000－1802－0002226　204.31/7227:9
戰國策三十三卷　（漢）劉向撰　（漢）高誘注　清雅雨堂刻本　六冊

340000－1802－0002227　204.38/2237
十六國春秋一百卷　（北魏）崔鴻撰　清光緒元年（1875）湖北崇文書局刻本　十二冊

340000－1802－0002228　204.43/2627
十國春秋一百十六卷　（清）吴任臣撰　清周昂刻本　二十四冊

340000－1802－0002229　204.44/0000
竊憤南渡錄一卷續錄一卷附錄一卷　（宋）辛棄疾著　清活字印本　一冊

340000－1802－0002230　204.44/0000:1
南渡錄四卷　（宋）辛棄疾撰　清光緒六年（1880）刻本　二冊

340000－1802－0002231　204.48/0020
先撥志始二卷　（清）文秉著　清同治二年（1863）刻本　二冊

340000－1802－0002232　204.48/0404
明季北略二十四卷　（清）計六奇編　清都城琉璃廠半松居士活字印本　六冊

340000－1802－0002233　204.48/2608
兩朝剝復錄六卷首一卷　（明）吴應箕輯　（清）夏燮校證　清同治二年（1863）江西省廨刻本　四冊

340000－1802－0002234　204.48/7174
明季稗史彙編十六種二十七卷　（清）留雲居士輯　清都城琉璃廠刻本　一冊　存四種五卷（倖存錄二卷、續倖存錄一卷、求野錄一卷、也是錄一卷）

340000－1802－0002235　204.48/7174:1
明季稗史彙編十六種二十七卷　（清）留雲居士輯　清都城琉璃廠刻本　八冊　缺十卷（烈皇小識八卷、聖安皇帝紀二卷）

340000－1802－0002236　204.48/7174:2
明季稗史彙編十六種二十七卷　（清）留雲居士輯　清都城琉璃廠刻本　十四冊　缺七卷（嘉定屠城紀略一卷、求野錄一卷、也是錄一卷、粤遊見聞一卷、賜姓始末一卷、兩廣紀畧一卷、揚州十日記一卷）

340000－1802－0002237　204.48/7174:3

明季稗史彙編十六種二十七卷　(清)留雲居士輯　清都城琉璃廠刻本　四册　存十卷(烈皇小識八卷、聖安皇帝本紀二卷)

340000－1802－0002238　204.48/7191
明季實錄一卷　(清)顧炎武編　清光緒十四年(1888)吴縣朱氏刻槐廬叢書本　一册

340000－1802－0002239　204.49/1036
春融堂雜記八種八卷　(清)王昶撰　清光緒鉛印申報館叢書本　四册

340000－1802－0002240　204.49/1036:1
春融堂雜記八種八卷　(清)王昶撰　清光緒鉛印申報館叢書本　四册

340000－1802－0002241　204.49/4403
平定粤匪紀略十八卷附記四卷　(清)杜文瀾編　清光緒鉛印申報館叢書本　六册

340000－1802－0002242　204.49/4861
皇朝政典舉要八卷　(日本)增田貢著　(清)毛淦補編　清末鉛印本　四册

340000－1802－0002243　204.49/4861:1
皇朝政典挈要八卷　(日本)增田貢著　(清)毛淦補編　清光緒二十八年(1902)鉛印本　四册

340000－1802－0002244　204.49/4861:2
皇朝政典挈要六卷　(日本)增田貢著　清光緒二十八年(1902)石印本　二册

340000－1802－0002245　204.49/5028
平浙紀略十六卷　(清)秦緗業　(清)陳鍾英撰　清同治十二年(1873)浙江書局刻本　四册

340000－1802－0002246　204.49/8080
熙朝新語十六卷　(清)余金輯　清道光二年(1822)三讓堂刻本　四册

340000－1802－0002247　204.49/8825
靖逆記六卷　(清)蘭簃外史纂　清道光二年(1822)刻本　一册

340000－1802－0002248　204.52/6001
新譯萬國垂涎中華近事三卷　(法國)畢龍(法國)馬士克撰　(清)劉翹翰　(清)程瞻洛譯　清末鉛印本　一册　缺一卷(一)

340000－1802－0002249　204.52/7823
回鑾大事記六卷　(日本)長谷川雄太郎撰　清光緒二十八年(1902)上海弍樂書屋石印本　五册　缺一卷(二)

340000－1802－0002250　205/4027
宋李忠定公奏議六十九卷首一卷擬撰文字七卷[李綱]年譜一卷　(宋)李綱撰　清光緒二十九年(1903)愛日堂刻本　二十册

340000－1802－0002251　205/4039
左文襄公全集一百十卷　(清)左宗棠撰　清光緒刻本　七册　存七卷(左文襄公奏稿十、十二、十七、二十五、三十九、四十三,批劄三)

340000－1802－0002252　205/4437
庸盦文别集六卷　(清)薛福成著　清光緒二十九年(1903)石印本　六册

340000－1802－0002253　205.1/2234
雍正硃批諭旨一百十二帙　(清)世宗胤禛批　(清)鄂爾泰編　清刻朱墨套印本　一百十二册

340000－1802－0002254　205.1/2234:1
雍正硃批諭旨三百六十卷　(清)世宗胤禛批　清乾隆刻朱墨套印本　六十册

340000－1802－0002255　205.1/2234:2
雍正硃批諭旨一百十二帙　(清)世宗胤禛批　清刻朱墨套印本　二十一册　存硃批費金吾、黄叔琳、王璣、石文焯、郝玉麟、高其倬、布蘭泰、楊琳、裴□度、張楷、朱綱、石麟、傅泰、王景灝、邁杜奏摺

340000－1802－0002256　205.1/3523
清代十朝聖訓十種九百二十二卷　(清)□□輯　清光緒五年(1879)石印本　一百册

340000－1802－0002257　205.2/0128
龔端毅公奏疏八卷附浠川政譜二卷　(清)龔鼎孳撰　清光緒九年(1883)聽彝書屋刻本　五册

340000－1802－0002258　205.2/1020
維新奏議二十卷　(清)王紹康編　清光緒二十八年(1902)上海書局石印本　六册

340000－1802－0002259　205.2/1133
歷代名臣奏議三百十九卷　(明)張溥編　明崇禎八年(1635)刻本　六十四册

340000－1802－0002260　205.2/2108
上諭條奏不分卷(咸豐十一年至同治八年)　(清)□□撰　清末刻本　十册

340000－1802－0002261　205.2/2200
奏議初編十二卷　(清)仰止廬主編　清光緒二十七年(1901)上海圖書集成印書局鉛印本　五册　存十卷(一至十)

340000－1802－0002262　205.2/2357
變法奏議叢鈔不分卷　(清)上海書局編　清光緒二十七年(1901)上海書局石印本　四册

340000－1802－0002263　205.2/2516
大中丞靜齋朱公奏疏一卷詩文遺稿一卷　(清)朱理撰　清光緒十五年(1889)刻本　一册

340000－1802－0002264　205.2/2516:1
大中丞靜齋朱公奏疏一卷詩文遺稿一卷　(清)朱理撰　清光緒十五年(1889)刻本　一册

340000－1802－0002265　205.2/2516:2
大中丞靜齋朱公奏疏一卷詩文遺稿一卷　(清)朱理撰　清光緒十五年(1889)刻本　一册

340000－1802－0002266　205.2/2516:3
大中丞靜齋朱公奏疏一卷詩文遺稿一卷　(清)朱理撰　清光緒十五年(1889)刻本　一册

340000－1802－0002267　205.2/2516:4
大中丞靜齋朱公奏疏一卷詩文遺稿一卷　(清)朱理撰　清光緒十五年(1889)刻本　一册

340000－1802－0002268　205.2/2757
孝肅奏議十卷　(宋)包拯撰　清同治二年(1863)李瀚章刻本　四册

340000－1802－0002269　205.2/2757:1
孝肅奏議十卷　(宋)包拯撰　清同治二年(1863)李瀚章刻本　四册

340000－1802－0002270　205.2/3144
校邠廬抗議二卷　(清)馮桂芬著　清光緒十年(1884)刻本　二册

340000－1802－0002271　205.2/3144:1
校邠廬抗議一卷　(清)馮桂芬著　清光緒九年(1883)刻本　一册

340000－1802－0002272　205.2/3144:2
校邠廬抗議二卷　(清)馮桂芬著　清光緒十年(1884)刻本　二册

340000－1802－0002273　205.2/3444
沈文肅公政書七卷首一卷　(清)沈葆楨撰　清光緒六年(1880)木活字印本　九册

340000－1802－0002274　205.2/3444:1
沈文肅公政書七卷首一卷　(清)沈葆楨撰　清光緒六年(1880)木活字印本　七册

340000－1802－0002275　205.2/3682
況太守集十六卷首一卷　(明)況鍾撰　(清)況廷秀編　清道光五年(1825)刻本　一册　存四卷(一至三、首一卷)

340000－1802－0002276　205.2/3704
己庚編二卷　(清)祁韻士編　清道光二十八年(1848)筠淥山房刻本　二册

340000－1802－0002277　205.2/4030
李肅毅伯奏議二十卷　(清)李鴻章撰　(清)章洪鈞　(清)吳汝綸編　清光緒二十五年(1899)上海鴻文書局石印本　二十册

340000－1802－0002278　205.2/4030:1
李肅毅伯奏議二十卷　(清)李鴻章撰　(清)章洪鈞　(清)吳汝綸編　清光緒石印本　二册　存二卷(二至三)

340000－1802－0002279　205.2/4039
左恪靖侯奏稿初編三十八卷續編七十六卷三

編六卷　(清)左宗棠撰　清光緒十二年(1886)刻本　六十四冊　缺一卷(續編十六)

340000－1802－0002280　205.2/4039:1
左恪靖伯奏稿三十八卷　(清)左宗棠撰　清同治七年(1868)刻本　三十八冊

340000－1802－0002281　205.2/4092
左侍御公集一卷　(明)左光先著　清康熙元年(1662)刻本　一冊

340000－1802－0002282　205.2/4210
彭剛直公奏稿八卷　(清)彭玉麟撰　清光緒十七年(1891)刻本　四冊　存六卷(一、三至七)

340000－1802－0002283　205.2/4400
制府疏草二卷　(明)蕭彥著　**玉城奏疏一卷**　(明)葉永盛著　**西臺摘疏一卷**　(明)吳尚默著　清道光十二年(1832)涇縣趙氏古墨齋刻涇川叢書本　二冊

340000－1802－0002284　205.2/4743
明胡端敏公奏議十卷　(明)胡世寧撰　**校勘記一卷**　(明)黄以賢校　清光緒十九年(1893)浙江書局刻本　四冊

340000－1802－0002285　205.2/7022
學部奏咨輯要一卷續編一卷三編一卷　(清)學部總務司案牘科編　清宣統元年(1909)鉛印本　三冊

340000－1802－0002286　205.2/7113
桐城馬太僕奏略四卷　(明)馬孟禎纂　清光緒六年(1880)刻本　二冊

340000－1802－0002287　205.2/7113:1
桐城馬太僕奏略四卷　(明)馬孟禎纂　清光緒六年(1880)刻本　二冊

340000－1802－0002288　205.2/7241
江楚會奏變法三摺　(清)劉坤一　(清)張之洞撰　清末刻本　一冊

340000－1802－0002289　205.2/7445
唐陸宣公奏議全集十五卷制誥續集十卷　(唐)陸贄纂　清同治十一年(1872)刻本　四冊　存七卷(唐陸宣公奏議全集二至四、制誥續集一至四)

340000－1802－0002290　205.2/7445:1
註陸宣公奏議十五卷　(唐)陸贄撰　(宋)郎曄注　清光緒七年(1881)思進齋刻本　四冊

340000－1802－0002291　205.2/7445:2
註陸宣公奏議十五卷制誥十卷附錄一卷　(唐)陸贄撰　(宋)郎曄注　清光緒十一年至十二年(1885－1886)淮南書局刻本　四冊

340000－1802－0002292　205.2/7445:3
註陸宣公奏議十五卷制誥十卷附錄一卷　(唐)陸贄撰　(宋)郎曄注　清光緒十一年至十二年(1885－1886)淮南書局刻本　四冊

340000－1802－0002293　205.2/7445:4
唐陸宣公奏議讀本四卷首一卷　(唐)陸贄撰　(清)汪銘謙編　(清)馬傳庚評點　清光緒二十六年(1900)會稽馬氏石印本　二冊

340000－1802－0002294　205.2/7445:5
唐陸宣公奏議讀本四卷首一卷　(唐)陸贄撰　(清)汪銘謙編　(清)馬傳庚評點　清光緒二十六年(1900)上海著易堂石印本　二冊

340000－1802－0002295　205.2/7445:6
唐陸宣公集二十二卷　(唐)陸贄撰　清道光四年(1824)刻本　八冊

340000－1802－0002296　205.2/7445:7
唐陸宣公集二十二卷　(唐)陸贄撰　清同治五年(1866)楊氏問竹軒刻本　八冊

340000－1802－0002297　205.2/7445:8
唐陸宣公集二十二卷　(唐)陸贄撰　(清)年羹堯重訂　(清)王汝驤　(清)張泰基校　清同治五年(1866)楊氏問竹軒刻本　八冊

340000－1802－0002298　205.2/7445:9
唐陸宣公集二十二卷增輯二卷　(唐)陸贄撰　(清)耆英重訂　(清)文晟　(清)華廷傑校　清道光二十七年(1847)刻本　八冊

340000－1802－0002299　205.2/7445:10
唐陸宣公集二十二卷增輯二卷　(唐)陸贄撰

（清）耆英重訂　（清）文晟　（清）華廷傑校　清道光二十七年(1847)刻本　八册

340000－1802－0002300　205.2/7445:11
唐陸宣公集二十二卷　（唐）陸贄撰　（清）年羹堯重訂　（清）王汝驤　（清）張泰基校　清同治五年(1866)楊氏問竹軒刻本　六册

340000－1802－0002301　205.2/7445:12
唐陸宣公集二十二卷　（唐）陸贄撰　清刻本　一册　存三卷(十八至二十)

340000－1802－0002302　205.2/7445:13
唐陸宣公集二十二卷　（唐）陸贄撰　清同治五年(1866)楊氏家塾刻本　八册

340000－1802－0002303　205.2/7445:14
唐陸宣公集二十二卷　（唐）陸贄撰　（清）年羹堯重訂　（清）王汝驤　（清）張泰基校　清光緒二十四年(1898)上海著易堂石印本　四册

340000－1802－0002304　205.2/7445:15
唐陸宣公集二十二卷　（唐）陸贄撰　（清）年羹堯重訂　（清）王汝驤　（清）張泰基校　清光緒二十四年(1898)上海著易堂石印本　四册

340000－1802－0002305　205.2/7445:16
唐陸宣公集二十二卷　（唐）陸贄撰　（清）年羹堯重訂　（清）王汝驤　（清）張泰基校　清光緒二十年(1894)上海鴻寶齋石印本　六册

340000－1802－0002306　205.2/7445:17
唐陸宣公翰苑集二十四卷　（唐）陸贄撰　（清）張佩芳注　清乾隆張氏希音堂刻本　八册

340000－1802－0002307　205.2/7445:18
唐陸宣公集二十二卷　（唐）陸贄撰　清同治五年(1866)楊氏家塾刻本　六册

340000－1802－0002308　205.2/7445:19
唐陸宣公集二十二卷增輯二卷　（唐）陸贄撰　（清）耆英增輯　清道光二十七年(1847)刻本　八册

340000－1802－0002309　205.2/7445:20
唐陸宣公集二十二卷增輯二卷　（唐）陸贄撰　（清）耆英增輯　清道光二十七年(1847)刻本　八册

340000－1802－0002310　205.2/7445:21
唐陸宣公集二十二卷　（唐）陸贄撰　清雍正元年(1723)刻本　四册

340000－1802－0002311　205.2/7510
陳臥子先生兵垣奏議二卷　（明）陳子龍撰　清宣統元年(1909)上海時中書局鉛印本　一册

340000－1802－0002312　205.2/7734
陶雲汀先生奏疏□□卷　（清）陶澍撰　清道光刻本　六册　存六卷(三至八)

340000－1802－0002313　205.2/8064
曾文正公奏議補編四卷　（清）曾國藩撰　（清）薛福成編　清同治十三年(1874)蘇郡刻本　四册

340000－1802－0002314　205.2/8064:1
曾文正公奏議十卷首一卷末一卷　（清）曾國藩撰　（清）薛福成編　清同治十三年(1874)上海醉六堂刻本　十册

340000－1802－0002315　205.2/8064:2
曾文正公奏稿三十卷　（清）曾國藩撰　（清）李鴻章編　清光緒二年(1876)傳忠書局刻曾文正公全集本　三十一册

340000－1802－0002316　205.3/2230
三邑治略六卷　熊賓輯　清光緒三十一年(1905)湖北刻本　六册

340000－1802－0002317　205.3/2695
從政紀略二卷福甯紀事二卷戰車練炮圖說三卷　（清）程榮春撰　清同治五年(1866)刻本　四册　缺三卷(戰車練炮圖說三卷)

340000－1802－0002318　205.3/3125
魏塘文告摘錄不分卷　（清）江峯青撰　清光緒二十五年(1899)顧文善刻本　一册

340000－1802－0002319　205.3/3407

江南商務報(清光緒二十六年六月至十二月) (清)江南商務滬局編　清光緒二十六年(1900)鉛印本　六冊　存六期(十三、二十五、二十九、三十二、三十四至三十五)

340000－1802－0002320　205.3/3407:1
江南商務報(清光緒二十六年六月至十二月) (清)江南商務滬局編　清光緒二十六年(1900)鉛印本　六冊　存六期(十三、二十五、二十九、三十二、三十四至三十五)

340000－1802－0002321　205.3/3407:2
江南商務報(清光緒二十六年六月至十二月) (清)江南商務滬局編　清光緒二十六年(1900)鉛印本　三冊　存三期(二十九、三十四至三十五)

340000－1802－0002322　205.3/3407:3
江南商務報(清光緒二十六年六月至十二月) (清)江南商務滬局編　清光緒二十六年(1900)鉛印本　二冊　存二期(三十四至三十五)

340000－1802－0002323　205.3/3407:4
江南商務報(清光緒二十六年六月至十二月) (清)江南商務滬局編　清光緒二十六年(1900)鉛印本　一冊　存一期(三十五)

340000－1802－0002324　205.3/3420
槐卿政蹟六卷　(清)沈衍慶著　清同治元年(1862)刻本　二冊

340000－1802－0002325　205.3/4037
資治新書初集十四卷二集二十卷　(清)李漁輯　清刻本　九冊　存二十卷(初集八至十四,二集一至八、十一至十二、十六至十七、二十)

340000－1802－0002326　205.3/4037:1
資治新書初集十四卷首一卷二集二十卷 (清)李漁輯　清光緒二十年(1894)上海圖書集成印書局鉛印本　十二冊

340000－1802－0002327　205.3/4037:2
資治新書初集十四卷二集二十卷　(清)李漁輯　清刻本　十冊　存二十四卷(初集十四卷、二集十一至二十)

340000－1802－0002328　205.3/4437
薛星使書牘二卷　(清)薛福成著　清末民國初廣益書局石印本　一冊

340000－1802－0002329　205.3/4741
胡文忠公遺集十卷首一卷　(清)胡林翼撰　(清)閻敬銘　(清)厲雲官　(清)盛康編　清同治三年(1864)武昌節署刻本　八冊

340000－1802－0002330　205.3/4741:1
胡文忠公遺集八十六卷首一卷　(清)胡林翼撰　(清)鄭敦謹　(清)曾國荃編　清光緒十四年(1888)上海著易堂鉛印本　八冊

340000－1802－0002331　205.3/4741:2
胡文忠公遺集八十六卷首一卷　(清)胡林翼撰　(清)鄭敦謹　(清)曾國荃編　清光緒十四年(1888)上海著易堂鉛印本　八冊

340000－1802－0002332　205.3/4741:3
胡文忠公遺集八十六卷首一卷　(清)胡林翼撰　(清)鄭敦謹　(清)曾國荃編　清同治六年(1867)刻本　三十一冊　缺二卷(七十七至七十八)

340000－1802－0002333　205.3/4741:4
胡文忠公遺集十卷首一卷　(清)胡林翼撰　(清)閻敬銘　(清)厲雲官　(清)盛康編　清刻本　十冊

340000－1802－0002334　205.3/4741:5
胡文忠公遺集十卷首一卷　(清)胡林翼撰　(清)閻敬銘　(清)厲雲官　(清)盛康編　清同治七年(1868)醉六堂刻本　八冊

340000－1802－0002335　205.3/4741:6
胡文忠公遺集十卷首一卷　(清)胡林翼撰　(清)閻敬銘　(清)厲雲官　(清)盛康編　清同治七年(1868)醉六堂刻本　四冊

340000－1802－0002336　205.3/4741:7
胡文忠公遺集十卷首一卷　(清)胡林翼撰　(清)閻敬銘　(清)厲雲官　(清)盛康編　清刻本　五冊

340000－1802－0002337　205.3/4741:8
胡文忠公遺集十卷首一卷　(清)胡林翼撰　(清)閻敬銘　(清)厲雲官　(清)盛康編　清同治三年(1864)武昌節署刻本　八册

340000－1802－0002338　205.3/4741:9
胡文忠公遺集八十六卷首一卷　(清)胡林翼撰　(清)鄭敦謹　(清)曾國荃編　清同治六年(1867)刻本　四册　存十二卷(一至十二)

340000－1802－0002339　205.3/4741:10
胡文忠公遺集八十六卷首一卷　(清)胡林翼撰　(清)鄭敦謹　(清)曾國荃編　清末刻本　十册　存二十四卷(六十三至八十六)

340000－1802－0002340　205.3/4741:11
胡文忠公遺集八十六卷首一卷　(清)胡林翼撰　清光緒元年(1875)湖北崇文書局刻本　三十二册

340000－1802－0002341　205.3/7570
求是齋公牘彙存六卷　(清)陳際唐編　清宣統鉛印本　一册　存二卷(一至二)

340000－1802－0002342　205.3/8064
曾文正公批牘六卷　(清)曾國藩撰　(清)李鴻章編　清光緒二年(1876)傳忠書局刻本　八册

340000－1802－0002343　205.3/8064:1
核定直隸清訟事宜十條一卷限期功過章程一卷　(清)曾國藩撰　清刻本　一册

340000－1802－0002344　205.3/8064:2
核定直隸清訟事宜十條一卷限期功過章程一卷　(清)曾國藩撰　清刻本　一册

340000－1802－0002345　205.4/2159
便抄契紙簿不分卷　(清)□□輯　清抄本　二册

340000－1802－0002346　205.4/4784
息園舊德錄一卷　(清)胡念萱編　清光緒二十三年至二十六年(1897－1900)刻鵠齋刻本　一册

340000－1802－0002347　206.1/0038
增廣尚友錄統編二十二卷　(清)應祖錫編　清光緒二十八年(1902)鴻寶齋石印本　十一册　缺二卷(二十一至二十二)

340000－1802－0002348　206.1/0038:1
增廣尚友錄統編二十二卷　(清)應祖錫編　清光緒二十八年(1902)鴻寶齋石印本　十二册

340000－1802－0002349　206.1/0077
校正尚友錄二十二卷　(明)廖用賢編　(清)張伯琮補輯　**續集二十二卷**　(清)退思主人編　清光緒二十五年(1899)石印本　六册　存三十卷(校正尚友錄四至十五、續集一至十八)

340000－1802－0002350　206.1/0077:1
尚友錄二十二卷　(明)廖用賢編　(清)張伯琮補輯　清光緒十四年(1888)上海點石齋石印本　三册　存十六卷(一至十六)

340000－1802－0002351　206.1/0077:2
增補尚友錄二十二卷　(明)廖用賢編纂　(清)張伯琮補輯　清光緒十二年(1886)暢懷書屋銅活字印本　六册

340000－1802－0002352　206.1/1046
增訂詳註廣日記故事二卷　(清)王相增注　清同治七年(1868)李翼刻本　一册

340000－1802－0002353　206.1/1779
司馬溫公稽古錄二十卷　(宋)司馬光撰　清梁元熹刻本　三册

340000－1802－0002354　206.1/1779:1
司馬溫公稽古錄二十卷　(宋)司馬光撰　清同治十一年(1872)湖北崇文書局刻本　四册

340000－1802－0002355　206.1/1779:2
司馬溫公稽古錄二十卷　(宋)司馬光撰　清同治十一年(1872)湖北崇文書局刻本　四册

340000－1802－0002356　206.1/2510
中興將帥別傳三十卷　朱孔彰撰　清光緒二十三年(1897)江寧刻本　十册

340000－1802－0002357　206.1/2510:1

中興名臣事略八卷　朱孔彰撰　清光緒二十八年(1902)漢讀樓書局石印本　二冊

340000－1802－0002358　206.1/2510:2
中興名臣事略八卷　朱孔彰撰　清光緒二十八年(1902)漢讀樓書局石印本　二冊

340000－1802－0002359　206.1/2683
歷代名人小簡二卷　吳曾祺編纂　清宣統元年(1909)商務印書館鉛印本　一冊

340000－1802－0002360　206.1/3145
史外八卷　(清)汪有典著　清同治四年(1865)刻本　八冊

340000－1802－0002361　206.1/4010
中興名臣事略八卷　(清)李元度纂　清光緒二十九年(1903)上海務本山房印書局鉛印本　四冊

340000－1802－0002362　206.1/4010:1
國朝先正事略六十卷　(清)李元度纂　清末鴻章書局石印本　十六冊

340000－1802－0002363　206.1/4010:2
國朝先正事略六十卷　(清)李元度纂　清同治五年(1866)循陔草堂刻本　十六冊

340000－1802－0002364　206.1/4010:3
國朝先正事略六十卷　(清)李元度纂　清同治五年(1866)循陔草堂刻本　二十四冊

340000－1802－0002365　206.1/4010:4
國朝先正事略六十卷　(清)李元度纂　清同治五年(1866)循陔草堂刻本　十六冊

340000－1802－0002366　206.1/4010:5
國朝先正事略六十卷首一卷　(清)李元度纂　清光緒二十八年(1902)漢讀樓書局石印本　八冊

340000－1802－0002367　206.1/4010:6
國朝先正事略六十卷首一卷　(清)李元度纂　清光緒十七年(1891)上海廣百宋齋鉛印本　十二冊

340000－1802－0002368　206.1/4010:7
國朝先正事略六十卷　(清)李元度纂　清光緒二十四年(1898)上海書局石印本　八冊

340000－1802－0002369　206.1/4010:8
國朝先正事略六十卷　(清)李元度纂　清光緒二十九年(1903)上海務本山房印書局鉛印本　八冊

340000－1802－0002370　206.1/4010:9
國朝先正事略六十卷　(清)李元度纂　清同治五年(1866)循陔草堂刻本　二十四冊

340000－1802－0002371　206.1/4010:10
國朝先正事略八卷　(清)李元度纂　清光緒二十八年(1902)廣益書局石印本　四冊

340000－1802－0002372　206.1/4464
後漢列傳八十卷　(南朝宋)范曄撰　(明)鍾人傑訂　明刻本　十六冊　存五十四卷(一至五十四)

340000－1802－0002373　206.1/6058
逆臣傳四卷　(清)國史館編　清都城琉璃廠半松居士木活字印本　一冊

340000－1802－0002374　206.1/6058:1
貳臣傳八卷逆臣傳二卷　(清)國史館編　清琉璃廠榮錦書坊活字印本　十冊

340000－1802－0002375　206.1/6058:2
貳臣傳十二卷逆臣傳四卷　(清)國史館編　清末琉璃廠活字印本　八冊

340000－1802－0002376　206.1/6058:3
貳臣傳十二卷　(清)國史館編　清末琉璃廠活字印本　六冊

340000－1802－0002377　206.1/6058:4
貳臣傳十二卷　(清)國史館編　清末琉璃廠活字印本　四冊

340000－1802－0002378　206.1/7110
疇人傳四十六卷續補六卷　(清)阮元撰　(清)羅士琳續補　清嘉慶四年(1799)揚州阮氏瑯環僊館刻本　十二冊

340000－1802－0002379　206.1/7110:1
疇人傳四十六卷續傳六卷　(清)阮元撰　(清)羅士林續補　**疇人傳三編七卷**　(清)諸

可寶纂錄　清光緒二十二年(1896)璣衡堂石印本　六冊

340000-1802-0002380　206.1/7143
桐城耆舊傳十二卷　馬其昶撰　清宣統三年(1911)刻本　六冊

340000-1802-0002381　206.1/7143:1
桐城耆舊傳十二卷　馬其昶撰　清宣統三年(1911)刻本　六冊

340000-1802-0002382　206.1/8344
文獻徵存錄十卷　(清)錢林輯　(清)王藻編　清咸豐八年(1858)有嘉樹軒刻本　十二冊

340000-1802-0002383　206.1/8344:1
文獻徵存錄十卷　(清)錢林輯　(清)王藻編　清咸豐八年(1858)有嘉樹軒刻本　十冊

340000-1802-0002384　206.1/8382
校正尚友錄統編二十四卷　(清)錢湖釣徒編　清光緒十四年(1888)上海鴻章書局石印本　十六冊

340000-1802-0002385　206.1/8382:1
校正尚友錄統編二十四卷　(清)錢湖釣徒編　清光緒十四年(1888)上海鴻章書局石印本　十六冊

340000-1802-0002386　206.1/8382:2
校正尚友錄統編二十四卷　(清)錢湖釣徒編　清光緒十四年(1888)上海鴻章書局石印本　十六冊

340000-1802-0002387　206.1/8382:3
校正尚友錄統編二十四卷　(清)錢湖釣徒編　清光緒十七年(1891)通文書局石印本　十四冊　缺三卷(二、九至十)

340000-1802-0002388　206.11/2540
五朝名臣言行錄前集十卷三朝名臣言行錄十四卷　(宋)朱熹纂集　**皇朝名臣言行續錄八卷四朝名臣言行錄二十六卷皇朝道學名臣言行外錄十七卷**　(宋)李幼武纂集　清同治七年(1868)刻本　十二冊

340000-1802-0002389　206.11/2540:1
五朝名臣言行錄前集十卷三朝名臣言行錄十四卷　(宋)朱熹纂集　**皇朝名臣言行續錄八卷四朝名臣言行錄二十六卷皇朝道學名臣言行外錄十七卷**　(宋)李幼武纂集　清同治七年(1868)刻本　十二冊

340000-1802-0002390　206.11/2541
歷代名臣言行錄二十四卷　(清)朱桓編　清刻本　十四冊　存十三卷(三至六、十五至二十三)

340000-1802-0002391　206.11/2541:1
歷代名臣言行錄二十四卷　(清)朱桓編　清光緒十三年(1887)上海廣百齋鉛印本　十二冊

340000-1802-0002392　206.11/2541:2
歷代名臣言行錄二十四卷　(清)朱桓編　清光緒二十六年(1900)文瀾書局石印本　八冊

340000-1802-0002393　206.11/2541:3
歷代名臣言行錄二十四卷　(清)朱桓編　清光緒二十八年(1902)上海文運書莊石印本　八冊

340000-1802-0002394　206.11/2541:4
歷代名臣言行錄二十四卷　(清)朱桓編　清光緒二十八年(1902)上海寶善書局石印本　八冊

340000-1802-0002395　206.11/2541:5
歷代名臣言行錄二十四卷　(清)朱桓編　清光緒三十一年(1905)上海文盛堂書局石印本　八冊

340000-1802-0002396　206.11/2541:6
歷代名臣言行錄二十四卷　(清)朱桓編　清光緒三十年(1904)上海錦章書局石印本　八冊

340000-1802-0002397　206.11/2541:7
歷代名臣言行錄二十四卷　(清)朱桓編　清光緒三十年(1904)上海錦章書局石印本　八冊

340000-1802-0002398　206.11/2541:8

歷代名臣言行錄二十四卷　(清)朱桓編　清光緒二十四年(1898)埽葉山房石印本　七册　缺三卷(十二至十四)

340000－1802－0002399　206.11/2541:9
歷代名臣言行錄二十四卷　(清)朱桓編　清光緒二十八年(1902)鴻賓書局鉛印本　一册　存二卷(上、下)

340000－1802－0002400　206.11/2541:10
歷代名臣言行錄二十四卷　(清)朱桓編　清光緒二十八年(1902)上海文林書局石印本　八册

340000－1802－0002401　206.11/2541:11
歷代名臣言行錄二十四卷　(清)朱桓編　清末石印本　八册　存十一卷(十四至二十四)

340000－1802－0002402　206.11/2541:12
歷代名臣言行錄二十四卷　(清)朱桓編　清末上海廣益書局石印本　八册

340000－1802－0002403　206.11/2541:13
歷代名臣言行錄二十四卷　(清)朱桓編　清光緒三十年(1904)上海錦章書局石印本　八册　存三卷(一至三)

340000－1802－0002404　206.11/2541:14
歷代名臣言行錄二十四卷　(清)朱桓編　清光緒二十八年(1902)上海天章書局石印本　八册

340000－1802－0002405　206.11/2553
歷代循吏傳八卷　(清)朱軾　(清)蔡世遠撰　清末石印本　二册　存四卷(五至八)

340000－1802－0002406　206.11/2553:1
歷代循吏傳八卷　(清)朱軾　(清)蔡世遠撰　清刻本　四册

340000－1802－0002407　206.11/2553:2
歷代循吏傳八卷　(清)朱軾　(清)蔡世遠撰　清刻本　四册

340000－1802－0002408　206.11/2764
道齋正軌二十卷　(清)鄒鳴鶴纂　(清)蘇源生編　清道光三十年(1850)刻本　十二册

340000－1802－0002409　206.11/2767
欽定勝朝殉節諸臣錄十二卷首一卷　(清)紀昀纂　清嘉慶二年(1797)刻本　五册

340000－1802－0002410　206.11/4032
壽州名宦錄一卷霍山名宦錄一卷懷寧名宦錄一卷　(清)□□編　清光緒刻本　一册

340000－1802－0002411　206.11/4032:1
壽州名宦錄一卷霍山名宦錄一卷懷寧名宦錄一卷　(清)□□編　清光緒刻本　一册

340000－1802－0002412　206.11/6058
滿漢名臣傳□□卷　(清)國史館編　清活字印本　五十一册　存五十一卷(滿州名臣傳三、十一、十三至十九、二十九、三十一至四十一、四十七至四十八,漢名臣傳二至二十九)

340000－1802－0002413　206.11/7593
歷代名將事略□□卷　(清)陳光憲編　清末鉛印本　一册　存二卷(一至二)

340000－1802－0002414　206.12/0088
學案小識十四卷首一卷末一卷　(清)唐鑑撰　清光緒十年(1884)刻本　十二册

340000－1802－0002415　206.12/0088:1
學案小識十四卷首一卷末一卷　(清)唐鑑撰　清光緒十年(1884)刻本　十二册

340000－1802－0002416　206.12/0088:2
學案小識十四卷首一卷末一卷　(清)唐鑑撰　清末上海文瑞樓石印本　六册

340000－1802－0002417　206.12/2347
孔庭學裔五卷　(清)傅壽彤撰　清同治二年(1863)刻澹勤室著述本　二册

340000－1802－0002418　206.12/2553
歷代名儒傳八卷　(清)朱軾　(清)蔡世遠　(清)李清植撰　清雍正七年(1729)刻本　二册　存三卷(一至三)

340000－1802－0002419　206.151/1100
國朝畫徵錄三卷續錄二卷　(清)張庚著　清乾隆四年(1739)睢州蔣泰、湯之昱刻本　二册　缺一卷(續錄下)

340000－1802－0002420　206.151/1100∶1
國朝畫徵録三卷續録二卷　(清)張庚著　清乾隆四年(1739)睢州蔣泰、湯之昱刻本　二册

340000－1802－0002421　206.151/1100∶2
國朝畫徵録三卷續録二卷　(清)張庚著　清刻本　一册　存三卷(國朝畫徵録下、續録二卷)

340000－1802－0002422　206.151/3182
墨香居畫識十卷　(清)馮金伯撰　清刻本　二册　存五卷(一至五)

340000－1802－0002423　206.151/4432
墨林今話十八卷　(清)蔣寶齡撰　**續編一卷**　(清)蔣茝生撰　清咸豐二年(1852)刻本　六册

340000－1802－0002424　206.151/4432∶1
墨林今話十八卷　(清)蔣寶齡撰　**續編一卷**　(清)蔣茝生撰　清咸豐二年(1852)刻本　六册

340000－1802－0002425　206.151/4432∶2
墨林今話十八卷　(清)蔣寶齡撰　**續編一卷**　(清)蔣茝生撰　清宣統三年(1911)掃葉山房石印本　六册

340000－1802－0002426　206.16/5200
江湖異人傳圖詠四卷　(清)静庵撰　清末民初石印本　二册

340000－1802－0002427　206.18/7277
廣烈女傳二十卷　(清)劉開纂　清光緒十年(1884)皖城刻本　八册

340000－1802－0002428　206.18/7277∶1
廣列女傳二十卷　(清)劉開纂　清光緒十年(1884)皖城刻本　六册

340000－1802－0002429　206.18/7522
婦人集注一卷　(清)陳維崧撰　(清)冒褒注　**婦人集補一卷**　(清)冒丹書撰　清光緒如皋冒氏刻叢書本　一册

340000－1802－0002430　206.18/9174
重校列女節孝傳三卷　(清)煙霞居士編　清末鉛印本　一册　存一卷(上)

340000－1802－0002431　206.19/3140
紀載彙編十種十一卷　(明)馮夢龍撰　(清)莫釐山人增補　清琉璃廠刻本　四册

340000－1802－0002432　206.236/0440
諸葛忠武書十卷　(明)楊時偉編　清同治六年(1867)刻明辨齋叢書本　二册

340000－1802－0002433　206.236/0440∶1
諸葛忠武侯故事五卷　(清)張澍纂輯　清刻本　二册

340000－1802－0002434　206.236/7717
關聖帝君聖蹟圖誌全集五卷　(清)盧湛撰　清宣統元年(1909)紹城許模記刻本　四册　缺一卷(二)

340000－1802－0002435　206.244/1040
朱子[熹]年譜四卷考異四卷　(清)王懋竑撰　清白田草堂刻本　三册

340000－1802－0002436　206.244/1040∶1
朱子[熹]年譜四卷附録二卷　(清)王懋竑撰　清乾隆十七年(1752)白田草堂刻本　三册

340000－1802－0002437　206.244/1040∶2
朱子[熹]年譜四卷考異四卷　(清)王懋竑撰　清白田草堂刻本　三册

340000－1802－0002438　206.244/1040∶3
朱子[熹]年譜四卷考異四卷附録二卷校勘記二卷　(清)王懋竑撰　清光緒九年(1883)武昌書局刻本　四册

340000－1802－0002439　206.244/1040∶4
朱子[熹]年譜四卷考異四卷附録二卷校勘記二卷　(清)王懋竑撰　清光緒九年(1883)武昌書局刻本　四册

340000－1802－0002440　206.244/4022
西山真文忠公[德秀]年譜一卷　(清)真鼎元編　(清)真采　清乾隆二十九年(1764)刻本　一册

340000－1802－0002441　206.244/7425

陸右丞蹈海錄一卷附錄一卷 （明）丁元吉編 清光緒三十二年(1906)國學保存會鉛印本 一冊

340000－1802－0002442 206.248/4057
明李文正公[東陽]年譜七卷 （清）法式善纂 （清）唐仲冕增補 清嘉慶十四年(1809)刻本 二冊

340000－1802－0002443 206.248/4446
忠節紀略八卷續編一卷 （清）柯自遂編 清同治十年(1871)黄氏宗祠刻本 二冊

340000－1802－0002444 206.248/4446:1
黄文貞公忠節紀略四卷首一卷 （清）柯自遂編 （清）劉瑞芬重編 清光緒元年(1875)刻本 二冊

340000－1802－0002445 206.248/4446:2
黄文貞公祠產概要一卷 （清）桂迓衡編 清光緒活字印本 一冊

340000－1802－0002446 206.249/1111
澄懷主人[張廷玉]自訂年譜六卷 （清）張廷玉撰 清光緒六年(1880)龐山刻本 二冊

340000－1802－0002447 206.249/1111:1
澄懷主人[張廷玉]自訂年譜六卷 （清）張廷玉撰 清光緒六年(1880)龐山刻本 一冊 存三卷(一至三)

340000－1802－0002448 206.249/1111:2
澄懷主人[張廷玉]自訂年譜六卷 （清）張廷玉撰 清光緒六年(1880)龐山刻本 一冊 存三卷(一至三)

340000－1802－0002449 206.249/1173
張楊園先生[履祥]年譜一卷附錄一卷 （清）蘇惇元纂 清同治三年(1864)丁氏刻當歸草堂叢書本 一冊

340000－1802－0002450 206.249/2553
朱文端公[軾]年譜一卷 （清）朱瀚編 （清）朱舲補 清同治十年(1871)刻本 一冊

340000－1802－0002451 206.249/3123
雙池先生[汪紱]年譜四卷 （清）余龍光編 清同治五年(1866)刻本 四冊

340000－1802－0002452 206.249/3123:1
雙池先生[汪紱]年譜四卷 （清）余龍光編 清同治五年(1866)刻本 二冊

340000－1802－0002453 206.249/3123:2
雙池先生[汪紱]年譜四卷 （清）余龍光編 清同治五年(1866)刻本 二冊

340000－1802－0002454 206.249/3123:3
雙池先生[汪紱]年譜四卷 （清）余龍光編 清同治五年(1866)刻本 二冊

340000－1802－0002455 206.249/3150
汪氏學行記六卷 （清）汪喜孫撰 清刻本 一冊 存三卷(四至六)

340000－1802－0002456 206.249/3191
顧亭林先生[炎武]年譜一卷 （清）吴映奎編 **亭林先生神道表一卷** （清）全祖望撰 **同志贈言一卷** （清）沈岱瞻纂 清光緒四年(1878)上海文瑞樓石印本 一冊

340000－1802－0002457 206.249/3193
病榻夢痕錄二卷 （清）汪輝祖著 清嘉慶元年(1796)刻本 一冊 存一卷(上)

340000－1802－0002458 206.249/3436
沈端恪公[近思]年譜二卷 （清）沈曰富纂 **勵志錄二卷** （清）沈近思著 清同治十二年(1873)浙江書局刻本 二冊

340000－1802－0002459 206.249/4455
華盛頓全傳八卷 （清）黎汝謙 （清）蔡國昭譯 清光緒十二年(1886)鉛印本 八冊

340000－1802－0002460 206.249/7562
陳邑侯德政編一卷 （清）杜貴墀編 清光緒二十三年(1897)刻本 一冊

340000－1802－0002461 206.249/7562:1
陳邑侯德政編一卷 （清）杜貴墀編 清光緒二十三年(1897)刻本 一冊

340000－1802－0002462 206.249/7562:2
陳邑侯德政編一卷 （清）杜貴墀編 清光緒二十三年(1897)刻本 一冊

340000－1802－0002463　206.252/0054
方植之先生[東樹]年譜一卷崇祀鄉賢錄一卷行略一卷　（清）鄭福照輯　清同治六年(1867)刻本　一册

340000－1802－0002464　206.252/0054:1
方植之先生[東樹]年譜一卷崇祀鄉賢錄一卷行略一卷　（清）鄭福照輯　清同治六年(1867)刻本　一册　缺一卷(年譜一卷)

340000－1802－0002465　206.252/0121
定盦先生[龔自珍]年譜一卷　（清）吴昌綬編　清宣統元年(1909)中新印書局鉛印本　一册

340000－1802－0002466　206.252/0312
先母蘇太恭人事略一卷　方守彝　方守敦撰　清末刻本　一册

340000－1802－0002467　206.252/2614
吴竹如先生[廷棟]年譜一卷　（清）方宗誠編　清光緒四年(1878)畿輔志局刻本　一册

340000－1802－0002468　206.252/2632
吴摯甫先生[汝綸]行狀一卷　（清）賀濤撰　清刻本　一册

340000－1802－0002469　206.252/3453
古之遺愛不分卷　（清）沈亮棨輯　清光緒三十二年(1906)鉛印本　一册

340000－1802－0002470　206.252/4030
合肥相國[李鴻章]七十賜壽圖不分卷壽言不分卷　（清）衛桂森等撰　清光緒十八年(1892)石印本　七册

340000－1802－0002471　206.252/4030:1
合肥相國[李鴻章]七十賜壽圖不分卷壽言不分卷　（清）衛桂森等撰　清光緒十八年(1892)石印本　四册　缺賜壽圖不分卷

340000－1802－0002472　206.252/4030:2
李鴻章十二章　梁啟超著　清光緒二十八年(1902)鉛印本　一册

340000－1802－0002473　206.252/4064
慎餘堂壽言一卷　李國模等編　清宣統元年(1909)皖城刻本　一册

340000－1802－0002474　206.252/4272
彭剛直公榮哀錄不分卷　（清）□□編　清光緒十六年(1890)刻本　二册

340000－1802－0002475　206.252/4448
英果敏公行狀一卷傳一卷遺疏一卷　（清）國史館編　清光緒十年(1884)刻本　三册

340000－1802－0002476　206.252/4967
遂翁[趙昀]自訂年譜一卷　（清）趙昀編　清刻本　一册

340000－1802－0002477　206.252/7224
宵螢集一卷　（清）劉為楷編　清同治十二年(1873)刻本　一册

340000－1802－0002478　206.252/8023
曾侯日記不分卷　（清）曾紀澤撰　清光緒七年(1881)上海著易堂銅活字印本　一册

340000－1802－0002479　206.252/8064
求闕齋弟子記三十二卷　（清）王定安撰　清光緒二年(1876)刻本　十六册

340000－1802－0002480　206.252/8064:1
曾文正公手書日記不分卷　（清）曾國藩撰　清宣統元年(1909)上海中國圖書公司石印本　十册

340000－1802－0002481　206.252/8064:2
曾文正公事略四卷　（清）王定安撰　清光緒元年(1875)琉璃廠龍文齋刻本　三册　缺一卷(三)

340000－1802－0002482　206.252/8064:3
曾文正公[國藩]年譜十二卷　（清）黎庶昌撰　清末鉛印本　一册　存三卷(四至六)

340000－1802－0002483　206.3/0342
廷祥公新簿續本不分卷(光緒二十五年至三十三年)　（清）□□撰　清末抄本　一册

340000－1802－0002484　206.3/1422
維新三傑傳三卷　（日本）北村紫山著　（清）馬汝賢譯　清光緒二十七年(1901)勵學譯社鉛印本　一册

340000－1802－0002485　206.3/7736
忠義集八卷　（清）周之冕編　（清）周金章重修　清光緒三年（1877）刻本　四冊

340000－1802－0002486　206.3/8064：1
宗聖志二十卷　（清）曾國荃重修　（清）王定安編　清光緒十六年（1890）金陵刻本　六冊

340000－1802－0002487　206.3/8064：2
宗聖志二十卷　（清）曾國荃重修　（清）王定安編　清光緒十六年（1890）金陵刻本　八冊

340000－1802－0002488　206.4/0022
［敦睦堂］方氏族譜□□卷　（清）方兆修　清末木活字印本　三冊　存三卷（四、十三、二十九）

340000－1802－0002489　206.4/0026－3
［潛山崇本堂］唐氏宗譜十八卷首三卷　（清）唐蕒莢修　清光緒二十六年（1900）潛山崇本堂木活字印本　一冊　存一卷（首上）

340000－1802－0002490　206.4/0460－9
［懷寧寶樹堂］謝氏宗譜十八卷首一卷末一卷　（清）謝渭濱　（清）謝祖送修　清光緒二十九年（1903）懷寧寶樹堂木活字印本　九冊　存八卷（一至二、五至七、十五，首一卷，末一卷）

340000－1802－0002491　206.4/0460－9：1
［懷寧寶樹堂］謝氏宗譜十七卷首一卷末一卷　（清）□□修　清同治十三年（1874）懷寧寶樹堂木活字印本　一冊　存一卷（首一卷）

340000－1802－0002492　206.4/0462－9：2
［懷寧寶樹堂］謝氏宗譜十八卷首一卷末一卷　（清）謝渭濱等修　清光緒二十九年（1903）懷寧寶樹堂木活字印本　一冊　存一卷（六上）

340000－1802－0002493　206.4/1010
（三槐堂）王氏族譜□□卷　（清）□□修　清末活字印本　一冊　存一卷（五）

340000－1802－0002494　206.4/1010：1
槐蔭堂王氏支譜□□卷　（清）□□修　清末活字印本　一冊　存一卷（全忠公支下二房派系六）

340000－1802－0002495　206.4/1010－3
［潛山雙玉堂］王楊氏宗譜統首一卷末一卷　（清）王鑑修　清同治五年（1866）潛山雙玉堂木活字印本　二冊

340000－1802－0002496　206.4/1010－3：1
［潛陽］王氏宗譜八卷　（清）王昌盛修　清木活字印本　五冊　存五卷（一至四、八）

340000－1802－0002497　206.4/1010－3：2
［潛山三槐堂］王氏九股全譜四十八卷首部二卷　（清）王邦肅修　清同治元年（1862）潛山三槐堂木活字印本　四十三冊　缺三卷（烈股六至七、發股六）

340000－1802－0002498　206.4/1010－3：3
［潛山三槐堂］王氏支譜八卷首部二卷　（清）王邦肅修　清同治元年（1862）潛山三槐堂木活字印本　八冊　存九卷（一至七、首部二卷）

340000－1802－0002499　206.4/1010－3：4
［潛山三槐堂］王氏宗譜十六卷　（清）王三友修　清光緒十七年（1891）劉善修堂木活字印本　一冊　存一卷（一）

340000－1802－0002500　206.4/1010－3：5
［潛山槐蔭堂］王氏支譜□□卷　（清）□□修　清末木活字印本　二冊　存三卷（全股世系六至八）

340000－1802－0002501　206.4/1010－3：6
［潛山槐蔭堂］王氏九股族譜四十卷首部二卷　（清）王之翰修　清光緒十七年（1891）木活字印本　四冊　存四卷（族譜六至七、首部二卷）

340000－1802－0002502　206.4/1020－9
［懷寧］丁氏族譜一百十卷首三卷末一卷　（清）濟陽丁氏修　清光緒十八年（1892）活字印本　一百二冊　缺十四卷（三、十四、二十四、五十三、六十至六十二、七十九、八十七至八十八、九十三、九十六、一百五，首一）

340000－1802－0002503　206.4/1024－9
[懷寧報本堂]夏氏宗譜三十卷　(清)夏光楫修　清光緒四年(1878)懷寧報本堂木活字印本　五冊　存五卷(一、四、十二、二十、三十)

340000－1802－0002504　206.4/1024－9:1
[懷寧報本堂]夏氏宗譜□□卷　(清)□□修　清光緒三十一年(1905)懷寧報本堂木活字印本　六冊　存六卷(二、二十三至二十四、三十二、三十六至三十七)

340000－1802－0002505　206.4/1123
[錫類堂]張氏宗譜□□卷　(清)□□修　清末木活字印本　一冊　存三卷(二十六至二十八)

340000－1802－0002506　206.4/1123－4
[太湖三治堂]張氏宗譜十四卷首一卷　(清)張新熾修　(清)張學魁纂　清同治五年(1866)太湖三治堂木活字印本　七冊　存八卷(一至二、四、十一至十四,首一卷)

340000－1802－0002507　206.4/1123－4:1
[太湖懷寧三治堂]張氏宗譜十八卷首一卷　(清)張琮醇　(清)張學魁纂　清嘉慶十八年(1813)三治堂木活字印本　三冊　存四卷(一、四、十,首一卷)

340000－1802－0002508　206.4/1123－4:2
[太湖三治堂]張氏宗譜二十卷首一卷末一卷　(清)張新熾修　(清)張學魁纂　清光緒二十三年(1897)太湖三治堂木活字印本　二十一冊

340000－1802－0002509　206.4/1454
[香山堂]白氏族譜□□卷　(□)□□修　清末香山堂木活字印本　七冊　存七卷(四至八、十二至十三)

340000－1802－0002510　206.4/2122
何氏重修宗譜□□卷　(清)□□修　清光緒三十一年(1905)活字印本　一冊　存一卷(二十四)

340000－1802－0002511　206.4/2122－9
[懷寧]何氏重修族譜□□卷　(清)□□修　清道光三年(1823)木活字印本　六冊　存六卷(一、十、十八至十九下、二十二、二十四)

340000－1802－0002512　206.4/2122－9:1
[懷寧惇敘堂]何氏重修宗譜三十卷首二卷末一卷　(清)何思察修　清咸豐二年(1852)惇敘堂木活字印本　二十九冊　存二十五卷(一、六至十七、十九至二十五、二十八至三十,首二卷)

340000－1802－0002513　206.4/2691
[敦睦堂]程氏重修宗譜□□卷　(清)□□修　清末活字印本　一冊　存一卷(十九)

340000－1802－0002514　206.4/2691－3
[安慶]程氏大成宗譜□□卷　(清)□□纂修　清末活字印本　一冊　存一卷

340000－1802－0002515　206.4/2691－3:1
[安慶]程氏大成宗譜三十一卷　(□)□□修　清末木活字印本　四冊　存四卷(十四、二十五、二十八至二十九)

340000－1802－0002516　206.4/2691－3:2
[安慶]程氏大成宗譜五卷首一卷格言一卷文集一卷　(清)程嘉柱修　清末木活字印本　二冊　存二卷(格言一卷、文集一卷)

340000－1802－0002517　206.4/2691－3:3
[安慶]程氏大成宗譜五卷首一卷格言一卷文集一卷　(清)程嘉柱修　清嘉慶二年(1797)木活字印本　一冊　存一卷(首一卷)

340000－1802－0002518　206.4/2691－9
[懷寧敦睦堂]程氏宗譜四十六卷首一卷末一卷　(清)程敏政修　清光緒二十九年(1903)懷寧敦睦堂木活字印本　四十四冊　存四十六卷(一至三十七、三十九、四十一至四十六,首一卷,末一卷)

340000－1802－0002519　206.4/2726
[培源堂]詹氏宗譜十八卷　(清)詹添俊修　清末木活字印本　二冊　存二卷(九、十一)

340000－1802－0002520　206.4/2726－9
[懷寧世慶堂]河澗詹氏續修宗譜□□卷

(□)□□修　清末木活字印本　四冊　存四卷(二、四至五、七)

340000－1802－0002521　206.4/2829－3
[灊山立德堂]重修徐氏宗譜二十卷首一卷末一卷　(清)徐吉謀修　清同治四年(1865)灊山立德堂木活字印本　六冊　存五卷(十、十四至十六,首一卷)

340000－1802－0002522　206.4/2829－3:1
[灊山立德堂]重修徐氏宗譜□□卷末□□卷　(清)徐熯榮修　清光緒二十二年(1896)木活字印本　二十三冊　存二十三卷(一至二十二,末一)

340000－1802－0002523　206.4/3022
[敦睦堂]甯氏家譜□□卷　(清)□□修　清末木活字印本　七冊　存七卷(一至二、四至五、八至十)

340000－1802－0002524　206.4/3022－9
[懷寧敦睦堂]甯氏家譜□□卷末□□卷　(清)甯南樵修　清末木活字印本　一冊　存二卷(九、末一)

340000－1802－0002525　206.4/3111
[寶善堂]汪氏宗譜□□卷末□□卷　(清)汪志旗　(清)汪志周修　清末木活字印本　一冊　存二卷(二、末一)

340000－1802－0002526　206.4/3111:1
[敦本堂]汪氏族譜□□卷　(□)□□撰　清末木活字印本　一冊　存一卷(六)

340000－1802－0002527　206.4/3111:2
[寶善堂]汪氏宗譜□□卷　(□)□□撰　清末木活字印本　一冊　存一卷(四)

340000－1802－0002528　206.4/3111:3
[錫類堂]汪氏宗譜□□卷　(□)□□撰　清末木活字印本　二冊　存二卷(二、四)

340000－1802－0002529　206.4/3111－3
[灊陽]汪氏族譜□□卷　(□)□□撰　清末木活字印本　二冊　存二卷(六、十)

340000－1802－0002530　206.4/3111－9
[懷寧敦倫堂]汪氏三次宗譜□□卷末□□卷　(□)□□撰　清末木活字印本　七冊　存十卷(五至七、九至十一、十五、二十一、二十四,末一)

340000－1802－0002531　206.4/3418－9
[懷寧三瑞堂]洪氏族譜九卷首一卷末一卷　(清)洪廷楨　(清)洪廷猷修　清道光二十七年(1847)木活字印本　十冊　缺一卷(二)

340000－1802－0002532　206.4/3512－9
[懷寧肅雍堂]清氏宗譜六卷首一卷末一卷　(清)清紋啟修　清同治四年(1865)肅雍堂木活字印本　五冊　存五卷(二至五、首一卷)

340000－1802－0002533　206.4/4040
[積慶堂]李氏族譜□□卷　(□)□□修　清末木活字印本　一冊　存一卷(五)

340000－1802－0002534　206.4/4040:1
[敦睦堂]李氏重修宗譜五十卷首一卷　(□)□□撰　清末木活字印本　一冊　存四卷(二至五)

340000－1802－0002535　206.4/4040:2
[敦睦堂]李氏重修宗譜五十卷首一卷　(□)□□撰　清末木活字印本　一冊　存五卷(十二至十六)

340000－1802－0002536　206.4/4040－3
[灊陽敦睦堂]李氏族譜□□卷　(□)□□撰　清末木活字印本　三冊　存三卷(二十五、三十、三十四)

340000－1802－0002537　206.4/4040－9
[懷寧敦睦堂]李氏重修宗譜五十卷首一卷　(□)□□修　清同治十一年(1872)懷寧敦睦堂木活字印本　十九冊　缺一卷(二)

340000－1802－0002538　206.4/4040－9
[懷寧敦睦堂]李氏重修宗譜五十卷首一卷　(□)□□修　清懷寧敦睦堂木活字印本　一冊　存一卷(二上)

340000－1802－0002539　206.4/4212－3:1
[述信堂]彭氏族譜□□卷　(清)□□修　清

述信堂木活字印本　一冊　存一卷(三)

340000－1802－0002540　206.4/4480－3
[潛山聯珠堂]黄氏宗譜□□卷　(清)黄紹庭　(清)黄永清修　清同治五年(1866)聯珠堂木活字印本　二冊　存二卷(一、四)

340000－1802－0002541　206.4/4480－3:1
[潛山聯珠堂]黄氏宗譜□□卷　(清)黄紹庭　(清)黄永清修　清木活字印本　七冊　存七卷(一至三、八、十四、十九、三十八)

340000－1802－0002542　206.4/4480－9
[懷寧銘戒堂]黄氏族譜二十七卷首一卷末四卷　(清)黄紹庭　(清)黄鈺鐵修　清光緒十八年(1892)銘戒堂木活字印本　二十冊　存二十卷(一至二、五、七至八、十至十二、十四、十七、十九至二十一、二十三、二十五至二十六,首一卷,末一至三)

340000－1802－0002543　206.4/4692－3
[潛山四知堂]楊氏支譜六卷首一卷末一卷　(清)楊安懷　(清)楊翠軒修　清咸豐十一年(1861)四知堂木活字印本　六冊　存六卷(二、四至六,首一卷,末一卷)

340000－1802－0002544　206.4/4692－9
[懷寧白麟三鱣堂]楊氏宗譜十六卷末二卷　(清)楊嶽生修　清光緒三十年(1904)木活字印本　六冊　存五卷(五至六、十、十三,末上)

340000－1802－0002545　206.4/4762－9
[懷寧餘慶堂]胡氏復修宗譜□□卷　(清)胡應賢　(清)胡景杞修　清同治三年(1864)木活字印本　八冊　存八卷(四至五、七、九、十一、十三、十七、十九)

340000－1802－0002546　206.4/7132
馬氏宗譜□□卷　(清)□□修　清末刻本　七冊　存五卷(十三至十七)

340000－1802－0002547　206.4/7210
劉氏宗譜□□卷末一卷　(清)□□修　清末木活字印本　八冊　存五卷(二至五、末一卷)

340000－1802－0002548　206.4/7210:1
[篤親堂]劉氏宗譜□□卷　(清)□□修　清末活字印本　一冊　存一卷(十七)

340000－1802－0002549　206.4/7210－3
[潛山敦睦堂]劉氏支譜四卷　(清)劉艷彰　(清)劉勝宗修　清同治三年(1864)木活字印本　四冊

340000－1802－0002550　206.4/7210－3:1
[潛山敦睦堂]劉氏支譜四卷　(清)劉盛仲　(清)劉東珊修　清乾隆五十二年(1787)木活字印本　四冊

340000－1802－0002551　206.4/7210－9
[懷寧篤親堂]劉氏宗譜□□卷　(清)劉起齋　(清)劉冠魁修　清同治十年(1871)木活字印本　十一冊　存十一卷(二、六至七、十至十三、十五、十七、二十一至二十二)

340000－1802－0002552　206.4/7210－9:1
[懷寧顧成堂]劉氏宗譜二十一卷末一卷　(清)□□修　清末木活字印本　十二冊　存十二卷(三、五至六、八、十、十三至十四、十七至十九、二十一,末一卷)

340000－1802－0002553　206.4/7210－9:2
[懷寧顧成堂]劉氏宗譜二十一卷末一卷　(清)□□修　清末木活字印本　四冊　存四卷(五至六、十七、二十一)

340000－1802－0002554　206.4/7529
[德星堂]陳氏家乘□□卷　(清)陳炳寬修　清末活字印本　二冊　存二卷(四、十六)

340000－1802－0002555　206.4/7529－9:3
[德星堂]義門陳氏宗譜□□卷　(清)□□修　清末活字印本　一冊　存一卷(十一)

340000－1802－0002556　206.4/8090
[三合堂]余氏族譜□□卷　(清)□□修　清光緒三十年(1904)木活字印本　六冊　存六卷(三、十二、十八、二十三、二十六至二十七)

340000－1802－0002557　206.4/8090－4
[桐城敦本堂]余氏宗譜四十五卷首二卷末二

卷　（清）余文輔　（清）余桂清修　清光緒三十二年（1906）木活字印本　八册　存八卷（二、六、八、十四、三十九、四十二，首下，末上）

340000－1802－0002558　206.4/8742－9
［懷寧篤慶堂］鄭氏續修宗譜三十六卷　（清）□□修　清道光二十五年（1845）木活字印本　三册　存九卷（一至七、十七至十八）

340000－1802－0002559　206.4/8742－9：1
［懷寧禮義堂］鄭氏宗譜□□卷首□□卷　（清）鄭繼周　（清）鄭榮進修　清光緒三十三年（1907）木活字印本　一册　存一卷（首一）

340000－1802－0002560　206.4/8742－9：2
［懷寧篤慶堂］鄭氏重修宗譜□□卷　（清）□□修　清木活字印本　一册　存六卷（五至十）

340000－1802－0002561　206.5/2223
新纂氏族箋釋八卷　（清）熊峻運著　（清）楊煌義編　清早期刻本　五册　缺三卷（二至四）

340000－1802－0002562　206.5/2223：1
新纂氏族箋釋八卷　（清）熊峻運著　（清）楊煌義編　清乾隆三十二年（1767）二酉堂刻本　六册

340000－1802－0002563　206.5/2223：2
新纂氏族箋釋八卷　（清）熊峻運著　（清）楊煌義編　清乾隆三十年（1765）至善堂刻本　三册　缺二卷（五至六）

340000－1802－0002564　206.5/2223：3
新纂氏族箋釋八卷　（清）熊峻運著　（清）楊煌義編　清早期刻本　八册

340000－1802－0002565　206.5/4028：1
姓氏族譜合編十卷　（清）李魁第編　清光緒五年（1879）醉月軒刻本　十册

340000－1802－0002566　206.5/4028：2
姓氏族譜合編十卷　（清）李魁第編　清光緒五年（1879）醉月軒刻本　十册

340000－1802－0002567　206.5/4064
姓氏譜纂七卷　（明）李日華編　（明）魯重民補訂　明崇禎余應灝刻本　三册

340000－1802－0002568　206.5/4430
元和姓纂十卷　（唐）林寶撰　清光緒六年（1880）金陵書局刻本　四册

340000－1802－0002569　206.6/0073
桐彝三卷續二卷　（清）方學漸著　清光緒九年（1883）安徽鉛印本　一册

340000－1802－0002570　206.7/0053
［宣統己酉科］安徽貢卷一卷　（清）方盛撰　清宣統活字印本　一册

340000－1802－0002571　206.7/4080
［光緒辛卯科］十八省正副榜同年全録不分卷　（清）□□編　清光緒十七年（1891）刻本　二册

340000－1802－0002572　206.7/4457
［光緒丙子恩科］會試硃卷一卷　（清）甘拱辰撰　清光緒活字印本　一册

340000－1802－0002573　206.7/4490
［光緒辛卯年］安徽恩貢卷一卷　（清）甘棠撰　清光緒刻本　一册

340000－1802－0002574　206.71/0283
安慶府中學校第四期同學録不分卷　（清）安慶府中學堂編　清光緒三十二年（1906）正誼書局鉛印本　一册

340000－1802－0002575　206.71/0288
桐城縣會章程不分卷　（清）桐城縣會編　清光緒三十四年（1908）鉛印本　一册

340000－1802－0002576　206.71/0314
安慶府屬在省同學録不分卷　（清）□□輯　清宣統二年（1910）鉛印本　一册

340000－1802－0002577　206.71/0314：1
安慶府屬在省同學録不分卷　（清）□□輯　清宣統二年（1910）鉛印本　一册

340000－1802－0002578　206.71/0317
安徽公立務實學堂同學録不分卷　（清）安徽

公立務實學堂編　清宣統三年(1911)鉛印本　一冊

340000－1802－0002579　206.71/2656
[宣統元年己酉科]同年齒錄一卷　(清)吳東明編　清宣統元年(1909)鉛印本　一冊

340000－1802－0002580　206.8/3018
憲政增補最新職官全錄不分卷　(清)□□編　清宣統三年(1911)榮寶齋刻本　三冊

340000－1802－0002581　206.8/4271
[宣統己酉]安徽袖珍同官錄四卷　(清)藩經歷司校印　清宣統元年(1909)藩經歷司鉛印本　四冊

340000－1802－0002582　206.8/4271:1
[宣統辛亥]安徽袖珍同官錄四卷　(清)藩經歷司校印　清宣統三年(1911)藩經歷司鉛印本　二冊　存二卷(二、四)

340000－1802－0002583　206.8/7532
江表忠略二十卷　陳澹然撰　清光緒二十六年(1900)湖南刻本　四冊

340000－1802－0002584　206.8/7713
[光緒己亥]爵秩全覽不分卷　(清)內務府編　清光緒二十五年(1899)刻本　四冊

340000－1802－0002585　206.8/9939
大清搢紳全書四卷　(清)榮祿堂編　清光緒二十八年(1902)刻本　四冊

340000－1802－0002586　206.8/9939:1
大清搢紳全書四卷　(清)榮祿堂編　清光緒二十八年(1902)榮祿堂刻本　五冊

340000－1802－0002587　206.9/0014
歷代帝王年表十四卷　(清)齊召南編　(清)阮福續編　**帝王廟謚年諱譜一卷**　(清)陸費墀撰　清光緒二十年(1894)桂垣書局刻本　四冊

340000－1802－0002588　206.9/0014:1
歷代帝王年表十四卷　(清)齊召南編　(清)阮福續編　**帝王廟謚年諱譜一卷**　(清)陸費墀撰　清道光四年(1824)粵都節院刻本　一冊　存十卷(一至十)

340000－1802－0002589　207.1/1727
綱鑑擇語十卷　(清)司徒修輯　清道光品蓮書屋刻本　六冊

340000－1802－0002590　207.1/1727:1
綱鑑擇語十卷　(清)司徒修輯　清同治八年(1869)愛蓮書屋刻本　五冊　缺二卷(三至四)

340000－1802－0002591　207.1/1727:2
綱鑑擇語十卷　(清)司徒修輯　清同治八年(1869)愛蓮書屋刻本　五冊

340000－1802－0002592　207.1/1727:3
綱鑑擇語十卷　(清)司徒修輯　清光緒二十四年(1898)文華書局石印本　六冊

340000－1802－0002593　207.1/1727:4
綱鑑擇語十卷　(清)司徒修輯　清光緒二十四年(1898)善成堂刻本　六冊

340000－1802－0002594　207.1/2433
儲氏日鈔不分卷　(清)儲溶輯　清抄本　一冊

340000－1802－0002595　207.1/4246
史記菁華錄六卷　(清)姚苧田錄　清光緒九年(1883)廣州翰墨園刻朱墨套印本　六冊

340000－1802－0002596　207.1/4246:1
史記菁華錄六卷　(清)姚苧田錄　清道光四年(1824)扶荔山房刻朱墨套印本　六冊

340000－1802－0002597　207.1/4246:2
史記菁華錄六卷　(清)姚苧田錄　清同治十二年(1873)紅杏山房刻朱墨套印本　六冊

340000－1802－0002598　207.1/4246:3
史記菁華錄六卷　(清)姚苧田錄　清光緒七年(1881)刻本　六冊

340000－1802－0002599　207.1/4888
古品節錄六卷　(清)松筠撰　清宣統二年(1910)鉛印本　五冊

340000－1802－0002600　207.1/6030

十七史詳節一百七十五卷　(宋)吕祖謙編　清光緒二十八年(1902)崇新書局石印本　三十二册

340000－1802－0002601　207.1/7703
史學驪珠四卷　(清)周贇編　清光緒七年(1881)刻本　四册

340000－1802－0002602　207.2/3246
讀史鏡古編三十二卷　(清)潘世恩編　清同治十三年(1874)冶城飛霞閣刻本　六册

340000－1802－0002603　207.2/3246:1
讀史鏡古編三十二卷　(清)潘世恩編　清同治十三年(1874)冶城飛霞閣刻本　六册

340000－1802－0002604　207.2/3246:2
讀史鏡古編三十二卷　(清)潘世恩編　清同治十三年(1874)冶城飛霞閣刻本　六册

340000－1802－0002605　207.2/3491
廿一史四譜五十四卷　(清)沈炳震纂　清刻本　十六册

340000－1802－0002606　207.3/1034
讀史提要録十二卷　(清)夏之蓉編　清末石印本　一册　存四卷(三至六)

340000－1802－0002607　207.3/1034:1
讀史提要録十二卷　(清)夏之蓉編　清乾隆三十七年(1772)刻同治四年(1865)補刻本　三册

340000－1802－0002608　207.3/1034:2
讀史提要録十二卷　(清)夏之蓉編　清光緒二十八年(1902)上海書局石印本　三册

340000－1802－0002609　207.3/4047
晉書節抄不分卷　(唐)太宗李世民撰　清光緒二十二年(1896)抄本　二册　存二册

340000－1802－0002610　207.3/7748
南北史捃華八卷　(清)周嘉猷編　清同治四年(1865)萃文堂刻本　四册

340000－1802－0002611　207.3/7748:1
南北史捃華八卷　(清)周嘉猷編　清抄本　二册　缺四卷(三至六)

340000－1802－0002612　207.4/0057
鑑畧直解□□卷　(清)章中閎撰　清乾隆二十四年(1759)刻本　二册　存四卷(一至四)

340000－1802－0002613　207.4/0657
皇朝掌故讀本不分卷　(清)文明書局編　清末鉛印本　一册　存天命朝至道光朝

340000－1802－0002614　207.4/1021
歷代通鑑四字提綱便覽一卷國號帝系人才紀要一卷　(清)王仕雲撰　清光緒二十七年(1901)刻本　二册

340000－1802－0002615　207.4/1021:1
歷代通鑑四字提綱便覽一卷國號帝系人才紀要一卷　(清)王仕雲撰　清光緒二十七年(1901)刻本　二册

340000－1802－0002616　207.4/1021:2
歷代通鑑四字提綱便覽一卷國號帝系人才紀要一卷　(清)王仕雲撰　清光緒二十七年(1901)刻本　二册

340000－1802－0002617　207.4/1021:3
歷代通鑑四字提綱便覽一卷國號帝系人才紀要一卷　(清)王仕雲撰　清光緒二十七年(1901)刻本　二册

340000－1802－0002618　207.4/1021:4
歷代通鑑四字提綱便覽一卷國號帝系人才紀要一卷　(清)王仕雲撰　清光緒二十七年(1901)刻本　二册

340000－1802－0002619　207.4/1021:5
歷代通鑑四字提綱便覽一卷國號帝系人才紀要一卷　(清)王仕雲撰　清光緒二十七年(1901)刻本　二册

340000－1802－0002620　207.4/1021:6
歷代通鑑四字提綱便覽一卷國號帝系人才紀要一卷　(清)王仕雲撰　清光緒二十七年(1901)刻本　二册

340000－1802－0002621　207.4/1021:7
歷代通鑑四字提綱便覽一卷國號帝系人才紀要一卷　(清)王仕雲撰　清光緒二十七年

(1901)刻本　一册　存一卷(歷代通鑑四字提綱便覽一卷)

340000－1802－0002622　207.4/1021:8
歷代通鑑四字提綱便覽一卷國號帝系人才紀要一卷　(清)王仕雲撰　清光緒二十七年(1901)刻本　二册

340000－1802－0002623　207.4/1021:9
歷代通鑑四字提綱便覽一卷國號帝系人才紀要一卷　(清)王仕雲撰　清光緒二十七年(1901)刻本　二册

340000－1802－0002624　207.4/1080
王先生十七史蒙求十六卷　(宋)王令著　**李氏蒙求補注六卷**　(清)金三俊撰　清道光二十八年(1848)刻本　四册

340000－1802－0002625　207.4/2622
人壽金鑑二十二卷　(清)程得齡編　清光緒元年(1875)湖北崇文書局刻本　五册　缺四卷(十五至十八)

340000－1802－0002626　207.4/2684
史記別鈔二卷　(清)吳敏樹編　清同治十一年(1872)刻本　二册

340000－1802－0002627　207.4/2710
皇朝紀略一卷　(清)紹興北鄉義塾編　清光緒二十七年(1901)鉛印本　一册

340000－1802－0002628　207.4/2756
史鑑節要便讀六卷　(清)鮑東里編　清鑄記書局石印本　一册　存一卷(一)

340000－1802－0002629　207.4/2756:1
史鑑節要便讀六卷　(清)鮑東里編　清同治二年(1863)鑄記書局石印本　一册　存一卷(一)

340000－1802－0002630　207.4/2756:2
史鑑節要便讀六卷　(清)鮑東里編　清光緒二十八年(1902)道生書局刻本　二册

340000－1802－0002631　207.4/2756:3
史鑑節要便讀六卷　(清)鮑東里編　清同治十二年(1873)崇文書局刻本　二册

340000－1802－0002632　207.4/2756:4
史鑑節要便讀六卷　(清)鮑東里編　清光緒元年(1875)崇文書局刻本　二册

340000－1802－0002633　207.4/2756:5
史鑑節要便讀六卷　(清)鮑東里編　清李光明莊刻本　二册

340000－1802－0002634　207.4/3491
歷代世系年編一卷　(清)沈炳震撰　**歷代建元重號一卷**　(清)姚文田增輯　清末安慶正誼書局鉛印本　一册

340000－1802－0002635　207.4/4028
四字鑑六卷　(清)李魁第編　清光緒五年(1879)刻本　六册

340000－1802－0002636　207.4/4028:1
四字鑑四卷　(清)李魁第編　清活字印本　四册

340000－1802－0002637　207.4/4028:2
四字鑑六卷　(清)李魁第編　清光緒五年(1879)刻本　六册

340000－1802－0002638　207.4/4028:3
四字鑑□□卷　(清)李魁第編　清刻本　一册　存一卷(下)

340000－1802－0002639　207.4/4323
歷史策題會纂八卷　(清)南洋編譯社纂輯　清光緒二十九年(1903)上海六藝書局石印本　四册

340000－1802－0002640　207.4/4340
繪圖中國白話史四册　(清)戴克敦　(清)錢宗翰編　清光緒三十四年(1908)彪蒙書室石印本　四册

340000－1802－0002641　207.4/4622
讀史四集四種　(明)楊以任編　清刻本　四册

340000－1802－0002642　207.4/4639
李氏蒙求八卷　(清)楊迦懌集註　清道光十四年(1834)刻本　八册

340000－1802－0002643　207.4/7224

安徽鄉土歷史教科書第一冊不分卷 (清)劉師培編 清光緒三十二年(1906)國學保存會鉛印本 一冊

340000－1802－0002644 207.4/8360
捷錄法原旁註十二卷 (明)鍾惺編 (清)錢炅重編 清康熙二十五年(1686)刻本 六冊

340000－1802－0002645 208.1/2767
史通削繁四卷 (清)紀昀撰 (清)浦起龍編注 清道光十三年(1833)兩廣節署刻朱墨套印本 四冊

340000－1802－0002646 208.1/2767:1
史通削繁四卷 (清)紀昀撰 (清)浦起龍編注 清道光刻本 四冊

340000－1802－0002647 208.1/2767:10
史通削繁四卷 (清)紀昀撰 (清)浦起龍編注 清道光十三年(1833)兩廣節署刻朱墨套印本 四冊

340000－1802－0002648 208.1/2767:2
史通削繁四卷 (清)紀昀撰 (清)浦起龍編注 清道光十三年(1833)兩廣節署刻朱墨套印本 四冊

340000－1802－0002649 208.1/2767:3
史通削繁四卷 (清)紀昀撰 (清)浦起龍編注 清道光十三年(1833)兩廣節署刻朱墨套印本 四冊

340000－1802－0002650 208.1/2767:4
史通削繁四卷 (清)紀昀撰 (清)浦起龍編注 清道光十三年(1833)兩廣節署刻朱墨套印本 四冊

340000－1802－0002651 208.1/2767:5
史通削繁四卷 (清)紀昀撰 (清)浦起龍編注 清光緒八年(1882)善化章氏刻本 四冊

340000－1802－0002652 208.1/2767:6
史通削繁四卷 (清)紀昀撰 (清)浦起龍編注 清光緒元年(1875)湖北崇文書局刻本 四冊

340000－1802－0002653 208.1/2767:7
史通削繁四卷 (清)紀昀撰 (清)浦起龍編注 清光緒元年(1875)湖北崇文書局刻本 四冊

340000－1802－0002654 208.1/2767:8
史通削繁四卷 (清)紀昀撰 (清)浦起龍編注 清光緒元年(1875)湖北崇文書局刻本 四冊

340000－1802－0002655 208.1/2767:9
史通削繁四卷 (清)紀昀撰 (清)浦起龍編注 清道光十三年(1833)兩廣節署刻朱墨套印本 四冊

340000－1802－0002656 208.1/3100
史學綱領四卷 (清)顧充編 (清)蕭承煊增訂 (清)顧先澤 (清)顧先芝音注 清光緒十五年(1889)刻本 四冊

340000－1802－0002657 208.1/3340
史通通釋二十卷 (清)浦起龍釋 清光緒十九年(1893)上海文瑞樓石印本 四冊

340000－1802－0002658 208.1/3340:1
史通通釋二十卷 (清)浦起龍釋 清光緒十九年(1893)上海文瑞樓石印本 八冊

340000－1802－0002659 208.1/3340:2
史通通釋二十卷 (清)浦起龍釋 清光緒十九年(1893)上海文瑞樓石印本 八冊

340000－1802－0002660 208.1/3340:3
史通通釋二十卷 (清)浦起龍釋 清光緒十九年(1893)上海文瑞樓石印本 八冊

340000－1802－0002661 208.1/3340:4
史通通釋二十卷 (清)浦起龍釋 清光緒十九年(1893)上海文瑞樓石印本 八冊

340000－1802－0002662 208.2/0200
新唐書筆記不分卷 (清)□□撰 清光緒稿本 一冊 存一冊

340000－1802－0002663 208.2/1032
廿二史策案十二卷 (清)王鎏編 清道光十一年(1831)刻本 四冊

340000－1802－0002664 208.2/1065

十七史商榷一百卷　(清)王鳴盛述　清乾隆五十二年(1787)刻本　二十四册

340000－1802－0002665　208.2/1065:1
十七史商榷一百卷　(清)王鳴盛撰　清乾隆五十二年(1787)刻本　二十册　缺三卷(七至九)

340000－1802－0002666　208.2/1065:2
十七史商榷一百卷　(清)王鳴盛撰　清乾隆五十二年(1787)刻本　二十四册

340000－1802－0002667　208.2/1065:3
十七史商榷一百卷　(清)王鳴盛撰　清乾隆五十二年(1787)刻本　二十四册

340000－1802－0002668　208.2/1065:4
十七史商榷一百卷　(清)王鳴盛撰　清乾隆五十二年(1787)刻本　五册　存二十四卷(一至十九、七十五至七十九)

340000－1802－0002669　208.2/1065:5
十七史商榷一百卷　(清)王鳴盛撰　清乾隆五十二年(1787)刻本　十二册　缺三十八卷(九至十四、二十二至二十六、三十五至四十、五十八至六十五、六十九至七十四、八十九至九十五)

340000－1802－0002670　208.2/1065:6
十七史商榷一百卷　(清)王鳴盛撰　清乾隆五十二年(1787)刻本　十册　存四十九卷(一至六、九至十四、三十四至四十、四十七至五十四、五十八至六十二、六十六至七十四、八十四至九十一)

340000－1802－0002671　208.2/1065:7
十七史商榷一百卷　(清)王鳴盛撰　清乾隆五十二年(1787)刻本　十一册　存五十八卷(一至十九、二十七至三十四、四十二至五十七、六十六至六十八、七十五至七十九、八十五至九十一)

340000－1802－0002672　208.2/1065:8
十七史商榷一百卷　(清)王鳴盛撰　清乾隆五十二年(1787)刻本　十七册　存八十八卷(一至七、九至六十六、六十九至七十四、八十至八十四、八十九至一百)

340000－1802－0002673　208.2/1065:9
十七史商榷一百卷　(清)王鳴盛撰　清乾隆五十二年(1787)刻本　十六册

340000－1802－0002674　208.2/1065:10
十七史商榷一百卷　(清)王鳴盛撰　清乾隆五十二年(1787)刻本　四册　存二十一卷(一至九、三十一至三十九、八十九至九十一)

340000－1802－0002675　208.2/1065:11
十七史商榷一百卷　(清)王鳴盛撰　清乾隆五十二年(1787)刻本　十四册　存五十七卷(四十四至一百)

340000－1802－0002676　208.2/1065:12
十七史商榷一百卷　(清)王鳴盛撰　清乾隆五十二年(1787)刻本　十六册

340000－1802－0002677　208.2/1065:13
十七史商榷一百卷　(清)王鳴盛撰　清乾隆五十二年(1787)刻本　二十四册

340000－1802－0002678　208.2/1065:14
十七史商榷一百卷　(清)王鳴盛撰　清乾隆五十二年(1787)刻本　二十一册

340000－1802－0002679　208.2/1065:15
十七史商榷一百卷　(清)王鳴盛撰　清乾隆五十二年(1787)刻本　二十四册

340000－1802－0002680　208.2/1065:16
十七史商榷一百卷　(清)王鳴盛撰　清乾隆五十二年(1787)刻本　二十四册

340000－1802－0002681　208.2/1065:17
十七史商榷一百卷　(清)王鳴盛撰　清乾隆五十二年(1787)刻本　二十四册

340000－1802－0002682　208.2/1065:18
十七史商榷一百卷　(清)王鳴盛撰　清乾隆五十二年(1787)刻本　二十四册

340000－1802－0002683　208.2/1065:19
十七史商榷一百卷　(清)王鳴盛撰　清乾隆五十二年(1787)刻本　二十册

340000－1802－0002684　208.2/1065:20
十七史商榷一百卷　(清)王鳴盛撰　清乾隆五十二年(1787)刻本　二十一册

340000－1802－0002685　208.2/1065:21
十七史商榷一百卷　(清)王鳴盛撰　清乾隆五十二年(1787)刻本　二十四册

340000－1802－0002686　208.2/1065:22
十七史商榷一百卷　(清)王鳴盛撰　清乾隆五十二年(1787)刻本　二十二册

340000－1802－0002687　208.2/1065:23
十七史商榷一百卷　(清)王鳴盛撰　清乾隆五十二年(1787)刻本　二十三册

340000－1802－0002688　208.2/1065:24
十七史商榷一百卷　(清)王鳴盛撰　清乾隆五十二年(1787)刻本　五册　存十六卷(七至十八、四十至四十三)

340000－1802－0002689　208.2/1065:25
十七史商榷一百卷　(清)王鳴盛撰　清乾隆五十二年(1787)刻本　十六册　存八十四卷(十至十六、二十四至一百)

340000－1802－0002690　208.2/1065:26
十七史商榷一百卷　(清)王鳴盛撰　清乾隆五十二年(1787)刻本　十八册　存八十八卷(一至四十六、五十五至八十八、九十二至九十五、九十七至一百)

340000－1802－0002691　208.2/1065:27
十七史商榷一百卷　(清)王鳴盛輯　清乾隆五十二年(1787)刻本　十六册　存八十卷(十四至三十八、四十一至八十三、八十五至九十一、九十六至一百)

340000－1802－0002692　208.2/1065:28
十七史商榷一百卷　(清)王鳴盛撰　清乾隆五十二年(1787)刻本　一册　存六卷(二十一至二十六)

340000－1802－0002693　208.2/1065:29
十七史商榷一百卷　(清)王鳴盛撰　清乾隆五十二年(1787)刻本　二册　存十六卷(一至九、十七至二十三)

340000－1802－0002694　208.2/1065:30
十七史商榷一百卷　(清)王鳴盛撰　清乾隆五十二年(1787)刻本　八册　存二十九卷(二十二至二十三、三十五至四十、四十八至六十四、九十二至九十五)

340000－1802－0002695　208.2/1065:31
十七史商榷一百卷　(清)王鳴盛撰　清光緒十九年(1893)廣雅書局刻本　十二册　缺十一卷(九十至一百)

340000－1802－0002696　208.2/1065:32
十七史商榷一百卷　(清)王鳴盛撰　清乾隆五十二年(1787)刻本　九册　存四十一卷(二十至三十三、六十二至六十四、六十七至八十三、八十五至九十一)

340000－1802－0002697　208.2/1065:33
十七史商榷一百卷　(清)王鳴盛撰　清乾隆五十二年(1787)刻本　十六册　存八十三卷(九至二十、二十二至四十六、四十八至八十四、九十二至一百)

340000－1802－0002698　208.2/1065:34
十七史商榷一百卷　(清)王鳴盛撰　清乾隆五十二年(1787)刻本　二十册　缺一卷(五十四)

340000－1802－0002699　208.2/1065:35
十七史商榷一百卷　(清)王鳴盛撰　清乾隆五十二年(1787)刻本　三册　存十五卷(十至二十、八十五至八十八)

340000－1802－0002700　208.2/1216
鑄史駢言十二卷　(清)孫玉田編　清光緒元年(1875)鑄記書局石印本　四册

340000－1802－0002701　208.2/1216:1
鑄史駢言十二卷　(清)孫玉田編　清光緒元年(1875)鑄記書局石印本　四册

340000－1802－0002702　208.2/1216:2
鑄史駢言十二卷　(清)孫玉田編　清光緒二年(1876)刻本　四册

340000－1802－0002703　208.2/1243
通鑑綱目集覽正誤辨一卷　（清）張夢瀛著
通鑑綱目集覽正誤辨續一卷　（清）章世臣著　清光緒十年(1884)活字印本　一册

340000－1802－0002704　208.2/2229
歷代政治類考十二卷　（清）柴紹炳纂　（清）姚廷謙評　清光緒二十七年(1901)上海自強書局石印本　六册

340000－1802－0002705　208.2/3277
三國志考證八卷　（清）潘眉撰　清廣雅書局刻本　二册

340000－1802－0002706　208.2/3461
廿二史論贊□□卷　（明）沈國元纂　清刻本　二册　存三卷(一、十一至十二)

340000－1802－0002707　208.2/3463
澤宮序次舉要二卷附錄一卷　（清）洪恩波編　清光緒二十三年(1897)刻本　一册　存一卷(上)

340000－1802－0002708　208.2/3463：1
澤宮序次舉要二卷附錄一卷　（清）洪恩波編　清光緒二十三年(1897)刻本　二册

340000－1802－0002709　208.2/3463：2
澤宮序次舉要二卷附錄一卷　（清）洪恩波編　清光緒二十三年(1897)刻二十五年(1899)補刻本　二册

340000－1802－0002710　208.2/3463：3
聖門名字纂詁上下卷　（清）洪恩波纂　清光緒二十三年(1897)刻本　二册

340000－1802－0002711　208.2/3463：4
聖門名字纂詁上下卷補遺一卷　（清）洪恩波纂　清光緒二十三年(1897)刻二十五年(1899)補刻本　二册

340000－1802－0002712　208.2/3491
新舊唐書合鈔二百六十卷首一卷唐書宰相世系表訂譌十二卷　（清）沈炳震編　**唐書合鈔補正六卷**　（清）丁子復撰　清同治十年(1871)武林吴氏清來堂刻本　六十册　缺七卷(二百二十五、二百三十二至二百三十七)

340000－1802－0002713　208.2/4407
讀史論略二卷　（清）杜詔撰　清光緒八年(1882)刻本　一册　存一卷(上)

340000－1802－0002714　208.2/4619
史漢求是五十五卷尚書文義一卷　（清）楊琪光著　清光緒十八年(1892)刻本　十二册

340000－1802－0002715　208.2/5522
孔子門人考一卷補遺一卷正誤一卷　（清）費崇朱撰　清光緒二十二年(1896)刻本　一册

340000－1802－0002716　208.2/8346
三史拾遺五卷諸史拾遺五卷　（清）錢大昕撰　清嘉慶十二年(1807)嘉興郡齋刻本　四册

340000－1802－0002717　208.3/0070
文史通義八卷校讐通義三卷　（清）章學誠撰　清光緒二十八年(1902)湖南勸學書舍刻本　二册　存三卷(一至二、四)

340000－1802－0002718　208.3/0070：1
文史通義八卷　（清）章學誠撰　清光緒二十四年(1898)刻本　七册

340000－1802－0002719　208.3/0070：2
文史通義八卷　（清）章學誠著　清光緒二十四年(1898)長沙經文書局刻本　七册

340000－1802－0002720　208.3/0070：3
文史通義六卷　（清）章學誠著　清道光十二年(1832)刻本　四册

340000－1802－0002721　208.3/0070：4
文史通義八卷　（清）章學誠著　清光緒二十四年(1898)刻本　五册　缺二卷(一至二)

340000－1802－0002722　208.3/1053
船山史論四種五十三卷　（清）王夫之撰　清光緒二十六年(1900)刻本　二十册

340000－1802－0002723　208.3/1053：1
讀通鑑論十六卷附宋論十五卷　（清）王夫之撰　清光緒三十一年(1905)上海商務印書館鉛印本　十册

340000－1802－0002724　208.3/1053:2
讀通鑑論三十卷末一卷　(清)王夫之撰　清光緒二十四年(1898)皖省娜嬛閣活字印本　二十五册

340000－1802－0002725　208.3/1053:3
讀通鑑論三十卷末一卷　(清)王夫之撰　清光緒二十四年(1898)皖省娜嬛閣活字印本　二十四册

340000－1802－0002726　208.3/1053:4
讀通鑑論三十卷末一卷　(清)王夫之撰　清光緒二十四年(1898)皖省娜嬛閣活字印本　十八册

340000－1802－0002727　208.3/1053:4
宋論十五卷　(清)王夫之撰　清光緒二十四年(1898)皖省娜嬛閣活字印本　六册

340000－1802－0002728　208.3/1053:6
讀通鑑論三十卷　(清)王夫之撰　清光緒二十四年(1898)皖省娜嬛閣木活字印本　一册　存三卷(二十至二十二)

340000－1802－0002729　208.3/1133
歷代史論十二卷宋史論三卷元史論一卷　(明)張溥撰　**明史論四卷**　(清)谷應泰撰　**左傳史論二卷**　(清)高士奇撰　清光緒五年(1879)文餘堂刻本　一册　存三卷(歷代史論一至三)

340000－1802－0002730　208.3/1133:1
歷代史論十二卷宋史論三卷元史論一卷　(明)張溥撰　**明史論四卷**　(清)谷應泰撰　**左傳史論二卷**　(清)高士奇撰　清刻本　九册

340000－1802－0002731　208.3/1133:2
歷代史論十二卷宋史論三卷元史論一卷　(明)張溥撰　**明史論四卷**　(清)谷應泰撰　**左傳史論二卷**　(清)高士奇撰　清光緒九年(1883)蒼松山房刻朱墨套印本　十二册

340000－1802－0002732　208.3/1133:3
歷代史論十二卷宋史論三卷元史論一卷　(明)張溥撰　**明史論四卷**　(清)谷應泰撰　**左傳史論二卷**　(清)高士奇撰　清光緒九年(1883)蒼松山房刻朱墨套印本　八册

340000－1802－0002733　208.3/1133:4
歷代史論十二卷宋史論三卷元史論一卷　(明)張溥撰　**明史論四卷**　(清)谷應泰撰　**左傳史論二卷**　(清)高士奇撰　清光緒十二年(1886)兩儀堂刻本　十册

340000－1802－0002734　208.3/1271
評鑑闡要十二卷　(清)高宗弘曆撰　(清)劉統勳編　清光緒十年(1884)皖省聚文書坊活字印本　六册

340000－1802－0002735　208.3/2540
綱目議二卷　(清)朱直著　**續議二卷**　(清)胡爾梅著　清同治十年(1871)刻本　二册

340000－1802－0002736　208.3/2788
綱鑑總論不分卷　(□)□□編　清光緒二十九年(1903)刻本　二册

340000－1802－0002737　208.3/2788:1
綱鑑總論不分卷　(□)□□編　清光緒二十年(1894)刻本　二册

340000－1802－0002738　208.3/2788:2
綱鑑總論不分卷　(□)□□編　清光緒二十年(1894)刻本　二册

340000－1802－0002739　208.3/3404
歷代史案二十卷　(清)吳裕垂　(清)洪亮吉編　清刻本　六册

340000－1802－0002740　208.3/3912
讀史大略六十卷小沙子史略一卷　(清)沙張白著　清光緒二十六年(1900)江陰南菁書院刻本　十二册

340000－1802－0002741　208.3/3912:1
讀史大略六十卷首一卷小沙子史略一卷　(清)沙張白著　清咸豐七年(1857)刻本　八册

340000－1802－0002742　208.3/4014
增定課兒鑑略妥註善本五卷　(明)李廷機撰　清文奎堂刻本　二册

340000－1802－0002743　208.3/4014:1
澹雅局增定課讀鑑略註善本五卷　(明)李廷機撰　清光緒二十年(1894)澹雅局刻本　二册

340000－1802－0002744　208.3/4014:2
三讓局增定課讀鑑略妥註善本五卷　(明)李廷機撰　清光緒二十四年(1898)三讓局刻本　二册

340000－1802－0002745　208.3/4014:3
太和書局增定鑑略妥註善本五卷　(明)李廷機撰　清光緒二十九年(1903)湖南書局刻本　二册

340000－1802－0002746　208.3/4014:4
三味局增定課讀鑑略妥註善本五卷　(明)李廷機撰　清忠信堂刻本　二册

340000－1802－0002747　208.3/4037
增定笠翁論古四卷　(清)李漁著　清康熙三年(1664)刻本　四册

340000－1802－0002748　208.3/4037:1
史論五種十一卷附邁堂文略一卷　(清)李祖陶撰　清同治十年(1871)敖陽李氏尚友樓刻本　五册

340000－1802－0002749　208.3/4037:2
史論五種十一卷附邁堂文略一卷　(清)李祖陶撰　清同治十年(1871)敖陽李氏尚友樓刻本　六册

340000－1802－0002750　208.3/4108
東社讀史隨筆二卷　(清)獨醒主人撰　清光緒三十一年(1905)鉛印本　一册

340000－1802－0002751　208.3/4108:1
東社讀史隨筆二卷　(清)獨醒主人撰　清光緒三十一年(1905)鉛印本　一册

340000－1802－0002752　208.3/4427
評選船山史論二卷　林紓評　清宣統三年(1911)商務印書館鉛印本　二册

340000－1802－0002753　208.3/4427:1
評選船山史論二卷　林紓評　清宣統二年(1910)商務印書館鉛印本　二册

340000－1802－0002754　208.3/4431
澗泉日記三卷　(宋)韓淲撰　清刻武英殿聚珍本　一册

340000－1802－0002755　208.3/4432
東萊先生音注唐鑑二十四卷　(宋)范祖禹撰　(宋)呂祖謙注　清同治十三年(1874)刻本　四册

340000－1802－0002756　208.3/4432:1
東萊先生音註唐鑑二十四卷　(宋)范祖禹撰　(宋)呂祖謙注　清光緒十八年(1892)浙江書局影宋刻本　四册

340000－1802－0002757　208.3/4432:2
唐鑑二十四卷　(宋)范祖禹撰　(宋)呂祖謙注　**音註考異一卷**　(清)胡鳳丹撰　清同治十年(1871)退補齋刻本　四册

340000－1802－0002758　208.3/4437
三蘇史論三卷　(宋)蘇洵　(宋)蘇軾　(宋)蘇轍著　清光緒二十八年(1902)刻本　一册　存一卷(一)

340000－1802－0002759　208.3/4498
新選曆代政治史事論海二十卷　(清)藜光閣主人編　清末藜光閣石印本　十一册　存十一卷(二、五至六、九至十、十二、十五至十六、十八至二十)

340000－1802－0002760　208.3/4640
歷朝綱鑒總論不分卷　(明)楊古度撰　清光緒二十八年(1902)盛德堂刻本　二册

340000－1802－0002761　208.3/4730
讀史管見三十卷　(宋)胡寅撰　清刻本　十六册

340000－1802－0002762　208.3/4917
廿二史劄記三十六卷補遺一卷　(清)趙翼撰　清末石印本　五册　缺十三卷(七至十八、補遺一卷)

340000－1802－0002763　208.3/4917:1
廿二史劄記三十六卷首一卷補遺一卷　(清)

趙翼撰　清末上海鴻章書局石印本　十二册

340000－1802－0002764　208.3/4917:2
廿二史劄記三十六卷首一卷補遺一卷　(清)趙翼撰　清光緒二十年(1894)廣雅書局刻本　十册

340000－1802－0002765　208.3/4917:3
廿二史劄記三十六卷　(清)趙翼撰　清湛貽堂刻本　十册

340000－1802－0002766　208.3/4917:4
廿二史劄記三十六卷補遺一卷　(清)趙翼撰　清道光二十年(1840)愛蓮堂刻本　十二册

340000－1802－0002767　208.3/4917:5
廿二史劄記三十六卷補遺一卷　(清)趙翼撰　清刻本　十二册

340000－1802－0002768　208.3/5302
讀史瑣言四卷　(清)盛慶紱著　清光緒二十四年(1898)刻本　二册

340000－1802－0002769　208.3/6060
史論彙選甲編八卷乙編八卷　(清)吕景端編　清光緒二十四年(1898)刻二十六年(1900)補刻本　八册

340000－1802－0002770　208.4/0436
樹經堂詠史詩八卷　(清)謝啟昆撰　清嘉慶三年(1798)刻本　二册

340000－1802－0002771　209/1117
入幕須知五種附一種十卷　(清)張廷驤編　清光緒十八年(1892)浙江書局刻本　三册　存四卷(學治續説一卷、説贅一卷、辦案要略一卷、刑幕要略一卷)

340000－1802－0002772　209/2218
五大洲政治通考四十八卷　(清)急先務齋主人編　清光緒二十七年(1901)石印本　十二册

340000－1802－0002773　209/3048
皇朝掌故讀本不分卷　(清)文明書局編　清光緒二十九年(1903)鉛印本　一册

340000－1802－0002774　209/4232
富國策二卷　(英國)斯密德著　(清)通正齋生譯　**揚子江籌防芻議一卷**　(德國)雷諾撰　(清)張永熞譯　**查閱沿江砲臺復稟一卷**　(德國)來春石泰　(德國)駱博凱撰　(清)鄭宗蔭譯　**膠事紀聞一卷**　(清)王仁俊纂　**歐洲防務志八卷**　(法國)愛乃培撰　(清)朱樹人譯　**五洲輿地類表三卷**　(清)孫福保撰　**中外交涉記一卷**　(英國)巴克編　(清)曾廣銓譯　**西伯利亞避虐記一卷**　(美國)勞立志撰　(清)曾廣銓譯　清光緒二十二年(1896)石印本　一册

340000－1802－0002775　209/5661
捐賑獎敘減成報捐條款不分卷　(清)□□撰　清活字印本　一册

340000－1802－0002776　209/6685
策海全書□□卷　(明)王宏洲撰　(清)瞿會編　清刻本　二册　存二卷(二至三)

340000－1802－0002777　209/8397
五洲各國政治攷八卷　(清)錢恂編　清光緒二十七年(1901)石印本　五册　缺一卷(二)

340000－1802－0002778　209.1/0014
欽定學政全書八十六卷　(清)童璜等纂　清刻本　十三册　缺九卷(一至九)

340000－1802－0002779　209.1/1035
皇朝蓄艾文編八十卷目録一卷　(清)于寶軒編　清光緒二十九年(1903)上海官書局鉛印本　三十五册　缺一卷(目録一卷)

340000－1802－0002780　209.1/1053
識小録一卷老子衍一卷　(清)王夫之撰　清同治四年(1865)曾國荃刻船山遺書本　一册

340000－1802－0002781　209.1/1133
會典簡明録一卷　(清)張祥河編　清末鉛印本　一册

340000－1802－0002782　209.1/1877
政學通考□□卷　(清)□□編　清末石印本　三册　存十五卷(六至二十)

340000－1802－0002783　209.1/2130

漢官舊儀兩卷 (漢)衛宏撰 清刻本 一册

340000－1802－0002784 209.1/2229
九通提要十二卷 (清)柴紹炳纂 清光緒二十八年(1902)鴻寶齋石印本 六册

340000－1802－0002785 209.1/2229:1
九通提要十二卷 (清)柴紹炳纂 清光緒二十八年(1902)鴻寶齋石印本 六册

340000－1802－0002786 209.1/2314
皇朝通典一百卷 (清)嵇璜等纂 清貫吾齋石印本 六册

340000－1802－0002787 209.1/2314:1
欽定續通志六百四十卷 (清)嵇璜等纂 清光緒二十八年(1902)石印本 二十四册

340000－1802－0002788 209.1/2314:2
欽定續通典一百五十卷 (清)嵇璜等纂 清光緒二十七年(1901)上海圖書集成局鉛印本 十二册

340000－1802－0002789 209.1/2314:3
欽定續通典一百五十卷 (清)嵇璜等纂 清光緒二十七年(1901)上海圖書集成局鉛印本 十二册

340000－1802－0002790 209.1/2314:4
皇朝文獻通考三百卷 (清)嵇璜等纂 清光緒八年(1882)浙江書局刻九通本 一百六十册

340000－1802－0002791 209.1/2314:5
皇朝通典一百卷 (清)嵇璜等撰 清光緒八年(1882)浙江書局刻本 四十册

340000－1802－0002792 209.1/2314:6
皇朝通志一百二十六卷 (清)嵇璜等纂 清光緒八年(1882)浙江書局刻本 四十册

340000－1802－0002793 209.1/2314:7
皇朝通志一百二十六卷 (清)嵇璜等纂 清末鉛印本 十一册 缺十卷(一至十)

340000－1802－0002794 209.1/2314:8
欽定續通典一百五十卷 (清)嵇璜等總裁 (清)曹仁虎等纂 清光緒十二年(1886)浙江書局刻本 四十册

340000－1802－0002795 209.1/2314:9
欽定續通典一百五十卷附欽定通典考證一卷欽定通志考證二卷欽定通考考證二卷 (清)嵇璜等總裁 (清)曹仁虎等纂 清光緒二十八年(1902)貫吾齋石印本 七册

340000－1802－0002796 209.1/2314:10
欽定續文獻通考二百五十卷 (清)嵇璜等纂 清光緒二十八年(1902)石印本 十四册

340000－1802－0002797 209.1/2314:11
皇朝文獻通考三百卷 (清)嵇璜等纂 清光緒二十八年(1902)石印本 十五册 存二百二十九卷(一至一百六十二、二百十九至二百三十五、二百五十一至三百)

340000－1802－0002798 209.1/2314:12
皇朝通志一百二十六卷 (清)嵇璜等纂 清光緒二十八年(1902)石印本 五册

340000－1802－0002799 209.1/2314:13
欽定續文獻通考二百五十卷 (清)嵇璜等纂 清光緒十三年(1887)浙江書局刻九通本 一百二十册

340000－1802－0002800 209.1/2314:14
欽定續通志六百四十卷 (清)嵇璜等撰 清光緒十二年(1886)浙江書局刻九通本 二百册

340000－1802－0002801 209.1/2314:15
皇朝文獻通考三百卷 (清)嵇璜等撰 清光緒八年(1882)浙江書局刻本 二十二册 存八十九卷(一百四十二至二百二、二百五十五至二百八十二)

340000－1802－0002802 209.1/2314:16
欽定續文獻通考二百五十卷 (清)嵇璜等編纂 清末石印本 一册 存五卷(二十五至二十九)

340000－1802－0002803 209.1/2314:17
皇朝文獻通考三百卷 (清)嵇璜等撰 清刻本 八册 存十六卷(四、六至十二、四十九

至五十四、六十一至六十二)

340000－1802－0002804　209.1/2314:18
皇朝文獻通考三百卷　(清)嵇璜等纂　清光緒八年(1882)浙江書局刻九通本　四十五册　存九十九卷(五、十三至十六、三十七至八十三、八十六至九十三、二百二十八至二百五十四、二百八十二至二百八十五、二百九十三至三百)

340000－1802－0002805　209.1/2314:19
皇朝文獻通考三百卷　(清)嵇璜等纂　清光緒八年(1882)浙江書局刻九通本　七十四册　存一百三十九卷(四、六至十二、四十九至五十四、六十一至六十二、六十五至六十八、一百七至一百十五、一百十八至二百二、二百五十五至二百七十九)

340000－1802－0002806　209.1/2337
欽定大清會典一百卷　(清)允祹等撰　清刻本　二十册

340000－1802－0002807　209.1/2337:1
欽定大清會典一百卷　(清)允祹等撰　清光緒三十四年(1908)商務印書館石印本　五册　存五十卷(八至二十八、三十一至三十八、六十九至七十七、八十九至一百)

340000－1802－0002808　209.1/2341
西政叢書三十二種一百十卷　梁啟超編　清光緒二十三年(1897)慎記書莊石印本　二十九册　缺八卷(法國海軍職要、德國軍制述要、自強軍洋操課程一至六)

340000－1802－0002809　209.1/2810
東漢會要四十卷　(宋)徐天麟撰　清光緒五年(1879)學海堂刻本　八册

340000－1802－0002810　209.1/2810:1
西漢會要七十卷　(宋)徐天麟撰　清光緒五年(1879)學海堂刻本　十册

340000－1802－0002811　209.1/3643
三通考輯要七十六卷　湯壽潛編　清光緒二十五年(1899)圖書集成局鉛印本　三十册

340000－1802－0002812　209.1/3643:1
三通考輯要七十六卷　湯壽潛編　清光緒二十五年(1899)圖書集成局鉛印本　三十册

340000－1802－0002813　209.1/4024
皇朝經世文新編二十一卷　(清)麥仲華編　清光緒二十八年(1902)上海書局石印本　十六册

340000－1802－0002814　209.1/4035
大清會典四卷　(清)□□編　清同治十一年(1872)湖北崇文書局刻本　四册

340000－1802－0002815　209.1/4035:1
大清會典四卷　(清)□□編　清同治十一年(1872)湖北崇文書局刻本　四册

340000－1802－0002816　209.1/4409
廣治平略正集三十六卷續集八卷　(清)蔡方炳撰　清光緒廣百宋齋鉛印本　一册　存六卷(七至十二)

340000－1802－0002817　209.1/4424
通典二百卷　(唐)杜佑撰　清刻本　四册　存十九卷(二十一至二十四、四十八至五十二、一百十八至一百二十二、一百三十四至一百三十八)

340000－1802－0002818　209.1/4424:1
通典二百卷　(唐)杜佑纂　清光緒二十七年(1901)貫吾齋石印本　八册

340000－1802－0002819　209.1/4424:2
通典二百卷　(唐)杜佑纂　清光緒二十二年(1896)浙江書局刻本　五十册

340000－1802－0002820　209.1/4428
三通序一卷　蔣德鈞編　清光緒十四年(1888)湘鄉蔣氏刻求實齋叢書本　二册

340000－1802－0002821　209.1/4443
皇朝經世文續編一百二十卷　(清)葛士濬編　清光緒二十四年(1898)上海書局石印本　二十册

340000－1802－0002822　209.1/4443:1
皇朝經世文新增時務續編四十卷洋務八卷

（清）葛士濬編　清光緒二十三年（1897）掃葉山房鉛印本　六冊

340000－1802－0002823　209.1/4443:2
皇朝經世文續編一百二十卷　（清）葛士濬編　清光緒十四年（1888）圖書集成局鉛印本　三十二冊

340000－1802－0002824　209.1/4443:3
皇朝經世文續編一百二十卷　（清）葛士濬編　清光緒二十二年（1896）上海寶善書局石印本　十二冊

340000－1802－0002825　209.1/4672
皇朝經世文編一百二十卷　（清）賀長齡編　清末鉛印本　十八冊　存九十五卷（十一至十六、三十二至一百二十）

340000－1802－0002826　209.1/4672:1
皇朝經世文編一百二十卷　（清）賀長齡編　清道光七年（1827）刻本　八十冊

340000－1802－0002827　209.1/4672:2
皇朝經世文編一百二十卷　（清）賀長齡編　清道光七年（1827）刻本　八十冊

340000－1802－0002828　209.1/4672:3
皇朝經世文編一百二十卷　（清）賀長齡編　清道光七年（1827）刻本　五十二冊　缺十七卷（二十九至三十三、四十六至四十七、五十三至五十六、九十五至九十六、九十八至九十九、一百六至一百七）

340000－1802－0002829　209.1/4672:4
皇朝經世文編一百二十卷　（清）賀長齡編　清同治十二年（1873）鉛印本　二十四冊

340000－1802－0002830　209.1/4672:5
皇朝經世文編一百二十卷　（清）賀長齡編　清光緒十三年（1887）上海點石齋石印本　十二冊

340000－1802－0002831　209.1/4672:6
皇朝經世文編一百二十卷　（清）賀長齡編　清光緒十三年（1887）上海廣百宋齋石印本　十三冊

340000－1802－0002832　209.1/4672:7
皇朝經世文編一百二十卷　（清）賀長齡編　清同治十二年（1873）鉛印本　二十三冊　存一百十五卷（一至三十九、四十五至一百二十）

340000－1802－0002833　209.1/6077
欽定大清會典圖二百七十卷首一卷　（清）昆岡等修　清刻本　八冊　存二十卷（二十七至四十六）

340000－1802－0002834　209.1/6077:1
欽定大清會典圖二百七十卷首一卷　（清）昆岡等修　清刻本　十冊　存四十六卷（一百十八、一百六十一至一百六十五、一百七十八至一百八十三、一百八十九至一百九十二、一百九十九至二百二十、二百五十六至二百六十三）

340000－1802－0002835　209.1/6629
欽定續文獻通考詳節二十六卷　（清）嚴虞惇撰　清石印本　一冊　存三卷（九至十一）

340000－1802－0002836　209.1/7107
文獻通考詳節二十四卷　（元）馬端臨撰　（清）嚴虞惇編　清光緒二十八年（1902）湖南益友書莊刻本　四冊　存十一卷（一至九、十二、十八）

340000－1802－0002837　209.1/7107:1
文獻通考三百四十八卷考證三卷　（元）馬端臨撰　清光緒二十二年（1896）浙江書局刻本　一百五十冊

340000－1802－0002838　209.1/7107:2
文獻通考三百四十八卷　（元）馬端臨撰　清光緒二十八年（1902）貫吾齋石印本　二十冊

340000－1802－0002839　209.1/7107:3
文獻通考三百四十八卷考證三卷　（元）馬端臨撰　清末石印本　二十冊

340000－1802－0002840　209.1/7107:4
文獻通考詳節二十四卷　（元）馬端臨撰　（清）嚴虞惇編　清石印本　一冊　存二卷（十二至十三）

340000－1802－0002841　209.1/7107:5
文獻通考三百四十八卷　（元）馬端臨撰　清刻本　一冊　存六卷（三百四十三至三百四十八）

340000－1802－0002842　209.1/7107:6
文獻通考三百四十八卷　（元）馬端臨著　清末石印本　五冊　存五卷（十二至十五、十七）

340000－1802－0002843　209.1/7107:7
文獻通考詳節二十四卷　（元）馬端臨撰（清）嚴虞惇編　清末鉛印本　八冊　存十五卷（五至十三、十五至十七、二十二至二十四）

340000－1802－0002844　209.1/7497
切問齋文鈔三十卷　（清）陸燿編　清同治八年（1869）刻本　十二冊

340000－1802－0002845　209.1/7497:1
切問齋文鈔三十卷　（清）陸燿編　清乾隆四十年（1775）刻本　八冊

340000－1802－0002846　209.1/7497:2
切問齋文鈔三十卷　（清）陸燿編　清同治八年（1869）刻本　十冊

340000－1802－0002847　209.1/7497:3
切問齋文鈔三十卷　（清）陸燿編　清同治八年（1869）刻本　十冊

340000－1802－0002848　209.1/7497:4
切問齋文鈔三十卷　（清）陸燿編　清同治八年（1869）刻本　十六冊

340000－1802－0002849　209.1/8068
中外經世緒言十六卷續編八卷　（清）余貽範編　清光緒二十三年（1897）石印本　十二冊　存二十三卷（中外經世緒言十六卷、續編一至七）

340000－1802－0002850　209.1/8740
通志二百卷　（宋）鄭樵撰　清光緒貫吾齋石印本　二十四冊

340000－1802－0002851　209.1/8740:1
通志二百卷　（宋）鄭樵撰　清光緒二十二年（1896）浙江書局刻九通本　二百冊

340000－1802－0002852　209.2/0507
欽定禮部則例二百二卷　（清）禮部編　清道光二十四年（1844）刻本　二十二冊　存一百八十六卷（一至十四、二十四至一百九十五）

340000－1802－0002853　209.2/2699
吾學錄初編二十四卷　（清）吴榮光撰　清同治九年（1870）江蘇書局刻本　六冊

340000－1802－0002854　209.2/2699:1
吾學錄初編二十四卷　（清）吴榮光撰　清同治九年（1870）江蘇書局刻本　六冊

340000－1802－0002855　209.2/2699:2
吾學錄初編二十四卷　（清）吴榮光撰　清同治七年（1868）金陵書局活字印本　八冊

340000－1802－0002856　209.2/2699:3
吾學錄初編二十四卷　（清）吴榮光撰　清道光十二年（1832）刻本　六冊　缺一卷（十四）

340000－1802－0002857　209.2/4026
大清通禮五十四卷　（清）來保等纂　（清）穆克登額等續纂　清光緒九年（1883）江蘇書局刻本　十二冊

340000－1802－0002858　209.21/3022
四禮初稾四卷　（明）宋纁編　**四禮約言四卷**　（明）呂維祺著　清初刻本　一冊

340000－1802－0002859　209.231/0014
紀元編三卷末一卷　（清）李兆洛纂　（清）六承如編　清同治十年（1871）合肥李氏刻李氏五種叢書本　二冊

340000－1802－0002860　209.231/0014:1
紀元編三卷末一卷　（清）六承如錄　清光緒十四年（1888）上海蜚英館石印本　二冊　存二卷（上、中）

340000－1802－0002861　209.232/2700
皇朝謚法考五卷續編一卷補編一卷　（清）鮑康編　**續補編一卷**　（清）徐士鑾編　清同治三年（1864）刻本　一冊

340000－1802－0002862　209.232/7274

皇朝謚彙考五卷續編一卷　(清)劉長華撰　清光緒二十五年(1899)槐雲閣刻本　一冊

340000－1802－0002863　209.233/0087
雜錄二集二卷　(清)□□撰　清光緒三十年(1904)永綏官書局活字印本　一冊　存一卷(二)

340000－1802－0002864　209.233/0250
學部具奏酌擬管理歐洲遊學生監督處章程摺不分卷　(清)學部編　清宣統二年(1910)鉛印本　一冊

340000－1802－0002865　209.233/0274
皖江公學試辦章程不分卷　(清)□□編　清光緒活字印本　一冊

340000－1802－0002866　209.233/0276
安徽師範學堂暫定現行章程不分卷　(清)安徽師范學堂編　清光緒三十三年(1907)鉛印本　一冊

340000－1802－0002867　209.233/0282
安慶府官立中學堂章程不分卷　(清)安慶府官立中學堂編　清光緒三十二年(1906)正誼書局鉛印本　一冊

340000－1802－0002868　209.233/0285
懷寧公立尚志小學堂征信錄不分卷　(清)尚志小學堂編　清光緒三十年(1904)刻本　一冊

340000－1802－0002869　209.233/0334
殿試卷一帙　(清)□□撰　清抄本　一帙

340000－1802－0002870　209.233/0337
江南鄉試試題一帙(光緒十一年乙酉科第三場)　(清)□□編　清光緒石印本　一葉

340000－1802－0002871　209.233/0338
懷寧縣試卷不分卷　(清)孫冠英撰　清末抄本　一冊

340000－1802－0002872　209.233/0339
鄉試硃卷四份　(清)丁宗烺撰　清末稿本　四件

340000－1802－0002873　209.233/0340
敬敷書院試卷一份　(清)徐渶撰　清末抄本　一葉

340000－1802－0002874　209.233/0749
京師大學堂講議不分卷　(清)京師大學堂編　清光緒鉛印本　八冊

340000－1802－0002875　209.233/1117
奏定學堂章程二十卷　(清)張百熙等纂　清光緒二十九年(1903)鴻寶齋石印本　五冊

340000－1802－0002876　209.233/1137
欽定學堂章程六卷　(清)張百熙等纂　清光緒活字印本　一冊

340000－1802－0002877　209.233/1163
[光緒壬寅補行庚子辛丑恩正併科]湖北鄉試墨卷一卷　(清)張國淦等撰　**[光緒甲午科]湖北鄉試硃卷一卷**　(清)江玉樹撰　**[宣統己酉科]安徽貢卷一卷**　(清)方盛撰　**[光緒辛丑年]安徽歲貢卷一卷**　(清)許鵬程撰　**[宣統已酉科]安徽選拔貢卷一卷**　(清)葉仲英撰　清末刻本　一冊

340000－1802－0002878　209.233/2828
學校管理法八章　(清)徐仁鏡　蔣維喬編　清光緒三十三年(1907)商務印書館鉛印本　一冊

340000－1802－0002879　209.233/4929
殿試策不分卷　(清)趙以炯等撰　清光緒刻本　一冊　存光緒丙戌科、癸未科、庚辰科、丁丑科、丙子恩科

340000－1802－0002880　209.233/7526
[嘉慶庚辰科至光緒壬辰科]狀元策三十五卷　(清)陳繼昌等編　清道光十三年(1833)刻光緒補刻本　十二冊　缺一卷(二十九)

340000－1802－0002881　209.233/7790
欽定學堂章程不分卷　(清)□□編　清末鉛印本　一冊　存一冊

340000－1802－0002882　209.24/0266
江南籌辦地方自治總局檔錄要初編一卷　(清)江南籌辦自治總局編　清末明通印刷社

鉛印本　一冊

340000－1802－0002883　209.24/0292
諮議局章程及選舉章程解釋彙鈔不分卷(宣統元年十月至十二月)　(清)諮議局編　清末鉛印本　一冊

340000－1802－0002884　209.24/0293
安徽諮議局調查議案實行表一卷　(清)安徽諮議局編　清末鉛印本　一冊

340000－1802－0002885　209.24/0294
安徽諮議局議案□□卷　(清)安徽諮議局編　清宣統三年(1911)鉛印本　一冊　存一卷(撫部院答覆案)

340000－1802－0002886　209.24/0295
安徽諮議局旁聽規則不分卷　(清)安徽諮議局編　清末鉛印本　一冊

340000－1802－0002887　209.24/0300
安徽諮議局議事細則不分卷　(清)安徽諮議局編　清末鉛印本　一冊

340000－1802－0002888　209.24/0303
諮議局章程及選舉章程解釋彙鈔不分卷(光緒三十四年六月至十二月)　(清)諮議局編　清宣統鉛印本　一冊

340000－1802－0002889　209.24/0308
奏議覆考察憲政大臣於式枚奏陳諮議局章程權限摺一卷　(清)憲政編查館編　清宣統元年(1909)安徽官紙印刷局鉛印本　一冊

340000－1802－0002890　209.3/0228
吏部裁搞撤書吏擬籌辦公經費例冊一卷　(清)吏部編　清光緒刻本　一冊

340000－1802－0002891　209.3/6045
實政錄七卷　(明)吕坤著　清末鉛印本　一冊　存一卷(一)

340000－1802－0002892　209.3/6045:1
實政錄七卷　(明)吕坤著　清同治十一年(1872)浙江書局刻本　六冊

340000－1802－0002893　209.31/1066
牧令全書二十三卷　(清)丁日昌編　清光緒二十二年(1896)上海圖書集成印書局鉛印本　八冊

340000－1802－0002894　209.31/4035
大清中樞備覽不分卷　(清)□□編　清光緒二十八年(1902)榮祿堂刻本　二冊

340000－1802－0002895　209.31/4403
福惠全書十四部三十二卷　(清)黄六鴻著　清刻本　五冊　存十七卷(一至十、十七至二十、二十七至二十九)

340000－1802－0002896　209.31/4403:1
福惠全書十四部三十二卷　(清)黄六鴻著　清刻本　十二冊

340000－1802－0002897　209.31/4403:2
福惠全書十四部三十二卷　(清)黄六鴻著　清刻本　十冊

340000－1802－0002898　209.32/0014
漢官儀二卷　(漢)應劭撰　(清)孫星衍編
漢官一卷　(□)□□撰　(清)孫星衍辨　清刻本　一冊

340000－1802－0002899　209.32/0237
吏部奏定外補州縣班次輪次歸併辦法章程不分卷　(清)吏部編　清宣統安徽官紙印刷局鉛印本　一冊

340000－1802－0002900　209.32/0246
同治間直隸公牘不分卷　(清)羅錫疇　(清)衡珊編　清光緒十三年(1887)皖省聚文堂活字印本　一冊　存暫留直隸臬司幫同清釐積案摺、大學士直隸總督一等毅勇侯曾核定直隸清訟事宜十條、直隸清訟限期功過章程、禁止私押告示式、直隸積案漸竣並保勤奮各員摺

340000－1802－0002901　209.32/0247
湖南西路京官上都察院稟一卷　(清)□□編　清末鉛印本　一冊

340000－1802－0002902　209.32/0299
重訂安徽印結章程不分卷　(清)□□編　清光緒二十年(1894)刻本　一冊

340000－1802－0002903　209.32/2360
吏部例章揭要六卷　(清)牟嗣龍編　清光緒元年(1875)藩屬清查局刻本　六册

340000－1802－0002904　209.32/4700
漢官解詁一卷　(漢)胡廣注　**漢官典職儀式選用一卷**　(清)蔡質撰　**漢儀一卷**　(三國吴)丁孚撰　清刻本　一册

340000－1802－0002905　209.33/0043
平平言四卷　(清)方大湜撰　清光緒十三年(1887)刻本　四册

340000－1802－0002906　209.33/1183
三事忠告四卷　(元)張養浩著　清乾隆五十四年(1789)竹西書屋刻貸園叢書初集本　一册

340000－1802－0002907　209.33/3193
學治臆説二卷續説一卷説贅一卷　(清)汪輝祖纂　清乾隆五十八年(1793)刻本　一册

340000－1802－0002908　209.33/3193:1
佐治藥言一卷續佐治藥言一卷　(清)汪輝祖纂　清道光二十六年(1846)刻本　一册

340000－1802－0002909　209.33/3193:2
學治臆説二卷　(清)汪輝祖纂　清乾隆五十八年(1793)刻本　一册

340000－1802－0002910　209.33/3193:3
佐治藥言一卷續佐治藥言一卷　(清)汪輝祖纂　清刻本　一册

340000－1802－0002911　209.33/3193:4
佐治藥言二卷　(清)汪輝祖撰　清同治十一年(1872)刻本　一册

340000－1802－0002912　209.33/3193:5
佐治藥言一卷續佐治藥言一卷　(清)汪輝祖纂　清光緒九年(1883)刻本　一册

340000－1802－0002913　209.33/3193:6
學治臆説二卷續説一卷説贅一卷　(清)汪輝祖纂　清乾隆五十八年(1793)徐棟刻本　一册

340000－1802－0002914　209.33/3444
居官圭臬二卷　(清)沈葆楨編　清同治二年(1863)吴蘭刻本　二册

340000－1802－0002915　209.33/4033
圖民録四卷　(清)袁守定著　清光緒十二年(1886)袁銘泰刻本　二册

340000－1802－0002916　209.33/4427
臣鑑録二十卷　(清)蔣伊編　清同治刻本　二十册

340000－1802－0002917　209.33/4427:1
臣鑑録二十卷　(清)蔣伊編　清蔣陳錫刻本　十册

340000－1802－0002918　209.33/6045
吕新吾先生實政録七卷　(明)吕坤撰　清嘉慶二年(1797)刻本　十册

340000－1802－0002919　209.33/7221
劉蘼舫先生吏治三書六卷　(清)劉衡撰　清同治十年(1871)黔陽官署刻本　一册

340000－1802－0002920　209.33/7570
重刊牧令芻言一卷　(清)陳際唐撰　清光緒三十四年(1908)刻本　一册

340000－1802－0002921　209.4/1001
熙朝紀政八卷　(清)王慶雲撰　清光緒二十八年(1902)上海書局鉛印本　二册　存四卷(一至二、七至八)

340000－1802－0002922　209.4/1769
公民必讀初編一卷　(清)孟昭常撰　清光緒三十三年(1907)上海中新書局鉛印本　一册

340000－1802－0002923　209.4/2337
時務經濟策論統宗二十四卷　(清)秀湖漁隱編　清光緒二十四年(1898)文賢閣石印本　十二册

340000－1802－0002924　209.4/3007
籌餉事例三卷　(清)戶部編　清刻本　四册

340000－1802－0002925　209.4/4072
時務分類興國策八卷　(清)李鳳儀編　清光緒二十三年(1897)上海捷記書局石印本　十二册　缺三卷(二、七至八)

340000－1802－0002926　209.4/4410
地方自治講義不分卷　范玉堃撰　清末鉛印本　一冊

340000－1802－0002927　209.4/8740
盛世危言六卷　鄭觀應撰　清光緒二十二年(1896)上海書局石印本　三冊　存三卷(一至二、六)

340000－1802－0002928　209.4/8740:1
盛世危言五卷　鄭觀應撰　清光緒二十一年(1895)上海古香閣鉛印本　五冊

340000－1802－0002929　209.4/8740:2
盛世危言五卷　鄭觀應撰　清光緒二十一年(1895)上海古香閣鉛印本　五冊

340000－1802－0002930　209.4/8740:3
盛世危言六卷　鄭觀應撰　清光緒二十四年(1898)煥文書局石印本　四冊　存四卷(一至四)

340000－1802－0002931　209.4/8740:4
盛世危言續編□□卷　鄭觀應撰　清末石印本　一冊　存一卷(四)

340000－1802－0002932　209.4/8740:5
盛世危言六卷續編□□卷　鄭觀應撰　清末石印本　一冊　存三卷(盛世危言四至五、續編二)

340000－1802－0002933　209.41/0163
黑龍江省試辦宣統四年預算簡明表不分卷　(清)黑龍江清理財政局編　清宣統三年(1911)鉛印本　一冊

340000－1802－0002934　209.41/0305
奏邊省欵絀先其所急以固根本摺不分卷　(清)袁□□撰　清宣統三年(1911)鉛印本　一冊

340000－1802－0002935　209.41/4915
最新萬國政鑑五十一卷　(清)趙天擇　(清)王慕陶編譯　清光緒二十九年(1903)商務印書館鉛印本　七冊　缺二卷(十至十一)

340000－1802－0002936　209.41/5548
中國財政紀略四章　(日本)東邦協會纂　(清)吳銘譯　清光緒二十八年(1902)廣智書局鉛印本　一冊

340000－1802－0002937　209.42/7221
光緒會計表四卷　(清)劉嶽雲撰　清光緒二十七年(1901)教育世界社石印本　四冊

340000－1802－0002938　209.422/3028
安徽清釐田賦案牘輯存十二卷　(清)□□編　清光緒二十四年(1898)活字印本　六冊

340000－1802－0002939　209.423/2727
各條貨物抽釐章程不分卷　(清)□□編　清光緒元年(1875)刻二十六年(1900)補刻本　一冊

340000－1802－0002940　209.43/1035
各國通商始末二十卷　(清)王之春編　清光緒二十一年(1895)寶善書局石印本　五冊　缺二卷(四至五)

340000－1802－0002941　209.43/2361
中國商務志十章　(日本)織田一著　(清)蔣簋方譯　清光緒二十八年(1902)廣智書局鉛印本　一冊

340000－1802－0002942　209.43/4200
白白齋貨殖傳評不分卷　(清)姚康著　清刻本　一冊

340000－1802－0002943　209.43/4200:1
白白齋貨殖傳評不分卷　(清)姚康著　清刻本　一冊

340000－1802－0002944　209.43/4317
原富五部八卷　(英國)斯密亞丹著　嚴復譯　清光緒二十八年(1902)南洋公學譯書院鉛印本　七冊

340000－1802－0002945　209.43/4317:1
原富五部八卷　(英國)斯密亞丹著　嚴復譯　清光緒二十八年(1902)南洋公學譯書院鉛印本　八冊

340000－1802－0002946　209.43/4317:2
原富五部八卷　(英國)斯密亞丹著　嚴復譯

清光緒二十八年(1902)南洋公學譯書院鉛印本　八冊

340000－1802－0002947　209.43/4317:3

原富五部八卷　(英國)斯密亞丹著　嚴復譯　清光緒二十八年(1902)南洋公學譯書院鉛印本　八冊

340000－1802－0002948　209.44/4030

周行備覽六卷　(清)求放心齋編　清刻本　六冊

340000－1802－0002949　209.45/4242

續增河東監法備覽三卷首一卷　(清)姚楷等纂修　清宣統二年(1910)刻本　二冊　缺一卷(中)

340000－1802－0002950　209.45/4242:1

續增河東監法備覽三卷首一卷　(清)姚楷等纂修　清宣統二年(1910)刻本　三冊

340000－1802－0002951　209.45/7110

兩廣鹽法志三十五卷首一卷　(清)阮元等修　清道光十五年(1835)刻本　三十六冊

340000－1802－0002952　209.45/7508

兩淮鹽法撰要二卷　(清)陳慶年著　清光緒十八年(1892)湯明林聚珍書局活字印本　一冊

340000－1802－0002953　209.49/0261－1

安徽清節堂徵信錄不分卷　(清)清節堂編　清光緒十二年(1886)刻本　一冊

340000－1802－0002954　209.49/0261－2

安徽清節堂徵信錄不分卷　(清)清節堂編　清光緒十二年(1886)刻本　一冊

340000－1802－0002955　209.49/0263－1

安徽清節堂徵信錄不分卷　(清)清節堂編　清光緒十六年(1890)刻本　一冊

340000－1802－0002956　209.49/0263－2

安徽清節堂徵信錄不分卷　(清)清節堂編　清光緒十七年(1891)刻本　一冊

340000－1802－0002957　209.49/0263－3

安徽清節堂徵信錄不分卷　(清)清節堂編　清光緒十八年(1892)刻本　一冊

340000－1802－0002958　209.49/0263－4

安徽清節堂徵信錄不分卷　(清)清節堂編　清光緒十九年(1893)刻本　一冊

340000－1802－0002959　209.49/0263－5

安徽清節堂徵信錄不分卷　(清)清節堂編　清光緒二十年(1894)刻本　一冊

340000－1802－0002960　209.49/0263－6

安徽清節堂徵信錄不分卷　(清)清節堂編　清光緒二十三年(1897)刻本　一冊

340000－1802－0002961　209.49/0263－7

安徽清節堂徵信錄不分卷　(清)清節堂編　清光緒二十三年(1897)刻本　一冊

340000－1802－0002962　209.49/0263－8

安徽清節堂徵信錄不分卷　(清)清節堂編　清光緒二十四年(1898)刻本　一冊

340000－1802－0002963　209.49/0275

光緒十八年直隸推廣賑捐奏案不分卷　(清)李鴻章撰　清刻本　一冊

340000－1802－0002964　209.49/1014

錢穀備要十卷　(清)王又槐編　清刻本　一冊　存二卷(九至十)

340000－1802－0002965　209.49/3142

荒政輯要九卷首一卷　(清)汪志伊纂　清宣統二年(1910)安徽官紙印刷局鉛印本　二冊

340000－1802－0002966　209.49/3142:1

荒政輯要九卷首一卷　(清)汪志伊纂　清同治八年(1869)崇文書局刻本　二冊

340000－1802－0002967　209.49/4662

籌濟編三十二卷首一卷　(清)楊景仁編　清光緒九年(1883)武昌書局刻本　八冊

340000－1802－0002968　209.49/7530

伐蛟各說一卷　(清)陳宏謀等撰　清末鉛印本　一冊

340000－1802－0002969　209.5/1062

十九世紀外交史三卷　(日本)平田久著

(清)張相譯　清光緒二十八年(1902)杭州史學齋刻本　三冊

340000－1802－0002970　209.5/1062:1
十九世紀外交史三卷　(日本)平田久著　(清)張相譯　清光緒二十八年(1902)杭州史學齋刻本　一冊　存一卷(三)

340000－1802－0002971　209.51/0002
俄國條款一卷續增條約一卷陸路通商章程一卷續增稅則一卷　(清)奕訢等修　清刻本　一冊

340000－1802－0002972　209.51/0466
和約彙抄六卷首一卷　(清)謝□□編　清光緒四年(1878)上海申報館鉛印本　五冊

340000－1802－0002973　209.51/4030
通商條約章程成案彙編三十卷　(清)李瀚章編　清光緒十二年(1886)鉛印本　十二冊

340000－1802－0002974　209.6/1167
山東軍興紀略二十二卷　(清)張曜撰　清光緒五年(1879)鉛印申報館叢書本　十冊

340000－1802－0002975　209.6/1751
豫軍紀略十二卷　(清)尹耕雲等纂　清光緒三年(1877)鉛印申報館叢書本　六冊

340000－1802－0002976　209.6/2846
東三省政略軍事類第一編六卷圖一卷第二編六卷　徐世昌等編　清宣統鉛印本　十三冊

340000－1802－0002977　209.6/3556
行軍測繪十卷首一卷　(英國)連提撰　(英國)傅蘭雅口譯　(清)趙元益筆述　清末江南製造總局刻本　二冊

340000－1802－0002978　209.6/4289
東方兵事紀略五卷　(清)姚錫光撰　清刻本　一冊　存一卷(三)

340000－1802－0002979　209.6/7532
權制八卷　陳澹然著　清光緒二十六年(1900)長沙刻本　五冊　缺一卷(五)

340000－1802－0002980　209.6/7532:1
權制八卷　陳澹然著　清光緒二十六年(1900)長沙刻本　一冊　存四卷(一至四)

340000－1802－0002981　209.61/0031
欽定兵部處罰則例三十二卷續纂四卷　(清)慶源等纂修　清刻本　二十一冊

340000－1802－0002982　209.61/7731
列國陸軍制一卷　(美國)歐潑登撰　(美國)林樂知　(清)瞿昂來譯　清末刻本　一冊

340000－1802－0002983　209.61/9050
欽定五軍道里表十八卷　(清)常泰等纂修　清刻本　十二冊　缺六卷(五至六、八至十、十五)

340000－1802－0002984　209.64/0818
鄉守外編輯要十卷　(清)許乃釗編　清咸豐十年(1860)邛州官廨刻本　二冊

340000－1802－0002985　209.64/0818:1
鄉守外編節要八卷　(清)許乃釗編　(清)□□節抄　清末抄本　一冊

340000－1802－0002986　209.64/4442
平原拳匪紀事一卷　(清)蔣楷撰　清刻本　一冊

340000－1802－0002987　209.64/4625
續御寇略三卷　(清)楊積中著　清光緒三年(1877)刻本　一冊

340000－1802－0002988　209.65/0836
心略地利四卷　(清)施永圖著　清刻本　四冊

340000－1802－0002989　209.65/1033
治臺必告錄八卷　(清)丁述安編　清同治六年(1867)刻本　八冊

340000－1802－0002990　209.65/6649
洋防輯要二十四卷　(清)嚴如熤編　清刻本　十四冊

340000－1802－0002991　209.65/7712
英國水師考一卷　(英國)巴那比　(美國)克理撰　(英國)傅蘭雅　(清)鍾天緯譯　**法國水師考一卷**　(美國)杜默能撰　(美國)羅亨利　(清)瞿昂來譯　**美國水師考一卷俄國水**

師考一卷 （英國）百拉西撰 （英國）傅少蘭（清）李嶽蘅譯 清末石印本 一册

340000－1802－0002992 209.65/8068

海防輯要十八卷首一卷 （清）俞昌會編 清道光二十二年（1842）刻本 十册

340000－1802－0002993 209.66/5036

秦邊紀略六卷 （清）□□撰 清同治十一年（1872）刻半畝園叢書本 二册

340000－1802－0002994 209.66/6649

苗防備覽二十二卷 （清）嚴如熤撰 清道光二十三年（1843）刻本 八册

340000－1802－0002995 209.66/6649:1

三省邊防備覽十四卷 （清）嚴如熤編 清道光二年（1822）刻本 七册

340000－1802－0002996 209.66/6649:2

苗防備覽二十二卷 （清）嚴如熤撰 清道光二十三年（1843）刻本 八册

340000－1802－0002997 209.7/0023

大清律例四十七卷 （清）唐紹祖等纂修 清乾隆四十一年（1776）刻本 二册 存二卷（六至七）

340000－1802－0002998 209.7/0023:1

三流道里表不分卷 （清）唐紹祖等纂修 清刻本 二册

340000－1802－0002999 209.7/0177

大清新法令十三類附錄三種 （清）商務印書館編譯所編 清宣統元年（1909）上海商務印書館鉛印本 十八册 缺第四册官制二、第十一册第七類目錄及前半部分

340000－1802－0003000 209.7/0177:1

大清新法令十三類附錄三種 （清）商務印書館編譯所編 清宣統元年（1909）上海商務印書館鉛印本 二十册

340000－1802－0003001 209.7/0177:2

大清新法令十三類附錄三種 （清）商務印書館編譯所編 清宣統元年（1909）上海商務印書館鉛印本 二十册

340000－1802－0003002 209.7/0177:3

大清宣統新法令三十五卷總目一卷 （清）商務印書館編譯所編 清宣統元年至二年（1909－1910）商務印書館鉛印本 三十四册 缺一卷（一）

340000－1802－0003003 209.7/0264

奏核復自治研究所章程摺一卷 （清）奕劻等纂 清宣統元年（1909）安徽官紙印刷局鉛印本 一册

340000－1802－0003004 209.7/1063

公法便覽四卷續一卷 （美國）丁韙良編譯 清光緒三年（1877）鉛印本 六册

340000－1802－0003005 209.7/1207

大清律例彙輯便覽四十卷督捕則例附纂二卷 （清）湖北讞局編 清同治十一年（1872）湖北讞局刻本 十一册 存十六卷（八、二十至二十五、二十七至三十、三十三至三十四、三十七，督捕則例附纂二卷）

340000－1802－0003006 209.7/2409

英國水師律例□□卷 （英國）德麟 （英國）極福德纂 （清）舒高第 （清）鄭昌棪譯 清光緒三年（1877）活字印本 一册 存二卷（一至二）

340000－1802－0003007 209.7/2450

法訣啟明二卷 （清）升泰撰 清光緒五年（1879）刻本 二册

340000－1802－0003008 209.7/2642

大清律例根源一百二十四卷 （清）吳坤修編 清刻本 六册 存四卷（笞刑一至四上）

340000－1802－0003009 209.7/2642:1

大清律例根源一百二十四卷 （清）吳坤修編 清刻本 九十四册 存一百十四卷（一至二十五、二十七至八十二、八十八至一百二十）

340000－1802－0003010 209.7/2642:2

大清律例根源一百二十四卷 （清）吳坤修編 清刻本 十四册 存九卷（三十五、三十九、四十五至五十一）

340000－1802－0003011　209.7/3406
名法指掌增訂二卷　(清)沈辛田纂輯　清乾隆八年(1743)同德堂刻本　二冊

340000－1802－0003012　209.7/3434
大清律例統纂集成四十卷末一卷　(清)沈之奇注　(清)姚潤纂輯　(清)彭年任重編　清光緒十二年(1886)補刻本　八冊　存十五卷(九至十、十六至十七、十九至二十二、二十四、二十六至二十八、三十五至三十七)

340000－1802－0003013　209.7/4701
刑部說帖揭要二十八卷　(清)胡調元輯　清道光十三年(1833)刻本　一冊　存一卷(一)

340000－1802－0003014　209.7/4734
大清律例通纂四十卷　(清)沈之奇注　(清)胡肇楷　(清)周孟鄰增輯　清刻本　一冊　存一卷(九)

340000－1802－0003015　209.7/5007
欽定吏部文選司章程三十二卷驗封司章程五卷稽勳司章程四卷　(清)吏部編　清刻本　九冊

340000－1802－0003016　209.7/6767
章程雜鈔□□卷　(清)嘯嚴氏錄　清同治十三年(1874)抄本　二冊　存二卷(漕倉章程一卷、軍需章程一卷)

340000－1802－0003017　209.7/7793
萬國憲法比較不分卷　(日本)辰巳小二郎著　(清)戢翼翬譯　清光緒二十八年(1902)商務印書館鉛印本　一冊

340000－1802－0003018　210.1/1172
考工記要十七卷附圖一卷　(英國)瑪體生著　(英國)傅蘭雅　(清)鍾天緯譯　(清)汪振聲考訂　清光緒二十三年(1897)小倉山房石印富強叢書本　四冊

340000－1802－0003019　210.1/4310
考工記圖二卷　(清)戴震撰　清光緒十一年(1885)秋樹根齋刻本　二冊

340000－1802－0003020　210.2/5019
桐城興建考棚添設豐備倉修築東鄉江壩紀略六卷　(清)史丙榮纂　清道光二十六年(1846)活字印本　四冊

340000－1802－0003021　211/5040
月令粹編二十四卷首一卷　(清)秦嘉謨編　清嘉慶十七年(1812)琳琅仙館刻本　八冊

340000－1802－0003022　211/5040:1
月令粹編二十四卷首一卷　(清)秦嘉謨編　清嘉慶十七年(1812)琳琅仙館刻本　四冊　存十四卷(七至二十)

340000－1802－0003023　211/8717
大清同治時憲書不分卷　(清)欽天監編　清刻本　十三冊　缺第一冊

340000－1802－0003024　211/8717:1
大清同治時憲書不分卷　(清)欽天監編　清刻本　二冊　存同治八年至光緒三年,光緒五年至六年、八年至九年、十一年

340000－1802－0003025　212/1204
坤輿撮要問答四卷附編一卷　(清)孫文楨撰　清光緒二十四年(1898)上海土山灣書館鉛印本　一冊

340000－1802－0003026　212/1204:1
坤輿撮要問答四卷附編一卷　(清)孫文楨撰　清光緒二十四年(1898)上海土山灣書館鉛印本　一冊

340000－1802－0003027　212/1204:2
坤輿撮要問答四卷附編一卷　(清)孫文楨撰　清光緒二十四年(1898)上海土山灣書館鉛印本　一冊

340000－1802－0003028　212/1204:3
坤輿撮要問答四卷附編一卷　(清)孫文楨撰　清光緒二十四年(1898)上海土山灣書館鉛印本　一冊

340000－1802－0003029　212/1204:4
坤輿撮要問答四卷附編一卷　(清)孫文楨撰　清光緒二十四年(1898)上海土山灣書館鉛印本　一冊

340000－1802－0003030　212/1204:5
坤輿撮要問答四卷附編一卷　(清)孫文楨撰　清光緒二十四年(1898)上海土山灣書館鉛印本　一冊

340000－1802－0003031　212/1204:6
坤輿撮要問答四卷附編一卷　(清)孫文楨撰　清光緒二十四年(1898)上海土山灣書館鉛印本　一冊

340000－1802－0003032　212/1204:7
坤輿撮要問答四卷附編一卷　(清)孫文楨撰　清光緒二十四年(1898)上海土山灣書館鉛印本　一冊

340000－1802－0003033　212/1204:8
坤輿撮要問答四卷附編一卷　(清)孫文楨撰　清光緒二十四年(1898)上海土山灣書館鉛印本　一冊

340000－1802－0003034　212/1204:9
坤輿撮要問答四卷附編一卷　(清)孫文楨撰　清光緒二十四年(1898)上海土山灣書館鉛印本　一冊

340000－1802－0003035　212/1204:10
坤輿撮要問答四卷附編一卷　(清)孫文楨撰　清光緒二十四年(1898)上海土山灣書館鉛印本　一冊

340000－1802－0003036　212/1204:11
坤輿撮要問答四卷附編一卷　(清)孫文楨撰　清光緒二十四年(1898)上海土山灣書館鉛印本　一冊

340000－1802－0003037　212/1204:12
坤輿撮要問答四卷附編一卷　(清)孫文楨撰　清光緒二十四年(1898)上海土山灣書館鉛印本　一冊

340000－1802－0003038　212/1204:13
坤輿撮要問答四卷附編一卷　(清)孫文楨撰　清光緒二十四年(1898)上海土山灣書館鉛印本　一冊

340000－1802－0003039　212/1204:14
坤輿撮要問答四卷附編一卷　(清)孫文楨撰　清光緒二十四年(1898)上海土山灣書館鉛印本　一冊

340000－1802－0003040　212/1204:15
坤輿撮要問答四卷附編一卷　(清)孫文楨撰　清光緒二十四年(1898)上海土山灣書館鉛印本　一冊

340000－1802－0003041　212/1204:16
坤輿撮要問答四卷附編一卷　(清)孫文楨撰　清光緒二十四年(1898)上海土山灣書館鉛印本　一冊

340000－1802－0003042　212/1204:17
坤輿撮要問答四卷附編一卷　(清)孫文楨撰　清光緒二十四年(1898)上海土山灣書館鉛印本　一冊

340000－1802－0003043　212/1204:18
坤輿撮要問答四卷附編一卷　(清)孫文楨撰　清光緒二十四年(1898)上海土山灣書館鉛印本　一冊

340000－1802－0003044　212/1204:19
坤輿撮要問答四卷附編一卷　(清)孫文楨撰　清光緒二十四年(1898)上海土山灣書館鉛印本　一冊

340000－1802－0003045　212/1204:20
坤輿撮要問答四卷附編一卷　(清)孫文楨撰　清光緒二十四年(1898)上海土山灣書館鉛印本　一冊

340000－1802－0003046　212/1204:21
坤輿撮要問答四卷附編一卷　(清)孫文楨撰　清光緒二十四年(1898)上海土山灣書館鉛印本　一冊

340000－1802－0003047　212/1204:22
坤輿撮要問答四卷附編一卷　(清)孫文楨撰　清光緒二十四年(1898)上海土山灣書館鉛印本　一冊

340000－1802－0003048　212/1204:23
坤輿撮要問答四卷附編一卷　(清)孫文楨撰

清光緒二十四年(1898)上海土山灣書館鉛印本　一冊

340000－1802－0003049　212.1/1040
元豐九域志十卷　(宋)王存編纂　清乾隆五十三年(1788)刻本　五冊

340000－1802－0003050　212.1/2880
大清一統志表不分卷　(清)徐午編　清刻本　六冊　存六百八葉(一至六百八)

340000－1802－0003051　212.1/3123
山海經存九卷首一卷　(清)汪紱注　清光緒二十一年(1895)立雪齋石印本　四冊

340000－1802－0003052　212.1/3132
讀史方輿紀要序二卷歷代州城疆域形勢敘二卷　(清)顧祖禹撰　清光緒二十六年(1900)、二十八年(1902)儒林堂刻本　二冊　缺一卷(歷代州城疆域形勢敘下)

340000－1802－0003053　212.1/3132:1
讀史方輿紀要一百三十卷輿地總圖四卷　(清)顧祖禹撰　清光緒五年(1879)蜀南桐花書屋刻本　六十二冊　缺五卷(三十八至四十二)

340000－1802－0003054　212.1/3132:2
讀史方輿紀要一百三十卷輿地總圖四卷　(清)顧祖禹撰　清光緒元年(1875)慎記書莊石印本　三十二冊

340000－1802－0003055　212.1/3193
天下郡國利病書一百二十卷　(清)顧炎武撰　清末石印本　二十三冊　缺四卷(一至四)

340000－1802－0003056　212.1/3193:1
天下郡國利病書一百二十卷　(清)顧炎武撰　清敷文閣活字印本　四十三冊　缺二十五卷(一至三、十三至三十四)

340000－1802－0003057　212.1/3279
安徽陸軍小學堂地理課本不分卷　(清)安徽陸軍小學堂編　清末鉛印本　一冊

340000－1802－0003058　212.1/3286
方輿紀要簡覽三十四卷　(清)顧炎武撰　(清)潘鐸編　清光緒二十八年(1902)經元書室刻本　十六冊

340000－1802－0003059　212.1/4043:1
元和郡縣圖志四十卷闕卷逸文一卷　(唐)李吉甫撰　**元和郡縣補志九卷**　(清)嚴觀撰　清光緒八年(1882)金陵書局刻本　六冊　缺二十卷(一至十一、二十三至二十九、三十五至三十六)

340000－1802－0003060　212.1/4045
元和郡縣圖志四十卷闕卷逸文一卷　(唐)李吉甫撰　**元和郡縣補志九卷**　(清)嚴觀編　清光緒六年(1880)金陵書局刻本　八冊

340000－1802－0003061　212.1/4077
天下一統志九十卷　(明)李賢等修　明萬壽堂刻本　二十八冊　缺十三卷(七至十九)

340000－1802－0003062　212.1/4400
皇清地理圖三卷　(清)董方立繪　清咸豐六年(1856)刻本　一冊

340000－1802－0003063　212.1/4409
廣輿記二十四卷　(清)陸應陽纂　(清)蔡方炳增輯　清嘉慶七年(1802)刻本　十四冊

340000－1802－0003064　212.1/4409:1
廣輿記二十四卷　(清)陸應陽纂　(清)蔡方炳增輯　清康熙二十五年(1686)刻本　十四冊

340000－1802－0003065　212.1/4409:2
廣輿記二十四卷　(清)陸應陽纂　(清)蔡方炳增輯　清嘉慶七年(1802)刻本　十四冊

340000－1802－0003066　212.1/4409:3
廣輿記二十四卷　(清)陸應陽纂　(清)蔡方炳增輯　清康熙二十五年(1686)刻本　一冊　存二卷(一至二)

340000－1802－0003067　212.1/4430
皇清地理圖三卷　(清)董祐誠撰　清咸豐六年(1856)刻本　三冊

340000－1802－0003068　212.1/4444
得一齋四種八卷　(清)黃楙材著　清光緒十

二年(1886)得一齋刻新陽趙氏叢刊本　四冊

340000－1802－0003069　212.1/4444:1
得一齋四種八卷　(清)黄楙材著　清光緒二十二年(1896)得一齋刻本　四冊

340000－1802－0003070　212.1/4741
大清中外壹統輿圖三十一卷首一卷　(清)胡林翼撰　(清)嚴樹森補　清同治二年(1863)刻本　三十二冊

340000－1802－0003071　212.1/4741:1
大清中外壹統輿圖三十一卷首一卷　(清)胡林翼撰　(清)嚴樹森補　清同治二年(1863)刻本　二十八冊　缺四卷(中一卷,北十九至二十、首一卷)

340000－1802－0003072　212.1/4741:2
大清中外壹統輿圖三十一卷首一卷　(清)胡林翼撰　(清)嚴樹森補　清同治二年(1863)刻本　二十冊　缺十二卷(中一卷,南一、三、七、十,北五、八、十一、十六至十七、二十;首一卷)

340000－1802－0003073　212.1/7027
地理志略四卷　(清)學部編譯書局纂　清光緒三十四年(1908)武昌刻本　二冊

340000－1802－0003074　212.11/2632
支那疆域沿革略説一卷　(日本)重野安繹　(日本)河田羆著　清輿地學會刻本　一冊

340000－1802－0003075　212.11/2674
資治通鑑地理今釋十六卷　(清)吴熙載撰　清光緒八年(1882)江蘇書局刻本　三冊　存十一卷(一至十一)

340000－1802－0003076　212.11/2674:1
資治通鑑地理今釋十六卷　(清)吴熙載撰　清光緒八年(1882)江蘇書局刻本　三冊

340000－1802－0003077　212.11/4033
李氏五種二十八卷　(清)李兆洛輯　(清)六承如等編　清光緒四年(1878)順德馬貞榆刻本　十二冊　存六卷(歷代地理沿革圖一,皇朝一統輿圖一卷,歷代紀元編三卷、末一卷)

340000－1802－0003078　212.11/4033:1
歷代地理韻編二十卷皇朝輿地韻編二卷歷代地理沿革圖一卷皇朝一統輿圖一卷紀元三卷　(清)李兆洛輯　(清)六承如等編　清同治九年(1870)合肥李氏刻本　十二冊

340000－1802－0003079　212.11/4033:2
李氏五種二十八卷　(清)李兆洛輯　(清)六承如等編　清光緒十四年(1888)掃葉山房刻本　十二冊

340000－1802－0003080　212.11/4033:3
李氏五種二十八卷　(清)李兆洛輯　清光緒二十四年(1898)掃葉山房石印本　八冊

340000－1802－0003081　212.11/4033:4
歷代地理志韻編今釋二十卷皇朝輿地圖一卷韻編二卷　(清)李兆洛輯　(清)六承如等編　清光緒二十九年(1903)上海蜚英館石印本　六冊

340000－1802－0003082　212.11/4033:5
歷代地理志韻編今釋二十卷皇朝輿地圖一卷韻編二卷　(清)李兆洛輯　(清)六承如等編　清光緒二十九年(1903)上海蜚英館石印本　四冊

340000－1802－0003083　212.11/4634
歷代輿地沿革險要圖説一卷　楊守敬　(清)饒敦秩撰　(清)王尚德繪　清光緒二十四年(1898)石印本　一冊

340000－1802－0003084　212.11/4634:1
歷代輿地圖四十四卷　楊守敬撰　(清)熊會貞繪　清光緒三十年至宣統元年(1904－1909)刻朱墨套印本　三十四冊

340000－1802－0003085　212.11/4730
圖史提綱三卷　(清)胡宣慶纂　清光緒十七年(1891)胡氏刻本　一冊

340000－1802－0003086　212.11/9011
華陽國志十五卷　(晉)常璩撰　明末清初刻本　三冊

340000－1802－0003087　212.11/9011:1

華陽國志十五卷　(晉)常璩著　明末清初刻本　一册　存四卷(漢中士女志、梓潼士女志、後賢志、序志)

340000－1802－0003088　212.12/0092
新校晉書地理志一卷　(清)方愷撰　清光緒二十一年(1895)刻廣雅書局叢書本　一册

340000－1802－0003089　212.12/2250
太平寰宇記二百卷目録二卷　(宋)樂史撰　清光緒八年(1882)金陵書局刻本　六册　存三十一卷(一至三、十一至十九、七十九至八十四、一百四十四至一百四十九、一百九十一至一百九十五,目録二卷)

340000－1802－0003090　212.12/3131
漢書地理志校本二卷　(清)汪遠孫撰　清道光二十八年(1848)振綺堂刻本　二册

340000－1802－0003091　212.12/6031
晉書地理志新補正五卷　(清)畢沅撰　清乾隆四十八年(1783)刻本　一册

340000－1802－0003092　212.12/6031:1
晉太康三年地記一卷晉書地道記一卷　(清)畢沅集　清乾隆四十九年(1784)刻本　一册

340000－1802－0003093　212.1235/3404
補三國疆域志二卷　(清)洪亮吉撰　清光緒四年(1878)授經堂刻本　一册

340000－1802－0003094　212.1235/3404:1
補三國疆域志二卷　(清)洪亮吉撰　清乾隆四十六年(1781)西安刻本　一册

340000－1802－0003095　212.21/2528
日下舊聞四十二卷　(清)朱彝尊編　(清)朱昆田補遺　清刻本　十二册

340000－1802－0003096　212.21/2671
宸垣識略十六卷　(清)吴長元編　清咸豐二年(1852)藻思堂刻本　八册

340000－1802－0003097　212.222/2247
[同治]重修欒城縣志十四卷首一卷末一卷　(清)張惇德纂輯　清同治十一年至十二年(1872－1873)刻本　六册

340000－1802－0003098　212.222/2253
畿輔通志三百卷　(清)黄彭年纂　清光緒刻本　十二册　存十五卷(四十、一百三十五、一百七十一至一百八十二、一百八十七)

340000－1802－0003099　212.222/3732
[光緒]深州風土記二十二卷國朝貞節表五卷　(清)吴汝綸著　清光緒二十六年(1900)文瑞書院刻本　七册　缺三卷(十二之上、中、下)

340000－1802－0003100　212.222/3732:1
[光緒]深州風土記二十二卷國朝貞節表五卷　(清)吴汝綸著　清光緒二十六年(1900)文瑞書院刻本　六册　缺五卷(國朝貞節表五卷)

340000－1802－0003101　212.222/5017
[同治]棗強縣誌補正五卷　(清)方宗誠纂　清光緒二年(1876)棗強縣署刻本　二册

340000－1802－0003102　212.225/4017
[道光]太平縣志十六卷首一卷　(清)李炳彦纂　(清)梁棲鸞編　清道光五年(1825)刻本　八册

340000－1802－0003103　212.226/4440
蒙古遊牧記十六卷　(清)張穆撰　清同治六年(1867)壽陽祁氏刻本　四册

340000－1802－0003104　212.231/5300
盛京通志四十八卷圖一卷　(清)魏樞纂　清刻本　九册　存二十一卷(三至二十二、圖一卷)

340000－1802－0003105　212.241/1317
[正德]武功縣志三卷首一卷　(明)康海撰　清同治十二年(1873)湖北崇文書局刻本　一册

340000－1802－0003106　212.241/1317:1
[正德]武功縣志三卷首一卷　(明)康海撰　清同治十二年(1873)刻本　一册

340000－1802－0003107　212.241/1317:2
[正德]武功縣志三卷附録一卷勘證一卷

(明)康海撰　**[正德]朝邑縣志二卷附錄一卷勘證一卷**　(明)韓邦靖撰　清同治十三年(1874)彭城刻本　一册

340000－1802－0003108　212.241/4447
[嘉慶]韓城縣志十六卷首一卷　(清)傅應奎撰　清刻本　一册　存五卷(九至十三)

340000－1802－0003109　212.241/7410
[雍正]陝西通志一百卷首一卷　(清)沈青崖編　清抄本　三册　存三卷(九十八至一百)

340000－1802－0003110　212.241/7410:1
[雍正]陝西通志一百卷首一卷　(清)沈青崖編　清雍正十三年(1735)刻本　九十五册　存九十六卷(一、三至五十二、五十四至九十七,首一卷)

340000－1802－0003111　212.245/1040
西域記八卷　(清)椿園著　清光緒十一年(1885)刻本　二册

340000－1802－0003112　212.245/1071
西陲要略四卷　(清)祁韻士編　清光緒四年(1878)同文館鉛印本　二册

340000－1802－0003113　212.252/7760
闕里文獻考一百卷首一卷末一卷　(清)孔繼汾纂　清刻本　八册

340000－1802－0003114　212.253/0074
廣陵通典十卷　(清)汪中撰　清同治八年(1869)揚州書局刻本　二册

340000－1802－0003115　212.253/3007
[道光]重修寶應縣志二十八卷首一卷　(清)孟毓蘭修　(清)喬載繇等纂　清道光二十年(1840)刻本　十册

340000－1802－0003116　212.254/0030
[光緒]續修廬州府志一百卷首一卷末一卷　(清)黄雲修　清光緒十一年(1885)刻本　四十八册

340000－1802－0003117　212.254/0030:1
[光緒]續修廬州府志一百卷首一卷末一卷　(清)黄雲修　清光緒十一年(1885)刻三十四年(1908)重印本　四十八册

340000－1802－0003118　212.254/0030:2
[光緒]續修廬州府志一百卷首一卷末一卷　(清)黄雲修　清刻本　七册　存十四卷(七十一至八十四)

340000－1802－0003119　212.254/0032
[光緒]亳州志二十卷首一卷　(清)宗能徵纂修　清光緒二十年(1894)活字印本　十四册

340000－1802－0003120　212.254/0032:1
[光緒]亳州志二十卷首一卷　(清)宗能徵纂修　清光緒二十年(1894)活字印本　十四册

340000－1802－0003121　212.254/0032:2
[光緒]亳州志二十卷首一卷　(清)宗能徵纂修　清光緒二十年(1894)活字印本　十四册

340000－1802－0003122　212.254/0032:3
[光緒]亳州志二十卷首一卷　(清)宗能徵纂　清光緒二十年(1894)活字印本　十册　缺六卷(十至十三、十九至二十)

340000－1802－0003123　212.254/0037
[光緒]廬江縣志十六卷首一卷　(清)錢鑅修　清光緒十一年(1885)木活字印本　十六册

340000－1802－0003124　212.254/0037:1
[光緒]廬江縣志十六卷首一卷　(清)錢鑅修　清光緒十一年(1885)木活字印本　十二册　缺四卷(二、八、十三、十六)

340000－1802－0003125　212.254/0230
[淳熙]新安志十卷　(宋)羅願撰　清光緒十四年(1888)黟邑李氏刻本　四册

340000－1802－0003126　212.254/0230:1
[淳熙]新安志十卷　(宋)羅願撰　清光緒十四年(1888)黟邑李氏刻本　四册

340000－1802－0003127　212.254/0230:2
[淳熙]新安志十卷　(宋)羅願撰　清光緒十四年(1888)黟邑李氏刻本　八册

340000－1802－0003128　212.254/1037
[光緒]重修五河縣志二十卷首一卷末一卷　(清)賴同宴　(清)孫玉銘修　清光緒二十年

(1894)金陵刻本　六冊　缺六卷(十至十五)

340000－1802－0003129　212.254/1037:1
[光緒]重修五河縣志二十卷首一卷末一卷　(清)賴同宴　(清)孫玉銘修　清光緒二十年(1894)金陵刻本　八冊

340000－1802－0003130　212.254/1527
[宣統]建德縣志二十卷首一卷　(清)周學銘　(清)趙鎔修　清宣統二年(1910)湖北官刷印局鉛印本　十冊

340000－1802－0003131　212.254/1527:1
[宣統]建德縣志二十卷首一卷　(清)周學銘　(清)趙鎔修　清宣統二年(1910)湖北官刷印局鉛印本　十冊

340000－1802－0003132　212.254/2127
[同治]潁上縣志十二卷首一卷　(清)都寵錫修　清同治九年(1870)修光緒四年(1878)補刻本　八冊

340000－1802－0003133　212.254/2127:1
[同治]潁上縣志十二卷首一卷　(清)都寵錫修　清同治九年(1870)修光緒四年(1878)補刻本　八冊

340000－1802－0003134　212.254/3028
[光緒]重修安徽通志三百五十卷補遺十卷　(清)沈葆楨等修　清光緒四年(1878)刻七年(1881)增修本　二十八冊　存七十二卷(二百六十九至三百三十一、補遺二至十)

340000－1802－0003135　212.254/3028:1
[光緒]重修安徽通志三百五十卷補遺十卷　(清)沈葆楨等修　清光緒三年(1877)刻本　一百二十冊

340000－1802－0003136　212.254/3028:2
[光緒]重修安徽通志三百五十卷補遺十卷　(清)沈葆楨等修　清光緒三年(1877)刻本　一百二十冊

340000－1802－0003137　212.254/3028:3
[光緒]重修安徽通志三百五十卷補遺十卷　(清)沈葆楨等修　清光緒四年(1878)刻本　一百十冊　缺二十五卷(一百十二至一百三十六)

340000－1802－0003138　212.254/3028:4
[道光]安徽通志二百六十卷首六卷　(清)陶澍　(清)鄧廷楨纂修　清道光九年(1829)刻本　二冊　存五卷(二百六至二百十)

340000－1802－0003139　212.254/3028:5
[道光]安徽通志二百六十卷首六卷　(清)陶澍　(清)鄧廷楨纂修　清道光九年(1829)刻本(目錄、凡例、卷十三至十六、一百二十九至一百五十八、一百九十八至二百為抄配)　九十九冊　缺二卷(四十至四十一)

340000－1802－0003140　212.254/3028:6
[道光]安徽通志二百六十卷首六卷　(清)陶澍　(清)鄧廷楨纂修　清道光九年(1829)刻本　九冊　存二十四卷(一百八十七至二百十)

340000－1802－0003141　212.254/3028:7
[光緒]江南安徽全圖不分卷　(清)劉籌纂　(清)方賓穆等繪　清光緒二十二年(1896)點石齋石印本　一冊

340000－1802－0003142　212.254/3028:8
安徽輿圖表說十卷　(□)□□撰　清光緒二十二年(1896)石印本　三冊

340000－1802－0003143　212.254/3047
[光緒]宣城縣志四十卷首一卷　(清)李應泰　(清)范葆廉修　清光緒十四年(1888)活字印本　二十四冊

340000－1802－0003144　212.254/3240
皖典類編八卷　(清)潘才撰　清乾隆三十八年(1773)刻本　八冊

340000－1802－0003145　212.254/3632
[康熙]泗州志十八卷　(清)莫之翰纂修　清抄本　三冊

340000－1802－0003146　212.254/3651
[光緒]泗虹合志十九卷　(清)方瑞蘭修　清光緒十四年(1888)刻本　八冊

340000－1802－0003147　212.254/3777
[同治]祁門縣志三十六卷首一卷　(清)周溶修　清同治十二年(1873)刻本　十二册

340000－1802－0003148　212.254/3777:1
[同治]祁門縣志三十六卷首一卷　(清)周溶修　清同治十二年(1873)刻本　十二册

340000－1802－0003149　212.254/4001
皖志便覽六卷　(清)李應玨著　清莫官紙印刷局鉛印本　一册　存三卷(一至三)

340000－1802－0003150　212.254/4001:1
皖志便覽六卷　(清)李應玨著　清光緒二十四年(1898)刻本　四册

340000－1802－0003151　212.254/4001:2
皖志便覽六卷　(清)李應玨著　清光緒二十四年(1898)刻本　二册　存三卷(一至三)

340000－1802－0003152　212.254/4001:3
皖志便覽六卷　(清)李應玨著　清光緒二十四年(1898)刻本　二册　存三卷(一至三)

340000－1802－0003153　212.254/4010
[康熙]太平府志四十卷　(清)黄桂　(清)宋驤修　(清)李敏迪　(清)曹守謙增修　清光緒二十九年(1903)活字印本　十册　存二十四卷(一至二十四)

340000－1802－0003154　212.254/4027
[乾隆]太和縣志八卷　(清)成兆豫纂脩　清乾隆十七年(1752)刻本　四册

340000－1802－0003155　212.254/4032
[光緒]壽州志三十六卷首一卷末一卷　(清)曾道唯纂修　清光緒刻本　一册　存四卷(十至十三)

340000－1802－0003156　212.254/4037
[道光]太湖縣志四十卷首一卷末一卷　(清)孫濟等修　(清)陳烈纂　清道光十一年(1831)刻本　十册

340000－1802－0003157　212.254/4037:1
[乾隆]太湖縣志二十卷首一卷末一卷　(清)吴易修　(清)徐曰明纂　清乾隆二十六年(1761)刻本　四册　存十五卷(四至十、十四至二十,末一卷)

340000－1802－0003158　212.254/4074
[光緒]南陵小志四卷首一卷　(清)宗能徵纂修　清光緒活字印本　一册　存一卷(三上)

340000－1802－0003159　212.254/4276
[嘉慶]橙陽散志十五卷備志一卷　(清)江登雲編　(清)江紹蓮續編　清嘉慶十四年(1809)刻本　五册　存十二卷(一至二、四至十三)

340000－1802－0003160　212.254/4747
[道光]桐城續修縣志二十四卷首一卷　(清)廖大聞等修　(清)金鼎壽纂　清道光七年(1827)刻本　十一册　缺三卷(二十二至二十四)

340000－1802－0003161　212.254/5037
[嘉慶]東流縣志三十卷　(清)吴篪修　清嘉慶二十四年(1819)刻本　二册　存六卷(一至五、二十七上)

340000－1802－0003162　212.254/5037:1
[嘉慶]東流縣志三十卷　(清)吴篪修　清嘉慶二十四年(1819)刻本　三册　存十五卷(一至九、十一至十六下)

340000－1802－0003163　212.254/5037:2
[嘉慶]東流縣志三十卷　(清)吴篪修　清嘉慶二十三年(1818)刻本(卷十五至十六為抄配)　九册

340000－1802－0003164　212.254/5037:3
[嘉慶]東流縣志三十卷　(清)吴篪修　清嘉慶二十四年(1819)刻本　六册　存二十五卷(一至十四、十七上下至二十七上)

340000－1802－0003165　212.254/5037:4
[光緒]重修貴池縣志四十四卷首一卷　(清)陸延齡修　清光緒九年(1883)木活字印本　二十册

340000－1802－0003166　212.254/5037:5
[光緒]重修貴池縣志四十四卷首一卷　(清)

陸延齡修　清光緒九年(1883)木活字印本　一冊　存三卷(十九至二十一)

340000－1802－0003167　212.254/5077
[光緒]青陽縣志十二卷　(清)華椿修　(清)周贇纂　清光緒十七年(1891)刻本　十二冊

340000－1802－0003168　212.254/6167
[同治]盱眙縣志六卷　(清)傅紹曾纂修　清同治十二年(1873)刻本　四冊

340000－1802－0003169　212.254/6167:1
[光緒]盱眙縣志槀十七卷　(清)王錫元撰　清光緒十七年(1891)刻本　八冊

340000－1802－0003170　212.254/6772
[同治]黟縣三志十六卷首一卷末一卷　(清)謝永泰修　清同治十年(1871)刻本　十七冊

340000－1802－0003171　212.254/6772:1
[嘉慶]黟縣志十六卷首一卷　(清)吳甸華修　清嘉慶十七年(1812)刻本　十二冊

340000－1802－0003172　212.254/7176
[嘉慶]歷陽典錄三十四卷補編六卷　(清)陳廷桂纂輯　清同治六年(1867)和州官舍刻本　十二冊

340000－1802－0003173　212.254/7176:1
[嘉慶]歷陽典錄三十四卷補編六卷　(清)陳廷桂纂輯　清同治六年(1867)和州官舍刻本　十二冊

340000－1802－0003174　212.254/7747
[光緒]鳳臺縣志二十五卷首一卷　(清)李師沆　(清)石成之纂修　清光緒十八年(1892)刻本　十八冊

340000－1802－0003175　212.254/8033
[嘉慶]無為州志三十六卷首一卷　(清)吳元慶纂修　清嘉慶八年(1803)刻本　十冊

340000－1802－0003176　212.254/9037
[嘉慶]懷遠縣志二十八卷首一卷　(清)孫讓修　清活字印本　一冊　存一卷(二十三)

340000－1802－0003177　212.254/9037:1
[道光]懷寧縣志二十八卷首一卷末一卷　(清)王毓芳　(清)趙梅纂　清道光四年(1824)刻本　十冊

340000－1802－0003178　212.255/4001
浙志便覽十卷　(清)李應玨撰　清刻本　一冊　存六卷(五至十)

340000－1802－0003179　212.255/5067
[光緒]青田縣志十八卷　(清)雷銑修　(清)王棻纂　清光緒刻本　十冊　存十五卷(二至五、八至十八)

340000－1802－0003180　212.256/2107
[同治]重修上高縣志十四卷首一卷末一卷　(清)馮蘭森纂輯　清同治活字印本　六冊　存六卷(三至四、六至八、十二)

340000－1802－0003181　212.261/2518
豫乘識小錄二卷　(清)朱雲錦撰　清同治十二年(1873)文耀齋刻本　二冊

340000－1802－0003182　212.263/3173
[光緒]重修沔陽州志十二卷首一卷　(清)葛振元續修　(清)楊鉅纂　清光緒二十年(1894)刻本　十六冊

340000－1802－0003183　212.263/3711
[光緒]湖北輿地記二十四卷　(清)湖北輿圖局編　清光緒二十年(1894)刻本　二十三冊　缺一卷(武昌府輿地記一)

340000－1802－0003184　212.263/3711:1
湖北通志□□卷　(清)□□撰　清刻本　一冊　存二卷(二十一至二十二)

340000－1802－0003185　212.263/3711:2
湖北通省驛站四至輿圖一卷　(清)□□撰　清活字印本　一冊

340000－1802－0003186　212.263/4430
荊州府志□□卷　(清)□□修　清刻本　一冊　存二卷(七十七至七十八)

340000－1802－0003187　212.263/4437
[同治]枝江縣志二十卷首一卷　(清)查子庚修　(清)熊文灡等纂　清同治五年(1866)刻

本　八册

340000－1802－0003188　212.263/7432
[同治]隨州志三十二卷首一卷　(清)文齡等修　(清)史策先等纂　清同治刻本　一册　存一卷(二十六)

340000－1802－0003189　212.265/1030
[嘉慶]雷州府志二十卷首一卷　(清)雷學海修　(清)陳昌齊等纂　清嘉慶十六年(1811)刻本　七册　缺六卷(一至二、七至九,首一卷)

340000－1802－0003190　212.271/3737
[康熙修道光續修同治增補]通江縣志十五卷補遺四卷　(清)李鍾峨編　(清)錫檀增訂　清同治二年(1863)刻本　一册　存八卷(十至十三、補遺四卷)

340000－1802－0003191　212.31/2311:1
[雍正]西湖志四十八卷　(清)傅王露等修　清雍正十二年(1734)刻本　二十册

340000－1802－0003192　212.31/2311:2
[雍正]西湖志四十八卷　(清)傅王露等修　清光緒四年(1878)浙江書局刻本　二十册

340000－1802－0003193　212.31/4937
[光緒]平山堂圖志十卷首一卷　(清)趙之壁編　清光緒九年(1883)刻本　四册

340000－1802－0003194　212.31/7146
[嘉慶]莫愁湖志六卷首一卷　(清)馬士圖撰　清光緒八年(1882)刻本　二册

340000－1802－0003195　212.31/7146:1
[嘉慶]莫愁湖志六卷首一卷對文一卷　(清)馬士圖撰　清光緒刻本　二册　缺二卷(五至六)

340000－1802－0003196　212.31/7748
仙源攬勝圖三卷　(清)周士猷等繪　(清)馬徵麐等撰　清光緒刻本　一册

340000－1802－0003197　212.33/2686
[光緒]江南蘇州府報恩講寺志一卷　(清)釋敏曦集　清光緒二十五年(1899)刻本　一册

340000－1802－0003198　212.33/3522
潭柘山岫雲寺志一卷　(清)神穆德撰　**續刊潭柘山志一卷**　(清)釋義菴編　清光緒九年(1883)刻本　二册

340000－1802－0003199　212.33/4623
伽藍記五卷　(北魏)楊衒之著　清末盧秉鈞刻本　二册

340000－1802－0003200　212.34/2128
忠武祠墓志七卷末一卷　(清)虛白道人編　清同治五年(1866)刻本　四册

340000－1802－0003201　212.34/2128:1
忠武祠墓志七卷末一卷　(清)虛白道人編　清同治五年(1866)刻本　四册

340000－1802－0003202　212.34/2128:2
忠武祠墓志七卷末一卷　(清)虛白道人編　清同治五年(1866)刻本　四册

340000－1802－0003203　212.34/2128:3
忠武祠墓志七卷末一卷　(清)虛白道人編　清同治五年(1866)刻本　四册

340000－1802－0003204　212.34/2517
歷代宗廟附考八卷　(清)朱孔陽輯　清光緒鉛印申報館叢書本　二册

340000－1802－0003205　212.34/3140
[嘉慶]岳廟志略十卷首一卷　(清)馮培編　清光緒五年(1879)浙江書局刻本　四册

340000－1802－0003206　212.34/8014:1
曹江孝女廟誌八卷首一卷末一卷　(清)金廷棟編　清光緒八年(1882)刻本　二册

340000－1802－0003207　212.34/8014:2
曹江孝女廟誌八卷首一卷末一卷　(清)金廷棟編　清光緒八年(1882)刻本　二册

340000－1802－0003208　212.35/2517
歷代陵寢備考五十卷　(清)朱孔陽編　清光緒鉛印申報館叢書本　十二册

340000－1802－0003209　212.36/4019
[宣統]大觀亭志二卷　李丙榮編　清宣統三年(1911)安徽官紙印刷局鉛印本　一册

340000－1802－0003210　212.36/4019:1
[宣統]大觀亭志二卷　李丙榮編　清宣統三年(1911)安徽官紙印刷局鉛印本　一册

340000－1802－0003211　212.36/4019:2
[宣統]大觀亭志二卷　李丙榮編　清宣統三年(1911)安徽官紙印刷局鉛印本　一册

340000－1802－0003212　212.36/4019:3
[宣統]大觀亭志二卷　李丙榮編　清宣統三年(1911)安徽官紙印刷局鉛印本　一册

340000－1802－0003213　212.36/4064
[宣統]大觀亭志六卷末一卷　李國模纂　李丙榮編　清宣統三年(1911)合肥李氏慎餘堂活字印本　四册

340000－1802－0003214　212.36/4064:1
[宣統]大觀亭志六卷末一卷　李國模纂　李丙榮編　清宣統三年(1911)合肥李氏慎餘堂活字印本　四册

340000－1802－0003215　212.37/2518
太學坊表八卷首一卷　(清)朱百谷撰　清正安州刻本　八册

340000－1802－0003216　212.5/4638
[道光]京口山水志十八卷首一卷末一卷　(清)楊棨撰　清宣統三年(1911)鉛印本　四册

340000－1802－0003217　212.51/0022
[乾隆]南嶽志八卷　(清)高自位編　(清)曠敏本輯　清乾隆十八年(1753)刻本　六册

340000－1802－0003218　212.51/0022:1
[乾隆]南嶽志八卷　(清)高自位編　(清)曠敏本輯　清乾隆十八年(1753)刻本　六册

340000－1802－0003219　212.51/2021
[康熙]廬山志十五卷　(清)毛德琦重編　清康熙順德堂刻宣統二年(1910)補刻本　一册　存一卷(六)

340000－1802－0003220　212.51/2021:1
[康熙]廬山志十五卷　(清)毛德琦重編　清康熙順德堂刻乾隆五十八年(1793)補刻本　十六册

340000－1802－0003221　212.51/2021:2
[康熙]廬山志十五卷　(清)毛德琦重編　清康熙順德堂刻同治補刻本　十六册

340000－1802－0003222　212.51/2610
[同治]焦山志二十六卷首一卷　(清)吳雲輯　清同治四年(1865)刻本　八册

340000－1802－0003223　212.51/2610:1
[同治]焦山志二十六卷首一卷　(清)吳雲輯　清同治四年(1865)刻本　三册　存八卷(二至五、二十三至二十六)

340000－1802－0003224　212.51/2610:2
[同治]焦山志二十六卷首一卷　(清)吳雲輯　清同治四年(1865)刻本　八册

340000－1802－0003225　212.51/2630
[同治]重修浮山志十卷　(清)吳道新編纂　(清)陳焯重修　清同治十二年(1873)木活字印本　六册

340000－1802－0003226　212.51/2630:1
[同治]重修浮山志十卷　(清)吳道新編纂　(清)陳焯重修　清同治十二年(1873)木活字印本　五册　缺二卷(一、十)

340000－1802－0003227　212.51/2630:2
[同治]重修浮山志十卷　(清)吳道新編纂　(清)陳焯重修　清同治十二年(1873)木活字印本　七册

340000－1802－0003228　212.51/4043
[道光]華嶽志八卷首一卷　(清)李榕纂　清道光十一年(1831)刻光緒九年(1883)補刻本　四册

340000－1802－0003229　212.51/4043:1
[道光]華嶽志八卷首一卷　(清)李榕纂　清道光十一年(1831)刻光緒三十年(1904)補刻本　四册

340000－1802－0003230　212.51/4070
[光緒]石鐘山志十六卷首一卷　(清)李成謀　(清)丁義方編　清光緒九年(1883)聽濤眺

雨刻本　八册

340000－1802－0003231　212.51/4070:1
[光緒]石鐘山志十六卷首一卷　(清)李成謀　(清)丁義方編　清光緒九年(1883)聽濤眺雨刻本　八册

340000－1802－0003232　212.51/4070:2
[光緒]石鐘山志十六卷首一卷　(清)李成謀　(清)丁義方編　清光緒九年(1883)聽濤眺雨刻本　八册

340000－1802－0003233　212.51/4411:1
[乾隆]武夷山志二十四卷首一卷　(清)董天工編　清道光二十六年(1846)刻本　十册

340000－1802－0003234　212.51/4411:2
[乾隆]武夷山志二十四卷首一卷　(清)董天工編　清道光二十六年(1846)刻本　八册

340000－1802－0003235　212.51/7507
[乾隆]攝山志八卷首一卷　(清)陳毅編　清乾隆五十五年(1790)蘇州府署刻本　四册

340000－1802－0003236　212.51/7526
[光緒]焦山續志八卷　(清)陳任暘編　清光緒三十一年(1905)刻本　二册

340000－1802－0003237　212.51/7526:1
[光緒]焦山續志八卷　(清)陳任暘編　清光緒三十一年(1905)刻本　二册

340000－1802－0003238　212.51/7544
[嘉慶]齊山巖洞志二十六卷首一卷　(清)陳蔚纂　清光緒二十七年(1901)唐石簃刻本　八册

340000－1802－0003239　212.51/7565
南嶽總勝集三卷　(宋)陳田夫撰　清光緒三十二年(1906)影宋刻本　三册

340000－1802－0003240　212.51/7703
[光緒]九華山志十卷首一卷末一卷　(清)周贇纂修　(清)謝維喈重修　清光緒二十六年(1900)刻本　八册

340000－1802－0003241　212.51/7703:1
[光緒]九華山志十卷首一卷末一卷　(清)周贇纂修　(清)謝維喈重修　清光緒二十六年(1900)刻本　八册

340000－1802－0003242　212.51/7703:2
[光緒]九華山志十卷首一卷末一卷　(清)周贇纂修　(清)謝維喈重修　清光緒二十六年(1900)刻本　八册

340000－1802－0003243　212.51/8060
[乾隆]廣雁蕩山誌二十八卷首一卷末一卷　(清)曾唯輯　清乾隆五十五年(1790)刻本　八册　缺三卷(五至七)

340000－1802－0003244　212.51/8060:1
[乾隆]廣雁蕩山誌二十八卷首一卷末一卷　(清)曾唯纂　清乾隆五十五年(1790)刻本　三册　存十二卷(一至十二)

340000－1802－0003245　212.51/8432
[萬曆]清涼山志十卷　(明)釋鎮澄纂　清乾隆二十年(1755)刻本　四册

340000－1802－0003246　212.52/0014
水道提綱二十八卷　(清)齊召南纂　清光緒二十四年(1898)新化三味書室刻本　八册

340000－1802－0003247　212.52/0014:1
水道提綱二十八卷　(清)齊召南纂　清乾隆二十六年(1761)刻本　十一册　缺二卷(一至二)

340000－1802－0003248　212.52/0035
讀水經注小識四卷　(清)龐鴻書編　清末石印本　二册

340000－1802－0003249　212.52/1731
水經注四十卷　(北魏)酈道元撰　清刻本　十六册

340000－1802－0003250　212.52/1731:1
水經注四十卷首一卷　(北魏)酈道元撰　清光緒三年(1877)湖北崇文書局刻本　十二册

340000－1802－0003251　212.52/1731:2
水經注四十卷首一卷　(北魏)酈道元撰　清光緒三年(1877)湖北崇文書局刻本　十二册

340000－1802－0003252　212.52/4030

[光緒]永定河志三十二卷首二卷續志十六卷 （清）李逢亨纂修 （清）朱其詔續修 清光緒六年（1880）刻本 二十册 缺十四卷（永定河志一至二、十八至二十一、二十四至二十五，續志六至八、十二、十五至十六）

340000－1802－0003253 212.52/4438
今水經一卷表一卷 （清）黄宗羲撰 清光緒三年（1877）湖北崇文書局刻本 一册

340000－1802－0003254 212.52/4444
西徼水道一卷 （清）黄楙材著 清光緒二十二年（1896）得一齋刻本 一册

340000－1802－0003255 212.52/4488
揚子江流域現勢論四編 （日本）林繁著 （清）汪國屏譯 清光緒二十八年（1902）廣智書局鉛印本（原缺第三編） 一册

340000－1802－0003256 212.52/4488:1
揚子江流域現勢論四編 （日本）林繁著 （清）汪國屏譯 清光緒二十八年（1902）廣智書局鉛印本（原缺第三編） 一册

340000－1802－0003257 212.52/6075
最近揚子江之大勢不分卷 （日本）國府犀東著 （清）趙必振譯 清光緒二十八年（1902）廣智書局鉛印本 一册

340000－1802－0003258 212.52/7120
長江圖説十二卷首一卷 （清）馬徵麐著 清刻本 十一册

340000－1802－0003259 212.52/7542
揚子江形勢論略一卷 陳獨秀撰 清光緒二十三年（1897）活字印本 一册

340000－1802－0003260 212.52/8024
海道圖説十五卷長江圖説一卷 （英國）金約翰編 （英國）傅蘭雅 （美國）金楷理口譯 （清）王德均筆述 清刻本 十册

340000－1802－0003261 212.52/8024:1
海道圖説十五卷長江圖説一卷 （英國）金約翰編 （英國）傅蘭雅 （美國）金楷理口譯 （清）王德均筆述 清光緒二十二年（1896）上海書局石印本 八册

340000－1802－0003262 212.52/8024:2
海道圖説十五卷長江圖説一卷 （英國）金約翰編 （英國）傅蘭雅 （美國）金楷理口譯 （清）王德均筆述 清光緒二十二年（1896）上海書局石印本 八册

340000－1802－0003263 212.52/8774
銅陵江壩錄一卷 （清）□□編 清光緒十四年（1888）同仁局刻本 一册

340000－1802－0003264 212.53/1072
浙西水利備考不分卷 （清）王鳳生編 清光緒四年（1878）浙江書局刻本 二册

340000－1802－0003265 212.53/1072:1
浙西水利備考不分卷 （清）王鳳生編 清道光四年（1824）刻本 四册

340000－1802－0003266 212.53/4234
[光緒]荊州萬城隄續志十卷首一卷末一卷 （清）舒惠纂 清光緒二十年（1894）刻本 四册

340000－1802－0003267 212.6/3140
江南聞見錄一卷粵遊見聞一卷賜姓始末一卷兩廣紀畧一卷 （清）留雲居士輯 清刻本 一册

340000－1802－0003268 212.6/4444
滬遊勝記一卷 （清）黄楙材著 清光緒二十二年（1896）刻本 一册

340000－1802－0003269 212.61/1731
湖山便覽十二卷 （清）翟灝 （清）翟瀚編 清光緒元年（1875）刻本 一册 存一卷（一）

340000－1802－0003270 212.61/3152
新安景物約編五卷補遺一卷 （清）江忠儔 （清）江正心纂 清道光十年（1830）刻同治四年（1865）補刻本 二册

340000－1802－0003271 212.61/3152:1
新安景物約編五卷補遺一卷 （清）江忠儔 （清）江正心纂 清道光十年（1830）刻同治四年（1865）補刻本 二册

340000－1802－0003272　212.61/4943
太華紀遊略一卷太白紀遊略一卷　（清）趙嘉肇著　清光緒十年（1884）刻本　一册

340000－1802－0003273　212.62/0037
朝天録一卷蜀程小紀一卷北行日記一卷征途隨筆一卷　（清）方濬頤撰　清光緒四年（1878）刻本　二册

340000－1802－0003274　212.62/1044
西征録八卷　（清）王大樞著　清末石印本　六册　缺二卷（一、六）

340000－1802－0003275　212.62/1163
河海崑崙録四卷　裴景福著　清宣統元年（1909）鉛印本　四册

340000－1802－0003276　212.62/1163：1
河海崑崙録四卷　裴景福著　清宣統元年（1909）鉛印本　四册

340000－1802－0003277　212.62/1163：2
河海崑崙録四卷　裴景福著　清宣統元年（1909）鉛印本　四册

340000－1802－0003278　212.62/1163：3
河海崑崙録四卷　裴景福著　清宣統元年（1909）鉛印本　四册

340000－1802－0003279　212.62/1163：4
河海崑崙録四卷　裴景福著　清宣統元年（1909）鉛印本　三册　存三卷（一至三）

340000－1802－0003280　212.62/1163：5
河海崑崙録四卷　裴景福著　清宣統元年（1909）鉛印本　四册

340000－1802－0003281　212.62/2266
出使美日祕崔日記十六卷　（清）崔國因撰　清光緒二十年（1894）鉛印本　十二册

340000－1802－0003282　212.62/4040
環遊地球新録四卷　（清）李圭著　清光緒三年（1877）鉛印本　四册

340000－1802－0003283　212.62/4040：1
環遊地球新録四卷　（清）李圭著　清光緒三年（1877）鉛印本　四册

340000－1802－0003284　212.62/4299
康輶紀行十六卷　（清）姚瑩著　清同治六年（1867）姚濬昌安福縣署刻本　五册

340000－1802－0003285　212.62/4433
東遊日記一卷　（清）蔣黼著　清刻本　一册

340000－1802－0003286　212.62/4435
出使日記續刻十卷　（清）薛福成撰　清光緒二十七年（1901）石印本　九册　缺一卷（五）

340000－1802－0003287　212.62/4435：1
出使英法義比四國日記六卷　（清）薛福成撰　清石印本　一册　存二卷（三至四）

340000－1802－0003288　212.62/4442
中亞洲俄屬遊記二卷　（英國）蘭士德著　（清）莫鎮藩譯　清光緒二十年（1894）鉛印本　二册

340000－1802－0003289　212.62/8324
歐遊隨筆二卷　（清）錢德培著　清光緒上海著易堂鉛印本　二册

340000－1802－0003290　212.62/9417
滿州旅行記二卷　（日本）小越平隆著　（清）克齋譯　清光緒二十八年（1902）上海廣智書局鉛印本　一册　存一卷（上）

340000－1802－0003291　212.655/2834
清波小志二卷　（清）徐逢吉編輯　（清）陳景鍾訂　清嘉慶四年（1799）刻讀畫齋叢書本　一册

340000－1802－0003292　212.7/4001
海國圖志續集二十五卷首一卷　（英）麥高爾撰　（美）林樂知　（清）瞿昂來譯　清光緒二十四年（1898）文賢閣石印本　一册　存十二卷（一至十二）

340000－1802－0003293　212.7/4504
列國變通興盛記四卷　（英國）李提摩太著　清光緒二十四年（1898）上海廣學會鉛印本　一册

340000－1802－0003294　212.7/9283
西洋史要四卷　（日本）小川銀次郎著　樊炳

清　薩端譯　清光緒二十九年(1903)金粟齋譯書社鉛印本　二冊

340000－1802－0003295　212.7/9283:1
西洋史要四卷　(日本)小川銀次郎著　樊炳清　薩端譯　清光緒二十七年(1901)商務印書館鉛印本　二冊

340000－1802－0003296　212.71/0121
五洲圖考不分卷　(清)龔柴撰　清光緒二十八年(1902)鉛印本　四冊

340000－1802－0003297　212.71/1022
十九世紀末世界之政治□□編　(美國)靈綬著　(清)羅普譯　清末鉛印本　一冊　存五編(一至五)

340000－1802－0003298　212.71/1143
地球韻言四卷　(清)張士瀛撰　清光緒二十七年(1901)藻文書局石印本　一冊　存二卷(一至二)

340000－1802－0003299　212.71/1143:1
地球韻言四卷　(清)張士瀛撰　清光緒二十七年(1901)李光明莊刻本　二冊

340000－1802－0003300　212.71/1143:2
地球韻言四卷　(清)張士瀛撰　清光緒二十五年(1899)貴陽大文書局刻本　二冊

340000－1802－0003301　212.71/1143:3
地球韻言四卷　(清)張士瀛撰　清光緒二十四年(1898)鄂垣務急書館刻本　二冊

340000－1802－0003302　212.71/1143:4
地球韻言四卷　(清)張士瀛撰　清光緒二十九年(1903)上海商務印書館鉛印本　二冊

340000－1802－0003303　212.71/1244
萬法精理□□卷　(法國)孟德斯鳩撰　(清)張相文譯　清光緒二十九年(1903)上海文明書局鉛印本　一冊　存一卷(二)

340000－1802－0003304　212.71/2147
外國地理問答不分卷　(清)盧藉剛編譯　清光緒二十八年(1902)上海廣智書局鉛印本　一冊

340000－1802－0003305　212.71/2534
新譯列國歲計政要不分卷　(清)傳運森譯　清末海上譯社刻本　三冊　存三冊

340000－1802－0003306　212.71/2631
海國圖志一百卷　(清)魏源撰　清光緒六年(1880)邵陽急當務齋刻本　二十八冊

340000－1802－0003307　212.71/2631:1
海國圖志一百卷　(清)魏源撰　清光緒二年(1876)平慶涇固道署刻本　二十四冊

340000－1802－0003308　212.71/2631:2
海國圖志一百卷　(清)魏源撰　清刻本　一冊　存三百七十八葉

340000－1802－0003309　212.71/2712
萬國近政考略十六卷　(清)鄒弢編　清光緒二十八年(1902)上海書局石印本　四冊

340000－1802－0003310　212.71/2828
瀛環志略十卷續編四卷末一卷三編一卷　(清)徐繼畬撰　清光緒二十九年(1903)博文局石印本　六冊

340000－1802－0003311　212.71/2828:1
瀛環志略十卷　(清)徐繼畬撰　清同治十二年(1873)掞雲樓刻本　六冊

340000－1802－0003312　212.71/2828:2
瀛環志略十卷　(清)徐繼畬著　清光緒二十一年(1895)上海寶文局石印本　二冊

340000－1802－0003313　212.71/3111
萬國歷史彙編一百卷　(清)江子雲等編　清光緒二十九年(1903)上海官書局石印本　十六冊

340000－1802－0003314　212.71/3142
萬國官制志三卷　(清)馮斯欒撰　清光緒二十八年(1902)上海廣智書局鉛印本　一冊

340000－1802－0003315　212.71/3209
師範地理講義六編　(清)安徽高等學堂編　清末鉛印本　四冊

340000－1802－0003316　212.71/4013
地理學教科書不分卷　(清)辜天祐編　清光

緒三十二年(1906)修業師範學堂刻本　一冊

340000－1802－0003317　212.71/4338
列國政要一百三十二卷首一卷　(清)戴鴻慈　(清)端方編　清光緒三十三年(1907)商務印書館石印本　三十二冊

340000－1802－0003318　212.71/4338:1
列國政要一百三十二卷首一卷　(清)戴鴻慈　(清)端方編　清光緒三十三年(1907)商務印書館石印本　二十三冊　缺四十三卷(三十六至四十、五十二至八十九)

340000－1802－0003319　212.71/4414
各國寶星攷畧不分卷　黄致堯編譯　清末鉛印本　一冊

340000－1802－0003320　212.71/4420
地理全志四卷　(英國)慕維廉著　清光緒二十八年(1902)上海書局石印本　一冊

340000－1802－0003321　212.71/4420:1
西史彙函四種二十二卷　(英國)慕維廉譯　清光緒二十二年至二十三年(1896－1897)湖南新學書局刻本　十五冊　缺一卷(俄史輯譯一上)

340000－1802－0003322　212.71/4420:2
西史彙函四種二十二卷　(英國)慕維廉譯　清光緒二十二年至二十三年(1896－1897)湖南新學書局刻本　十六冊

340000－1802－0003323　212.71/4622
萬國通史前編十卷　(英國)李思倫白輯譯　(清)蔡爾康紀述　清光緒二十六年(1900)上海廣學會鉛印本　十冊

340000－1802－0003324　212.71/4622:1
萬國通史前編十卷　(英國)李思倫白輯譯　(清)蔡爾康紀述　清光緒二十六年(1900)上海廣學會鉛印本　十冊

340000－1802－0003325　212.71/5410
萬國地理志不分卷　(日本)中村五六編　(日本)頓野廣太郎修訂　(清)周起鳳譯　清光緒二十八年(1902)上海廣智書局鉛印本　一冊

340000－1802－0003326　212.71/7575
萬國史記二十卷首一卷　(日本)岡本監輔撰　清光緒二十四年(1898)上海著易堂石印本　六冊　缺一卷(二十)

340000－1802－0003327　212.71/7575:1
萬國史記二十卷首一卷　(日本)岡本監輔撰　清光緒二十三年(1897)上海六先書局鉛印本　十冊

340000－1802－0003328　212.71/7575:2
萬國史記二十卷　(日本)岡本堅輔撰　清末石印本　四冊　缺一卷(二十)

340000－1802－0003329　212.71/7575:3
萬國史記二十卷　(日本)岡本監輔撰　清光緒二十七年(1901)兩宜齋石印本　六冊

340000－1802－0003330　212.71/7575:4
萬國史記二十卷首一卷　(日本)岡本堅輔撰　清光緒二十三年(1897)上海六先書局鉛印本　五冊　存十三卷(八至二十)

340000－1802－0003331　212.71/7734
萬國憲法志三卷　(清)周逵編　清光緒二十八年(1902)上海廣智書局鉛印本　一冊

340000－1802－0003332　212.71/8363
改正世界地理學六卷首一卷附錄一卷　(日本)矢津昌永著　(清)吳啟孫譯　清光緒二十九年(1903)上海文明書局鉛印本　二冊

340000－1802－0003333　212.73/1774
東洋史要四卷　(日本)桑原騭藏著　樊炳清譯　清末刻本　一冊　存一卷(二)

340000－1802－0003334　212.73/1774:1
東洋史要二卷　(日本)桑原騭藏著　樊炳清譯　清光緒二十五年(1899)東文學社石印本　四冊

340000－1802－0003335　212.73/1774:2
東洋歷史四卷首一卷　(日本)桑原騭藏著　清光緒三十年(1904)成都官報書局鉛印本　二冊　缺二卷(三至四)

340000－1802－0003336　212.73/1774:3
東洋史要二卷　(日本)桑原騭藏著　樊炳清譯　清光緒二十五年(1899)中西書局石印本　四冊

340000－1802－0003337　212.73/1774:4
東洋史要四卷　(日本)桑原騭藏著　樊炳清譯　清光緒二十九年(1903)寶慶勸學書舍刻本　四冊

340000－1802－0003338　212.73/2040
東亞各港口岸志八篇　(日本)參謀本部編　(清)廣智書局譯　清光緒二十八年(1902)上海廣智書局鉛印本　一冊

340000－1802－0003339　212.73/4433
日本國志四十卷首一卷　(清)黄遵憲編纂　清光緒二十二年(1896)石印本　四冊

340000－1802－0003340　212.73/4433:1
日本國志四十卷首一卷　(清)黄遵憲編纂　清光緒十六年(1890)羊城富文齋刻本　十冊

340000－1802－0003341　212.73/5008
日本維新三十年史十二編附錄一卷　(日本)東京博文館編　清光緒二十八年(1902)廣智書局鉛印本　二冊

340000－1802－0003342　212.73/5302
越南地輿圖說六卷　(清)盛慶紱纂　清光緒九年(1883)刻本　二冊

340000－1802－0003343　212.73/7027
印度國志一卷　(清)學部編譯圖書局編　清光緒三十三年(1907)學部圖書局鉛印本　一冊

340000－1802－0003344　212.74/2163
埃及近世史不分卷　(日本)柴四郎撰　(清)章起謂譯　清光緒二十九年(1903)商務印書館鉛印本　一冊

340000－1802－0003345　212.75/3402
英法俄德四國志四卷　沈敦和編譯　清光緒十八年(1892)耳學廬刻本　四冊

340000－1802－0003346　212.75/4420
大英國志八卷　(英國)慕維廉譯　清光緒二十三年(1897)湖南新學書局刻本　四冊　存六卷(一至六)

340000－1802－0003347　212.75/4654
新撰歐羅巴政治史四卷　(日本)幸田成友著　(清)新是謀者譯　清末鉛印本　二冊　存二卷(三至四)

340000－1802－0003348　212.75/8218
歐羅巴通史不分卷　(日本)箕作元八　(日本)峰岸米造纂修　(清)徐有成等譯　清光緒二十六年(1900)東亞譯書會鉛印本　四冊

340000－1802－0003349　213.13/4960
金石錄三十卷　(宋)趙明誠撰　**劄記一卷今存碑目一卷**　繆荃孫撰　清光緒三十一年(1905)仁和朱氏刻結一廬朱氏賸餘叢書本　四冊

340000－1802－0003350　213.14/3701
欽定西清古鑑四十卷錢錄十六卷　(清)梁詩正編纂　清光緒十四年(1888)上海鴻文書局石印本　二十四冊

340000－1802－0003351　213.14/6047
亦政堂重修考古圖十卷古玉圖二卷　(宋)吕大臨編　明萬曆刻清乾隆十八年(1753)重印本　八冊　存七卷(亦政堂重修考古圖一至六、古玉圖下)

340000－1802－0003352　213.14/7240
長安獲古編二卷補一卷　(清)劉燕庭撰　清光緒三十一年(1905)刻本　二冊

340000－1802－0003353　213.15/2547
雍州金石記十卷記餘一卷　(清)朱楓著　清道光李錫齡刻惜陰軒叢書本　二冊

340000－1802－0003354　213.15/2832
隨軒金石文字九種十卷　(清)徐渭仁撰　清道光十七年(1837)刻同治七年(1868)補刻本　四冊

340000－1802－0003355　213.15/3117
金索六卷石索六卷首一卷　(清)馮雲鵬

(清)馮雲鵷編　清光緒三十二年(1906)上海文新局石印本　二十四冊

340000－1802－0003356　213.15/3117:1

金索六卷石索六卷首一卷　(清)馮雲鵬(清)馮雲鵷編　清光緒三十二年(1906)上海文新局石印本　十八冊　缺三卷(金索四至六)

340000－1802－0003357　213.15/3117:2

金索六卷石索六卷首一卷　(清)馮雲鵬(清)馮雲鵷編　清道光元年(1821)刻本　十二冊

340000－1802－0003358　213.15/3117:3

金索六卷石索六卷首一卷　(清)馮雲鵬(清)馮雲鵷編　清光緒三十三年(1907)上海文新局石印本　二十四冊

340000－1802－0003359　213.16/1113

清儀閣題跋不分卷　(清)張廷濟撰　清刻本　四冊

340000－1802－0003360　213.16/1113:1

清儀閣題跋不分卷　(清)張廷濟撰　清刻本　四冊

340000－1802－0003361　213.16/1320

授堂金石文字續跋十四卷　(清)武億錄(清)武穆淳編　清刻本　一冊　存五卷(五至九)

340000－1802－0003362　213.16/3191

金石文字記六卷石經考一卷　(清)顧炎武撰　清刻本　三冊

340000－1802－0003363　213.16/7493

金石續編二十一卷首一卷　(清)陸耀遹纂　清光緒十九年(1893)石印本　五冊　缺三卷(十一至十三)

340000－1802－0003364　213.17/0078

金石萃編補正四卷　(清)方履籛撰　清光緒二十年(1894)上海醉六堂石印本　四冊

340000－1802－0003365　213.17/1036

金石萃編一百六十卷　(清)王昶撰　清光緒十九年(1893)石印本　十八冊

340000－1802－0003366　213.17/1036:1

金石萃編一百六十卷　(清)王昶撰　清嘉慶刻同治十年(1871)補刻本　六十四冊

340000－1802－0003367　213.17/1036:2

金石萃編一百六十卷　(清)王昶撰　清光緒十九年(1893)上海醉六堂石印本　十八冊

340000－1802－0003368　213.17/2615

金石存十五卷　(清)吳玉搢撰　清嘉慶二十四年(1819)聞妙香堂刻本　四冊

340000－1802－0003369　213.17/8002

兩漢金石記二十二卷　(清)翁方綱撰　清乾隆五十四年(1789)刻本　七冊　存十九卷(四至二十二)

340000－1802－0003370　213.24/0200

陶齋吉金錄八卷　(清)端方編　清光緒三十四年(1908)刻本　八冊

340000－1802－0003371　213.24/0200:1

陶齋吉金錄八卷續錄二卷　(清)端方編　清光緒三十四年至宣統元年(1908－1909)金陵刻本　十冊

340000－1802－0003372　213.24/0200:2

陶齋吉金續錄二卷　(清)端方編　清宣統元年(1909)金陵刻本　二冊

340000－1802－0003373　213.24/4491

歷代鐘鼎彝器款識法帖二十卷　(宋)薛尚功撰　清嘉慶二年(1797)仿宋刻本　三冊

340000－1802－0003374　213.24/6042

亦政堂重修考古圖十卷古玉圖二卷　(宋)呂大臨編　清乾隆十八年(1753)天都黃晟刻本　一冊　存二卷(亦政堂重修考古圖一至二)

340000－1802－0003375　213.24/7110

積古齋鐘鼎彝器款識十卷　(清)阮元編　清光緒八年(1882)常熟抱芳閣刻本　四冊

340000－1802－0003376　213.24/7110:1

積古齋鐘鼎彝器款識十卷　(清)阮元編　清刻本　二冊

340000－1802－0003377　213.24/7110:2
積古齋鐘鼎彝器款識十卷　(清)阮元編　清光緒五年(1879)武昌刻本　六冊

340000－1802－0003378　213.24/7110:3
積古齋鐘鼎彝器款識十卷　(清)阮元編　清光緒五年(1879)刻本　六冊

340000－1802－0003379　213.24/7110:4
積古齋鐘鼎彝器款識十卷　(清)阮元編　清嘉慶九年(1804)刻本　四冊

340000－1802－0003380　213.24/7110:5
積古齋鐘鼎彝器款識十卷　(清)阮元編　清光緒九年(1883)常熟鮑氏後知不足齋刻本　四冊

340000－1802－0003381　213.24/7110:6
積古齋鐘鼎彝器款識十卷　(清)阮元編　清光緒八年(1882)常熟抱芳閣刻本　四冊

340000－1802－0003382　213.24/7110:7
積古齋鐘鼎彝器款識十卷　(清)阮元編　清嘉慶九年(1804)刻本　四冊

340000－1802－0003383　213.24/7110:8
積古齋鐘鼎彝器款識十卷　(清)阮元編　清嘉慶九年(1804)刻本　四冊

340000－1802－0003384　213.24/7110:9
積古齋鐘鼎彝器款識十卷　(清)阮元編　清嘉慶九年(1804)刻本　四冊

340000－1802－0003385　213.24/7110:10
積古齋鐘鼎彝器款識十卷　(清)阮元編　清光緒九年(1883)常熟鮑氏後知不足齋刻本　四冊

340000－1802－0003386　213.3/4460
小蓬萊閣金石文字十種　(清)黄易撰　清光緒刻本　一冊　存二種(朱君碑、靈臺碑)

340000－1802－0003387　213.34/2643
古玉圖攷不分卷　(清)吳大澂編　(清)吳大楨繪　清光緒十五年(1889)上海同文書局石印本　一冊　存一冊

340000－1802－0003388　213.35/1188
墨妙亭碑目攷二卷附攷一卷　(清)張鑑撰　清光緒十年(1884)江蘇書局刻本　二冊

340000－1802－0003389　213.36/7110
秦篆殘字跋一卷　(清)阮元等撰　清光緒四年(1878)刻本　一冊

340000－1802－0003390　213.37/1146
石鼓文釋存一卷補注一卷　(清)張燕昌撰　清光緒二十八年(1902)石印本　一冊

340000－1802－0003391　213.37/1146:1
石鼓文釋存一卷補注一卷　(清)張燕昌撰　清光緒二十八年(1902)石印本　一冊

340000－1802－0003392　213.37/3430
隸釋二十七卷隸續二十一卷　(宋)洪適著　**汪本隸釋刊誤一卷**　(清)黄丕烈撰　清同治十年(1871)皖南洪氏晦木齋刻本　八冊　缺十一卷(隸續十一至二十一)

340000－1802－0003393　213.37/4910
石鼓文纂釋一卷　(清)趙烈文撰　清光緒十一年(1885)刻本　一冊

340000－1802－0003394　213.47/3067
匋雅二卷　(清)寂園叟撰　清宣統二年(1910)上海朝記書莊石印本　一冊

340000－1802－0003395　213.47/3067:1
匋雅二卷　(清)寂園叟撰　清宣統二年(1910)上海朝記書莊石印本　二冊　卷上、下均有殘缺

340000－1802－0003396　213.51/2744
古今錢略三十二卷首一卷末一卷　(清)倪模述　清光緒五年(1879)大雷岸經鋤堂刻本　十五冊　缺一卷(首一卷)

340000－1802－0003397　213.54/3701
欽定錢録十六卷　(清)梁詩正等撰　清刻本　一冊　存四卷(十三至十六)

340000－1802－0003398　213.57/2700
續泉匯元集三卷亨集三卷利集三卷貞集五卷補遺二卷　(清)鮑康　(清)李佐賢編　清光緒元年(1875)刻本　四冊

340000－1802－0003399　213.57/3792
吉金所見錄十六卷首一卷末一卷　(清)初尚齡纂　清道光七年(1827)刻本　四册

340000－1802－0003400　213.57/4027
古泉匯首集四卷元集十四卷亨集十四卷利集十八卷貞集十四卷　(清)李佐賢編　清同治三年(1864)利津李氏刻石泉書屋全集本　十六册

340000－1802－0003401　213.57/4027:1
古泉匯首集四卷元集十四卷亨集十四卷利集十八卷貞集十四卷　(清)李佐賢編　**續泉匯元集三卷亨集三卷利集三卷貞集五卷補遺二卷**　(清)鮑康　(清)李佐賢編　清同治三年(1864)刻光緒元年(1875)補刻本　十六册

340000－1802－0003402　213.57/4377
古泉叢話三卷　(清)戴熙編　清同治十一年(1872)滂喜齋刻本　二册

340000－1802－0003403　213.57/4377:1
古泉叢話三卷　(清)戴熙編　清同治十一年(1872)滂喜齋刻本　二册

340000－1802－0003404　213.57/4377:2
古泉叢話三卷　(清)戴熙編　清同治十一年(1872)滂喜齋刻本　二册

340000－1802－0003405　213.57/4377:3
古泉叢話三卷　(清)戴熙編　清同治十一年(1872)滂喜齋刻本　二册

340000－1802－0003406　213.57/5031
遺篋錄八卷　秦寶瓚編　清光緒二十九年(1903)刻本　四册

340000－1802－0003407　214.12/0033
隋經籍志考證十三卷　(清)章宗源撰　清光緒元年(1875)崇文書局刻崇文書局彙刻書本　四册

340000－1802－0003408　214.12/0070
校讐通義三卷　(清)章學誠著　清末刻本　一册

340000－1802－0003409　214.12/4279
古今僞書考一卷　(清)姚際恒著　清光緒三年(1877)活字印本　一册

340000－1802－0003410　214.13/2622
夢粱錄二十卷　(宋)吳自牧著　清進步書局石印本　二册　存十三卷(八至二十)

340000－1802－0003411　214.27/3127
彙刻書目十卷　(清)顧修編　清末刻本　九册　缺一卷(一)

340000－1802－0003412　214.27/4444
宋元舊本書經眼錄三卷附錄二卷　(清)莫友芝撰　清同治十二年(1873)莫繩孫刻本　一册

340000－1802－0003413　214.29/6087
違礙書籍目錄不分卷　(清)四庫館臣編　清乾隆刻本　一册

340000－1802－0003414　214.3/7433
皕宋樓藏書志一百二十卷續志四卷　(清)陸心源編　清光緒八年(1882)刻本　三十二册　缺四卷(續志四卷)

340000－1802－0003415　214.31/0131
增訂經籍舉要一卷　(清)龍啟瑞撰　清光緒二十四年(1898)刻本　一册

340000－1802－0003416　214.31/1085
欽定天禄琳琅書目正編十卷續編二十卷　(清)于敏中等撰　清光緒十年(1884)刻本　十册

340000－1802－0003417　214.31/1133
書目答問五卷附二卷　(清)張之洞撰　清末刻本　一册　缺二卷(書目答問一至二)

340000－1802－0003418　214.31/3180
書目答問箋補四卷　(清)江人度撰　清光緒三十年(1904)刻本　四册

340000－1802－0003419　214.31/4217
惜抱軒書錄四卷　(清)姚鼐撰　清光緒五年(1879)桐城徐宗亮刻惜抱軒遺書本　一册

340000－1802－0003420　214.31/4217:1
惜抱軒書錄四卷　(清)姚鼐撰　清光緒五年

(1879)刻本　一册

340000－1802－0003421　214.31/4742
續溪金紫胡氏所著書目二卷　(清)胡培系編　清光緒十年(1884)世澤樓刻本　一冊

340000－1802－0003422　214.31/7541
直齋書錄解題二十二卷　(宋)陳振孫撰　清乾隆三十八年(1773)刻本　八冊

340000－1802－0003423　214.32/4664
眼福編初集十四卷二集十五卷三集七卷　(清)楊恩壽撰　清光緒長沙楊氏刻坦園全集本　十冊

340000－1802－0003424　214.4/2767
欽定四庫全書簡明目錄二十卷　(清)紀昀等纂　清同治七年(1868)廣東書局刻本　十二冊

340000－1802－0003425　214.4/2767:1
欽定四庫全書簡明目錄二十卷　(清)紀昀等纂　清同治七年(1868)廣東書局刻本　十二冊

340000－1802－0003426　214.4/2767:2
欽定四庫全書總目二百卷　(清)紀昀等纂　清末石印本　一冊　存七卷(六十二至六十八)

340000－1802－0003427　214.4/2767:3
欽定四庫全書簡明目錄二十卷　(清)紀昀等纂　清刻本　十二冊

340000－1802－0003428　301/1017
十子全書十種一百二十九卷　(清)王子興編　清嘉慶九年(1804)姑蘇王氏聚文堂刻本　三十六冊

340000－1802－0003429　301/3235
十子全書十種一百三十六卷　(清)浙江書局編　清光緒浙江書局刻本　三十九冊　存九種一百三十四卷(莊子十卷,荀子二十卷、校勘補遺一卷,列子八卷,管子二十四卷,韓非子二十卷、識誤三卷,淮南子二十一卷,揚子法言十三卷、音義一卷,文中子中說十卷,鶡冠子三卷)

340000－1802－0003430　301/3235:1
子書二十三種三百四十一卷　(清)浙江書局編　清光緒二十三年(1897)上海圖書集成局鉛印本　十九冊　存七種一百四十四卷(墨子十六卷,孫子十家註十三卷、敘錄一卷、遺說一卷,孔子集語十七卷,呂氏春秋二十六卷、附攷一卷,春秋繁露十七卷、附錄一卷,黃帝內經素問二十四卷、遺篇一卷、靈樞十二卷,竹書紀年十二卷、前編一卷、雜述一卷)

340000－1802－0003431　301.44/7772
點勘記二卷省堂筆記一卷　(清)歐陽泉撰　清同治九年(1870)刻本　二冊

340000－1802－0003432　301.44/7772:1
點勘記二卷省堂筆記一卷　(清)歐陽泉撰　清光緒四年(1878)江蘇書局刻本　二冊

340000－1802－0003433　301.44/7772:2
點勘記二卷省堂筆記一卷　(清)歐陽泉撰　清同治九年(1870)刻本　二冊

340000－1802－0003434　302/4600
大成通志十八卷　(清)楊慶編　清活字印本　十六冊

340000－1802－0003435　302/8064
求闕齋讀書錄十卷　(清)曾國藩著　(清)王啟原編　清刻本　三冊　存七卷(一至七)

340000－1802－0003436　302/8867
策略不分卷　(□)□□撰　清抄本　一冊

340000－1802－0003437　302.1/1033
曾子家語六卷　(清)王定安編　清光緒十六年(1890)金陵刻本　二冊

340000－1802－0003438　302.1/1033:1
曾子家語六卷　(清)王定安編　清光緒十六年(1890)金陵刻本　二冊

340000－1802－0003439　302.1/1033:2
曾子家語六卷　(清)王定安編　清光緒十六年(1890)金陵刻本　二冊

340000－1802－0003440　302.1/1050

孔子家語十卷　(三國魏)王肅注　清末上海鴻章書局石印本　五冊

340000－1802－0003441　302.1/1050:1
孔子家語十卷　(三國魏)王肅注　清末上海同文書局石印本　四冊

340000－1802－0003442　302.1/1050:2
孔子家語十卷　(三國魏)王肅注　清末上海同文書局石印本　四冊

340000－1802－0003443　302.1/1050:3
孔子家語十卷　(三國魏)王肅注　清末上海同文書局石印本　三冊　存六卷(三至八)

340000－1802－0003444　302.1/1050:4
孔子家語十卷　(三國魏)王肅注　清光緒十九年(1893)澹雅書局刻本　四冊

340000－1802－0003445　302.1/1050:5
孔子家語十卷　(三國魏)王肅注　清李光明莊刻本　四冊

340000－1802－0003446　302.1/1050:6
孔子家語十卷　(三國魏)王肅注　清李光明莊刻本　四冊

340000－1802－0003447　302.1/1050:7
孔子家語十卷　(三國魏)王肅注　清刻本　四冊

340000－1802－0003448　302.1/1050:8
孔子家語十卷　(三國魏)王肅注　清乾隆四十七年(1782)刻本　二冊

340000－1802－0003449　302.1/1050:9
孔子家語十卷　(三國魏)王肅注　清刻本　二冊

340000－1802－0003450　302.1/1117
新鍥侗初張先生注釋孔子家語宗五卷　(明)張鼐注　明末書林熊秉宏刻本　一冊

340000－1802－0003451　302.1/1262
孔子集語十七卷　(清)孫星衍撰　清光緒三年(1877)浙江書局刻本　四冊

340000－1802－0003452　302.1/2640
孔聖家語圖十一卷　(明)吴嘉謨編　明末寶翰樓刻本　三冊

340000－1802－0003453　302.1/4436
荀子二十卷　(周)荀況撰　(唐)楊倞注　清末上海鴻章書局石印本　四冊

340000－1802－0003454　302.1/4436:1
荀子二十卷首一卷　(周)荀況撰　(唐)楊倞注　王先謙集解　清光緒十七年(1891)刻本　六冊

340000－1802－0003455　302.1/4436:2
荀子二十卷　(周)荀況撰　(唐)楊倞注　清光緒二年(1876)浙江書局刻本　六冊

340000－1802－0003456　302.1/4436:3
荀子二十卷　(周)荀況撰　(唐)楊倞注　清光緒二年(1876)浙江書局刻本　六冊

340000－1802－0003457　302.1/4436:4
荀子三卷　(周)荀況撰　清光緒元年(1875)湖北崇文書局刻本　二冊

340000－1802－0003458　302.1/4436:5
荀子二十卷　(周)荀況撰　(唐)楊倞注　(清)吴汝綸點勘　清宣統二年(1910)衍星社鉛印本　二冊

340000－1802－0003459　302.1/4451
孔子集語二卷　(宋)薛據纂　清光緒元年(1875)湖北崇文書局刻本　一冊

340000－1802－0003460　302.1/4742
荀子補注二卷　(清)郝懿行撰　清刻本　一冊

340000－1802－0003461　302.2/1003
新書十卷　(漢)賈誼撰　清末育文書局石印本　一冊

340000－1802－0003462　302.2/1037
文中子中說一卷　(隋)王通撰　(宋)阮逸注　清光緒元年(1875)湖北崇文書局刻本　一冊

340000－1802－0003463　302.2/1037:1
中說十卷　(隋)王通撰　(宋)阮逸注　清嘉

慶九年(1804)刻本　二冊

340000－1802－0003464　302.2/1224
孔叢二卷詰墨一卷　(漢)孔鮒著　清乾隆刻本　一冊

340000－1802－0003465　302.2/1330
大學衍義續七十卷　(清)強汝詢編　清刻本　二十四冊

340000－1802－0003466　302.2/4022
大學衍義四十三卷　(宋)真得秀撰　清同治刻本　一冊　存四卷(三十七至四十)

340000－1802－0003467　302.2/4022:1
大學衍義四十三卷　(宋)真德秀撰　明崇禎刻清乾隆印本　八冊

340000－1802－0003468　302.2/4022:2
大學衍義四十三卷　(宋)真德秀編　(明)陳仁錫評　**大學衍義補一百六十卷首一卷**　(明)丘濬撰　明崇禎五年(1632)刻本　六冊　存四十三卷(大學衍義四十三卷)

340000－1802－0003469　302.2/4022:3
批點大學衍義四十三卷　(宋)真德秀彙輯　(明)陳仁錫評　清光緒三十一年(1905)河南茹古山房石印本　六冊

340000－1802－0003470　302.2/4022:4
大學衍義四十三卷　(宋)真德秀撰　清光緒二十七年(1901)上海書局石印本　六冊

340000－1802－0003471　302.2/4022:5
大學衍義四十三卷　(宋)真德秀彙輯　(明)陳仁錫評　清道光十七年(1837)刻本　十冊

340000－1802－0003472　302.2/4022:6
大學衍義四十三卷　(宋)真德秀撰　清同治十三年(1874)金陵書局刻本　八冊

340000－1802－0003473　302.2/4022:7
大學衍義四十三卷　(宋)真德秀撰　清同治十三年(1874)金陵書局刻本　八冊

340000－1802－0003474　302.2/4022:8
大學衍義四十三卷　(宋)真德秀撰　清同治十三年(1874)金陵書局刻本　七冊　缺五卷(一至五)

340000－1802－0003475　302.2/4022:9
大學衍義四十三卷　(宋)真德秀撰　清同治十一年(1872)浙江書局刻本　十冊

340000－1802－0003476　302.2/4022:10
大學衍義四十三卷　(宋)真德秀撰　(明)陳仁錫評　**大學衍義補一百六十卷首一卷**　(明)丘濬撰　(明)陳仁錫評　清同治十三年(1874)刻本　六十四冊

340000－1802－0003477　302.2/4022:11
大學衍義輯要六卷　(宋)真德秀撰　(清)陳宏謀編　清道光二十二年(1842)寶恕堂刻本　四冊

340000－1802－0003478　302.2/4022:12
大學衍義四十三卷　(宋)真得秀撰　清同治十一年(1872)浙江書局刻本　一冊　存三卷(一至三)

340000－1802－0003479　302.2/4061
二曲集二十八卷　(清)李顒撰　清末上海文瑞樓石印本　六冊

340000－1802－0003480　302.2/4438
明夷待訪錄一卷　(清)黄宗羲撰　清光緒二十八年(1902)李正文齋刻本　一冊

340000－1802－0003481　302.2/4498
申鑒五卷　(漢)荀悦撰　**中論二卷**　(漢)徐幹撰　清光緒元年(1875)湖北崇文書局刻本　一冊

340000－1802－0003482　302.2/7227
説苑二十卷　(漢)劉向撰　清光緒元年(1875)湖北崇文書局刻本　四冊

340000－1802－0003483　302.2/7231
大學衍義補一百六十卷首一卷　(明)丘濬撰　(明)陳仁錫評　清道光十七年(1837)刻本　三十八冊

340000－1802－0003484　302.2/7535
漢儒通義七卷　(清)陳澧撰　清光緒十五年(1889)恰敬齋刻本　二冊

340000－1802－0003485　302.2/7535:1
漢儒通義七卷　(清)陳澧撰　清光緒十五年(1889)怡敬齋刻本　二册

340000－1802－0003486　302.3/0030
俟命錄十卷　(清)方宗誠撰　清光緒三年(1877)刻柏堂遺書本　二册

340000－1802－0003487　302.3/0030:1
志學錄八卷續錄三卷　(清)方宗誠述　清光緒三年(1877)、十年(1884)刻柏堂遺書本　二册

340000－1802－0003488　302.3/0030:2
俟命錄十卷　(清)方宗誠撰　清光緒三年(1877)刻柏堂遺書本　二册

340000－1802－0003489　302.3/0030:3
俟命錄十卷　(清)方宗誠撰　清光緒三年(1877)刻柏堂遺書本　二册

340000－1802－0003490　302.3/0030:4
輔仁錄四卷　(清)方宗誠撰　清光緒十二年(1886)刻柏堂遺書本　一册

340000－1802－0003491　302.3/0030:5
志學錄八卷續錄三卷　(清)方宗誠述　清光緒三年(1877)、十年(1884)刻柏堂遺書本　三册

340000－1802－0003492　302.3/0054
漢學商兑四卷刊誤補義一卷書林揚觶一卷刊誤補義一卷　(清)方東樹撰　清道光十一年(1831)刻本　七册

340000－1802－0003493　302.3/0054:1
進修譜一卷　(清)方東樹撰　清刻本　一册

340000－1802－0003494　302.3/0054:2
漢學商兑四卷刊誤補義一卷書林揚觶一卷刊誤補義一卷　(清)方東樹撰　清道光十一年(1831)刻本　二册

340000－1802－0003495　302.3/0194
朱子講學輯要編十卷　(清)龍炳垣編　清同治六年(1867)刻本　四册

340000－1802－0003496　302.3/0814
五子近思錄發明十四卷　(清)施璜纂注　清康熙刻本　八册

340000－1802－0003497　302.3/0814:1
五子近思錄發明十四卷　(清)施璜纂注　清刻本　八册

340000－1802－0003498　302.3/0814:2
五子近思錄發明十四卷　(清)施璜纂注　清刻本　十册

340000－1802－0003499　302.3/1032
王文成公傳習錄三卷　(明)王守仁撰　清宣統二年(1910)成都國學研究會刻本　三册

340000－1802－0003500　302.3/1120
李楊二先生集要十卷　(清)張傳誥　(清)張伯鸞編　清光緒三年(1877)刻本　二册

340000－1802－0003501　302.3/1120:1
李楊二先生集要十卷　(清)張傳誥　(清)張伯鸞編　清光緒三年(1877)刻本　二册

340000－1802－0003502　302.3/1122
心書四卷　(明)張自勳撰　清嘉慶十六年(1811)刻本　二册

340000－1802－0003503　302.3/1143
張子全書十五卷　(宋)張載撰　(宋)朱熹注　**張子[載]年譜一卷**　(清)武澄撰　清光緒三年(1877)夏州李氏刻本　八册

340000－1802－0003504　302.3/1182
抉私錄一卷　(清)張知生撰　清末石印本　一册

340000－1802－0003505　302.3/1243
理學宗傳二十六卷　(清)孫奇逢編　清光緒六年(1880)浙江書局刻本　十二册

340000－1802－0003506　302.3/1243:1
理學宗傳二十六卷　(清)孫奇逢編　清康熙六年(1667)河南輝縣兼山堂刻本　十六册

340000－1802－0003507　302.3/1243:2
理學宗傳二十六卷　(清)孫奇逢編　清光緒六年(1880)浙江書局刻本　十二册

340000－1802－0003508　302.3/1243:3
理學宗傳二十六卷　(清)孫奇逢編　清光緒六年(1880)浙江書局刻本　十二册

340000－1802－0003509　302.3/1243:4
理學宗傳二十六卷　(清)孫奇逢編　清光緒六年(1880)浙江書局刻本　十二册

340000－1802－0003510　302.3/2540
淵鑒齋御纂朱子全書六十六卷　(宋)朱熹撰　(清)李光地等編　清康熙五十三年(1714)内府刻本　三十二册

340000－1802－0003511　302.3/2540:1
淵鑒齋御纂朱子全書六十六卷　(宋)朱熹撰　(清)李光地等編　清同治八年(1869)刻本　三十二册

340000－1802－0003512　302.3/2540:2
延平李先生師弟子答問一卷後錄一卷補錄一卷　(宋)朱熹編　**合刻延平四先生年譜四卷**　(清)毛念恃編　清乾隆十三年(1748)刻本　四册

340000－1802－0003513　302.3/2540:3
近思錄集解十四卷　(宋)朱熹編　(宋)葉采集解　清光緒二十七年(1901)疊山别墅刻本　四册

340000－1802－0003514　302.3/2540:4
淵鑒齋御纂朱子全書六十六卷　(宋)朱熹撰　(清)李光地等編　清同治八年(1869)刻本　十三册　存三十一卷(二十一至五十一)

340000－1802－0003515　302.3/2540:5
延平李先生師弟子答問一卷後錄一卷補錄一卷　(宋)朱熹編　**合刻延平四先生年譜四卷**　(清)毛念恃編　清光緒五年(1879)刻本　二册　缺四卷(年譜四卷)

340000－1802－0003516　302.3/2671
康齋日錄摘抄一卷　(明)吳與弼　**居業錄摘抄一卷**　(明)胡居仁撰　清末時簡抄本　一册

340000－1802－0003517　302.3/2714
二曲集錄要四卷首一卷　(清)李顒撰　(清)倪元坦編　**二曲歷年紀略一卷**　(清)惠靇撰　清光緒十年(1884)簡易齋刻本　二册

340000－1802－0003518　302.3/2760
讀性理敬述一卷　(清)佟景文撰　清道光七年(1827)刻本　一册

340000－1802－0003519　302.3/3123
理學逢源十二卷　(清)汪紱編　清光緒二十三年(1897)刻本　十二册

340000－1802－0003520　302.3/3124
五子近思錄十四卷　(清)汪佑編　清康熙三十二年(1693)刻本　四册

340000－1802－0003521　302.3/3130
近思錄十四卷　(清)江永集注　清光緒二十五年(1899)浙江官書局刻本　四册

340000－1802－0003522　302.3/3130:1
近思錄十四卷考訂朱子世家一卷校勘記一卷　(清)江永集注　清同治八年(1869)江蘇書局刻本　四册

340000－1802－0003523　302.3/3130:2
近思錄十四卷考訂朱子世家一卷校勘記一卷　(清)江永集注　清同治八年(1869)江蘇書局刻本　六册

340000－1802－0003524　302.3/3130:3
近思錄十四卷考訂朱子世家一卷　(清)江永集注　清嘉慶十二年(1807)刻本　四册

340000－1802－0003525　302.3/3130:4
朱子原訂近思錄十四卷　(清)江永集注　清同治三年至四年(1864－1865)望三益齋刻本　四册

340000－1802－0003526　302.3/3130:5
朱子原訂近思錄十四卷　(清)江永集注　清同治七年(1868)楚北崇文書局刻本　四册

340000－1802－0003527　302.3/3130:6
朱子原訂近思錄十四卷　(清)江永集注　清同治七年(1868)楚北崇文書局刻本　四册

340000－1802－0003528　302.3/3130:7

朱子原訂近思錄十四卷校勘記一卷考訂朱子世家一卷　(清)江永集注　清光緒十一年(1885)江西書局刻本　四册

340000－1802－0003529　302.3/3130:8
朱子原訂近思錄十四卷校勘記一卷考訂朱子世家一卷　(清)江永集注　清光緒十八年(1892)江西兩儀堂刻本　四册

340000－1802－0003530　302.3/3130:9
朱子原訂近思錄十四卷校勘記一卷考訂朱子世家一卷　(清)江永集注　清光緒十八年(1892)江西兩儀堂刻本　六册

340000－1802－0003531　302.3/3130:10
朱子原訂近思錄十四卷校勘記一卷考訂朱子世家一卷　(清)江永集注　清光緒十八年(1892)江西兩儀堂刻本　五册　缺二卷(三至四)

340000－1802－0003532　302.3/3130:11
朱子原訂近思錄十四卷考訂朱子世家一卷　(清)江永集注　清光緒二十三年(1897)桂垣書局刻本　五册

340000－1802－0003533　302.3/3130:12
近思錄十四卷考訂朱子世家一卷　(清)江永集注　清光緒維新局刻本　四册

340000－1802－0003534　302.3/3144
漢學師承記八卷經師經義目錄一卷宋學淵源記二卷附記一卷　(清)江藩纂　清末上海文瑞樓鉛印本　四册

340000－1802－0003535　302.3/3144:1
國朝漢學師承記八卷經師經義目錄一卷宋學淵源記二卷附記一卷　(清)江藩輯　清光緒二十二年(1896)成都志古堂刻本　四册

340000－1802－0003536　302.3/3144:2
國朝漢學師承記八卷經師經義目錄一卷宋學淵源記二卷附記一卷　(清)江藩輯　清光緒二十二年(1896)長沙周大文堂刻本　五册

340000－1802－0003537　302.3/4094
御纂性理精義十二卷　(清)李光地修　清刻本　六册

340000－1802－0003538　302.3/4094:1
御纂性理精義十二卷　(清)李光地修　清刻本　四册

340000－1802－0003539　302.3/4094:2
御纂性理精義十二卷　(清)李光地修　清刻本　八册

340000－1802－0003540　302.3/4094:3
榕村語錄三十卷　(清)李光地撰　清乾隆八年(1743)刻本　十六册

340000－1802－0003541　302.3/4234
我師錄四卷　姚永樸編　清末安慶正誼書局鉛印本　一册

340000－1802－0003542　302.3/4234:1
我師錄四卷　姚永樸編　清末安慶正誼書局鉛印本　一册

340000－1802－0003543　302.3/4234:2
我師錄四卷　姚永樸編　清末鉛印本　一册

340000－1802－0003544　302.3/4413
薛文清公讀書錄八卷　(明)薛瑄撰　清同治五年(1866)福州刻正誼堂全書本　三册

340000－1802－0003545　302.3/4420
分類經進近思錄集解十四卷　(宋)葉采集　(宋)周公恕編　清康熙三十六年(1697)刻本　一册　存三卷(一至三)

340000－1802－0003546　302.3/4438
明儒學案節鈔不分卷　(清)黄宗羲撰　(清)安徽高等學堂編　清末鉛印本　一册

340000－1802－0003547　302.3/4438:1
二程學案二卷　(清)黄宗羲撰　(清)黄百家編　清刻本　一册

340000－1802－0003548　302.3/4438:2
宋元學案一百卷首一卷　(清)黄宗羲撰　(清)黄百家編　(清)全祖望修定　清光緒五年(1879)長沙刻本　四十册

340000－1802－0003549　302.3/4438:3

宋元學案一百卷首一卷 (清)黄宗羲撰 (清)黄百家編 (清)全祖望修定 清光緒五年(1879)長沙刻本 四十八册

340000－1802－0003550 302.3/4438:4
宋元學案一百卷首一卷 (清)黄宗羲撰 (清)黄百家編 (清)全祖望修定 清光緒五年(1879)長沙刻本 四十三册 缺二卷(一、首一卷)

340000－1802－0003551 302.3/4438:5
宋元學案一百卷首一卷 (清)黄宗羲撰 (清)黄百家編 (清)全祖望修定 清光緒五年(1879)長沙刻本 三十五册 存九十一卷(十至一百)

340000－1802－0003552 302.3/4438:6
明儒學案六十二卷 (清)黄宗羲撰 清末上海文瑞樓石印本 十六册

340000－1802－0003553 302.3/4438:7
明儒學案六十二卷 (清)黄宗羲撰 清光緒十四年(1888)刻本 三十二册

340000－1802－0003554 302.3/4438:8
明儒學案六十二卷 (清)黄宗羲撰 清光緒十四年(1888)刻本 三十六册

340000－1802－0003555 302.3/4438:9
明儒學案六十二卷 (清)黄宗羲撰 清光緒八年(1882)慈谿馮全垓刻本 二十四册

340000－1802－0003556 302.3/4438:10
明儒學案節鈔不分卷 (清)黄宗羲撰 (清)安徽高等學堂編 清末鉛印本 一册

340000－1802－0003557 302.3/4439
吾師錄一卷 (明)黄淳耀編 清光緒五年(1879)親仁堂刻本 一册

340000－1802－0003558 302.3/4440
朱子語類一百卷 (宋)黄士毅編 清刻本 二十四册

340000－1802－0003559 302.3/4447
儒林宗派十六卷 (清)萬斯同撰 清宣統三年(1911)浙江圖書館刻本 二册

340000－1802－0003560 302.3/4700
新刻性理大全書七十卷 (明)胡廣等纂 清刻本 十三册 存二十八卷(一至二十八)

340000－1802－0003561 302.3/4700:1
新刻性理大全書七十卷 (明)胡廣撰 明萬曆吳勉學刻本 二十册

340000－1802－0003562 302.3/4714
抑齋記聞六卷 (清)胡元吉撰 清末安徽官紙印刷局鉛印本 一册

340000－1802－0003563 302.3/4714:1
抑齋記聞六卷 (清)胡元吉撰 清末安徽官紙印刷局鉛印本 一册

340000－1802－0003564 302.3/4984
沈余遺書三種八卷 (清)趙舒翹編 清光緒二十二年(1896)江蘇書局刻本 四册

340000－1802－0003565 302.3/6045
呻吟語六卷 (明)吕坤撰 清道光二十八年(1848)吕燕昭刻本 六册

340000－1802－0003566 302.3/6045:1
吕語集粹四卷首一卷 (明)吕坤撰 (清)陳宏謀評 清光緒五年(1879)蘇州緑蔭堂刻本 四册

340000－1802－0003567 302.3/6045:2
呻吟語六卷 (明)吕坤著 清同治七年(1868)刻本 六册

340000－1802－0003568 302.3/6045:3
呻吟語六卷 (明)吕坤著 清同治十三年(1874)木犀山房刻本 六册

340000－1802－0003569 302.3/6045:4
呻吟語六卷 (明)吕坤撰 **呻吟語疑一卷** (清)陸隴其撰 清道光七年(1827)刻本 六册

340000－1802－0003570 302.3/6045:5
吕子節錄四卷補遺二卷 (明)吕坤撰 (清)陳弘謀編 清嘉慶二十三年(1818)刻本 四册

340000－1802－0003571 302.3/6045:6

呻吟語六卷　(明)呂坤撰　清嘉慶八年(1803)雲間知足齋刻本　六册

340000－1802－0003572　302.3/6045:7
呻吟語約鈔二卷　(明)呂坤著　(清)郭式昌校訂　清光緒三十年(1904)衢州兩儀堂刻本　二册

340000－1802－0003573　302.3/6045:8
呂子節錄四卷補遺二卷　(明)呂坤撰　(清)陳宏謀輯　清嘉慶二十三年(1818)刻本　四册

340000－1802－0003574　302.3/6045:9
呻吟語六卷　(明)呂坤著　清刻本　六册

340000－1802－0003575　302.3/6082
困知記二卷續二卷三續一卷四續一卷續補一卷外編一卷附錄一卷　(明)羅欽順撰　清光緒五年(1879)鉛印本　四册

340000－1802－0003576　302.3/7210
理學宗傳辨正十六卷　(清)劉廷詔撰　清同治十一年(1872)六安求我齋刻本　六册

340000－1802－0003577　302.3/7210:1
理學宗傳辨正十六卷　(清)劉廷詔撰　清同治十一年(1872)六安求我齋刻本　六册

340000－1802－0003578　302.3/7442
陸桴亭思辨錄輯要二十二卷　(清)陸世儀撰　清同治五年(1866)福州刻正誼堂全書本　五册

340000－1802－0003579　302.3/7474
松陽鈔存二卷　(清)陸隴其撰　(清)楊開基編　清同治十三年(1874)湖南省城書局刻本　一册

340000－1802－0003580　302.3/7530
四書字義二卷附錄一卷　(宋)陳淳著　(宋)王雋編　清光緒六年(1880)寧鄉林黄氏刻本　二册

340000－1802－0003581　302.3/7530:1
北溪字義二卷補遺一卷附二卷　(宋)陳淳撰　清咸豐六年(1856)刻本　二册

340000－1802－0003582　302.3/7530:2
北溪字義二卷補遺一卷附一卷　(宋)陳淳撰　清光緒八年(1882)津河廣仁堂刻本　二册

340000－1802－0003583　302.3/7535
朱子語類日鈔五卷　(清)陳澧編　清光緒二十二年(1896)皖江藩署刻本　一册

340000－1802－0003584　302.3/7723
大儒要言鈔不分卷　(清)陶秉禮纂　清道光三年(1823)立本齋刻本　四册

340000－1802－0003585　302.3/7723:1
大儒要言鈔不分卷　(清)陶秉禮纂　清道光二年(1822)刻本　一册

340000－1802－0003586　302.3/8013
庸言四卷　(清)余元遴著　清咸豐二年(1852)刻本　二册

340000－1802－0003587　302.3/8032
志學編二卷　(清)余寅止編　清光緒元年(1875)刻本　一册

340000－1802－0003588　302.3/8044
省吾錄二卷　(清)余華著　清咸豐元年(1851)刻本　一册

340000－1802－0003589　302.4/1088
呂書四種合刻　(清)呂得勝等撰　(清)栗毓美編　清道光七年(1827)開封府署刻本　一册

340000－1802－0003590　302.4/1160
白虎通四卷闕文一卷義攷一卷補遺一卷　(漢)班固撰　清嘉慶四年(1799)刻本　二册

340000－1802－0003591　302.4/1160:1
白虎通德論二卷　(漢)班固纂　**風俗通義四卷**　(漢)應邵撰　清康熙七年(1668)刻本　二册　存二卷(白虎通德論二卷)

340000－1802－0003592　302.4/2234
聖祖仁皇帝庭訓格言一卷　(清)世宗胤禛述　(清)紀昀纂　清刻本　一册

340000－1802－0003593　302.4/4602
家寶合編二卷　(清)楊端撰　清嘉慶二十五

年(1820)年刻本　二冊

340000－1802－0003594　302.4/6034
羅近溪先生語要不分卷　(明)羅汝芳撰　(明)陶望齡編　清光緒二十年(1894)刻本　一冊

340000－1802－0003595　302.4/7530
從政遺規二卷　(清)陳宏謀編　清石印本　一冊

340000－1802－0003596　302.4/7530:1
學仕遺規四卷補四卷　(清)陳宏謀編　清乾隆三十四年(1769)培遠堂刻本　五冊

340000－1802－0003597　302.4/7530:10
從政遺規二卷　(清)陳宏謀撰　清嘉慶友益堂刻本　二冊

340000－1802－0003598　302.4/7530:11
四種遺規十四卷　(清)陳宏謀編　清乾隆八年(1743)培遠堂刻本　六冊　缺三卷(教女遺規三卷)

340000－1802－0003599　302.4/7530:12
養正遺規二卷補編一卷　(清)陳宏謀輯　清友益堂刻本　二冊

340000－1802－0003600　302.4/7530:2
在官法戒錄四卷　(清)陳宏謀編輯　清乾隆八年(1743)培遠堂刻本　二冊

340000－1802－0003601　302.4/7530:3
在官法戒錄四卷　(清)陳宏謀編　清刻本　二冊

340000－1802－0003602　302.4/7530:4
五種遺規摘鈔十五卷　(清)陳宏謀輯　清光緒三十二年(1906)刻本　八冊

340000－1802－0003603　302.4/7530:5
五種遺規十七卷　(清)陳宏謀輯　清同治七年(1868)金陵書局刻本　十二冊

340000－1802－0003604　302.4/7530:6
五種遺規十七卷　(清)陳宏謀編輯　清宣統三年(1911)上海商務印書館鉛印本　五冊

340000－1802－0003605　302.4/7530:7
五種遺規十六卷　(清)陳宏謀輯　清道光二年(1822)刻本　八冊

340000－1802－0003606　302.4/7530:8
教女遺規三卷　(清)陳宏謀輯　清嘉慶友益堂刻本　一冊

340000－1802－0003607　302.4/7530:9
訓俗遺規四卷　(清)陳宏謀輯　清嘉慶友益堂刻本　四冊

340000－1802－0003608　302.41/2234
聖祖仁皇帝庭訓格言一卷　(清)世宗胤禛述　(清)紀昀纂　清末鉛印本　一冊

340000－1802－0003609　302.41/2234:1
聖祖仁皇帝庭訓格言一卷　(清)世宗胤禛述　(清)紀昀纂　清同治刻本　一冊

340000－1802－0003610　302.41/2234:2
聖祖仁皇帝庭訓格言一卷　(清)世宗胤禛述　(清)紀昀纂　清同治刻本　一冊

340000－1802－0003611　302.41/2234:3
聖祖仁皇帝庭訓格言一卷　(清)世宗胤禛述　(清)紀昀纂　清同治刻本　一冊

340000－1802－0003612　302.41/2234:4
聖祖仁皇帝庭訓格言一卷　(清)世宗胤禛述　(清)紀昀纂　清同治十二年(1873)刻本　一冊

340000－1802－0003613　302.41/4644
惕慮要言一卷　(清)楊芳敬編　清道光十五年(1835)刻本　一冊

340000－1802－0003614　302.42/0135
顏氏家訓七卷攷證一卷　(北齊)顏之推撰　清末上海文瑞樓石印本　一冊

340000－1802－0003615　302.42/0135:1
顏氏家訓二卷　(北齊)顏之推撰　(清)朱軾評點　清刻本　一冊

340000－1802－0003616　302.42/0135:2
顏氏家訓二卷　(北齊)顏之推撰　清光緒元年(1875)湖北崇文書局刻本　一冊

340000－1802－0003617　302.42/0135:3

顏氏家訓二卷　(北齊)顏之推撰　清光緒元年(1875)湖北崇文書局刻本　一册

340000－1802－0003618　302.42/1111

澄懷園語四卷　(清)張廷玉著　清光緒六年(1880)龐山刻本　一册

340000－1802－0003619　302.42/1111:1

澄懷園語四卷　(清)張廷玉著　清乾隆十一年(1746)刻本　一册

340000－1802－0003620　302.42/1111:2

澄懷園語四卷　(清)張廷玉著　清光緒六年(1880)龐山刻本　一册

340000－1802－0003621　302.42/1111:3

澄懷園語四卷　(清)張廷玉著　清光緒六年(1880)龐山刻本　一册

340000－1802－0003622　302.42/1111:4

澄懷園語四卷　(清)張廷玉著　清光緒六年(1880)龐山刻本　一册

340000－1802－0003623　302.42/1111:5

澄懷園語四卷　(清)張廷玉著　清同治五年(1866)刻本　一册

340000－1802－0003624　302.42/1111:6

澄懷園語四卷　(清)張廷玉著　清光緒六年(1880)龐山刻本　一册

340000－1802－0003625　302.42/1111:7

澄懷園語四卷　(清)張廷玉著　清光緒六年(1880)龐山刻本　一册

340000－1802－0003626　302.42/1111:8

澄懷園語四卷　(清)張廷玉著　清光緒六年(1880)龐山刻本　一册

340000－1802－0003627　302.42/1111:9

澄懷園語四卷　(清)張廷玉著　清光緒六年(1880)龐山刻本　一册

340000－1802－0003628　302.42/1111:10

澄懷園語四卷　(清)張廷玉著　清光緒六年(1880)龐山刻本　一册

340000－1802－0003629　302.42/1124

課子隨筆節鈔六卷　(清)張師載編　(清)徐桐節鈔　**續編一卷**　(清)徐桐編　清光緒十四年(1888)刻本　四册

340000－1802－0003630　302.42/1124:1

課子隨筆節鈔六卷　(清)張師載編　(清)徐桐節鈔　**續編一卷**　(清)徐桐編　清光緒十四年(1888)刻本　三册　缺一卷(續編一卷)

340000－1802－0003631　302.42/1131

張太史訓子三十篇不分卷　(清)張江撰　清道光十一年(1831)刻本　一册

340000－1802－0003632　302.42/1144

篤素堂文集四卷　(清)張英著　清光緒六年(1880)龐山刻本　一册

340000－1802－0003633　302.42/1144:1

聰訓齋語二卷恒産瑣言一卷飯有十二合說一卷　(清)張英著　清光緒九年(1883)資州實硯齋刻本　一册

340000－1802－0003634　302.42/1144:2

篤素堂文集四卷　(清)張英著　清同治五年(1866)刻本　一册

340000－1802－0003635　302.42/1144:3

聰訓齋語一卷恒産瑣言一卷　(清)張英著　清刻本　一册

340000－1802－0003636　302.42/1144:4

聰訓齋語一卷恒産瑣言一卷　(清)張英著　清刻本　一册

340000－1802－0003637　302.42/1144:5

聰訓齋語一卷恒産瑣言一卷　(清)張英著　清刻本　一册

340000－1802－0003638　302.42/1144:6

篤素堂雜著四卷　(清)張英著　清末鉛印本　一册

340000－1802－0003639　302.42/1779

家範十卷　(宋)司馬光著　清光緒元年(1875)夔州李氏刻本　一册

340000－1802－0003640　302.42/1779:1

家範十卷　(宋)司馬光著　清康熙五十八年(1719)刻本　一冊

340000－1802－0003641　302.42/2576
朱子家訓衍義一卷　(清)朱鳳鳴撰　清道光十一年(1831)刻本　一冊

340000－1802－0003642　302.42/2648
三訓合讀三卷　(清)吳嘉善編　清光緒七年(1881)徽州明德堂刻本　一冊

340000－1802－0003643　302.42/3193
雙節堂庸訓六卷　(清)汪輝祖纂　清同治七年(1868)楚北崇文書局刻本　二冊

340000－1802－0003644　302.42/3193:1
雙節堂庸訓六卷　(清)汪輝祖纂　清刻本　一冊

340000－1802－0003645　302.42/4084
曾氏家訓二卷　(清)左錫嘉編　清光緒十七年(1891)曾光煦刻本　一冊

340000－1802－0003646　302.42/4625
楊忠湣公遺訓一卷自著[楊繼盛]年譜一卷靈驗記一卷　(明)楊繼盛撰　清光緒二十二年(1896)刻本　一冊

340000－1802－0003647　302.42/4625:1
楊忠湣公遺訓一卷自著[楊繼盛]年譜一卷靈驗記一卷　(明)楊繼盛撰　清同治十二年(1873)活字印本　一冊

340000－1802－0003648　302.42/5040
範家集略六卷　(清)秦坊編　清同治十年(1871)木犀軒刻本　四冊

340000－1802－0003649　302.42/6030
重刊仁和金雨叔殿撰家戒詩註釋一卷　(清)昇寅注　清光緒二十八年(1902)兩儀堂刻本　一冊

340000－1802－0003650　302.42/8064
曾文正公家訓二卷　(清)曾國藩撰　清光緒五年(1879)傳忠書局刻本　二冊

340000－1802－0003651　302.43/1046
女四書集註四卷　(清)王相注　清末大文堂刻本　二冊

340000－1802－0003652　302.43/1046:1
女四書二卷　(清)王相注　清光緒十四年(1888)共賞書局刻本　二冊

340000－1802－0003653　302.43/2323
內則衍義十六卷　(清)傅以漸編纂　清刻本　八冊

340000－1802－0003654　302.43/2529
閨訓易曉一卷　(清)朱綬榮著　清光緒八年(1882)刻本　一冊

340000－1802－0003655　302.43/5087
閨門學史四卷　(清)書銘撰　清末石印本　一冊　存二卷(婦道二卷)

340000－1802－0003656　302.43/7288
曾氏女訓三卷　(清)劉鑑著　清光緒三十四年(1908)長沙忠襄公祠刻本　三冊

340000－1802－0003657　302.44/0022
讀書作文譜十二卷父師善誘法二卷　(清)唐彪編　清刻本　四冊

340000－1802－0003658　302.44/0022:1
父師善誘法二卷讀書作文譜十二卷　(清)唐彪輯著　清乾隆三十八年(1773)刻本　二冊

340000－1802－0003659　302.44/0022:2
讀書作文譜十二卷父師善誘法二卷　(清)唐彪編　清刻本　二冊

340000－1802－0003660　302.44/0032
宣講彙編□□卷　(清)方瀏生撰　清末阜陽縣排印處鉛印本　一冊　存蒙師箴言、私塾改良會章程

340000－1802－0003661　302.44/0080
小學纂註六卷朱子[熹]年譜一卷　(清)高愈纂注　清同治十一年(1872)浙江書局刻本　二冊

340000－1802－0003662　302.44/0080:1
小學纂註六卷朱子[熹]年譜一卷　(清)高愈纂注　清嘉慶二十三年(1818)刻本　四冊

340000－1802－0003663　302.44/1027
三字經注一卷　(宋)王伯厚纂　(清)王相注　清道光三年(1823)刻本　一册

340000－1802－0003664　302.44/1122
小學集解六卷　(清)張伯行纂輯　清光緒刻本　四册

340000－1802－0003665　302.44/1122:1
小學集解六卷　(清)張伯行輯注　清同治十年(1871)楚醴聚奎閣刻本　三册

340000－1802－0003666　302.44/1736
司空詩品註釋一卷　(唐)司空圖撰　清同治九年(1870)寶文書局刻本　一册

340000－1802－0003667　302.44/1736:1
司空詩品註釋一卷　(唐)司空圖撰　清李光明莊刻本　一册

340000－1802－0003668　302.44/2307
普通新智識讀本二卷　(清)上海文明編譯書局編譯　清光緒二十八年(1902)上海文明編譯書局鉛印本　一册

340000－1802－0003669　302.44/2540
小學集注六卷　(宋)朱熹撰　(明)陳選集注　清同治六年(1867)金陵書局刻本　二册

340000－1802－0003670　302.44/2540:1
小學集注六卷　(宋)朱熹撰　(明)陳選集注　清光緒二十二年(1896)尚德堂刻本　一册　存四卷(一至四)

340000－1802－0003671　302.44/2603
程氏家塾讀書分年日程三卷綱領一卷　(元)程端禮撰　清同治八年(1869)江蘇書局刻本　一册

340000－1802－0003672　302.44/2603:1
程氏家塾讀書分年日程三卷綱領一卷　(元)程端禮撰　清道光六年(1826)陽城劉氏藜照書屋刻本　二册

340000－1802－0003673　302.44/2603:2
程氏家塾讀書分年日程三卷綱領一卷　(元)程端禮撰　清同治五年(1866)刻當歸草堂叢書本　二册

340000－1802－0003674　302.44/2603:3
程氏家塾讀書分年日程三卷綱領一卷　(元)程端禮撰　清同治七年(1868)湖北崇文書局刻本　二册

340000－1802－0003675　302.44/2603:4
程氏家塾讀書分年日程三卷綱領一卷　(元)程端禮撰　清同治七年(1868)湖北崇文書局刻本　二册

340000－1802－0003676　302.44/2622
寄傲山房塾課新增幼學故事瓊林四卷首一卷　(明)程允升撰　(清)鄒聖脈增補　清李光明莊刻本　一册　存三卷(一至二、首一卷)

340000－1802－0003677　302.44/2622:1
寄傲山房塾課新增幼學故事瓊林四卷首一卷　(明)程允升撰　(清)鄒聖脈增補　清刻本　二册

340000－1802－0003678　302.44/2622:2
寄傲山房塾課新增幼學故事瓊林四卷首一卷　(明)程允升撰　(清)鄒聖脈增補　清乾隆二十五年(1760)刻本　二册

340000－1802－0003679　302.44/2640
字訓一卷　(宋)程若庸撰　**朱子三書一卷**　(宋)朱熹撰　清刻本　一册

340000－1802－0003680　302.44/2739
開蒙必讀不分卷　(清)鄒祖堂編　清末刻本　一册

340000－1802－0003681　302.44/2843
增補三字經訓詁百家姓考略千字文釋義三種合刻三卷　(清)徐士業增補　清末上海錦章書局石印本　一册　存二卷(百家姓考略、千字文釋義)

340000－1802－0003682　302.44/2843:1
三字經訓詁一卷百家姓考略一卷千字文釋義一卷　(清)徐士業編　清光緒二十三年(1897)南京詞源閣書莊刻本　一册

340000－1802－0003683　302.44/2843:2

三字經訓詁一卷百家姓考略一卷千字文釋義一卷　(清)徐士業編　清光緒二十三年(1897)南京詞源閣書莊刻本　二册　存二卷(三字經訓詁一卷、千字文釋義一卷)

340000－1802－0003684　302.44/3161
千字文釋義一卷　(清)汪嘯尹纂輯　清詞源書局刻本　一册

340000－1802－0003685　302.44/3161:1
千字文釋義一卷　(清)汪嘯尹纂輯　清道光經綸堂刻本　一册

340000－1802－0003686　302.44/3161:2
千字文釋義一卷　(清)汪嘯尹纂輯　清刻本　一册

340000－1802－0003687　302.44/4000
訓學良規一卷　(清)李新庵撰　清光緒八年(1882)皖省聚文堂活字印本　一册

340000－1802－0003688　302.44/4000:1
訓學良規一卷　(清)李新庵撰　清光緒八年(1882)皖省聚文堂活字印本　一册

340000－1802－0003689　302.44/4064
龍文鞭影二集二卷　(清)李暉吉輯　(清)黄元熙校補　清光緒二十年(1894)刻本　二册

340000－1802－0003690　302.44/4096
老學究語不分卷　(清)李惺撰　清光緒十四年(1888)廬江丁敬修堂刻本　一册

340000－1802－0003691　302.44/4411
黄氏塾課三卷　(清)黄式三編　清同治刻儆居遺書本　一册

340000－1802－0003692　302.44/4434
龍文鞭影四卷二集二卷　(明)蕭良有纂輯　(明)楊臣諍增訂　(清)李恩綬校補　清光緒二十三年(1897)益元堂刻本　四册

340000－1802－0003693　302.44/4434:1
龍文鞭影二卷　(明)蕭良有纂輯　(明)楊臣諍增訂　(清)李恩綬校補　清光緒十一年(1885)皖省聚文堂刻本　一册　存一卷(上)

340000－1802－0003694　302.44/4434:2
龍文鞭影四卷　(明)蕭良有纂輯　(明)楊臣諍增訂　(清)李恩綬校補　清光緒九年(1883)刻本　一册　存二卷(一至二)

340000－1802－0003695　302.44/4434:3
繪圖龍文鞭影初集二卷二集二卷　(明)蕭良有纂輯　(明)楊臣諍增訂　(清)來集之音註　清末上洋普新石印局石印本　一册　存二卷(初集二卷)

340000－1802－0003696　302.44/4434:4
龍文鞭影四卷　(明)蕭良有纂輯　(明)楊臣諍增訂　(清)李恩綬校補　清宣統三年(1911)兩宜堂刻本　二册

340000－1802－0003697　302.44/4434:5
龍文鞭影四卷　(明)蕭良有纂輯　(明)楊臣諍增訂　(清)李恩綬校補　清宣統三年(1911)兩宜堂刻本　二册

340000－1802－0003698　302.44/4733
弟子箴言十六卷　(清)胡達源撰　清光緒七年(1881)廣仁堂刻本　三册　缺四卷(十三至十六)

340000－1802－0003699　302.44/5220
授受法述略一卷　(清)□□撰　清末抄本　一册

340000－1802－0003700　302.45/0482
教諭語四篇一卷　(清)謝金鑾撰　清同治七年(1868)福建吳玉田刻本　一册

340000－1802－0003701　302.45/1133
輶軒語一卷　(清)張之洞撰　清光緒八年(1882)皖垣鉛印本　一册

340000－1802－0003702　302.45/1133:1
勸學篇二卷　(清)張之洞撰　清光緒二十四年(1898)中江書院刻本　一册

340000－1802－0003703　302.45/1133:2
勸學篇二卷　(清)張之洞撰　清光緒二十四年(1898)中江書院刻本　一册

340000－1802－0003704　302.45/1133:3
勸學篇二卷　(清)張之洞撰　清光緒二十四

年(1898)嚴雋熙刻本　一冊

340000－1802－0003705　302.45/1133:4
勸學篇二卷　(清)張之洞撰　清光緒二十四年(1898)敬敷書院刻本　一冊

340000－1802－0003706　302.45/1133:5
勸學篇二卷　(清)張之洞撰　清光緒二十四年(1898)江南書局刻本　一冊

340000－1802－0003707　302.45/1133:6
勸學篇二卷　(清)張之洞撰　清光緒二十四年(1898)兩湖書院刻本　一冊

340000－1802－0003708　302.45/1133:7
勸學篇二卷　(清)張之洞撰　清光緒皖省嫏嬛閣書局活字印本　一冊

340000－1802－0003709　302.45/1133:8
勸學篇二卷　(清)張之洞撰　清光緒二十四年(1898)刻本　二冊

340000－1802－0003710　302.45/1133:9
勸學篇二卷　(清)張之洞撰　清光緒刻本　一冊　存一卷(外篇)

340000－1802－0003711　302.45/7517
聖學入門書三卷　(清)陳瑚撰　清咸豐三年(1853)刻本　一冊

340000－1802－0003712　302.45/7738
先正讀書訣一卷　(清)周永年編　**周先生傳一卷**　(清)桂馥撰　清光緒二十一年(1895)刻本　一冊

340000－1802－0003713　302.46/0073
邇訓二十卷　(明)方學漸撰　清光緒九年(1883)安徽鉛印本　三冊

340000－1802－0003714　302.46/0073:1
邇訓二十卷　(明)方學漸撰　清光緒九年(1883)安徽鉛印本　三冊

340000－1802－0003715　302.46/0073:2
邇訓二十卷　(明)方學漸撰　清光緒九年(1883)安徽鉛印本　一冊　存六卷(十五至二十)

340000－1802－0003716　302.46/0094
聖諭廣訓直解十六條　(清)聖祖玄燁撰　清宣統二年(1910)近畿印刷所鉛印本　一冊　存八條(一至八)

340000－1802－0003717　302.46/0094:1
聖諭廣訓十六條　(清)聖祖玄燁撰　清道光刻本　一冊

340000－1802－0003718　302.46/0194
讀書做人譜一卷　(清)龍炳垣編　清道光二十九年(1849)刻本　一冊

340000－1802－0003719　302.46/0194:1
讀書做人譜一卷　(清)龍炳垣編　清道光二十九年(1849)刻本　一冊

340000－1802－0003720　302.46/2234
聖諭廣訓衍說二卷　(清)世宗胤禛撰　清光緒二十一年(1895)山東書局刻本　一冊

340000－1802－0003721　302.46/2841
日省錄二十卷首一卷　(清)徐嘉瑞編　清咸豐四年(1854)刻本　八冊

340000－1802－0003722　302.46/3302
日省錄三卷補遺一卷　(清)梁文科編　清光緒十八年(1892)貴州刻本　一冊

340000－1802－0003723　302.46/3318
聖諭像解二十卷　(清)梁延年編　清光緒二十九年(1903)安徽撫署石印本　十冊

340000－1802－0003724　302.46/3318:1
聖諭像解二十卷　(清)梁延年編　清光緒二十九年(1903)安徽撫署石印本　十冊

340000－1802－0003725　302.46/3318:2
聖諭像解二十卷　(清)梁延年編　清光緒二十九年(1903)安徽撫署石印本　九冊　缺三卷(十四至十六)

340000－1802－0003726　302.46/3318:3
聖諭像解二十卷　(清)梁延年編　清光緒二十九年(1903)安徽撫署石印本　十冊

340000－1802－0003727　302.46/3318:4
聖諭像解二十卷　(清)梁延年編　清光緒二

十九年(1903)安徽撫署石印本　十册

340000－1802－0003728　302.46/3318:5
聖諭像解二十卷　(清)梁延年輯　清光緒二十九年(1903)安徽撫署石印本　一册　存一卷(三)

340000－1802－0003729　302.46/4020
新增願體集四卷　(清)李仲麟編　清乾隆五十七年(1792)刻本　四册

340000－1802－0003730　302.46/5377
人範須知六卷　(清)盛隆撰　清同治二年(1863)刻本　八册　缺二卷(四至五)

340000－1802－0003731　302.46/5844
慎言集訓二卷　(明)敖英撰　清同治四年(1865)錢塘丁氏刻當歸草堂叢書本　一册

340000－1802－0003732　302.46/7237
人譜類記增訂六卷　(明)劉宗周撰　清光緒元年(1875)湖北崇文書局刻崇文書局彙刻書叢書本　一册　存二卷(五至六)

340000－1802－0003733　302.46/7237:1
人譜三卷人譜類記增訂六卷　(明)劉宗周撰　清光緒三十二年(1906)文明會社石印本　一册　存三卷(人譜三卷)

340000－1802－0003734　302.46/7237:2
人譜正篇一卷續篇一卷三篇一卷　(明)劉宗周撰　清光緒三年(1877)湖北崇文書局刻本　一册

340000－1802－0003735　302.46/7237:3
人譜三卷人譜類記增訂六卷　(明)劉宗周撰　清光緒二十九年(1903)滇官書局刻本　一册　缺二卷(人譜類記增訂五至六)

340000－1802－0003736　302.46/7237:4
人譜三卷類記二卷　(明)劉宗周撰　清光緒二十五年(1899)皖省鉅文堂活字印本　二册

340000－1802－0003737　302.46/7237:5
人譜三卷類記二卷　(明)劉宗周撰　清同治七年(1868)刻本　二册

340000－1802－0003738　302.46/7237:6
人譜三卷類記二卷　(明)劉宗周撰　清同治七年(1868)刻本　二册

340000－1802－0003739　302.46/7237:7
人譜三卷類記二卷　(明)劉宗周撰　清同治七年(1868)刻本　二册

340000－1802－0003740　302.46/7237:8
人譜類記輯要二卷　(明)劉宗周撰　(清)董玉書輯　清光緒三十年(1904)安慶正誼書局鉛印本　一册

340000－1802－0003741　302.46/7237:9
人譜類記二卷　(明)劉宗周撰　清末石印本　一册　存一卷(上)

340000－1802－0003742　302.46/7237:10
人譜類記二卷　(明)劉宗周撰　清末石印本　二册

340000－1802－0003743　302.46/7474
宰嘉訓俗一卷　(清)陸隴其著　清光緒二年(1876)六安求我齋刻本　一册

340000－1802－0003744　302.46/7474:1
宰嘉訓俗一卷　(清)陸隴其著　清光緒二年(1876)六安求我齋刻本　一册

340000－1802－0003745　302.46/7474:2
宰嘉訓俗一卷　(清)陸隴其著　清光緒二年(1876)六安求我齋刻本　一册

340000－1802－0003746　302.46/7474:3
陸清獻公宰嘉訓俗一卷　(清)陸隴其著　清光緒十年(1884)六安求我齋刻本　一册

340000－1802－0003747　302.46/7474:4
陸清獻公宰嘉訓俗一卷　(清)陸隴其著　清光緒十年(1884)六安求我齋刻本　一册

340000－1802－0003748　302.46/7474:5
陸清獻公宰嘉訓俗一卷　(清)陸隴其著　清光緒十年(1884)六安求我齋刻本　一册

340000－1802－0003749　302.46/7474:6
陸清獻公宰嘉訓俗一卷　(清)陸隴其著　清光緒十年(1884)六安求我齋刻本　一册

340000－1802－0003750　302.46/7474:7
陸清獻公宰嘉訓俗一卷　(清)陸隴其著　清光緒十年(1884)六安求我齋刻本　一册

340000－1802－0003751　302.46/7474:8
陸清獻公宰嘉訓俗一卷　(清)陸隴其著　清光緒十年(1884)六安求我齋刻本　一册

340000－1802－0003752　302.46/7751
習是編二卷年譜一卷　(清)屈成霖編　清同治十三年(1874)刻本　四册

340000－1802－0003753　303/0704
莊子集釋十卷　(清)郭慶藩編　清光緒思賢講舍刻本　八册

340000－1802－0003754　303/1020
莊子集解八卷　王先謙集解　清末掃葉山房石印本　四册

340000－1802－0003755　303/1052
檀山道德經頌二卷　(清)王泰徵編　清刻本　一册

340000－1802－0003756　303/1053
莊子解三十三卷　(清)王夫之撰　清同治四年(1865)刻船山遺書本　一册　存六卷(一至六)

340000－1802－0003757　303/1073
莊子王氏注二卷　王闓運注　清同治八年(1869)刻本　二册

340000－1802－0003758　303/1140
揚子法言纂一卷吕覽纂一卷　(明)張榜輯　(明)王與耔糾譌　(明)武光賜注　(明)王與夔評　明刻本　一册

340000－1802－0003759　303/1223
列子八卷　(晋)張湛注　清光緒二年(1876)浙江書局刻本　二册

340000－1802－0003760　303/1223:1
列子二卷　(晋)張湛注　清光緒元年(1875)湖北崇文書局刻本　一册

340000－1802－0003761　303/2004
老子翼八卷首一卷　(明)焦竑編　清光緒二十一年(1895)漸西村舍刻本　四册

340000－1802－0003762　303/2004:1
老子翼八卷首一卷　(明)焦竑編　清光緒二十一年(1895)漸西村舍刻本　四册

340000－1802－0003763　303/2004:2
老子翼八卷首一卷　(明)焦竑編　清光緒二十一年(1895)漸西村舍刻本　四册

340000－1802－0003764　303/2004:3
老子翼八卷　(明)焦竑編　清光緒二十一年(1895)刻本　一册　存二卷(七至八)

340000－1802－0003765　303/2435
老子道德經解二卷首一卷觀老莊影響論一卷　(明)釋德清撰　清光緒十二年(1886)金陵刻經處刻本　二册

340000－1802－0003766　303/2435:1
莊子内篇註四卷　(明)釋德清注　清光緒十四年(1888)金陵刻經處刻本　二册

340000－1802－0003767　303/2435:2
莊子内篇註四卷　(明)釋德清注　清光緒十四年(1888)金陵刻經處刻本　二册

340000－1802－0003768　303/2435:3
莊子内篇註四卷　(明)釋德清注　清光緒十四年(1888)金陵刻經處刻本　二册

340000－1802－0003769　303/2435:4
老子道德經解二卷首一卷觀老莊影響論一卷　(明)釋德清撰　清光緒十二年(1886)金陵刻經處刻本　二册

340000－1802－0003770　303/2435:5
老子道德經解二卷首一卷觀老莊影響論一卷　(明)釋德清撰　清光緒十二年(1886)金陵刻經處刻本　一册　存一卷(二)

340000－1802－0003771　303/2435:6
莊子内篇注四卷　(明)釋德清注　清刻本　一册　存二卷(一至二)

340000－1802－0003772　303/2649
莊子解十二卷　(清)吳世尚注評　清雍正四年(1726)刻本　六册

340000－1802－0003773　303/2649:1
莊子解三卷　(清)吳世尚注評　清刻本　四冊

340000－1802－0003774　303/2814
南華經直解四卷　(清)徐廷槐編　清光緒二十年(1894)刻本　二冊

340000－1802－0003775　303/3021
南華真經解三卷　(清)宣穎著　清經綸堂刻本　四冊

340000－1802－0003776　303/3021:1
南華經解三十三卷　(清)宣穎著　清同治五年(1866)皖城藩署刻半畝園藏書本　六冊

340000－1802－0003777　303/3021:2
南華經解三十三卷　(清)宣穎著　清同治五年(1866)皖城藩署刻半畝園藏書本　三冊

340000－1802－0003778　303/3021:3
南華經解三十三卷　(清)宣穎著　清同治五年(1866)皖城藩署刻半畝園藏書本　三冊

340000－1802－0003779　303/3021:4
南華真經解三卷　(清)宣穎著　清康熙寶旭齋刻本　四冊

340000－1802－0003780　303/3021:5
南華真經解三卷　(清)宣穎著　清康熙寶旭齋刻本　四冊

340000－1802－0003781　303/4010
老子道德經二卷音義一卷　(周)李耳撰　(晉)王弼注　(唐)陸德明音義　清光緒元年(1875)浙江書局刻本　一冊

340000－1802－0003782　303/4010:1
老子道德經二卷　(周)李耳撰　(晉)王弼注　**道德真經注四卷**　(元)吳澄撰　清光緒元年(1875)、民國元年(1912)刻本　一冊

340000－1802－0003783　303/4010:2
老子一卷　(周)李耳撰　(清)吳汝綸點勘　清宣統二年(1910)衍星社鉛印本　一冊

340000－1802－0003784　303/4074
説莊三卷　(明)李騰芳著　清青蓮齋刻本　二冊

340000－1802－0003785　303/4217
老子章義二卷　(清)姚鼐撰　清同治九年(1870)桐城吳氏刻本　一冊

340000－1802－0003786　303/4217:1
老子章義二卷　(清)姚鼐撰　清同治九年(1870)桐城吳氏刻本　一冊

340000－1802－0003787　303/4217:2
老子章義二卷　(清)姚鼐撰　清同治九年(1870)桐城吳氏刻本　一冊

340000－1802－0003788　303/4418
莊子因六卷　(清)林雲銘評　清光緒六年(1880)白雲精舍刻本　四冊

340000－1802－0003789　303/4418:1
莊子因六卷　(清)林雲銘評　清乾隆二年(1737)刻本　四冊

340000－1802－0003790　303/4477
莊子十卷　(周)莊周撰　(晉)郭象注　(唐)陸德明音義　清光緒二年(1876)浙江書局刻本　六冊

340000－1802－0003791　303/4477:1
莊子十卷　(周)莊周撰　(晉)郭象注　(唐)陸德明音義　清光緒二年(1876)浙江書局刻本　六冊

340000－1802－0003792　303/4477:2
南華真經十卷　(周)莊周撰　(晉)郭象注　(唐)陸德明音義　清嘉慶九年(1804)刻本　三冊

340000－1802－0003793　303/4477:3
莊子南華真經三卷　(周)莊周撰　**闕誤一卷**　(明)楊慎撰　清光緒元年(1875)湖北崇文書局刻本　二冊

340000－1802－0003794　303/4477:4
莊子十卷　(周)莊周撰　(晉)郭象注　(唐)陸德明音義　清末民國初上海鴻章書局石印本　四冊

340000－1802－0003795　303/4477:5

莊子十卷　(周)莊周撰　(清)吴汝綸點勘　清宣統二年(1910)衍星社鉛印本　二冊

340000－1802－0003796　303/4477:6
莊子不分卷　(周)莊周撰　清抄本　一冊

340000－1802－0003797　303/5640
揚子法言十三卷附音義一卷　(漢)楊雄撰　(晉)李軌注　**文子纘義十二卷**　(元)杜道堅撰　清光緒十九年(1893)上海鴻文書局石印本　一冊

340000－1802－0003798　303/5640:1
新纂門目五臣音註揚子法言十卷　(漢)揚雄撰　(唐)李軌　(唐)柳宗元注　(宋)宋咸　(宋)吴祕　(宋)司馬光增注　清嘉慶九年(1804)姑蘇聚文堂刻十子全書本　二冊　缺二卷(九至十)

340000－1802－0003799　303/7143
莊子故八卷　馬其昶撰　清光緒三十一年(1905)合肥李氏刻集虛草堂叢書甲集本　四冊

340000－1802－0003800　303/7143:1
莊子故八卷　馬其昶撰　清光緒三十一年(1905)合肥李氏刻集虛草堂叢書甲集本　四冊

340000－1802－0003801　303/7426
鶡冠子三卷　(宋)陸佃注　(明)王宇評　清刻本　一冊

340000－1802－0003802　303/7533
南華真經本義十六卷附錄八卷　(明)陳治安注　清道光十五年(1835)紅蘭山房刻本　十冊

340000－1802－0003803　303/7546
南華真經正義三卷識餘三卷　(清)陳壽昌編　清光緒十九年(1893)怡顔齋刻本　六冊

340000－1802－0003804　303/7546:1
南華真經正義四卷　(清)陳壽昌編　清刻本　二冊

340000－1802－0003805　303/7757
南華真經影史九卷　(清)周拱辰注　清嘉慶八年(1803)刻本　二冊

340000－1802－0003806　303/8094
至遊子二卷　(宋)曾慥撰　清光緒元年(1875)湖北崇文書局刻本　一冊

340000－1802－0003807　303/8333
莊屈合詁二卷　(清)錢澄之撰　清同治二年(1863)斟雉堂刻桐城錢飲光先生全書本　五冊

340000－1802－0003808　303/9537
南華發覆八卷　(明)釋性通注　清刻本　六冊

340000－1802－0003809　304/1042
不礙軒讀律六種七卷　(清)王有孚編　清嘉慶十二年(1807)刻本　三冊　缺一卷(折獄金鍼)

340000－1802－0003810　304.1/1024
管子地員篇注四卷　(清)王紹蘭著　清光緒十七年(1891)寄虹山館刻本　三冊　存三卷(一至三)

340000－1802－0003811　304.1/4411
韓非子二十卷　(戰國)韓非撰　**識誤三卷**　(清)顧廣圻撰　清嘉慶二十三年(1818)刻本　二冊

340000－1802－0003812　304.1/4411:1
韓非子二十卷　(戰國)韓非撰　**識誤三卷**　(清)顧廣圻撰　清嘉慶二十三年(1818)刻本　四冊

340000－1802－0003813　304.1/4411:2
韓非子二十卷　(戰國)韓非撰　清刻本　三冊

340000－1802－0003814　304.1/4411:3
韓非子集解二十卷首一卷　(戰國)韓非撰　(清)王先慎集解　王先謙注　清末上海掃葉山房石印本　六冊

340000－1802－0003815　304.1/8825
管子二十四卷　(春秋)管仲撰　清刻本　一

冊　存八卷(十二至十九)

340000－1802－0003816　304.1/8825:1
管子二十四卷　(春秋)管仲撰　(唐)房玄齡注　清光緒二年(1876)浙江書局刻本　六冊

340000－1802－0003817　304.1/8825:2
管子二十四卷　(春秋)管仲撰　(唐)房玄齡注　(明)劉績增注　(明)朱長春通演　(明)朱養和輯　清嘉慶九年(1804)刻本　六冊

340000－1802－0003818　304.1/8825:3
管子二十四卷　(春秋)管仲撰　(唐)房玄齡注　清同治七年(1868)刻本　四冊

340000－1802－0003819　304.1/8825:4
管子二十四卷　(春秋)管仲撰　(唐)房玄齡注　明天啟花齋刻本　一冊　存五卷(五至九)

340000－1802－0003820　304.2/2131
法官須知不分卷　(清)上海政學社編　清宣統三年(1911)上海政學社鉛印本　十六冊

340000－1802－0003821　304.2/2648
法院編制法釋義四編　吳柏年編　清宣統三年(1911)安徽法政學堂鉛印本　二冊

340000－1802－0003822　304.3/2248
大清律例增修統纂集成四十卷附二卷　(清)任彭年編　清同治七年(1868)刻本　二十四冊

340000－1802－0003823　304.3/3435
大清現行刑律三十六卷首一卷附二卷　沈家本等編　清宣統二年(1910)鉛印本　十八冊

340000－1802－0003824　304.3/3603
刑案匯覽六十卷首一卷末一卷　(清)祝慶祺編　**新增刑案匯覽十六卷**　(清)潘文舫輯　**續增刑案匯覽十六卷**　□□撰　清末上海圖書集成局鉛印本　三十五冊　存八十一卷(一至四、八至十六、二十至二十七、三十三至六十,首一卷,末一卷;新增刑案匯覽十六卷;續增刑案匯覽三至十六)

340000－1802－0003825　304.3/3603:1
刑案匯覽六十卷首一卷末一卷　(清)祝慶祺編　**新增刑案匯覽十六卷**　(清)潘文舫輯　**續增刑案匯覽十六卷**　□□撰　清光緒十二年(1886)皖省聚文堂活字印本　八十五冊　存九十卷(一至二十六、二十八至三十三、三十五至五十一、五十三至六十,首一卷,末一卷;新增刑案匯覽十六卷;續增刑案匯覽一至十、十二至十六)

340000－1802－0003826　304.3/3837
大清律例根原一百二十四卷　(清)裕祿修　清同治十年(1871)安徽敷文書局活字印本　一百冊

340000－1802－0003827　304.3/4078
大清現行刑律講義不分卷　吉同鈞編　清宣統二年(1910)安徽法政學堂鉛印本　一冊

340000－1802－0003828　304.3/4424
律例圖說辨偽十卷　(清)萬維翰纂　清乾隆三十九年(1774)刻本　五冊

340000－1802－0003829　304.3/4428
處分則例圖要六卷　(清)蔡嵩年　(清)蔡逢年撰　清光緒十四年(1888)江蘇書局刻本　一冊

340000－1802－0003830　304.3/7707
審看擬式四卷首一卷末一卷　(清)剛毅撰　清光緒十八年(1892)浙江書局刻本　二冊

340000－1802－0003831　304.3/7773
大清律例增修統纂集成四十卷附二卷　(清)陶駿　(清)陶念霖增修　清宣統元年(1909)上海文淵山房鉛印本　十二冊　缺二十二卷(九至三十)

340000－1802－0003832　304.4/0845
洗冤錄詳義四卷首一卷　(清)許槤編　**洗冤錄摭遺二卷補一卷**　(清)葛元煦撰　清光緒二十二年(1896)湖北藩署刻本　六冊

340000－1802－0003833　304.4/0845:1
洗冤錄詳義四卷首一卷　(清)許槤編　**洗冤錄摭遺二卷補一卷**　(清)葛元煦撰　清光緒

二十二年(1896)湖北藩署刻本　四冊

340000－1802－0003834　304.4/0845:2
洗冤錄詳義四卷首一卷　(清)許槤編　清咸豐六年(1856)刻本　四冊

340000－1802－0003835　304.4/0845:3
洗冤錄詳義四卷首一卷　(清)許槤編　清咸豐六年(1856)刻本　四冊

340000－1802－0003836　304.4/0845:4
洗冤錄詳義四卷首一卷　(清)許槤編　清咸豐六年(1856)刻本　四冊

340000－1802－0003837　304.4/0845:5
洗冤錄詳義四卷首一卷　(清)許槤編　**洗冤錄摭遺二卷**　(清)葛元煦輯　清光緒二年(1876)葛氏嘯園刻本　五冊

340000－1802－0003838　304.4/0845:6
洗冤錄詳義四卷首一卷　(清)許槤編　**洗冤錄摭遺二卷**　(清)葛元煦輯　清光緒二年(1876)葛氏嘯園刻本　五冊

340000－1802－0003839　304.4/1014
補注洗冤錄集證四卷增一卷　(清)王又槐撰　(清)朱性齋增　**作吏要言一卷**　(清)葉玉屏著　清道光二十三年(1843)刻三色套印本　四冊

340000－1802－0003840　304.4/1014:1
補注洗冤錄集證四卷增一卷　(清)王又槐撰　(清)朱性齋增　**作吏要言一卷**　(清)葉玉屏著　清道光二十三年(1843)刻三色套印本　四冊

340000－1802－0003841　304.4/1014:2
補注洗冤錄集證四卷增一卷　(清)王又槐撰　(清)朱性齋增　**作吏要言一卷**　(清)葉玉屏著　清道光二十三年(1843)刻三色套印本　四冊

340000－1802－0003842　304.4/1014:3
重刊補注洗冤錄集證四卷附刊二卷　(清)王又槐增輯　(清)李觀瀾補輯　(清)阮其新補注　清光緒十七年(1891)刻四色套印本　六冊

340000－1802－0003843　304.4/1014:4
重刊補注洗冤錄集證五卷增一卷附五卷　(清)王又槐增輯　(清)李觀瀾補輯　(清)阮其新補注　清光緒十七年(1891)刻四色套印本　六冊

340000－1802－0003844　304.4/1014:5
重刊補注洗冤錄集證六卷　(清)王又槐增輯　(清)李觀瀾補輯　(清)阮其新補注　清光緒三年(1877)浙江書局刻四色套印本　五冊

340000－1802－0003845　304.4/1014:6
重刊補注洗冤錄集證六卷　(清)王又槐增輯　(清)李觀瀾補輯　(清)阮其新補注　清光緒三年(1877)浙江書局刻四色套印本　五冊

340000－1802－0003846　304.4/1014:7
重刊補注洗冤錄集證六卷　(清)王又槐增輯　(清)李觀瀾補輯　(清)阮其新補注　清光緒三年(1877)浙江書局刻四色套印本　五冊

340000－1802－0003847　304.4/1014:8
重刊補注洗冤錄集證六卷　(清)王又槐增輯　(清)李觀瀾補輯　(清)阮其新補注　清道光二十四年(1844)刻四色套印本　五冊

340000－1802－0003848　304.4/1014:9
重刊補注洗冤錄集證六卷　(清)王又槐增輯　(清)李觀瀾補輯　(清)阮其新補注　清道光二十四年(1844)刻四色套印本　五冊

340000－1802－0003849　304.4/1014:10
重刊補注洗冤錄集證六卷　(清)王又槐增輯　(清)李觀瀾補輯　(清)阮其新補注　清道光二十四年(1844)刻四色套印本　六冊

340000－1802－0003850　304.4/1014:11
重刊補注洗冤錄集證六卷　(清)王又槐增輯　(清)李觀瀾補輯　(清)阮其新補注　清道光二十四年(1844)刻四色套印本　五冊　缺二卷(六上、中)

340000－1802－0003851　304.4/1014:12
洗冤錄補注全纂六卷　(清)王又槐增輯

(清)李觀瀾補輯　(清)阮其新補注　**洗冤錄檢驗集證二卷**　(清)郎錦麒纂輯　清道光十五年(1835)刻本　四册

340000－1802－0003852　304.4/3080
補注洗冤錄集證四卷　(清)王又槐撰　清道光二十三年(1843)刻三色套印本　四册

340000－1802－0003853　304.4/4019
續增洗冤錄辨正三卷　(清)瞿中溶撰　(清)李璋煜編　清光緒三十三年(1907)上海書局石印本　一册

340000－1802－0003854　304.4/4043
重刊洗冤錄彙纂補輯□□卷　(清)李觀瀾補輯　清刻本　一册　存一卷(五)

340000－1802－0003855　304.4/4221
附刊洗冤錄解一卷　(清)姚德豫著　清道光十一年(1831)刻本　一册

340000－1802－0003856　304.6/1108
龍筋鳳髓判四卷　(唐)張鷟撰　(明)劉允鵬注　(清)陳春補正　清嘉慶十六年(1811)刻湖海樓叢書本　二册

340000－1802－0003857　304.6/1108:1
龍筋鳳髓判四卷　(唐)張鷟撰　(明)劉允鵬注　(清)陳春補正　清嘉慶十六年(1811)刻湖海樓叢書本　一册

340000－1802－0003858　304.6/1142
會審信隆租船全案不分卷　張坤德譯　清末鉛印本　一册　存十六葉(三十八至五十三)

340000－1802－0003859　304.6/2547
駁案彙編四十一卷　(清)朱梅臣編　清光緒三十四年(1908)上海集成圖書公司鉛印本　十二册

340000－1802－0003860　304.6/3488
新刻法筆驚天雷六卷　(清)□□編　清道光十八年(1838)刻本　一册　存二卷(一至二)

340000－1802－0003861　304.6/5243
折獄便覽一卷　(□)□□撰　清道光三十年(1850)刻本　一册

340000－1802－0003862　304.6/8740
折獄龜鑑八卷　(宋)鄭克撰　(清)許槤續纂　清光緒八年(1882)刻本　二册

340000－1802－0003863　304.6/8740:1
折獄龜鑑八卷　(宋)鄭克撰　(清)許槤續纂　清光緒八年(1882)刻本　四册

340000－1802－0003864　304.6/8861
新刻法家蕭曹兩造雪案鳴冤律四卷　(□)管見子注　清末刻本　一册

340000－1802－0003865　305/5437
洴澼百金方十四卷　(清)惠麓酒民編　清活字印本　八册

340000－1802－0003866　305/5437:1
洴澼百金方十四卷　(清)惠麓酒民編　清活字印本　一册　存二卷(三至四)

340000－1802－0003867　305.1/1217
孫子吴子司馬法合刻八卷　(□)□□編　清同治十年(1871)淮南書局刻本　一册

340000－1802－0003868　305.2/0440
火龍經三卷　(三國蜀)諸葛亮著　清刻本　一册

340000－1802－0003869　305.2/0837
虎鈐經二十卷　(宋)許洞撰　清刻本　二册

340000－1802－0003870　305.2/0878
武備輯要六卷　(清)許學范編　清光緒二十七年(1901)貴州善後局刻本　二册

340000－1802－0003871　305.2/1082
乾坤大略十卷補遺一卷　(清)王餘佑撰　清宣統三年(1911)綠雲樓鉛印本　一册　存六卷(六至十、補遺一卷)

340000－1802－0003872　305.2/1082:1
乾坤大略十卷補遺一卷　(清)王餘佑撰　清宣統三年(1911)綠雲樓鉛印本　二册

340000－1802－0003873　305.2/1082:2
乾坤大略十卷補遺一卷　(清)王餘佑撰　清宣統三年(1911)綠雲樓鉛印本　二册

340000－1802－0003874　305.2/1082:3
乾坤大略十卷補遺一卷　(清)王餘佑撰　清宣統三年(1911)綠雲樓鉛印本　二册

340000－1802－0003875　305.2/1082:4
乾坤大略十卷補遺一卷　(清)王餘佑撰　清宣統三年(1911)綠雲樓鉛印本　一册　存六卷(六至十、補遺一卷)

340000－1802－0003876　305.2/1213
孫子十家注十三卷　(春秋)孫武撰　(宋)吉天保輯　**孫子遺説一卷**　(宋)鄭友賢撰　**孫子敘録一卷**　(清)畢以珣撰　清光緒三年(1877)浙江書局刻二十二子本　四册　缺五卷(九至十三)

340000－1802－0003877　305.2/1213:1
孫子十家注十三卷　(春秋)孫武撰　(宋)吉天保輯　**孫子遺説一卷**　(宋)鄭友賢撰　**孫子敘録一卷**　(清)畢以珣撰　清光緒三年(1877)浙江書局刻二十二子本　四册

340000－1802－0003878　305.2/2519
築城學要塞編成一卷圖一卷　(□)仲孫光編　(□)郙仲共譯　(□)曹元悌修　清末鄂省參謀部石印本　二册

340000－1802－0003879　305.2/3123
戊笈談兵十卷首一卷補校録一卷　(清)汪紱著　清光緒二十年(1894)刻汪雙池先生叢書本　八册

340000－1802－0003880　305.2/3133
汪氏兵學三書十卷　(清)汪宗沂編　清光緒桐廬袁氏刻漸西村舍彙刊本　一册　存三卷(太公兵法逸文一卷,武侯兵陣兵法輯略一卷、附用陣雜録一卷)

340000－1802－0003881　305.2/4412
武備制勝三十一卷　(明)茅元儀編　清道光二十三年(1843)刻本　一册　存四卷(一至四)

340000－1802－0003882　305.2/4741
讀史兵略四十六卷　(清)胡林翼纂　清咸豐十一年(1861)武昌節署刻本　十六册

340000－1802－0003883　305.2/4741:1
讀史兵略四十六卷　(清)胡林翼纂　清咸豐十一年(1861)武昌節署刻本　十六册

340000－1802－0003884　305.2/4741:2
讀史兵略四十六卷　(清)胡林翼纂　清咸豐十一年(1861)武昌節署刻本　十六册

340000－1802－0003885　305.2/5329
紀效新書十八卷首一卷　(明)戚繼光撰　清光緒二十一年(1895)上海醉經樓石印本　一册　存九卷(一至八、首一卷)

340000－1802－0003886　305.2/5329:1
紀效新書十八卷首一卷　(明)戚繼光撰　清道光二十一年(1841)虎林西泉氏刻本　六册

340000－1802－0003887　305.2/5329:2
紀效新書十八卷首一卷　(明)戚繼光撰　清咸豐三年(1853)慎德堂刻本　六册

340000－1802－0003888　305.2/7123
歷代名將戰略概要□□卷　(清)□□編　清末鉛印本　一册　存五卷(九至十三)

340000－1802－0003889　305.2/7508
兵法史略學二卷　(清)陳慶年纂　清光緒正學堂刻本　一册　存一卷(二)

340000－1802－0003890　305.2/8021
行軍要語二卷　(清)余步雲著　清道光十四年(1834)刻本　二册

340000－1802－0003891　305.32/1219
開地道轟藥法二卷　(英國)武備工程學堂編　(英國)傅蘭雅口譯　(清)汪振聲筆述　清末刻本　一册

340000－1802－0003892　305.32/1377
估測遠近教練法一卷　(清)北洋陸軍編譯局編　清光緒三十四年(1908)北洋陸軍編譯局鉛印本　一册

340000－1802－0003893　305.32/3220
洋槍隊大操圖説一卷　(清)潘鼎新著　清同治七年(1868)刻本　一册

340000－1802－0003894　305.32/5329

練兵實紀九卷雜集六卷　(明)戚繼光著　清京都琉璃廠活字印本　六冊

340000－1802－0003895　306.1/0094
御製耕織圖二卷　(清)聖祖玄燁撰　(清)焦秉貞繪　清末石印本　二冊

340000－1802－0003896　306.1/1021
二如亭群芳譜三十卷首一卷　(明)王象晉纂輯　明崇禎二年(1629)刻本　二十八冊

340000－1802－0003897　306.1/1021:1
二如亭群芳譜三十卷首一卷　(明)王象晉纂輯　清活字印本　二十二冊　缺六卷(木譜一、花譜一至四、卉譜一)

340000－1802－0003898　306.1/1064
齊民要術十卷　(北魏)賈思勰撰　清光緒二十二年(1896)中江榷署刻本　四冊

340000－1802－0003899　306.1/1064:1
齊民要術十卷　(北魏)賈思勰撰　清光緒元年(1875)湖北崇文書局刻本　四冊

340000－1802－0003900　306.1/1133
三農紀十卷　(清)張宗法著　清乾隆十五年(1750)宏道堂刻本　六冊

340000－1802－0003901　306.1/2893
農政全書六十卷　(明)徐光啟撰　清道光二十三年(1843)刻本　十六冊

340000－1802－0003902　306.1/3131
佩文齋廣羣芳譜一百卷目錄二卷　(清)汪灝等編　清康熙四十七年(1708)刻本　三十六冊

340000－1802－0003903　306.1/3131:1
佩文齋廣羣芳譜一百卷目錄二卷　(清)汪灝等編　清康熙四十七年(1708)刻本　七冊　存三十三卷(天時譜六卷、花譜十一至三十二、竹譜五卷)

340000－1802－0003904　306.1/7543
普通農學淺說不分卷　(清)陳樹涵　(清)蔣黼編　清光緒三十年(1904)江蘇通州翰墨林編譯印書局鉛印本　一冊

340000－1802－0003905　306.1/7543:1
普通農學淺說不分卷　(清)陳樹涵　(清)蔣黼編　清光緒三十年(1904)江蘇通州翰墨林編譯印書局鉛印本　一冊

340000－1802－0003906　306.2/6715
欽定授時通考七十八卷　(清)鄂爾泰等纂　清乾隆七年(1742)刻本　二十冊

340000－1802－0003907　306.3/1013
山居瑣言一卷　(清)王晉之撰　清光緒十年(1884)清河廣仁堂刻本　一冊

340000－1802－0003908　306.3/1013:1
山居瑣言一卷　(清)王晉之撰　清光緒十年(1884)清河廣仁堂刻本　一冊

340000－1802－0003909　306.3/1013:2
山居瑣言一卷　(清)王晉之撰　清光緒十年(1884)清河廣仁堂刻本　一冊

340000－1802－0003910　306.3/1013:3
山居瑣言一卷　(清)王晉之撰　清光緒七年(1881)石埭陳氏強本居鉛印本　一冊

340000－1802－0003911　306.3/1013:4
山居瑣言一卷　(清)王晉之撰　清光緒七年(1881)石埭陳氏強本居鉛印本　一冊

340000－1802－0003912　306.3/1013:5
山居瑣言一卷　(清)王晉之撰　清光緒七年(1881)石埭陳氏強本居鉛印本　一冊

340000－1802－0003913　306.3/1013:6
山居瑣言一卷　(清)王晉之撰　清光緒七年(1881)石埭陳氏強本居鉛印本　一冊

340000－1802－0003914　306.3/1013:7
山居瑣言一卷　(清)王晉之撰　清光緒七年(1881)石埭陳氏強本居鉛印本　一冊

340000－1802－0003915　306.3/3233
區田法一卷　(清)潘遵祈撰　清光緒三年(1877)刻本　一冊

340000－1802－0003916　306.3/8035
種樹書一卷　(元)俞宗本著　**廣蠶桑説輯補二卷**　(清)沈練撰　(清)仲學輅輯補　**蠶桑**

說一卷 （清）趙敬如撰　清光緒二十三年（1897）刻漸西村舍彙刊本　一册

340000－1802－0003917　306.32/7531
秘傳花鏡六卷 （清）陳淏子輯　清金閶書業堂刻本　四册

340000－1802－0003918　306.32/7531：1
秘傳花鏡六卷 （清）陳淏子輯　清刻本　四册

340000－1802－0003919　306.32/7531：2
秘傳花鏡六卷 （清）陳淏子輯　清刻本　五册　缺一卷（一）

340000－1802－0003920　306.34/2260
樂圃記不分卷 （清）□□撰　清抄本　一册　存一册

340000－1802－0003921　306.4/0870
柳蠶新編二卷 （清）許鵬翊撰　清宣統三年（1911）安徽勸業道署鉛印本　一册

340000－1802－0003922　306.4/2125
蠶桑淺說一卷 （清）衛傑撰　清末官紙印刷局鉛印本　一册

340000－1802－0003923　306.4/2739
蠶桑事宜一卷 （清）鄒祖堂編　清道光二十六年（1846）金立誠刻本　一册

340000－1802－0003924　306.4/2837
柞蠶簡法一卷 （清）徐瀾編　清宣統元年（1909）安徽同文印書館鉛印本　一册

340000－1802－0003925　306.4/3425
蠶桑輯要三卷 （清）沈秉成編　**廣蠶桑說一卷** （清）沈練撰　清光緒二十二年（1896）江西書局刻本　一册

340000－1802－0003926　306.4/4445
蠶桑簡明輯說一卷補遺一卷 （清）黄世本編　清光緒十四年（1888）刻本　一册

340000－1802－0003927　306.4/7177
蠶桑條目約編一卷 （清）□□撰　清末活字印本　一册

340000－1802－0003928　306.53/6851
新刊纂圖類方元亨療馬集六卷 （明）喻本元（明）喻本亨撰　清刻本　四册　存四卷（三至六）

340000－1802－0003929　306.53/6851：1
新刊纂圖類方元亨療馬集六卷 （明）喻本元（明）喻本亨撰　清刻本　一册　存一卷（四）

340000－1802－0003930　306.8/3100
治蝗全法四卷 （清）顧彦編　清光緒十四年（1888）皖城聚文堂刻本　三册

340000－1802－0003931　306/1830
致富全書□□卷 （□）□□編　清刻本　一册　存一卷（三）

340000－1802－0003932　306/4143
新撰博物教科書一卷 （日本）崛正太郎（日本）藤田經信編　華文祺譯　清光緒二十八年（1902）上海文明書局鉛印本　一册

340000－1802－0003933　307.1/0033
中西匯通醫書五種二十九卷 （清）唐宗海撰　清光緒三十四年（1908）上海千頃堂書局石印本　十二册

340000－1802－0003934　307.1/0833
東醫寶鑑二十三卷目錄二卷 （朝鮮）許浚撰　清嘉慶元年（1796）刻本　二十三册　缺二卷（外形篇三、雜病篇二）

340000－1802－0003935　307.1/0833：1
東醫寶鑑二十三卷目錄二卷 （朝鮮）許浚撰　清刻本　一册　存一卷（十一）

340000－1802－0003936　307.1/1010
當歸草堂醫學叢書初編十種四十一卷附二種十七卷 （清）丁丙編　清光緒四年（1878）錢塘丁氏當歸草堂刻本　十册　缺十七卷（附二種十七卷）

340000－1802－0003937　307.1/1012
壽芝醫略四卷 （清）王廷俊撰　清刻本　一册　存二卷（難經摘抄、壽芝醫案）

340000－1802－0003938　307.1/1029
六科證治準繩六種四十四卷　(明)王肯堂編　清光緒二十九年(1903)、民國十二年(1923)、民國十七年(1928)上海鴻寶齋石印本　四十二冊

340000－1802－0003939　307.1/1074
壽世篇不分卷　(清)亟齋居士等編　(清)三近居士增纂　清同治九年(1870)瀛門主人補刻本　一冊

340000－1802－0003940　307.1/1183
景岳全書六十四卷　(明)張介賓著　清乾隆三十三年(1768)刻本　四十冊

340000－1802－0003941　307.1/1183:1
景岳全書六十四卷　(明)張介賓著　清末鉛印本　二冊　存九卷(二十五至二十九、五十五至五十八)

340000－1802－0003942　307.1/2608
御纂醫宗金鑑續編十四卷　(清)吳謙撰　清刻本　六冊

340000－1802－0003943　307.1/2608:1
醫宗金鑑九十卷首一卷　(清)吳謙等修　清末上海錦章書局石印本　二十冊

340000－1802－0003944　307.1/2608:2
醫宗金鑑九十卷首一卷　(清)吳謙等修　清末上海文華書局石印本　二十冊

340000－1802－0003945　307.1/2608:3
御纂醫宗金鑑九十卷首一卷　(清)吳謙等修　清宣統元年(1909)簡青齋書局石印本　二十冊

340000－1802－0003946　307.1/2608:4
御纂醫宗金鑑九十卷首一卷　(清)吳謙等修　清刻本　四十冊　存六十一卷(一至六十、首一卷)

340000－1802－0003947　307.1/2608:5
醫宗金鑑九十卷首一卷　(清)吳謙等修　清末民國初上海文華書局石印本　十六冊　存七十五卷(內科七十四卷、首一卷)

340000－1802－0003948　307.1/2608:6
御纂醫宗金鑑九十卷首一卷　(清)吳謙等修　清光緒三十二年(1906)上海商務印書館鉛印本　二十四冊

340000－1802－0003949　307.1/2608:7
御纂醫宗金鑑九十卷　(清)吳謙等修　清刻本　二冊　存四卷(七十六至七十七、八十五至八十六)

340000－1802－0003950　307.1/2844
徐氏醫學十六種三十一卷　(清)徐大椿撰　清光緒三十三年(1907)上海六藝書局石印本　五冊

340000－1802－0003951　307.1/3131
馮氏錦囊秘錄四十七卷首二卷　(清)馮兆張撰　清末上海千頃堂石印本　二十冊

340000－1802－0003952　307.1/3131:1
馮氏錦囊秘錄八種四十九卷首一卷　(清)馮兆張撰　清嘉慶十八年(1813)會成堂刻本　一冊　存一卷(雜症大小合參六)

340000－1802－0003953　307.1/3604
壽世彙編五種十二卷　(清)祝韻梅編　清光緒十九年(1893)四川刻本　二冊

340000－1802－0003954　307.1/4054
醫宗必讀五卷首一卷　(明)李中梓著　清刻本　六冊

340000－1802－0003955　307.1/4480
萬密齋書十種一百八卷　(明)萬全著　清忠信堂刻本　二十八冊

340000－1802－0003956　307.1/7235
劉河間醫學六書二十五卷附二種二卷　(金)劉完素撰　清刻本　六冊

340000－1802－0003957　307.1/7583
公餘六種二十二卷　(清)陳念祖著　清光緒三十四年(1908)巴蜀善成堂刻本　六冊

340000－1802－0003958　307.1/7583:1
陳修園公餘醫錄四種合刻十四卷　(清)陳念祖著　清刻本　六冊　存八卷(神農本草經

讀四卷、時方妙用四卷)

340000－1802－0003959　307.1/7583:2
陳修園廿一種□□卷　(清)陳念祖著　清光緒十八年(1892)上海圖書集成印書局鉛印本　九册　存七種四十卷(時方妙用四卷、時方歌括二卷、女科要旨四卷、景嶽新方砭四卷、金匱要略淺註十卷、醫學實在易八卷、醫學從衆錄八卷)

340000－1802－0003960　307.1/7583:3
陳修園廿三種九十三卷　(清)陳念祖著　清光緒二十七年(1901)新化三味書局刻本　二十册　缺七種三十七卷(神農本草經讀四卷、時方妙用三至四、時方歌括二卷、張仲景傷寒論原文淺註六卷、長沙方歌括六卷、金匱林略淺註一至五、靈素提要淺註十二卷)

340000－1802－0003961　307.1/7583:4
陳修園廿三種九十三卷　(清)陳念祖著　清光緒三十四年(1908)寶慶經元書室刻本　二十九册　缺五種二十一卷(時方妙用三至四、景嶽新方砭四卷、傷寒論原文淺註六、醫學實在易七至八、靈素提要淺註十二卷)

340000－1802－0003962　307.1/7777
醫學十書十二種二十二卷　(明)□□編　清光緒七年(1881)羊城雲林閣刻本　十六册

340000－1802－0003963　307.2/0033
醫經精義三卷　(清)唐宗海著　清末上海煥文書局石印本　一册

340000－1802－0003964　307.2/1141
黄帝内經素問九卷　(清)張志聰集注　清光緒十六年(1890)浙江書局刻本　六册

340000－1802－0003965　307.2/1147
圖註難經脈訣八卷　(晉)王叔和撰　(明)張世賢注　清末善成堂刻本　四册

340000－1802－0003966　307.2/3160
素問靈樞類纂約註三卷　(清)汪昂纂輯　清刻本　二册

340000－1802－0003967　307.2/3160:1
素問靈樞類纂約註三卷　(清)汪昂纂輯　清末上海公興書局鉛印本　一册

340000－1802－0003968　307.2/4084
内經知要二卷　(明)李念莪注　(清)薛雪補注　清末商務印書館鉛印本　二册

340000－1802－0003969　307.2/4410
醫經原旨六卷　(清)薛雪集註　清乾隆十九年(1754)刻本　六册

340000－1802－0003970　307.2/4423
中藏經三卷附方一卷内照法一卷　(漢)華佗著　清光緒十七年(1891)池陽周氏刻本　二册

340000－1802－0003971　307.2/5048
圖註八十一難經辨真四卷　(戰國)秦越人著　(明)張世賢圖注　清刻本　一册　存二卷(一至二)

340000－1802－0003972　307.2/5048:1
圖註八十一難經辨真四卷　(戰國)秦越人著　(明)張世賢圖注　清刻本　二册

340000－1802－0003973　307.2/5048:2
圖註八十一難經辨真四卷　(戰國)秦越人著　(明)張世賢圖注　清刻本　二册

340000－1802－0003974　307.2/7144
黄帝内經靈樞註證發微九卷　(明)馬蒔注　清刻本　一册　存一卷(一)

340000－1802－0003975　307.2/7583
靈素提要淺注十二卷　(清)陳念祖集注　清光緒三十三年(1907)巴蜀善成堂刻本　四册

340000－1802－0003976　307.3/0033
本草問答二卷　(清)唐宗海著　清光緒十九年(1893)石印本　一册

340000－1802－0003977　307.3/0737
本草三家合註六卷　(清)郭汝驄集注　**神農本草經百種錄一卷**　(清)徐大椿著　清刻本　四册

340000－1802－0003978　307.3/1117
本經逢原四卷　(清)張璐撰　清末石印本

二册

340000－1802－0003979　307.3/2623
本草從新十八卷　(清)吳儀洛撰　清光緒二十年(1894)刻本　六册

340000－1802－0003980　307.3/3440
食物本草會纂八卷　(清)沈李龍纂輯　清刻本　一册　存三卷(七至九)

340000－1802－0003981　307.3/4061
本草綱目五十二卷圖三卷附三卷　(明)李時珍纂　**本草萬方鍼線八卷**　(清)蔡烈先編　清同治十一年(1872)刻本　四十八册　缺八卷(本草萬方鍼線八卷)

340000－1802－0003982　307.3/4061:1
本草綱目五十二卷圖三卷　(明)李時珍纂　**本草萬方鍼線八卷**　(清)蔡烈先編　清早期刻本　五十一册

340000－1802－0003983　307.3/4061:2
本草綱目五十二卷圖三卷　(明)李時珍纂　**本草萬方鍼線八卷**　(清)蔡烈先編　清乾隆四十九年(1784)金閶書業堂刻本　三十二册

340000－1802－0003984　307.3/4061:3
本草綱目五十二卷拾遺十卷附三卷　(明)李時珍撰　(清)趙學敏編　**本草萬方鍼線八卷**　(清)蔡烈先編　清末石印本　八册　缺四十卷(本草綱目一至三十六、本草萬方鍼線五至八)

340000－1802－0003985　307.3/4061:4
本草綱目五十二卷　(明)李時珍撰　**本草萬方鍼線八卷**　(清)蔡烈先編　**本草綱目圖三卷**　(清)張士瑜　(清)張士珩審定　清末石印本　八册　存二十七卷(本草綱目十七至二十一、三十一至三十七、四十三至四十六,本草萬方鍼線八卷,本草綱目圖三卷)

340000－1802－0003986　307.3/4061:5
本草綱目五十二卷拾遺十卷圖三卷附三卷　(明)李時珍纂　(清)趙學敏編　**本草萬方鍼線八卷**　(清)蔡烈先編　清宣統元年(1909)鴻寶齋石印本　二十四册

340000－1802－0003987　307.3/4061:6
本草綱目五十二卷拾遺十卷圖三卷附三卷　(明)李時珍纂　(清)趙學敏編　**本草萬方鍼線八卷**　(清)蔡烈先編　清宣統元年(1909)鴻寶齋石印本　二十三册　缺三卷(附三卷)

340000－1802－0003988　307.3/4061:7
本草綱目五十二卷拾遺十卷圖三卷附三卷　(明)李時珍纂　(清)趙學敏編　**本草萬方鍼線八卷**　(清)蔡烈先編　清宣統元年(1909)鴻寶齋石印本　十二册

340000－1802－0003989　307.3/4061:8
本草綱目五十二卷圖三卷附三卷　(明)李時珍纂　**本草萬方鍼線八卷**　(清)蔡烈先編　清同治十一年(1872)刻本　四十四册

340000－1802－0003990　307.3/4412
本草萬方鍼線八卷　(清)蔡烈先輯　清刻本　一册　存三卷(二至四)

340000－1802－0003991　307.3/7583
神農本草經讀四卷　(清)陳念祖著　清光緒二十九年(1903)湖南益元書局刻本　一册

340000－1802－0003992　307.31/0028
醫方易簡新編六卷　(清)方鼎鋭編　清同治十二年(1873)刻本　六册

340000－1802－0003993　307.31/0030
產寶諸方一卷急救仙方六卷　(宋)□□撰　清光緒四年(1878)錢塘丁氏刻當歸草堂醫學叢書初編本　一册

340000－1802－0003994　307.31/0050
方書雜抄不分卷　(□)□□編　清末抄本　一册　存一册

340000－1802－0003995　307.31/0117
萬病回春善本八集□□卷　(明)龔廷賢編　清刻本　一册　存五十一卷(禮集五十四至一百四)

340000－1802－0003996　307.31/0117:1
萬病回春原本八集□□卷　(明)龔廷賢編　清刻本　一册　存二卷(五至六)

340000－1802－0003997　307.31/1015
絳雪園古方選注三卷　(清)王子接注　清雍正九年(1731)埽葉山房刻本　四冊

340000－1802－0003998　307.31/1046
新選驗方一卷　(清)王燕昌編　清刻本　一冊

340000－1802－0003999　307.31/1111
同壽録四卷　(清)項天瑞撰　清乾隆二十七年(1762)刻本　一冊　存一卷(一)

340000－1802－0004000　307.31/1117
孫真人千金方衍義三十卷　(清)張璐著　清嘉慶五年(1800)掃葉山房刻本　三十冊

340000－1802－0004001　307.31/2044
精選應驗各種奇方一卷　(明)毛壽南編　清明德堂刻本　一冊

340000－1802－0004002　307.31/2126
救生集四卷　(清)虚白編　清道光二十二年(1842)刻咸豐九年(1859)印本　一冊　存一卷(一)

340000－1802－0004003　307.31/2126:1
救生集四卷　(清)虚白編　清同治三年(1864)樂善堂刻本　二冊　存一卷(一)

340000－1802－0004004　307.31/2457
普濟應驗良方八卷末一卷　(清)德軒氏編　清光緒二年(1876)刻本　一冊

340000－1802－0004005　307.31/2692
理瀹駢文摘要二卷　(清)吳尚先著　清光緒三年(1877)吳縣潘敏德堂刻本　三冊

340000－1802－0004006　307.31/2741
驗方新編八卷　(清)鮑相璈編　**咽喉秘集二卷**　(清)海山仙館編　清道光二十六年(1846)海山仙館刻本　六冊　缺三卷(驗方新編二至三、八)

340000－1802－0004007　307.31/2899
百試百驗神效奇方二卷　(清)徐榮編　清同治三年(1864)刻本　一冊

340000－1802－0004008　307.31/3160
醫方集解六卷本草備要六卷　(清)汪昂撰　清咸豐五年(1855)刻本　六冊

340000－1802－0004009　307.31/3160:1
醫方集解六卷本草備要六卷　(清)汪昂撰　清咸豐刻本　六冊

340000－1802－0004010　307.31/3160:2
醫方集解六卷本草備要六卷　(清)汪昂撰　清乾隆益元堂刻本　六冊

340000－1802－0004011　307.31/3160:3
醫方集解六卷本草備要六卷　(清)汪昂撰　清咸豐五年(1855)天祿閣刻本　六冊

340000－1802－0004012　307.31/3160:4
醫方集解六卷本草備要六卷　(清)汪昂撰　清咸豐刻本　三冊　存六卷(醫方集解二、四至五,本草備要二、四至五)

340000－1802－0004013　307.31/3160:5
醫方集解三卷　(清)汪昂撰　清刻本　二冊

340000－1802－0004014　307.31/3160:6
醫方湯頭歌括一卷　(清)汪昂撰　清刻本　一冊

340000－1802－0004015　307.31/3160:7
醫方集解不分卷　(清)汪昂輯　清光緒十三年(1887)掃葉山房刻本　六冊

340000－1802－0004016　307.31/3160:8
湯頭歌訣一卷經絡歌訣一卷　(清)汪昂撰　清末商務印書館鉛印本　一冊

340000－1802－0004017　307.31/3438
洪氏集驗方五卷　(宋)洪遵編　清末上海千頃堂石印本　一冊

340000－1802－0004018　307.31/4009
仙拈集四卷　(清)李文炳編　清刻本　一冊　存一卷(二)

340000－1802－0004019　307.31/4054
雷公炮製藥性解六卷　(明)李中梓編　清末石印本　一冊

340000－1802－0004020　307.31/4060

雷公藥性賦六卷　(金)李杲編　清末上海商務印書館鉛印本　二册

340000－1802－0004021　307.31/4060:1
珍珠囊指掌補遺藥性賦四卷　(金)李杲編　清末上海鑄記書局石印本　一册

340000－1802－0004022　307.31/4060:2
珍珠囊指掌補遺藥性賦四卷　(金)李杲編　清末上海鑄記書局石印本　一册

340000－1802－0004023　307.31/4060:3
珍珠囊指掌補遺藥性賦四卷　(金)李杲編
雷公炮製藥性解六卷　(明)李中梓編　清光緒三十三年(1907)錦文堂石印本　二册

340000－1802－0004024　307.31/5524
醫方論四卷　(清)費伯雄著　清光緒三年(1877)活字印本　二册

340000－1802－0004025　307.31/5524:1
急救應驗良方一卷　(清)費山壽編　清光緒元年(1875)皖城左集文刻字舖刻本　一册

340000－1802－0004026　307.31/5524:2
急救應驗良方一卷　(清)費山壽編　清光緒元年(1875)皖城左集文刻字舖刻本　一册

340000－1802－0004027　307.31/6039
太醫院增補青囊藥性賦直解十卷　(明)羅必煒參訂　清光緒十九年(1893)益友書局刻本　一册　存五卷(一至五)

340000－1802－0004028　307.31/6039:1
重鎸京板太醫院分類青囊藥性賦二卷　(清)羅必煒編　**重鎸原板醫方捷徑指南全書二卷**　(明)王宗顯編　清道光元年(1821)刻本　二册

340000－1802－0004029　307.31/6039:2
太醫院增補青囊藥性賦直解十卷　(明)羅必煒參訂　清光緒刻本　三册　缺一卷(十)

340000－1802－0004030　307.31/6039:3
藥性賦直解八卷首一卷末一卷　(明)羅必煒參訂　清光緒三十年(1904)寶慶勸學書舍刻本　二册

340000－1802－0004031　307.31/6039:4
太醫院增補青囊藥性賦直解二卷　(明)羅必煒參訂　清光緒三年(1877)泰和堂刻本　一册

340000－1802－0004032　307.31/7537
四時藥籤不分卷　(□)陳瀾撰　清光緒十二年(1886)刻本　一册

340000－1802－0004033　307.31/7583
神授急救異痧奇方一卷　(清)陳念祖編　清光緒二十七年(1901)新化三味書局刻本　一册

340000－1802－0004034　307.31/7583:1
景岳新方砭四卷　(清)陳念祖著　清嘉慶九年(1804)刻本　二册

340000－1802－0004035　307.31/7583:2
時方歌括二卷　(清)陳念祖著　清刻本　二册

340000－1802－0004036　307.31/7583:3
時方歌括二卷　(清)陳念祖著　(清)陳蔚注　清光緒二十九年(1903)益元書局刻本　一册

340000－1802－0004037　307.31/7583:4
時方歌括二卷　(清)陳念祖著　(清)陳蔚注　清光緒二十九年(1903)益元書局刻本　一册

340000－1802－0004038　307.31/7583:5
景岳新方砭四卷　(清)陳念祖著　清光緒十五年(1889)江左書林刻本　二册

340000－1802－0004039　307.31/7583:6
長沙方歌括六卷　(清)陳念祖著　(清)陳蔚注　清光緒二十九年(1903)湖南益元書局刻本　二册

340000－1802－0004040　307.31/7583:7
長沙方歌括六卷　(清)陳念祖著　(清)陳蔚注　清敦厚堂刻本　二册

340000－1802－0004041　307.31/7583:8
長沙方歌括六卷　(清)陳念祖著　清光緒十

五年(1889)掃葉山房刻本　二册　存四卷(一至四)

340000－1802－0004042　307.31/7583:9
金匱方歌括六卷　(清)陳念祖編　清光緒十五年(1889)掃葉山房刻本　一册　存二卷(一至二)

340000－1802－0004043　307.31/7729
同仁堂藥目一卷　(清)同仁堂編　清光緒十五年(1889)京都同仁堂刻本　一册

340000－1802－0004044　307.31/7800
增廣驗方新編□□卷　(清)□□編　清活字印本　五册　存十卷(二至四、八至十四)

340000－1802－0004045　307.31/8844
坐花醉月軒簡易驗主一卷　(清)□□編　清光緒二十一年(1895)懷寧楊鑑培活字印本一册

340000－1802－0004046　307.31/8810
簡明第一救急良方摘要一卷　(□)□□撰　清末鉛印本　一册

340000－1802－0004047　307.41/2606
諸脈條辨一卷　(清)程文囿編　(清)周學海注　清光緒刻本　一册

340000－1802－0004048　307.41/3480
删註脈訣規正二卷　(清)沈鏡撰　**圖註八十一難經辨真四卷**　(戰國)秦越人著　(明)張世賢注　清光緒二十年(1894)維新書局刻本　三册　缺二卷(圖註八十一難經辨真三至四)

340000－1802－0004049　307.41/3480:1
删註脈訣規正二卷　(清)沈鏡編注　(清)徐良臣參補　清小西山房刻本　二册

340000－1802－0004050　307.41/3480:2
删註脈訣規正二卷　(清)沈鏡編注　(清)徐良臣參補　清三讓堂刻本　二册

340000－1802－0004051　307.41/3480:3
删註脈訣規正二卷　(清)沈鏡編注　(清)徐良臣參補　清刻本　一册　存一卷(上)

340000－1802－0004052　307.41/3740
診家樞要一卷諸脈條辨一卷　(元)滑壽撰　(清)周學海注　**藏府標本藥式一卷**　(金)張元素撰　(清)周學海注　清光緒刻本　一册

340000－1802－0004053　307.41/4061
瀕湖脈學一卷奇經八脈攷一卷　(明)李時珍撰　清刻本　一册

340000－1802－0004054　307.41/4061:1
瀕湖脈學一卷奇經八脈攷一卷　(明)李時珍撰　清芥子園刻本　一册

340000－1802－0004055　307.41/4149
脈原三卷　(日本)大西葆光著　(清)朱鈞譯　清末朱氏煥文書局石印本　一册

340000－1802－0004056　307.41/4490
玉函經三卷　(唐)杜光庭撰　清末抄本一册

340000－1802－0004057　307.41/7773
脈學四種十四卷　(清)周學海撰　清光緒二十二年(1896)刻周氏醫學叢書本　三册　缺一種八卷(脈義簡摩八卷)

340000－1802－0004058　307.43/7773
形色外診簡摩二卷　(清)周學海撰　清宣統二年(1910)福慧雙修館刻周氏醫學叢書本一册

340000－1802－0004059　307.5/0000
丹溪心法附餘二十四卷　(明)方廣編　清刻本　二册　存五卷(十二至十六)

340000－1802－0004060　307.5/0041
吴醫彙講十一卷　(清)唐大烈編　清宣統二年(1910)埽葉山房石印本　一册

340000－1802－0004061　307.5/0044
醫門棒喝初集四卷二集九卷　(清)章楠著　清宣統元年(1909)蠡城三友益齋石印本四册

340000－1802－0004062　307.5/0044:1
醫門棒喝初集四卷二集九卷　(清)章楠著　清宣統元年(1909)蠡城三友益齋石印本　五

册　存八卷(二集一至八)

340000－1802－0004063　307.5/0117
新刊醫林狀元壽世保元十卷　(明)龔廷賢編　清刻本　二册　存二卷(一、七)

340000－1802－0004064　307.5/0117:1
新刊醫林狀元壽世保元十卷　(明)龔廷賢編　清刻本　五册　存八卷(一至八)

340000－1802－0004065　307.5/0117:2
新刊醫林狀元壽世保元十卷　(明)龔廷賢編　清三槐堂刻本　五册　缺五卷(三至七)

340000－1802－0004066　307.5/1032
醫林改錯二卷　(清)王清任著　清光緒十三年(1887)刻本　一册

340000－1802－0004067　307.5/1032:1
醫林改錯二卷　(清)王清任著　**達生編一卷**　(清)亟齋居士編　(清)汪家駒增訂　清末石印本　一册

340000－1802－0004068　307.5/1121
儒門事親十五卷　(金)張從正著　清末上海千頃堂石印本　六册

340000－1802－0004069　307.5/1121:1
儒門事親十五卷　(金)張從正著　清末上海千頃堂石印本　二册

340000－1802－0004070　307.5/2510
丹溪治法心要八卷　(元)朱震亨撰　清宣統元年(1909)武林蕭氏鉛印本　一册

340000－1802－0004071　307.5/2510:1
丹溪朱氏脈因證治二卷　(元)朱震亨著　清末上海江左書林石印本　一册

340000－1802－0004072　307.5/2664
醫學心悟六卷　(清)程國彭著　清光緒二十一年(1895)學庫山房刻本　六册

340000－1802－0004073　307.5/2664:1
醫學心悟六卷　(清)程國彭著　清末上海鑄記書局石印本　一册

340000－1802－0004074　307.5/2844
慎疾芻言一卷　(清)徐大椿著　清光緒十七年(1891)湖北官書處刻本　一册

340000－1802－0004075　307.5/3129
筆花醫鏡二卷　(清)江秋著　清刻本　一册

340000－1802－0004076　307.5/3129:1
筆花醫鏡四卷　(清)江秋著　清末大成書局石印本　一册

340000－1802－0004077　307.5/3129:2
筆花醫鏡四卷　(清)江秋著　**增補救急中毒跌打瘡毒諸驗方一卷**　(清)黄鼎鎮編　清刻本　二册

340000－1802－0004078　307.5/3129:3
筆花醫鏡四卷　(清)江秋著　**增補救急中毒跌打瘡毒諸驗方一卷**　(清)黄鼎鎮編　清刻本　二册

340000－1802－0004079　307.5/4391
省身指掌九卷　(美國)博恒理撰　清光緒二十三年(1897)京都美華書局鉛印本　一册

340000－1802－0004080　307.5/4393
醫學讀書記二卷續記一卷　(清)尤怡著　清末上海文瑞樓石印本　一册

340000－1802－0004081　307.5/4393:1
醫學讀書記二卷續記一卷　(清)尤怡著　清光緒三十三年(1907)朱氏焕文書局石印本　一册

340000－1802－0004082　307.5/4414
醫宗說約四卷　(清)蔣示吉撰　清文奎堂刻本　三册　缺一卷(四)

340000－1802－0004083　307.5/4444
葉選醫衡二卷　(清)葉桂編　清宣統二年(1910)上海文瑞樓石印本　一册

340000－1802－0004084　307.5/5524
醫醇賸義四卷　(清)費伯雄著　(清)費應蘭編　清光緒三年(1877)刻本　四册

340000－1802－0004085　307.5/5524:1
醫醇賸義四卷　(清)費伯雄著　(清)費應蘭編　清同治二年(1863)刻本　四册

340000－1802－0004086　307.5/6036

臟腑圖說症治要言合璧三卷　(清)羅定昌述　**春溫三字訣一卷**　(清)張子培著　**痢症三字訣一卷**　(清)唐宗海著　清末上海千頃堂石印本　一册

340000－1802－0004087　307.5/7548

石室秘籙六卷　(清)陳士鐸撰　清刻本　一册　存一卷(二)

340000－1802－0004088　307.5/7583

醫學從眾錄八卷　(清)陳念祖著　清刻本　四册

340000－1802－0004089　307.5/7583:1

醫學金鍼八卷　(清)陳念祖撰　(清)潘霨增輯　清光緒四年(1878)敏德堂刻本　四册

340000－1802－0004090　307.5/7708

醫論雜錄不分卷　(清)□□編　清末抄本　一册　存一册

340000－1802－0004091　307.61/2613

薛氏醫按二十四種一百七卷　(明)吳琯編　清嘉慶十四年(1809)書業堂刻本　四十册

340000－1802－0004092　307.61/3114

名醫類案十二卷　(明)江瓘編　**續名醫類案三十六卷**　(清)魏之琇編　清宣統元年(1909)上海書局石印本　二十册

340000－1802－0004093　307.61/4444

三家醫案合刊三卷　(清)葉桂等著　(清)吳金壽纂　**醫效秘傳三卷**　(清)葉桂撰　清光緒三十三年(1907)上海海左書局石印本　一册

340000－1802－0004094　307.61/4444:1

三家醫案合刊三卷　(清)葉桂等著　(清)吳金壽纂　**醫效秘傳三卷**　(清)葉桂撰　清道光十一年(1831)刻本　五册

340000－1802－0004095　307.62/2610

吳鞠通醫案二卷　(清)吳瑭撰　清末石印本　一册　存一卷(一)

340000－1802－0004096　307.62/2844

洄溪醫案一卷　(清)徐大椿著　(清)楊恩銘　(清)王士雄評注　清光緒二年(1876)刻本　一册

340000－1802－0004097　307.62/4444

種福堂續選臨證指南四卷　(清)葉桂著　清末鉛印本　一册

340000－1802－0004098　307.62/4444:1

葉氏醫案存真三卷　(清)葉桂撰　清末上海千頃堂石印本　一册

340000－1802－0004099　307.62/6860

寓意草一卷　(清)喻昌著　清竹秀山房刻本　一册

340000－1802－0004100　307.62/7423

冷廬醫話五卷　(清)陸以湉著　清末上海千頃堂書局石印本　一册

340000－1802－0004101　307.711/1126

傷寒論七卷　(漢)張仲景著　(晉)王叔和撰　(宋)成無巳注　清刻本　四册

340000－1802－0004102　307.711/1126:1

注解傷寒論十卷　(漢)張仲景撰　(晉)王叔和纂　(宋)成無巳注　清光緒六年(1880)刻本　四册

340000－1802－0004103　307.711/1126:2

注解傷寒論十卷　(漢)張仲景撰　(晉)王叔和纂　(宋)成無巳注　清光緒六年(1880)刻本　四册

340000－1802－0004104　307.711/1126:3

注解傷寒論十卷　(漢)張仲景撰　(晉)王叔和纂　(宋)成無巳注　清光緒刻本　二册　存八卷(三至十)

340000－1802－0004105　307.711/1141

傷寒論六卷本義一卷　(清)張志聰注　(清)高世栻纂　清光緒二十五年(1899)石印本　六册

340000－1802－0004106　307.711/2635

傷寒心法要訣不分卷　(清)吳清著　清抄本　一册

340000－1802－0004107　307.711/2703
傷寒審癥表一卷　(清)包誠纂輯　清同治十年(1871)湖北崇文書局刻本　一冊

340000－1802－0004108　307.711/2844
增輯傷寒類方四卷　(清)徐大椿編釋　(清)潘霨增輯　清同治五年(1866)刻本　四冊

340000－1802－0004109　307.711/4111
余註傷寒論翼四卷　(清)柯琴著　(清)余景和重訂　清末上海文瑞樓石印本　一冊

340000－1802－0004110　307.711/4111:1
余註傷寒論翼四卷　(清)柯琴著　(清)余景和重訂　清末上海文瑞樓石印本　四冊

340000－1802－0004111　307.711/4111:2
傷寒論注四卷　(清)柯琴編注　清乾隆二十年(1755)刻本　四冊

340000－1802－0004112　307.711/4111:3
傷寒論注四卷　(清)柯琴編注　清乾隆二十年(1755)刻本　四冊

340000－1802－0004113　307.711/4393
張仲景傷寒論貫珠集八卷　(清)尤怡注　清嘉慶十五年(1810)活字印本　四冊

340000－1802－0004114　307.711/4412
傷寒説意十卷首一卷　(清)黄元御著　清咸豐十年(1860)長沙燮龢精舍刻黄氏醫書八種本　一冊

340000－1802－0004115　307.711/4611
傷寒瘟疫條辯六卷　(清)楊璿撰　清末上海普通書局石印本　一冊

340000－1802－0004116　307.711/5324
傷寒補天石二卷續二卷　(明)戈維城著　清嘉慶十六年(1811)汲綆齋活字印本　四冊

340000－1802－0004117　307.711/5324:1
傷寒補天石二卷續二卷　(明)戈維城著　清嘉慶十六年(1811)汲綆齋活字印本　四冊

340000－1802－0004118　307.711/5387
傷寒明理論四卷　(宋)成無巳撰　清刻本　二冊

340000－1802－0004119　307.711/7317
傷寒論述義五卷　(日本)丹波元堅撰　(清)朱鈞譯　清末朱氏煥文書局石印本　一冊

340000－1802－0004120　307.711/7583
陳修園先生晚餘弍書十三卷　(清)陳念祖著　清光緒十五年(1889)江左書林刻本　二冊

340000－1802－0004121　307.711/7583:1
張仲景傷寒論原文淺注六卷　(清)陳念祖集注　清同治三年(1864)刻本　五冊

340000－1802－0004122　307.711/7583:2
張仲景傷寒論原文淺注六卷　(清)陳念祖集注　清光緒三十年(1904)益元書局刻本　三冊

340000－1802－0004123　307.711/7744
傷寒瑣言二卷　(明)陶華編　清乾隆五十二年(1787)吳門樂真堂刻本　一冊

340000－1802－0004124　307.712/1126
金匱心典三卷　(漢)張仲景著　(清)尤怡集注　清末朱氏煥文書局石印本　一冊　存一卷(下)

340000－1802－0004125　307.712/2510
金匱鉤玄三卷　(元)朱震亨撰　(清)周學海評注　清周氏刻宣統三年(1911)彙印本　一冊

340000－1802－0004126　307.712/4393
金匱翼八卷　(清)尤怡編　清末鴻章書局石印本　四冊

340000－1802－0004127　307.712/7583
金匱要略淺註十卷　(清)陳念祖注　清光緒刻本(卷三至四為抄配)　二冊　存四卷(三至六)

340000－1802－0004128　307.713/1044
溫熱經緯五卷　(清)王士雄纂　(清)楊照藜(清)汪曰楨評　清末上海錦章書局石印本　一冊

340000－1802－0004129　307.713/1044:1
隨息居重訂霍亂論四卷　(清)王士雄纂　清

末上海文瑞樓石印本　一册

340000－1802－0004130　307.713/1044:2
溫熱經緯五卷　(清)王士雄纂　(清)楊照藜　(清)汪曰楨評　清刻本　四册

340000－1802－0004131　307.713/1044:3
溫熱經緯五卷　(清)王士雄纂　(清)楊照藜　(清)汪曰楨評　清光緒十一年(1885)松韻閣刻本　四册

340000－1802－0004132　307.713/1044:4
溫熱經緯五卷　(清)王士雄纂　(清)楊照藜　(清)汪曰楨評　清光緒十一年(1885)松韻閣刻本　四册

340000－1802－0004133　307.713/1044:5
溫熱經緯五卷　(清)王士雄纂　(清)楊照藜　(清)汪曰楨評　清同治十三年(1874)湖北崇文書局刻本　四册

340000－1802－0004134　307.713/1044:6
溫熱經緯五卷　(清)王士雄纂　(清)楊照藜　(清)汪曰楨評　清同治十三年(1874)湖北崇文書局刻本　四册

340000－1802－0004135　307.713/1044:7
霍亂論二卷　(清)王士雄撰　清光緒二十七年(1901)新化三味書局刻本　一册

340000－1802－0004136　307.713/1183
精選治瘧必喻二卷　(清)張介賓著　清末朱氏煥文書局石印本　一册

340000－1802－0004137　307.713/2289
痧證全生集一卷　(清)崔錦堂撰　清宣統三年(1911)刻本　一册

340000－1802－0004138　307.713/2610
溫病條辨六卷首一卷　(清)吳瑭著　清刻本　二册　存二卷(二至三)

340000－1802－0004139　307.713/2610:1
溫病條辨六卷首一卷　(清)吳瑭著　清同治九年(1870)六安求我齋刻本　四册

340000－1802－0004140　307.713/2610:2
溫病條辨六卷首一卷　(清)吳瑭著　清光緒十九年(1893)上海圖書集成印書局鉛印本　四册

340000－1802－0004141　307.713/2610:3
溫病條辨六卷首一卷　(清)吳瑭著　清光緒十九年(1893)上海圖書集成印書局鉛印本　一册　存三卷(一至二、首一卷)

340000－1802－0004142　307.713/2610:4
溫病條辨六卷首一卷　(清)吳瑭著　清光緒三十二年(1906)上海千頃堂石印本　四册

340000－1802－0004143　307.713/2610:5
溫病條辨六卷首一卷　(清)吳瑭著　清嘉慶十七年(1812)信義書屋刻本　六册

340000－1802－0004144　307.713/3011
溫熱贅言一卷　(清)寄瓢子撰　清刻本　一册

340000－1802－0004145　307.713/4310
瘟疫明辨四卷末一卷　(清)戴天章著　清光緒二十一年(1895)澹雅局刻本　二册

340000－1802－0004146　307.713/4640
溫疫論辨義四卷　(清)楊堯章著　清光緒九年(1883)刻本　四册

340000－1802－0004147　307.713/6060
瘟疫條辨摘要一卷　(清)呂田輯　(清)呂慎儉等編　清道光三年(1823)刻本　一册

340000－1802－0004148　307.713/7273
羊毛痧驗方一卷　(清)劉月汀撰　清光緒八年(1882)刻本　一册

340000－1802－0004149　307.714/4079
證治彙補八卷　(清)李用粹著　清末中原書局石印本　二册

340000－1802－0004150　307.714/4417
瘋痨臌膈辨一卷　(清)林翼臣著　清末上海文瑞樓石印本　一册

340000－1802－0004151　307.72/1022
外科症治全生前集三卷後集三卷　(清)王維德撰　(清)馬文植評　清光緒二十四年(1898)上海文宜書局石印本　一册　存三卷

（前集三卷）

340000－1802－0004152　307.72/2544
外科十法一卷外科症治藥方一卷　（清）朱世傑著　清活字印本　一册

340000－1802－0004153　307.72/2608
御纂醫宗外科金鑑十六卷　（清）吳謙等修　清光緒九年（1883）埽葉山房刻本　十二册

340000－1802－0004154　307.72/2608：1
御纂醫宗外科金鑑十六卷　（清）吳謙等修　清刻本　八册　存十一卷（一至七、十至十三）

340000－1802－0004155　307.72/4417
外科樞要四卷　（明）薛己撰　清嘉慶十四年（1809）書業堂刻薛氏醫按二十四種本　一册　存二卷（三至四）

340000－1802－0004156　307.72/7232
外科心法真驗指掌四卷　（清）劉濟川修　清光緒十三年（1887）刻本　二册　存二卷（一至二）

340000－1802－0004157　307.72/7531
外科正宗十二卷　（明）陳實功著　（清）徐大椿評　清末石印本　一册

340000－1802－0004158　307.72/7531：1
重訂外科正宗十二卷　（明）陳實功著　清刻本　六册

340000－1802－0004159　307.73/6771
喉牙口舌各科秘旨不分卷　（清）□□撰　清光緒五年（1879）廣東藩署西齋刻本　一册　存一册

340000－1802－0004160　307.732/1421
白喉治法忌表抉微一卷附三不可要訣　（清）耐修子編　清光緒十七年（1891）刻本　一册

340000－1802－0004161　307.732/1421：1
白喉治法徵驗一卷　（清）耐修子編　清末鉛印本　一册

340000－1802－0004162　307.732/1421：2
白喉治法忌表抉微一卷　（清）耐修子編　清光緒二十四年（1898）江南書局刻本　一册

340000－1802－0004163　307.732/1421：3
白喉治法忌表抉微一卷　（清）耐修子編　清光緒二十年（1894）平梁李氏刻本　一册

340000－1802－0004164　307.732/1421：4
白喉治法忌表抉微一卷　（清）耐修子編　清光緒二十年（1894）平梁李氏刻本　一册

340000－1802－0004165　307.732/4020
白喉全生集一卷　（清）李紀方編　清宣統元年（1909）刻朱印本　一册

340000－1802－0004166　307.733/1154
痧喉正義一卷　（清）張振鋆編　清光緒十五年（1889）鉛印本　一册

340000－1802－0004167　307.733/2583
喉症全科紫珍集方本二卷　（清）朱翔宇編　清光緒八年（1882）鄰州刻本　二册

340000－1802－0004168　307.734/1023
眼科百問二卷　（清）王行沖編　清末上海廣益書局石印本　一册

340000－1802－0004169　307.734/2323
傅氏眼科審視瑤函六卷首一卷　（明）傅仁宇纂　（清）傅維潘編　清末石印本　一册

340000－1802－0004170　307.734/3186
銀海指南四卷　（清）顧錫著　清末文華書局石印本　一册

340000－1802－0004171　307.734/4408
目經大成三卷　（清）黄庭鏡撰　清刻本　一册　存一卷（二）

340000－1802－0004172　307.74/0022
增廣大生要旨五卷　（清）唐千頃撰　（清）葉灝增訂　清同治十三年（1874）刻本　二册

340000－1802－0004173　307.74/0022：1
達生編二卷　（清）唐千頃纂　清光緒六年（1880）方傳理刻本　二册

340000－1802－0004174　307.74/0022：2
達生編二卷　（清）唐千頃纂　清光緒六年

(1880)方傳理刻本　一冊　存一卷(上)

340000－1802－0004175　307.74/1074
達生編三卷小兒便覽一卷　(清)亟齋居士編　清刻本　一冊

340000－1802－0004176　307.74/1074:1
達生編二卷廣嗣圖一卷經驗良方一卷　(清)亟齋居士編　清光緒六年(1880)刻本　一冊

340000－1802－0004177　307.74/1074:2
達生編三卷　(清)亟齋居士編　清光緒二十一年(1895)杭州心田惜字集刻本　一冊

340000－1802－0004178　307.74/1074:3
達生編一卷　(清)亟齋居士著　**遂生編一卷福幼編一卷**　(清)莊一夔著　清同治九年(1870)刻本　一冊

340000－1802－0004179　307.74/1074:4
達生編一卷　(清)亟齋居士著　(清)南方恒人纂　**遂生編一卷福幼編一卷**　(清)莊一夔著　清咸豐四年(1854)刻本　一冊

340000－1802－0004180　307.74/2322
女科二卷產後編二卷　(清)傅山撰　清道光二十七年(1847)刻海山仙館叢書本　一冊　存二卷(產後編二卷)

340000－1802－0004181　307.74/2600
保產無憂第一神效方一卷　(□)□□撰　清末上海宏大善書局石印本　一冊

340000－1802－0004182　307.74/3210
女科要略一卷　(清)潘霨輯　**產寶一卷**　(清)倪枝維撰　(清)潘霨增輯　清光緒三年(1877)湖北藩署刻本　二冊

340000－1802－0004183　307.74/3425
達生編一卷　(□)□□撰　清嘉慶二十二年(1817)蘇榕刻本　一冊

340000－1802－0004184　307.74/4021
產育寶慶集方二卷　(宋)李師聖等編　清光緒四年(1878)錢塘丁氏刻當歸草堂醫學叢書初編本　一冊

340000－1802－0004185　307.74/4072
胎產護生編一卷　(明)李長科編　清林秀昶刻本　一冊

340000－1802－0004186　307.74/7721
胎產心法三卷　(清)閻純璽撰　清同治十年(1871)刻本　六冊

340000－1802－0004187　307.74/7721:1
增補繪圖胎產心法三卷　(清)閻純璽撰　清末上海江東書局石印本　一冊

340000－1802－0004188　307.74/8022
增刊達生編一卷　(清)余穎峰增輯　清同治十一年(1872)刻本　一冊

340000－1802－0004189　307.74/8442
小蓬萊山館方鈔二卷　(清)竹林寺僧編　清光緒元年(1875)刻本　一冊

340000－1802－0004190　307.74/8442:1
小蓬萊山館方鈔二卷　(清)竹林寺僧編　清光緒元年(1875)刻本　一冊

340000－1802－0004191　307.75/1022
幼科鐵鏡六卷　(清)夏鼎著　清光緒八年(1882)刻本　一冊

340000－1802－0004192　307.75/1022:1
幼科鐵鏡六卷　(清)夏鼎著　清刻本　一冊　存三卷(四至六)

340000－1802－0004193　307.75/2204
推拿廣意三卷　(清)熊應雄編　(清)陳世凱重訂　**幼科鐵鏡二卷**　(清)夏鼎著　清光緒三十年(1904)上海書局石印本　一冊　存二卷(推拿廣意上、幼科鐵鏡上)

340000－1802－0004194　307.75/2633
保嬰易知錄二卷補編一卷　(清)吳甯瀾撰　清光緒二十年(1894)詒環堂刻本　一冊

340000－1802－0004195　307.75/4418
驚風辨證必讀書二種二卷　(清)莊一夔著　(清)秦霖熙編　清光緒二十七年(1901)上元江氏刻本　一冊

340000－1802－0004196　307.75/7521
鼎鍥幼幼集成六卷　(清)陳復正編　清刻本

二冊

340000－1802－0004197　307.75/7521：1
鼎鍥幼幼集成六卷　（清）陳復正編　清刻本　五冊　存五卷（二至六）

340000－1802－0004198　307.75/7710
幼科醫學指南四卷　（清）周震著　清末石印本　一冊

340000－1802－0004199　307.75/7710：1
幼科醫學指南四卷　（清）周震著　清末石印本　一冊　存二卷（一、三）

340000－1802－0004200　307.75/8317
小兒藥證直訣三卷　（宋）錢乙著　**閻氏小兒方論一卷**　（宋）閻孝忠著　**小兒斑疹備急方論一卷**　（宋）董汲著　清末上海文瑞樓石印本　二冊

340000－1802－0004201　307.75/8317：1
小兒藥證直訣三卷　（宋）錢乙著　**閻氏小兒方論一卷**　（宋）閻孝忠著　**小兒斑疹備急方論一卷**　（宋）董汲著　清末上海千頃堂書局石印本　一冊

340000－1802－0004202　307.76/1119
種痘新書十二卷　（清）張琰編　清刻本　六冊

340000－1802－0004203　307.76/1119：1
種痘新書十二卷　（清）張琰編　清刻本　四冊

340000－1802－0004204　307.76/1119：2
種痘新書十二卷　（清）張琰編　清務本堂刻本　四冊

340000－1802－0004205　307.76/1119：3
種痘新書十二卷　（清）張琰編　清末石印本　四冊

340000－1802－0004206　307.76/1119：4
種痘新書十二卷　（清）張琰編　清刻本　四冊

340000－1802－0004207　307.76/1119：5
種痘新書十二卷　（清）張琰編　清末石印本　四冊

340000－1802－0004208　307.76/5535
救偏瑣言十卷　（清）費啟泰著　清道光三十年（1850）刻本　四冊

340000－1802－0004209　307.76/7794
引種牛痘方書一卷　（清）邱熺編　清光緒二十五年（1899）刻本　一冊

340000－1802－0004210　307.76/7794：1
引痘略一卷　（清）邱熺編　清光緒十八年（1892）兩儀堂刻本　一冊

340000－1802－0004211　307.76/7794：2
引種牛痘方書一卷　（清）邱熺編　清光緒二十五年（1899）刻本　一冊

340000－1802－0004212　307.76/7794：3
引痘略一卷　（清）邱熺輯　（清）李汝霖補輯　清末石印本　一冊

340000－1802－0004213　307.76/8022
增補秘傳玉髓金鏡錄真本四卷　（明）翁仲仁編著　清末石印本　二冊

340000－1802－0004214　307.77/2650
鍼灸甲乙經十二卷　（晉）皇甫謐撰　清末江左書林石印本　四冊

340000－1802－0004215　307.77/4623
鍼灸大成十卷　（明）楊繼洲著　清光緒元年（1875）刻本　十冊

340000－1802－0004216　307.77/4623：1
鍼灸大成十卷　（明）楊繼洲著　清光緒元年（1875）刻本　五冊　存五卷（二至三、五、七、十）

340000－1802－0004217　307.9/0613
高等小學生理衛生教科書不分卷　（日本）齋田功太郎著　丁福保譯　清光緒三十年（1904）文明書局鉛印本　一冊

340000－1802－0004218　307.9/1032
京師譯學館生理衛生學講義三編　丁福保譯編　清末鉛印本　一冊　存一編（三）

340000－1802－0004219　307.9/1114
高等小學衛生教科書不分卷　（美國）項爾構著　（清）章乃煒譯　清光緒二十九年（1903）上海文明書局鉛印本　一冊

340000－1802－0004220　307.9/1200
西醫熱癥總論二卷　（清）孔慶高譯　清光緒七年（1881）刻本　一冊

340000－1802－0004221　307.9/3457
萬國藥方八卷　（美國）洪士提反譯　清光緒二十四年（1898）美華書館鉛印本　一冊　存一卷（一）

340000－1802－0004222　307.9/3824
儒門醫學三卷附一卷　（英國）海得蘭著　（英國）傅蘭雅口譯　（清）趙元益筆述　清末江南製造總局刻本　二冊　存二卷（上、中）

340000－1802－0004223　307.9/4624
療學不分卷　（美國）賀德著　（美國）盈亨利譯　清光緒三十三年（1907）協和書院印字舘鉛印本　二冊

340000－1802－0004224　307.9/4653
軍隊衛生學一卷　（清）賀忠良著　清光緒三十年（1904）北洋武備研究所活字印本　一冊

340000－1802－0004225　307.9/7214
中西骨格辯證六卷圖説一卷　（清）劉廷楨撰　清末刻本　一冊

340000－1802－0004226　307.9/8020
西醫略論三卷　（英國）合信著　（清）管茂材撰　清咸豐七年（1857）刻本　一冊

340000－1802－0004227　307.9/8020：1
全體新論一卷　（英國）合信著　（清）陳修堂撰　清咸豐元年（1851）羊城惠愛醫舘刻本　一冊

340000－1802－0004228　307.9/8020：2
内科新説二卷　（英國）合信著　（清）管茂材撰　清咸豐八年（1858）刻本　一冊

340000－1802－0004229　307.9/8020：3
婦嬰新説一卷　（英國）合信著　（清）管茂材撰　清咸豐八年（1858）刻本　一冊

340000－1802－0004230　308/1124
翠微山房數學十二種三十八卷　（清）張作楠撰　（清）江臨泰補　清金華張氏翠微山房刻本　二十四冊

340000－1802－0004231　308/2842
高厚蒙求四集八卷　（清）徐朝俊纂　清嘉慶二十年（1815）刻本　四冊

340000－1802－0004232　308/4481
星算補遺十二種附一種十八卷　（清）董毓琦撰　清同治五年（1866）髀算山房刻光緒十二年（1886）續刻本　二冊　存八卷（笠寫壺金一卷、交食南車一卷、髀矩測晷一卷、視徑學隅一卷、籌筆初梯一卷、九環西解一卷、胡氏宕田算稿一卷、梅心集一卷）

340000－1802－0004233　308.1/0043
地學指略三卷　（英國）文教治著　（清）李慶軒編譯　清光緒七年（1881）刻本　一冊

340000－1802－0004234　308.1/2724
談天十八卷首一卷附表一卷　（英國）侯失勒著　（英國）偉烈亞力口譯　（清）李善蘭纂　（清）徐建寅續纂　清光緒二十三年（1897）石印本　四冊

340000－1802－0004235　308.1/2724：1
談天十八卷首一卷附表一卷　（英國）侯失勒著　（英國）偉烈亞力口譯　（清）李善蘭纂　（清）徐建寅續纂　清咸豐九年（1859）刻本　四冊

340000－1802－0004236　308.1/3721
天文示斯十四卷　（清）洞微子編　清光緒刻本　一冊　存三卷（一至三）

340000－1802－0004237　308.1/4112
天文圖説四卷　（英國）柯雅各撰　（美國）摩嘉立　（美國）薛承恩譯　清光緒九年（1883）刻本　一冊

340000－1802－0004238　308.1/4411
相雨書一卷　（唐）黄子發撰　清光緒桐廬袁

氏刻漸西村舍彙刊本　一冊

340000－1802－0004239　308.1/4437
天文歌略一卷地理歌略一卷　(清)葉瀾撰　清光緒二十七年(1901)李光明莊刻本　一冊

340000－1802－0004240　308.1/6623
大唐開元占經一百二十卷　(唐)瞿曇悉達著　清刻本　十九冊　缺七卷(三十七至四十三)

340000－1802－0004241　308.1/6623∶1
大唐開元占經一百二十卷　(唐)瞿曇悉達著　清刻本　十九冊　缺四卷(一至四)

340000－1802－0004242　308.1/8041
測候叢談四卷　(英國)金楷理口譯　(清)華蘅芳筆述　清末江南製造總局刻本　二冊

340000－1802－0004243　308.1/8212
星學初階不分卷　(清)鍾瑞彪編　清光緒十八年(1892)刻本　一冊

340000－1802－0004244　308.2/0131
古今冬至表四卷　(清)譚澐著　清光緒四年(1878)郴州刻本　二冊

340000－1802－0004245　308.2/1022
躔離引蒙三卷表説一卷　(清)賈步緯撰　清光緒二十二年(1896)璣衡堂石印本　三冊

340000－1802－0004246　308.2/2337
御製曆象考成上編十六卷下編十卷　(清)允祿等纂修　清光緒二十三年(1897)雙梧書屋石印本　十二冊　缺五卷(上編二、下編二至五)

340000－1802－0004247　308.2/2337∶1
御製曆象考成上編十六卷下編十卷　(清)允祿等纂修　清光緒二十一年(1895)湖北官書處刻本　十四冊　缺二卷(上編六至七)

340000－1802－0004248　308.2/2337∶2
御製曆象考成上編十六卷下編十卷　(清)允祿等纂修　清光緒二十三年(1897)雙梧書屋石印本　四冊　存八卷(上編七、九至十，下編三至四、六至七、九)

340000－1802－0004249　308.2/3113
御製曆象考成後編十卷　(清)顧琮等編　清勵志齋刻本　六冊　缺四卷(一、四至六)

340000－1802－0004250　308.2/3113∶1
御製曆象考成後編十卷　(清)顧琮等編　清光緒二十二年(1896)雙梧書屋石印本　八冊　缺一卷(二)

340000－1802－0004251　308.2/3113∶2
御製曆象考成後編十卷　(清)顧琮等編　清光緒二十二年(1896)上海書局石印本　十一冊

340000－1802－0004252　308.2/4018
七政鏡原□□卷　(□)□□撰　清李光明莊刻本　一冊

340000－1802－0004253　308.2/4643
七政臺曆全書不分卷　(清)楊夢祿撰　清光緒三十年(1904)刻本　一冊

340000－1802－0004254　308.2/4643∶1
七政臺曆全書不分卷　(清)楊夢祿撰　清同治九年(1870)慶華堂刻本　一冊

340000－1802－0004255　308.21/2229
癸卯年大字通書一卷　(清)崇德堂編　清光緒二十九年(1903)廣東崇德堂刻朱墨套印本　一冊

340000－1802－0004256　308.21/4018
御定七政四餘萬年曆不分卷(嘉慶十五年至光緒六年)　(清)□□撰　清末刻本　二冊

340000－1802－0004257　308.21/4480
欽定萬年書不分卷(乾隆元年至光緒三十四年)　(清)□□編　清光緒刻本　二冊

340000－1802－0004258　308.21/6021
羅傳烈通書不分卷　(清)羅傳烈等撰　清同治十一年(1872)崇道堂刻本　一冊

340000－1802－0004259　308.21/6021∶1
羅傳烈通書不分卷　(清)羅傳烈等撰　清光緒二十一年(1895)刻本　一冊

340000－1802－0004260　308.21/6021∶2

多福通書不分卷 (清)羅傳烈等撰　清刻本　一冊

340000－1802－0004261　308.21/6021:3
羅傳烈選不分卷 (清)羅傳烈等撰　清刻本　一冊　存一冊

340000－1802－0004262　308.3/0053
數度衍二十三卷首一卷 (清)方中通撰　清道光九年(1829)桐城周大川刻本　八冊

340000－1802－0004263　308.3/1223
算經十書十種附刻一種三十七卷 (清)孔繼涵輯　清光緒十六年(1890)滬上刻本　五冊　存七種十九卷(五曹算經五卷,夏侯陽算經三卷,張丘建算經三卷,五經算術二卷、附考證一卷,緝古算經一卷,數術記遺一卷,句股割圜記三卷)

340000－1802－0004264　308.3/2542
新編算學啟蒙三卷 (元)朱世傑撰　**識誤一卷** (清)羅士琳撰　清道光十九年(1839)刻本　一冊　存一卷(上)

340000－1802－0004265　308.3/2622
學算芻言一卷 (清)吳季白著　清光緒二十四年(1898)刻本　一冊

340000－1802－0004266　308.3/2642
運規約指三卷 (英國)白起德輯　(英國)傅蘭雅譯　(清)徐建寅筆述　清末刻本　一冊

340000－1802－0004267　308.3/2820
算學歌畧二卷 (清)徐繼高撰　**天文歌畧一卷** (清)葉瀾撰　**地學歌略一卷** (清)葉瀾　(清)葉瀚著　清末刻本　一冊

340000－1802－0004268　308.3/2827
溥通新代數六卷 (清)徐虎臣編譯　清光緒二十九年(1903)江楚書局刻本　六冊

340000－1802－0004269　308.3/3144
衡齋算學遺書合刻十六卷 (清)汪萊著　清咸豐四年(1854)夏燮鄱陽縣署刻本　二冊

340000－1802－0004270　308.3/3444
新纂簡捷易明演算法四卷稽核錢糧置簿規式一卷 (清)沈士桂編　清同治六年(1867)經國堂活字印本　二冊　缺二卷(三至四)

340000－1802－0004271　308.3/4022
筆算入門不分卷 (清)李德備撰　清光緒十八年(1892)刻本　一冊

340000－1802－0004272　308.3/4444
得一齋算學四卷 (清)黃楙材著　清光緒二十二年(1896)刻本　二冊

340000－1802－0004273　308.3/4802
梅氏叢書輯要六十二卷 (清)梅文鼎撰　(清)梅瑴成編　清同治十三年(1874)梅纘高頤園刻本　二十八冊

340000－1802－0004274　308.3/4802:1
兼濟堂纂刻梅勿菴先生曆算全書二十八種七十七卷 (清)梅文鼎撰　(清)魏荔彤編　清雍正刻咸豐九年(1859)梅體萱補刻本　二十四冊

340000－1802－0004275　308.3/4940
筆算數學三卷 (美國)狄考文編　(清)鄒立文纂　清光緒三十二年(1906)鉛印本　二冊　存二卷(上、下)

340000－1802－0004276　308.3/7781
九數通考十一卷首一卷末一卷 (清)屈曾發編　清刻本　三冊　存九卷(二至四、七至十一,末一卷)

340000－1802－0004277　308.32/4096
新刻較準演算法大全一卷 (清)曉星樵人編　清光緒二十一年(1895)金陵李光明莊刻本　一冊

340000－1802－0004278　308.32/4096:1
新刻較準演算法大全一卷 (清)曉星樵人編　清光緒二十一年(1895)金陵李光明莊刻本　一冊

340000－1802－0004279　309/9040
賞奇軒四種合編四卷 (清)□□編　清刻本　四冊

340000－1802－0004280　309.2/0044

江邨銷夏録三卷　(清)高士奇編　清末上海文瑞樓石印本　三冊

340000－1802－0004281　309.2/1000
圖繪寶鑑八卷補遺一卷　(元)夏文彦纂　(明)毛大倫增補　清刻本　四冊

340000－1802－0004282　309.2/1213
庚子銷夏記八卷閒者軒帖考一卷　(清)孫承澤撰　清宣統三年(1911)順德鄧氏風雨樓鉛印本　三冊

340000－1802－0004283　309.2/1213:1
庚子銷夏記八卷閒者軒帖考一卷　(清)孫承澤撰　清宣統三年(1911)順德鄧氏風雨樓鉛印本　三冊

340000－1802－0004284　309.2/1278
佩文齋書畫譜一百卷　(清)孫岳頒等纂輯　清康熙四十七年(1708)刻本　六十四冊

340000－1802－0004285　309.2/1278:1
佩文齋書畫譜一百卷　(清)孫岳頒等纂輯　清康熙四十七年(1708)刻本　六十四冊

340000－1802－0004286　309.2/2699
辛丑銷夏記五卷　(清)吳榮光撰　清刻本　五冊

340000－1802－0004287　309.2/2748
澄蘭室古緣萃録十八卷　(清)邵松年編　清光緒三十年(1904)上海鴻文書局石印本　六冊

340000－1802－0004288　309.2/2748:1
澄蘭室古緣萃録十八卷　(清)邵松年編　清光緒三十年(1904)上海鴻文書局石印本　六冊

340000－1802－0004289　309.2/3024
墨緣彙觀四卷　(清)安岐著　清光緒二十六年(1900)鉛印本　六冊

340000－1802－0004290　309.21/2747
藝舟雙楫不分卷　(清)包世臣撰　清光緒十一年(1885)皖省聚文堂活字印本　一冊

340000－1802－0004291　309.21/7527
篆隸書字法二卷　(□)陳紀書　(□)鄭漢音釋　清刻本　二冊

340000－1802－0004292　309.21/7528:2
翰林要訣一卷　(元)陳繹曾撰　**磨勘條例摘要一卷**　(清)□□撰　清光緒十二年(1886)刻本　一冊

340000－1802－0004293　309.211/2609
南邨帖攷四卷　(清)程文榮撰　清光緒貴池劉氏刻聚學軒叢書本　四冊

340000－1802－0004294　309.212/1024
楷書集粹不分卷　(清)王仁堪等書　清末石印本　一冊

340000－1802－0004295　309.22/0013
虚齋名畫録十六卷　龐元濟編　清宣統元年(1909)龐氏刻本　十六冊

340000－1802－0004296　309.22/4377
習苦齋畫絮十卷　(清)戴熙撰　(清)年菱舫編　清光緒十九年(1893)刻本　四冊

340000－1802－0004297　309.22/4377:1
習苦齋畫絮十卷　(清)戴熙撰　(清)年菱舫編　清光緒十九年(1893)刻本　四冊

340000－1802－0004298　309.22/7780
周臨芥子園畫傳五卷　(清)周鏞書　清光緒十三年(1887)石印本　四冊

340000－1802－0004299　309.221/1026
芥子園畫傳四集四卷圖章會纂一卷　(清)丁皋撰　清嘉慶二十三年(1818)刻本　四冊

340000－1802－0004300　309.221/1044
青在堂竹譜二卷　(清)王槩輯　清末彩印本　一冊

340000－1802－0004301　309.221/1044:1
青在堂菊譜二卷　(清)王槩輯　清末彩印本　一冊

340000－1802－0004302　309.222/1130
泛槎圖六集　(清)張寶繪　清光緒六年(1880)上海點石齋石印本　二冊　存三集(一、五至六)

340000－1802－0004303　309.41/3133
飛鴻堂印譜四十卷　(清)汪啟淑藏　清末影印本　六冊　存十二卷(初集三至四、二集五至六、三集一至四、四集三至四、五集三至四)

340000－1802－0004304　309.41/3136
小石山房印譜四卷附二卷　(清)顧湘　(清)顧浩編　清宣統三年(1911)影印本　六冊

340000－1802－0004305　309.62/4413
律呂新書淺釋一卷　(宋)蔡元定撰　(清)文藻翔編　清光緒二十三年(1897)固安文氏刻本　一冊

340000－1802－0004306　309.62/4614
樂律參解四卷　(明)楊雲鶴著　(明)陳夢璧評　清刻本　三冊

340000－1802－0004307　309.63/1147
琴學入門二卷　(清)張鶴編　清同治六年(1867)陸琮刻本　二冊

340000－1802－0004308　309.63/1147:1
琴學入門二卷　(清)張鶴編　清同治十三年(1874)補刻本　三冊

340000－1802－0004309　309.63/1147:2
琴學入門二卷　(清)張鶴編　清同治十三年(1874)補刻本　二冊　缺卷下第二集

340000－1802－0004310　309.63/1147:3
琴學入門二卷　(清)張鶴編　清同治十三年(1874)補刻本　四冊　卷上有殘缺

340000－1802－0004311　309.63/2640
松風閣琴譜二卷抒懷操一卷　(清)程雄編　清刻本　二冊

340000－1802－0004312　309.63/2691
自遠堂琴譜十二卷　(清)吳灴編　清嘉慶七年(1802)自遠堂刻本　八冊

340000－1802－0004313　309.63/2691:1
自遠堂琴譜十二卷　(清)吳灴編　清嘉慶七年(1802)自遠堂刻本　六冊　存九卷(三至八、十至十二)

340000－1802－0004314　309.63/3676
與古齋琴譜四卷　(清)祝鳳喈編纂　清咸豐五年(1855)刻本　四冊

340000－1802－0004315　309.63/5023
蕉庵琴譜四卷　(清)秦維瀚編　清光緒三年(1877)刻本　四冊

340000－1802－0004316　309.63/7724
五知齋琴譜八卷　(清)周魯封彙纂　清康熙六十年(1721)刻本　八冊

340000－1802－0004317　309.63/7724:1
五知齋琴譜八卷　(清)周魯封彙纂　清康熙六十年(1721)刻本　六冊

340000－1802－0004318　309.65/2337
御制律呂正義後編□□卷　(清)允祿等編　清刻本　一冊

340000－1802－0004319　309.7/3017
官子譜不分卷　不著撰者　清刻本　一冊

340000－1802－0004320　309.7/3708
四子譜二卷　(明)過文年撰　(清)陸求可訂正　清刻本　四冊

340000－1802－0004321　309.7/8373
奕理指歸圖三卷　(清)錢長澤繪　清光緒七年(1881)刻本　三冊

340000－1802－0004322　309.87/6017
照相鏤板印圖法一卷　(美國)貝列尼撰　(美國)衛理　(清)王汝駲譯　清光緒二十六年(1900)刻本　一冊

340000－1802－0004323　310.11/1044
隨息居飲食譜不分卷　(清)王士雄纂　清末上海文瑞樓石印本　一冊

340000－1802－0004324　310.11/4048
隨園食單一卷　(清)袁枚編　清光緒十二年(1886)文奎堂刻本　一冊

340000－1802－0004325　310.11/4048:1
隨園食單一卷　(清)袁枚編　清末上海文明書局石印本　一冊

340000－1802－0004326　310.11/4048:2

隨園食單一卷　(清)袁枚編　清刻本　一册

340000－1802－0004327　310.5/4044
見物五卷　(明)李蘇著　清刻本　二册

340000－1802－0004328　310.6/2341
植物圖說四卷　(英國)傅蘭雅著　清光緒二十一年(1895)益知書會刻本　一册

340000－1802－0004329　310.6/3030
菊譜三十韻一卷　(清)宣進著　清乾隆十八年(1753)刻本　一册

340000－1802－0004330　310.7/0657
高等小學博物教科書三卷　(清)文明書局編譯　清末鉛印本　一册

340000－1802－0004331　310.7/1013
西學大成十二編□□卷　(清)王西清　(清)盧梯青編　清末石印本　三册　存十一卷(寅編地學一至六、卯編史學三至四、申編汽學一至三)

340000－1802－0004332　310.7/2341
水學須知一卷力學須知一卷　(英國)傅蘭雅編　清光緒二十三年(1897)時宜書室刻本　一册

340000－1802－0004333　310.7/2341:1
水學圖說二卷　(英國)傅蘭雅譯　清光緒十六年(1890)刻本　一册

340000－1802－0004334　310.7/2341:2
電學圖說五卷　(英國)傅蘭雅譯　清光緒十三年(1887)刻本　一册

340000－1802－0004335　310.7/2341:3
熱學圖說二卷　(英國)傅蘭雅譯　清光緒十六年(1890)刻本　一册

340000－1802－0004336　310.7/2341:4
光學圖說二卷　(英國)傅蘭雅譯　清光緒十六年(1890)刻本　一册

340000－1802－0004337　310.7/3079
格致讀本二卷　(清)澄衷學堂譯編　清光緒三十年(1904)刻本　二册

340000－1802－0004338　310.7/3410
天擇篇不分卷　(英國)達爾文著　(清)馬君武譯　清光緒二十八年(1902)石印本　一册

340000－1802－0004339　310.7/3611
化學考質八卷　(德國)富里西尼烏司著　(英國)傅蘭雅口譯　(清)徐壽筆述　清末刻本　六册

340000－1802－0004340　310.7/4421
最新國文教科書教授法□□册　蔣維喬編　清光緒三十二年(1906)商務印書館鉛印本　一册　存一册(七)

340000－1802－0004341　310.7/4421:1
重學二十卷曲綫說三卷　(英國)艾約瑟口譯　(清)李善蘭筆述　清同治五年(1866)刻本　二册　存九卷(一至三、十五至二十)

340000－1802－0004342　310.7/4424
電氣鍍金略法一卷　(英國)華特纂　(英國)傅蘭雅口譯　(清)周郇筆述　清末刻本　一册

340000－1802－0004343　310.7/4428
三才略三卷　蔣德鈞輯　清光緒二十年(1894)文彬書局刻本　二册

340000－1802－0004344　310.7/4732
藝學通考十六卷　(清)胡兆鸞編　清光緒二十三年(1897)石印本　四册

340000－1802－0004345　310.7/6024
化學指南十卷　(法國)畢利幹著　清同治十二年(1873)石印本　十六册

340000－1802－0004346　310.7/6044
格致啟蒙四卷　(英國)羅斯古纂　(美國)林樂知　(清)鄭昌棪譯　清末刻本　四册

340000－1802－0004347　310.7/6046
電學綱目一卷　(英國)田大里編　(英國)傅蘭雅口譯　(清)周郇筆述　清末刻本　一册

340000－1802－0004348　310.7/7113
冶金錄三卷　(美國)阿發滿撰　(英國)傅蘭雅口譯　(清)趙元益筆述　清末刻本　一册

340000－1802－0004349　310.7/8020
博物新編三集　(英)合信撰　清咸豐五年(1855)刻本　一册

340000－1802－0004350　311.11/1200
墨子閒詁十五卷目録一卷附録一卷後語二卷　(清)孫詒讓編　清宣統二年(1910)刻本　十二册

340000－1802－0004351　311.11/1200:1
墨子閒詁十五卷目録一卷附録一卷後語二卷　(清)孫詒讓編　清末上海掃葉山房石印本　八册

340000－1802－0004352　311.11/1200:2
墨子閒詁十五卷目録一卷附録一卷後語二卷　(清)孫詒讓編　清末上海掃葉山房石印本　八册

340000－1802－0004353　311.11/1200:3
墨子閒詁十五卷目録一卷附録一卷後語二卷　(清)孫詒讓編　清宣統二年(1910)刻本　八册

340000－1802－0004354　311.11/1200:4
墨子閒詁十五卷目録一卷附録一卷後語二卷　(清)孫詒讓編　清宣統二年(1910)刻本　八册

340000－1802－0004355　311.11/6017
墨子十六卷　(周)墨翟撰　(清)吳汝綸點勘　清宣統二年(1910)衍星社鉛印本　二册

340000－1802－0004356　311.14/7736
鬼谷子三卷　(南朝梁)陶宏景注　清嘉慶十年(1805)江都秦氏石研齋刻本　一册

340000－1802－0004357　311.15/6014
呂氏春秋二十六卷　(周)呂不韋撰　(漢)高誘注　清光緒元年(1875)浙江書局刻本　六册

340000－1802－0004358　311.15/6014:1
呂氏春秋二十六卷　(周)呂不韋撰　(漢)高誘注　清光緒元年(1875)浙江書局刻本　八册

340000－1802－0004359　311.15/6014:2
呂氏春秋二十六卷　(周)呂不韋撰　(漢)高誘注　清光緒元年(1875)湖北崇文書局刻本　四册

340000－1802－0004360　311.2/1000
論衡三十卷　(漢)王充撰　清光緒元年(1875)湖北崇文書局刻本　三册

340000－1802－0004361　311.2/2263
倫理教科範本七章　(日本)秋山四郎著　(清)董瑞椿譯　清光緒三十年(1904)上海文明書局鉛印本　一册

340000－1802－0004362　311.2/2263:1
脩身範本一卷　(日本)秋山四郎著　(清)董瑞椿譯　清光緒二十八年(1902)上海文明書局鉛印本　一册

340000－1802－0004363　311.2/2662
詒謀隨筆二卷　(清)但明倫著　清光緒四年(1878)刻本　二册

340000－1802－0004364　311.2/3191
物詮八卷校勘書後一卷　(清)汪烜著　清光緒九年(1883)刻本　二册

340000－1802－0004365　311.2/3406
菜根譚一卷　(明)洪應明著　**娑羅館清語一卷**　(明)屠隆著　清光緒十三年(1887)揚州藏經禪院刻本　一册

340000－1802－0004366　311.2/4331
羣學肄言十六卷　(英國)斯賓塞爾撰　嚴復譯　清光緒二十九年(1903)上海文明編譯書局鉛印本　四册

340000－1802－0004367　311.2/4331:1
羣學肄言十六卷　(英國)斯賓塞爾撰　嚴復譯　清光緒二十九年(1903)上海文明編譯書局鉛印本　四册

340000－1802－0004368　311.2/4331:2
羣學肄言十六卷　(英國)斯賓塞爾撰　嚴復譯　清光緒二十九年(1903)上海文明編譯書局鉛印本　四册

340000－1802－0004369　311.2/4412
天演論二卷　（英國）赫胥黎撰　嚴復譯　清光緒二十四年（1898）鉛印本　二册

340000－1802－0004370　311.2/4412：1
天演論二卷　（英國）赫胥黎撰　嚴復譯　清光緒二十四年（1898）鉛印本　二册

340000－1802－0004371　311.2/7230
淮南子二十一卷　（漢）劉安撰　（漢）高誘注　清光緒二年（1876）浙江書局刻本　五册　缺四卷（十八至二十一）

340000－1802－0004372　311.2/7230：1
淮南鴻烈解二十一卷　（漢）劉安撰　（漢）高誘注　清光緒元年（1875）湖北崇文書局刻本　四册

340000－1802－0004373　311.2/7230：2
淮南鴻烈解二十一卷　（漢）劉安撰　（漢）高誘注　清光緒元年（1875）湖北崇文書局刻本　四册

340000－1802－0004374　311.2/7246
新論十卷　（南朝梁）劉勰著　清刻本　一册

340000－1802－0004375　311.2/7532
寤言二卷　陳澹然著　清光緒二十八年（1902）長沙刻陳澹然三種本　二册

340000－1802－0004376　311.2/7813
精神之教育二卷　（日本）隅谷己三郎輯　（清）趙必振譯　清光緒二十八年（1902）廣智書局鉛印本　二册

340000－1802－0004377　311.3/0011
潛書二卷　（清）唐甄著　（清）王聞遠編　清末上海大經綸書局石印本　二册

340000－1802－0004378　311.3/0011：1
潛書四卷　（清）唐甄著　（清）王聞遠編　清光緒九年（1883）中江李氏刻本　四册

340000－1802－0004379　311.3/0014
文昌雜錄六卷　（宋）龐元英撰　清乾隆二十一年（1756）雅雨堂刻本　一册

340000－1802－0004380　311.3/0030
柏堂讀書筆記七種十三卷　（清）方宗誠撰　清光緒四年（1878）桐城方氏刻柏堂遺書本　一册　存三卷（讀史雜記一卷、讀諸子諸儒書雜記一卷、讀文雜記一卷）

340000－1802－0004381　311.3/1043
香祖筆記十二卷　（清）王士禛撰　清宣統三年（1911）掃葉山房石印本　四册

340000－1802－0004382　311.3/1043：1
古夫于亭雜錄六卷　（清）王士禛撰　清末交通圖書館石印本　二册

340000－1802－0004383　311.3/1043：2
分甘餘話四卷　（清）王士禛撰　清康熙四十八年（1709）王兆棅寫刻本　二册

340000－1802－0004384　311.3/1043：3
居易錄三十四卷　（清）王士禛撰　清刻本　二册　存十二卷（十一至十六、二十九至三十四）

340000－1802－0004385　311.3/1043：4
居易錄三十四卷　（清）王士禛撰　清刻本　八册

340000－1802－0004386　311.3/1043：5
池北偶談二十六卷　（清）王士禛著　（清）王廷掄校　清康熙四十年（1701）刻本　十二册

340000－1802－0004387　311.3/1043：6
池北偶談二十六卷　（清）王士禛著　清刻本　一册　存四卷（二十三至二十六）

340000－1802－0004388　311.3/1047
表異錄二十卷　（明）王志堅輯　清康熙刻本　一册

340000－1802－0004389　311.3/1047：1
表異錄二十卷　（明）王志堅輯　（清）李錫齡校　清刻惜陰軒叢書本　一册　存八卷（一至八）

340000－1802－0004390　311.3/1058
快樂原一卷快樂銘一卷快樂聯瑾一卷快樂豫一卷快樂條目一卷快樂畫題一卷　（清）石成金譔　清刻本　一册

340000－1802－0004391　311.3/1122
困學録集粹八卷　(清)張伯行撰　清乾隆三年(1738)刻本　四册

340000－1802－0004392　311.3/1122:1
廣近思録十四卷　(清)張伯行編　清康熙五十年(1711)正誼堂刻本　四册

340000－1802－0004393　311.3/1124
墨莊漫録十卷　(宋)張邦基撰　清刻本　一册　存四卷(一至四)

340000－1802－0004394　311.3/1708
劑變篇十四篇　(清)尹彦鉌撰　清光緒二十六年(1900)刻本　二册

340000－1802－0004395　311.3/2510
無邪堂答問五卷　(清)朱一新撰　清光緒二十一年(1895)廣雅書局刻本　五册

340000－1802－0004396　311.3/2510:1
無邪堂答問五卷　(清)朱一新輯　清光緒十八年(1892)刻本　一册　存一卷(五)

340000－1802－0004397　311.3/3133
北上偶録三卷臨安府志序言一卷于役迤南記二卷　(清)江濬源著　清同治十三年(1874)刻介亭全集本　一册

340000－1802－0004398　311.3/3308
退菴隨筆二十二卷　(清)梁章鉅編　清末上海文瑞樓石印本　八册

340000－1802－0004399　311.3/3308:1
歸田瑣記八卷　(清)梁章鉅撰　清道光二十五年(1845)刻本　三册

340000－1802－0004400　311.3/3308:2
浪跡叢談十一卷續談八卷　(清)梁章鉅撰　清道光二十五年(1845)刻本　五册　缺一卷(續談八)

340000－1802－0004401　311.3/3434
容齋隨筆十六卷續筆十六卷三筆十六卷四筆十六卷五筆十卷　(宋)洪邁撰　清光緒二十年(1894)皖南洪氏刻本　二十四册

340000－1802－0004402　311.3/3434:1
容齋隨筆十六卷續筆十六卷三筆十六卷四筆十六卷五筆十卷　(宋)洪邁撰　清刻本　十三册　缺四卷(容齋隨筆一至四)

340000－1802－0004403　311.3/3452
夢溪筆談二十六卷續一卷補三卷末一卷　(宋)沈括撰　**筆談校字記一卷**　(清)陶福祥編　清末上海鴻章書局石印本　六册

340000－1802－0004404　311.3/3677
浮邱子十二卷　(清)湯鵬著　清宣統二年(1910)掃葉山房石印本　三册

340000－1802－0004405　311.3/3714
七修類稿五十一卷續稿七卷　(明)郎瑛撰　清刻本　十五册　缺十二卷(一、十四至十六、十九至二十三、四十二至四十四)

340000－1802－0004406　311.3/4048
隨園隨筆二十八卷　(清)袁枚著　清光緒文奎堂刻本　六册　缺四卷(五至八)

340000－1802－0004407　311.3/4048:1
隨園隨筆二十八卷　(清)袁枚著　清刻本　六册

340000－1802－0004408　311.3/4048:2
隨園隨筆二十八卷　(清)袁枚著　清咸豐八年(1858)聚文堂刻本　六册

340000－1802－0004409　311.3/4048:3
隨園隨筆二十八卷　(清)袁枚著　清嘉慶十三年(1808)刻本　六册

340000－1802－0004410　311.3/4053
嶺雲軒瑣記四卷　(清)李威撰　(清)無名子編　清同治五年(1866)刻本　一册

340000－1802－0004411　311.3/4053:1
嶺雲軒瑣記四卷　(清)李威撰　(清)無名子編　清同治五年(1866)刻本　一册

340000－1802－0004412　311.3/4299
識小録八卷　(清)姚瑩撰　清同治六年(1867)刻中復堂全集本　二册　存六卷(三至八)

340000－1802－0004413　311.3/4299:1

識小錄八卷　(清)姚瑩撰　清道光刻中復堂全集本　二册　存六卷(三至八)

340000－1802－0004414　311.3/4917
簷曝雜記六卷　(清)趙翼撰　清刻本　二册

340000－1802－0004415　311.3/7423
冷廬雜識八卷　(清)陸以湉撰　清咸豐六年(1856)刻本　八册

340000－1802－0004416　311.3/7438
老學庵筆記十卷　(宋)陸遊撰　清光緒三年(1877)湖北崇文書局刻本　二册

340000－1802－0004417　311.3/8064
求闕齋日記類鈔二卷　(清)曾國藩撰　(清)王啟原編　清光緒二年(1876)傳忠書局刻本　二册

340000－1802－0004418　311.3/8064:1
求闕齋日記類鈔二卷　(清)曾國藩撰　(清)王啟原編　清末鴻章書局石印本　二册

340000－1802－0004419　311.4/0028
通雅五十三卷首三卷　(明)方以智撰　清光緒十一年(1885)刻本　十册

340000－1802－0004420　311.4/1000
困學紀聞注二十卷　(宋)王應麟撰　(清)翁元圻編　清道光五年(1825)杭州愛日軒刻本　十二册

340000－1802－0004421　311.4/1000:1
困學紀聞注二十卷首一卷　(宋)王應麟撰　(清)翁元圻輯　清末上海鴻章書局石印本　十六册

340000－1802－0004422　311.4/1000:2
困學紀聞注二十卷首一卷　(宋)王應麟撰　(清)翁元圻編　清末上海文瑞樓石印本　十六册

340000－1802－0004423　311.4/1000:3
困學紀聞注二十卷首一卷　(宋)王應麟撰　(清)翁元圻編　清末上海文瑞樓石印本　八册

340000－1802－0004424　311.4/1000:4
困學紀聞二十卷　(宋)王應麟撰　清乾隆桐華書塾刻本　四册

340000－1802－0004425　311.4/1000:5
困學紀聞二十卷　(宋)王應麟撰　清乾隆桐華書塾刻本　五册

340000－1802－0004426　311.4/1000:6
困學紀聞二十卷　(宋)王應麟撰　清乾隆桐華書塾刻本　六册

340000－1802－0004427　311.4/1000:7
困學紀聞二十卷　(宋)王應麟撰　清同治九年(1870)揚州書局刻本　四册

340000－1802－0004428　311.4/1000:8
困學紀聞二十卷　(宋)王應麟撰　清同治九年(1870)揚州書局刻本　四册

340000－1802－0004429　311.4/1000:9
困學紀聞注二十卷　(宋)王應麟撰　(清)翁元圻輯注　清咸豐元年(1851)小嫏嬛山館刻本　十二册

340000－1802－0004430　311.4/1046
學林十卷　(宋)王觀國撰　清嘉慶十四年(1809)刻湖海樓叢書本　六册

340000－1802－0004431　311.4/1081
讀書雜志八十二卷餘編二卷　(清)王念孫撰　清同治九年(1870)金陵書局刻本　二十四册　缺二卷(餘編二卷)

340000－1802－0004432　311.4/1081:1
讀書雜志八十二卷餘編二卷　(清)王念孫撰　清同治九年(1870)金陵書局刻本　二十四册

340000－1802－0004433　311.4/1081:2
讀書雜志八十二卷餘編二卷　(清)王念孫撰　清同治九年(1870)金陵書局刻本　二十四册

340000－1802－0004434　311.4/1081:3
讀書雜志八十二卷餘編二卷　(清)王念孫撰　清同治九年(1870)金陵書局刻本　二十四册

340000－1802－0004435　311.4/1081:4
讀書雜志八十二卷餘編二卷　（清）王念孫撰　清同治九年（1870）金陵書局刻本　二十四冊

340000－1802－0004436　311.4/1081:5
讀書雜志八十二卷餘編二卷　（清）王念孫撰　清同治九年（1870）金陵書局刻本　二十四冊

340000－1802－0004437　311.4/1081:6
讀書雜志摘抄不分卷　（清）王念孫撰　清抄本　一冊

340000－1802－0004438　311.4/1081:7
讀書雜志八十二卷餘編二卷　（清）王念孫撰　清同治九年（1870）金陵書局刻本　二十四冊

340000－1802－0004439　311.4/1081:8
讀書雜志八十二卷餘編二卷　（清）王念孫撰　清同治九年（1870）金陵書局刻本　二十四冊

340000－1802－0004440　311.4/1092
述朱質疑十六卷　（清）夏炘撰　清咸豐二年（1852）刻本　四冊

340000－1802－0004441　311.4/1135
質疑刪存三卷　（清）張宗泰撰　清光緒十八年（1892）刻聚學軒叢書本　一冊

340000－1802－0004442　311.4/1200
劄迻十二卷　（清）孫詒讓撰　清末上海千頃堂書局石印本　六冊

340000－1802－0004443　311.4/2101
羣書拾補三十八卷　（清）盧文弨編　清光緒十三年（1887）上海蜚英館石印本　六冊　缺九卷（春秋左傳注疏校正一卷、呂氏續詩記補闕一卷、史記惠景間侯者年表校補一卷、說苑校補一卷、申鑒校正一卷、列子張湛注校正一卷、韓非子校正一卷、晏子春秋校正一卷、春渚紀聞補闕一卷）

340000－1802－0004444　311.4/2191
義門讀書記五十八卷　（清）何焯撰　清乾隆三十四年（1769）刻本　十冊

340000－1802－0004445　311.4/2191:1
義門讀書記五十八卷　（清）何焯撰　清乾隆三十四年（1769）刻本　十五冊　缺一卷（杜工部集六）

340000－1802－0004446　311.4/2191:2
義門讀書記五十八卷　（清）何焯撰　清乾隆三十四年（1769）刻本　十六冊

340000－1802－0004447　311.4/2191:3
義門讀書記五十八卷　（清）何焯撰　清乾隆三十四年（1769）刻本　十六冊

340000－1802－0004448　311.4/2191:4
義門讀書記五十八卷　（清）何焯撰　清乾隆刻本　三冊　存十卷（前漢書一至四、昌黎集三至五、四書四至六）

340000－1802－0004449　311.4/2528
開有益齋讀書志六卷　（清）朱緒曾撰　清光緒六年（1880）金陵翁氏茹古閣刻本　六冊

340000－1802－0004450　311.4/2771
食舊德齋雜著不分卷　（清）劉嶽雲撰　清光緒八年（1882）刻本　四冊

340000－1802－0004451　311.4/2800
管城碩記三十卷　（清）徐文靖著　清乾隆九年（1744）志寧堂刻本　八冊

340000－1802－0004452　311.4/3191
日知錄集釋三十二卷首一卷　（清）顧炎武著　（清）黄汝成集釋　清光緒十三年（1887）同文書局石印本　四冊　缺六卷（十五至二十）

340000－1802－0004453　311.4/3191:1
菰中隨筆不分卷　（清）顧炎武著　清光緒十一年（1885）吳縣孫谿槐廬家塾刻本　一冊

340000－1802－0004454　311.4/3191:2
菰中隨筆不分卷　（清）顧炎武著　清道光十二年（1832）長白鄂山刻本　一冊

340000－1802－0004455　311.4/3191:3
日知錄集釋三十二卷刊誤二卷續刊誤二卷

(清)顧炎武著　(清)黄汝成集釋　清同治十一年(1872)湖北崇文書局刻本　十六册

340000－1802－0004456　311.4/3191:4
日知錄集釋三十二卷刊誤二卷續刊誤二卷　(清)顧炎武著　(清)黄汝成集釋　清光緒二十五年(1899)京都琉璃廠活字印本　十六册

340000－1802－0004457　311.4/3191:5
日知錄集釋三十二卷刊誤二卷續刊誤二卷首一卷　(清)顧炎武著　(清)黄汝成集釋　清末上海錦章圖書局石印本　六册

340000－1802－0004458　311.4/3191:6
日知錄集釋三十二卷刊誤二卷續刊誤二卷　(清)顧炎武著　(清)黄汝成集釋　清光緒元年(1875)湖北崇文書局刻本　十六册

340000－1802－0004459　311.4/3191:7
日知錄集釋三十二卷刊誤二卷續刊誤二卷　(清)顧炎武著　(清)黄汝成集釋　清同治八年(1869)廣州述古堂刻本　十六册

340000－1802－0004460　311.4/3191:8
日知錄集釋三十二卷刊誤二卷續刊誤二卷　(清)顧炎武著　(清)黄汝成集釋　清道光十四年(1834)刻本　十三册　存二十八卷(一至二十八)

340000－1802－0004461　311.4/4000
甕牖閒評八卷　(宋)袁文撰　**海島算經一卷**　(晉)劉徽撰　(唐)李淳風注　清乾隆浙江刻武英殿聚珍版書叢書本　三册

340000－1802－0004462　311.4/4033
敬齋古今黈八卷　(元)李治撰　清乾隆浙江刻武英殿聚珍版書叢書本　二册

340000－1802－0004463　311.4/4234
諸子考略二卷　姚永樸纂　清光緒三十一年(1905)正誼書局鉛印本　一册

340000－1802－0004464　311.4/4410
慈溪黄氏日抄分類九十七卷古今紀要十九卷　(宋)黄震編　清乾隆三十二年(1767)新安汪佩鍔刻本　三十二册

340000－1802－0004465　311.4/4428
劄樸十卷　(清)桂馥撰　清嘉慶十八年(1813)小李山房刻本　五册

340000－1802－0004466　311.4/4430
習學記言序目五十卷　(宋)葉適撰　清光緒九年(1883)江陰刻本　十二册

340000－1802－0004467　311.4/4433
攷辨隨筆二卷　(清)黄定宜著　清道光二十七年(1847)文晟刻本　一册

340000－1802－0004468　311.4/4440
讀書偶筆二十卷　(清)董桂新撰　清同治五年(1866)刻本　四册

340000－1802－0004469　311.4/4694
丹鉛總錄二十七卷　(明)楊慎撰　清乾隆五十九年(1794)刻本　十册

340000－1802－0004470　311.4/4726
鐵網珊瑚二十卷　(明)都穆撰　清乾隆二十三年(1758)刻本　四册

340000－1802－0004471　311.4/4761
訂譌雜錄十卷　(清)胡鳴玉撰　清嘉慶十八年(1813)刻湖海樓叢書本　二册

340000－1802－0004472　311.4/4917
陔餘叢考四十三卷　(清)趙翼編　清乾隆五十五年(1790)壽考堂刻本　十六册

340000－1802－0004473　311.4/4923
讀書偶記八卷　(清)趙紹祖撰　清刻古墨齋集本　四册

340000－1802－0004474　311.4/7120
中華古今注三卷　(五代)馬縞編　明刻古今逸史叢書本　一册

340000－1802－0004475　311.4/7126
意林五卷補遺一卷　(唐)馬總撰　(清)張海鵬補遺　清光緒元年(1875)刻崇文書局彙刻書本　二册　缺一卷(補遺一卷)

340000－1802－0004476　311.4/8019
癸巳類稿十五卷　(清)俞正燮撰　清道光十三年(1833)求日益齋刻本　六册

340000－1802－0004477　311.4/8019:1
癸巳存稿十五卷　(清)俞正燮撰　清光緒十年(1884)埽葉山房刻本　八册

340000－1802－0004478　311.4/8019:2
癸巳存稿十五卷　(清)俞正燮撰　清光緒十年(1884)刻本　八册

340000－1802－0004479　311.4/8019:3
癸巳存稿十五卷　(清)俞正燮撰　清光緒十年(1884)刻本　六册

340000－1802－0004480　311.4/8019:4
癸巳存稿十五卷　(清)俞正燮撰　清光緒十年(1884)刻本　六册

340000－1802－0004481　311.4/8019:5
癸巳類稿十五卷　(清)俞正燮撰　清道光十六年(1836)求日益齋刻本　五册

340000－1802－0004482　311.4/8019:6
癸巳類稿十五卷　(清)俞正燮撰　清道光十六年(1836)求日益齋刻本　八册

340000－1802－0004483　311.4/8019:7
癸巳類稿十五卷　(清)俞正燮撰　清道光十六年(1836)求日益齋刻本　八册

340000－1802－0004484　311.4/8019:8
癸巳類稿十五卷　(清)俞正燮撰　清道光十三年(1833)求日益齋刻本　五册

340000－1802－0004485　311.4/8019:9
癸巳存稿十五卷　(清)俞正燮撰　清光緒十年(1884)刻本　六册

340000－1802－0004486　311.4/8019:10
癸巳存稿十五卷　(清)俞正燮撰　清光緒十年(1884)埽葉山房刻本　八册

340000－1802－0004487　311.4/8019:11
癸巳存稿十五卷　(清)俞正燮撰　清光緒十年(1884)刻本　六册

340000－1802－0004488　311.4/8019:12
癸巳存稿十五卷　(清)俞正燮撰　清光緒十年(1884)刻本　八册

340000－1802－0004489　311.4/8019:13
癸巳類稿十五卷　(清)俞正燮撰　清道光十三年(1833)求日益齋刻本　八册

340000－1802－0004490　311.4/8019:14
癸巳類稿十五卷　(清)俞正燮撰　清刻本　一册　存二卷(一至二)

340000－1802－0004491　311.4/8043
曲園襍纂五十卷　(清)俞樾撰　清光緒二十五年(1899)刻春在堂全書本　十册

340000－1802－0004492　311.4/8043:1
九九銷夏錄十四卷　(清)俞樾撰　清光緒十八年(1892)刻本　四册

340000－1802－0004493　311.4/8346
十駕齋養新錄二十卷餘錄三卷　(清)錢大昕著　清光緒二年(1876)浙江書局刻本　七册　缺三卷(餘錄三卷)

340000－1802－0004494　311.5/4942
洞天清祿集一卷　(宋)趙希鵠撰　清嘉慶四年(1799)桐川顧氏刻讀畫齋叢書本　一册

340000－1802－0004495　311.6/0724
新鐫校正詳註分類百子金丹全書十卷　(明)郭偉編　清末石印本　四册　存七卷(四至十)

340000－1802－0004496　311.6/0724:1
百子金丹十卷　(明)郭偉編　清刻本　二册　存三卷(二至四)

340000－1802－0004497　311.6/1058
傳家寶全集四集　(清)石成金輯　清刻本　三十册

340000－1802－0004498　311.6/1058:1
傳家寶四集□□卷　(清)石成金撰　清末刻本　二册　存二卷(二集七、三集六)

340000－1802－0004499　311.6/1058:2
傳家寶四集□□卷　(清)石成金撰　清末鉛印本　二册　存四卷(三集五至八)

340000－1802－0004500　311.6/2115
餘冬錄六十一卷　(明)何孟春編　清同治三

年(1864)刻本　八册

340000－1802－0004501　311.6/2448
冷醒醐一卷　(清)紫藤花館主人撰　清末刻本　一册

340000－1802－0004502　311.6/2607
石渠閣校刻庭訓閲古隨筆二卷　(明)穆文熙纂輯　(明)壽國音注　明末石渠閣刻本　一册

340000－1802－0004503　311.6/2767
酬世錦囊四集□□卷　(清)鄒景陽編　清末石印本　三册　存十一卷(初集五至八、二集七卷)

340000－1802－0004504　311.6/3322
兩般秋雨盦隨筆八卷　(清)梁紹壬纂　清光緒十年(1884)鉛印本　四册

340000－1802－0004505　311.6/3322:1
兩般秋雨盦隨筆八卷　(清)梁紹壬纂　清文德堂刻本　四册

340000－1802－0004506　311.6/3322:2
兩般秋雨盦隨筆八卷　(清)梁紹壬纂　清文德堂刻本　八册

340000－1802－0004507　311.6/3322:3
兩般秋雨盦隨筆八卷　(清)梁紹壬纂　清崇儒堂刻本　八册

340000－1802－0004508　311.6/3322:4
兩般秋雨盦隨筆八卷　(清)梁紹壬纂　清光緒四年(1878)敦仁堂刻本　八册

340000－1802－0004509　311.6/3322:5
兩般秋雨盦隨筆八卷　(清)梁紹壬纂　清道光十七年(1837)錢塘汪氏振綺堂刻本　四册

340000－1802－0004510　311.6/3322:6
兩般秋雨盦隨筆八卷　(清)梁紹壬纂　清道光十七年(1837)錢塘汪氏振綺堂刻本　八册

340000－1802－0004511　311.6/3322:7
兩般秋雨盦隨筆八卷　(清)梁紹壬纂　清道光十七年(1837)錢塘汪氏振綺堂刻本　八册

340000－1802－0004512　311.6/4944
寄園寄所寄十二卷　(清)趙吉士撰　清康熙三十五年(1696)刻本　十一册　缺一卷(五)

340000－1802－0004513　311.6/4944:1
寄園寄所寄十二卷　(清)趙吉士撰　清康熙三十五年(1696)刻本　十二册

340000－1802－0004514　312/1000
唐代叢書六集一百六十四種一百七十卷　(清)王文誥編　清嘉慶十一年(1806)刻本　二十二册　缺五種五卷(隋唐嘉話一卷、金華子雜編一卷、耳目記一卷、瀟湘錄一卷、玉泉子一卷)

340000－1802－0004515　312/3482
堅瓠集十五集六十六卷　(清)褚人穫纂輯　清康熙二十九年(1690)刻本　二十三册　存四十六卷(初集四卷、二集四卷、三集四卷、四集一至二、五集四卷、六集四卷、七集四卷、八集一至二、九集四卷、十集四卷、續集四卷、廣集六卷)

340000－1802－0004516　312/3482:1
堅瓠集十五集六十六卷　(清)褚人穫纂輯　清康熙二十九年(1690)刻本　十一册　存二十一卷(初集一至二,二集一至二,三集一至四,八集一至二,九集一至四,續集一至二,補集一至二,秘集一至二、四)

340000－1802－0004517　312/5011
香艷叢書二十集三百二十七種三百九十七卷　(清)蟲天子編　清宣統國學扶輪社鉛印本　七十九册

340000－1802－0004518　312/5011:1
香艷叢書二十集三百二十七種三百九十七卷　(清)蟲天子編　清宣統二年(1910)中國圖書公司和記鉛印本　五十八册　缺八十三種一百一卷(第三集:敝帚齋餘談節錄一卷、影梅庵憶語一卷、王氏復仇記一卷、紅樓葉戲譜一卷、釵小志一卷、粧臺記一卷、髻鬟品一卷,第十集:古鏡記一卷、太恨生傳一卷、春人賦一卷、廣東火劫記一卷、姍姍傳一卷、虞美人傳一卷、黄竹子傳一卷、春娘傳一卷、金華神記一卷、貞烈婢黃翠花傳一卷、花仙傳一卷、薄命曲一卷、猗覺寮雜記一卷、徐娘自述詩記一卷、物妖志一卷、梅譜一卷、梅品一卷、洛陽牡丹記一卷、陳州牡丹記一卷、天彭牡丹譜一卷、海棠譜一卷,第十一集:梵門綺語錄一卷、靈物志一卷、花鳥春秋一卷、一歲芳華一卷、太曼生傳一卷、黃九煙先生和楚女詩一卷、千春一恨集唐詩六十首一卷、武宗外紀一卷、明制女官考一卷、閨墨萃珍一卷、婚啟一卷、遼陽海神傳一卷、巫娥志一卷、誌許生奇遇一卷、誌許生遇異一卷、集美人名詩一卷、姽婳封傳奇一卷、玄妙洞天記一卷、西湖遊幸記一卷、西湖六橋桃評一卷、續髻鬟品一卷、瓊花集五卷,第十二集:淞濱瑣話一至二、湘煙小錄一卷、竹西花事小錄一卷、燕臺花事錄三卷、喟菴叢錄一卷、課婢約一卷、婦德四箴一卷、桂枝香一卷、夢梁錄一卷、金釧記一卷、俠女希光傳一卷、百花園夢記一卷,第十三集:淞濱瑣話三至四、冬青館古宮詞三卷、板橋雜記三卷、珠江名花小傳一卷、金粟閨詞百首一卷、梅喜緣二卷、沈警遇神女記一卷、娟娟傳一卷,第十四集:淞濱瑣話五至六、石頭記評贊序一卷、石頭記評花一卷、讀紅樓夢雜記一卷、紅樓夢竹枝詞一卷、紅樓夢題詞一卷、紅樓夢賦一卷、秦淮畫舫錄二卷,第十五集:淞濱瑣話七至八、帝城花樣一卷、花燭閒談一卷、南澗行一卷、十洲春語三卷)

340000－1802－0004519　312/6075
古今說部叢書第一集　(清)國學扶輪社編　清宣統二年(1910)國學扶輪社鉛印本　二冊

340000－1802－0004520　312/8324
新訂解人頤廣集八卷　(清)錢德蒼編　清經國堂活字印本　二冊

340000－1802－0004521　312/8333
履園叢話二十四卷　(清)錢泳編　清道光五年(1825)刻同治九年(1870)補刻本　八冊

340000－1802－0004522　312.1/0002
御覽闕史二卷　(唐)高彥休撰　清光緒三年(1877)湖北崇文書局刻本　一冊

340000－1802－0004523　312.1/0002:1
御覽闕史二卷　(唐)高彥休撰　清光緒三年(1877)湖北崇文書局刻本　一冊

340000－1802－0004524　312.1/1009
唐語林八卷　(宋)王讜撰　清刻惜陰軒叢書本　四冊

340000－1802－0004525　312.1/1009:1
唐語林八卷校勘記一卷　(宋)王讜撰　(清)錢熙祚校勘記　清光緒十九年(1893)湖北官書處刻本　四冊

340000－1802－0004526　312.1/1120
記事珠十卷　(清)張以謙撰　清嘉慶二十年(1815)刻本　十二冊

340000－1802－0004527　312.1/1137
虞初新志二十卷　(清)張潮編　**虞初續志十二卷**　(清)鄭澍若編　清咸豐元年(1851)嫏嬛山館刻本　十冊　缺六卷(新志六至八、續志八至十)

340000－1802－0004528　312.1/1262
燕丹子三卷　(清)孫星衍編　**玉泉子一卷**　(□)□□撰　**金華子雜編二卷**　(五代)劉崇遠撰　清光緒元年(1875)湖北崇文書局刻本　一冊

340000－1802－0004529　312.1/1424
花間笑語五卷　(清)釀花使者撰　清嘉慶二十三年(1818)刻本　一冊　存二卷(一至二)

340000－1802－0004530　312.1/3140
新增智囊補二十八卷　(明)馮夢龍編　清刻本　十冊

340000－1802－0004531　312.1/4034
揚州畫舫錄十八卷　(清)李斗撰　清乾隆六十年(1795)刻同治十一年(1872)印本　四冊

340000－1802－0004532　312.1/4034:1
揚州畫舫錄十八卷　(清)李斗撰　清乾隆六十年(1795)刻同治十一年(1872)印本　四冊

340000－1802－0004533　312.1/4411
吹網錄六卷鷗陂漁話六卷　(清)葉廷琯撰

清同治八年至九年(1869－1870)刻本　四册

340000－1802－0004534　312.1/4435
庸盦筆記六卷　(清)薛福成撰　清光緒二十三年(1897)蕭山陳氏刻本　六册

340000－1802－0004535　312.1/4480
蓴鄉贅筆四卷　(清)董含著　清末上海交通圖書館石印本　四册

340000－1802－0004536　312.1/5542
秦淮畫舫録二卷　(清)捧花生撰　清嘉慶二十二年(1817)刻本　二册

340000－1802－0004537　312.1/6042
鶴林玉露三集十八卷　(宋)羅大經撰　清末涵芬樓鉛印本　二册　缺六卷(十三至十八)

340000－1802－0004538　312.1/7227
説苑二十卷　(漢)劉向撰　清光緒元年(1875)湖北崇文書局刻本　一册　存五卷(六至十)

340000－1802－0004539　312.1/7280
世説新語補二十卷　(南朝宋)劉義慶撰　(南朝梁)劉孝標注　(宋)劉應登評　(明)何良俊增　(明)王世貞編　(清)黄汝琳補訂　清乾隆二十七年(1762)刻本　六册　存十五卷(一至二、八至二十)

340000－1802－0004540　312.1/7280:1
世説新語三卷　(南朝宋)劉義慶撰　(南朝梁)劉孝標注　清惜陰軒叢書本　六册

340000－1802－0004541　312.1/7280:2
世説新語補二十卷　(南朝宋)劉義慶撰　(南朝梁)劉孝標注　(宋)劉應登評　(明)何良俊增　(明)王世貞編　(清)黄汝琳補訂　清乾隆二十七年(1762)刻本　十册

340000－1802－0004542　312.1/7280:3
批點世説新語補二十卷　(南朝宋)劉義慶撰　(南朝梁)劉孝標注　(宋)劉辰翁批　(明)何良俊補　(明)王世貞編　(明)李贄批點　(明)張文柱校注　明刻本　一册　存三卷(十八至二十)

340000－1802－0004543　312.1/7280:4
世説新語六卷　(南朝宋)劉義慶撰　(南朝梁)劉孝標注　清刻本　一册　存一卷(六)

340000－1802－0004544　312.1/7754
酉陽雜俎二十卷續集十卷　(唐)段成式撰　清末上海文瑞樓石印本　五册

340000－1802－0004545　312.1/7754:1
酉陽雜俎二十卷續集十卷　(唐)段成式撰　清道光二十九年(1849)刻本　六册

340000－1802－0004546　312.1/7754:2
酉陽雜俎二十卷續集十卷　(唐)段成式撰　清光緒元年(1875)湖北崇文書局刻本　三册

340000－1802－0004547　312.1/7754:3
酉陽雜俎二十卷續集十卷　(唐)段成式撰　清光緒三年(1877)湖北崇文書局刻本　六册

340000－1802－0004548　312.1/8328
屑玉叢譚三集六卷　(清)錢徵　(清)蔡爾康編　清光緒四年(1878)上海申報館鉛印本　四册　缺二卷(三、六)

340000－1802－0004549　312.1/8712
觚賸八卷續編四卷　(清)鈕琇編　清末上海鴻章書局石印本　六册

340000－1802－0004550　312.2/0163
中吴紀聞六卷　(宋)龔明之撰　(明)毛晉編　清末交通圖書館石印本　一册　存三卷(一至三)

340000－1802－0004551　312.2/0718
山海經十八卷　(晉)郭璞傳　清乾隆天都黄晟刻本　一册　存五卷(一至五)

340000－1802－0004552　312.2/0718:1
山海經十八卷　(晉)郭璞傳　清刻本　二册

340000－1802－0004553　312.2/0718:2
增圖山海經補註十八卷　(晉)郭璞傳　清光緒二十年(1894)善成堂刻本　六册

340000－1802－0004554　312.2/0718:3
山海經十八卷　(晉)郭璞傳　清光緒三年(1877)淛江書局刻本　三册

340000－1802－0004555　312.2/0718:4
山海經十八卷　(晉)郭璞傳　清光緒三年(1877)浙江書局刻本　三冊

340000－1802－0004556　312.2/0718:5
山海經十八卷圖贊一卷　(晉)郭璞傳　**補注一卷**　(明)楊慎撰　清光緒元年(1875)湖北崇文書局刻本　三冊

340000－1802－0004557　312.2/0718:6
穆天子傳六卷　(晉)郭璞注　**漢武帝内傳一卷**　(漢)班固著　清乾隆五十六年(1791)刻增訂漢魏叢書本　一冊

340000－1802－0004558　312.2/1030
繡像搜神記二卷　(晉)干寶撰　清刻本　一冊　存一卷(一)

340000－1802－0004559　312.2/1040
拾遺記十卷　(晉)王嘉撰　(南朝梁)蕭綺編　清刻本　一冊　存五卷(一至五)

340000－1802－0004560　312.2/1144
博物志十卷　(晉)張華撰　清光緒元年(1875)湖北崇文書局刻本　一冊

340000－1802－0004561　312.2/1144:1
博物志十卷　(晉)張華撰　清光緒元年(1875)湖北崇文書局刻本　一冊

340000－1802－0004562　312.2/1144:2
博物志十卷　(晉)張華撰　清光緒元年(1875)湖北崇文書局刻本　一冊

340000－1802－0004563　312.2/2644
鬼董狐五卷　(□)□□撰　清末涵芬樓鉛印本　一冊

340000－1802－0004564　312.2/2767
閲微草堂筆記擇要二卷　(清)紀昀撰　(清)籜園居士編　清光緒十五年(1889)泉唐沈氏刻本　二冊

340000－1802－0004565　312.2/2767:1
姑妄聽之四卷　(清)紀昀撰　清乾隆五十八年(1793)刻本　四冊

340000－1802－0004566　312.2/2767:2
槐西雜志四卷　(清)紀昀撰　清乾隆五十七年(1792)刻本　四冊

340000－1802－0004567　312.2/2767:3
閲微草堂筆記二十四卷　(清)紀昀撰　清道光十五年(1835)刻本　八冊

340000－1802－0004568　312.2/2767:4
閲微草堂筆記二十四卷　(清)紀昀撰　清道光十五年(1835)刻本　十冊

340000－1802－0004569　312.2/2767:5
閲微草堂筆記二十四卷　(清)紀昀撰　清嘉慶五年(1800)北平盛氏望益書屋刻本　八冊

340000－1802－0004570　312.2/2767:6
閲微草堂筆記五種二十四卷　(清)紀昀撰　清道光二十七年(1847)刻本　十六冊　缺四卷(槐西雜志四卷)

340000－1802－0004571　312.2/4010
續博物志十卷　(唐)李石撰　清光緒元年(1875)湖北崇文書局刻本　一冊

340000－1802－0004572　312.2/4048
新齊諧二十四卷　(清)袁枚編　清乾隆五十三年(1788)刻本　六冊　存十九卷(一至十九)

340000－1802－0004573　312.2/4048:1
新齊諧二十四卷　(清)袁枚編　清石印本　二冊　存二卷(四至五)

340000－1802－0004574　312.2/4334
鸝砭軒質言四卷　(清)戴蓮芬著　清光緒五年(1879)上海進步書局石印本　一冊

340000－1802－0004575　312.3/2234
野語九卷　(清)伏虎道場行者編　清嘉慶十三年(1808)刻本　四冊　缺一卷(九)

340000－1802－0004576　312.4/4946
趙忠毅公笑贊一卷　(明)趙南星撰　清刻本　一冊

340000－1802－0004577　313/0023
玉海摘要□□卷　(清)方維翰撰　清刻本　七冊　存二十卷(二至二十一)

340000－1802－0004578　313/0052
古事比五十二卷　(清)方中德撰　清光緒三十一年(1905)上海點石齋石印本　六冊

340000－1802－0004579　313/0052:1
古事比五十二卷　(清)方中德撰　清光緒十三年(1887)上海點石齋石印本　六冊

340000－1802－0004580　313/0052:2
雞蹠賦續刻二十八卷擬古兩卷　(清)應泰泉輯　清刻本　三冊　缺九卷(一至三、八至十三)

340000－1802－0004581　313/1000
玉海二百四卷附刻十三種六十一卷校補瑣記二卷　(宋)王應麟撰　**王深寧先生[應麟]年譜一卷**　(清)張大昌撰　清光緒九年(1883)浙江書局刻本　一百二十冊　缺一卷(王深寧先生年譜一卷)

340000－1802－0004582　313/1000:1
玉海二百四卷附刻十三種六十一卷校補瑣記二卷　(宋)王應麟撰　**王深寧先生[應麟]年譜一卷**　(清)張大昌撰　清光緒九年(1883)浙江書局刻本　一百二十二冊　缺一卷(踐阼篇集解一卷)

340000－1802－0004583　313/1115
佩文韻府一百六卷　(清)張玉書等纂　**韻府拾遺一百六卷**　(清)汪灝撰　清光緒二十二年(1896)上海點石齋石印本　六十一冊

340000－1802－0004584　313/1115:1
佩文韻府一百六卷　(清)張玉書等纂　**韻府拾遺一百六卷**　(清)汪灝撰　清末掃葉山房影印本　九十八冊　缺三卷(佩文韻府五十三至五十四、八十一)

340000－1802－0004585　313/1115:2
佩文韻府一百六卷　(清)張玉書等纂　**韻府拾遺一百六卷**　(清)汪灝撰　清道光嶺南潘氏海山仙館刻本　一百冊

340000－1802－0004586　313/1115:3
佩文韻府一百六卷　(清)張玉書纂　清刻本　九十五冊　缺二卷(一百三至一百四)

340000－1802－0004587　313/1115:4
佩文韻府一百六卷　(清)張玉書等纂　**韻府拾遺一百六卷**　(清)汪灝撰　清刻本　一百四十六冊　缺十二卷(佩文韻府二十六至三十、四十四至五十)

340000－1802－0004588　313/1115:5
佩文韻府一百六卷　(清)張玉書等纂　**韻府拾遺一百六卷**　(清)汪灝撰　清光緒十八年(1892)上海鴻寶齋石印本　二百冊

340000－1802－0004589　313/1115:6
佩文韻府一百六卷　(清)張玉書等纂　**韻府拾遺一百六卷**　(清)汪灝撰　清光緒十三年(1887)上海點石齋石印本　二十五冊　存六十二卷(佩文韻府一至四、十六、二十七至五十九、八十三至一百六)

340000－1802－0004590　313/1115:7
佩文韻府一百六卷　(清)張玉書等纂　清光緒二十二年(1896)上海點石齋石印本　十二冊

340000－1802－0004591　313/1115:8
佩文韻府一百六卷　(清)張玉書撰　**韻府拾遺一百六卷**　(清)汪灝撰　清石印本　十一冊　存二十六卷(佩文韻府六十六至七十二、七十五至八十二、九十至九十四、九十九至一百,韻府拾遺二十七至三十)

340000－1802－0004592　313/1115:9
佩文韻府一百六卷　(清)張玉書撰　**韻府拾遺一百六卷**　(清)汪灝撰　清光緒十二年(1886)上海同文書局石印本　二十一冊　存一百十六卷(佩文韻府十九至二十、五十一至五十二、六十至八十二,韻府拾遺一至八十九)

340000－1802－0004593　313/1115:10
佩文韻府一百六卷　(清)張玉書等纂　**韻府拾遺一百六卷**　(清)汪灝撰　清石印本　十五冊　存三十一卷(佩文韻府四、十九至二十二、三十四至三十六、五十三至五十四、六十三至六十七、七十三至七十四、八十二至八十九、九十五至九十八、一百一至一百二)

340000－1802－0004594　313/1115:11

佩文韻府一百六卷　(清)張玉書等纂　**韻府拾遺一百六卷**　(清)汪灝撰　清石印本　二十册　存四十五卷(佩文韻府五至十、十三至十五、十七至十八、二十二下至三十、三十三至三十四上、三十七至五十、六十至六十三、一百二下至一百六)

340000－1802－0004595　313/1115:12

佩文韻府一百六卷　(清)張玉書等纂　**韻府拾遺一百六卷**　(清)汪灝撰　清石印本　八册　存五十八卷(佩文韻府一至四、十六至二十二、六十至一百六)

340000－1802－0004596　313/1144

淵鑑類函四百五十卷目録四卷　(清)張英等纂　清刻本　一百六册　缺四十一卷(三百三十一至三百六十七、三百九十七至四百)

340000－1802－0004597　313/1144:1

淵鑑類函四百五十卷　(清)張英等纂　清光緒九年(1883)上海點石齋石印本　十册　缺一卷(車部)

340000－1802－0004598　313/1144:2

淵鑑類函四百五十卷　(清)張英等纂　清光緒二十一年(1895)上海點石齋石印本　十册

340000－1802－0004599　313/1144:3

淵鑑類函四百五十卷目録四卷　(清)張英等纂　清刻本　一百四十八册

340000－1802－0004600　313/1144:4

淵鑑類函四百五十卷目録四卷　(清)張英等纂　清刻本　一百四十册

340000－1802－0004601　313/1242

初學行文語類四卷　(清)孫埏編　清乾隆四十四年(1779)致和堂刻本　二册

340000－1802－0004602　313/1242:1

初學行文語類三卷　(清)孫埏編　清乾隆五年(1740)刻本　三册　缺一卷(下)

340000－1802－0004603　313/2198:2

二十四史九通政典類要合編三百二十卷　(清)約雅堂主人編　清光緒二十八年(1902)約雅堂石印本　五十册　缺四十七卷(十六至二十二、七十四至七十七、九十九至一百一、一百二十一至一百二十五、一百二十九至一百三十二、一百六十三至一百六十八、一百七十二至一百七十六、二百二十二至二百二十六、二百三十四至二百三十六、二百四十六至二百五十)

340000－1802－0004604　313/2249

五經類聯讀本不分卷　(清)繼志堂編　清嘉慶六年(1801)帶經堂刻本　一册

340000－1802－0004605　313/2280

四書典制匯海四十卷四書引經傳原委録一卷　(清)稡經館主編　清光緒十四年(1888)刻本　十册　存二十八卷(五至十四、十七至二十一、二十四至三十一、三十六至四十)

340000－1802－0004606　313/2342

四書人物類典串珠四十卷　(清)臧志仁編　清刻本　四册　缺三卷(二十三至二十五)

340000－1802－0004607　313/2342:1

四書人物類典串珠四十卷　(清)臧志仁編　清同治十二年(1873)曉星里刻本　三册　存十一卷(一至十一)

340000－1802－0004608　313/2342:2

四書人物類典串珠四十卷　(清)臧志仁編　清嘉慶四年(1799)刻本　十册

340000－1802－0004609　313/2342:3

四書人物類典串珠四十卷　(清)臧志仁編　清光緒二年(1876)刻本　八册　缺八卷(十四至十七、二十一至二十四)

340000－1802－0004610　313/2600

子史精華一百六十卷　(清)吴襄纂　清雍正五年(1727)刻本　四十八册

340000－1802－0004611　313/2600:1

子史精華一百六十卷　(清)吴襄纂　清刻本　三十八册　缺三十五卷(一至三十二、七十九至八十一)

340000－1802－0004612　313/2600:2
子史精華三十卷　(清)吳襄纂　清光緒九年(1883)上海點石齋石印本　二冊

340000－1802－0004613　313/2600:3
子史精華一百六十卷　(清)吳襄纂　清光緒十二年(1886)上海同文書局石印本　八冊

340000－1802－0004614　313/2600:4
子史精華一百六十卷　(清)吳襄纂　清光緒十五年(1889)上海蜚英館石印本　八冊

340000－1802－0004615　313/2600:5
子史精華一百六十卷　(清)吳襄纂　清光緒十五年(1889)上海蜚英館石印本　八冊

340000－1802－0004616　313/2600:6
子史精華一百六十卷　(清)吳襄纂　清光緒十五年(1889)上海蜚英館石印本　八冊

340000－1802－0004617　313/2600:7
子史精華一百六十卷　(清)吳襄纂　清雍正五年(1727)刻本　三十六冊

340000－1802－0004618　313/2600:8
子史精華一百六十卷　(清)吳襄纂　清刻本　四十冊

340000－1802－0004619　313/2619
文選類腋十六卷首一卷　(清)吳承烜編　清光緒二十二年(1896)石印本　三冊　缺四卷(十三至十六)

340000－1802－0004620　313/2637
事類賦三十卷　(宋)吳淑撰　**廣事類賦四十卷**　(清)華希閔著　清乾隆二十九年(1764)刻本　十冊

340000－1802－0004621　313/2637:1
事類賦三十卷　(宋)吳淑撰　(明)華麟祥校　**廣事類賦四十卷**　(清)華希閔著　(清)鄒兆升參　清乾隆二十九年(1764)刻本　十二冊

340000－1802－0004622　313/2637:2
事類賦三十卷　(宋)吳淑撰　**廣事類賦四十卷**　(清)華希閔著　清康熙三十八年(1699)刻本　十冊

340000－1802－0004623　313/2637:3
事類賦三十卷　(宋)吳淑撰　清刻本　六冊

340000－1802－0004624　313/2637:4
事類賦三十卷　(宋)吳淑撰　清嘉慶四年(1799)刻本　二冊

340000－1802－0004625　313/2637:5
事類賦三十卷　(宋)吳淑撰　(明)華麟祥校　**廣事類賦四十卷**　(清)華希閔著　(清)鄒兆升參　清康熙三十八年(1699)刻本　十六冊

340000－1802－0004626　313/3031
巾經纂二十卷　(清)宋宗元著　清同治十年(1871)刻本　五冊

340000－1802－0004627　313/3137
事物原會四十卷補遺一卷　(清)汪汲撰　清嘉慶三年(1798)刻本　十冊

340000－1802－0004628　313/3810
羣策統編五十卷首一卷　(清)漱石齋編　清光緒十一年(1885)刻本　五冊

340000－1802－0004629　313/4008
時務通攷續編三十一卷　(清)杞廬主人編　清光緒二十七年(1901)點石齋石印本　十六冊

340000－1802－0004630　313/4060
太平廣記五百卷　(宋)李昉等纂　清乾隆黄晟刻本　十八冊　存一百四十五卷(八十五至二百二十三、二百三十五至二百四十)

340000－1802－0004631　313/4060:1
太平御覽一千卷　(宋)李昉輯　清刻本　一冊　存七卷(五十四至六十)

340000－1802－0004632　313/4240
類腋四部五十五卷補遺一卷　(清)姚培謙編　清乾隆七年(1742)實寧堂刻本　十五冊　缺一卷(補遺一卷)

340000－1802－0004633　313/4240:1
角山樓增補類腋四部六十七卷　(清)姚培謙

編　(清)趙克宜增輯　清末石印本　五冊　缺八卷(天部八卷)

340000－1802－0004634　313/4335
四書五經類典集成三十四卷　(清)戴兆春編　清光緒二十二年(1896)慎記書莊石印本　二十四冊

340000－1802－0004635　313/4408
西學時務總纂大成九十一卷　(清)求志齋主人纂輯　清光緒二十三年(1897)上海鴻文書局石印本　十六冊　缺三十五卷(三至十、二十一至三十四、三十八至四十三、六十八至七十四)

340000－1802－0004636　313/4418
欽定古今圖書集成一萬卷目錄四十卷　(清)陳夢雷輯　(清)蔣廷錫編　清光緒十年(1884)圖書集成書局鉛印本　一千六百三十三冊

340000－1802－0004637　313/4418：1
欽定古今圖書集成一萬卷目錄四十卷　(清)陳夢雷輯　(清)蔣廷錫編　清光緒十年(1884)圖書集成書局鉛印本　一冊　存五卷(四百十八至四百二十二)

340000－1802－0004638　313/4423
四書類典賦二十四卷　(清)甘紱著　**孔子[丘]年譜二卷**　(清)包大㸌編　清乾隆十一年(1746)刻本　六冊

340000－1802－0004639　313/4423：1
增補四書類典賦二十四卷　(清)甘紱著　**[孔子]年譜二卷**　(清)包大㸌編　清乾隆五十五年(1790)龍江書屋刻本　八冊　缺八卷(三至十)

340000－1802－0004640　313/4435
策學備纂三十二卷目錄三十二卷　(清)蔡啟盛　(清)吳穎炎編　清光緒二十年(1894)袖海山房石印本　三十二冊

340000－1802－0004641　313/4435：1
策學備纂三十二卷目錄三十二卷首一卷　(清)蔡啟盛　(清)吳穎炎編　清光緒十四年(1888)上海點石齋石印本　四十三冊　缺二卷(二十九、三十二)

340000－1802－0004642　313/4442
策學纂要正續編十六卷　(清)萬南泉　(清)戴長圃纂　清同治刻本　一冊　存五卷(一至五)

340000－1802－0004643　313/4444
增補事類統編九十三卷　(清)黃葆真增輯　(清)周愉古校刊　清道光二十六年(1846)周愉古山齋刻本　三十八冊　存八十九卷(一至四十八、五十一至八十四、八十七至九十三)

340000－1802－0004644　313/4444：1
增補事類統編九十三卷　(清)黃葆真增輯　清道光二十六年(1846)丹陽黃氏敦好堂刻本　四十冊

340000－1802－0004645　313/4444：2
增補事類統編九十三卷首一卷　(清)黃葆真增輯　清末石印本　六冊　存四十七卷(九至二十二、三十五至五十、五十九至六十六、七十六至八十四)

340000－1802－0004646　313/4444：3
增補事類統編九十三卷首一卷　(清)黃葆真增輯　清刻本　九冊　存二十四卷(二至四、三十三至三十五、三十九至四十三、五十至五十一、五十四至五十六、八十至八十五、八十九至九十)

340000－1802－0004647　313/4447
廣事類賦四十卷　(清)華希閔著　清康熙三十八年(1699)刻本　七冊

340000－1802－0004648　313/4447：1
廣事類賦四十卷　(清)華希閔著　清刻本　四冊　存十四卷(四至九、十八至二十一、三十七至四十)

340000－1802－0004649　313/4451
二十四史九通政典類要合編三百二十卷　(清)黃書霖編　(清)約雅堂主人輯　清光緒二十八年(1902)約雅堂石印本　六十冊

340000－1802－0004650　313/4451：1
二十四史九通政典類要合編三百二十卷　(清)黄書霖編　(清)約雅堂主人輯　清光緒二十八年(1902)約雅堂石印本　六十册

340000－1802－0004651　313/4480
普通百科新大詞典十二集　(清)黄人編　清宣統三年(1911)上海國學扶輪社鉛印本　十五册

340000－1802－0004652　313/4508
廣增四書典腋二十卷　(清)松軒主人撰　清咸豐三年(1853)刻本　四册　缺八卷(五至七、十六至二十)

340000－1802－0004653　313/4753
子史輯要詩賦題解四卷續編四卷　(清)胡本淵編　清乾隆三十九年(1774)刻本　三册

340000－1802－0004654　313/4753：1
子史輯要詩賦題解四卷續編四卷　(清)胡本淵編　清刻本　一册　存四卷(續編四卷)

340000－1802－0004655　313/7510
格致鏡原一百卷　(清)陳元龍編　清末石印本　九册　存五十四卷(十九至二十六、三十二至三十六、四十三至四十八、五十五至六十七、七十九至一百)

340000－1802－0004656　313/7510：1
格致鏡原一百卷　(清)陳元龍編　清刻本　十三册　存四十卷(五十二至五十四、五十八至八十二、八十九至一百)

340000－1802－0004657　313/7522
增補萬寶全書二十卷　(明)陳繼儒纂輯　(清)毛焕文增補　清道光二十一年(1841)刻本　四册　缺五卷(三至四、十一至十三)

340000－1802－0004658　313/7522：1
增補萬寶全書二十卷　(明)陳繼儒纂輯　(清)毛焕文增補　清乾隆四年(1739)經文堂刻本　四册

340000－1802－0004659　313/7727
類書纂要三十三卷　(清)周魯纂　清刻本　十六册　存二十九卷(二至二十一、二十五至三十三)

340000－1802－0004660　313/7727：1
類書纂要三十三卷　(清)周魯纂　清刻本　一册　存一卷(三十三)

340000－1802－0004661　313/8023
仰止子詳考古今名家潤色詩林正宗十八卷　(明)余象斗編　清康熙三十六年(1697)刻本　十一册　存十四卷(一、六至十八)

340000－1802－0004662　313/8322
萬國分類時務大成四十卷首一卷　(清)錢豐編　清光緒二十三年(1897)申江袖海山房石印本　二十五册　缺六卷(九至十一、三十三至三十五)

340000－1802－0004663　313/9448
小嫏嬛山館彙刊類書十二種二十三卷　(清)小嫏嬛山館編　清同治六年(1867)刻本　八册

340000－1802－0004664　314/2678
新鐫象吉備要通書二十九卷　(清)魏鑒撰　清刻本　一册　存五卷(七至十一)

340000－1802－0004665　314/2688
新鐫象吉備要通書二十九卷　(清)魏鑒撰　清康熙六十年(1721)文奎堂刻本　九册　缺二卷(十至十一)

340000－1802－0004666　314/2731
多福通書不分卷　(清)□□撰　清乾隆三十六年(1771)崇道堂刻本　一册

340000－1802－0004667　314/3130
河洛精藴九卷　(清)江永著　清乾隆三十九年(1774)刻本　八册

340000－1802－0004668　314/3480
六圃選擇五卷　(清)沈鎬撰　清嘉慶五年(1800)刻本　一册　存二卷(一至二)

340000－1802－0004669　314.1/0092
代數通藝録十六卷　(清)方愷撰　清光緒十六年(1890)刻本　四册

340000－1802－0004670　314.1/2213
幾何原本十五卷　（義大利）利瑪竇口譯　（明）徐光啟筆受　清同治四年（1865）金陵刻本　四冊　存十卷（一、四至五、七至九、十二至十五）

340000－1802－0004671　314.1/2648
算書二十一種二十一卷　（清）吳嘉善撰　（清）丁取忠編　清同治十一年（1872）刻白芙堂算學叢書本　四冊

340000－1802－0004672　314.1/4084
則古昔齋算學十三種二十四卷　（清）李善蘭撰　清同治六年（1867）金陵刻本　六冊

340000－1802－0004673　314.1/4084：1
則古昔齋算學十三種二十四卷　（清）李善蘭撰　清同治六年（1867）金陵刻本　三冊　存五種十二卷（垛積比類四卷、四元解二卷、麟德術解三卷、橢圜正術解二卷、橢圜新術一卷）

340000－1802－0004674　314.1/4430
董方立遺書七卷　（清）董祐誠撰　清光緒二十二年（1896）上海璣衡堂石印本　一冊

340000－1802－0004675　314.1/4440
對數表解不分卷　（美國）赫士口譯　（清）朱葆琛筆述　清末鉛印本　一冊

340000－1802－0004676　314.1/4444
演算法須知一卷代數須知一卷　（清）華蘅芳編　清光緒二十三年（1897）旹宜書室刻本　一冊

340000－1802－0004677　314.1/4461
代數術二十五卷首一卷　（英國）華里司撰　（英國）傅蘭雅口譯　（清）華蘅芳筆述　清光緒刻本　三冊　存十三卷（一至十一、二十五，首一卷）

340000－1802－0004678　314.1/4461：1
代數術補式二十六卷首一卷　（英國）華里司輯　（英國）傅蘭雅口譯　（清）華蘅芳筆述　（清）解崇輝編　清光緒二十六年（1900）上海順成書局石印本　七冊　缺四卷（二十至二十三）

340000－1802－0004679　314.1/4504
數學理九卷附一卷　（英國）棣麼甘撰　（英國）傅蘭雅口譯　（清）趙元益筆述　清光緒刻本　三冊　缺一卷（附一卷）

340000－1802－0004680　314.1/4701
算式解法十四卷　（美國）好敦司　（美國）開奈利著　（英國）傅蘭雅口譯　（清）華蘅芳筆述　清光緒二十五年（1899）江南製造局刻本　二冊

340000－1802－0004681　314.1/7523
中西算學大成一百卷　（清）陳維祺纂　清光緒十五年（1889）上海同文書局石印本　十八冊　存七十五卷（一至四、八至二十八、三十六至五十六、六十二至七十二、七十九至八十六、九十一至一百）

340000－1802－0004682　314.1/7540
中西算學大成後編十卷首一卷　（清）陳傑著　清光緒二十三年（1897）石印本　五冊　缺五卷（二至六）

340000－1802－0004683　314.1/7777
開方釋例四卷　（清）駱騰鳳撰　清光緒二十二年（1896）石印本　三冊　存三卷（一至三）

340000－1802－0004684　314.2/1112
風角書八卷　（清）張爾岐著　清光緒崇文書局刻正覺樓叢刻本　一冊　存四卷（一至四）

340000－1802－0004685　314.3/0034
火珠林一卷　（□）麻衣道者著　清道光四年（1824）湖邊程氏刻百二漢鏡齋秘書四種本　一冊

340000－1802－0004686　314.3/0440
奇門遁甲統宗十二卷　（三國蜀）諸葛亮著　清光緒二十四年（1898）湖南書局刻本　六冊

340000－1802－0004687　314.3/0440：1
奇門遁甲統宗十二卷　（三國蜀）諸葛亮著　清光緒二十四年（1898）湖南書局刻本　六冊

340000－1802－0004688　314.3/1071

增廣玉匣記通書六卷末一卷 （□）□□撰 清刻本 一册 缺二卷（一至二）

340000－1802－0004689 314.3/1158
六十四卦通解二卷 （清）張�著 清嘉慶二十五年（1820）刻本 一册

340000－1802－0004690 314.3/1700
新刻增定邵康節先生梅花觀梅拆字數全集五卷 （宋）邵雍著 清刻本 四册 缺一卷（三）

340000－1802－0004691 314.3/1700：1
皇極經世緒言九卷首二卷 （宋）邵雍著 （明）黄粤洲注 清嘉慶四年（1799）錢塘徐樹堂刻本 十册

340000－1802－0004692 314.3/1700：2
皇極經世易知八卷首一卷 （宋）邵雍著 （清）何夢瑶集釋 清道光十三年（1833）滚雪樓刻本 五册

340000－1802－0004693 314.3/2690
測字秘牒一卷 （清）程省撰 清道光四年（1824）湖邊程氏刻百二漢鏡齋秘書四種刻本 一册

340000－1802－0004694 314.3/5008
靈棋經一卷 （漢）東方朔撰 （晉）顔幼明 （南朝宋）何承天注 （元）陳師凱 （明）劉基解 清道光三年（1823）湖邊程氏刻百二漢鏡齋秘書四種刻本 一册

340000－1802－0004695 314.3/5008：1
靈棋經二卷 （漢）東方朔撰 （晉）顔幼明 （南朝宋）何承天注 （元）陳師凱 （明）劉基解 清刻本 二册

340000－1802－0004696 314.3/6448
增删卜易四卷 （清）野鶴老人著 （清）李文輝編 清刻本 一册 存一卷（一）

340000－1802－0004697 314.3/7244
奇門遁甲秘笈大全三十卷 （明）劉基撰 清刻本 十六册

340000－1802－0004698 314.32/0747
秘藏大六壬大全善本十三卷 （清）郭載騋編 清康熙四十三年（1704）刻本 六册 存十卷（一至十）

340000－1802－0004699 314.32/1126
大六壬尋原九卷 （清）張純照編 清同治七年（1868）文奎堂刻本 四册

340000－1802－0004700 314.32/1126：1
大六壬尋原九卷 （清）張純照編 清同治七年（1868）文奎堂刻本 一册 存二卷（審象精藴下、推命秘旨）

340000－1802－0004701 314.32/1132
畢法案錄二卷 （清）張官德撰 清同治十二年（1873）半畝園刻本 一册 存一卷（一）

340000－1802－0004702 314.32/1142
儀度六壬□□卷 （清）張九儀著 清刻本 四册 存五卷（勇部上、勇部下、勇部末、智部上、智部下）

340000－1802－0004703 314.32/2043
六壬經緯六卷 （清）毛志道著 清雍正三年（1725）刻本 二册

340000－1802－0004704 314.32/2043：1
六壬經緯六卷 （清）毛志道著 清刻本 一册 缺二卷（一至二）

340000－1802－0004705 314.32/2744
六壬類聚四卷 （清）紀大奎撰 清楊照藜刻本 四册

340000－1802－0004706 314.32/7530
六壬指南五卷 （明）陳良謨增注 （明）程起鸞編 清文德堂刻本 二册

340000－1802－0004707 314.35/0033
星平集腋統宗四卷 （清）廖瀛海輯 （清）廖鴻章編 清嘉慶十九年（1814）刻本 一册 存一卷（一）

340000－1802－0004708 314.4/2337
欽定協紀辨方書三十六卷 （清）允禄等纂 清乾隆刻朱墨套印本 三十册 缺二卷（一至二）

340000－1802－0004709　314.4/2337:1
欽定協紀辨方書三十六卷　(清)允祿等纂　清乾隆刻朱墨套印本　二十二册　缺七卷(一至五、三十五至三十六)

340000－1802－0004710　314.4/2337:2
欽定協紀辨方書三十六卷　(清)允祿等纂　清乾隆刻朱墨套印本　一册　存三卷(三十至三十二)

340000－1802－0004711　314.4/3424
通德類情十三卷　(清)沈重華編　清乾隆三十六年(1771)刻本　八册

340000－1802－0004712　314.4/5640
太玄經十卷　(漢)揚雄撰　(宋)司馬光注　(宋)許翰補注　清光緒元年(1875)湖北崇文書局刻本　二册

340000－1802－0004713　314.4/5640:1
太玄經十卷　(漢)揚雄撰　(宋)司馬光注　(宋)許翰補注　清光緒元年(1875)湖北崇文書局刻本　二册

340000－1802－0004714　314.4/5640:2
太玄經十卷　(漢)揚雄撰　(宋)司馬光注　(宋)許翰補注　清光緒元年(1875)湖北崇文書局刻本　二册

340000－1802－0004715　314.4/5640:3
太玄十卷　(漢)揚雄撰　(清)吳汝綸點勘　清宣統二年(1910)衍星社鉛印本　一册

340000－1802－0004716　314.4/7876
陰陽五行鈔一卷　(□)□□編　清末抄本　一册

340000－1802－0004717　314.5/0060
秘授命理須知滴天髓二卷　(宋)京圖撰　(明)劉基注　清道光四年(1824)湖國邊程氏刻百二漢鏡齋秘書本　一册

340000－1802－0004718　314.5/8027
大清神鑒□□卷　(清)無名氏撰　清刻本　一册　存三卷(一至三)

340000－1802－0004719　314.6/1130
地理辨正疏五卷首一卷末一卷　(清)張心言著　清末姚文海書局石印本　四册

340000－1802－0004720　314.6/2523
新刻賴太素天星催官解三卷　(明)朱傅解　(明)熊汝嶽參補　清初刻本　一册

340000－1802－0004721　314.6/2653:1
入地眼全書十卷　(宋)釋靜道著　(宋)萬樹華編　清刻本　一册　存二卷(一至二)

340000－1802－0004722　314.6/2838
新鐫徐氏家藏羅經頂門針二卷　(明)徐之鏌著　明萬曆書林繼善堂刻本　一册　存一卷(上)

340000－1802－0004723　314.6/4410
地理秘竅十卷　(明)甘霖著　清刻本　一册

340000－1802－0004724　314.6/4443
天元五歌闡義五卷元空秘旨一卷　(清)蔣大鴻撰　(清)章甫注　清道光元年(1821)刻本　一册　存三卷(天元五歌闡義一至二、元空秘旨一卷)

340000－1802－0004725　314.6/4450
地理大成五種四十九卷　(清)葉泰編　清康熙二十六年(1687)同文堂刻本　十六册　缺七卷(理氣四訣四卷、羅經拔霧集三卷)

340000－1802－0004726　314.6/4610
增補地理直指原真大全三卷首一卷　(清)釋如玉著　清光緒十四年(1888)埽葉山房石印本　三册　缺二卷(上利、下利)

340000－1802－0004727　314.6/4764
羅經解定七卷　(清)胡國楨著　清刻本　三册

340000－1802－0004728　314.6/5238
入地眼全書十卷　(宋)釋靜道著　(宋)萬樹華編　清光緒三十一年(1905)上海錦章圖書局石印本　四册

340000－1802－0004729　314.6/7232
十三世祖四可公著編地理不分卷　(清)劉沛然編　清末抄本　一册

340000－1802－0004730　314.6/7761
山洋指迷原本四卷　(明)周景一著　(清)張九儀增注　清末上海錦章圖書局石印本　四册

340000－1802－0004731　314.61/1034
陽宅覺元氏新書二卷　元祝垚著　張蔭堂注　清光緒二十三年(1897)刻本　二册

340000－1802－0004732　314.61/1274
陽宅大全圖説十卷　(明)一壑居士編　清宣統三年(1911)上海鑄記書局石印本　三册　缺二卷(四至五)

340000－1802－0004733　314.61/1744
地理陰陽合纂二卷　(清)鄧士松編　清道光十年(1830)刻本　二册

340000－1802－0004734　314.61/6614
陽宅都天發用全書一卷　(清)瞿天賫編　清同治元年(1862)刻本　一册

340000－1802－0004735　314.61/7790
理氣圖説四卷　(清)周惇庸著　清嘉慶二年(1797)刻本　二册　存二卷(三至四)

340000－1802－0004736　314.62/4410
羅經秘竅十卷附一卷　(明)甘霖著　清初富春堂刻本　四册

340000－1802－0004737　314.62/4410:1
羅經秘竅十卷　(明)甘霖著　**新鐫唐氏壽域不分卷**　(清)王遂吾著　明崇禎十二年(1639)唐錦池刻本　五册

340000－1802－0004738　314.62/5320
戒爭墳山説不分卷　(清)□□撰　清刻本　一册

340000－1802－0004739　314.7/5157
軒轅碑記醫學祝由十三科二卷增補一卷　(題)軒轅氏制　清善成堂刻朱墨套印本　一册

340000－1802－0004740　314.8/0923
掩埋備覽一卷集證一卷　(清)談熊江編　清光緒十年(1884)刻本　一册

340000－1802－0004741　314.8/2357
庚戌年官商快覽不分卷　(清)上海書業公所監印　清光緒三十四年(1908)石印本　一册

340000－1802－0004742　314.8/3372
印雪齋官商便覽九百八十種　(清)補留生譯　清光緒三十三年(1907)石印本　一册　存一册

340000－1802－0004743　315/1048
三教源流搜神大全七卷　(宋)□□輯　清宣統元年(1909)據明本影刻郎園先生全書本　一册　存四卷(一至四)

340000－1802－0004744　315/2100
儒六門真傳不分卷　(□)□□著　清末煙臺誠文信鉛印本　一册

340000－1802－0004745　315.1/1027
唯識開蒙問答二卷　(元)釋雲峰編　清宣統三年(1911)刻本　二册

340000－1802－0004746　315.1/1240
萬善同歸集三卷　(宋)釋延壽撰　清同治十一年(1872)金陵刻經處刻本　三册

340000－1802－0004747　315.1/2234
御選語録十九卷　(清)世宗胤禛編　清刻本　一册　存六卷(三至八)

340000－1802－0004748　315.1/2545
大明太宗文皇帝余製序讚文一卷諸佛世尊如來菩薩尊者名稱歌曲感應□□卷　(明)成祖朱棣編　清刻本　一册　存二卷(讚文一卷、感應五十一)

340000－1802－0004749　315.1/2592
永嘉禪宗集註二卷　(明)釋傳燈注　清刻本　一册

340000－1802－0004750　315.1/3248
憨山老人夢遊集五十五卷　(清)憨山大師著　清刻本　一册　存一卷(四十四)

340000－1802－0004751　315.1/3530
雲棲法彙□□卷首一卷　(明)袾宏編　清光緒二十三年至二十五年(1897－1899)金陵刻

經處刻本　二十七册　存五十二卷(戒疏發隱五卷、附二卷,遺孝節要一卷,諸經日誦一卷、附一卷,具戒便蒙一卷,沙彌要略一卷,尼戒錄要一卷,誦戒式一卷,禪關策進一卷,僧訓日紀一卷,緇門崇行錄一卷,自知錄一卷,往生集三卷、附一卷,皇明名僧輯略一卷,武林西湖高僧事略一卷,水陸儀軌六卷,施食儀軌一卷,施食補註一卷,華嚴感應略記一卷、附一卷,放生儀一卷、附一卷,楞嚴摸象記一卷、附一卷,竹窗隨筆一卷,二筆一卷,三筆一卷,正訛集一卷,直道錄一卷,山房雜錄二卷,雲棲共住規約四集一卷、附一卷,雲棲紀事一卷、附一卷,雲棲大師塔銘一卷、附一卷;首一卷)

340000－1802－0004752　315.1/3877
顯密圓通成佛心要集二卷　(宋)釋道㲀集　清同治十一年(1872)金陵刻經處刻本　一册

340000－1802－0004753　315.1/4421
慈悲道場懺法十卷　(南朝梁)武帝蕭衍編　清光緒十五年(1889)金陵刻經處刻本　三册

340000－1802－0004754　315.1/8831
永嘉真覺大師證道歌一卷　(元)釋竺源注　(元)釋德弘編　清光緒三十四年(1908)金陵刻經處刻本　一册

340000－1802－0004755　315.1/8831:1
永嘉真覺大師證道歌一卷　(元)釋竺源注　(元)釋德弘編　清光緒三十四年(1908)金陵刻經處刻本　一册

340000－1802－0004756　315.11/0024
解深密經五卷　(唐)釋玄奘譯　清同治十年(1871)金陵刻經處刻本　一册

340000－1802－0004757　315.11/0090
大佛頂首楞嚴經正脈疏四十卷　(明)釋交光撰　清光緒二十二年(1896)金陵刻經處刻本　十四册

340000－1802－0004758　315.11/0942
楞嚴經正脈疏摘抄不分卷科會指要表解合刊摘抄不分卷　(明)交光大師撰　清抄本　一册

340000－1802－0004759　315.11/1043
佛說阿彌陀經疏鈔擷一卷　(明)釋雲棲宏撰　(清)徐槐廷編　清同治六年(1867)刻本　一册

340000－1802－0004760　315.11/1067
佛說阿彌陀經義疏一卷　(宋)釋元照撰　清光緒二十四年(1898)金陵刻經處刻本　一册

340000－1802－0004761　315.11/1078
金剛經石註一卷　(清)石成金注　清乾隆四十九年(1784)慶齡刻本　一册

340000－1802－0004762　315.11/1124
筠州黃蘗山斷際禪師傳心法要二卷　(唐)裴休編　清光緒十年(1884)金陵刻經處刻本　一册

340000－1802－0004763　315.11/1248
摩訶般若波羅蜜多心經一卷　(清)玉山老人注　清末烟台誠文信鉛印本　一册

340000－1802－0004764　315.11/2430
千手千眼觀世音菩薩廣大圓滿無礙大悲心陀羅尼經一卷　(唐)伽梵達摩譯　清咸豐元年(1851)刻本　一册

340000－1802－0004765　315.11/2435
大佛頂如來密因修證了義諸菩薩萬行首楞嚴經通議十卷　(明)釋德清撰　清光緒二十年(1894)金陵刻經處刻本　六册

340000－1802－0004766　315.11/2435:1
妙法蓮華經通義二十卷　(明)釋德清撰　清光緒三十四年(1908)金陵刻經處刻本　五册

340000－1802－0004767　315.11/2530
大佛頂如來密因修證了義諸菩薩萬行首楞嚴經纂註十卷首一卷末一卷　(唐)釋般剌密諦(唐)釋彌伽釋迦譯　(唐)房融筆受　(明)釋真界纂注　清光緒二十四年(1898)金陵刻經處刻本　五册

340000－1802－0004768　315.11/2530:1
大佛頂如來密因修證了義諸菩薩萬行首楞嚴經直指十卷　(唐)釋般剌密諦　(唐)釋彌伽

釋迦譯　(唐)房融筆受　(明)釋函昰天然疏　清刻本　六冊

340000－1802－0004769　315.11/2530:2
大佛頂如來密因修證了義諸菩薩萬行首楞嚴經十卷　(唐)釋般剌密帝　(唐)釋彌伽釋迦譯　清同治八年(1869)金陵刻經處刻本　二冊

340000－1802－0004770　315.11/2530:3
大佛頂如來密因修證了義諸菩薩萬行首楞嚴經十卷　(唐)釋般剌密帝　(唐)釋彌伽釋迦譯　清同治八年(1869)金陵刻經處刻本　二冊

340000－1802－0004771　315.11/2530:4
大佛頂如來密因修證了義諸菩薩萬行首楞嚴經十卷　(唐)釋般剌密帝　(唐)釋彌伽釋迦譯　清光緒元年(1875)刻本　三冊

340000－1802－0004772　315.11/2642
新刊釋氏十三經三十四卷　(清)吳坤修編　清同治七年(1868)皖城半畝園刻本　十二冊

340000－1802－0004773　315.11/2726
大方廣圓覺修多羅了義經二卷　(唐)釋佛陀多羅譯　清同治八年(1869)金陵刻經處刻本　一冊

340000－1802－0004774　315.11/2744
大乘本生心地觀經八卷　(唐)釋般若等譯　清刻本　二冊

340000－1802－0004775　315.11/2744:1
大方廣佛華嚴經入不思議解脱境界普賢行願品一卷　(唐)釋般若譯　**讚阿彌陀佛偈一卷**　(北魏)曇鸞譯　清刻本　一冊

340000－1802－0004776　315.11/3030
大方廣圓覺修多羅了義經略疏二卷　(唐)釋宗密譯　清光緒三十年(1904)刻本　二冊

340000－1802－0004777　315.11/3041
濟顛古佛大乘正教血盆真經一卷　(□)□□撰　清宣統元年(1909)刻本　一冊

340000－1802－0004778　315.11/3147
大方廣佛華嚴經八十卷　(唐)釋實叉難陀譯　清刻本　十九冊　缺四卷(七十七至八十)

340000－1802－0004779　315.11/3147:1
大乘入楞伽經七卷　(唐)釋實叉難陀譯　清光緒三十四年(1908)金陵刻經處刻本　二冊

340000－1802－0004780　315.11/3246
大華嚴經略策一卷答順宗心要法門一卷三聖圓融觀門一卷　(唐)釋澄觀撰　**原人論一卷**　(唐)釋宗密撰　**華嚴念佛三昧論一卷**　(清)彭際清撰　清光緒二十三年(1897)金陵刻經處刻本　一冊

340000－1802－0004781　315.11/3246:1
大方廣佛華嚴經疏鈔懸談二十八卷首一卷　(唐)釋澄觀撰　清光緒三十三年(1907)金陵刻經處刻本　八冊

340000－1802－0004782　315.11/3491
佛説羅雲忍辱經一卷　(晉)釋法炬譯　**佛説淨意優婆塞所問經一卷**　(宋)施護譯　**分別經一卷**　(晉)釋竺法護譯　**佛説五王經一卷**　**孝子經一卷**　(□)□□譯　**佛説越難經一卷**　(晉)聶承遠譯　**五母子經一卷**　(三國吳)支謙譯　清刻本　一冊

340000－1802－0004783　315.11/3530
佛説阿彌陀經疏鈔三卷附四卷　(明)釋袾宏撰　清光緒二十九年(1903)文鈺齋刻本　四冊

340000－1802－0004784　315.11/3530:1
梵網經心地品菩薩戒義疏發隱五卷　(明)釋袾宏撰　清光緒二十五年(1899)金陵刻經處刻本　四冊

340000－1802－0004785　315.11/3530:2
戒疏發隱事義五卷問辨一卷　(明)釋袾宏撰　清光緒二十四年(1898)金陵刻經處刻本　一冊

340000－1802－0004786　315.11/3716
圓覺經析義疏四卷　(清)通理述　清光緒三十三年(1907)刻本　四冊

340000－1802－0004787　315.11/3737
大方廣圓覺脩多羅了義經近釋六卷　(明)釋通潤撰　清光緒十二年(1886)金陵刻經處刻本　二册

340000－1802－0004788　315.11/4062
禪門日誦不分卷　(後秦)釋鳩摩羅什譯　清刻本　二册　存二册(楞嚴咒、念佛儀)

340000－1802－0004789　315.11/4062:1
金剛般若經六譯本六卷　(後秦)釋鳩摩羅什譯　清同治十一年(1872)金陵刻經處刻本　一册

340000－1802－0004790　315.11/4062:2
維摩詰所説經註八卷　(後秦)釋鳩摩羅什譯　(晉)釋僧肇注　清光緒十三年(1887)金陵刻經處刻本　二册

340000－1802－0004791　315.11/4062:3
金剛般若波羅蜜經一卷　(後秦)釋鳩摩羅什譯　清同治九年(1870)刻本　一册

340000－1802－0004792　315.11/4062:4
妙法蓮華經七卷　(後秦)釋鳩摩羅什譯　清刻本　三册

340000－1802－0004793　315.11/4062:5
佛説阿彌陀經一卷　(後秦)釋鳩摩羅什譯　清刻本　一册

340000－1802－0004794　315.11/4062:6
金剛般若波羅蜜經一卷　(後秦)釋鳩摩羅什譯　清刻本　一册　缺九葉(一至九)

340000－1802－0004795　315.11/4076
太陽真經一卷竈王真經一卷　(□)□□撰　清末煙台誠文信鉛印本　一册

340000－1802－0004796　315.11/4530
道行般若波羅密經十卷　(漢)釋支婁迦讖譯　清光緒十三年(1887)刻本　一册　存五卷(六至十)

340000－1802－0004797　315.11/4600
觀音濟度本願真經二卷　(□)□□撰　清光緒二十年(1894)刻本　二册

340000－1802－0004798　315.11/4777
重刊報母血盆經二卷　(□)□□撰　清末鉛印本　一册

340000－1802－0004799　315.11/5337
大佛頂如來密因修證了義諸菩薩萬行首楞嚴經貫珠集十卷　(明)釋戒潤撰　清順治二年(1645)刻本　五册

340000－1802－0004800　315.11/5534
佛説無量壽經義疏六卷　(隋)釋慧遠撰　清光緒二十年(1894)金陵刻經處刻本　二册

340000－1802－0004801　315.11/6016
四聖真經一卷　(□)□□撰　清末煙台誠文信鉛印本　一册

340000－1802－0004802　315.11/6078
果驗救解度劫真經不分卷　(□)□□撰　清石印本　一册

340000－1802－0004803　315.11/6080
金光明經四卷首一卷　(晉)釋曇無讖譯　清同治十年(1871)金陵刻經處刻本　一册

340000－1802－0004804　315.11/6080:1
大般涅槃經四十卷　(晉)曇無讖譯　**大般涅槃經後分二卷**　(唐)釋若那跋陀羅　(唐)釋會寧譯　清光緒五年(1879)刻本　十一册

340000－1802－0004805　315.11/6080:2
菩薩戒本經一卷箋要一卷　(晉)釋曇無讖譯　(明)釋智旭注　清同治九年(1870)、光緒六年(1880)金陵刻經處刻本　一册

340000－1802－0004806　315.11/6302
呂祖註講金剛心經二卷　(□)圓通文尼自在光佛直解　清光緒十七年(1891)刻本　一册

340000－1802－0004807　315.11/7416
楞伽經句義通説要旨四卷　(明)陸西星著　清咸豐八年(1858)金陵刻本　一册

340000－1802－0004808　315.11/8038
佛説觀無量壽佛經疏四卷　(唐)釋善導編　清光緒二十年(1894)金陵刻經處刻本　二册

340000－1802－0004809　315.11/8072

金剛般若多羅波羅祕經一卷 （□）□□撰 清同治十年（1871）安徽宿松輔仁壇刻本 二册

340000－1802－0004810 315.11/8308
大佛頂首楞嚴經解蒙鈔六十卷首一卷 （清）錢謙益撰 清光緒十五年（1889）刻本 二十册

340000－1802－0004811 315.11/8646
大乘止觀法門釋要六卷 （明）釋智旭撰 清光緒二十二年（1896）刻本 二册

340000－1802－0004812 315.11/8646：1
楞伽阿跋多羅寶經義疏四卷 （印度）求那跋陀羅譯 （明）釋智旭注 清宣統元年（1909）刻本 五册

340000－1802－0004813 315.11/8646：2
佛説四十二章經解一卷佛遺教經解一卷 （明）釋智旭撰 **八大人覺經略解一卷** （漢）釋安世高譯 （明）釋智旭解 **般若波羅蜜多心經註解一卷** （唐）釋玄奘譯 （明）宗泐 （明）如玘注 清光緒刻本 一册

340000－1802－0004814 315.11/8646：3
佛説梵網經菩薩心地品玄義一卷合註七卷 （明）釋智旭撰 清同治十三年（1874）金陵刻經處刻本 四册

340000－1802－0004815 315.12/1071
玉歷鈔傳警世不分卷 （□）□□撰 清末刻本 一册

340000－1802－0004816 315.13/0024
成唯識論十卷 （唐）釋玄奘譯 清光緒二十二年（1896）金陵刻經處刻本 二册

340000－1802－0004817 315.13/2435
肇論略注六卷 （明）釋德清撰 清光緒十四年（1888）金陵刻經處刻本 二册

340000－1802－0004818 315.13/2435：1
性相通説不分卷 （明）釋德清撰 清同治十二年（1873）金陵刻經處刻本 一册

340000－1802－0004819 315.13/2834
弘明集十四集 （南朝梁）釋僧祐編 清光緒二十二年（1896）金陵刻經處刻本 四册

340000－1802－0004820 315.13/3044
因明入正理論疏八卷 （唐）釋窺基撰 清光緒二十二年（1896）金陵刻經處刻本 二册

340000－1802－0004821 315.13/3044：1
發菩提心論纂注二卷 （□）釋密林撰 清末鉛印本 一册

340000－1802－0004822 315.13/4000
十八空論一卷 （南朝陳）釋真諦譯 **百論二卷** （後秦）釋鳩摩羅什譯 **廣百論本一卷** （唐）釋玄奘譯 清宣統三年（1911）揚州張肇昌刻本 一册

340000－1802－0004823 315.13/4000：1
大乘起信論疏解彙集三十五卷 （南朝梁）真諦等譯 清光緒二十四年（1898）金陵刻經處刻本 六册 存十八卷（梁譯起信論一卷、唐譯起信論一卷、釋摩訶衍論十卷、大乘起信論裂網疏六卷）

340000－1802－0004824 315.13/4030
略釋新華嚴經修行次第決疑論四卷 （唐）李通玄撰 清同治九年（1870）如皋刻經處刻本 一册 存二卷（三之上下、四之上下）

340000－1802－0004825 315.13/4030：1
略釋新華嚴經修行次第決疑論四卷 （唐）李通玄撰 清同治九年（1870）如皋刻經處刻本 二册

340000－1802－0004826 315.13/4738
重訂教乘法數十二卷 （清）釋超海等編 清光緒四年（1878）刻本 六册

340000－1802－0004827 315.13/5538
頓悟入道要門論一卷方聚成禪師語錄禪淨合要一卷諸方門人參問語錄一卷 （唐）慧海撰 清宣統二年（1910）揚州梁友信刻本 一册

340000－1802－0004828 315.13/8447
釋禪波羅蜜次第法門十卷 （隋）智者大師撰 （唐）釋法慎記 清光緒三十四年（1908）揚

州藏經院刻本　三冊　缺二卷(三至四)

340000－1802－0004829　315.13/8646
教觀綱宗一卷釋義一卷　(明)釋智旭撰　清刻本　一冊

340000－1802－0004830　315.15/1024
續指月錄二十卷首一卷尊宿集一卷　(清)聶先編　清光緒十二年(1886)金陵刻經處刻本　六冊

340000－1802－0004831　315.15/3830
高僧傳二集四十卷附功德人名　(唐)釋道宣撰　清光緒十六年(1890)江北刻經處刻本　十冊

340000－1802－0004832　315.15/4273
居士傳節要一卷　(清)彭際清著　(清)梅光義節要　清末石印本　一冊

340000－1802－0004833　315.15/4273:1
居士傳五十六卷　(清)彭際清著　清乾隆四十一年(1776)刻本　四冊

340000－1802－0004834　315.15/5520
高僧傳初集十五卷首一卷　(南朝梁)釋慧皎撰　清光緒十年(1884)金陵刻經處刻本　四冊

340000－1802－0004835　315.15/6010
明州定應大師布袋和尚傳二卷　(元)釋曇噩撰　清同治十三年(1874)刻本　一冊

340000－1802－0004836　315.15/6632
指月錄三十二卷　(明)瞿汝稷編　清同治十一年(1872)釋開慧刻本　十冊

340000－1802－0004837　315.15/8030
五燈會元二十卷　(宋)釋普濟撰　清光緒二十八年至三十二年(1902－1906)黄岡陶子麟影宋刻本　九冊　存十四卷(一至二、七至十六、十九至二十)

340000－1802－0004838　315.15/8090
佛祖歷代通載三十六卷　(元)釋念常編　清宣統元年(1909)江北經處刻本　八冊

340000－1802－0004839　315.21/4747
慧命經不分卷　(清)柳華陽撰　清光緒二十六年(1900)善成堂刻本　二冊

340000－1802－0004840　315.21/7741
玉皇心印妙經真解一卷　(清)覺真子注　清末石印本　一冊

340000－1802－0004841　315.21/8090
七注陰符經一卷　(西周)姜尚注　(漢)張良解　(三國蜀)諸葛亮釋　**陰符集證□□卷**　(明)諸葛光榮編　清刻本　一冊　存二卷(七注陰符經一卷、陰符集證下)

340000－1802－0004842　315.22/0828
太上感應篇圖說八卷首一卷　(清)許纘曾撰　清光緒三年(1877)刻本　八冊

340000－1802－0004843　315.22/0828:1
太上感應篇圖說八卷首一卷　(清)許纘曾撰　清光緒十六年(1890)刻本　八冊

340000－1802－0004844　315.26/0060
文昌帝君醒世救劫寶訓不分卷　不著撰者　清咸豐刻本　一冊

340000－1802－0004845　315.26/0125
暗室燈一卷　(清)譚紳編　清同治四年(1865)刻本　一冊

340000－1802－0004846　315.26/1120
悟真篇三註三卷　(宋)張伯端撰　(宋)薛道光等注　清善成堂刻本　二冊

340000－1802－0004847　315.26/1235
頂批金丹真傳一卷　(明)孫汝忠著　(明)張崇烈注　(明)李堪疏　(清)傅金銓圈點　**道書試金石一卷**　(清)傅金銓著　清善成堂刻本　一冊

340000－1802－0004848　315.26/1740
性命雙修萬神圭旨四卷　(春秋)尹喜撰　清刻本　三冊　缺一卷(元集)

340000－1802－0004849　315.26/2137
天仙正理直論增注二卷　(明)伍守陽撰　(明)伍守虛注　清宣統二年(1910)善成堂刻本　二冊

340000－1802－0004850　315.26/2137
仙佛合宗語錄一卷　(明)伍守陽撰　清光緒二十三年(1897)善成堂刻本　一冊

340000－1802－0004851　315.26/2739
人生必讀書十二卷首一卷末一卷附二卷　(清)鄒祖堂編　清同治十年(1871)刻本　十冊

340000－1802－0004852　315.26/2748
文昌帝君陰騭文註證一卷　(清)詹爽鑑撰　清乾隆二十三年(1758)刻本　一冊

340000－1802－0004853　315.26/2820
徵信錄一卷簡易經驗百方一卷良方續刻一卷　(□)□□編　清光緒十五年(1889)浙東蒔蘭書屋刻本　一冊

340000－1802－0004854　315.26/2899
敬信錄四卷　(清)徐榮編　清咸豐六年(1856)恪素堂刻本　四冊

340000－1802－0004855　315.26/2899:1
敬信錄四卷　(清)徐榮編　清刻本　三冊　缺一卷(三)

340000－1802－0004856　315.26/3781
悟性窮原一卷　(晉)涵谷子著　清宣統元年(1909)誠文信刻本　一冊

340000－1802－0004857　315.26/3781:1
悟性窮原一卷　(晉)涵谷子著　清宣統元年(1909)誠文信刻本　一冊

340000－1802－0004858　315.26/4222
質神錄一卷續錄一卷　(清)彭紹升編　清光緒十三年(1887)刻本　一冊　存一卷(質神錄一卷)

340000－1802－0004859　315.26/4434
新鋟葛稚川内篇四卷外篇四卷　(晉)葛洪撰　(明)張可大　(明)盧舜治評校　清康熙刻本　三冊　缺二卷(内篇三至四)

340000－1802－0004860　315.26/4434:1
抱樸子内篇四卷外篇四卷　(晉)葛洪撰　清刻本　二冊

340000－1802－0004861　315.26/4645
救世真詮四卷　(清)楊柳春編　清光緒二十四年(1898)刻本　四冊

340000－1802－0004862　315.26/4830
增補敬竈全書一卷　(□)□□撰　清咸豐元年(1851)刻本　一冊

340000－1802－0004863　315.26/6060
因果錄一卷　(□)□□編　清末活字印本　一冊

340000－1802－0004864　315.26/6321
文昌帝君省心錄十二卷　(□)思清仙子編　清光緒十九年(1893)刻本　四冊

340000－1802－0004865　315.26/7241
昇平鸞韻不分卷　(清)隱求子注　清同治元年(1862)崇正堂刻本　一冊

340000－1802－0004866　315.26/7274
文昌帝君全書二十八卷續刊三卷　(清)劉體恕編　(清)甘雨施增輯　清光緒十年(1884)刻本　十冊

340000－1802－0004867　315.26/7291
張三豐祖師無根樹詞註解一卷　(清)劉悟元注　(清)李涵虛增解　清末石印本　一冊

340000－1802－0004868　315.26/7871
陰騭文晨鐘錄不分卷　(清)□□撰　清活字印本　一冊

340000－1802－0004869　315.26/9017
呂祖年譜海山奇遇仙蹟七卷　(清)火西月撰　清末上海中原書局石印本　二冊

340000－1802－0004870　315.26/9017:1
呂祖年譜海山奇遇仙蹟七卷　(清)火西月撰　清刻本　二冊　存四卷(一至四)

340000－1802－0004871　315.27/0431
不可錄一卷　(清)謝漢雲編　清光緒十三年(1887)皖懷樂善堂刻本　一冊

340000－1802－0004872　315.27/0431:1
不可錄一卷　(清)謝漢雲編　清光緒十三年(1887)皖懷樂善堂刻本　一冊

340000－1802－0004873　315.27/0431:2
不可錄一卷　(清)謝漢雲編　清光緒十三年(1887)皖懷樂善堂刻本　一冊

340000－1802－0004874　315.27/0431:3
不可錄一卷　(清)謝漢雲編　清光緒十三年(1887)皖懷樂善堂刻本　一冊

340000－1802－0004875　315.27/0431:4
不可錄一卷　(清)謝漢雲編　清光緒十三年(1887)皖懷樂善堂刻本　一冊

340000－1802－0004876　315.27/0431:5
不可錄一卷　(清)謝漢雲編　清光緒十三年(1887)皖懷樂善堂刻本　一冊

340000－1802－0004877　315.27/0431:6
不可錄一卷　(清)謝漢雲編　清光緒十三年(1887)皖懷樂善堂刻本　一冊

340000－1802－0004878　315.27/0431:7
不可錄一卷　(清)謝漢雲編　清光緒十三年(1887)皖懷樂善堂刻本　一冊

340000－1802－0004879　315.27/0431:8
不可錄一卷　(清)謝漢雲編　清光緒十三年(1887)皖懷樂善堂刻本　一冊

340000－1802－0004880　315.27/0431:9
不可錄一卷　(清)謝漢雲編　清光緒十三年(1887)皖懷樂善堂刻本　一冊

340000－1802－0004881　315.27/0431:10
不可錄一卷　(清)謝漢雲編　清光緒十三年(1887)皖懷樂善堂刻本　一冊

340000－1802－0004882　315.27/0431:11
不可錄一卷　(清)謝漢雲編　清光緒十三年(1887)皖懷樂善堂刻本　一冊

340000－1802－0004883　315.27/0431:12
不可錄一卷　(清)謝漢雲編　清光緒十三年(1887)皖懷樂善堂刻本　一冊

340000－1802－0004884　315.27/0431:13
不可錄一卷　(清)謝漢雲編　清光緒十三年(1887)皖懷樂善堂刻本　一冊

340000－1802－0004885　315.27/0431:14
不可錄一卷　(清)謝漢雲編　清光緒十三年(1887)皖懷樂善堂刻本　一冊

340000－1802－0004886　315.27/0431:15
不可錄一卷　(清)謝漢雲編　清光緒十三年(1887)皖懷樂善堂刻本　一冊

340000－1802－0004887　315.27/0431:16
不可錄一卷　(清)謝漢雲編　清光緒十三年(1887)皖懷樂善堂刻本　一冊

340000－1802－0004888　315.27/0431:17
不可錄一卷　(清)謝漢雲編　清光緒十三年(1887)皖懷樂善堂刻本　一冊

340000－1802－0004889　315.27/0431:18
不可錄一卷　(清)謝漢雲編　清光緒十三年(1887)皖懷樂善堂刻本　一冊

340000－1802－0004890　315.27/0431:19
不可錄一卷　(清)謝漢雲編　清光緒十三年(1887)皖懷樂善堂刻本　一冊

340000－1802－0004891　315.27/0431:20
不可錄一卷　(清)謝漢雲編　清光緒十三年(1887)皖懷樂善堂刻本　一冊

340000－1802－0004892　315.27/0431:21
不可錄一卷　(清)謝漢雲編　清光緒十三年(1887)皖懷樂善堂刻本　一冊

340000－1802－0004893　315.27/1030
元宰必讀書不分卷　(□)□□編　清同治十三年(1874)刻本　一冊　存三篇(文帝勸孝文、文帝惜字文、文帝遏慾文)

340000－1802－0004894　315.27/2193
鑑誡錄十卷　(後蜀)何光遠編　清光緒三年(1877)湖北崇文書局刻本　二冊

340000－1802－0004895　315.27/3178
御製勸善要言一卷　(清)世祖福臨撰　清咸豐内府刻本　一冊

340000－1802－0004896　315.27/3747
勸戒近錄六卷　(清)梁恭辰撰　清同治九年(1870)刻本　八冊

340000－1802－0004897　315.27/3747:1
勸戒三錄六卷　(清)梁恭辰撰　清道光二十五年(1845)刻本　四册

340000－1802－0004898　315.27/3747:2
勸戒八錄六卷　(清)梁恭辰撰　清刻本　二册　存四卷(三至六)

340000－1802－0004899　315.27/4243
二十二史感應錄二卷　(清)彭希涑編　清道光二十七年(1847)黔筑家蔭堂刻本　二册

340000－1802－0004900　315.28/1113
文昌化書二卷　(清)張元鴻纂　清乾隆二十二年(1757)謙和堂刻本　二册

340000－1802－0004901　315.28/1316
武聖帝君愛國齊家俗歌一卷　(□)□□撰　清光緒三十三年(1907)刻本　一册

340000－1802－0004902　315.28/1729
活世生機四卷末一卷　(清)邵紀棠編　清光緒二十二年(1896)刻本　一册

340000－1802－0004903　315.28/1729:1
活世生機四卷末一卷　(清)邵紀棠編　清光緒八年(1882)文會堂刻本　一册

340000－1802－0004904　315.28/2740
童刻修真全傳二卷　(清)□□撰　清光緒二十五年(1899)刻本　一册

340000－1802－0004905　315.28/3295
返性圖十卷　(□)□□撰　清咸豐寧波刻本　五册　存五卷(四、六至八、十)

340000－1802－0004906　315.28/3295:1
返性圖十卷末一卷　(□)□□撰　清同治刻本　八册　缺二卷(一、六)

340000－1802－0004907　315.28/3300
心廣不分卷　(□)□□撰　清末抄本　一册

340000－1802－0004908　315.28/4021
太上感應篇直講一卷　(□)□□撰　清光緒十八年(1892)上海點石齋石印本　一册

340000－1802－0004909　315.28/4021:1
太上感應篇直講一卷　(□)□□撰　清光緒十八年(1892)上海點石齋石印本　一册

340000－1802－0004910　315.28/4021:2
太上感應篇直講一卷　(□)□□撰　清光緒十八年(1892)上海點石齋石印本　一册

340000－1802－0004911　315.28/4038
覺世經圖說□□卷　(□)彭氏撰　(清)李淦繪　清同治十二年(1873)刻本　一册　存一卷(元)

340000－1802－0004912　315.28/4842
救刦回生四卷　(□)□□撰　清光緒二十一年(1895)汪文炳刻本　四册

340000－1802－0004913　315.28/5574
陰騭文圖證一卷　(清)費丹旭繪　(清)許光清集證　清同治十二年(1873)文彙齋刻本　二册

340000－1802－0004914　315.28/6444
嘆世寶卷一卷　(□)□□撰　清光緒三十三年(1907)金陵一得齋刻本　一册

340000－1802－0004915　315.28/7411
享福錦囊四卷附一卷　(清)陸□□撰　清宣統元年(1909)刻本　一册

340000－1802－0004916　315.34/4433
馬可講義不分卷　(德國)花之安注　清同治十三年(1874)刻本　三册　存第一至四十七條

340000－1802－0004917　315.34/4485
奉寄士大夫書一卷　(英國)慕會吏总撰　清光緒二十九年(1903)上海廣學會鉛印本　一册

340000－1802－0004918　401/0489
詩鈔不分卷　(清)□□輯　清末抄本　一册

340000－1802－0004919　401/0489:1
詩鈔不分卷　(清)□□輯　清抄本　一册

340000－1802－0004920　401.1/3148
書畝合璧十三卷　(清)汪孝鍾　(清)張宗燾編　清刻本　五册　存十卷(倦圃集二卷、名

人尺牘二卷、繡虎二集二卷、繡虎三集二卷、繡虎續集二卷）

340000－1802－0004921　401.1/4217
五七言今體詩鈔十八卷　（清）姚鼐編　清同治七年（1868）刻本　四册

340000－1802－0004922　401.2/0020
唐宋八家鈔八卷　（清）高嵣編　清道光十五年（1835）江津楊氏刻本　八册

340000－1802－0004923　401.2/0020：1
唐宋八家文選八卷　（清）高嵣編　清道光刻本　三册　存五卷（四至八）

340000－1802－0004924　401.2/0023
古文翼八卷　（清）唐德宜編　清光緒十九年（1893）湖南經國書局刻本　十册

340000－1802－0004925　401.2/0023：1
古文翼八卷　（清）唐德宜編　清末刻本　六册　缺二卷（一至二）

340000－1802－0004926　401.2/0023：2
古文翼八卷　（清）唐德宜編　清光緒十二年（1886）漢口李氏森寶齋刻本　八册

340000－1802－0004927　401.2/0040
古文苑二十一卷　（宋）章樵注　清光緒十二年（1886）江蘇書局刻本　四册

340000－1802－0004928　401.2/0040：1
古文苑二十一卷　（宋）章樵注　清刻惜陰軒叢書本　四册

340000－1802－0004929　401.2/0742
樂府詩集一百卷目錄二卷　（宋）郭茂倩編　清同治十三年（1874）湖北崇文書局刻本　十六册

340000－1802－0004930　401.2/0742：1
樂府詩集一百卷目錄二卷　（宋）郭茂倩編　清光緒元年（1875）湖北崇文書局刻本　十六册

340000－1802－0004931　401.2/1042
古唐詩合解十六卷　（清）王堯衢注　清李光明莊刻本　六册

340000－1802－0004932　401.2/1042：1
古唐詩合解十六卷　（清）王堯衢注　清光緒十八年（1892）江西兩儀堂刻本　一册　存二卷（一至二）

340000－1802－0004933　401.2/1042：2
古唐詩合解十六卷　（清）王堯衢注　清光緒十二年（1886）刻本　一册　存二卷（一至二）

340000－1802－0004934　401.2/1043
漁洋山人古詩選三十二卷　（清）王士禛編
惜抱軒今體詩選十八卷　（清）姚鼐編　清同治五年（1866）金陵書局刻本　十册

340000－1802－0004935　401.2/1043：1
漁洋山人古詩選三十二卷　（清）王士禛編
惜抱軒今體詩選十八卷　（清）姚鼐編　清同治五年（1866）金陵書局刻本　十册

340000－1802－0004936　401.2/1043：2
漁洋山人古詩選三十二卷　（清）王士禛編
惜抱軒今體詩選十八卷　（清）姚鼐編　清同治五年（1866）金陵書局刻本　十册

340000－1802－0004937　401.2/1043：3
漁洋山人古詩選三十二卷　（清）王士禛編
惜抱軒今體詩選十八卷　（清）姚鼐編　清同治五年（1866）金陵書局刻本　十册

340000－1802－0004938　401.2/1043：4
漁洋山人古詩選三十二卷　（清）王士禛編
惜抱軒今體詩選十八卷　（清）姚鼐編　清同治五年（1866）金陵書局刻本　十册

340000－1802－0004939　401.2/1043：5
七言詩歌行鈔十二卷　（清）王士禛編　清刻本　二册　存八卷（一至八）

340000－1802－0004940　401.2/1043：5
漁洋山人古詩選三十二卷　（清）王士禛編
惜抱軒今體詩選十八卷　（清）姚鼐編　清同治五年（1866）金陵書局刻本　十册

340000－1802－0004941　401.2/1043：6
漁洋山人古詩選三十二卷　（清）王士禛編　清刻本　四册　存十四卷（五言詩六至八、七

言詩歌行鈔五至十五）

340000－1802－0004942　401.2/1043:7
王阮亭古詩選三十二卷　（清）王士禛編　清乾隆元年（1736）刻本　四册

340000－1802－0004943　401.2/1043:8
漁洋山人古詩選三十二卷　（清）王士禛編　**惜抱軒今體詩選十八卷**　（清）姚鼐編　清同治五年（1866）金陵書局刻本　六册　存三十五卷（古詩選五言詩一至十七、今體詩選十八卷）

340000－1802－0004944　401.2/1047
四六法海十二卷　（明）王志堅編　清乾隆二十三年（1758）刻本　十二册

340000－1802－0004945　401.2/1094
重訂文選集評十五卷首一卷末一卷　（清）于光華編　清刻本　十一册　缺三卷（十三、首一卷、末一卷）

340000－1802－0004946　401.2/1094:1
重訂文選集評十五卷首一卷末一卷　（清）于光華編　清乾隆四十三年（1778）刻本　十六册

340000－1802－0004947　401.2/1094:2
重訂文選集評十五卷首一卷末一卷　（清）于光華編　清乾隆四十三年（1778）刻本　十四册

340000－1802－0004948　401.2/1094:3
重訂文選集評十五卷首一卷末一卷　（清）于光華編　清同治十一年（1872）江蘇書局刻本　十六册

340000－1802－0004949　401.2/1094:4
重訂文選集評十五卷首一卷末一卷　（清）于光華編　清同治十一年（1872）江蘇書局刻本　十六册

340000－1802－0004950　401.2/1094:5
古文分編集評四集二十二卷首一卷　（清）于光華編　清刻本　五册　存五卷（三集一至三、四集一至二）

340000－1802－0004951　401.2/1115
佩文齋詠物詩選四百八十六卷　（清）張玉書等輯　清刻本　五十八册　存四百四十三卷（十八至二十七、三十三至四十一、四十九至四百五十六、四百五十九至四百七十四）

340000－1802－0004952　401.2/1133
漢魏六朝百三名家集一百十八卷　（明）張溥編　清光緒三年（1877）滇南唐氏壽考堂刻本　九十三册　缺四卷（陳思王集下、陳記室集一卷、陶彭澤集一卷、謝宣城集一卷）

340000－1802－0004953　401.2/1163
讀詩類編十八卷　（清）張映漢編　清嘉慶二十年（1815）刻本　六册　缺二卷（三至四）

340000－1802－0004954　401.2/1167
御選唐宋文醇五十八卷　（清）張照編　清光緒三年（1877）浙江書局刻本　二十册

340000－1802－0004955　401.2/1167:1
御選唐宋文醇五十八卷　（清）張照編　清刻本　二十册

340000－1802－0004956　401.2/1213
山曉閣古文選十四卷　（清）孫琮編　清康熙五十四年（1715）晚香堂刻本　四册　缺二卷（蘇東坡集一至二）

340000－1802－0004957　401.2/1213
山曉閣選古文全集三十二卷　（清）孫琮評　清刻本　八册

340000－1802－0004958　401.2/1262
續古文苑二十卷　（清）孫星衍撰　清光緒九年（1883）江蘇書局刻本　六册

340000－1802－0004959　401.2/1262:1
續古文苑二十卷　（清）孫星衍撰　清嘉慶十七年（1812）冶城山館刻本　十册

340000－1802－0004960　401.2/1271
御選唐宋詩醇四十七卷目錄二卷　（清）高宗弘曆編　（清）梁詩正等校　清光緒十八年（1892）上海益元書局刻本　二十二册　缺六卷（二至七）

340000－1802－0004961　401.2/1271:1

御選唐宋詩醇四十七卷目錄二卷 (清)高宗弘曆編 (清)梁詩正等校 清光緒七年(1881)浙江書局刻本 二十四冊

340000－1802－0004962 401.2/1271:2
御選唐宋詩醇四十七卷目錄二卷 (清)高宗弘曆編 (清)梁詩正等校 清刻本 二十四冊

340000－1802－0004963 401.2/1271:3
御選唐宋詩醇四十七卷目錄二卷 (清)高宗弘曆編 (清)梁詩正等校 清乾隆二十五年(1760)刻本 八冊 存二十八卷(一至二十六、目錄二卷)

340000－1802－0004964 401.2/1271:4
御選唐宋詩醇四十七卷目錄二卷 (清)高宗弘曆編 (清)梁詩正等校 清乾隆刻本 八冊 存十六卷(三十二至四十七)

340000－1802－0004965 401.2/1761
排律鏗麗初集二卷 (清)翟星瑞編 **排律鏗麗二集四卷** (清)姚文田編 清道光二十三年(1843)刻本 四冊

340000－1802－0004966 401.2/2069
先儒論說不分卷 (清)愛日堂編 清光緒二十九年(1903)愛日堂刻本 二冊 存八十七葉(一至八十七)

340000－1802－0004967 401.2/2335
古文約選十一卷 (清)允禮編 清雍正十一年(1733)刻本 八冊 缺三卷(東漢文約選一卷、後漢文約選一卷、蘇子瞻文約選一卷)

340000－1802－0004968 401.2/2477
唐宋八大家類選十四卷 (清)儲欣編 清乾隆十四年(1749)二南堂刻本 八冊

340000－1802－0004969 401.2/2477:1
唐宋十大家全集錄五十二卷 (清)儲欣編 清光緒八年(1882)江蘇書局刻本 二十九冊 缺三卷(昌黎先生全集錄一、習之先生全集錄二卷)

340000－1802－0004970 401.2/2540
宋元明詩約鈔三百首一卷 (清)朱梓 (清)冷昌言編 清道光十一年(1831)刻本 一冊

340000－1802－0004971 401.2/2540:1
宋元明詩三百首箋六卷 (清)朱梓 (清)冷昌言纂評 (清)李松壽 (清)李筠壽注 清光緒二十一年(1895)蘭雪堂刻本 二冊

340000－1802－0004972 401.2/2624
古文觀止十二卷 (清)吳乘權 (清)吳大職編 清光緒三十二年(1906)兩儀堂刻本 六冊

340000－1802－0004973 401.2/2624:1
古文觀止十二卷 (清)吳乘權 (清)吳大職編 清金陵狀元閣刻本 四冊 缺四卷(七至十)

340000－1802－0004974 401.2/2624:2
古文觀止十二卷 (清)吳乘權 (清)吳大職編 清李光明莊刻本 六冊

340000－1802－0004975 401.2/2630
詩持三集 (清)魏憲評選 清康熙九年(1670)枕江堂刻本 五冊 存十卷(一集一至四、三集一至六)

340000－1802－0004976 401.2/2632
桐城吳氏古文讀本十三卷 (清)吳汝綸編 清光緒三十年(1904)上海文明書局鉛印本 四冊

340000－1802－0004977 401.2/2632:1
桐城吳氏古文讀本十三卷 (清)吳汝綸編 清光緒三十年(1904)上海文明書局鉛印本 四冊

340000－1802－0004978 401.2/2632:2
桐城吳氏古文讀本十三卷 (清)吳汝綸編 清光緒三十二年(1906)上海文明書局鉛印本 四冊

340000－1802－0004979 401.2/2636
策論文的四卷 (清)吳鴻甲編 清光緒二十八年(1902)刻本 二冊

340000－1802－0004980 401.2/2683

涵芬樓古今文鈔一百卷 吳曾祺編 清宣統三年(1911)商務印書館鉛印本 九十九冊 缺一卷(二十六)

340000－1802－0004981 401.2/2706
續古文辭類纂二十八卷 (清)黎庶昌編 清光緒十六年(1890)金陵書局刻本 十二冊

340000－1802－0004982 401.2/2732
歷朝二十五家詩錄三十七卷 (清)鄒湘倜編 清光緒元年(1875)鄒氏得頤堂刻本 三十冊

340000－1802－0004983 401.2/2749
文章指南五卷 (明)歸有光編 (清)許佐輯 清光緒二年(1876)皖江節署刻本 五冊

340000－1802－0004984 401.2/2749:1
文章指南五卷 (明)歸有光編 (清)許佐輯 清光緒二年(1876)皖江節署刻本 五冊

340000－1802－0004985 401.2/2749:2
文章指南五卷 (明)歸有光編 (清)許佐輯 清光緒二年(1876)皖江節署刻本 五冊

340000－1802－0004986 401.2/2749:3
文章指南五卷 (明)歸有光編 (清)許佐輯 清光緒二年(1876)皖江節署刻本 二冊 存二卷(仁集、義集)

340000－1802－0004987 401.2/2749:4
文章指南五卷 (明)歸有光編 (清)許佐輯 清光緒二年(1876)皖江節署刻本 一冊 存一卷(義集)

340000－1802－0004988 401.2/2767
瀛奎律髓刊誤四十九卷 (清)紀昀撰 清李光垣刻本 十一冊 缺三卷(一至三)

340000－1802－0004989 401.2/2847
古文淵鑒六十四卷 (清)徐乾學編注 清宣統二年(1910)學部圖書局石印本 二十四冊

340000－1802－0004990 401.2/2847:1
古文淵鑒六十四卷 (清)徐乾學編注 清刻本 四十冊

340000－1802－0004991 401.2/2847:2
古文淵鑒六十四卷 (清)徐乾學編注 清康熙二十四年至四十九年(1685－1710)刻五色套印本 十三冊 存十三卷(一、六、十六至十七、二十至二十一、三十、三十五、三十七、五十至五十一、五十六至五十七)

340000－1802－0004992 401.2/2848
重訂昭陽扶雅集六卷 (清)徐幹編 清光緒八年(1882)刻本 六冊

340000－1802－0004993 401.2/3042
文苑英華選六十卷 (清)宮夢仁編 清刻本 二十三冊 缺二卷(一至二)

340000－1802－0004994 401.2/3042:1
文苑英華選六十卷 (清)宮夢仁編 清抄本 一冊 存一卷(一)

340000－1802－0004995 401.2/3187
重編留青新集二十四卷 (清)馮善長編 清末鉛印本 一冊 存一卷(六)

340000－1802－0004996 401.2/3187:1
重編留青新集二十四卷 (清)馮善長編 清末鉛印本 一冊 存九卷(十六至二十四)

340000－1802－0004997 401.2/3308
文選旁證四十六卷 (清)梁章鉅著 清光緒八年(1882)吳下刻本 十二冊

340000－1802－0004998 401.2/3340
古文眉詮二十七鈔七十九卷 (清)浦起龍纂 清乾隆九年(1744)三吳書院刻本 二十四冊

340000－1802－0004999 401.2/3423
古詩源十四卷 (清)沈德潛編 清同治十年(1871)聚英堂刻本 六冊

340000－1802－0005000 401.2/3423:1
古詩源十四卷 (清)沈德潛編 清道光二十六年(1846)文德堂刻本 二冊

340000－1802－0005001 401.2/3423:2
古詩源十四卷 (清)沈德潛編 清康熙五十八年(1719)刻本 八冊

340000－1802－0005002 401.2/3423:4

唐宋八家文讀本三十卷 (清)沈德潛評點 清乾隆十五年(1750)刻本 十六册

340000－1802－0005003 401.2/3440
漪南吟舍詩鈔二卷 (清)□□編 清抄本 二册

340000－1802－0005004 401.2/3714
連元閣詳訂古文評註全集十卷 (清)過珙 (清)黄越評選 清同治二年(1863)刻本 十册

340000－1802－0005005 401.2/4000
詳訂古文評註全集十卷 (清)過珙評選 清末鴻章書局石印本 七册 存七卷(二至八)

340000－1802－0005006 401.2/4004
古詩抄不分卷 (□)□□編 清末抄本 一册 存一册

340000－1802－0005007 401.2/4022
文章正宗復刻三十卷續十二卷 (宋)真德秀編 清同治三年(1864)刻本 三十册

340000－1802－0005008 401.2/4022:1
文章正宗復刻三十卷續十二卷 (宋)真德秀編 清乾隆三十三年(1768)刻本 二十一册 缺一卷(二十六)

340000－1802－0005009 401.2/4022:2
西山先生真文忠公文章正宗讀本不分卷續本不分卷 (宋)真德秀編 清康熙殖學齋刻本 十八册

340000－1802－0005010 401.2/4037
金元明八大家文選五十三卷 (清)李祖陶評點 清道光二十五年(1845)刻本 十八册 缺十六卷(元遺山先生文選七卷、姚牧菴先生文選五卷、吳草盧先生文選一至四)

340000－1802－0005011 401.2/4037:1
金元明八大家文選五十三卷 (清)李祖陶評點 清道光二十五年(1845)刻本 十四册 缺六卷(歸震川先生文選六卷)

340000－1802－0005012 401.2/4037:2
金元明八大家文選五十三卷 (清)李祖陶評點 清道光二十五年(1845)刻本 二十八册

340000－1802－0005013 401.2/4037:3
金元明八大家文選五十三卷 (清)李祖陶評點 清道光二十五年(1845)刻本 十六册 存三十九卷(元遺山文三至七、姚牧菴文五卷、吳草廬文六卷、虞道園文八卷、宋景濂文七卷、唐荊川文一至二、歸震川文六卷)

340000－1802－0005014 401.2/4217
古文辭類纂七十四卷 (清)姚鼐纂 **續古文辭類纂三十四卷** 王先謙纂 清光緒王氏虛受堂刻本 十四册 存六十七卷(古文辭類纂四至三十九、四十五至四十八、六十至七十四,續古文辭類纂四至七、二十七至三十四)

340000－1802－0005015 401.2/4217:1
古文辭類纂七十五卷 (清)姚鼐纂集 清道光五年(1825)刻本 十六册

340000－1802－0005016 401.2/4217:2
古文辭類纂七十四卷 (清)姚鼐纂集 清光緒十九年(1893)思賢講舍刻本 十二册

340000－1802－0005017 401.2/4217:3
古文辭類纂七十四卷 (清)姚鼐纂 **續古文辭類纂十卷** 王先謙纂 清光緒十九年(1893)思賢講舍刻本 十八册

340000－1802－0005018 401.2/4217:4
古文辭類纂七十四卷 (清)姚鼐纂集 清光緒十八年(1892)湖南文章書局刻本 十六册

340000－1802－0005019 401.2/4217:5
古文辭類纂七十四卷 (清)姚鼐纂集 **續古文辭類纂三十四卷** 王先謙纂集 清光緒三十三年(1907)上海商務印書館鉛印本 十二册

340000－1802－0005020 401.2/4217:6
古文辭類纂七十四卷 (清)姚鼐纂 **續古文辭類纂三十四卷** 王先謙纂 清光緒十九年(1893)王氏刻本 二十四册

340000－1802－0005021 401.2/4217:7
古文辭類纂七十四卷 (清)姚鼐纂 **續古文**

辭類纂三十四卷　王先謙纂　清光緒三十三年(1907)上海商務印書館鉛印本　十二册

340000－1802－0005022　401.2/4217:8
古文辭類纂七十五卷　(清)姚鼐纂集　清光緒二十七年(1901)刻本　十册

340000－1802－0005023　401.2/4217:9
古文辭類纂七十五卷　(清)姚鼐纂集　清光緒二十七年(1901)滁州李氏求要堂刻本　十二册

340000－1802－0005024　401.2/4217:10
古文辭類纂七十五卷　(清)姚鼐纂集　清光緒二十七年(1901)滁州李氏求要堂刻本　十二册

340000－1802－0005025　401.2/4217:11
古文辭類纂七十四卷　(清)姚鼐纂集　**續古文辭類纂三十四卷**　王先謙纂集　清光緒三十三年(1907)上海商務印書館鉛印本　十二册

340000－1802－0005026　401.2/4217:12
古文辭類纂十五卷　(清)姚鼐纂集　**續古文辭類纂十卷**　王先謙纂集　清光緒二十年(1894)上海圖書集成印書局鉛印本　十册

340000－1802－0005027　401.2/4217:13
古文辭類纂十五卷　(清)姚鼐纂集　**續古文辭類纂十卷**　王先謙纂集　清光緒二十年(1894)上海圖書集成印書局鉛印本　八册

340000－1802－0005028　401.2/4217:14
古文辭類纂七十四卷　(清)姚鼐纂集　**續古文辭類纂三十四卷**　王先謙纂集　清光緒十九年(1893)思賢講舍刻本　二十册

340000－1802－0005029　401.2/4217:15
古文辭類纂七十四卷　(清)姚鼐纂集　清合河康氏家塾刻本　十二册

340000－1802－0005030　401.2/4217:16
惜抱軒今體詩鈔十八卷　(清)姚鼐編　清同治五年(1866)金陵書局刻本　二册

340000－1802－0005031　401.2/4217:17
古文辭類纂十五卷　(清)姚鼐纂集　**續古文辭類纂十卷**　王先謙纂集　清光緒二十年(1894)上海圖書集成印書局鉛印本　六册　缺十卷(續古文辭類纂十卷)

340000－1802－0005032　401.2/4217:18
古文辭類纂七十四卷　(清)姚鼐纂集　清同治八年(1869)江蘇書局刻本　十二册

340000－1802－0005033　401.2/4217:19
古文辭類纂八卷　(清)姚鼐纂集　清光緒二十七年(1901)上海章福記書局石印本　四册

340000－1802－0005034　401.2/4217:20
古文辭類纂七十四卷　(清)姚鼐纂　清光緒二十七年(1901)鉛印本　三册　存十四卷(三十五至四十、六十七至七十四)

340000－1802－0005035　401.2/4217:21
古文辭類纂七十五卷　(清)姚鼐纂　清石印本　二册　存六卷(六至十一)

340000－1802－0005036　401.2/4418
古文析義六卷二編八卷　(清)林雲銘評注　清康熙五十五年(1716)刻本　十四册

340000－1802－0005037　401.2/4420
文選六十卷　(南朝梁)蕭統編　(唐)李善注　**考異十卷**　(清)胡克家撰　清同治八年(1869)湖北崇文書局刻本　二十四册

340000－1802－0005038　401.2/4420:1
昭明文選六十卷　(南朝梁)蕭統編　(唐)李善注　清刻本　十一册　缺五卷(四十七至五十一)

340000－1802－0005039　401.2/4420:2
批註昭明文選六十卷　(南朝梁)蕭統編　(清)何焯評點　清光緒二十二年(1896)書業德刻本　二十四册

340000－1802－0005040　401.2/4420:3
文選六十卷姓氏小傳一卷體辨集說一卷　(南朝梁)蕭統編　(唐)李善注　**考異十卷**　(清)胡克家撰　清光緒元年(1875)撫州饒氏雙峰書屋刻朱墨套印本　二十册

340000－1802－0005041　401.2/4420:4
文選五卷　(南朝梁)蕭統編　(唐)李善注
考異一卷　(清)胡克家撰　清光緒二十三年(1897)上海書局石印本　六册

340000－1802－0005042　401.2/4420:5
文選六十卷　(南朝梁)蕭統編　(唐)李善注
考異十卷　(清)胡克家撰　清光緒十八年(1892)上海古香閣石印本　六册

340000－1802－0005043　401.2/4420:6
文選六十卷　(南朝梁)蕭統編　(唐)李善注
考異十卷　(清)胡克家撰　清光緒上海鴻文書局石印本　六册

340000－1802－0005044　401.2/4420:7
文選六十卷　(南朝梁)蕭統編　(唐)李善注
清乾隆三十七年(1772)海録軒刻朱墨套印本　十六册

340000－1802－0005045　401.2/4420:8
文選六十卷　(南朝梁)蕭統編　(唐)李善注
清乾隆三十七年(1772)海録軒刻朱墨套印本　十六册

340000－1802－0005046　401.2/4420:9
文選六十卷　(南朝梁)蕭統編　(唐)李善注
清乾隆雙桂堂刻朱墨套印本　八册

340000－1802－0005047　401.2/4420:10
文選六十卷　(南朝梁)蕭統編　(唐)李善注
清乾隆二十六年(1761)刻本　八册　缺十卷(三十六至四十、五十一至五十五)

340000－1802－0005048　401.2/4420:11
文選六十卷　(南朝梁)蕭統編　(唐)李善注
清同治八年(1869)金陵書局刻本　十册

340000－1802－0005049　401.2/4420:12
文選六十卷　(南朝梁)蕭統編　(唐)李善注
清乾隆三十七年(1772)海録軒刻朱墨套印本　十二册

340000－1802－0005050　401.2/4420:13
文選六十卷　(南朝梁)蕭統編　(唐)李善注
清末羊城翰墨園刻海録軒朱墨套印本　十六册

340000－1802－0005051　401.2/4420:14
文選六十卷　(南朝梁)蕭統編　(唐)李善注
考異十卷　(清)胡克家撰　清同治八年(1869)湖北崇文書局刻本　二十四册

340000－1802－0005052　401.2/4420:15
文選六十卷　(南朝梁)蕭統編　(唐)李善注
清乾隆刻本　十册

340000－1802－0005053　401.2/4420:16
文選六十卷　(南朝梁)蕭統編　(唐)李善注
清乾隆雙桂堂刻朱墨套印本　十六册

340000－1802－0005054　401.2/4420:17
文選六十卷　(南朝梁)蕭統編　(唐)李善注
清末羊城翰墨園刻海録軒朱墨套印本　十六册

340000－1802－0005055　401.2/4420:18
文選六十卷　(南朝梁)蕭統編　(唐)李善注
清乾隆雙桂堂刻朱墨套印本　十六册

340000－1802－0005056　401.2/4420:19
文選六十卷　(南朝梁)蕭統編　(唐)李善注
清光緒元年(1875)刻本　十二册

340000－1802－0005057　401.2/4420:20
文選六十卷　(南朝梁)蕭統編　(唐)李善注
清刻本　十二册

340000－1802－0005058　401.2/4420:21
文選六十卷　(南朝梁)蕭統編　(唐)李善注
清刻本　十六册

340000－1802－0005059　401.2/4420:22
文選六十卷　(南朝梁)蕭統編　(唐)李善注
清光緒十三年(1887)湖北書局刻本　十四册　缺九卷(四十八至五十六)

340000－1802－0005060　401.2/4420:23
文選六十卷　(南朝梁)蕭統編　(唐)李善注
清光緒十三年(1887)湖北書局刻本　十二册

340000－1802－0005061　401.2/4420:24
文選六十卷　(南朝梁)蕭統編　(唐)李善注

考異十卷　(清)胡克家撰　清同治八年(1869)湖北崇文書局刻本　二十四册

340000－1802－0005062　401.2/4420:25
文選六十卷　(南朝梁)蕭統編　(唐)李善注　**考異十卷**　(清)胡克家撰　清嘉慶十四年(1809)鄱陽胡氏刻本　二十四册

340000－1802－0005063　401.2/4420:26
文選六十卷　(南朝梁)蕭統編　(唐)李善注　清乾隆三十七年(1772)海綠軒刻朱墨套印本　十六册

340000－1802－0005064　401.2/4420:27
文選六十卷　(南朝梁)蕭統撰　(唐)李善注　清刻本　七册　存四十二卷(十三至五十四)

340000－1802－0005065　401.2/4420:28
文選六十卷　(南朝梁)蕭統撰　(唐)李善注　清雙桂堂刻朱墨套印本　五册　存十七卷(三至五、十至十二、二十七至三十三、四十二至四十五)

340000－1802－0005066　401.2/4420:29
文選六十卷　(南朝梁)蕭統撰　(唐)李善注　清雙桂堂刻朱墨套印本　一册　存四卷(二十五至二十八)

340000－1802－0005067　401.2/4420:30
文選六十卷　(南朝梁)蕭統選　(唐)李善注　清刻本　二册　存十三卷(四十八至六十)

340000－1802－0005068　401.2/4420:31
文選六十卷　(南朝梁)蕭統選　(唐)李善注　(清)葉樹藩參訂　清雙桂堂刻朱墨套印本　十五册　缺五卷(十二至十六)

340000－1802－0005069　401.2/4420:32
文選六十卷　(南朝梁)蕭統編　(唐)李善注　清乾隆三十七年(1772)海錄軒刻朱墨套印本　十二册

340000－1802－0005070　401.2/4420:33
文選六十卷　(南朝梁)蕭統編　(唐)李善注　**考異十卷**　(清)胡克家撰　清同治八年(1869)湖北崇文書局刻本　二十四册

340000－1802－0005071　401.2/4420:34
文選六十卷　(南朝梁)蕭統編　(唐)李善注　**考異十卷**　(清)胡克家撰　清同治八年(1869)湖北崇文書局刻本　二十三册　缺三卷(二十七至二十九)

340000－1802－0005072　401.2/4420:35
文選六十卷　(南朝梁)蕭統編　(唐)李善注　清同治八年(1869)金陵書局刻本　九册　缺六卷(十三至十八)

340000－1802－0005073　401.2/4420:36
文選六十卷　(南朝梁)蕭統編　(唐)李善注　清翰墨園刻朱墨套印本　十二册

340000－1802－0005074　401.2/4420:37
文選六十卷　(南朝梁)蕭統編　(唐)李善注　清乾隆三十七年(1772)刻本　十二册

340000－1802－0005075　401.2/4420:38
文選六十卷　(南朝梁)蕭統編　(唐)李善注　清同治八年(1869)金陵書局刻本　十册

340000－1802－0005076　401.2/4420:39
文選六十卷　(南朝梁)蕭統編　(唐)李善注　清末金陵書局刻本　十册

340000－1802－0005077　401.2/4420:40
文選六十卷　(南朝梁)蕭統編　(清)李善注　明末汲古閣刻本　十六册

340000－1802－0005078　401.2/4420:41
文選六十卷　(南朝梁)蕭統編　(唐)李善注　**文選考異十卷**　(清)胡克家撰　清末上海鴻文書局石印本　六册

340000－1802－0005079　401.2/4420:42
文選六十卷　(南朝梁)蕭統編　(唐)李善注　**文選考異十卷**　(清)胡克家撰　清光緒十六年(1890)上海鴻文書局石印本　六册

340000－1802－0005080　401.2/4420:43
文選六十卷　(南朝梁)蕭統編　(唐)李善注　清同治八年(1869)金陵書局刻本　十册

340000－1802－0005081　401.2/4420:44

文選六十卷　(南朝梁)蕭統撰　(唐)李善注　清同治八年(1869)金陵書局刻本　十冊

340000－1802－0005082　401.2/4420:45
文選六十卷　(南朝梁)蕭統編　(唐)李善注　(清)葉樹藩參訂　清乾隆三十七年(1772)海録軒刻本　六冊　缺十一卷(三十四至四十四)

340000－1802－0005083　401.2/4420:46
文選六十卷　(南朝梁)蕭統編　(唐)李善注　(清)葉樹藩參訂　清乾隆三十七年(1772)海録軒刻本　十六冊

340000－1802－0005084　401.2/4420:47
文選六十卷　(南朝梁)蕭統編　(唐)李善注　清乾隆三十七年(1772)海録軒刻本　十六冊

340000－1802－0005085　401.2/4420:48
文選六十卷　(南朝梁)蕭統編　(唐)李善注　清乾隆三十七年(1772)海録軒刻本　十四冊　缺八卷(十六至二十三)

340000－1802－0005086　401.2/4420:49
文選六十卷　(南朝梁)蕭統編　(唐)李善注　清彣彬堂刻朱墨套印本　十六冊

340000－1802－0005087　401.2/4420:50
文選六十卷　(南朝梁)蕭統編　(唐)李善注　清同治八年(1869)金陵書局刻本　十冊

340000－1802－0005088　401.2/4420:51
文選六十卷　(南朝梁)蕭統編　(唐)李善注　清同治八年(1869)金陵書局刻本　十冊

340000－1802－0005089　401.2/4420:52
文選六十卷　(南朝梁)蕭統編　**文選考異十卷**　(清)胡克家撰　清末石印本　六冊

340000－1802－0005090　401.2/4420:53
文選六十卷　(南朝梁)蕭統撰　(唐)李善注　**文選考異十卷**　(清)胡克家撰　清末上海鴻文書局石印本　十冊

340000－1802－0005091　401.2/4420:54
文選六十卷　(南朝梁)蕭統編　(唐)李善注　清同治八年(1869)金陵書局刻本　十冊

340000－1802－0005092　401.2/4420:55
文選六十卷　(南朝梁)蕭統編　(唐)李善注　清乾隆雙桂堂刻朱墨套印本　十六冊

340000－1802－0005093　401.2/4420:56
文選六十卷　(南朝梁)蕭統撰　(唐)李善注　清同治八年(1869)金陵書局刻本　三冊　存十八卷(一至十八)

340000－1802－0005094　401.2/4420:57
文選六十卷　(南朝梁)蕭統編　(唐)李善注　(清)何焯評點　清乾隆三十七年(1772)海録軒刻朱墨套印本　十六冊

340000－1802－0005095　401.2/4420:58
文選六十卷　(南朝梁)蕭統選　(唐)李善注　清刻本　一冊　存六卷(五十五至六十)

340000－1802－0005096　401.2/4440
續選古文雅正十四卷　(清)林有席評輯　清刻本　八冊

340000－1802－0005097　401.2/4443
古文雅正十四卷　(清)蔡世遠選評　清同治七年(1868)湘鄉曾氏刻本　七冊　缺一卷(八)

340000－1802－0005098　401.2/4443:1
重訂古文雅正十四卷　(清)蔡世遠選評　(清)林有席參評　清乾隆四十二年(1777)刻本　七冊　存十二卷(一至十二)

340000－1802－0005099　401.2/4443:2
重訂古文雅正十四卷　(清)蔡世遠選評　(清)林有席參評　清道光八年(1828)刻本　四冊

340000－1802－0005100　401.2/4443:3
古文雅正十四卷　(清)蔡世遠選評　清光緒二十八年(1902)湘鄉曾氏刻本　八冊

340000－1802－0005101　401.2/4443:4
古文雅正十四卷　(清)蔡世遠選評　清同治七年(1868)湘鄉曾氏刻本　八冊

340000－1802－0005102　401.2/4448

評選四六法海八卷　(清)蔣士銓評選　清末上海文瑞樓石印本　八冊

340000－1802－0005103　401.2/4448:1
評選四六法海八卷　(清)蔣士銓評選　清末上海文瑞樓石印本　八冊

340000－1802－0005104　401.2/4448:2
評選四六法海八卷　(清)蔣士銓評選　清末上海文瑞樓石印本　八冊

340000－1802－0005105　401.2/4448:3
評選四六法海八卷　(清)蔣士銓評選　清末上海文瑞樓石印本　八冊

340000－1802－0005106　401.2/4448:4
忠雅堂評選四六法海八卷　(清)蔣士銓評選　清光緒十年(1884)深柳讀書堂刻朱墨套印本　八冊

340000－1802－0005107　401.2/4448:5
忠雅堂評選四六法海八卷　(清)蔣士銓評選　清光緒十年(1884)深柳讀書堂刻朱墨套印本　八冊

340000－1802－0005108　401.2/4448:6
忠雅堂評選四六法海八卷　(清)蔣士銓評選　清光緒十年(1884)深柳讀書堂刻朱墨套印本　四冊　存四卷(二、六至八)

340000－1802－0005109　401.2/4448:7
評選四六法海八卷　(清)蔣士銓評選　清末上海文瑞樓石印本　八冊

340000－1802－0005110　401.2/4448:8
評選四六法海八卷　(清)蔣士銓評選　清末上海鴻章書局石印本　八冊

340000－1802－0005111　401.2/4448:9
評選四六法海八卷　(清)蔣士銓評選　清末上海文瑞樓石印本　八冊

340000－1802－0005112　401.2/4729
文選箋證三十二卷　(清)胡紹煐撰　清咸豐刻本　十六冊

340000－1802－0005113　401.2/4733
國文讀本不分卷　(清)胡遠濬　(清)徐經綸編　清宣統元年(1909)鉛印本　二冊　存二冊(初編一冊、二編一冊)

340000－1802－0005114　401.2/4880
古文詞畧二十四卷　(清)梅曾亮編　清同治六年(1867)合肥李氏刻本　五冊

340000－1802－0005115　401.2/4880:1
古文詞畧讀本二十四卷　(清)梅曾亮編　清光緒三十一年(1905)北京宏道學舍鉛印本　四冊

340000－1802－0005116　401.2/4880:2
古文詞畧二十四卷　(清)梅曾亮編　清同治六年(1867)合肥李氏刻本　五冊

340000－1802－0005117　401.2/4880:3
古文詞畧二十四卷　(清)梅曾亮編　清同治六年(1867)合肥李氏刻本　五冊

340000－1802－0005118　401.2/4880:4
古文詞畧二十四卷　(清)梅曾亮編　清同治六年(1867)合肥李氏刻本　三冊　缺四卷(二十一至二十四)

340000－1802－0005119　401.2/4880:5
古文詞畧二十四卷　(清)梅曾亮編　清同治六年(1867)合肥李氏刻本　六冊

340000－1802－0005120　401.2/4880:6
古文詞畧二十四卷　(清)梅曾亮編　清同治六年(1867)合肥李氏刻本　六冊

340000－1802－0005121　401.2/4880:7
古文詞畧二十四卷　(清)梅曾亮編　清同治六年(1867)合肥李氏刻本　一冊　存三卷(一至三)

340000－1802－0005122　401.2/5304
乾坤正氣集選鈔□□卷　(清)戎文彬校　清末上海五彩地圖印書公會石印本　一冊　存一卷(史忠正公集一卷)

340000－1802－0005123　401.2/6072
詠物詩選註釋八卷　(清)易開繙　(清)孫洊鳴注　清嘉慶十三年(1808)富有堂刻本　四冊

340000－1802－0005124　401.2/7244
海峰先生精選八家文鈔不分卷　(清)劉大櫆編　清光緒二年(1876)劉繼刻本　二册

340000－1802－0005125　401.2/7244:1
歷朝詩約選九十二卷　(清)劉大櫆編　清光緒二十一年至二十三年(1895－1897)文徵閣刻本　十六册

340000－1802－0005126　401.2/7521
文選補遺四十卷　(宋)陳仁子編　(宋)譚紹烈纂類　清道光二十五年(1845)刻本　十二册

340000－1802－0005127　401.2/7521:1
文選補遺四十卷　(宋)陳仁子輯　(宋)譚紹烈纂類　清道光二十五年(1845)刻本　十二册

340000－1802－0005128　401.2/7521:2
文選補遺四十卷　(宋)陳仁子輯　(宋)譚紹烈編　清道光二十五年(1845)刻本　一册　存三卷(二至四)

340000－1802－0005129　401.2/7532
陳太僕批選八家文抄不分卷　(清)陳兆崙編　清光緒二十六年(1900)天津文美齋石印本　四册

340000－1802－0005130　401.2/7746
宫閨文選二十六卷　(清)周壽昌編　(清)瞿元鈞纂類　清道光二十六年(1846)刻本　六册

340000－1802－0005131　401.2/8003
文成堂重訂古文釋義新編八卷　(清)余誠評注　清光緒十七年(1891)京都文成堂刻本　二册　存二卷(一至二)

340000－1802－0005132　401.2/8003:1
桂芳齋重訂古文釋義新編八卷　(清)余誠評注　清嘉慶五年(1800)刻本　四册

340000－1802－0005133　401.2/8003:2
兩儀堂重訂古文釋義新編八卷　(清)余誠評注　清乾隆八年(1743)兩儀堂刻本　四册

340000－1802－0005134　401.2/8003:3
桂芳齋重訂古文釋義新編八卷　(清)余誠評注　清光緒四年(1878)刻本　四册

340000－1802－0005135　401.2/8019
詠物詩選八卷　(清)俞琰編　清雍正二年(1724)刻本　一册　存二卷(七至八)

340000－1802－0005136　401.2/8019:1
詠物詩選八卷　(清)俞琰編　清雍正二年(1724)刻本　四册

340000－1802－0005137　401.2/8019:2
詠物詩選八卷　(清)俞琰編　清雍正二年(1724)刻本　四册

340000－1802－0005138　401.2/8064
三十家詩鈔六卷　(清)曾國藩纂　(清)王定安增輯　清同治十三年(1874)傳忠書局刻本　六册

340000－1802－0005139　401.2/8064:1
三十家詩鈔六卷　(清)曾國藩纂　(清)王定安增輯　清同治十三年(1874)傳忠書局刻本　五册　缺一卷(六)

340000－1802－0005140　401.2/8064:2
十八家詩鈔二十八卷　(清)曾國藩纂　清光緒十四年(1888)鴻文書局鉛印本　七册　缺八卷(十九至二十一、二十四至二十八)

340000－1802－0005141　401.2/8064:3
經史百家簡編二卷　(清)曾國藩纂　清同治十三年(1874)傳忠書局刻本　二册

340000－1802－0005142　401.2/8064:4
經史百家雜鈔二十六卷　(清)曾國藩纂　清光緒三十二年(1906)上海商務印書館鉛印本　十二册

340000－1802－0005143　401.2/8064:5
經史百家雜鈔二十六卷　(清)曾國藩纂　清光緒三十二年(1906)上海商務印書館鉛印本　十二册

340000－1802－0005144　401.2/8064:6
經史百家簡編二卷　(清)曾國藩纂　清末鉛

印本　一册　存一卷(上)

340000－1802－0005145　401.2/8064:7
十八家詩鈔二十八卷　(清)曾國藩纂　清同治十三年(1874)傳忠書局刻本　二十六册

340000－1802－0005146　401.2/9017
呂祖編年詩集九卷附刻一卷　(清)火西月編　清道光二十六年(1846)刻本　四册

340000－1802－0005147　401.2/9017:1
呂祖編年詩集十卷　(清)火西月編　清刻本　三册

340000－1802－0005148　401.31/0845
六朝文絜四卷　(清)許槤評選　清道光五年(1825)刻朱墨套印本　二册

340000－1802－0005149　401.31/0845:1
六朝文絜箋注十二卷　(清)許槤評選　(清)黎經誥注　清光緒十五年(1889)上海朝記書莊石印本　四册

340000－1802－0005150　401.31/0845:2
六朝文絜箋注十二卷　(清)許槤評選　(清)黎經誥注　清光緒十五年(1889)上海朝記書莊石印本　四册

340000－1802－0005151　401.31/0845:3
六朝文絜四卷　(清)許槤編　清刻本　一册　存二卷(三至四)

340000－1802－0005152　401.31/1722
兩漢策要十二卷　(宋)陶叔獻編　清光緒十三年(1887)上海同文書局石印本　八册

340000－1802－0005153　401.31/2477
西漢文選四卷　(清)儲欣評　清乾隆五十年(1785)二南堂刻本　三册

340000－1802－0005154　401.32/0033
唐詩百名家全集一百種三百二十七卷　(清)席啓寓編　清光緒八年(1882)琴川書屋刻本　四册　存十九卷(劉隨州詩十卷、補遺一卷,錢考功詩集一至八)

340000－1802－0005155　401.32/1011
全唐集句分韻四卷　(清)雨琴編　清咸豐十年(1860)稿本　四册

340000－1802－0005156　401.32/1043
十種唐詩選十七卷唐賢三味集三卷　(清)王士禛編　清康熙刻本　六册

340000－1802－0005157　401.32/1043:1
唐文粹詩選六卷　(清)王士禛編　清康熙三十一年(1692)刻本　一册

340000－1802－0005158　401.32/1043:2
十種唐詩選十七卷唐賢三味集三卷　(清)王士禛編　清康熙刻本　一册　存九卷(極玄集選一卷、又玄集選一卷、國秀集選一卷、篋中集選一卷、搜玉集選一卷、御覽集選一卷、才調集選一至三)

340000－1802－0005159　401.32/1044
初唐四傑文集二十一卷　(唐)王勃等撰　清末石印本　三册　存十六卷(六至二十一)

340000－1802－0005160　401.32/1044:1
初唐四傑文集二十一卷　(唐)王勃等撰　清光緒五年(1879)淮南書局刻本　三册

340000－1802－0005161　401.32/1082
唐詩試帖課蒙詳解十卷首一卷　(清)王錫侯編注　清乾隆二十三年(1758)刻本　四册

340000－1802－0005162　401.32/2632
唐諸家集不分卷　(清)吳汝綸點勘　清末蓮池書社鉛印本　一册

340000－1802－0005163　401.32/2632:1
唐諸家集不分卷　(清)吳汝綸點勘　清末蓮池書社鉛印本　一册

340000－1802－0005164　401.32/2821
御定全唐詩録一百卷　(清)徐倬編　清康熙四十五年(1706)刻本　十册　存四十五卷(一至二十六、三十四至四十二、五十至五十二、七十四至七十七、九十八至一百)

340000－1802－0005165　401.32/3423
重訂唐詩別裁集二十卷　(清)沈德潛編　清乾隆二十八年(1763)教忠堂刻本　十册

340000－1802－0005166　401.32/3434

唐人萬首絶句選七卷　(宋)洪邁編　(清)王士禛選　清刻本　一册　存三卷(五至七)

340000－1802－0005167　401.32/4407
中晚唐詩叩彈集十二卷續集三卷　(清)杜詔(清)杜庭珠編　清康熙四十三年(1704)杜氏采山亭刻本　四册

340000－1802－0005168　401.32/4407:1
中晚唐詩叩彈集十二卷續集三卷　(清)杜詔(清)杜庭珠編　清同治十二年(1873)刻本　六册

340000－1802－0005169　401.32/4407:2
中晚唐詩叩彈集十二卷續集三卷　(清)杜詔(清)杜庭珠編　清寶仁堂刻本　六册

340000－1802－0005170　401.32/4407:3
中晚唐詩叩彈集十二卷續集三卷　(清)杜詔(清)杜庭珠編　清康熙四十三年(1704)杜氏采山亭刻本　四册

340000－1802－0005171　401.32/4434
唐詩三百首注疏六卷　(清)蘅塘退士編(清)章燮注　清刻本　三册　存四卷(三至六)

340000－1802－0005172　401.32/4777
唐四家詩集二十卷　(清)胡鳳丹編　清光緒元年(1875)湖北崇文書局刻本　五册

340000－1802－0005173　401.32/5062
唐人三家集二十八卷　(清)秦恩復編　清道光十年(1830)江都秦氏石研齋影宋刻本　四册

340000－1802－0005174　401.32/5083
試帖箋林八卷　(清)秦錫淳選評　(清)陳兆熊等參注　清乾隆二十三年(1758)刻本　二册

340000－1802－0005175　401.32/5530
全唐詩三十二卷　(清)曹寅等編　清光緒十三年(1887)上海同文書局石印本　三十一册　缺一卷(二)

340000－1802－0005176　401.32/5530:1
欽定全唐詩三十二卷　(清)曹寅等編　清光緒十三年(1887)上海同文書局石印本　五册　存五卷(四至七、十九)

340000－1802－0005177　401.32/5587
唐詩析類集訓二十八卷　(清)曹錫彤編注　清光緒八年(1882)刻本　六册

340000－1802－0005178　401.32/5587:1
唐詩析類集訓二十八卷首一卷　(清)曹錫彤編注　清光緒八年(1882)刻本　四册　缺十二卷(五至十、十五至二十)

340000－1802－0005179　401.33/1028
宋人經義約鈔一卷　(清)不夜山人編　清光緒二十七年(1901)活字印本　一册

340000－1802－0005180　401.33/2632
蘇集點勘不分卷　(清)吳汝綸點勘　清末蓮池書社鉛印本　一册

340000－1802－0005181　401.33/4437
三蘇全集四種二百五卷　(宋)蘇洵等撰　清道光十二年(1832)眉州三蘇祠刻本　八十册

340000－1802－0005182　401.33/5558
宋四六選二十四卷　(清)曹振鏞編　清刻本　十二册

340000－1802－0005183　401.33/5558:1
宋四六選二十四卷　(清)曹振鏞編　清乾隆四十一年(1776)刻本　七册

340000－1802－0005184　401.33/5558:2
宋四六選二十四卷　(清)曹振鏞編　清乾隆四十一年(1776)刻本　八册

340000－1802－0005185　401.33/5558:3
宋四六選二十四卷　(清)曹振鏞編　清刻本　四册

340000－1802－0005186　401.33/5558:4
宋四六選二十四卷　(清)曹振鏞編　清刻本　一册　存六卷(八至十三)

340000－1802－0005187　401.33/6030
宋文鑑一百五十卷目錄三卷　(宋)呂祖謙編　清刻本　二十四册

340000－1802－0005188　401.342/4432
黃滔詩集二卷　(唐)黃滔撰　**林寬詩集一卷**　(唐)林寬撰　**曹松詩集二卷**　(唐)曹松撰　**李丞相詩集二卷**　(五代)李建勳撰　清康熙刻本　一册

340000－1802－0005189　401.348/2528
明詩綜一百卷　(清)朱彝尊編　(清)汪森緝評　清刻本　四十册

340000－1802－0005190　401.35/4412
元文類七十卷　(元)蘇天爵編　清刻本　四册　存二十八卷(十六至四十三)

340000－1802－0005191　401.35/7457
精選名儒草堂詩餘三卷　(元)鳳林書院輯　清嘉慶四年(1799)桐川顧氏刻讀畫齋叢書本　一册

340000－1802－0005192　401.352/0131
羅烈婦詩四卷　(清)周淑人撰　清光緒十四年(1888)刻本　四册

340000－1802－0005193　401.352/1092:1
奇芬集一卷　(清)王省山等撰　清道光二十九年(1849)澄江官舍刻本　一册

340000－1802－0005194　401.352/1092:2
奇芬集一卷　(清)王省山等撰　清道光二十九年(1849)澄江官舍刻本　一册

340000－1802－0005195　401.36/1025
天崇十家文鈔不分卷　(清)王步青評　清嘉慶十三年(1808)刻本　十一册　存徐思曠文鈔、艾千子文鈔、金正希文鈔、楊維節文鈔、陳大樽文鈔、黃陶庵文鈔、高蘇生文鈔、章世純文鈔

340000－1802－0005196　401.36/3102
明三十家詩選初集八卷二集八卷　(清)汪端編　清同治十二年(1873)藴蘭吟館刻本　八册

340000－1802－0005197　401.36/3167
徐州二遺民集兩種十卷　馮煦編　清光緒十九年(1893)臨川桂中行刻本　五册

340000－1802－0005198　401.36/3423
明詩別裁集十二卷　(清)沈德潛　(清)周準編　清乾隆四年(1739)刻本　四册

340000－1802－0005199　401.36/3423:1
明詩別裁集十二卷　(清)沈德潛　(清)周準編　清刻本　一册　存二卷(一至二)

340000－1802－0005200　401.37/0020
國朝文鈔初編六卷二編六卷三編六卷四編六卷五編六卷論文集抄二卷　(清)高塘編　清乾隆五十一年(1786)刻道光十一年(1831)補刻本　二十册

340000－1802－0005201　401.37/0020:1
國朝文鈔初編六卷二編六卷三編六卷四編六卷五編八卷　(清)高塘編　清刻本　二十九册

340000－1802－0005202　401.37/0053
增廣賦海大全三十卷　(清)席振逵等撰　清末石印本　三册　存五卷(一、七至八、十六至十七)

340000－1802－0005203　401.37/0393
國朝論策類編六卷末一卷　(清)識小社編　清光緒二十四年(1898)識小社刻本　四册

340000－1802－0005204　401.37/1003
王尤合稿二卷　(清)王廣心　(清)尤侗撰　(清)李靜齋編　清光緒二年(1876)鉛印本　二册

340000－1802－0005205　401.37/1010
西泠五布衣遺著五種三十一卷　(清)丁丙編　清錢塘丁氏當歸草堂刻本　十册

340000－1802－0005206　401.37/1020
續古文辭類纂三十四卷　王先謙纂　清光緒八年(1882)王氏虚受堂刻本　八册

340000－1802－0005207　401.37/1020:1
續古文辭類纂三十四卷　王先謙纂　清光緒八年(1882)王氏虚受堂刻本　八册

340000－1802－0005208　401.37/1020:2
續古文辭類纂三十四卷　王先謙纂　清光緒

八年(1882)王氏虚受堂刻本　八册

340000－1802－0005209　401.37/1020:3
續古文辭類纂三十四卷　王先謙纂　清光緒三十三年(1907)上海商務印書館鉛印本　四册

340000－1802－0005210　401.37/1020:4
續古文辭類纂三十四卷　王先謙纂　清光緒三十三年(1907)上海商務印書館鉛印本　四册

340000－1802－0005211　401.37/1020:5
續古文辭類纂三十四卷　王先謙編　清末刻本　六册　缺十卷(一至十)

340000－1802－0005212　401.37/1020:6
續古文辭類纂三十四卷　王先謙纂　清末鉛印本　三册　存七卷(三、五至十)

340000－1802－0005213　401.37/1020:7
近科分韻館詩初集□□卷二集□□卷　王先謙編　清光緒鉛印本　五册　存五卷(初集二、四、六至七,二集二)

340000－1802－0005214　401.37/1036
湖海詩傳四十六卷　(清)王昶編　清嘉慶八年(1803)刻本　十六册

340000－1802－0005215　401.37/1036:1
湖海文傳七十五卷　(清)王昶編　清道光十七年(1837)刻本　十二册

340000－1802－0005216　401.37/1036:2
湖海文傳七十五卷　(清)王昶編　清道光十七年(1837)刻本　十六册

340000－1802－0005217　401.37/1043
感舊集十六卷　(清)王士禛編　(清)盧見曾補傳　清末鉛印本　二册　存六卷(九至十四)

340000－1802－0005218　401.37/1136
七家詩選註釋七卷　(清)張昶注　(清)張熙宇輯評　清道光寶文堂刻本　二册　存四卷(一至四)

340000－1802－0005219　401.37/1173
七家詩選七卷　(清)張熙宇輯評　清道光十二年(1832)大文堂刻朱墨套印本　四册

340000－1802－0005220　401.37/1173:1
七家試帖輯注彙鈔九卷　(清)張熙宇輯評　(清)王植桂輯注　清光緒十六年(1890)石渠山房刻本　八册

340000－1802－0005221　401.37/1173:2
七家試帖輯注彙鈔九卷　(清)張熙宇輯評　(清)王植桂輯注　清光緒二十年(1894)澹雅書局刻本　八册

340000－1802－0005222　401.37/1173:3
七家試帖輯註彙鈔九卷　(清)張熙宇輯評　(清)王植桂輯注　清同治九年(1870)刻本　八册

340000－1802－0005223　401.37/1173:4
七家試帖輯註彙鈔九卷　(清)張熙宇輯評　(清)王植桂輯注　清同治九年(1870)刻本　七册　缺二卷(西漚試帖輯註二卷)

340000－1802－0005224　401.37/1173:5
七家試帖輯註彙鈔九卷　(清)張熙宇輯注　(清)王植桂輯評　清同治九年(1870)刻本　八册

340000－1802－0005225　401.37/1173:6
七家詩選七卷隨月山房試帖一卷　(清)張熙宇輯評　清刻朱墨套印本　二册　存四卷(三至四、七,試帖一卷)

340000－1802－0005226　401.37/1173:7
七家詩選七卷　(清)張熙宇輯評　清末刻朱墨套印本　一册　存二卷(六至七)

340000－1802－0005227　401.37/1184
詩集摘錄不分卷　(清)張敏求等撰　清抄本　二册　存二册

340000－1802－0005228　401.37/1202
普天忠憤集十四卷　(清)孔廣德編　清光緒石印本　八册　缺四卷(四至七)

340000－1802－0005229　401.37/1774
二家詩鈔二十卷　(清)邵長蘅編　清康熙三

十四年(1695)刻本　五册

340000－1802－0005230　401.37/2117
本朝十二家精選十二集　(清)何飛鳳評　清刻本　二册　存四集(五至六、九至十)

340000－1802－0005231　401.37/2530
師友贈言一卷　(清)朱守訓編　清同治四年(1865)成都刻本　一册

340000－1802－0005232　401.37/2543
瀛海探驪集八卷　(清)朱埏之編　(清)毛寅初　(清)馮泉　(清)田枏注　清嘉慶十九年(1814)刻本　四册

340000－1802－0005233　401.37/2637
八家文鈔八卷　(清)吳鴻等撰　清光緒著易堂鉛印本　四册

340000－1802－0005234　401.37/2640
八家四六文鈔八種九卷　(清)吳鼒編　清嘉慶較經堂刻本　四册

340000－1802－0005235　401.37/2640:1
八家四六文鈔八種九卷　(清)吳鼒編　清嘉慶較經堂刻本　四册

340000－1802－0005236　401.37/2640:2
八家四六文註八卷　(清)吳鼒編　(清)許貞幹注　**補註一卷**　(清)陳衍撰　清末掃葉山房石印本　四册

340000－1802－0005237　401.37/2640:3
八家四六文註八卷　(清)吳鼒編　(清)許貞幹注　**補註一卷**　(清)陳衍撰　清光緒十八年(1892)上海圖書集成印書局鉛印本　八册

340000－1802－0005238　401.37/2640:4
八家四六文註八卷　(清)吳鼒編　(清)許貞幹注　**補註一卷**　(清)陳衍撰　清光緒十八年(1892)上海圖書集成印書局鉛印本　八册

340000－1802－0005239　401.37/2680
吳張合稿六卷　(清)吳錫麒　(清)張姚成著　清光緒二年(1876)四明茹古齋石印本　二册

340000－1802－0005240　401.37/2712
國朝律賦麗則六卷　(清)鄒玉畇纂　(清)鄒玉田注　清乾隆三十二年(1767)刻本　四册

340000－1802－0005241　401.37/2767
庚辰集五卷　(清)紀昀編　清刻本　一册　存一卷(四)

340000－1802－0005242　401.37/2812
國朝二十四家文鈔二十四卷　(清)徐斐然輯評　清道光十年(1830)刻本　八册

340000－1802－0005243　401.37/2812:1
國朝二十四家文鈔二十四卷　(清)徐斐然輯評　清道光十年(1830)刻本　八册

340000－1802－0005244　401.37/3091
國朝閨秀正始集十八卷附錄一卷補遺一卷　(清)完顏惲珠編　清道光十一年(1831)紅香館刻本　二十四册

340000－1802－0005245　401.37/3144
江左三大家詩鈔九卷　(清)顧有孝　(清)趙澐編　清康熙六年(1667)刻本　四册

340000－1802－0005246　401.37/3144:1
江左三大家詩鈔九卷　(清)顧有孝　(清)趙澐編　清康熙六年(1667)刻本　二册　缺三卷(芝麓詩鈔三卷)

340000－1802－0005247　401.37/3187
增廣留青新集二十四卷附泰西禮俗攷　(清)馮善長編　清光緒二十五年(1899)石印本　二册　存十四卷(一至十四)

340000－1802－0005248　401.37/3187:1
增廣留青新集二十四卷附泰西禮俗攷　(清)馮善長編　清光緒二十五年(1899)石印本　十二册

340000－1802－0005249　401.37/3418
同館賦鈔二十六卷　(清)法式善編　清嘉慶刻本　十册

340000－1802－0005250　401.37/3422
國朝律賦偶箋四卷　(清)沈豐岐注　清乾隆二十三年(1758)刻本　四册

340000－1802－0005251　401.37/3423

欽定國朝詩別裁集三十二卷　(清)沈德潛纂評　清刻本　十二册

340000－1802－0005252　401.37/3423:1
國朝詩別裁集三十六卷　(清)沈德潛纂評　(清)翁照等編　清乾隆二十四年(1759)刻本　十八册

340000－1802－0005253　401.37/3423:2
國朝詩別裁集三十六卷　(清)沈德潛纂評　(清)翁照等編　清乾隆二十四年(1759)刻本　五册

340000－1802－0005254　401.37/3423:3
本朝應制和聲集六卷首一卷　(清)沈德潛　(清)王居正輯　清乾隆九年(1744)刻本　二册　存三卷(一至二、首一卷)

340000－1802－0005255　401.37/3423:4
本朝應制和聲集六卷首一卷　(清)沈德潛　(清)王居正輯　清乾隆九年(1744)刻本　二册　存三卷(一至二、首一卷)

340000－1802－0005256　401.37/3445
南宋雜事詩七卷　(清)沈嘉轍等撰　清乾隆武林芹香齋刻本　二册

340000－1802－0005257　401.37/3445:1
南宋雜事詩七卷　(清)沈嘉轍等撰　清乾隆武林芹香齋刻本　一册

340000－1802－0005258　401.37/3445:2
南宋雜事詩七卷　(清)沈嘉轍等撰　清漢鎮森寶齋書局刻本　四册

340000－1802－0005259　401.37/4037
國朝文録初編四十種八十四卷續編四十九種六十六卷附一種四卷　(清)李祖陶評　清道光十九年(1839)瑞州府鳳儀書院刻本　六十四册

340000－1802－0005260　401.37/4037:1
國朝文録初編四十種八十四卷續編四十九種六十六卷附一種四卷　(清)李祖陶評　清同治七年(1868)敖陽李氏刻本　二十三册　存三十八卷(姚端恪公文録二卷、砥齋文録一卷、聰山文録一卷、魏伯子文録一卷、河東文録一卷、可儀堂文録一卷、趙忠毅公文録二卷、白田草堂文録一卷、梅莊文録一卷、梅崖居士集文録二卷、四知堂文録二卷、孺廬先生文録一卷、雙桂堂文録二卷、松泉文録一卷、歸愚文録一卷、果堂文録一卷、培遠堂文録一卷、香國集文録一卷、小倉山房二卷、尊聞居士集二卷、叢桂堂文録一卷、海崖文録一卷、切問齋文録二卷、經韻樓集文録二卷、養一齋文録一卷、鑑止水齋文録一卷、雀研齋文録一卷、雕菰集文録二卷)

340000－1802－0005261　401.37/4037:2
國朝文録初編四十種八十四卷續編四十九種六十六卷附一種四卷　(清)李祖陶評　清同治七年(1868)敖陽李氏刻本　一册　存二卷(梅崖居士集文録二卷)

340000－1802－0005262　401.37/4048
隨園續同人集十七卷　(清)袁枚編　清光緒文奎堂刻本　五册　缺二卷(一至二)

340000－1802－0005263　401.37/4048:1
隨園八十壽言六卷　(清)袁枚編　清光緒文奎堂刻本　二册

340000－1802－0005264　401.37/4433
本朝三十家文不分卷　(清)蔡寅斗編　清乾隆十六年(1751)金閶緑蔭堂刻本　十册

340000－1802－0005265　401.37/4443
三子詩選三卷　(清)蔡壽祺編　清咸豐七年(1857)刻本　一册

340000－1802－0005266　401.37/4452
後七家詩選七卷　(清)薛春黎編　清光緒二年(1876)張兆蘭刻本　一册　存二卷(堪喜齋試帖輯註、壺園試帖輯註)

340000－1802－0005267　401.37/4497
秋聲集□□卷　(清)蔡煥颬等撰　清末石印本　一册　存二卷(三至四)

340000－1802－0005268　401.37/4709
同館試律彙鈔二十四卷　(清)韋謙恒　(清)吳省欽編　清乾隆五十二年(1787)刻本

八冊

340000－1802－0005269　401.37/4782

四家纂文敘錄彙編總目五卷　（清）胡念修編　清光緒二十五年（1899）刻鵠齋刻本　一冊

340000－1802－0005270　401.37/4911

國朝鴻音六卷　（清）趙丕烈編　（清）程楝（清）趙曉榮注　清乾隆二十四年（1759）刻本　二冊

340000－1802－0005271　401.37/7522

篋衍集十二卷　（清）陳維崧著　清末鉛印本　一冊　存四卷（二至五）

340000－1802－0005272　401.37/7548

憑山閣增輯留青新集三十卷　（清）陳枚編（清）陳德裕增輯　清康熙四十七年（1708）刻本　二十冊

340000－1802－0005273　401.37/7548:1

憑山閣增輯留青新集三十卷　（清）陳枚編（清）陳德裕增輯　清康熙四十七年（1708）刻本　二十九冊

340000－1802－0005274　401.37/8003

曾太僕左夫人詩稿合刻五種十二卷　（清）曾詠　（清）左錫嘉撰　清光緒十七年（1891）定襄官署刻本　七冊

340000－1802－0005275　401.37/8097

國朝駢體正宗十二卷　（清）曾燠編　（清）姚燮評　清嘉慶十一年（1806）刻本　六冊

340000－1802－0005276　401.37/8097:1

國朝駢體正宗十二卷　（清）曾燠編　（清）姚燮評　清光緒十九年（1893）善化章氏鴻運樓刻本　三冊　缺二卷（三至四）

340000－1802－0005277　401.37/8097:2

國朝駢體正宗十二卷　（清）曾燠編　（清）姚燮評　清光緒十九年（1893）善化章氏鴻運樓刻本　二冊　存四卷（九至十二）

340000－1802－0005278　401.45/1027

江浙四名家時文稿四卷　（清）丁紹周等撰　清同治十年至十一年（1871－1872）刻本　四冊

340000－1802－0005279　401.453/4452

徐州詩徵八卷　（清）桂中行編　清光緒十七年（1891）刻本　四冊

340000－1802－0005280　401.453/7730

國朝常州駢體文錄三十一卷結一宧駢體文一卷　（清）屠寄編　清光緒十六年（1890）刻本　八冊

340000－1802－0005281　401.454/0014

古桐鄉詩選十二卷　（清）文聚奎　（清）戴鈞衡編　清道光二十一年（1841）刻本　六冊

340000－1802－0005282　401.454/0112

合肥三家詩錄二卷　（清）譚廷獻編　清光緒十二年（1886）安慶刻本　一冊

340000－1802－0005283　401.454/3174

安徽詩賦不分卷　（清）汪履基等撰　清乾隆二十六年（1761）刻本　一冊　存第四冊

340000－1802－0005284　401.454/7242

貴池二妙集五十一卷　（清）劉世珩編　清光緒二十六年（1900）劉氏唐石簃刻本　三冊　存十四卷（樓山堂集二十四至二十七、嶧桐文集一至十）

340000－1802－0005285　401.465/1020

嶺南三大家詩選二十四卷　（清）王隼編　清同治刻本　二冊　存十八卷（一至十八）

340000－1802－0005286　401.5/1122

講筵四世詩鈔十卷　（清）張蠡秋編　清嘉慶二年（1797）刻本　四冊

340000－1802－0005287　401.5/2130

熊氏遺集二卷　熊賓纂　清宣統元年（1909）鉛印本　二冊

340000－1802－0005288　401.5/2514

紫陽家塾詩鈔二十四卷　（清）朱琦編　清道光十二年（1832）刻本　六冊

340000－1802－0005289　401.5/2577

浣霞軒詩稿一卷寓草二卷試帖拾遺一卷（清）朱驤成撰　**過庭集一卷**　（清）朱駜成撰

車笠同盟集一卷 （清）鏡湖編 清同治刻本 一冊

340000－1802－0005290 401.5/2673
茂林賦鈔一卷補遺一卷 （清）吳學洙編 清道光三年（1823）刻本 一冊 存一卷（茂林賦鈔一卷）

340000－1802－0005291 401.5/3133
餘園先集一卷附稿一卷墓圖題辭一卷 （清）汪述祖編 清光緒二十九年（1903）刻本 一冊

340000－1802－0005292 401.5/3133
餘園先集一卷附稿一卷墓圖題辭一卷 （清）汪述祖編 清光緒二十九年（1903）刻本 一冊

340000－1802－0005293 401.5/3162
獨秀山房課草不分卷 （清）江景綸等著 **獨秀山房四書文一卷續編一卷** （清）江濬源著 清嘉慶九年（1804）刻同治十三年（1874）續刻本 八冊

340000－1802－0005294 401.5/3735
沈氏三先生文集六十二卷 （清）沈遘 （清）沈括 （清）沈遼撰 清光緒二十二年（1896）浙江書局刻本 十冊

340000－1802－0005295 401.5/4391
瑞芝山房詩鈔八卷 （清）戴燮元編 清光緒元年（1875）刻本 四冊

340000－1802－0005296 401.5/4458
三蘇策十二卷 （宋）蘇轍 （宋）蘇軾 （宋）蘇洵著 清刻本 一冊 存一卷（三）

340000－1802－0005297 401.5/7717
周氏清芬文集十四卷詩集二十四卷 （清）周琴風等編 清光緒十九年（1893）活字印本 十六冊

340000－1802－0005298 401.6/0088
瀛奎玉律賦鈔四卷 （清）高敏編 清道光十八年（1838）刻本 三冊

340000－1802－0005299 401.6/0426
應試新賦備要初集六卷二集六卷 （清）謝稼思評選 清乾隆三十一年（1766）刻本 三冊 存六卷（應試新賦備要初集六卷）

340000－1802－0005300 401.6/0840
律賦采珍三卷二集五卷 （清）許奎輯注 清刻本 四冊

340000－1802－0005301 401.6/1014
賦鈔箋略十五卷 （清）雷琳 （清）張杏濱注 清嘉慶二十二年（1817）張士林刻本 八冊

340000－1802－0005302 401.6/1014:1
賦鈔箋略十五卷 （清）雷琳 （清）張杏濱注 清嘉慶二十二年（1817）張士林刻本 一冊 存二卷（一至二）

340000－1802－0005303 401.6/1014:2
賦鈔箋略十五卷 （清）雷琳 （清）張杏濱注 清嘉慶二十二年（1817）張士林刻本 八冊

340000－1802－0005304 401.6/1021
歷朝賦楷八卷首一卷 （清）王修玉編 清康熙二十五年（1686）刻本 四冊

340000－1802－0005305 401.6/1113
得月樓賦四編四卷 （清）張元灝選評 清末刻本 六冊 存三百九十四葉（甲編六十五至二百二、乙編五十八至一百二十七、丙編一百二十四至一百八十、丁編一至一百二十九）

340000－1802－0005306 401.6/1124
分類賦學雞跖集三十卷附錄一卷 （清）張維城輯 清刻本 二冊 存十四卷（一至三、十一至二十一）

340000－1802－0005307 401.6/1150
七十家賦鈔六卷 （清）張惠言編 清光緒四年（1878）宏達堂刻本 四冊

340000－1802－0005308 401.6/1150:1
七十家賦鈔六卷 （清）張惠言編 清光緒八年（1882）廣東經史閣刻本 四冊

340000－1802－0005309 401.6/1150:2
七十家賦鈔六卷 （清）張惠言編 清光緒四年（1878）宏達堂刻本 四冊

340000－1802－0005310　401.6/1150:3
七十家賦鈔六卷　(清)張惠言編　清道光元年(1821)合河康氏刻朱墨套印本　四册

340000－1802－0005311　401.6/1150:4
七十家賦鈔六卷　(清)張惠言編　清光緒八年(1882)廣東經史閣刻本　四册

340000－1802－0005312　401.6/1150:5
七十家賦鈔六卷　(清)張惠言輯　**賦鈔劄記六卷**　(清)朱錦綬記　清末刻本　四册　缺一卷(一)

340000－1802－0005313　401.6/1150:6
七十家賦鈔六卷　(清)張惠言編　清光緒四年(1878)刻本　四册

340000－1802－0005314　401.6/2548
五雲軒賦選四卷　(清)朱松年等編　清乾隆三十三年(1768)刻本　二册

340000－1802－0005315　401.6/2640
八家四六文註八卷首一卷　(清)吳鼒編　(清)許貞幹注　清光緒十八年(1892)上海圖書集成印書局鉛印本　八册

340000－1802－0005316　401.6/2640:1
八家四六文註八卷首一卷　(清)吳鼒編　(清)許貞幹注　清光緒十八年(1892)上海圖書集成印書局鉛印本　八册

340000－1802－0005317　401.6/2640:2
八家四六文註八卷首一卷　(清)吳鼒編　(清)許貞幹注　清光緒十八年(1892)上海圖書集成印書局鉛印本　四册

340000－1802－0005318　401.6/2640:3
八家四六文註八卷首一卷　(清)吳鼒編　(清)許貞幹注　清光緒十八年(1892)上海圖書集成印書局鉛印本　八册

340000－1802－0005319　401.6/2746
賦則四卷首一卷　(清)鮑桂星評選　清張鵬翂刻本　二册

340000－1802－0005320　401.6/3308
賦海大觀三十二卷　(清)鴻寶齋主人編　清光緒石印本　二册　存二卷(十上、十一)

340000－1802－0005321　401.6/4010
賦學正鵠集釋十卷　(清)李元度編　清光緒十一年(1885)刻本　六册

340000－1802－0005322　401.6/4010:1
賦學正鵠集釋四卷　(清)李元度編　清光緒二十年(1894)上海文瑞樓石印本　四册

340000－1802－0005323　401.6/4010:2
賦學正鵠十卷　(清)李元度編　清同治十年(1871)安定堂刻本　四册

340000－1802－0005324　401.6/4010:3
賦學正鵠集釋四卷　(清)李元度編　清光緒二十三年(1897)上海文寶閣石印本　四册

340000－1802－0005325　401.6/4010:4
賦學正鵠集釋十一卷　(清)李元度編　清光緒七年(1881)刻本　六册

340000－1802－0005326　401.6/4010:5
賦學正鵠集釋十一卷　(清)李元度輯　清刻本　二册　存二卷(三至四)

340000－1802－0005327　401.6/4010:6
賦學正鵠十卷　(清)李元度撰　清刻本　一册　存一卷(二)

340000－1802－0005328　401.6/4033
駢體文鈔三十一卷　(清)李元度編　清光緒三十四年(1908)刻本　八册

340000－1802－0005329　401.6/4033:1
駢體文鈔三十一卷　(清)李元度編　清同治六年(1867)刻本　十二册

340000－1802－0005330　401.6/4033:2
駢體文鈔三十一卷　(清)李元度編　清康氏家塾刻本　十二册

340000－1802－0005331　401.6/4033:3
駢體文鈔三十一卷　(清)李元度編　清光緒八年(1882)康氏家塾刻本　十二册

340000－1802－0005332　401.6/4408
夢華廬賦海三十卷　(清)夢華廬主人編　清

光緒十二年(1886)上海點石齋石印本　七冊　缺五卷(十九至二十三)

340000－1802－0005333　401.6/4408:1
夢華廬賦海三十卷　(清)夢華廬主人編　清光緒十二年(1886)上海點石齋石印本　二冊　存十卷(九至十八)

340000－1802－0005334　401.6/5070
奎光書院賦鈔六卷　(清)秦際唐編　清光緒十九年(1893)李光明莊刻本　六冊

340000－1802－0005335　401.6/5070:1
奎光書院賦鈔六卷　(清)秦際唐編　清光緒十九年(1893)李光明莊刻本　六冊

340000－1802－0005336　401.6/7120
六朝唐賦讀本二卷　(清)馬傳庚編注　清光緒十三年(1887)點石齋影印本　二冊

340000－1802－0005337　401.6/7120:1
六朝唐賦讀本二卷　(清)馬傳庚編注　清光緒二年(1876)四明採石山房影印本　二冊

340000－1802－0005338　401.6/7120:2
六朝唐賦讀本二卷　(清)馬傳庚編注　清光緒十九年(1893)石印本　二冊

340000－1802－0005339　401.6/7510
御定歷代賦彙一百四十卷外集二十卷逸句二卷補遺二十二卷　(清)陳元龍編　清光緒二十年(1894)上海點石齋石印本　十六冊

340000－1802－0005340　401.6/7545
九華賦略四卷　(清)陳埥編　清嘉慶八年(1803)刻本　二冊

340000－1802－0005341　401.6/7875
駢體典林富艷□□卷　(□)□□編　清末刻本　三冊　存十四卷(六至十五、二十至二十三)

340000－1802－0005342　401.6/8045
國朝賦楷六卷　(清)余棟等撰　清乾隆三十年(1765)懷德堂刻本　二冊

340000－1802－0005343　401.7/0374
唱和三集十卷　(清)六潭居士編　清光緒二十九年(1903)刻本　四冊

340000－1802－0005344　401.7/0374:1
漸源唱和集四卷　(清)六潭居士編　清光緒二十六年(1900)刻本　二冊

340000－1802－0005345　401.7/1004
冰梅詞一刻一卷　(清)夏文莼編　清光緒二十九年(1903)刻本　一冊

340000－1802－0005346　401.7/1004:1
冰梅詞一刻一卷　(清)夏文莼編　清光緒二十九年(1903)刻本　一冊

340000－1802－0005347　401.7/1004:2
冰梅詞一刻一卷　(清)夏文莼編　清光緒二十九年(1903)刻本　一冊

340000－1802－0005348　401.7/1004:3
冰梅詞一刻一卷　(清)夏文莼編　清光緒二十九年(1903)刻本　一冊

340000－1802－0005349　401.7/1004:4
冰梅詞一刻一卷　(清)夏文莼編　清光緒二十九年(1903)刻本　一冊

340000－1802－0005350　401.7/1004:5
冰梅詞一刻一卷　(清)夏文莼編　清光緒二十九年(1903)刻本　一冊

340000－1802－0005351　401.7/1004:6
冰梅詞一刻一卷　(清)夏文莼編　清光緒二十九年(1903)刻本　一冊

340000－1802－0005352　401.7/1004:7
冰梅詞一刻一卷　(清)夏文莼編　清光緒二十九年(1903)刻本　一冊

340000－1802－0005353　401.7/1004:8
冰梅詞一刻一卷　(清)夏文莼編　清光緒二十九年(1903)刻本　一冊

340000－1802－0005354　401.7/1004:9
冰梅詞一刻一卷　(清)夏文莼編　清光緒二十九年(1903)刻本　一冊

340000－1802－0005355　401.7/1004:10
冰梅詞一刻一卷　(清)夏文莼編　清光緒二

十九年(1903)刻本　一册

340000－1802－0005356　401.7/1004:11
冰梅詞一刻一卷　(清)夏文莼編　清光緒二十九年(1903)刻本　一册

340000－1802－0005357　401.7/1004:12
冰梅詞一刻一卷　(清)夏文莼編　清光緒二十九年(1903)刻本　一册

340000－1802－0005358　401.7/1004:13
冰梅詞一刻一卷　(清)夏文莼編　清光緒二十九年(1903)刻本　一册

340000－1802－0005359　401.7/1004:14
冰梅詞一刻一卷　(清)夏文莼編　清光緒二十九年(1903)刻本　一册

340000－1802－0005360　401.7/1004:15
冰梅詞一刻一卷　(清)夏文莼編　清光緒二十九年(1903)刻本　一册

340000－1802－0005361　401.7/1010
煎茶閒録一卷　(清)聶爾康編　清同治六年(1867)刻本　一册

340000－1802－0005362　401.7/2177
所至録□□卷　(清)盧戊原　(清)吴寅邦編　清咸豐四年(1854)刻本　一册　存一卷(永甯一)

340000－1802－0005363　401.7/2527
胭脂牡丹六卷　(清)韓鄂不編　清刻本　五册　存五卷(二至六)

340000－1802－0005364　401.7/3114
黄海看雲圖題詞二卷　(清)汪廷棟編　清光緒二十年(1894)刻本　二册

340000－1802－0005365　401.7/3125
桃花村盍簪録一卷　江峰青等撰　清光緒三十四年(1908)石印本　一册

340000－1802－0005366　401.7/3125:1
豐樂園八詠一卷　江峰青等撰　清光緒二十三年(1897)刻本　一册

340000－1802－0005367　401.7/3125:2
重行行唱酬集一卷　江峰青等撰　清光緒二十三年(1897)刻本　一册

340000－1802－0005368　401.7/3143
嶺北棠陰集一卷　(清)汪都良編　清宣統二年(1910)鉛印本　一册

340000－1802－0005369　401.7/3423
歸田集三卷　(清)沈德潛等撰　清乾隆刻本　一册

340000－1802－0005370　401.7/4060
二李唱和集一卷　(宋)李昉　(宋)李至撰　清光緒十五年(1889)貴陽陳氏影宋刻本　一册

340000－1802－0005371　401.7/4064
皖水風萍集一卷　(清)李國棣編　清光緒二十八年(1902)木活字印本　一册

340000－1802－0005372　401.7/4418
寄榆盦詩鈔一卷　(清)黄建笎撰　清光緒二十九年(1903)刻本　一册

340000－1802－0005373　401.7/4421
楚香新詠一卷　(清)黄雋珊編　清光緒十六年(1890)鉛印本　一册

340000－1802－0005374　401.7/4462
鴻雪聯吟一卷　(清)林昌彝　(清)方濬頤撰　清同治七年(1868)刻本　一册

340000－1802－0005375　401.7/4462:1
鴻雪聯吟一卷　(清)林昌彝　(清)方濬頤撰　清同治七年(1868)刻本　一册

340000－1802－0005376　401.7/4462:2
鴻雪聯吟一卷　(清)林昌彝　(清)方濬頤撰　清同治七年(1868)刻本　一册

340000－1802－0005377　401.7/4462:3
鴻雪聯吟一卷　(清)林昌彝　(清)方濬頤撰　清同治七年(1868)刻本　一册

340000－1802－0005378　401.7/4462:4
鴻雪聯吟一卷　(清)林昌彝　(清)方濬頤撰　清同治七年(1868)刻本　一册

340000－1802－0005379　401.7/4462:5

鴻雪聯吟一卷　(清)林昌彜　(清)方濬頤撰　清同治七年(1868)刻本　一册

340000－1802－0005380　401.7/4480

廬山詩録四卷　(清)范鍾等撰　清光緒十九年(1893)刻本　一册

340000－1802－0005381　401.7/5028

西泠酬倡集五卷二集五卷三集五卷　(清)秦緗業等撰　清光緒五年(1879)刻本　六册

340000－1802－0005382　401.7/7110

定香亭筆談四卷　(清)阮元撰　(清)吳文溥等編　清嘉慶五年(1800)刻本　四册

340000－1802－0005383　401.7/7131

八箴堂詩課一卷　(清)馬沅編　清道光十年(1830)刻本　一册

340000－1802－0005384　401.7/7161

林屋倡酬録一卷　(清)馬曰琯輯　**焦山紀遊集一卷**　(清)厲鶚撰　清道光三十年(1850)刻粤雅堂叢書本　一册

340000－1802－0005385　401.7/7482

州陵贈言一卷　(清)陸鍾泉等撰　清光緒二十年(1894)刻本　一册

340000－1802－0005386　401.7/7567

潯聲二卷　(清)陳景賢校訂　清光緒十六年(1890)刻本　一册

340000－1802－0005387　401.77/5722

友聲集五卷　(清)賴鯤升　(清)賴鳳升　(清)賴緯鄴編　清光緒元年(1875)刻本　六册

340000－1802－0005388　401.77/5722:1

友聲集五卷　(清)賴鯤升　(清)賴鳳升　(清)賴緯鄴編　清光緒元年(1875)刻本　六册

340000－1802－0005389　401.8/1003

庶幾録一卷　(清)章小陸編　清抄本　一册

340000－1802－0005390　401.8/1046

奎壁齋新鐫舉筆須知寫貼欵式二卷　(清)王相編　清鄭漢刻本　一册

340000－1802－0005391　401.8/4424

通問便集二卷　蔣升輯注　清光緒十一年(1885)上海慈母堂印書局鉛印本　二册

340000－1802－0005392　401.8/4424:1

通問便集二卷　蔣升輯注　清光緒二十年(1894)上海土山灣書局鉛印本　二册

340000－1802－0005393　401.8/4424:2

通問便集二卷　蔣升輯注　清光緒十一年(1885)上海慈母堂印書局鉛印本　二册

340000－1802－0005394　401.8/4424:3

通問便集二卷　蔣升輯注　清光緒二十年(1894)上海土山灣書局鉛印本　二册

340000－1802－0005395　401.8/4424:4

書契便蒙一卷　蔣升輯注　清光緒二十一年(1895)土山灣慈母堂鉛印本　一册

340000－1802－0005396　401.8/4424:5

書契便蒙一卷　蔣升輯注　清光緒二十一年(1895)土山灣慈母堂鉛印本　一册

340000－1802－0005397　401.8/4424:6

書契便蒙一卷　蔣升輯注　清光緒二十一年(1895)土山灣慈母堂鉛印本　一册

340000－1802－0005398　401.8/4424:7

書契便蒙一卷　蔣升輯注　清光緒二十一年(1895)土山灣慈母堂鉛印本　一册

340000－1802－0005399　401.8/4424:8

書契便蒙一卷　蔣升輯注　清光緒二十一年(1895)土山灣慈母堂鉛印本　一册

340000－1802－0005400　401.8/4424:9

書契便蒙一卷　蔣升輯注　清光緒二十一年(1895)土山灣慈母堂鉛印本　一册

340000－1802－0005401　401.8/4424:10

書契便蒙一卷　蔣升輯注　清光緒二十一年(1895)土山灣慈母堂鉛印本　一册

340000－1802－0005402　401.8/4424:11

書契便蒙一卷　蔣升輯注　清光緒二十年

(1894)上海土山灣鉛印本　一冊

340000－1802－0005403　401.8/4424:12
書契便蒙一卷　蔣升輯注　清光緒二十一年(1895)土山灣慈母堂鉛印本　一冊

340000－1802－0005404　401.8/4424:13
書契便蒙一卷　蔣升輯注　清光緒二十年(1894)土山灣鉛印本　一冊

340000－1802－0005405　401.8/4424:14
書契便蒙一卷　蔣升輯注　清光緒二十年(1894)土山灣鉛印本　一冊

340000－1802－0005406　401.8/4424:15
書契便蒙一卷　蔣升輯注　清光緒二十年(1894)上海土山灣鉛印本　一冊

340000－1802－0005407　401.8/4424:16
書契便蒙一卷　蔣升輯注　清光緒二十年(1894)上海土山灣鉛印本　一冊

340000－1802－0005408　401.8/4424:17
書契便蒙一卷　蔣升輯注　清光緒二十年(1894)上海土山灣鉛印本　一冊

340000－1802－0005409　401.8/4424:18
書契便蒙一卷　蔣升輯注　清光緒二十年(1894)上海土山灣鉛印本　一冊

340000－1802－0005410　401.8/4424:19
書契便蒙一卷　蔣升輯注　清光緒二十一年(1895)土山灣慈母堂鉛印本　一冊

340000－1802－0005411　401.8/4424:20
通問便集二卷　蔣升輯注　清光緒十一年(1885)上海土山灣慈母堂印書局鉛印本　二冊

340000－1802－0005412　401.8/4424:21
通問便集二卷　蔣升輯注　清光緒十一年(1885)上海土山灣慈母堂印書局鉛印本　二冊

340000－1802－0005413　401.8/4424:22
通問便集二卷　蔣升輯注　清光緒十一年(1885)上海土山灣慈母堂印書局鉛印本　二冊

340000－1802－0005414　401.8/4424:23
通問便集二卷　蔣升輯注　清光緒十一年(1885)上海土山灣慈母堂印書局鉛印本　二冊

340000－1802－0005415　401.8/4424:24
通問便集二卷　蔣升輯注　清光緒十一年(1885)上海慈母堂印書局鉛印本　二冊

340000－1802－0005416　401.81/0704
名賢手劄八卷　(清)郭慶藩編　清光緒十九年(1893)石印本　二冊

340000－1802－0005417　401.81/0704:1
名賢手劄八卷　(清)郭慶藩編　清光緒十年(1884)郭氏岵瞻堂刻本　二冊

340000－1802－0005418　401.81/0704:2
名賢手劄八卷　(清)郭慶藩編　清光緒十年(1884)郭氏岵瞻堂刻本　四冊

340000－1802－0005419　401.81/2357
最新海上名花尺牘二卷　(清)上海書局編　清光緒三十三年(1907)上海書局石印本　二冊

340000－1802－0005420　401.81/2623
師友緒餘一卷　吳保初編　清光緒二十五年(1899)活字印本　一冊

340000－1802－0005421　401.81/2623:1
師友緒餘一卷　吳保初編　清光緒二十五年(1899)活字印本　一冊

340000－1802－0005422　401.81/2683
國朝名人書劄三卷　吳曾祺編　清宣統三年(1911)上海文明書局鉛印本　三冊

340000－1802－0005423　401.81/2683:1
歷代名人小簡二卷　吳曾祺編　清宣統元年(1909)商務印書館鉛印本　二冊

340000－1802－0005424　401.81/2683:2
國朝名人小簡二卷　吳曾祺編　清宣統元年(1909)商務印書館鉛印本　二冊

340000－1802－0005425　401.81/3148
書啟合璧十三卷　(清)汪孝鍾　(清)張宗熹

編　清乾隆四十六年(1781)刻本　一册　存二卷(繡虎初集上、下)

340000－1802－0005426　401.81/5528
欣賞齋尺牘六卷　(清)曹仁鏡編　清光緒十四年(1888)刻本　六册

340000－1802－0005427　401.81/7433
潛園友朋書問十二卷　(清)陸心源編　清光緒石印本　四册

340000－1802－0005428　401.81/7433
五十名家書劄十二卷　(清)陸心源編　清光緒二十年(1894)上海復古齋石印本　四册

340000－1802－0005429　401.82/7228
青照軒謎槁四卷　(清)劉紹鏞等編　清光緒十四年(1888)芸香山館刻本　一册

340000－1802－0005430　401.82/8026
格言聯璧一卷　(清)金纓編　清光緒八年(1882)刻本　一册

340000－1802－0005431　401.83/2268
雙魚罌齋録古今集聯不分卷　(清)雙魚罌齋主人編　清末刻本　二册

340000－1802－0005432　401.83/2642
輓詩一卷　(清)吴坤修等撰　清刻本　一册

340000－1802－0005433　401.83/3308
楹聯叢話十二卷續話四卷　(清)梁章鉅編　清道光二十二年(1842)、二十五年(1845)吕恩湛刻本　四册

340000－1802－0005434　401.83/3308:1
楹聯叢話十二卷楹聯續話四卷　(清)梁章鉅編　清咸豐元年(1851)邵州雨粟山房刻本　五册　缺三卷(楹聯叢話一至三)

340000－1802－0005435　401.83/3308:2
楹聯叢話十二卷續話四卷　(清)梁章鉅編　清道光刻本　一册　存四卷(續話四卷)

340000－1802－0005436　401.83/3308:3
楹聯叢話十二卷　(清)梁章鉅編　清刻本　一册　存五卷(八至十二)

340000－1802－0005437　401.83/4444
集宋七言聯一卷　(清)莫友芝編　清末刻本　一册

340000－1802－0005438　401.83/4712
楹聯集錦八卷　(清)□□編　清光緒五年(1879)刻本　一册　存四卷(一至四)

340000－1802－0005439　401.83/4774
臨池一助集聯四卷　(清)花隱居士編　清光緒十八年(1892)刻本　一册

340000－1802－0005440　401.83/7204
類聯集古十卷　(清)劉慶觀編　清乾隆三年(1738)刻本　一册　存五卷(一至五)

340000－1802－0005441　401.83/7765
對聯匯海十四卷　(清)邱日虹編　清咸豐五年(1855)周茂五刻本　三册　缺二卷(十三至十四)

340000－1802－0005442　401.83/8412
新刻對聯一卷　(□)□□撰　清末刻本　一册

340000－1802－0005443　401.84/0023
塾課試律八集　(清)方俊編　清同治六年(1867)宏運書院刻本　二册

340000－1802－0005444　401.84/0023:1
課藝彙刻不分卷　(明)唐順之等撰　清刻本　四册　存四册

340000－1802－0005445　401.84/0031
各省課藝匯海七卷　(清)方寶琅等撰　清末石印本　七册

340000－1802－0005446　401.84/0036
塾課醒豁集不分卷　(清)文運昌等撰　清刻本　一册

340000－1802－0005447　401.84/0044
制義抄不分卷　(清)方苞等撰　清末抄本　一册

340000－1802－0005448　401.84/0044:1
欽定四書文五集三十卷　(清)方苞編　清光緒十五年(1889)刻本　十五册　缺一卷(本

朝四書文上孟)

340000－1802－0005449　401.84/0044:2
欽定四書文五集三十卷　(清)方苞編　清乾隆刻本　十五冊　缺三卷(欽定成化四書文大學、上論、下論)

340000－1802－0005450　401.84/0047
浙江試牘不分卷　(清)章梫等撰　清末鉛印本　一冊　存三十三葉(九十四至一百二十六)

340000－1802－0005451　401.84/0053
考卷雋快集新編初編不分卷二編不分卷三編不分卷　(清)席振逵等編　清光緒四年(1878)枕經閣鉛印本　五冊

340000－1802－0005452　401.84/0074
大題文府不分卷　(清)高鳳臺等撰　清末石印本　十六冊　存上論、上孟、下孟

340000－1802－0005453　401.84/0094
文料大成□□卷　(清)□□撰　清光緒鉛印本　一冊　存一卷(三上)

340000－1802－0005454　401.84/0112
詁經精舍三集九卷　(清)譚廷獻　(清)俞樾輯　清同治刻本　一冊　存一卷(經解一)

340000－1802－0005455　401.84/0172
江南闈墨不分卷　(清)顔馴等撰　清衡鑑堂刻本　六冊　存同治辛卯並咸豐辛酉科、光緒己丑恩科、光緒十七年辛卯科、光緒癸巳恩科、光緒甲午科、光緒丁酉科

340000－1802－0005456　401.84/0454
藝林類擷十六卷　(清)謝輔坫編　清咸豐五年(1855)循陔書屋刻本　三冊　存六卷(一至二、十一至十四)

340000－1802－0005457　401.84/0460
[嘉慶]江南鄉試墨卷不分卷　(清)謝恩撰　清末刻本　一冊　存一冊

340000－1802－0005458　401.84/0644
課藝十卷　(□)□□撰　清刻本　十冊　缺一卷(大學一)

340000－1802－0005459　401.84/0744
[明成化至萬曆]鄉墨會墨不分卷　(明)郭如楚等撰　明末清初刻本　一冊　存一冊

340000－1802－0005460　401.84/0808
格制書院課藝不分卷　(清)許庭銓等撰　清光緒二十四年(1898)富強齋書局石印本　一冊

340000－1802－0005461　401.84/0813
格致課藝全編八卷　(清)許玉瀛等撰　清光緒二十九年(1903)上海書局石印本　四冊　存四卷(一至四)

340000－1802－0005462　401.84/0897
絳雪軒會藝不分卷　(清)許耀鑒定　**絳雪軒試藝不分卷**　(清)陳義華編　清咸豐二年(1852)刻本　四冊

340000－1802－0005463　401.84/1022
小題宗海不分卷　(清)王德純等撰　清末石印本　五冊　存五冊

340000－1802－0005464　401.84/1037
學古堂選評名文八集　(清)王汝驤等撰　清光緒十六年(1890)石印本　一冊

340000－1802－0005465　401.84/1042
格致課藝匯編□□卷　(清)王韜編　清石印本　二冊　存二卷(四、十)

340000－1802－0005466　401.84/1042:1
格致課藝全編十三卷　(清)王韜輯　清石印本　十冊　存十卷(四至十三)

340000－1802－0005467　401.84/1045
小題集八集十四卷　(清)王士龕編　(清)王步青評　清乾隆五年(1740)刻本　二十冊

340000－1802－0005468　401.84/1045:1
小題集八集十四卷　(清)王士龕編　(清)王步青評　清刻本　一冊　存一卷(二集上)

340000－1802－0005469　401.84/1045:2
小題集八集十四卷　(清)王士龕編　(清)王步青評　清乾隆四十六年(1781)刻本　八冊　存八卷(初集一卷、二集二卷、三集上、六集

下、七集上、八集二卷)

340000－1802－0005470　401.84/1049
[辛卯]直省闈墨□□卷附辛卯科直省鄉試試帖不分卷　(清)王萬懷等撰　清末鉛印本　二册　存八卷(浙江、福建、湖北、湖南、山東、四川、雲南、貴州)

340000－1802－0005471　401.84/1049
[辛卯]直省鄉墨不分卷　(清)王萬懷等撰　清石印本　三册

340000－1802－0005472　401.84/1052
格致書院課藝□□卷　(清)王韜編　清光緒二十三年(1897)上海書屋石印本　十一册　存十一卷(丙戌,丁亥,戊子,己丑下,庚寅上、下,辛卯上、下,壬辰下,癸巳上、下)

340000－1802－0005473　401.84/1064
塾課十題分編□□卷　(清)王日藻等編　清刻本　十一册　存十一卷(一至十一)

340000－1802－0005474　401.84/1091
[丁酉]直省鄉墨知言不分卷　(清)王焯　(清)郭家聲選評　清光緒二十四年(1898)上海文盛堂石印本　一册　存順天至湖南

340000－1802－0005475　401.84/1104
藝林珠玉初編不分卷續編不分卷三編不分卷四編不分卷　(清)張應寺等撰　清同治四年(1865)刻本　五册　存五册

340000－1802－0005476　401.84/1112
四書論□□卷　(清)張爾岐等撰　清末石印本　一册　存一卷(下)

340000－1802－0005477　401.84/1131
註釋張太史塾課四卷　(清)張江撰　清乾隆刻本　四册

340000－1802－0005478　401.84/1138
學古堂文集二卷　(清)張裕釗　(清)吳汝綸編　清光緒二十四年(1898)上海圖書集成局鉛印本　一册

340000－1802－0005479　401.84/1138:1
學古堂文集二卷　(清)張裕釗　(清)吳汝綸編　清光緒二十四年(1898)上海圖書集成局鉛印本　一册

340000－1802－0005480　401.84/1159
[光緒壬午科]湖北鄉試闈墨不分卷　(清)張東煜等撰　清光緒著易堂鉛印本　一册

340000－1802－0005481　401.84/1184
[乙酉科]湖北闈墨一卷　(清)張錫壽編　清光緒石印本　一册

340000－1802－0005482　401.84/1196
求是齋墨醇不分卷　(清)張炳星等撰　清刻本　三册　存三册

340000－1802－0005483　401.84/1213
館律分韻初編六卷　(清)延子澄編　(清)春暉閣主人輯　清光緒十八年(1892)錦官堂石印本　六册

340000－1802－0005484　401.84/1246
經義策論三種六卷　(清)孫葆田編　**作義要訣一卷**　清光緒二十七年(1901)宛南書院刻本　二册

340000－1802－0005485　401.84/1283
名文移風初集一卷二集一卷三集一卷　(清)孫毓汶編　清光緒六年(1880)刻本　五册

340000－1802－0005486　401.84/1286
惜陰書院東齋課藝八卷　(清)孫鏘鳴鑒定　清光緒四年(1878)刻本　八册

340000－1802－0005487　401.84/1286:1
惜陰書院東齋課藝八卷　(清)孫鏘鳴鑒定　清光緒四年(1878)刻本　八册

340000－1802－0005488　401.84/1286:2
惜陰書院東齋課藝八卷　(清)孫鏘鳴鑒定　清光緒四年(1878)刻本　一册　存一卷(八)

340000－1802－0005489　401.84/1728
連章鈞雋珠聯四卷附編一卷　(清)玉局山房主人編　清光緒十三年(1887)上海積山書局石印本　五册

340000－1802－0005490　401.84/1730
山左校士錄不分卷附經藝詩賦　(清)尹序詣

等撰　清光緒七年(1881)鉛印本　四册

340000－1802－0005491　401.84/1761
制藝文鈔不分卷　(清)尹明廷等撰　清抄本　一册

340000－1802－0005492　401.84/2108
二百八科鄉會文統不分卷　(清)香雨主人編　清光緒十四年(1888)上海積山書局石印本　三册　存三册(順治、康熙、同治)

340000－1802－0005493　401.84/2110
[光緒]江南鄉試墨卷不分卷　(清)何雯等撰　清末刻本　十四册　存十四册

340000－1802－0005494　401.84/2144
經藝不分卷　(清)□□撰　清刻本　四册　存禮上、春秋下、書上下

340000－1802－0005495　401.84/2145
直省考卷清雅全集三十五卷　(清)何希軾編　清咸豐至光緒刻本　二十册

340000－1802－0005496　401.84/2189
經畬堂課孫草一卷　(清)經畬堂編　清三益堂刻本　一册

340000－1802－0005497　401.84/2189:1
[光緒丁酉科]湖南闈墨不分卷　(清)衡鑑堂編　清光緒衡鑑堂刻本　二册

340000－1802－0005498　401.84/2307
增廣詩句題解彙編□□卷　(清)上海文選局編　清光緒上海文選局石印本　一册　存一卷(二)

340000－1802－0005499　401.84/2357
大題三萬選七卷　(清)上海書局編　清光緒十七年(1891)上海書局石印本　二十七册

340000－1802－0005500　401.84/2357
試帖玉芙蓉集四卷　(清)上海書局編　清光緒十三年(1887)上海書局石印本　三册　缺一卷(二)

340000－1802－0005501　401.84/2372
明文小題傳薪□□卷　(清)臧岳評述　清刻本　四册　存三卷(下論、上孟、下孟)

340000－1802－0005502　401.84/2373
四書五經義策論初編四卷　(清)崇實學社編輯　**存我軒偶錄一卷**　(清)陸鍾渭編　清光緒二十七年(1901)文彙書局鉛印本　八册

340000－1802－0005503　401.84/2440
塾課文鈔不分卷　(清)儲大文等撰　清刻本　一册

340000－1802－0005504　401.84/2521
肄雅堂課藝相長錄三卷　(清)朱作霖等撰　清光緒十八年(1892)刻本　四册

340000－1802－0005505　401.84/2521:1
肄雅堂課藝相長錄三卷　(清)朱作霖等撰　清光緒十八年(1892)刻本　四册

340000－1802－0005506　401.84/2521:2
肄雅堂課藝相長錄三卷　(清)朱作霖等撰　清光緒十八年(1892)刻本　四册

340000－1802－0005507　401.84/2521:3
肄雅堂課藝相長錄三卷　(清)朱作霖等撰　清光緒十八年(1892)刻本　四册

340000－1802－0005508　401.84/2521:4
肄雅堂課藝相長錄三卷　(清)朱作霖等撰　清光緒十八年(1892)刻本　四册

340000－1802－0005509　401.84/2521:5
肄雅堂課藝相長錄三卷　(清)朱作霖等撰　清光緒十八年(1892)刻本　四册

340000－1802－0005510　401.84/2521:6
肄雅堂課藝相長錄三卷　(清)朱作霖等撰　清光緒十八年(1892)刻本　四册

340000－1802－0005511　401.84/2551
典制小題文偉三卷補編一卷　(清)朱東發　(清)孔鶴瞻　(清)倪慕芑編　清刻本　四册　缺一卷(補編一卷)

340000－1802－0005512　401.84/2552
增補詩句題解彙編二十二卷　(清)陳劍芝　(清)葉湘秋　(清)顧芷卿編　(清)朱春舫增輯　清刻本　三册　存三卷(十四、十七、二十二)

340000－1802－0005513　401.84/2552：1
增補詩句題解彙編二十二卷　(清)陳劍芝　(清)葉湘秋　(清)顧芷卿編　(清)朱春舫增輯　清刻本　二册　存三卷(七、九至十)

340000－1802－0005514　401.84/2567
[光緒乙酉科]江南鄉試同門錄不分卷　(清)朱路等撰　清光緒刻本　一册　存第一册

340000－1802－0005515　401.84/2590
國朝元魁墨萃九卷　(清)朱炳麟編　清光緒十三年(1887)上海點石齋石印本　六册　缺三卷(咸豐、同治、光緒)

340000－1802－0005516　401.84/2608
[光緒癸卯恩科]浙江闈墨不分卷　(清)吳敦義等撰　清光緒聚奎堂刻本　一册

340000－1802－0005517　401.84/2625
謝華啟秀集八卷　(明)楊慎撰　清道光六年(1826)刻本　四册

340000－1802－0005518　401.84/2627
兩皖校士錄四卷　(清)吳魯編　清光緒二十年(1894)刻本　四册

340000－1802－0005519　401.84/2633
小題指南□□集　(清)吳憲清等撰　清道光刻本　二册　存一集(三)

340000－1802－0005520　401.84/2637
小題指南一集二集三集不分卷　(清)吳次歐編　清同治元年(1862)刻本　六册

340000－1802－0005521　401.84/2637：1
小題指南不分卷　(清)吳次歐編　清同治元年(1862)刻本　二册

340000－1802－0005522　401.84/2641
八銘塾鈔初集六卷二集六卷　(清)吳懋政編　清光緒六年(1880)刻本　八册

340000－1802－0005523　401.84/2641：1
八銘塾鈔初集六卷二集六卷　(清)吳懋政編　清乾隆四十八年(1783)刻本　六册　缺四卷(初集上孟一卷,二集大學一卷、中庸一卷、上論一卷)

340000－1802－0005524　401.84/2641：2
八銘塾鈔初集六卷二集六卷　(清)吳懋政編　(清)李炳坤注　清光緒十四年(1888)學庫山房刻本　十册

340000－1802－0005525　401.84/2641：3
八銘塾鈔初集六卷二集六卷　(清)吳懋政編　清光緒二十年(1894)澹雅書局刻本　七册　缺一卷(二集下孟一卷)

340000－1802－0005526　401.84/2641：4
天崇讀本百篇不分卷　(清)吳懋政編　清大文堂刻本　四册

340000－1802－0005527　401.84/2641：5
八銘塾鈔初集六卷二集六卷　(清)吳懋政編　清刻本　二册　存二卷(初集上論一卷、二集下論一卷)

340000－1802－0005528　401.84/2674
闈墨分類必售八集續編八集　(清)吳勗編　清乾隆五十八年(1793)墨花軒刻本　十二册　缺二集(闈墨分類必售一至二)

340000－1802－0005529　401.84/2687
小題拾芥編初集不分卷二集不分卷　(清)宋清壽　(清)吳鍾駿編　清道光二十二年(1842)刻本　四册

340000－1802－0005530　401.84/2687：1
小題拾芥編初集不分卷二集不分卷　(清)宋清壽　(清)吳鍾駿編　清道光二十二年(1842)刻本　四册

340000－1802－0005531　401.84/2688
墨海尋源不分卷　(清)程銓等撰　清咸豐七年(1857)刻本　一册　存第一册葉一至九十

340000－1802－0005532　401.84/2701
小題靈源集三卷　(清)魯慶元編　清道光十二年(1832)刻本　一册　存一卷(一)

340000－1802－0005533　401.84/2703
考卷截搭新編三卷　(清)繆文容編　清道光七年(1827)刻本　二册

340000－1802－0005534　401.84/2741

虛窘題文鈔六卷 (清)鄒堯廷編 清光緒九年(1883)刻本 十册

340000－1802－0005535 401.84/2767
庚辰集五卷唐人試律說一卷 (清)紀昀編 清嘉慶八年(1803)太和堂刻本 六册

340000－1802－0005536 401.84/2767:1
庚辰集五卷 (清)紀昀編 清乾隆二十七年(1762)刻本 五册

340000－1802－0005537 401.84/2767:2
庚辰集五卷唐人試律說一卷 (清)紀昀編 清乾隆二十七年(1762)刻本 四册 存四卷(庚辰集一至四)

340000－1802－0005538 401.84/2790
各省課藝匯海三十八卷 (清)擷雲腴山館主人輯 清末鉛印本 四十六册 存三十三卷(大學一至二、四,中庸一至四,上論二至三、五至十,下論一至六、八至十,上孟一至三,中孟一至三,下孟一至三)

340000－1802－0005539 401.84/2842
目耕齋初集不分卷二集不分卷三集不分卷 (清)徐楷評 (清)沈叔眉編 清光緒十一年(1885)文昌書局刻本 六册

340000－1802－0005540 401.84/2842:1
目耕齋讀本初刻不分卷二刻不分卷 (清)徐楷評注 (清)沈叔眉編 清同治十三年(1874)刻本 四册

340000－1802－0005541 401.84/2842:2
目耕齋讀本初刻不分卷二刻不分卷 (清)徐楷評注 (清)沈叔眉編 清同治十三年(1874)刻本 一册 存第一册

340000－1802－0005542 401.84/2842:3
目耕齋小題不分卷 (清)徐楷評注 (清)沈叔眉編 清敬書堂刻本 一册

340000－1802－0005543 401.84/2842:4
目耕齋初刻不分卷二刻不分卷三刻不分卷 (清)徐楷評 (清)沈叔眉選刊 清刻本 四册 缺初刻不分卷

340000－1802－0005544 401.84/2844
雖曰未學不分卷 (清)徐士林等撰 清末抄本 一册

340000－1802－0005545 401.84/2874
陝西鄉試朱卷不分卷 (清)徐騏等撰 清光緒刻本 一册 存一册

340000－1802－0005546 401.84/3017
毓大宗師校士錄初編一卷二編一卷 (清)安慶正誼書局編 清末安慶正誼書局鉛印本 一册

340000－1802－0005547 401.84/3017:1
毓大宗師校士錄初編一卷二編一卷 (清)安慶正誼書局編 清末安慶正誼書局鉛印本 二册

340000－1802－0005548 401.84/3086
墨選清腴六卷 (清)宋錦等撰 (清)王步青評 清末刻本 一册 存一卷(三)

340000－1802－0005549 401.84/3088
增廣空策渡津筏不分卷 (清)□□撰 清末著易堂鉛印本 一册

340000－1802－0005550 401.84/3108
紫陽課藝初編不分卷 (清)汪亮鈞等撰 清光緒六年(1880)鉛印本 一册 存二十九葉(一至二十九)

340000－1802－0005551 401.84/3111
皖浙贛試牘立誠編不分卷 (清)汪廷珍編 清嘉慶九年(1804)刻本 二十册 存二十册(一至三、五至十、十二至二十二)

340000－1802－0005552 401.84/3118
小題文府□□卷 (清)馮可鏞等撰 清末石印本 六册 存八卷(中庸二卷、上論一卷、下論四卷、上孟一卷)

340000－1802－0005553 401.84/3123
小題清新集不分卷 (清)顧俊 (清)王燮編 清光緒三年(1877)刻本 一册

340000－1802－0005554 401.84/3140
江南鄉試闈墨一卷 (清)□□輯 清刻本

一册

340000－1802－0005555　401.84/3140:1
[光緒辛卯科]江南鄉試硃卷不分卷　(清)□□輯　清刻本　二册

340000－1802－0005556　401.84/3143
[癸巳科]直省鄉墨精粹一卷　(清)汪蓉洲編　清光緒十九年(1893)圖書集成局鉛印本　一册

340000－1802－0005557　401.84/3162
兩論聯章合璧四卷附編一卷　(清)汪鳴鑾鑒定　清同治十二年(1873)刻本　二册　存二卷(元、亨)

340000－1802－0005558　401.84/3170
毓泉氏手選不分卷　(清)江璧等撰　清末毓泉氏抄本　一册

340000－1802－0005559　401.84/3348
經藝選腴五編五卷　(清)蘇敬衡等撰　清光緒元年(1875)浣溪草舍刻本　三册　存三卷(易經、詩經、春秋)

340000－1802－0005560　401.84/3348:1
經藝選腴續編五卷　(清)浣溪草舍編　清道光二十四年(1844)刻本　一册　存一卷(易經)

340000－1802－0005561　401.84/3425
經藝統編五卷　(清)池生春編　清道光十一年(1831)刻本　一册　存一卷(一)

340000－1802－0005562　401.84/3427
目耕齋三刻不分卷　(清)沈叔眉編　清光緒十五年(1889)刻本　二册

340000－1802－0005563　401.84/3427:1
目耕齋三刻不分卷讀本不分卷　(清)沈叔眉編　清同治三年(1864)刻本　二册

340000－1802－0005564　401.84/3438
經藝新畬五卷　(清)沈定年輯　清光緒元年(1875)鉛印申報館叢書本　五册

340000－1802－0005565　401.84/3480
小題清新集不分卷　(清)沈鏞等撰　清刻本　一册　存一册

340000－1802－0005566　401.84/3489
小試鐵網珊瑚初集三卷　(清)沈鏡堂編　清同治三年(1864)刻本　二册

340000－1802－0005567　401.84/3558
增廣試律大觀彙編四卷附詩裁駢玉韻語驪珠二種　(清)補蠹書屋主人纂　清光緒十五年(1889)上海積山書局石印本　三册　存三卷(一至三)

340000－1802－0005568　401.84/3773
[癸巳恩科]直省鄉墨不分卷　(清)梁冠澄等撰　清光緒鉛印本　一册

340000－1802－0005569　401.84/4010
小題正鵠全集三卷　(清)李元度編　**訓蒙草一卷**　(清)路德著　清光緒八年(1882)湖南書局刻本　七册

340000－1802－0005570　401.84/4010:1
小題正鵠三集　(清)李元度編　清末石印本　二册　存二集(二至三)

340000－1802－0005571　401.84/4010:2
塾課小題正鵠□□集　(清)李元度編　清光緒刻本　四册　存二集(二至三)

340000－1802－0005572　401.84/4011
鐘山書院課藝初選不分卷　(清)李聯琇鑒定　**續選不分卷**　(清)孫鏘鳴鑒定　清光緒四年至五年(1878－1879)刻本　十二册

340000－1802－0005573　401.84/4044
采眞彙稿四卷　(清)檀萃著　(清)周芬佩評　(清)曾力行注　清光緒二年(1876)刻本　二册　存二卷(一至二)

340000－1802－0005574　401.84/4049
[光緒甲午科]直省闈墨不分卷　(清)李夢瑩編　清光緒二十一年(1895)圖書集成局鉛印本　四册

340000－1802－0005575　401.84/4049:1
鄉墨鳴盛集十六卷詩附刻十六卷　(清)李夢瑩編　清光緒二十二年(1896)刻本　五册

存十四卷(鄉墨鳴盛集一至十四)

340000－1802－0005576　401.84/4060
國朝名文春霆集三卷近科制藝春霆集三卷　(清)李鳴謙　(清)吳承緒編　清光緒十八年(1892)刻本　六冊

340000－1802－0005577　401.84/4060:1
國朝名文春霆集三卷近科制藝春霆集三卷　(清)李鳴謙　(清)吳承緒編　清光緒十八年(1892)刻本　六冊

340000－1802－0005578　401.84/4060:2
國朝名文春霆集三卷近科制藝春霆集三卷　(清)李鳴謙　(清)吳承緒編　清光緒十八年(1892)刻本　六冊

340000－1802－0005579　401.84/4061
大題觀海初集不分卷二集不分卷　(清)□□編　清石印本　四十四冊

340000－1802－0005580　401.84/4074
新編鳳鳴書院課藝二卷　(清)鶴亭居士編　清光緒二十七年(1901)皖省觀海書局活字印本　二冊

340000－1802－0005581　401.84/4074:1
江左校士錄不分卷　(清)李殿林撰　清末石印本　一冊

340000－1802－0005582　401.84/4081
考卷約選初集四卷補編一卷二集四卷補編一卷三集四卷補編一卷四集四卷補編一卷　(清)李錫瓚編　**考卷約選五集四卷附錄採芹要訣**　(清)顧嘉瑞　(清)顧辰編　**近科考卷約選三卷**　(清)李錫瓚編　**新科考卷約選七集三卷附律詩律賦**　(清)黃春渠　(清)陸石華編　清刻本　二十冊

340000－1802－0005583　401.84/4108
空策從新又新彙編一卷　(清)蕁研主人編　清光緒十一年(1885)暢懷書屋銅活字印本　一冊

340000－1802－0005584　401.84/4370
新政三場備要□□卷　戴丹誠等撰　清光緒石印本　四冊　存四卷(三至六)

340000－1802－0005585　401.84/4403
仁在堂名文約選不分卷　(清)林亦濂編　清同治八年(1869)刻本　二冊

340000－1802－0005586　401.84/4419
課藝不分卷　(清)林召棠等撰　清刻本　一冊　存一冊

340000－1802－0005587　401.84/4426
中鋒集初編四卷　(清)蔡鼎昌　(清)吳乃斌編　清同治九年(1870)刻本　二冊

340000－1802－0005588　401.84/4442
館律鴛鍼四卷　(清)蔣圻編　清咸豐四年(1854)埽葉山房刻本　四冊

340000－1802－0005589　401.84/4442:1
館律鴛鍼四卷　(清)蔣圻編　清咸豐四年(1854)埽葉山房刻本　四冊

340000－1802－0005590　401.84/4443
小題神技集一卷　(清)林志澄編　清道光二十一年(1841)留耕堂刻本　二冊

340000－1802－0005591　401.84/4448
[光緒壬午科]江西鄉試闈墨不分卷　(清)黃英鎮等撰　清光緒鉛印本　一冊

340000－1802－0005592　401.84/4449
墨香書屋時文摘艷初集一卷二集一卷三集一卷四集一卷　(清)蕭萬堂編　清光緒十二年(1886)同文書局刻本　四冊

340000－1802－0005593　401.84/4461
尊經書院課藝初刻一卷二刻一卷三刻□□卷四刻六卷五刻□□卷六刻一卷　(清)薛時雨鑒定　**尊經書院課藝七刻不分卷**　(清)盧崟鑒定　清光緒三十四年(1908)刻本　二十七冊

340000－1802－0005594　401.84/4461:1
惜陰書院西齋課藝八卷　(清)薛時雨鑒定　清光緒四年(1878)刻本　八冊

340000－1802－0005595　401.84/4461:2
惜陰書院西齋課藝八卷　(清)薛時雨鑒定

清光緒四年(1878)刻本　八冊

340000－1802－0005596　401.84/4461:3
惜陰書院西齋課藝八卷　(清)薛時雨鑒定　清光緒四年(1878)刻本　一冊　存一卷(八)

340000－1802－0005597　401.84/4461:4
尊經書院課藝□□卷　(清)薛時雨鑒定　清鉛印本　一冊　存二卷(論語、孟子)

340000－1802－0005598　401.84/4474
宣南鴻雪集輯注四卷　(清)七橋居士編注　清同治十二年(1873)刻本　二冊

340000－1802－0005599　401.84/4474:1
江左校士錄六卷　(清)黃體芳編　清光緒二十一年(1895)上海書局石印本　四冊

340000－1802－0005600　401.84/4481
江南鄉試闈墨不分卷　(清)林介弼等撰　清光緒鉛印本　一冊　存光緒壬午科

340000－1802－0005601　401.84/4608
小題三萬選不分卷　(清)求是齋主人編　清光緒十八年(1892)石印本　三十二冊

340000－1802－0005602　401.84/4608:1
小題三萬選不分卷　(清)求是齋主人編　清光緒十八年(1892)石印本　二冊　存上論

340000－1802－0005603　401.84/4608:2
小題三萬選不分卷　(清)求是齋主人編　清光緒十八年(1892)石印本　三冊　存三冊

340000－1802－0005604　401.84/4609
各省課藝匯海七卷　(清)楊文瑩等撰　清光緒十五年(1889)石印本　九冊

340000－1802－0005605　401.84/4609:1
各省課藝匯海七卷　(清)楊文瑩等撰　清末銅活字印本　二冊　存二卷(上論一、四)

340000－1802－0005606　401.84/4624
[光緒己卯至癸巳]江南鄉試硃卷不分卷　(清)楊鑾坡等著　清末刻本　三冊

340000－1802－0005607　401.84/4635
青雲集分韻試帖詳註四卷　(清)楊逢春　(清)蕭應櫆編　(清)沈品華等注　清道光二十三年(1843)刻本　二冊

340000－1802－0005608　401.84/4635:1
試律青雲集四卷　(清)楊逢春　(清)蕭應櫆編　(清)沈品華等注　清道光五年(1825)刻本　四冊

340000－1802－0005609　401.84/4635:2
試律青雲詩集四卷　(清)楊逢春　(清)蕭應櫆編　(清)沈品華等注　清道光五年(1825)刻朱墨套印本　一冊　存二卷(一至二)

340000－1802－0005610　401.84/4638
敬脩堂詞賦課鈔十六卷金臺課藝一卷　(清)楊鴻鑑等撰　清刻本　五冊　缺二卷(一至二)

340000－1802－0005611　401.84/4696
江南鄉試闈墨不分卷　(清)楊炎昌等撰　清末鉛印本　一冊　存同治辛卯並咸豐辛酉科、光緒己丑恩科、光緒十七年辛卯科、光緒癸巳恩科、光緒甲午科、光緒丁酉科

340000－1802－0005612　401.84/4716
五經分類文鈔□□卷　(清)胡乙照等撰　清光緒石印本　二冊　存三卷(十四至十六)

340000－1802－0005613　401.84/4917
[光緒癸卯恩科]山東闈墨不分卷　(清)趙正印等撰　清末上海文寶書局石印本　一冊　存第一冊

340000－1802－0005614　401.84/5027
壬辰年課文不分卷　(清)本泉氏撰　清光緒十八年(1892)抄本　一冊　存一冊

340000－1802－0005615　401.84/5088
[癸巳]直省闈墨不分卷　(清)秦錫鎮等撰　清末鉛印本　二冊　存二冊

340000－1802－0005616　401.84/5178
各省課藝滙海□□卷　(清)擷雲腴山館主人編　清光緒十一年(1885)選青書屋銅活字印本　一冊　存二卷(大學、中庸)

340000－1802－0005617　401.84/6005

梅花書院小課不分卷　(清)晏端書評選　清同治五年至光緒三年(1866－1877)梅花書院刻本　四冊

340000－1802－0005618　401.84/6005:1
梅花書院課藝不分卷　(清)晏端書評選　清同治十一年(1872)梅花書院刻本　四冊

340000－1802－0005619　401.84/6005:2
梅花書院課藝二集不分卷　(清)晏端書評選　清光緒元年(1875)梅花書院刻本　四冊

340000－1802－0005620　401.84/6005:3
梅花書院課藝三集不分卷　(清)晏端書評選　清光緒八年(1882)梅花書院刻本　四冊

340000－1802－0005621　401.84/6005:4
梅花書院課藝不分卷　(清)晏端書編　清同治十一年(1872)梅花書院刻本　四冊

340000－1802－0005622　401.84/6034
大題文府□□卷　(清)呂洪等撰　清末石印本　五冊　存五冊(學而、大學、梁惠上下、滕文上下、告子)

340000－1802－0005623　401.84/6060
大題三萬選不分卷　(清)□□編　清光緒十八年(1892)石印本　四冊

340000－1802－0005624　401.84/6073
晚邨天蓋樓偶評十二卷　(清)呂留良評著　清順治三年至康熙十二年(1646－1673)刻本　三十八冊

340000－1802－0005625　401.84/6724:1
關中書院詩賦準繩不分卷　(清)路德纂　清同治十二年(1873)刻本　四冊　存四冊

340000－1802－0005626　401.84/7057
五經文府五卷　(清)同文書局編　清光緒十四年(1888)同文書局石印本　八冊　存三卷(易經一卷、詩經一卷、春秋一卷)

340000－1802－0005627　401.84/7057:1
經藝宏括五種　(清)同文書局編譯所編　清光緒十一年(1885)上海同文書局石印本　五冊　存三種(詩經、春秋、易經)

340000－1802－0005628　401.84/7057:2
經藝宏括五種　(清)同文書局編譯所編　清光緒十一年(1885)上海同文書局石印本　三冊　存三種(書經、禮記、春秋)

340000－1802－0005629　401.84/7057:3
經藝宏括五種　(清)同文書局編譯所編　清光緒十一年(1885)上海同文書局石印本　十四冊　春秋、禮記有殘缺

340000－1802－0005630　401.84/7058
試帖玉芙蓉集四卷　(清)同文書局主人編　清光緒十年(1884)上海同文書局石印本　四冊

340000－1802－0005631　401.84/7115
敬敷書院課藝四卷　(清)馬雨農選　清同治十年(1871)刻本　四冊

340000－1802－0005632　401.84/7204
述德齋課讀不分卷二集不分卷　(清)劉文蔚評　清道光十八年(1838)刻本　五冊

340000－1802－0005633　401.84/7214
紫陽課藝合選三卷　(清)劉廷枚編　清光緒八年(1882)鉛印本　四冊

340000－1802－0005634　401.84/7258
課藝□□卷　(清)劉貴會等撰　清刻本　四冊　存四卷(書四、詩四、禮四、易三)

340000－1802－0005635　401.84/7464
本朝試賦新硎五卷首一卷補編一卷失編一卷　(清)陸貽穀　(清)李光瓊　(清)李光玖編注　清乾隆二十九年(1764)金陵三多齋刻本　六冊　缺二卷(補編一卷、失編一卷)

340000－1802－0005636　401.84/7503
[壬午科]浙江鄉試闈墨一卷　(清)陳翊清等撰　清末鉛印本　一冊

340000－1802－0005637　401.84/7522
制義體要十九卷　(清)陳句山編　(清)孫衣言校補　清光緒二年(1876)敬敷書院刻本　四冊

340000－1802－0005638　401.84/7522:1

制義體要十九卷　(清)陳句山編　(清)孫衣言校補　清光緒二年(1876)敬敷書院刻本　四冊

340000－1802－0005639　401.84/7522:2
制義體要十九卷　(清)陳句山編　(清)孫衣言校補　清光緒二年(1876)敬敷書院刻本　四冊

340000－1802－0005640　401.84/7530
格致課藝續編□□卷　(清)陳漢章等撰　清光緒上海鑄記石印本　一冊　存二卷(一至二)

340000－1802－0005641　401.84/7532
時文軌範三卷　(清)陳兆崙編　(清)吳尊盤增定　清嘉慶二十四年(1819)刻本　一冊

340000－1802－0005642　401.84/7534
欽取朝考卷不分卷　(清)陳遹聲等撰　清光緒刻本　二冊

340000－1802－0005643　401.84/7546
五經鴻裁□□卷　(清)陳其昌等撰　清刻本　二冊　存二卷(春秋一、禮記一)

340000－1802－0005644　401.84/7548
近五科直省鄉墨不分卷　(清)陳鶴曾等撰　清末鉛印本　二冊　存二冊(九至十)

340000－1802－0005645　401.84/7552
小試文筌不分卷　(清)陳虯編　清光緒十年(1884)刻本　二冊

340000－1802－0005646　401.84/7575
敬敷書院課讀文□□卷　(清)陳際泰等撰　清刻本　二冊　存二卷(天崇四書文一卷、國朝四書文一卷)

340000－1802－0005647　401.84/7729
本朝三十家課藝不分卷　(清)陶自悦等撰　清末刻本　十二冊　存十二冊

340000－1802－0005648　401.84/7732
初學採芹集一卷　(清)周次伊撰　清刻本　一冊

340000－1802－0005649　401.84/7734
小題珊瑚二卷　(清)周鴻藻等撰　清刻本　一冊　存一卷(二)

340000－1802－0005650　401.84/8003
[光緒丙戌科]會試闈墨一卷　(清)□□編　清末申報館鉛印本　一冊

340000－1802－0005651　401.84/8030
湖北闈墨不分卷　(清)余肇康等編　清末紅印本　一冊

340000－1802－0005652　401.84/8034
三朝墨準新編三卷　(清)翁心存等撰　清光緒元年(1875)京都聯步軒刻本　八冊

340000－1802－0005653　401.84/8043
詁經精舍三集□□卷　(清)俞樾編　清同治七年(1868)刻本　二冊　存三卷(戊辰上、下,經解一)

340000－1802－0005654　401.84/8043:1
小搭珠華□□卷　(清)俞樾等撰　清末石印本　一冊　存一卷(論語上)

340000－1802－0005655　401.84/8247
道生堂稿□□卷道生堂制藝一卷　(清)鍾聲撰　清刻本　二冊　存二卷(三至四)

340000－1802－0005656　401.84/8349
新鈴集四卷　(清)錢蔭棠等撰　清末鉛印本　一冊　存一卷(四)

340000－1802－0005657　401.84/8352
安定書院課藝初集不分卷二集不分卷小課不分卷　(清)錢振倫編　清同治十一年至光緒三年(1872－1877)安定書院刻本　八冊

340000－1802－0005658　401.84/8713
古諷籀齋目耕胜錄三十二卷　(清)鄭霞逸纂輯　清光緒五年(1879)古諷籀齋刻本　六冊　缺九卷(十二至十五、二十至二十四)

340000－1802－0005659　401.84/8713:1
古諷籀齋目耕胜錄三十二卷　(清)鄭霞逸纂輯　清光緒五年(1879)古諷籀齋刻本　五冊　存十七卷(六至十五、二十六至三十二)

340000－1802－0005660　401.84/8741

福建鄉試闈墨不分卷　(清)鄭孝胥等撰　清光緒鉛印本　一册

340000－1802－0005661　401.84/8774
試律大觀三十二卷　(清)竹屏居士輯　清道光十九年(1839)刻本　三册　存六卷(二至六、二十四)

340000－1802－0005662　401.84/8774:1
試律大觀三十二卷　(清)竹屏居士輯　清刻本　三册　存十一卷(四至六、十三至十七、二十七至二十九)

340000－1802－0005663　401.84/8774:2
試律大觀三十二卷　(清)竹屏居士輯　清刻本　一册　存六卷(九至十四)

340000－1802－0005664　401.84/8774:3
試律大觀三十二卷　(清)竹屏居士輯　清石印本　二册　存六卷(七至十二)

340000－1802－0005665　401.84/8814
三江分類校士錄□□卷　(清)竺可材等撰　清末石印本　一册　存一卷(十二)

340000－1802－0005666　401.84/8848
制藝文鈔不分卷　(清)管世銘等撰　清抄本　二册

340000－1802－0005667　401.84/9041
[癸卯科]直省闈墨六卷　(清)常堉璋選　清光緒三十年(1904)上海煥文書局石印本　六册

340000－1802－0005668　402/0163
離騷箋二卷　(清)龔景瀚撰　清光緒三年(1877)崇文書局刻本　一册

340000－1802－0005669　402/0163:1
離騷箋二卷　(清)龔景瀚撰　清光緒三年(1877)崇文書局刻崇文書局彙刻書本　一册

340000－1802－0005670　402/1044
楚辭評註十卷　(清)王萌評注　(清)王遠孜音　清乾隆二年(1737)刻本　四册

340000－1802－0005671　402/1053
楚辭通釋十四卷末一卷　(清)王夫之撰　清同治四年(1865)曾國荃金陵刻本　三册

340000－1802－0005672　402/2540
楚辭集註八卷辯證二卷　(宋)朱熹撰　清光緒元年(1875)湖北崇文書局刻本　一册　存二卷(辯證二卷)

340000－1802－0005673　402/2540:1
楚辭集注八卷　(宋)朱熹集注　清初聽雨齋刻朱墨套印本　四册

340000－1802－0005674　402/3473
楚辭補註十七卷　(宋)洪興祖撰　清道光二十六年(1846)刻本　六册

340000－1802－0005675　402/4094
離騷經一卷九歌一卷　(清)李光地注　清康熙五十八年(1719)清謹軒刻本　一册

340000－1802－0005676　402/4418
楚辭燈四卷　(清)林雲銘撰　清康熙三十六年(1697)刻本　二册

340000－1802－0005677　402/4418:1
楚辭燈四卷　(清)林雲銘撰　清康熙三十六年(1697)刻本　二册

340000－1802－0005678　402/4418:3
楚辭燈四卷　(清)林雲銘撰　清康熙三十六年(1697)挹奎樓刻本　二册

340000－1802－0005679　402/4946
離騷經訂註一卷　(明)趙南星撰　(明)趙悅學重刊　明萬曆刻本　一册

340000－1802－0005680　402/7143
屈賦微二卷　馬其昶撰　清光緒三十二年(1906)刻集虛草堂叢書甲集本　一册

340000－1802－0005681　402/7143:1
屈賦微二卷　馬其昶撰　清光緒三十二年(1906)刻集虛草堂叢書甲集本　一册

340000－1802－0005682　402/7227
楚辭十七卷　(漢)劉向編　(漢)王逸章句　清光緒十七年(1891)刻本　三册

340000－1802－0005683　402/7227:1

楚辭十七卷 (漢)劉向編 (漢)王逸章句 清光緒二十一年(1895)昭陵經畬堂刻本 六册

340000-1802-0005684 402/7227:2
楚辭十七卷 (漢)劉向編 (漢)王逸章句 清光緒二十一年(1895)昭陵經畬堂刻本 六册

340000-1802-0005685 402/7227:3
楚辭十七卷 (漢)劉向編 (漢)王逸章句 清光緒二十一年(1895)昭陵經畬堂刻本 六册

340000-1802-0005686 402/7227:4
楚辭十七卷 (漢)劉向編 (漢)王逸章句 清光緒九年(1883)長沙書堂山館刻本 六册

340000-1802-0005687 402/7227:5
楚辭十七卷 (漢)劉向編 (漢)王逸章句 清光緒十一年(1885)汗青簃刻本 六册

340000-1802-0005688 402/7227:6
楚辭十七卷 (漢)劉向編 (漢)王逸章句 清同治十一年(1872)金陵書局刻本 四册

340000-1802-0005689 402/7247
屈子章句七卷 (清)劉夢鵬編 清乾隆五十四年(1789)藜青堂刻本 二册

340000-1802-0005690 402/7553
屈辭精義六卷 (清)陳本禮注 清末抄本 一册 存二卷(一至二)

340000-1802-0005691 402/7588
屈宋古音義三卷 (明)陳第著 清嘉慶十年(1805)照曠閣刻本 一册

340000-1802-0005692 402/8363
離騷集傳一卷 (宋)錢杲之撰 清嘉慶六年(1801)影宋刻本 一册

340000-1802-0005693 402/8363:1
離騷集傳一卷 (宋)錢杲之撰 **楚辭辯證二卷** (宋)朱熹撰 清光緒三年(1877)崇文書局刻崇文書局彙刻書本 一册

340000-1802-0005694 402/8363:2
離騷集傳一卷 (宋)錢杲之撰 **離騷箋二卷** (清)龔景瀚撰 **離騷草木疏四卷** (宋)吳仁傑撰 清末上海文瑞樓石印本 三册

340000-1802-0005695 403.1/0020
庾子山集十六卷 (北周)庾信撰 (清)倪璠注 **庾子山[信]年譜一卷庾集總釋一卷** (清)倪璠編 清道光十九年(1839)刻本 十二册

340000-1802-0005696 403.1/0020:1
庾子山集十六卷 (北周)庾信撰 (清)倪璠注 **庾子山[信]年譜一卷庾集總釋一卷** (清)倪璠編 清道光刻本 十二册

340000-1802-0005697 403.1/0020:2
庾子山集十六卷 (北周)庾信撰 (清)倪璠注 **庾子山[信]年譜一卷庾集總釋一卷** (清)倪璠編 清刻本 十二册

340000-1802-0005698 403.1/0020:3
庾子山集十六卷 (北周)庾信撰 (清)倪璠注 清同治八年(1869)刻本 十二册

340000-1802-0005699 403.1/0020:4
庾子山集十六卷 (北周)庾信撰 (清)倪璠注 **庾子山[信]年譜一卷庾集總釋一卷** (清)倪璠編 清光緒二十年(1894)儒雅堂刻本 十二册

340000-1802-0005700 403.1/0020:5
庾子山集十六卷 (北周)庾信撰 (清)倪璠注 清刻本 十二册

340000-1802-0005701 403.1/0020:6
庾子山全集十卷 (北周)庾信撰 (清)倪璠注 **庾子山[信]年譜一卷庾集總釋一卷** (清)倪璠編 清刻本 六册

340000-1802-0005702 403.1/0020:7
庾子山集十六卷 (北周)庾信撰 (清)倪璠注 **庾子山[信]年譜一卷庾集總釋一卷** (清)倪璠編 清光緒十六年(1890)廣州經史閣刻本 十二册

340000-1802-0005703 403.1/0020:8

庾子山集十六卷 （北周）庾信撰 （清）倪璠注 **庾子山［信］年譜一卷庾集總釋一卷** （清）倪璠編 清刻本 六冊 存七卷（一至六、年譜一卷）

340000－1802－0005704 403.1/0440
諸葛忠武侯文集四附錄二卷首一卷 （三國蜀）諸葛亮撰 （清）張澍編 清刻本 二冊

340000－1802－0005705 403.1/0472
謝宣城詩集五卷 （南朝齊）謝朓撰 清嘉慶元年（1796）刻拜經樓叢書本 一冊

340000－1802－0005706 403.1/2874
徐孝穆全集六卷 （南朝陳）徐陵撰 （清）吳兆宜注 清刻本 四冊 存四卷（二至五）

340000－1802－0005707 403.1/2874:1
徐孝穆全集六卷 （南朝陳）徐陵撰 （清）吳兆宜注 清同治善化經濟書堂刻本 四冊

340000－1802－0005708 403.1/2874:2
徐孝穆全集六卷 （南朝陳）徐陵撰 （清）吳兆宜注 清揚州藝古堂刻本 二冊

340000－1802－0005709 403.1/2874:3
徐孝穆全集六卷 （南朝陳）徐陵撰 （清）吳兆宜注 清揚州藝古堂刻本 四冊

340000－1802－0005710 403.1/2874:4
徐孝穆全集六卷 （南朝陳）徐陵撰 （清）吳兆宜箋注 清末刻本 五冊 缺一卷（一）

340000－1802－0005711 403.1/3120
陶集箋注十卷 （清）顧皜集說 清末上海文瑞樓石印本 四冊

340000－1802－0005712 403.1/5544
曹集銓評十卷 （三國魏）曹植撰 （清）丁晏評 清同治十一年（1872）金陵書局刻本 二冊

340000－1802－0005713 403.1/7731
陶淵明詩一卷 （晉）陶潛撰 清光緒元年（1875）影宋刻本 一冊

340000－1802－0005714 403.1/7731:1
陶淵明詩一卷 （晉）陶潛撰 清光緒元年（1875）影宋刻本 一冊

340000－1802－0005715 403.1/7731:2
陶淵明集八卷首一卷末一卷 （晉）陶潛撰 清光緒五年（1879）廣州翰墨園刻朱墨套印本 二冊

340000－1802－0005716 403.1/7731:3
陶淵明集八卷首一卷末一卷 （晉）陶潛撰 清光緒五年（1879）廣州翰墨園刻朱墨套印本 一冊

340000－1802－0005717 403.1/7731:4
陶集六卷 （晉）陶潛撰 清光緒退補齋刻本 一冊

340000－1802－0005718 403.1/7731:5
陶靖節先生詩四卷補注一卷附錄一卷 （晉）陶潛撰 清嘉慶元年（1796）刻本 一冊

340000－1802－0005719 403.1/7731:6
陶淵明詩一卷 （晉）陶潛撰 清光緒元年（1875）影宋刻本 一冊

340000－1802－0005720 403.1/7731:7
陶靖節集八卷附錄一卷 （晉）陶潛撰 清光緒五年（1879）刻本 二冊

340000－1802－0005721 403.1/7731:8
陶靖節先生詩四卷補注一卷附錄一卷 （晉）陶潛撰 清乾隆五十一年（1786）刻本 一冊

340000－1802－0005722 403.1/7731:9
陶靖節詩集四卷附刻三卷 （晉）陶潛撰 （清）蔣薰評 清康熙二十九年（1690）貴文堂刻本 四冊

340000－1802－0005723 403.1/7731:10
靖節先生集十卷首一卷末一卷 （晉）陶潛撰 （清）陶澍集注 清光緒九年（1883）江蘇書局刻本 四冊

340000－1802－0005724 403.1/7731:11
靖節先生集十卷首一卷末一卷 （晉）陶潛撰 （清）陶澍集注 清光緒九年（1883）江蘇書局刻本 四冊

340000－1802－0005725 403.2/0147

魯公文集十五卷　(唐)顏真卿撰　清宣統元年(1909)活字印本　四冊

340000－1802－0005726　403.2/0147:1

顏魯公文集三十卷首一卷補遺一卷附世系表一卷[顏真卿]年譜一卷　(唐)顏真卿撰　(清)黃本驥編　清道光二十六年(1846)刻本　一冊　存三卷(補遺一卷、世系表一卷、年譜一卷)

340000－1802－0005727　403.2/1020

王右丞集箋註二十八卷　(唐)王維撰　(清)趙殿成注　清末上海文瑞樓影印本　十二冊

340000－1802－0005728　403.2/1020:1

王右丞集四卷　(唐)王維撰　清光緒退補齋刻本　一冊

340000－1802－0005729　403.2/1020:2

王右丞集四卷　(唐)王維撰　清光緒退補齋刻本　一冊

340000－1802－0005730　403.2/1020:3

王右丞集二十八卷首一卷末一卷　(唐)王維撰　(清)趙殿成注　清末上海文瑞樓影印本　十二冊

340000－1802－0005731　403.2/1020:4

王右丞集箋注二十八卷首一卷末一卷　(唐)王維撰　(清)趙殿臣注　清末影印本　七冊　缺十三卷(二至十四)

340000－1802－0005732　403.2/1020:5

王右丞集六卷　(唐)王維撰　清刻本　五冊

340000－1802－0005733　403.2/1044

王子安集註二十卷首一卷末一卷　(唐)王勃撰　(清)蔣清翊注　清末上海鑄記書局石印本　十二冊

340000－1802－0005734　403.2/1240

孫可之文集二卷　(唐)孫樵撰　清宣統二年(1910)守政書局活字印本　二冊

340000－1802－0005735　403.2/1240:1

孫可之文集十卷　(唐)孫樵撰　清光緒二年(1876)刻三唐人集叢書本　一冊

340000－1802－0005736　403.2/1707

孟東野集十卷附錄一卷　(唐)孟郊撰　**追昔遊集三卷**　(唐)李紳撰　清宣統二年(1910)上海著易堂石印本　二冊

340000－1802－0005737　403.2/1732

孟襄陽集二卷　(唐)孟浩然撰　清退補齋刻本　一冊

340000－1802－0005738　403.2/2653

皇甫持正文集六卷補遺一卷　(唐)皇甫湜撰　清光緒二年(1876)刻三唐人集叢書本　一冊

340000－1802－0005739　403.2/2676

白香山詩集四十卷[白居易]年譜一卷　(唐)白居易撰　(清)汪立名編　清康熙四十一年(1702)汪氏一隅草堂刻本　十六冊

340000－1802－0005740　403.2/2676:1

白香山詩集四十卷[白居易]年譜一卷　(唐)白居易撰　(清)汪立名編　清康熙四十一年(1702)汪氏一隅草堂刻本　二冊　存二十卷(長慶集一至二十)

340000－1802－0005741　403.2/2676:2

白香山詩集四十卷[白居易]年譜一卷　(唐)白居易撰　(清)汪立名編　清康熙四十一年(1702)汪氏一隅草堂刻本　十二冊

340000－1802－0005742　403.2/2676:3

香山詩鈔二十卷　(唐)白居易撰　(清)楊大鶴編　清康熙四十年(1701)刻本　四冊

340000－1802－0005743　403.2/2676:4

白香山詩集四十卷　(唐)白居易撰　(清)汪立名編　清康熙四十一年(1702)汪氏一隅草堂刻本　八冊

340000－1802－0005744　403.2/2676:5

白香山詩集四十卷[白居易]年譜一卷　(唐)白居易撰　(清)汪立名編　清康熙四十一年(1702)汪氏一隅草堂刻本　十二冊

340000－1802－0005745　403.2/2676:6

白香山詩集四十卷[白居易]年譜一卷　(唐)

白居易撰　(清)汪立名編　清康熙四十一年(1702)汪氏一隅草堂刻本　五冊　存二十卷(長慶集一至二十)

340000－1802－0005746　403.2/2676:7
白香山詩集四十卷[白居易]年譜一卷　(唐)白居易撰　(清)汪立名編　清康熙四十一年(1702)汪氏一隅草堂刻本　八冊

340000－1802－0005747　403.2/2676:8
白香山詩集四十卷[白居易]年譜一卷　(唐)白居易撰　(清)汪立名編　清康熙四十一年(1702)汪氏一隅草堂刻本　八冊

340000－1802－0005748　403.2/2676:9
白香山詩集四十卷[白居易]年譜一卷　(唐)白居易撰　(清)汪立名編　清康熙四十一年(1702)汪氏一隅草堂刻本　八冊

340000－1802－0005749　403.2/2676:10
白香山詩集四十卷[白居易]年譜一卷　(唐)白居易撰　(清)汪立名編　清康熙四十一年(1702)汪氏一隅草堂刻本　一冊　存五卷(後集十六至十七、別集一卷、補遺二卷)

340000－1802－0005750　403.2/3608
溫飛卿詩集七卷別集一卷集外詩一卷　(唐)溫庭筠撰　(清)曾益注　(清)顧予咸補注　清康熙秀野草堂刻本　一冊

340000－1802－0005751　403.2/3608:1
溫飛卿詩集七卷別集一卷集外詩一卷　(唐)溫庭筠撰　(清)曾益注　(清)顧予咸補注　清康熙秀野草堂刻本　四冊

340000－1802－0005752　403.2/3608:2
溫飛卿詩集七卷別集一卷集外詩一卷　(唐)溫庭筠撰　(清)曾益注　(清)顧予咸補注　清康熙秀野草堂刻本　二冊

340000－1802－0005753　403.2/3608:3
溫飛卿詩集九卷　(唐)溫庭筠撰　(清)曾益注　(清)顧予咸補注　清光緒八年(1882)刻本　二冊

340000－1802－0005754　403.2/4002
韋蘇州集十卷　(唐)韋應物撰　清宣統三年(1911)冰雪山房石印本　六冊

340000－1802－0005755　403.2/4002:1
韋蘇州集十卷　(唐)韋應物撰　清退補齋刻本　二冊

340000－1802－0005756　403.2/4002:2
韋蘇州詩集二卷　(唐)韋應物著　清康熙三十四年(1695)天都汪氏刻唐四家詩叢書本　一冊

340000－1802－0005757　403.2/4007
李義山詩集三卷　(唐)李商隱撰　(清)朱鶴齡箋注　(清)沈厚塽輯評　清同治九年(1870)廣州倅署刻三色套印本　四冊

340000－1802－0005758　403.2/4007:1
李義山詩集三卷　(唐)李商隱撰　(清)朱鶴齡箋注　(清)沈厚塽輯評　清同治九年(1870)廣州倅署刻三色套印本　四冊

340000－1802－0005759　403.2/4007:2
李義山文集十卷　(唐)李商隱撰　(清)徐樹穀箋　(清)徐炯注　清康熙四十七年(1708)花溪草堂刻本　六冊

340000－1802－0005760　403.2/4007:3
李義山文集十卷　(唐)李商隱撰　(清)徐樹穀　(清)徐炯注　清康熙四十七年(1708)花溪草堂刻本　六冊

340000－1802－0005761　403.2/4007:4
玉谿生詩詳註三卷樊南文集詳註八卷首一卷　(唐)李商隱撰　(清)馮浩編　清乾隆四十五年(1780)刻同治七年(1868)補刻本　八冊

340000－1802－0005762　403.2/4007:5
玉谿生詩詳註三卷樊南文集詳註八卷首一卷　(唐)李商隱撰　(清)馮浩編　清乾隆四十五年(1780)刻同治七年(1868)補刻本　八冊

340000－1802－0005763　403.2/4007:6
李義山詩集三卷　(唐)李商隱撰　(清)朱鶴齡注　清素位堂刻本　二冊　存一卷(下)

340000－1802－0005764　403.2/4007:7

李義山文集十卷　(唐)李商隱撰　(清)徐樹穀箋　(清)徐炯注　清康熙四十七年(1708)花溪草堂刻本　二册　存六卷(五至十)

340000－1802－0005765　403.2/4007:8
玉谿生詩詳註三卷樊南文集詳註八卷首一卷　(唐)李商隱撰　(清)馮浩編　清乾隆四十五年(1780)刻同治七年(1868)補刻本　八册

340000－1802－0005766　403.2/4007:9
李義山詩集三卷　(唐)李商隱撰　(清)朱鶴齡箋注　(清)沈厚塽輯評　清同治九年(1870)廣州倅署刻三色套印本　三册　缺一卷(中)

340000－1802－0005767　403.2/4023
李衛公文集二十卷別集十卷外集四卷補遺一卷　(唐)李德裕撰　清光緒十六年(1890)常慊慊齋刻本　六册

340000－1802－0005768　403.2/4026
李太白文集三十六卷　(唐)李白撰　(清)王琦輯注　清乾隆二十四年(1759)刻本　十六册

340000－1802－0005769　403.2/4026:1
李翰林集三十卷　(唐)李白撰　**李集劄記一卷**　(清)劉世珩撰　清光緒三十四年至宣統元年(1908－1909)影宋刻本　六册

340000－1802－0005770　403.2/4026:3
李太白全集十六卷　(唐)李白撰　(清)李調元　(清)鄧在珩編　清乾隆二十九年(1764)刻光緒九年(1883)補修本　六册

340000－1802－0005771　403.2/4026:4
李太白文集三十卷　(唐)李白撰　清光緒元年(1875)湖北崇文書局刻本　四册

340000－1802－0005772　403.2/4026:5
李太白文集三十六卷　(唐)李白撰　(清)王琦輯注　清乾隆二十四年(1759)刻本　十六册

340000－1802－0005773　403.2/4026:6
李太白文集三十六卷　(唐)李白撰　(清)王琦輯注　清乾隆二十四年(1759)刻本　十六册

340000－1802－0005774　403.2/4026:7
李太白文集三十六卷　(唐)李白撰　(清)王琦輯注　清乾隆二十四年(1759)刻本　二十册

340000－1802－0005775　403.2/4027
習之先生文集二卷　(唐)李翺撰　清宣統三年(1911)上海會文堂書局石印本　二册

340000－1802－0005776　403.2/4453
杜工部詩選初學讀本八卷　(唐)杜甫撰　(清)孫人龍輯評　(清)孫文龍　(清)孫元禮編　清乾隆二十三年(1758)刻本　四册

340000－1802－0005777　403.2/4453:1
杜詩鏡銓二十卷附錄一卷　(唐)杜甫撰　(清)楊倫編　**讀書堂杜工部文集註解二卷**　(清)張溍評注　清光緒十八年(1892)著易堂鉛印本　六册

340000－1802－0005778　403.2/4453:2
杜詩鏡銓二十卷附錄一卷　(唐)杜甫撰　(清)楊倫編　**讀書堂杜工部文集註解二卷**　(清)張溍評注　清光緒十八年(1892)著易堂鉛印本　六册

340000－1802－0005779　403.2/4453:3
讀杜心解六卷首二卷　(唐)杜甫撰　(清)浦起龍注　清雍正二年(1724)寧我齋刻本　十册

340000－1802－0005780　403.2/4453:4
杜詩鏡銓二十卷附錄一卷　(唐)杜甫撰　(清)楊倫編　**讀書堂杜工部文集註解二卷**　(清)張溍評注　清同治十一年(1872)望三益齋刻本　九册

340000－1802－0005781　403.2/4453:5
杜工部集二十卷　(唐)杜甫撰　(清)錢謙益注　清宣統二年(1910)鉛印本　八册

340000－1802－0005782　403.2/4453:6
杜工部集二十卷　(唐)杜甫撰　(清)錢謙益

注　清宣統三年(1911)時中書局石印本　八冊

340000－1802－0005783　403.2/4453:7
杜詩鏡銓二十卷附錄一卷　(唐)杜甫撰　(清)楊倫編　**讀書堂杜工部文集註解二卷**　(清)張溍評注　清同治十一年(1872)望三益齋刻本　八冊

340000－1802－0005784　403.2/4453:8
杜詩詳註三十一卷附錄二卷首一卷　(唐)杜甫撰　(清)仇兆鰲輯注　清康熙四十二年(1703)刻本　十六冊

340000－1802－0005785　403.2/4453:9
杜詩鏡銓二十卷附錄一卷　(唐)杜甫撰　(清)楊倫編　**讀書堂杜工部文集註解二卷**　(清)張溍評注　清同治十一年(1872)望三益齋刻本　十二冊

340000－1802－0005786　403.2/4453:10
杜詩詳註二十五卷附編二卷首一卷　(唐)杜甫撰　(清)仇兆鰲輯注　清康熙三十二年(1693)刻本　二十八冊

340000－1802－0005787　403.2/4453:11
杜工部詩集二十卷外集二卷集外詩一卷　(唐)杜甫撰　(清)朱鶴齡輯注　清康熙九年(1670)金陵萬卷樓葉永茹刻本　二十三冊

340000－1802－0005788　403.2/4453:12
杜詩偶評四卷　(唐)杜甫撰　(清)沈德潛纂　清乾隆十二年(1747)賦閒草堂刻本　二冊

340000－1802－0005789　403.2/4453:13
讀杜心解六卷首二卷　(唐)杜甫撰　(清)浦起龍注　清雍正二年(1724)寧我齋刻本　十冊

340000－1802－0005790　403.2/4453:14
杜詩詳註三十一卷附錄二卷首一卷　(唐)杜甫撰　(清)仇兆鰲輯注　清康熙三十二年(1693)刻本　十六冊

340000－1802－0005791　403.2/4453:15
杜詩詳註二十五卷附編二卷首一卷　(唐)杜甫撰　(清)仇兆鰲輯注　清康熙三十二年(1693)刻本　二十四冊

340000－1802－0005792　403.2/4453:16
杜工部集二十卷　(唐)杜甫撰　(清)錢謙益注　清宣統三年(1911)時中書局石印本　八冊

340000－1802－0005793　403.2/4453:17
讀杜心解六卷首二卷　(唐)杜甫撰　(清)浦起龍注　清雍正二年(1724)寧我齋刻本　八冊

340000－1802－0005794　403.2/4453:18
讀杜心解六卷首二卷　(唐)杜甫撰　(清)浦起龍注　清雍正三年(1725)浦氏寧我齋刻本　八冊

340000－1802－0005795　403.2/4453:19
讀杜心解六卷首二卷　(唐)杜甫撰　(清)浦起龍注　清雍正三年(1725)浦氏寧我齋刻本　七冊　缺二卷(首二卷)

340000－1802－0005796　403.2/4453:20
杜詩鏡銓二十卷　(唐)杜甫撰　(清)楊倫編　清末石印本　一冊　存四卷(十二至十五)

340000－1802－0005797　403.2/4453:21
杜詩偶評四卷　(唐)杜甫撰　(清)沈德潛纂　清末交通圖書館石印本　四冊

340000－1802－0005798　403.2/4453:22
讀書堂杜工部文集註解二卷　(唐)杜甫撰　(清)張溍評注　清刻本　一冊

340000－1802－0005799　403.2/4453:23
詳注杜工部文集二卷　(唐)杜甫撰　(清)朱鶴齡輯注　清末大陸書局石印本　二冊

340000－1802－0005800　403.2/4480
重刊五百家註音辯昌黎先生文集四十卷　(唐)韓愈撰　清乾隆四十九年(1784)刻本　十四冊

340000－1802－0005801　403.2/4480:1
朱文公校昌黎先生文集四十卷外集十卷附錄一卷　(唐)韓愈撰　(明)朱吾弼編　明萬曆

三十三年(1605)朱崇沐刻本　十二册

340000－1802－0005802　403.2/4480:2
昌黎先生集四十卷外集十卷遺文一卷首一卷　(唐)韓愈撰　(唐)李漢編　(宋)朱熹考異　(宋)王伯大音釋　清光緒十八年(1892)刻本　十二册

340000－1802－0005803　403.2/4480:3
昌黎先生集四十卷外集十卷遺文一卷集傳一卷　(唐)韓愈著　(唐)李漢編　**韓集點勘四卷**　(清)陳景雲撰　清同治八年(1869)江蘇書局刻本　十六册

340000－1802－0005804　403.2/4480:4
昌黎先生集四十卷外集十卷遺文一卷集傳一卷　(唐)韓愈著　(唐)李漢編　**韓集點勘四卷**　(清)陳景雲撰　清同治八年(1869)江蘇書局刻本　十一册

340000－1802－0005805　403.2/4480:5
昌黎先生集四十卷外集十卷遺文一卷集傳一卷　(唐)韓愈著　(唐)李漢編　**韓集點勘四卷**　(清)陳景雲撰　清同治八年(1869)江蘇書局刻本　十一册

340000－1802－0005806　403.2/4480:6
昌黎先生集四十卷外集十卷遺文一卷集傳一卷　(唐)韓愈撰　(宋)朱熹編　**韓集點勘四卷**　(清)陳景雲撰　清影宋抄本　十册　缺十三卷(一至十三)

340000－1802－0005807　403.2/4480:7
韓昌黎詩集編年箋注十二卷　(唐)韓愈撰　(清)方世舉編　清宣統二年(1910)埽葉山房石印本　十一册　存十一卷(一至十一)

340000－1802－0005808　403.2/4480:8
韓昌黎詩集編年箋注十二卷　(唐)韓愈撰　(清)方世舉編　清宣統二年(1910)埽葉山房石印本　十二册

340000－1802－0005809　403.2/4480:9
昌黎先生集四十卷外集十卷遺文一卷　(唐)韓愈撰　**韓集點勘四卷**　(清)陳景雲撰　清宣統三年(1911)上海鴻文書局石印本　十册

340000－1802－0005810　403.2/4480:10
昌黎先生詩集注十一卷　(唐)韓愈撰　(清)顧嗣立刪補　清道光十七年(1837)膺德堂刻朱墨套印本　四册

340000－1802－0005811　403.2/4480:11
昌黎先生詩增註證訛十一卷　(唐)韓愈撰　(清)顧嗣立編　(清)黄鉞增注　清咸豐七年(1857)二客軒刻本　四册

340000－1802－0005812　403.2/4480:12
昌黎先生詩集注十一卷　(唐)韓愈撰　(清)顧嗣立刪補　清道光十七年(1837)膺德堂刻朱墨套印本　四册

340000－1802－0005813　403.2/4480:13
昌黎先生詩集注十一卷　(唐)韓愈撰　(清)顧嗣立刪補　清道光十七年(1837)膺德堂刻朱墨套印本　四册

340000－1802－0005814　403.2/4480:14
昌黎先生詩集注十一卷　(唐)韓愈撰　(清)顧嗣立刪補　清道光十七年(1837)膺德堂刻朱墨套印本　四册

340000－1802－0005815　403.2/4480:15
昌黎先生詩集注十一卷　(唐)韓愈撰　(清)顧嗣立刪補　清道光十七年(1837)膺德堂刻朱墨套印本　四册

340000－1802－0005816　403.2/4480:16
昌黎先生詩集注十一卷　(唐)韓愈撰　(清)顧嗣立刪補　清道光十七年(1837)膺德堂刻朱墨套印本　四册

340000－1802－0005817　403.2/4480:17
昌黎先生詩集注十一卷　(唐)韓愈撰　(清)顧嗣立刪補　清道光十七年(1837)膺德堂刻朱墨套印本　四册

340000－1802－0005818　403.2/4480:18
昌黎先生詩集注十一卷　(唐)韓愈撰　(清)顧嗣立刪補　清道光十七年(1837)膺德堂刻朱墨套印本　四册

340000－1802－0005819　403.2/4480:19

昌黎先生集四十卷外集十卷遺文一卷集傳一卷 (唐)韓愈著 (唐)李漢編 **韓集點勘四卷** (清)陳景雲撰 清宣統二年(1910)上海集成圖書公司鉛印本 八冊

340000－1802－0005820 403.2/4480:20
昌黎先生集四十卷外集十卷遺文一卷集傳一卷 (唐)韓愈著 (唐)李漢編 **韓集點勘四卷** (清)陳景雲撰 清宣統二年(1910)埽葉山房石印本 十二冊

340000－1802－0005821 403.2/4480:21
唐大家韓文公文抄十六卷 (唐)韓愈撰 (明)茅坤評 明萬曆刻本 四冊

340000－1802－0005822 403.2/4480:22
韓昌黎詩集編年箋註十二卷 (唐)韓愈撰 (清)方世舉編 清乾隆二十三年(1758)雅雨堂刻本 六冊

340000－1802－0005823 403.2/4480:23
韓昌黎詩集編年箋註十二卷 (唐)韓愈撰 (清)方世舉編 清乾隆二十三年(1758)雅雨堂刻本 六冊

340000－1802－0005824 403.2/4480:24
昌黎先生詩集注十一卷 (唐)韓愈撰 (清)顧嗣立編 清道光十七年(1837)膺德堂刻朱墨套印本 一冊 存一卷(一)

340000－1802－0005825 403.2/4480:25
昌黎先生集四十卷外集十卷遺文一卷集傳一卷 (唐)韓愈撰 清同治八年(1869)江蘇書局刻本 七冊 缺八卷(昌黎先生集一至八)

340000－1802－0005826 403.2/4480:26
韓昌黎詩集編年箋注十二卷 (唐)韓愈撰 (清)方世舉編 清乾隆二十三年(1758)雅雨堂刻本 四冊

340000－1802－0005827 403.2/4480:27
重刊五百家註音辯昌黎先生文集四十卷 (唐)韓愈撰 清乾隆四十九年(1784)刻本 十二冊

340000－1802－0005828 403.2/4480:28
新刊五百家註音辯昌黎先生文集四十卷 (唐)韓愈撰 清乾隆四十九年(1784)刻本 十二冊

340000－1802－0005829 403.2/4731
河東先生文集六卷 (唐)柳宗元撰 清宣統二年(1910)上海會文書局石印本 六冊

340000－1802－0005830 403.2/4731:1
柳文四十三卷別集二卷外集二卷附錄一卷 (唐)柳宗元撰 (唐)劉禹錫編 清同治七年(1868)刻本 十冊

340000－1802－0005831 403.2/4731:2
柳柳州集四卷 (唐)柳宗元撰 清退補齋刻本 一冊

340000－1802－0005832 403.2/5022
釣磯立譚一卷 (五代)史虛白撰 清宣統三年(1911)上海國學扶輪社鉛印張氏適園叢書本 一冊

340000－1802－0005833 403.3/0012
高東溪先生遺集二卷 (宋)高登撰 清同治五年(1866)福州正誼書局刻本 一冊

340000－1802－0005834 403.3/0013
廬陵宋丞相信國公文忠烈先生全集十六卷 (宋)文天祥撰 清道光二十八年(1848)刻本 十冊

340000－1802－0005835 403.3/0013:1
廬陵宋丞相信國公文忠烈先生全集十六卷 (宋)文天祥撰 清雍正三年(1725)刻道光印本 十冊

340000－1802－0005836 403.3/0427
晞髮集十卷遺集二卷補一卷附十卷 (宋)謝翱撰 清光緒三十二年(1906)石印本 四冊

340000－1802－0005837 403.3/1031
王臨川全集一百卷目錄二卷 (宋)王安石撰 清光緒九年(1883)刻本 二十四冊

340000－1802－0005838 403.3/1031:1
王臨川全集一百卷目錄二卷 (宋)王安石撰 清光緒九年(1883)刻本 十六冊

340000－1802－0005839　403.3/1031:2
王臨川全集一百卷目錄二卷　(宋)王安石撰　清光緒九年(1883)刻本　二十册

340000－1802－0005840　403.3/1031:3
王臨川文集四卷　(宋)王安石撰　清宣統二年(1910)上海會文堂石印本　四册

340000－1802－0005841　403.3/1031:4
王臨川文集四卷　(宋)王安石撰　清宣統二年(1910)上海會文堂石印本　四册

340000－1802－0005842　403.3/1031:5
王臨川全集一百卷目錄二卷　(宋)王安石撰　清光緒九年(1883)小岻山館刻本　十六册

340000－1802－0005843　403.3/1031:6
王臨川文集四卷　(宋)王安石撰　清宣統二年(1910)上海會文堂石印本　四册

340000－1802－0005844　403.3/1031:7
王臨川文集四卷　(宋)王安石撰　清宣統二年(1910)上海會文堂刻本　四册

340000－1802－0005845　403.3/1031:8
王臨川全集一百卷目錄二卷　(宋)王安石撰　清光緒九年(1883)刻本　十七册　缺十八卷(九至十四、二十二至二十八、七十四至七十八)

340000－1802－0005846　403.3/1031:9
王臨川全集一百卷目錄二卷　(宋)王安石撰　清光緒九年(1883)刻本　十六册

340000－1802－0005847　403.3/1124
安陸集一卷　(宋)張先撰　**復古編校正一卷附錄一卷**　(宋)張有撰　**曾樂軒稿一卷**　(清)張維撰　清嘉慶七年(1802)刻本　一册

340000－1802－0005848　403.3/1779
司馬溫公文集八十二卷　(宋)司馬光撰　明天啟七年(1627)刻清康熙四十七年(1708)補刻本　二十四册

340000－1802－0005849　403.3/2540
晦庵先生朱文公文集一百卷續集十一卷別集十卷　(宋)朱熹撰　清同治十二年(1873)六安塗氏求我齋刻洪氏唐石經館叢書本　五十二册

340000－1802－0005850　403.3/2540:1
晦庵先生朱文公文集一百卷續集十一卷別集十卷　(宋)朱熹撰　清同治十二年(1873)六安塗氏求我齋刻洪氏唐石經館叢書本　六十四册

340000－1802－0005851　403.3/2540:2
朱子集一百四卷目錄二卷　(宋)朱熹撰　清咸豐十年(1860)刻本　四十册

340000－1802－0005852　403.3/2540:3
晦庵先生朱文公文集一百卷續集十一卷別集十卷　(宋)朱熹撰　清同治十二年(1873)六安塗氏求我齋刻本　五十二册

340000－1802－0005853　403.3/2540:4
朱子集一百四卷補遺一卷目錄二卷　(宋)朱熹撰　清咸豐十年(1860)刻本　四十八册

340000－1802－0005854　403.3/2540:5
晦庵先生朱文公文集一百卷續集十一卷別集十卷　(宋)朱熹撰　清同治十二年(1873)六安塗氏求我齋刻洪氏唐石經館叢書本　十五册　存三十一卷(文集五十四至八十四)

340000－1802－0005855　403.3/2540:6
朱子集一百四卷補遺一卷目錄二卷　(宋)朱熹撰　清咸豐十年(1860)刻本　一册　存三卷(二十三至二十五)

340000－1802－0005856　403.3/2880
徐騎省集三十卷補遺一卷校勘記一卷　(宋)徐鉉撰　(清)李英元校勘記　清光緒十七年(1891)黟南李氏刻本　八册

340000－1802－0005857　403.3/2880:1
徐騎省集三十卷補遺一卷校勘記一卷　(宋)徐鉉撰　(清)李英元校勘記　清光緒十六年至十九年(1890－1893)刻本　八册

340000－1802－0005858　403.3/2880:2
徐騎省集三十卷補遺一卷校勘記一卷　(宋)徐鉉撰　(清)李英元校勘記　清光緒十六年

至十九年(1890－1893)刻本　八册

340000－1802－0005859　403.3/2880:3
徐騎省集三十卷補遺一卷校勘記一卷　(宋)徐鉉撰　(清)李英元校勘記　清光緒十六年至十九年(1890－1893)刻本　八册

340000－1802－0005860　403.3/2880:4
徐騎省集三十卷補遺一卷校勘記一卷　(宋)徐鉉撰　(清)李英元校勘記　清光緒十七年(1891)金陵書局刻本　六册

340000－1802－0005861　403.3/2880:5
徐騎省集三十卷補遺一卷校勘記一卷　(宋)徐鉉撰　(清)李英元校勘記　清光緒十七年(1891)金陵書局刻本　六册

340000－1802－0005862　403.3/2880:6
徐騎省集三十卷補遺一卷校勘記一卷　(宋)徐鉉撰　(清)李英元校勘記　清光緒十七年(1891)金陵書局刻本　六册

340000－1802－0005863　403.3/2880:7
徐騎省集三十卷補遺一卷校勘記一卷　(宋)徐鉉撰　(清)李英元校勘記　清光緒十七年(1891)金陵書局刻本　六册

340000－1802－0005864　403.3/2880:8
徐騎省集三十卷補遺一卷校勘記一卷　(宋)徐鉉撰　(清)李英元校勘記　清光緒十六年至十九年(1890－1893)刻本　八册

340000－1802－0005865　403.3/2880:9
徐騎省集三十卷補遺一卷校勘記一卷　(宋)徐鉉撰　(清)李英元校勘記　清光緒十六年至十九年(1890－1893)刻本　八册

340000－1802－0005866　403.3/2880:10
徐騎省集三十卷補遺一卷校勘記一卷　(宋)徐鉉撰　(清)李英元校勘記　清光緒十六年至十九年(1890－1893)刻本　八册

340000－1802－0005867　403.3/2895
僧悟靜詩稿□□卷　(宋)僧悟靜撰　清刻本　一册　存一卷(一)

340000－1802－0005868　403.3/3036
宋宗忠簡公集七卷　(宋)宗澤撰　清同治四年(1865)鳩江戎幄刻本　二册

340000－1802－0005869　403.3/3818
游定夫先生集六卷首一卷末一卷　(宋)游酢撰　(清)方宗誠注　清同治六年(1867)和州官舍刻本　二册

340000－1802－0005870　403.3/4022
西山先生真文忠公文集五十五卷　(宋)真德秀撰　(明)楊鶚重修　(明)丁辛重校　清雍正元年(1723)刻本　十六册

340000－1802－0005871　403.3/4324
石屏詩集十卷　(宋)戴復古撰　清嘉慶二十二年(1817)臨海宋氏刻本　四册

340000－1802－0005872　403.3/4407
山谷詩集注内集二十卷外集十七卷别集二卷　(宋)黄庭堅撰　清光緒二十一年至二十五年(1895－1899)影宋刻本　二十册

340000－1802－0005873　403.3/4407:1
黄詩全集五十八卷　(宋)黄庭堅撰　(宋)任淵等注　清乾隆五十四年(1789)樹經堂刻本　二十册

340000－1802－0005874　403.3/4407:2
山谷詩集注内集二十卷外集十七卷别集二卷　(宋)黄庭堅撰　清光緒二十一年至二十五年(1895－1899)影宋刻本　二十册

340000－1802－0005875　403.3/4407:3
山谷詩集注内集二十卷外集十七卷别集二卷　(宋)黄庭堅撰　清光緒二十一年至二十五年(1895－1899)影宋刻本　七册　存二十卷(山谷詩集注内集二十卷)

340000－1802－0005876　403.3/4407:4
黄山谷先生題跋四卷　(宋)黄庭堅撰　清咸豐十年(1860)刻本　一册

340000－1802－0005877　403.3/4407:5
山谷詩集注内集二十卷外集十七卷别集二卷　(宋)黄庭堅撰　(宋)任淵注　清刻本　九册　存二十三卷(内集一至十一、十八至二

十,外集七至十、十三至十七)

340000－1802－0005878　403.3/4407:6
山谷詩集注内集二十卷外集十七卷别集二卷　(宋)黄庭堅撰　清末石印本　一册　存二卷(外集四至五)

340000－1802－0005879　403.3/4407:7
黄詩全集五十八卷　(宋)黄庭堅撰　(宋)任淵　(宋)史容　(宋)史季溫注　清乾隆五十三年(1788)樹經堂刻本　十一册　存三十五卷(内集十二至十七,外集一至六、十一至十二,别集一至二,外集補一至四,别集補一,年譜一至十四)

340000－1802－0005880　403.3/4422
范忠宣公集二十卷奏議二卷遺文一卷附録一卷補編一卷　(宋)范純仁撰　**范文正公集□□卷褒賢集五卷**　(宋)范仲淹撰　清康熙范氏歲寒堂刻本　六册　存二十六卷(范忠宣公集一至四、十一至十五,遺文一卷,附録一卷,補編一卷;范文正公集五至十五、褒賢集一至三)

340000－1802－0005881　403.3/4423
艮齋先生薛常州浪語集三十五卷　(宋)薛季宣撰　清同治十年(1871)金陵書局刻本　六册

340000－1802－0005882　403.3/4423:1
范文正公集□□卷　(宋)范仲淹撰　清刻本　五册　存四十三卷(文集二十卷、年譜一卷、年譜補遺一卷、言行拾遺事録四卷、鄱陽遺事録一卷、遺跡一卷、吴中遺跡一卷、白山遺跡一卷、洛陽志一卷、西夏堡寨一卷、建立義莊規矩一卷、褒賢之碑一卷、褒賢祠記三卷、朝廷優崇一卷、遺文一卷、諸賢替頌疏一卷、諸賢論頌一卷、諸賢詩頌一卷、祭文一卷)

340000－1802－0005883　403.3/4433
林和靖詩集四卷拾遺一卷　(宋)林逋撰　清同治十二年(1873)長洲朱氏刻本　二册

340000－1802－0005884　403.3/4433:1
林和靖詩集四卷拾遺一卷　(宋)林逋撰　清同治十二年(1873)長洲朱氏刻本　二册

340000－1802－0005885　403.3/4437
宋大家蘇文公文抄十卷　(宋)蘇洵撰　(明)茅坤評　明末刻本　二册

340000－1802－0005886　403.3/4437:1
老泉先生全集録五卷　(宋)蘇洵撰　(清)儲欣編　清光緒八年(1882)江蘇書局刻唐宋十大家全集録叢書本　二册

340000－1802－0005887　403.3/4453
東坡續集十二卷　(宋)蘇軾撰　清末石印本　二册　存二卷(二、五)

340000－1802－0005888　403.3/4453:1
蘇文忠公詩集五十卷目録二卷　(宋)蘇軾撰　(清)紀昀評　清道光十四年(1834)刻朱墨套印本　十册

340000－1802－0005889　403.3/4453:2
施註蘇詩四十二卷　(宋)蘇軾撰　(宋)施元之注　(清)邵長蘅等編　**蘇詩續補遺二卷**　(清)馮景補注　清康熙三十八年(1699)刻本　十二册

340000－1802－0005890　403.3/4453:3
東坡詩選十二卷　(宋)蘇軾撰　(明)譚元春編　明天啟刻本　四册

340000－1802－0005891　403.3/4453:4
蘇文忠公詩集五十卷目録二卷　(宋)蘇軾撰　(清)紀昀評　清同治八年(1869)韞玉山房刻朱墨套印本　十二册

340000－1802－0005892　403.3/4453:5
施註蘇詩四十二卷目録二卷　(宋)蘇軾撰　(宋)施元之注　(清)邵長蘅等删補　**蘇東坡年譜一卷**　(宋)王宗稷編　(清)邵長蘅重訂　**蘇詩續補遺二卷**　(清)馮景補註　清康熙三十九年(1700)刻本　十二册

340000－1802－0005893　403.3/4453:6
蘇文忠詩合註五十卷首一卷　(宋)蘇軾撰　(清)馮應榴編　清同治九年(1870)刻本　二十四册

340000－1802－0005894　403.3/4453:7
東坡先生全集七十五卷詩選十二卷　(宋)蘇軾撰　(明)陳仁錫編　明末刻本　二十五册　缺二十三卷(東坡先生全集一至三、五十二至五十九,詩選十二卷)

340000－1802－0005895　403.3/4453:8
蘇文忠公詩集五十卷　(宋)蘇軾撰　清末埽葉山房石印本　三册　存十五卷(十一至十五、二十一至二十五、四十一至四十五)

340000－1802－0005896　403.3/4453:9
施註蘇詩四十二卷東坡[蘇軾]年譜一卷王註正譌一卷總目二卷續補遺二卷總目一卷　(宋)蘇軾撰　(宋)施元之注　(清)顧嗣立　(清)邵長衡　(清)宋至編　清末石印本　三册　存七卷(二十三至二十五、二十八至二十九、三十五至三十六)

340000－1802－0005897　403.3/4453:10
東坡先生全集七十五卷詩選十二卷　(宋)蘇軾撰　明天啟元年(1621)刻本　三十六册

340000－1802－0005898　403.3/4453:11
施注蘇詩四十二卷目錄二卷　(宋)蘇軾撰　(宋)施元之注　(清)邵長蘅　(清)顧嗣立　(清)宋至刪補　(清)宋犖　(清)張榕端閱定　清康熙三十八年(1699)刻本　十二册

340000－1802－0005899　403.3/4453:12
施註蘇詩四十二卷總目二卷續補遺二卷　(宋)蘇軾撰　(宋)施元之注　(清)顧嗣立　(清)邵長蘅　(清)宋至編　(清)馮景補注　**東坡先生[蘇軾]年譜一卷王註正僞一卷**　(清)王宗稷編　清末上海文瑞樓石印本　二十四册

340000－1802－0005900　403.3/4453:13
東坡集四十一卷　(宋)蘇軾撰　清刻本　二十五册

340000－1802－0005901　403.3/4453:14
蘇長公集一百十卷　(宋)蘇軾撰　清寶華盦刻本　八册　存七卷(一、三、六至九、十二)

340000－1802－0005902　403.3/4453:15
蘇文忠詩合註五十卷首一卷　(宋)蘇軾撰　(清)馮應榴編　清刻本　七册　存十四卷(二十五至三十八)

340000－1802－0005903　403.3/4453:16
蘇詩補注八卷　(宋)蘇軾撰　(清)翁方綱學　**志道集一卷**　(宋)顧禧著　清咸豐元年(1851)刻粤雅堂叢書本　二册

340000－1802－0005904　403.3/4454
石湖先生詩鈔不分卷　(宋)范成大撰　(清)周之鱗　(清)柴升編　清康熙刻宋四名家詩叢書本　一册

340000－1802－0005905　403.3/4458
欒城後集二十四卷三集十卷　(宋)蘇轍著　清道光十二年(1832)刻本　八册

340000－1802－0005906　403.3/4472
翠微南征錄十卷　(宋)華岳著　(清)郎遂編　清木活字印本　一册　存六卷(五至十)

340000－1802－0005907　403.3/4499
林和靖詩集四卷拾遺一卷　(宋)林逋撰　清同治十二年(1873)長洲朱氏刻本　二册

340000－1802－0005908　403.3/4587
攻媿集一百十二卷　(宋)樓鑰撰　清刻本　二十六册

340000－1802－0005909　403.3/4646
楊誠齋詩集十卷　(宋)楊萬里著　(清)李調元編　清嘉慶六年(1801)刻本　四册

340000－1802－0005910　403.3/4664
楊龜山先生集四十二卷首一卷末一卷　(宋)楊時撰　清康熙四十六年(1707)刻本　十册

340000－1802－0005911　403.3/4730
文恭集四十卷　(宋)胡宿撰　清乾隆浙江刻武英殿聚珍版書本　十册

340000－1802－0005912　403.3/4847
宛陵先生集鈔不分卷　(宋)梅堯臣撰　清末抄本　一册

340000－1802－0005913　403.3/4847:1
宛陵先生文集六十卷　(宋)梅堯臣撰　清宣

統二年(1910)影印本　十冊

340000－1802－0005914　403.3/4950
趙清獻公集十卷　(宋)趙抃撰　清光緒三年(1877)刻本　四冊

340000－1802－0005915　403.3/5046
淮海集二十卷　(宋)秦觀撰　清道光十七年(1837)刻本　六冊　缺三卷(十八至二十)

340000－1802－0005916　403.3/6020
羅豫章先生集十二卷首一卷末一卷　(宋)羅從彦撰　清光緒九年(1883)張國正刻本　六冊

340000－1802－0005917　403.3/6071
羅鄂州小集六卷　(宋)羅願撰　清光緒十九年(1893)黟縣李氏刻本　二冊

340000－1802－0005918　403.3/6071:1
羅鄂州小集六卷　(宋)羅願撰　清光緒十九年(1893)黟縣李氏刻本　三冊

340000－1802－0005919　403.3/6071:2
羅鄂州小集六卷　(宋)羅願撰　清光緒十九年(1893)黟縣李氏刻本　三冊

340000－1802－0005920　403.3/6071:3
羅鄂州小集六卷　(宋)羅願著　清光緒十九年(1893)黟縣李氏刻本　三冊

340000－1802－0005921　403.3/6071:4
羅鄂州小集六卷　(宋)羅願著　清光緒十九年(1893)黟縣李氏刻本　三冊

340000－1802－0005922　403.3/7212
宋岳忠武王集八卷　(宋)岳飛撰　清同治四年(1865)鳩江戎幄刻本　二冊

340000－1802－0005923　403.3/7212:1
岳忠武王文集八卷首一卷末一卷　(宋)岳飛撰　(清)黃邦甯纂修　清光緒十二年(1886)上海簡玉山房刻本　四冊

340000－1802－0005924　403.3/7212:2
岳忠武王文集八卷首一卷末一卷　(宋)岳飛撰　(清)黃邦甯纂修　清嘉慶二十二年(1817)刻本　四冊

340000－1802－0005925　403.3/7438
劍南詩鈔六卷　(宋)陸游著　(清)楊大鶴選　清康熙二十四年(1685)刻本　八冊

340000－1802－0005926　403.3/7438:1
劍南詩鈔六卷　(宋)陸游著　(清)楊大鶴選　清刻本　六冊

340000－1802－0005927　403.3/7438:2
劍南詩鈔六卷　(宋)陸游著　(清)楊大鶴選　清光緒八年(1882)文苑山房刻本　八冊

340000－1802－0005928　403.3/7438:3
劍南詩鈔六卷　(宋)陸游著　(清)楊大鶴選　清刻本　八冊

340000－1802－0005929　403.3/7438:4
劍南詩鈔六卷　(宋)陸游著　(清)楊大鶴選　清浙江愛蓮山房刻本　六冊

340000－1802－0005930　403.3/7438:5
劍南詩鈔六卷　(宋)陸游著　(清)楊大鶴選　清光緒八年(1882)文苑山房刻本　八冊

340000－1802－0005931　403.3/7438:6
劍南詩鈔六卷　(宋)陸游著　(清)楊大鶴選　清康熙二十四年(1685)野雪軒刻本　八冊

340000－1802－0005932　403.3/7438:7
劍南詩鈔六卷　(宋)陸游著　(清)楊大鶴選　清康熙二十四年(1685)野雪軒刻本　八冊

340000－1802－0005933　403.3/7438:8
劍南詩鈔六卷　(宋)陸游著　(清)楊大鶴選　清康熙二十四年(1685)野雪軒刻本　六冊

340000－1802－0005934　403.3/7443
象山先生文集三十六卷　(宋)陸九淵撰　(清)李紱點次　清宣統二年(1910)江左書林鉛印本　八冊

340000－1802－0005935　403.3/7443:1
陸象山先生文集三十六卷附三卷　(宋)陸九淵撰　(清)李紱點次　清同治十年(1871)刻光緒七年(1881)補刻本　十冊

340000－1802－0005936　403.3/7443:2
陸象山先生集節要六卷首一卷　(宋)陸九淵

撰　(清)方宗誠編纂　清同治七年(1868)吳坤修刻本　三冊

340000－1802－0005937　403.3/7500
龍川文集三十卷附錄二卷辨譌考異二卷　(宋)陳亮撰　(清)胡鳳丹考異　清光緒元年(1875)湖北崇文書局刻本　十冊

340000－1802－0005938　403.3/7523
後山詩十二卷　(宋)陳師道撰　(宋)任淵注　清刻本　四冊

340000－1802－0005939　403.3/7772
歐陽文忠公全集一百五十三卷首一卷附錄五卷　(宋)歐陽修撰　(清)歐陽衡校　清嘉慶二十四年(1819)歐陽衡刻本　二十三冊　缺七卷(八十三至八十九)

340000－1802－0005940　403.3/7772:1
歐陽文忠公全集一百五十三卷首一卷附錄五卷　(宋)歐陽修撰　(清)歐陽衡校　清嘉慶二十四年(1819)歐陽衡刻本　二十四冊

340000－1802－0005941　403.3/7772:2
歐陽文忠公全集一百五十三卷首一卷附錄五卷　(宋)歐陽修撰　清光緒二十八年(1902)周氏慕濂山房刻本　三十一冊　缺三卷(一百三十三至一百三十五)

340000－1802－0005942　403.3/7772:3
歐陽文忠公全集一百五十三卷首一卷附錄五卷　(宋)歐陽修著　(清)歐陽衡校　清嘉慶二十四年(1819)歐陽衡刻本　二十四冊

340000－1802－0005943　403.3/8017
曾文定公全集二十卷首一卷末一卷　(宋)曾鞏撰　(清)彭期編　清康熙三十二年(1693)刻本　六冊　存七卷(一至六、首一卷)

340000－1802－0005944　403.3/8017:1
元豐類稿五十卷　(宋)曾鞏撰　清乾隆二十八年(1763)刻本　十二冊

340000－1802－0005945　403.3/8017:2
南豐先生元豐類藁五十三卷附集外文二卷　(宋)曾鞏撰　清康熙五十六年(1717)刻本　十二冊

340000－1802－0005946　403.3/8044
白石道人歌曲集六卷別集一卷　(宋)姜夔撰　清宣統二年(1910)影印本　一冊

340000－1802－0005947　403.4/1030
拙軒集六卷　(金)王寂撰　清乾隆浙江刻武英殿聚珍版書叢書本　二冊

340000－1802－0005948　403.4/1047
元遺山詩集箋注十四卷附錄一卷補載一卷　(金)元好問撰　清宣統三年(1911)掃葉山房石印本　八冊

340000－1802－0005949　403.4/1047:1
遺山先生詩集二十卷　(金)元好問撰　清刻本　四冊

340000－1802－0005950　403.4/1047:2
元遺山詩集箋注十四卷附錄一卷補載一卷　(金)元好問撰　(清)施國祈注　清宣統三年(1911)掃葉山房石印本　三冊　存六卷(二至三、九至十二)

340000－1802－0005951　403.5/1183
元張文忠公歸田類稿二十卷　(元)張養浩撰　清乾隆五十五年(1790)刻本　四冊　存十三卷(一至十三)

340000－1802－0005952　403.5/1244
湛然居士文集十四卷　(元)耶律楚材撰　清光緒二十一年(1895)刻漸西村舍彙刊本　四冊

340000－1802－0005953　403.5/3730
新喻梁石門先生集十卷首一卷末一卷　(元)梁寅撰　清光緒十五年(1889)鍾體志刻本　六冊

340000－1802－0005954　403.5/8077
余忠宣公文集六卷　(元)余闕撰　(元)郭奎編　清同治六年(1867)皖江臬署刻本　二冊

340000－1802－0005955　403.5/8077:1
余忠宣公文集六卷　(元)余闕撰　(元)郭奎編　清同治六年(1867)皖江臬署刻十三年

(1874)重印本　四册

340000－1802－0005956　403.6/0023
重刊校正唐荊川先生文集十二卷補遺五卷外集三卷附錄一卷　(明)唐順之撰　清江南書局刻本　十册

340000－1802－0005957　403.6/0038
高季迪先生大全集十八卷　(明)高啟撰　清光緒十四年(1888)活字印本　六册

340000－1802－0005958　403.6/0038:1
高季迪先生大全集十八卷　(明)高啟撰　清刻本　六册

340000－1802－0005959　403.6/0040
高子遺書十二卷附錄一卷　(明)高攀龍撰　(明)陳龍正編　**高忠憲公[攀龍]年譜一卷**　(明)華允誠撰　清光緒二年(1876)刻本　十三册

340000－1802－0005960　403.6/0041
方正學先生遜志齋集七卷首一卷　(明)方孝孺撰　清同治三年(1864)刻本　七册

340000－1802－0005961　403.6/0082
鹿忠節公集二十一卷　(明)鹿善繼著　清刻本　二册　存九卷(四至九、十七至十九)

340000－1802－0005962　403.6/1017
虎谷集十九卷　(明)王雲鳳撰　清嘉慶二十一年(1816)刻本　六册

340000－1802－0005963　403.6/1032
陽明先生集要三編十五卷　(明)王守仁撰　(明)施邦曜編　明崇禎刻本　四册　存八卷(理學編一至四、文章編一至四)

340000－1802－0005964　403.6/1032:1
陽明先生集要三編十五卷[王守仁]年譜一卷　(明)王守仁著　(明)施邦曜評　清光緒三十一年(1905)桂林書局刻本　十册

340000－1802－0005965　403.6/1032:2
陽明先生集要三編十五卷[王守仁]年譜一卷　(明)王守仁著　(明)施邦曜評　清光緒三十二年(1906)鉛印本　十二册

340000－1802－0005966　403.6/1032:3
王陽明先生全集十六卷　(明)王守仁撰　清道光六年(1826)刻本　十六册

340000－1802－0005967　403.6/1032:4
王陽明先生文選七卷　(明)王守仁撰　(清)李祖陶評點　清道光二十五年(1845)嚴詳刻本　五册

340000－1802－0005968　403.6/1196
項太史全稿三卷　(明)項煜著　清光緒元年(1875)刻本　三册

340000－1802－0005969　403.6/2608
樓山堂集二十七卷熹朝忠節死臣列傳一卷　(明)吳應箕著　清同治六年(1867)刻樓山堂遺書本　六册

340000－1802－0005970　403.6/2608:1
樓山堂集二十六卷末一卷　(明)吳應箕著　清光緒六年(1880)刻本　八册

340000－1802－0005971　403.6/2749
震川先生集三十卷別集十卷　(明)歸有光著　清光緒六年(1880)常熟歸氏刻本　十六册

340000－1802－0005972　403.6/2749:1
震川先生集三十卷別集十卷附錄一卷　(明)歸有光著　(清)歸莊較勘　(清)歸玠編　清光緒六年(1880)常熟歸氏刻本　十六册

340000－1802－0005973　403.6/2749:2
震川先生集三十卷別集十卷附錄一卷　(明)歸有光著　(清)歸莊較勘　(清)歸玠編　清光緒六年(1880)常熟歸氏刻本　十四册

340000－1802－0005974　403.6/2749:3
震川大全集三十卷別集十卷餘集八卷補集八卷　(明)歸有光撰　清宣統二年(1910)國學扶輪社石印本　十二册

340000－1802－0005975　403.6/2749:4
震川大全集三十卷別集十卷餘集八卷補集八卷　(明)歸有光撰　清宣統二年(1910)國學扶輪社石印本　十二册

340000－1802－0005976　403.6/2749:5

震川先生集三十卷　(明)歸有光撰　清末石印本　一册　存六卷(十一至十五、二十)

340000－1802－0005977　403.6/3140
炳燭齋文集初刻一卷續刻一卷　(明)顧大韶著　清宣統元年(1909)國學扶輪社鉛印本　一册　存一卷(續刻一卷)

340000－1802－0005978　403.6/4024
大泌山房集一百三十四卷　(明)李維楨撰　明末刻本　二十五册　存七十二卷(一至六、十至二十一、四十四至六十五、八十二至八十四、九十一至九十三、一百九至一百三十四)

340000－1802－0005979　403.6/4025
袁袁山集四卷　(明)袁繼咸撰　清咸豐九年(1859)刻本　三册　缺一卷(四)

340000－1802－0005980　403.6/4033
黎雲館類定袁中郎先生全集二十四卷　(明)袁宏道著　清道光九年(1829)刻本　十六册

340000－1802－0005981　403.6/4047
空同詩鈔十六卷附録一卷　(明)李夢陽撰　(清)桑調元編　清乾隆十五年(1750)刻本　四册

340000－1802－0005982　403.6/4047:1
李空同詩集三十三卷附録一卷　(明)李夢陽撰　清宣統二年(1910)掃葉山房石印本　十册

340000－1802－0005983　403.6/4047:2
李空同詩集三十三卷附録一卷　(明)李夢陽撰　清宣統二年(1910)掃葉山房石印本　十册

340000－1802－0005984　403.6/4057
懷麓堂集一百卷首一卷　(明)李東陽撰　清乾隆二十七年(1762)刻本　十九册　缺五卷(文前十三至十七)

340000－1802－0005985　403.6/4086
毅齋查先生闡道集十卷末一卷　(明)查鐸著　清光緒十六年(1890)刻本　四册

340000－1802－0005986　403.6/4093
左忠毅公集三卷[左光斗]年譜二卷　(明)左光斗撰　清道光五年(1825)祠室刻本　五册

340000－1802－0005987　403.6/4093:1
左忠毅公集三卷[左光斗]年譜二卷　(明)左光斗撰　清道光五年(1825)祠室刻本　三册　缺二卷(年譜二卷)

340000－1802－0005988　403.6/4246
菊潭集三卷　(明)姚旭著　清光緒十五年(1889)刻本　一册

340000－1802－0005989　403.6/4246:1
菊潭集三卷　(明)姚旭著　清光緒十五年(1889)刻本　一册

340000－1802－0005990　403.6/4246:2
菊潭集三卷　(明)姚旭著　清光緒十五年(1889)刻本　一册

340000－1802－0005991　403.6/4437
黄漳浦集五十卷首一卷目録二卷[黄道周]年譜二卷　(明)黄道周撰　清末鉛印本　十六册

340000－1802－0005992　403.6/4439
黄陶菴先生全稿八卷　(明)黄淳耀撰　清道光二十二年(1842)刻本　八册

340000－1802－0005993　403.6/4625
楊忠湣公全集四卷　(明)楊繼盛著　清嘉慶二十五年(1820)刻本　四册

340000－1802－0005994　403.6/4625:1
楊忠湣公全集四卷　(明)楊繼盛著　清道光二十三年(1843)年刻本　四册

340000－1802－0005995　403.6/4625:2
楊忠湣公全集四卷　(明)楊繼盛著　清康熙三十三年(1694)刻本　一册

340000－1802－0005996　403.6/4625:3
楊忠湣公垂範集不分卷　(明)楊繼盛著　清末活字印本　一册

340000－1802－0005997　403.6/4625:4
楊忠湣全集四卷　(明)楊繼盛撰　清光緒九年(1883)甘肅藩署刻本　四册

340000－1802－0005998　403.6/4635

楊忠烈公文集五卷　(明)楊漣著　清宣統三年(1911)文盛書局石印本　五冊

340000－1802－0005999　403.6/4644

眉庵詩集二卷　(明)楊基撰　清光緒三十四年(1908)影印本　一冊

340000－1802－0006000　403.6/4772

胡敬齋先生集十五卷　(明)胡居仁撰　清光緒六年(1880)六安求我齋刻本　六冊

340000－1802－0006001　403.6/4772:1

胡敬齋先生居業錄十二卷　(明)胡居仁撰　(明)余祐編　清光緒六年(1880)六安求我齋刻本　四冊

340000－1802－0006002　403.6/5013

史忠正公集四卷首一卷末一卷　(明)史可法撰　清同治七年(1868)景萊書室刻本　二冊

340000－1802－0006003　403.6/5013:1

史忠正公集四卷首一卷末一卷　(明)史可法撰　清同治十年(1871)趙承恩刻本　四冊

340000－1802－0006004　403.6/5013:2

史忠正公集四卷首一卷末一卷　(明)史可法撰　清同治七年(1868)楚醴景萊書室刻本　二冊

340000－1802－0006005　403.6/5013:3

史忠正公集四卷首一卷末一卷　(明)史可法撰　(清)史山清編　清道光三十年(1850)刻本　四冊

340000－1802－0006006　403.6/5013:4

史忠正公集四卷首一卷末一卷　(明)史可法撰　清同治七年(1868)楚醴景萊書室刻本　四冊

340000－1802－0006007　403.6/6017

清江貝先生全集四十卷　(明)貝瓊撰　清康熙燕翼堂刻本　一冊　存九卷(文集八至十六)

340000－1802－0006008　403.6/6045

呂新吾先生去僞齋文集十卷　(明)呂坤著　清康熙十三年(1674)呂慎多刻本　十冊

340000－1802－0006009　403.6/7244

太師誠意伯劉文成公集二十卷首一卷　(明)劉基撰　清乾隆十一年(1746)刻本　十冊

340000－1802－0006010　403.6/7244:1

太師誠意伯劉文成公集二十卷首一卷　(明)劉基撰　清乾隆十一年(1746)刻本　十冊

340000－1802－0006011　403.6/7244:2

太師誠意伯劉文成公集二十卷首一卷　(明)劉基撰　清光緒元年(1875)刻本　十冊

340000－1802－0006012　403.6/7244:3

太師誠意伯劉文成公集二十卷首一卷　(明)劉基撰　清刻本　十冊

340000－1802－0006013　403.6/7510

陳臥子先生安雅堂稿十五卷　(明)陳子龍撰　清宣統二年(1910)上海時中書局鉛印本　三冊

340000－1802－0006014　403.6/8047

金忠節公文集八卷　(明)金聲撰　清道光七年(1827)刻本　八冊

340000－1802－0006015　403.6/8047:1

金忠節公文集八卷　(明)金聲撰　清光緒十四年(1888)黟邑李氏刻本　四冊

340000－1802－0006016　403.6/8047:2

金忠節公文集八卷　(明)金聲撰　清光緒十四年(1888)黟邑李氏刻本　四冊

340000－1802－0006017　403.6/8047:3

金忠節公文集八卷　(明)金聲撰　清光緒十四年(1888)黟邑李氏刻本　四冊

340000－1802－0006018　403.6/8712

影園詩稿一卷　(明)鄭元勳撰　(清)鄭開基編　清刻本　一冊

340000－1802－0006019　403.7/0009

一拳石齋詩鈔四卷文鈔二卷　(清)方龍光撰　清光緒刻本　二冊　缺一卷(詩鈔四)

340000－1802－0006020　403.7/0014

集虚齋學古文十二卷 (清)方槃如撰 清光緒十年(1884)淳安縣署刻本 四冊

340000－1802－0006021 403.7/0018
七十二候卦爻賦草二卷 (清)章於錦著 清光緒六年(1880)刻本 二冊

340000－1802－0006022 403.7/0022
勤襄公詩稿遺存三卷孝思留翰一卷 (清)方維甸撰 清光緒二十二年(1896)上海書局石印本 一冊

340000－1802－0006023 403.7/0028
寄思齋藏稿十四卷首一卷 (清)辛從益著 (清)辛桂雲 (清)辛辰雲編 清咸豐元年(1851)刻本 十冊

340000－1802－0006024 403.7/0028:1
江天秋雨吟二卷 (清)方壯猷撰 清同治八年(1869)刻本 一冊

340000－1802－0006025 403.7/0041
思綺堂文集十卷 (清)章藻功撰 清康熙六十一年(1722)刻本 十冊

340000－1802－0006026 403.7/0041:1
思綺堂文集十卷 (清)章藻功撰 清康熙六十一年(1722)刻本 十冊

340000－1802－0006027 403.7/0041:2
思綺堂文集十卷 (清)章藻功撰 清康熙六十一年(1722)刻本 十冊

340000－1802－0006028 403.7/0041:3
思綺堂文集十卷 (清)章藻功撰 清康熙六十一年(1722)刻本 九冊 缺一卷(十)

340000－1802－0006029 403.7/0041:4
繹雅堂詩錄二卷 (清)廖基瑜撰 清宣統二年(1910)長沙刻本 一冊

340000－1802－0006030 403.7/0041:5
思綺堂文集十卷 (清)章藻功撰 清刻本 一冊 存一卷(二)

340000－1802－0006031 403.7/0044
方望溪文鈔六卷 (清)方苞撰 清宣統元年(1909)國學扶輪社鉛印民國四年(1915)再版本 二冊

340000－1802－0006032 403.7/0044:1
方望溪先生文集十八卷外集十卷補遺二卷 (清)方苞著 (清)戴鈞衡編 **方望溪先生[苞]年譜二卷** (清)蘇惇元輯 清咸豐元年(1851)刻本 十冊

340000－1802－0006033 403.7/0044:2
方望溪先生文集十八卷外集十卷補遺二卷 (清)方苞著 (清)戴鈞衡編 **方望溪先生[苞]年譜二卷** (清)蘇惇元輯 清咸豐元年(1851)刻本 十六冊

340000－1802－0006034 403.7/0044:3
方望溪先生文集十八卷外集十卷補遺二卷 (清)方苞著 (清)戴鈞衡編 **方望溪先生[苞]年譜二卷** (清)蘇惇元輯 清咸豐元年(1851)刻本 十冊

340000－1802－0006035 403.7/0044:4
方望溪先生文集十八卷外集十卷補遺二卷 (清)方苞著 (清)戴鈞衡編 **方望溪先生[苞]年譜二卷** (清)蘇惇元輯 清咸豐元年(1851)刻本 十六冊

340000－1802－0006036 403.7/0044:5
方望溪先生文集十八卷外集十卷補遺二卷 (清)方苞著 (清)戴鈞衡編 **方望溪先生[苞]年譜二卷** (清)蘇惇元輯 清咸豐元年(1851)刻本 十二冊

340000－1802－0006037 403.7/0044:6
方望溪先生文集十八卷外集十卷補遺二卷 (清)方苞著 (清)戴鈞衡編 **方望溪先生[苞]年譜二卷** (清)蘇惇元輯 清咸豐元年(1851)刻本 十四冊

340000－1802－0006038 403.7/0044:7
方望溪先生文集十八卷外集十卷補遺二卷 (清)方苞著 (清)戴鈞衡編 **方望溪先生[苞]年譜二卷** (清)蘇惇元輯 清咸豐元年(1851)刻本 十四冊

340000－1802－0006039 403.7/0044:8
方望溪先生文集十八卷外集十卷補遺二卷

(清)方苞著　(清)戴鈞衡編　**方望溪先生[苞]年譜二卷**　(清)蘇惇元輯　清咸豐元年(1851)刻本　九冊　存十八卷(方望溪先生文集十八卷)

340000－1802－0006040　403.7/0044:9
方望溪先生文集十八卷外集十卷補遺二卷　(清)方苞著　(清)戴鈞衡編　**方望溪先生[苞]年譜一卷**　(清)蘇惇元輯　清末石印本　四冊

340000－1802－0006041　403.7/0044:10
望溪文集補遺不分卷　(清)方苞著　清光緒刻本　一冊

340000－1802－0006042　403.7/0044:11
方望溪先生文集十八卷外集十卷補遺二卷　(清)方苞著　(清)戴鈞衡編　**方望溪先生[苞]年譜一卷**　(清)蘇惇元輯　清咸豐元年(1851)刻本　十四冊　缺二卷(補遺二卷)

340000－1802－0006043　403.7/0051
翰馨書屋賦餘二卷　(清)章邦元著　清光緒十三年(1887)刻本　一冊

340000－1802－0006044　403.7/0054
王餘集一卷　(清)方東樹撰　清光緒十五年(1889)刻本　一冊

340000－1802－0006045　403.7/0064
虛白室文鈔四卷詩鈔十四卷　(清)方昌翰撰　清光緒刻本　六冊

340000－1802－0006046　403.7/0064:1
虛白室文鈔二卷詩鈔十一卷　(清)方昌翰撰　清光緒刻本　四冊

340000－1802－0006047　403.7/0064:2
虛白室文鈔二卷詩鈔十一卷　(清)方昌翰撰　清光緒十三年(1887)刻本　二冊　存七卷(虛白室文鈔二卷、詩鈔一至五)

340000－1802－0006048　403.7/0064:3
虛白室詩鈔十一卷文鈔二卷　(清)方昌翰撰　清光緒十三年(1887)刻本　四冊

340000－1802－0006049　403.7/0078
唐確慎公集十卷首一卷末一卷　(清)唐鑒撰　清光緒元年(1875)刻本　六冊

340000－1802－0006050　403.7/0087
枕經堂文鈔二卷　(清)方朔著　清同治刻本　一冊

340000－1802－0006051　403.7/0099
謝家山人集六卷[唐瑩]自訂年譜一卷　(清)唐瑩著　清光緒十年(1884)唐汝環刻本　二冊

340000－1802－0006052　403.7/0099:1
謝家山人集六卷[唐瑩]自訂年譜一卷　(清)唐瑩著　清光緒十年(1884)唐汝環刻本　二冊

340000－1802－0006053　403.7/0099:2
謝家山人集六卷[唐瑩]自訂年譜一卷　(清)唐瑩著　清光緒十年(1884)唐汝環刻本　二冊

340000－1802－0006054　403.7/0099:3
謝家山人集六卷[唐瑩]自訂年譜一卷　(清)唐瑩著　清光緒十年(1884)唐汝環刻本　二冊

340000－1802－0006055　403.7/0117
如何是可齋外集二卷　(清)范濂撰　清光緒二十二年(1896)刻本　二冊

340000－1802－0006056　403.7/0121
定盦文集三卷拾遺一卷附錄一卷　(清)龔自珍撰　**[龔自珍]年譜一卷**　(清)吳昌綬編　清宣統元年(1909)國學扶輪社鉛印本　二冊

340000－1802－0006057　403.7/0121:1
定盦文集三卷續集四卷文集補四卷補編四卷　(清)龔自珍撰　清光緒二十三年(1897)萬本書堂刻本　六冊

340000－1802－0006058　403.7/0121:2
校訂定盦全集十卷附錄一卷　(清)龔自珍撰　清宣統元年(1909)時中書局鉛印本　八冊

340000－1802－0006059　403.7/0121:3
定盦文集三卷補編四卷拾遺一卷補四卷

(清)龔自珍撰　清宣統元年(1909)國學扶輪社鉛印本　五冊

340000－1802－0006060　403.7/0121:4
定盦文集三卷補編四卷拾遺一卷補四卷　(清)龔自珍撰　清宣統元年(1909)鉛印本　三冊　缺二卷(拾遺一卷、補四)

340000－1802－0006061　403.7/0128
定山堂古文小品二卷續集一卷補遺三卷　(清)龔鼎孳著　清光緒十二年(1886)刻本　六冊

340000－1802－0006062　403.7/0143
木慶詩鈔序並事略一卷　(清)汪樹琪撰　清末抄本　一冊

340000－1802－0006063　403.7/0424
雪青閣詩集四卷　(清)謝維藩撰　清光緒九年(1883)刻本　四冊

340000－1802－0006064　403.7/0813
養雲山館試帖四卷　(清)許球著　(清)王欒紱注釋　清同治十三年(1874)刻本　四冊

340000－1802－0006065　403.7/0822
許玉峯先生集三卷附録一卷　(清)許鼎撰　(清)劉元佐　(清)方宗誠輯　**陳松田先生遺文一卷**　(清)陳紀著　(清)許鼎編　清同治五年(1866)刻本　一冊

340000－1802－0006066　403.7/0823
玫瑰香館詞鈔一卷陶詩集律一卷古衛樓梅花律句一卷　(清)許維漢撰　清同治六年(1867)刻光緒七年(1881)續刻本　一冊

340000－1802－0006067　403.7/0850
擇雅堂二集八卷　(清)許惠撰　清光緒十三年(1887)鄂垣鴻德堂刻本　二冊

340000－1802－0006068　403.7/0856
蘭茗館詩鈔十一卷　(清)許奉恩撰　清光緒十一年(1885)刻民國十九年(1930)重印本　二冊

340000－1802－0006069　403.7/0863
增補秋水軒尺牘四卷首一卷　(清)許思湄著　(清)婁世瑞注　清宣統二年(1910)上海天機書局石印本　一冊

340000－1802－0006070　403.7/0863:1
管注秋水軒尺牘四卷　(清)許思湄著　(清)婁世瑞注　(清)管斯駿補注　清光緒十一年(1885)管可壽齋刻朱墨套印本　一冊　存二卷(一至二)

340000－1802－0006071　403.7/1001
函雅堂集四十卷　(清)王詠霓撰　清光緒刻本　六冊　存二十四卷(十七至四十)

340000－1802－0006072　403.7/1010
漁洋山人詩集十六卷　(清)王士禛撰　清康熙二十三年(1684)刻本　四冊

340000－1802－0006073　403.7/1014
素心閣賦艸四卷應試詩存一卷　(清)王元梅著　清乾隆三十五年(1770)刻本　一冊

340000－1802－0006074　403.7/1017
退一步草堂詩鈔不分卷　(清)王玉驥著　清光緒八年(1882)刻本　一冊

340000－1802－0006075　403.7/1023
一得齋時藝不分卷　(清)王峻著　清光緒二年(1876)刻本　一冊

340000－1802－0006076　403.7/1026
瞎堂詩集二十卷首一卷　(清)釋天然昰著　(清)今毬編　清刻本　四冊

340000－1802－0006077　403.7/1032
舊香居文稿十卷奉常公[王時敏]年譜四卷　(清)王寶仁撰　清道光十八年(1838)刻本　一冊　存四卷(奉常公年譜四卷)

340000－1802－0006078　403.7/1034
曠視山房小題一卷制藝二卷論語大題二卷　(清)丁守存著　清同治四年(1865)刻十二年(1873)續刻本　四冊

340000－1802－0006079　403.7/1041
清貽館朋舊詩存一卷文存一卷附録一卷　(清)石葆元撰　清道光二十九年(1849)刻本　一冊

340000－1802－0006080　403.7/1043

漁洋山人精華録箋注十二卷[王士禛]年譜一卷補注一卷　(清)王士禛撰　(清)金榮注　(清)徐淮纂輯　清初鳳翽堂刻本　六册

340000－1802－0006081　403.7/1043:1

蠶尾集十卷續集二卷後集二卷　(清)王士禛撰　清雍正刻本　一册

340000－1802－0006082　403.7/1043:2

漁洋山人詩集二十二卷　(清)王士禛撰　清康熙八年(1669)刻本　四册

340000－1802－0006083　403.7/1043:3

蠶尾集十卷續集二卷後集二卷　(清)王士禛撰　清康熙刻本　四册　存八卷(蠶尾集一至四、七至十)

340000－1802－0006084　403.7/1043:4

漁洋山人精華録箋注十二卷[王士禛]年譜一卷補注一卷　(清)王士禛撰　(清)金榮注　(清)徐淮纂輯　清初鳳翽堂刻本　六册

340000－1802－0006085　403.7/1043:5

漁洋山人精華録箋注十二卷[王士禛]年譜一卷附録一卷注補一卷　(清)王士禛撰　(清)金榮注　(清)徐淮纂輯　清初鳳翽堂刻本　四册

340000－1802－0006086　403.7/1043:6

漁洋山人精華録箋注十二卷[王士禛]年譜一卷附録一卷注補一卷　(清)王士禛撰　(清)金榮注　(清)徐淮纂輯　清初鳳翽堂刻本　十二册

340000－1802－0006087　403.7/1043:7

漁洋山人精華録箋注十二卷[王士禛]年譜一卷補注一卷　(清)王士禛撰　(清)金榮注　(清)徐淮纂輯　清光緒二十年(1894)上海寶文書局石印本　十册

340000－1802－0006088　403.7/1043:8

漁洋山人精華録箋注十二卷注補十二卷　(清)王士禛撰　(清)金榮注　(清)徐淮纂輯　清末石印本　十二册

340000－1802－0006089　403.7/1043:9

漁洋山人精華録箋注十二卷注補十二卷　(清)王士禛撰　(清)金榮注　(清)徐淮纂輯　清末上海鴻章書局石印本　十二册

340000－1802－0006090　403.7/1043:10

漁洋山人精華録箋注十二卷[王士禛]年譜一卷附録一卷注補一卷　(清)王士禛撰　(清)金榮注　(清)徐淮纂輯　清初鳳翽堂刻本　十册

340000－1802－0006091　403.7/1043:11

漁洋山人精華録箋注十二卷[王士禛]年譜一卷注補一卷　(清)王士禛撰　(清)金榮注　(清)徐淮纂輯　清刻本　六册

340000－1802－0006092　403.7/1043:12

漁洋山人精華録箋注十二卷[王士禛]年譜一卷注補一卷　(清)王士禛撰　(清)金榮注　(清)徐淮纂輯　清初鳳翽堂刻本　八册

340000－1802－0006093　403.7/1044

南洋勸業會雜詠一卷　王葆楨撰　清宣統二年(1910)鉛印本　一册

340000－1802－0006094　403.7/1044:1

文莫室詩集八卷　王樹枏撰　清光緒十三年(1887)刻陶廬叢刻本　二册

340000－1802－0006095　403.7/1044:2

玉笙樓試帖輯註一卷　(清)王桂著　(清)孫祿書注　清刻本　一册

340000－1802－0006096　403.7/1050

柘澗山房詩草二卷詞稿一卷　(清)王惠著　清同治四年(1865)刻本　一册

340000－1802－0006097　403.7/1063

少嵒賦草四卷　(清)夏思沺著　清同治九年(1870)兩儀堂刻本　二册

340000－1802－0006098　403.7/1063:1

少嵒賦草四卷　(清)夏思沺著　清道光五年(1825)刻本　一册　存二卷(一至二)

340000－1802－0006099　403.7/1064

雙桂堂稿□□卷　(清)丁田樹著　清刻本

一册　存一卷（四）

340000－1802－0006100　403.7/1064:1
小竹裏館遺集一卷琅琊王太常公支譜一卷　（清）王恩培撰　清同治元年（1862）活字印本　一册

340000－1802－0006101　403.7/1069
少嵒詩稿二十二卷另一卷　（清）夏思恬撰　清刻本　一册　存四卷（二十至二十二、另一卷）

340000－1802－0006102　403.7/1070
青藜照讀賦不分卷　（清）于辰撰　清抄本　一册

340000－1802－0006103　403.7/1073
湘綺樓箋啟八卷　王闓運撰　清光緒三十三年（1907）長沙刻本　四册

340000－1802－0006104　403.7/1073:1
湘綺樓箋啟八卷　王闓運撰　清光緒三十年（1904）衡陽刻本　四册

340000－1802－0006105　403.7/1073:2
湘綺樓箋啟八卷　王闓運撰　清光緒三十三年（1907）長沙刻本　四册

340000－1802－0006106　403.7/1088
菉友肊説一卷　（清）王筠撰　清道光十六年（1836）刻本　一册

340000－1802－0006107　403.7/1088:1
寄嶽雲齋試體詩選二卷　（清）聶銑敏撰　清嘉慶十年（1805）刻本　一册　存一卷（上）

340000－1802－0006108　403.7/1088:2
寄嶽雲齋試體詩選詳註四卷　（清）聶銑敏蘽　（清）張學蘇箋　清刻本　二册

340000－1802－0006109　403.7/1103
隨課題解十六卷　（清）張慶源著　（清）蔣知節訂　清嘉慶元年（1796）刻本　十六册

340000－1802－0006110　403.7/1105
培菴詩文存四卷漫錄十二卷續編一卷首一卷　（清）張立本撰　（清）張先庚編　清嘉慶二十一年至二十三年（1816－1818）刻本　四册　存十一卷（培菴詩文存四卷、漫錄一至六、首一卷）

340000－1802－0006111　403.7/1111
澄懷園文存十五卷　（清）張廷玉撰　清光緒十七年（1891）雲間官舍刻本　八册

340000－1802－0006112　403.7/1112
註釋張太史塾課四卷　（清）張百川撰　清乾隆五十四年（1789）刻本　四册

340000－1802－0006113　403.7/1112:1
註釋張太史塾課四卷　（清）張百川撰　清乾隆四十七年（1782）刻本　四册

340000－1802－0006114　403.7/1112:2
註釋張太史塾課四卷　（清）張百川撰　清乾隆五十四年（1789）刻本　四册

340000－1802－0006115　403.7/1117
石冠堂文鈔一卷詩鈔一卷　（清）張尹著　清刻本　一册

340000－1802－0006116　403.7/1124
時晴齋試帖一卷　（清）張集馨著　（清）王錄書注　清刻本　一册

340000－1802－0006117　403.7/1127
蒼莨初集二十一卷　（清）孫鼎臣撰　清咸豐刻本　二册　存八卷（十四至二十一）

340000－1802－0006118　403.7/1127:1
問亭詩文初稿七卷　（清）張鵠著　清道光七年（1827）刻本　二册　缺一卷（詩稿）

340000－1802－0006119　403.7/1131
增訂南城張太史稿六卷　（清）張江著　（清）王步青評選　清乾隆十四年（1749）達古堂刻本　三册

340000－1802－0006120　403.7/1133
張文襄公詩集四卷　（清）張之洞撰　清宣統二年（1910）鉛印本　二册

340000－1802－0006121　403.7/1133:1
水屋賸稿二卷　（清）張道渥撰　清同治十一年（1872）刻本　二册

340000－1802－0006122　403.7/1133:2
水屋賸稿二卷　(清)張道渥撰　清同治十一年(1872)刻本　一册　存一卷(下)

340000－1802－0006123　403.7/1133:3
蹠岑草堂詩集不分卷　(清)張汝良著　清活字印本　一册

340000－1802－0006124　403.7/1133:4
張文襄公詩集四卷　(清)張之洞撰　清宣統二年(1910)鉛印本　二册

340000－1802－0006125　403.7/1138
濂亭文集八卷　(清)張裕釗著　清宣統三年(1911)掃葉山房石印本　二册

340000－1802－0006126　403.7/1141
晴嵐詩存二卷　(清)張若靄撰　(清)張紹華編　清末刻本　一册

340000－1802－0006127　403.7/1141:1
晴嵐詩存二卷　(清)張若靄撰　(清)張紹華編　清末刻本　二册

340000－1802－0006128　403.7/1141:2
晴嵐詩存二卷　(清)張若靄撰　(清)張紹華編　清末刻本　二册

340000－1802－0006129　403.7/1141:3
晴嵐詩存二卷　(清)張若靄撰　(清)張紹華編　清末刻本　二册

340000－1802－0006130　403.7/1144
篤素堂文集四卷　(清)張英撰　清末抄本　一册　存一卷(一)

340000－1802－0006131　403.7/1144:1
存誠堂應制詩五卷詩集二十五卷　(清)張英著　清光緒二十三年(1897)桐城張氏刻張文端集叢書本　六册

340000－1802－0006132　403.7/1144:2
存誠堂應制詩五卷詩集二十五卷　(清)張英著　清光緒二十三年(1897)桐城張氏刻張文端集叢書本　一册　存五卷(存誠堂應制詩五卷)

340000－1802－0006133　403.7/1144:3
篤素堂詩集七卷文集十六卷　(清)張英著　清光緒二十三年(1897)桐城張氏刻張文端集叢書本　七册

340000－1802－0006134　403.7/1144:4
篤素堂文集四卷　(清)張英著　清光緒六年(1880)張紹文刻本　一册

340000－1802－0006135　403.7/1144:5
篤素堂文集四卷　(清)張英著　清光緒六年(1880)張紹文刻本　一册

340000－1802－0006136　403.7/1144:6
篤素堂文集四卷　(清)張英著　清末上海文瑞樓石印本　一册

340000－1802－0006137　403.7/1144:7
篤素堂詩集七卷　(清)張英撰　清光緒二十三年(1897)張氏刻本　二册

340000－1802－0006138　403.7/1148
寄影軒詩鈔十八卷　(清)張觀美撰　清光緒四年(1878)刻本　一册　存三卷(一至三)

340000－1802－0006139　403.7/1150
茗柯文初編一卷二編二卷三編一卷四編一卷　(清)張惠言著　清光緒七年(1881)刻本　二册

340000－1802－0006140　403.7/1150:1
茗柯文初編一卷二編二卷三編一卷四編一卷　(清)張惠言著　清光緒七年(1881)刻本　二册

340000－1802－0006141　403.7/1150:2
茗柯文初編一卷二編二卷三編一卷四編一卷　(清)張惠言著　清光緒七年(1881)刻本　二册

340000－1802－0006142　403.7/1150:3
茗柯文初編一卷二編二卷三編一卷四編一卷　(清)張惠言著　清光緒七年(1881)刻本　二册

340000－1802－0006143　403.7/1150:4
茗柯文初編一卷二編二卷三編一卷四編一卷　(清)張惠言撰　清刻本　一册　存二卷

（三編一卷、四編一卷）

340000－1802－0006144　403.7/1150:5
茗柯文初編一卷二編二卷三編一卷四編一卷　（清）張惠言著　清光緒七年（1881）刻本　二册

340000－1802－0006145　403.7/1167
含章閣偶然草一卷　（清）張□氏撰　清乾隆三年（1738）活字印本　一册

340000－1802－0006146　403.7/1173
楊園先生全集五十四卷　（清）張履祥撰（清）姚璉輯　（清）萬斛泉編　**張楊園先生［履祥］年譜一卷附録一卷**　（清）蘇惇元編　清同治十年（1871）江蘇書局刻本　十六册

340000－1802－0006147　403.7/1173:1
柏溪詩鈔二卷　（清）張同準撰　清光緒十六年（1890）刻本　二册

340000－1802－0006148　403.7/1173:2
柏溪詩鈔二卷　（清）張同準撰　清光緒十六年（1890）刻本　二册

340000－1802－0006149　403.7/1173:3
柏溪詩鈔二卷　（清）張同準撰　清同治七年（1868）刻本　二册

340000－1802－0006150　403.7/1173:4
柏溪詩鈔二卷　（清）張同準撰　清光緒十六年（1890）刻本　二册

340000－1802－0006151　403.7/1177
船山詩草二十卷　（清）張問陶撰　清同治十三年（1874）刻本　六册

340000－1802－0006152　403.7/1177:1
船山詩草二十卷　（清）張問陶撰　清嘉慶二十年（1815）刻本　八册

340000－1802－0006153　403.7/1177:2
船山詩草二十卷　（清）張問陶撰　清末石印本　二册　存六卷（十一至十六）

340000－1802－0006154　403.7/1184
問花亭詩初集八卷外集二卷　（清）張敏求撰　清道光十二年（1832）刻本　四册

340000－1802－0006155　403.7/1200
遜學齋文鈔十二卷首一卷末一卷　（清）孫衣言撰　清同治十二年（1873）刻本　二册

340000－1802－0006156　403.7/1200:1
遜學齋文鈔十二卷首一卷末一卷　（清）孫衣言撰　清同治十二年（1873）刻本　四册

340000－1802－0006157　403.7/1224
樂春居吟稿一卷　（清）孫緒撰　清光緒三十四年（1908）活字印本　一册

340000－1802－0006158　403.7/1227
芻論二卷　（清）孫鼎臣著　清咸豐十年（1860）武昌節署刻本　二册

340000－1802－0006159　403.7/1233
碧雪山房詩集約存不分卷碧雪山房小草不分卷　（清）孫清黼撰　清光緒三十四年（1908）安慶府學署鉛印本　一册

340000－1802－0006160　403.7/1243
夏峯先生集十六卷首一卷　（清）孫奇逢著　清道光二十五年（1845）刻本　四册　存四卷（一至三、首一卷）

340000－1802－0006161　403.7/1271
御製圓明園圖詠二卷　（清）高宗弘曆撰　清光緒十三年（1887）天津石印書屋石印本　二册

340000－1802－0006162　403.7/1271:1
御製圓明園圖詠二卷　（清）高宗弘曆撰　清光緒十三年（1887）天津石印書屋石印本　二册

340000－1802－0006163　403.7/1271:2
御製圓明園圖詠二卷　（清）高宗弘曆撰　清光緒十三年（1887）天津石印書屋石印本　二册

340000－1802－0006164　403.7/1271:3
御製圓明園圖詠二卷　（清）高宗弘曆撰　清光緒十三年（1887）天津石印書屋石印本　二册

340000－1802－0006165　403.7/1271:4

御製圓明園圖詠二卷　(清)高宗弘曆撰　清光緒十三年(1887)天津石印書屋石印本　二冊

340000－1802－0006166　403.7/1271∶5
御製圓明園圖詠二卷　(清)高宗弘曆撰　清光緒十三年(1887)天津石印書屋石印本　二冊

340000－1802－0006167　403.7/1271∶6
御製詩二集六十四卷目錄八卷　(清)高宗弘曆撰　(清)蔣溥等編　清嘉慶十六年(1811)刻本　十七冊　缺四卷(五十七至六十)

340000－1802－0006168　403.7/1714
胥燭九稿□□卷　(清)胥玉標撰　清同治五年(1866)刻本　二冊　存二卷(一至二)

340000－1802－0006169　403.7/1714∶1
胥燭九稿□□卷　(清)胥玉標撰　清刻本　一冊　存一卷(二)

340000－1802－0006170　403.7/1752
白香亭詩集三卷　(清)鄧輔綸著　清光緒十九年(1893)刻本　二冊

340000－1802－0006171　403.7/1764
南邨草堂詩鈔十七卷　(清)鄧顯鶴撰　清道光九年(1829)刻本　四冊

340000－1802－0006172　403.7/1788
艾廬遺稾六卷　(清)邵曾鑑撰　清光緒二十三年(1897)刻本　二冊

340000－1802－0006173　403.7/2000
思樂書屋截搭課存三卷　(清)季應望撰　清道光二十五年(1845)文奎堂刻本　二冊

340000－1802－0006174　403.7/2042
西河合集五十四卷　(清)毛奇齡撰　清康乾刻本　四冊　存二十三卷(五言絕句三卷、七言絕句八卷、五言排律六、七言古詩一至十一)

340000－1802－0006175　403.7/2114
漫與集古體一卷　(清)何雲藻撰　清宣統元年(1909)刻本　一冊

340000－1802－0006176　403.7/2123
夢約軒詩鈔四卷　(清)何俊撰　清道光二十九年(1849)刻本　一冊

340000－1802－0006177　403.7/2139
浣花閣詩詞草不分卷　(清)熊裕棠撰　清同治十一年(1872)熊兆興刻本　八冊

340000－1802－0006178　403.7/2141
何文貞公遺集二卷首一卷附錄一卷　(清)何桂珍撰　清光緒十年(1884)刻本　一冊

340000－1802－0006179　403.7/2143
悔餘菴文稿九卷詩稿十三卷樂府四卷　(清)何栻撰　清同治四年(1865)鳩江戎幄刻悔餘菴集本　二冊　存四卷(樂府四卷)

340000－1802－0006180　403.7/2143∶1
悔餘菴文稿九卷詩稿十三卷樂府四卷　(清)何栻撰　清同治四年(1865)鳩江戎幄刻悔餘菴集本　七冊　存二十卷(文稿一至七、詩稿一至九、樂府四卷)

340000－1802－0006181　403.7/2143∶2
悔餘菴文稿九卷詩稿十三卷樂府四卷　(清)何栻撰　清同治四年(1865)鳩江戎幄刻悔餘菴集本　四冊　存九卷(悔餘菴文稿九卷)

340000－1802－0006182　403.7/2188
二餘堂文稿六卷　(清)師范撰　清嘉慶活字印本　一冊　存一卷(一)

340000－1802－0006183　403.7/2191
義門先生集十二卷附錄一卷　(清)何焯撰　(清)吳雲　(清)韓崇　(清)翁大年輯　清宣統三年(1911)中華圖書館影印本　四冊

340000－1802－0006184　403.7/2221
倭文端公遺書十卷首二卷　(清)倭仁撰　清光緒三年(1877)翰元樓刻本　六冊

340000－1802－0006185　403.7/2221∶1
倭文端公遺書八卷首二卷末一卷續刊三卷　(清)倭仁撰　清光緒元年(1875)六安求我齋刻本　三冊　存八卷(一至六、首二卷)

340000－1802－0006186　403.7/2221∶2

倭文端公遺書八卷首二卷末一卷續刊三卷 (清)倭仁撰 清光緒元年(1875)六安求我齋刻本 三册 存八卷(一至六、首二卷)

340000－1802－0006187 403.7/2221:3
倭文端公遺書十一卷首二卷 (清)倭仁撰 清光緒二十年(1894)山東書局刻本 八册

340000－1802－0006188 403.7/2221:4
倭文端公遺書十一卷首二卷 (清)倭仁撰 清光緒二十年(1894)山東書局刻本 八册

340000－1802－0006189 403.7/2221:5
倭文端公遺書十一卷首二卷 (清)倭仁撰 清光緒二十年(1894)山東書局刻本 八册

340000－1802－0006190 403.7/2221:6
倭文端公遺書十一卷首二卷 (清)倭仁撰 清光緒二十年(1894)山東書局刻本 八册

340000－1802－0006191 403.7/2281
千山詩集二十卷首一卷 (明)釋剩人可著 (明)今羞編 清康熙四十二年(1703)刻本 四册

340000－1802－0006192 403.7/2290
青芝山館詩集二十二卷 (清)樂鈞撰 清嘉慶二十二年(1817)刻本 六册

340000－1802－0006193 403.7/2344
吏隱軒詩存一卷 (清)昝葵著 清光緒十二年(1886)昝遵芳刻本 一册

340000－1802－0006194 403.7/2344:1
吏隱軒詩存一卷 (清)昝葵著 清光緒十二年(1886)昝遵芳刻本 一册

340000－1802－0006195 403.7/2440
經畬堂自訂全稿五卷 (清)儲在文撰 清三益堂刻本 八册

340000－1802－0006196 403.7/2504
群書札記十六卷 (清)朱亦楝撰 清光緒四年(1878)武林竹簡齋刻本 六册

340000－1802－0006197 403.7/2514
知足齋詩集二十卷續集四卷文集六卷進呈文稾二卷[朱珪]年譜三卷 (清)朱珪撰 清嘉慶刻本 十五册

340000－1802－0006198 403.7/2516
由吴入粵詩草一卷 (清)朱琨撰 清光緒二十六年(1900)廣州澄天閣石印本 一册

340000－1802－0006199 403.7/2521
梅崖居士文集三十卷 (清)朱仁琇撰 清乾隆刻本 四册 存十一卷(九至十九)

340000－1802－0006200 403.7/2521:1
梅崖居士文集三十卷 (清)朱仁琇撰 清刻本 一册 存二卷(十二至十三)

340000－1802－0006201 403.7/2528
曝書亭集八十卷附録一卷 (清)朱彝尊撰 清刻本 三册 存二十九卷(二十四至二十六、五十六至八十,附録一卷)

340000－1802－0006202 403.7/2528:1
曝書亭集八十卷附録一卷 (清)朱彝尊撰 清乾隆刻本 四册 存五十六卷(一至五十六)

340000－1802－0006203 403.7/2528:2
曝書亭集八十卷附録一卷 (清)朱彝尊撰
笛漁小稿十卷 (清)朱昆田撰 清乾隆刻本 十二册

340000－1802－0006204 403.7/2528:3
曝書亭集八十卷附録一卷 (清)朱彝尊撰
笛漁小稾十卷 (清)朱昆田撰 清乾隆刻本 二十册

340000－1802－0006205 403.7/2528:4
曝書亭集八十卷附録一卷 (清)朱彝尊撰 清乾隆刻本 十三册

340000－1802－0006206 403.7/2528:5
曝書亭集八十卷附録一卷 (清)朱彝尊撰
笛漁小稾十卷 (清)朱昆田撰 清乾隆刻本 二十册

340000－1802－0006207 403.7/2528:6
曝書亭集八十卷 (清)朱彝尊撰 清漢口善成堂書局刻本 十八册

340000－1802－0006208 403.7/2528:7

曝書亭集八十卷附録一卷　(清)朱彝尊撰　**笛漁小稾十卷**　(清)朱昆田撰　清刻本　十四册

340000－1802－0006209　403.7/2528:8
曝書亭集箋注二十三卷　(清)朱彝尊撰　(清)孫銀槎輯注　清嘉慶五年(1800)刻本　八册

340000－1802－0006210　403.7/2528:9
曝書亭集八十卷附録一卷　(清)朱彝尊撰　清乾隆刻本　十四册

340000－1802－0006211　403.7/2528:10
曝書亭集八十卷附録一卷　(清)朱彝尊撰　**笛漁小稾十卷**　(清)朱昆田撰　清光緒十五年(1889)刻本　十六册

340000－1802－0006212　403.7/2528:11
曝書亭集箋注二十三卷　(清)朱彝尊撰　(清)孫銀槎輯注　清嘉慶九年(1804)刻本　六册

340000－1802－0006213　403.7/2528:12
曝書亭集八十卷附録一卷　(清)朱彝尊撰　**笛漁小稾十卷**　(清)朱昆田撰　清刻本　十六册

340000－1802－0006214　403.7/2528:13
曝書亭集箋註二十三卷　(清)朱彝尊撰　(清)孫銀槎輯注　清嘉慶五年(1800)刻本　十册

340000－1802－0006215　403.7/2528:14
曝書亭集八十卷附録一卷　(清)朱彝尊撰　**笛漁小稿十卷**　(清)朱昆田撰　清刻本　十八册

340000－1802－0006216　403.7/2528:15
曝書亭集八十卷附録一卷　(清)朱彝尊撰　**笛漁小稿十卷**　(清)朱昆田撰　清刻本　十八册　缺十卷(笛漁小稿十卷)

340000－1802－0006217　403.7/2541
吟秋館詩稿四卷續稿二卷　(清)朱葆元著　清光緒五年(1879)刻本　二册

340000－1802－0006218　403.7/2543
壽閒齋吟草八卷　(清)朱葵之著　清光緒十年(1884)刻本　二册

340000－1802－0006219　403.7/2553
朱文端公文集四卷補編四卷　(清)朱軾撰　清同治十二年(1873)朱舲刻本　五册

340000－1802－0006220　403.7/2577
修養窩耕餘偶筆三卷首一卷末一卷　(清)朱開著　(清)朱鴻遠　(清)朱傑編　清光緒二十一年(1895)活字印本　二册

340000－1802－0006221　403.7/2577:1
修養窩耕餘偶筆三卷首一卷末一卷　(清)朱開著　(清)朱鴻遠　(清)朱傑編　清光緒二十一年(1895)活字印本　二册

340000－1802－0006222　403.7/2577:2
修養窩耕餘偶筆三卷首一卷末一卷　(清)朱開著　(清)朱鴻遠　(清)朱傑編　清光緒二十一年(1895)活字印本　二册

340000－1802－0006223　403.7/2577:3
修養窩耕餘偶筆三卷首一卷末一卷　(清)朱開著　(清)朱鴻遠　(清)朱傑編　清光緒二十一年(1895)活字印本　二册

340000－1802－0006224　403.7/2614
拙修集十卷續編四卷　(清)吳廷棟撰　清同治十年(1871)六安求我齋刻光緒九年(1883)續刻本　六册

340000－1802－0006225　403.7/2614:1
拙修集十卷續編四卷　(清)吳廷棟撰　清同治十年(1871)六安求我齋刻光緒九年(1883)續刻本　六册

340000－1802－0006226　403.7/2614:2
拙修集十卷續編四卷　(清)吳廷棟撰　清同治十年(1871)六安求我齋刻光緒九年(1883)續刻本　四册　缺四卷(續編四卷)

340000－1802－0006227　403.7/2623
香蘇山館詩鈔三十六卷　(清)吳嵩梁撰　清刻本　七册　存二十五卷(古體詩鈔四至十

四,今體詩鈔一至六、九至十六)

340000－1802－0006228　403.7/2623:1
香蘇山館詩鈔三十六卷　(清)吳嵩梁撰　清刻本　二册　存七卷(古體詩鈔一至三、今體詩鈔五至八)

340000－1802－0006229　403.7/2624
寒松堂全集十二卷　(清)魏象樞撰　**寒松老人[魏象樞]年譜一卷**　(清)魏象樞口述　(清)魏學誠等録　清嘉慶十六年(1811)刻本　十三册

340000－1802－0006230　403.7/2624:1
寒松堂全集十二卷　(清)魏象樞撰　清刻本　一册　存一卷(七)

340000－1802－0006231　403.7/2628
梅村詩集箋注十八卷　(清)吳偉業撰　(清)吳翌鳳注　清嘉慶十九年(1814)滄浪吟榭刻本　八册

340000－1802－0006232　403.7/2628:1
梅村詩集箋注十八卷　(清)吳偉業撰　(清)吳翌鳳注　清光緒十年(1884)湖北官書處刻本　十二册

340000－1802－0006233　403.7/2628:2
梅村詩集箋注十八卷　(清)吳偉業撰　(清)吳翌鳳注　清光緒十年(1884)湖北官書處刻本　十二册

340000－1802－0006234　403.7/2628:3
梅村詩集箋注十八卷　(清)吳偉業撰　(清)吳翌鳳注　清光緒十年(1884)湖北官書處刻本　十二册

340000－1802－0006235　403.7/2628:4
吳詩集覽二十卷　(清)吳偉業撰　(清)靳榮藩輯　清乾隆四十年(1775)刻本　二十册

340000－1802－0006236　403.7/2628:5
吳詩集覽四卷　(清)吳偉業撰　(清)靳榮藩輯　清乾隆四十年(1775)刻本　四册

340000－1802－0006237　403.7/2628:6
梅村詩集箋注十八卷　(清)吳偉業撰　(清)吳翌鳳注　清光緒十年(1884)湖北官書處刻本　十二册

340000－1802－0006238　403.7/2628:7
梅村詩集箋注十八卷　(清)吳偉業撰　(清)吳翌鳳注　清光緒十年(1884)湖北官書處刻本　十二册

340000－1802－0006239　403.7/2628:8
梅村集二十卷　(清)吳偉業著　清光緒二十五年(1899)弇山鐸署刻本　四册

340000－1802－0006240　403.7/2628:9
梅村詩集箋注十八卷　(清)吳偉業撰　(清)吳翌鳳注　清嘉慶十九年(1814)滄浪吟榭刻本　八册

340000－1802－0006241　403.7/2628:10
吳詩集覽二十卷　(清)吳偉業撰　(清)靳榮藩輯　清乾隆四十年(1775)刻本　十六册

340000－1802－0006242　403.7/2628:11
梅村詩集箋注十八卷　(清)吳偉業撰　(清)吳翌鳳注　清嘉慶十九年(1814)滄浪吟榭刻本　八册

340000－1802－0006243　403.7/2628:12
梅村詩集箋注十八卷　(清)吳偉業撰　(清)吳翌鳳注　清嘉慶十九年(1814)滄浪吟榭刻本　十二册

340000－1802－0006244　403.7/2628:13
梅村詩集箋注十八卷　(清)吳偉業撰　(清)吳翌鳳注　清光緒二十二年(1896)三味堂刻本　十二册

340000－1802－0006245　403.7/2628:14
梅村詩集箋注十八卷　(清)吳偉業撰　(清)吳翌鳳注　清光緒九年(1883)四川善成堂刻本　十六册

340000－1802－0006246　403.7/2628:15
梅村詩集箋注十八卷　(清)吳偉業撰　(清)吳翌鳳注　清嘉慶十九年(1814)滄浪吟榭刻本　六册

340000－1802－0006247　403.7/2630

有恆心齋前集一卷文十一卷詩七卷駢體文六卷詩餘二卷詞餘一卷外集二卷　(清)程鴻詔撰　清同治刻有恆心齋集叢書本　一冊　存四卷(詩一至四)

340000－1802－0006248　403.7/2630:1
紫石泉山房文集十二卷詩鈔三卷　(清)吳定著　清光緒十三年(1887)刻本　四冊　缺三卷(詩鈔三卷)

340000－1802－0006249　403.7/2630:2
紫石泉山房文集十二卷詩鈔三卷　(清)吳定著　清光緒十三年(1887)刻本　六冊

340000－1802－0006250　403.7/2630:3
紫石泉山房文集十二卷詩鈔三卷　(清)吳定著　清光緒十三年(1887)刻本　五冊

340000－1802－0006251　403.7/2630:4
紫石泉山房文集十二卷詩鈔三卷　(清)吳定著　清光緒十三年(1887)刻本　五冊

340000－1802－0006252　403.7/2632
吳摯甫文集四卷　(清)吳汝綸撰　清宣統元年(1909)國學扶輪社石印本　五冊

340000－1802－0006253　403.7/2632:1
吳摯甫詩集一卷附錄聯語一卷　(清)吳汝綸撰　清宣統元年(1909)國學扶輪社石印本　一冊

340000－1802－0006254　403.7/2632:2
吳摯甫文集四卷　(清)吳汝綸撰　清宣統元年(1909)國學扶輪社石印本　四冊　缺一卷(四)

340000－1802－0006255　403.7/2632:3
吳摯甫文集四卷　(清)吳汝綸撰　清宣統元年(1909)國學扶輪社石印本　五冊

340000－1802－0006256　403.7/2632:4
桐城吳先生尺牘五卷補遺一卷諭兒書一卷　(清)吳汝綸撰　清光緒二十九年(1903)刻桐城吳先生全書本　二冊　存二卷(一、四)

340000－1802－0006257　403.7/2633
妙香軒集唐詩五卷　(清)程祖潤撰　清末鉛印本　一冊　存三卷(三至五)

340000－1802－0006258　403.7/2633:1
妙香軒集唐詩五卷　(清)程祖潤撰　清末鉛印本　一冊　存三卷(三至五)

340000－1802－0006259　403.7/2633:2
妙香軒集唐詩五卷　(清)程祖潤撰　清末鉛印本　一冊　存三卷(三至五)

340000－1802－0006260　403.7/2633:3
妙香軒集唐詩五卷　(清)程祖潤撰　清末鉛印本　二冊

340000－1802－0006261　403.7/2636
如不及齋制藝不分卷　(清)吳鴻恩著　清光緒刻本　四冊

340000－1802－0006262　403.7/2637
萬山拜下堂稿一卷　(清)釋海岳集　清末鉛印本　一冊

340000－1802－0006263　403.7/2637:1
萬山拜下堂稿一卷　(清)釋海岳集　清末鉛印本　一冊

340000－1802－0006264　403.7/2637:2
萬山拜下堂稿一卷　(清)釋海岳集　清末鉛印本　一冊

340000－1802－0006265　403.7/2640
吳學士文集四卷詩集五卷　(清)吳翿著　(清)梁肇煌　(清)薛時雨編　清光緒八年(1882)江甯藩署刻本　六冊

340000－1802－0006266　403.7/2640:1
井遷文集七卷詩集六卷　(清)吳直撰　清道光三十年(1850)刻本　四冊

340000－1802－0006267　403.7/2640:2
味蓼軒詩鐘彙存二卷　(清)吳燾撰　清光緒三十二年(1906)山東官印書局鉛印本　一冊

340000－1802－0006268　403.7/2641
十杉亭帖體詩鈔五卷　(清)吳楷著　清道光刻本　一冊　存二卷(一至二)

340000－1802－0006269　403.7/2642

十杉亭帖體詩鈔五卷十杉亭帖體續編二卷 (清)吳楷著 (清)吳之枚注 **薇雲小舍試帖詩課二卷** (清)吳之俊著 清光緒七年(1881)刻本 三册 缺一卷(薇雲小舍試帖詩課下)

340000－1802－0006270 403.7/2642:1
十杉亭帖體詩鈔五卷 (清)吳楷著 **薇雲小舍試帖詩課二卷** (清)吳之俊撰 清道光九年(1829)刻本 二册

340000－1802－0006271 403.7/2642:2
十杉亭帖體詩鈔五卷續編二卷 (清)吳楷著 (清)吳之枚注 清道光二十三年(1843)刻本 三册

340000－1802－0006272 403.7/2642:3
三恥齋初稿六卷 (清)吳坤修撰 清同治四年(1865)鳩江戎幄刻本 二册

340000－1802－0006273 403.7/2642:4
陋軒詩集十二卷 (清)吳嘉紀著 清道光二十年(1840)泰州夏氏刻本 四册

340000－1802－0006274 403.7/2664
冶父山詩鈔四卷 (清)吳量才撰 清末刻本 三册 存三卷(二至四)

340000－1802－0006275 403.7/2672
隴上鴻泥一卷 (清)程履豐撰 清光緒五年(1879)刻本 一册

340000－1802－0006276 403.7/2680
有正味齋駢體文二十四卷首一卷 (清)吳錫麒著 (清)王廣業箋 (清)葉聯芬注 清末上海鴻章書局石印本 八册

340000－1802－0006277 403.7/2680:1
有正味齋駢體文二十四卷首一卷 (清)吳錫麒著 (清)王廣業箋 (清)葉聯芬注 清末上海鴻章書局石印本 八册

340000－1802－0006278 403.7/2680:2
有正味齋駢體文二十四卷首一卷 (清)吳錫麒著 (清)王廣業箋 (清)葉聯芬注 清光緒十五年(1889)上海蜚英館石印本 四册

340000－1802－0006279 403.7/2680:3
有正味齋駢文十六卷 (清)吳錫麒著 (清)葉聯芬注 清光緒十七年(1891)羊城文寶閣刻本 八册

340000－1802－0006280 403.7/2680:4
有正味齋駢文十六卷 (清)吳錫麒著 (清)葉聯芬注 清同治七年(1868)刻本 八册

340000－1802－0006281 403.7/2680:5
有正味齋駢體文箋二十四卷首一卷 (清)吳錫麒著 (清)王廣業注 清咸豐九年(1859)青箱塾刻本 八册

340000－1802－0006282 403.7/2680:6
有正味齋駢體文二十四卷首一卷 (清)吳錫麒著 (清)王廣業箋 (清)葉聯芬注 清末石印本 八册

340000－1802－0006283 403.7/2680:7
有正味齋駢體文二十四卷續集八卷詞集八卷 (清)吳錫麒著 清刻本 八册

340000－1802－0006284 403.7/2680:8
有正味齋詩集十六卷續集四卷駢文二十四卷續集八卷外集五卷 (清)吳錫麒撰 清刻本 十二册 存三十九卷(詩集四至十六、續集四卷,駢文十二至二十四、續集一至四,外集五卷)

340000－1802－0006285 403.7/2680:9
有正味齋詩集十六卷詞集八卷外集五卷 (清)吳錫麒撰 清刻本 十一册

340000－1802－0006286 403.7/2680:10
有正味齋駢體文二十四卷詩集□□卷續集□□卷詞集□□卷續集二卷外集二卷 (清)吳錫麒撰 清刻本 五册 存十七卷(駢體文一至十一、詩集續集五至六、詞集續集二卷、外集二卷)

340000－1802－0006287 403.7/2684
柈湖文集十二卷首一卷 (清)吳敏樹著 清光緒十九年(1893)思賢講舍刻本 四册

340000－1802－0006288 403.7/2684:1

柈湖文集十二卷首一卷 (清)吳敏樹著 清光緒十九年(1893)思賢講舍刻本 四冊

340000－1802－0006289 403.7/2688
吳橡邨時文不分卷 (清)吳銳撰 清刻本 一冊 存一冊

340000－1802－0006290 403.7/2704
四憶堂詩集六卷 (清)侯方域撰 (清)賈開宗等注 清末上海埽葉山房石印本 一冊 存三卷(一至三)

340000－1802－0006291 403.7/2704:1
壯悔堂文集十卷 (清)侯方域撰 清石印本 六冊

340000－1802－0006292 403.7/2704:2
壯悔堂文集十卷 (清)侯方域撰 清嘉慶二十二年(1817)強忍堂刻本 四冊

340000－1802－0006293 403.7/2704:3
壯悔堂遺稿不分卷四憶堂詩集六卷 (清)侯方域撰 清順治十三年(1656)刻本 二冊

340000－1802－0006294 403.7/2704:4
壯悔堂文集十卷 (清)侯方域撰 清嘉慶十九年(1814)刻本 四冊

340000－1802－0006295 403.7/2704:5
壯悔堂文集十卷遺稿一卷 (清)侯方域撰 清活字印本 六冊

340000－1802－0006296 403.7/2704:6
壯悔堂文集十卷遺稿一卷 (清)侯方域撰 清光緒四年(1878)刻本 六冊

340000－1802－0006297 403.7/2704:7
壯悔堂文集十卷遺稿一卷首一卷四憶堂詩集六卷遺稿一卷 (清)侯方域撰 清宣統元年(1909)中國圖書公司鉛印本 四冊

340000－1802－0006298 403.7/2704:8
壯悔堂文集十卷遺稿一卷 (清)侯方域撰 清康熙三十四年(1695)刻本 六冊

340000－1802－0006299 403.7/2704:9
壯悔堂文集十卷遺稿一卷首一卷四憶堂詩集六卷遺稿一卷 (清)侯方域撰 清宣統元年(1909)中國圖書公司鉛印本 四冊

340000－1802－0006300 403.7/2704:10
壯悔堂文集十卷遺稿一卷首一卷四憶堂詩集六卷遺稿一卷 (清)侯方域撰 清宣統元年(1909)中國圖書公司鉛印本 四冊

340000－1802－0006301 403.7/2704:11
壯悔堂文集十卷 (清)侯方域撰 (清)賈開宗等評 清同治十二年(1873)刻本 四冊

340000－1802－0006302 403.7/2704:12
四憶堂詩集六卷 (清)侯方域撰 清順治刻本 三冊

340000－1802－0006303 403.7/2704:13
壯悔堂文集十卷遺稿一卷 (清)侯方域撰 (清)賈開宗等評點 清宣統元年(1909)掃葉山房石印本 二冊 存五卷(六至九、遺稿一卷)

340000－1802－0006304 403.7/2708
海濱詩社徵集乙亥消夏吟一卷 (清)仰放撰 清末鉛印本 一冊

340000－1802－0006305 403.7/2717
桐華舸詩鈔八卷續鈔八卷遺詩一卷明季詠史詩一卷褒忠詩一卷 (清)鮑瑞駿撰 清光緒三年(1877)刻本 一冊 存二卷(續鈔七至八)

340000－1802－0006306 403.7/2721
聲玉山齋詩集十卷 (清)鄒熊撰 清嘉慶刻本 一冊 存五卷(六至十)

340000－1802－0006307 403.7/2735
誰園詩存一卷 (清)鮑宗軾著 清光緒二年(1876)刻本 一冊

340000－1802－0006308 403.7/2747
包慎伯論文二卷 (清)包世臣撰 清光緒九年(1883)資中官廨刻本 一冊

340000－1802－0006309 403.7/2762
向蘭皋先生小題文八卷補一卷 (清)向日貞撰 (清)左史 (清)魯質評 清光緒十五年(1889)文奎堂刻本 四冊

340000－1802－0006310　403.7/2762：1
向蘭臯先生小題文八卷　（清）向日貞撰　（清）左史　（清）魯質評　清光緒十五年（1889）文奎堂刻本　四册

340000－1802－0006311　403.7/2767
紀曉嵐詩注釋四卷　（清）紀昀著　（清）郭斌評注　清嘉慶十七年（1812）鳴鳳樓刻本　一册　存一卷（一）

340000－1802－0006312　403.7/2767：1
我法集二卷　（清）紀昀撰　清嘉慶元年（1796）刻本　二册

340000－1802－0006313　403.7/2767：2
紀文達公遺集詩十六卷文十六卷　（清）紀昀撰　（清）紀樹馨編　清嘉慶紀樹馥刻本　十册　缺二卷（文一、九）

340000－1802－0006314　403.7/2802
日損齋文藳一卷詩藳一卷　（清）徐敦仁撰　清光緒十五年（1889）刻本　一册

340000－1802－0006315　403.7/2813
自怡詩鈔三卷　（清）徐予良著　（清）李客山評　清光緒五年（1879）徐兆英刻本　一册

340000－1802－0006316　403.7/2830
善思齋文鈔九卷續鈔四卷詩鈔七卷續鈔二卷　（清）徐宗亮撰　清光緒桐城徐氏刻善思齋集本　四册　存十六卷（善思齋文鈔九卷、詩鈔七卷）

340000－1802－0006317　403.7/2838
壺園試帖二卷　（清）徐寶善撰　清光緒十六年（1890）弇山官廨刻本　二册

340000－1802－0006318　403.7/2838：1
壺園試帖二刻課存一卷　（清）徐寶善撰　（清）金殿珊　（清）馬湘帆評選　（清）徐志導　（清）徐志恭注　清道光十七年（1837）刻本　一册

340000－1802－0006319　403.7/2838：2
壺園試帖二刻課存一卷　（清）徐寶善撰　（清）金殿珊　（清）馬湘帆評選　（清）徐志導　（清）徐志恭注　清道光十七年（1837）刻本　一册

340000－1802－0006320　403.7/2840
煮字齋詩集一卷二集一卷　（清）徐翥著　（清）劉城　（清）潘江編　清康熙十七年（1678）刻本　二册

340000－1802－0006321　403.7/2840：1
煮字齋詩集一卷二集一卷　（清）徐翥著　（清）劉城　（清）潘江編　清康熙十七年（1678）刻本　二册

340000－1802－0006322　403.7/2842
適軒尺牘八卷　（清）徐菊生著　清刻本　二册　存二卷（二至三）

340000－1802－0006323　403.7/2842：1
適軒尺牘八卷　（清）徐菊生著　清刻本　三册　缺一卷（一）

340000－1802－0006324　403.7/2842：2
適軒尺牘八卷　（清）徐菊生著　清同治十年（1871）集文堂刻本　四册

340000－1802－0006325　403.7/3027
躬恥齋文鈔二十卷首一卷　（清）宗稷辰撰　清咸豐元年（1851）越峴山館刻本　二十册

340000－1802－0006326　403.7/3103
增訂馮夔颺稿六卷　（清）馮詠撰　清同治十一年（1872）刻本　四册

340000－1802－0006327　403.7/3104
可自怡齋試帖輯注一卷　（清）顧文彬著　（清）王祿書注　清刻本　一册

340000－1802－0006328　403.7/3113
堯峰文鈔四十卷　（清）汪琬撰　（清）林佶編　清宣統二年（1910）集成圖書公司石印本　八册

340000－1802－0006329　403.7/3113：1
鈍翁文集十六卷　（清）汪琬著　清宣統二年（1910）國學扶輪社石印本　八册

340000－1802－0006330　403.7/3117
蘭脩館賦稿一卷　（清）顧元熙撰　清咸豐三

年(1853)刻本　一册

340000－1802－0006331　403.7/3124

纑塘集一卷　(清)顧貞觀撰　清光緒七年(1881)枕經葄史齋刻本　一册

340000－1802－0006332　403.7/3125

浪遊浪墨一卷　江峰青撰　清光緒三十三年(1907)石印本　一册

340000－1802－0006333　403.7/3125:1

感秋吟一卷　江峰青撰　清光緒三十一年(1905)石印本　一册

340000－1802－0006334　403.7/3125:2

石文吟一卷　江峰青撰　清刻本　一册

340000－1802－0006335　403.7/3128

四一居士文鈔六卷附録一卷　(清)汪德鉞著　清嘉慶十六年(1811)刻本　三册

340000－1802－0006336　403.7/3128:1

四一居士文鈔六卷附録一卷　(清)汪德鉞著　清嘉慶十六年(1811)刻本　三册

340000－1802－0006337　403.7/3133:1

餘園詩稿二卷　(清)汪述祖撰　清末刻本　一册

340000－1802－0006338　403.7/3136

伏敔堂詩録十五卷　(清)江湜著　清刻本　一册　存四卷(五至八)

340000－1802－0006339　403.7/3138

看山樓詩鈔二卷　(清)馮永年著　清同治十三年(1874)刻寄南園二子詩鈔本　一册

340000－1802－0006340　403.7/3143

微尚齋詩初集四卷續集一卷　(清)馮志沂撰　清同治三年(1864)廬州刻本　一册

340000－1802－0006341　403.7/3143:1

賃春草一卷　(清)汪嘉清著　清光緒十三年(1887)刻本　一册

340000－1802－0006342　403.7/3148

汪梅村先生集十二卷外集一卷　(清)汪士鐸撰　清光緒七年(1881)刻本　四册

340000－1802－0006343　403.7/3148:1

汪梅村先生集十二卷外集一卷　(清)汪士鐸撰　清光緒七年(1881)刻本　四册

340000－1802－0006344　403.7/3148:2

拜石山房詩鈔十四卷詞鈔四卷　(清)顧翰撰　清道光十四年(1834)刻本　四册　存十五卷(詩鈔一至八、十二至十四,詞鈔四卷)

340000－1802－0006345　403.7/3150

述學内篇三卷補遺一卷外篇一卷別録一卷　(清)汪中撰　清同治八年(1869)揚州書局刻本　一册

340000－1802－0006346　403.7/3150:1

述學内篇三卷補遺一卷外篇一卷別録一卷　(清)汪中撰　清同治八年(1869)揚州書局刻本　二册

340000－1802－0006347　403.7/3150:2

述學内篇三卷補遺一卷外篇一卷別録一卷　(清)汪中撰　清同治八年(1869)揚州書局刻本　二册

340000－1802－0006348　403.7/3150:3

述學内篇三卷補遺一卷外篇一卷別録一卷　(清)汪中撰　清同治八年(1869)揚州書局刻本　二册

340000－1802－0006349　403.7/3150:4

述學内篇三卷補遺一卷外篇一卷別録一卷　(清)汪中撰　清同治八年(1869)揚州書局刻本　二册

340000－1802－0006350　403.7/3150:5

述學内篇三卷補遺一卷外篇一卷別録一卷　(清)汪中撰　清同治八年(1869)揚州書局刻本　二册

340000－1802－0006351　403.7/3150:6

述學内篇三卷補遺一卷外篇一卷別録一卷　(清)汪中撰　清同治八年(1869)揚州書局刻本　一册

340000－1802－0006352　403.7/3150:7

述學内篇三卷補遺一卷外篇一卷別録一卷

(清)汪中撰　清同治八年(1869)揚州書局刻本　二册

340000－1802－0006353　403.7/3150:8
述學内篇三卷補遺一卷外篇一卷别錄一卷　(清)汪中撰　清同治八年(1869)揚州書局刻本　二册

340000－1802－0006354　403.7/3150:9
述學内篇三卷補遺一卷外篇一卷别錄一卷　(清)汪中撰　清同治八年(1869)揚州書局刻本　二册

340000－1802－0006355　403.7/3150:10
述學内篇三卷補遺一卷外篇一卷别錄一卷　(清)汪中撰　清同治八年(1869)揚州書局刻本　二册

340000－1802－0006356　403.7/3153
江忠烈公遺集二卷附錄一卷首一卷　(清)江忠源撰　清同治十二年(1873)刻本　二册

340000－1802－0006357　403.7/3177
浩然堂詩集六卷　(清)江開撰　清咸豐十一年(1861)刻本　三册

340000－1802－0006358　403.7/3182
傳書樓詩稿一卷　(清)汪金順撰　(清)汪尚仁編　清光緒四年(1878)刻荔墻叢刻本　一册

340000－1802－0006359　403.7/3191
亭林文集六卷救文格論一卷亭林雜錄一卷　(清)顧炎武撰　清光緒十一年(1885)上海埽葉山房刻本　二册

340000－1802－0006360　403.7/3191
亭林文集六卷詩集五卷餘集一卷　(清)顧炎武撰　清末上海文瑞樓石印本　四册

340000－1802－0006361　403.7/3199
曼陀羅華館集二卷　(清)汪榮棠撰　清光緒十年(1884)刻本　一册

340000－1802－0006362　403.7/3214
晉希堂詩集四卷　(清)潘瑛著　清刻本　一册

340000－1802－0006363　403.7/3234
芬陀利室詞一卷　(清)潘祖蔭撰　清光緒二十四年(1898)刻本　一册

340000－1802－0006364　403.7/3246
有真意齋文集二卷　(清)潘世恩撰　清光緒二十四年(1898)孫祖蔭刻本　二册

340000－1802－0006365　403.7/3281
詠花詞一卷養閒雜錄一卷　(清)潘曾瑋撰　清光緒十三年(1887)刻本　一册

340000－1802－0006366　403.7/3281:1
玉洤詞一卷　(清)潘曾瑋撰　清咸豐四年(1854)刻本　一册

340000－1802－0006367　403.7/3289
小鷗波館詩鈔十二卷補錄二卷詞一卷　(清)潘曾瑩撰　清道光二十五年(1845)刻本　二册

340000－1802－0006368　403.7/3404
卷施閣詩二十卷　(清)洪亮吉著　清乾隆五十九年(1794)刻本　六册

340000－1802－0006369　403.7/3404:1
洪北江文集四卷　(清)洪亮吉著　清宣統二年(1910)國學扶輪社鉛印本　二册

340000－1802－0006370　403.7/3404:2
洪北江駢體文十三卷　(清)洪亮吉著　清末鴻章書局石印本　四册

340000－1802－0006371　403.7/3404:3
洪北江駢體文十三卷　(清)洪亮吉著　清末鴻章書局石印本　四册

340000－1802－0006372　403.7/3404:4
更生齋駢體文四卷　(清)洪亮吉著　清上海文瑞樓石印本　四册

340000－1802－0006373　403.7/3404:5
卷施閣駢體文八卷續編一卷　(清)洪亮吉撰　清鴻章書局石印本　三册

340000－1802－0006374　403.7/3433
織簾書屋詩鈔十二卷　(清)沈兆澐撰　清咸豐二年(1852)刻本　四册

340000－1802－0006375　403.7/3480
退思軒稿一卷　(清)淩錦章撰　清光緒二十四年(1898)刻本　一册

340000－1802－0006376　403.7/3634
自怡齋文存一卷　(清)溫汝超撰　清同治十年(1871)刻本　一册

340000－1802－0006377　403.7/3677
海秋詩集二十六卷　(清)湯鵬撰　清道光十八年(1838)刻本　八册

340000－1802－0006378　403.7/3677:1
海秋詩集二十六卷　(清)湯鵬撰　清道光十八年(1838)刻本　一册　存二卷(十二至十三)

340000－1802－0006379　403.7/3734
蕉林詩集十八卷　(清)梁清標著　清刻本　一册　存二卷(三至四)

340000－1802－0006380　403.7/3734
新編分類飲冰室文集全編二十卷　梁啓超著　清末上海廣益書局石印本　二十册

340000－1802－0006381　403.7/3734:1
壬寅癸卯飲冰室文集不分卷　梁啟超撰　清宣統元年(1909)普新瑞記書局石印本　二十册

340000－1802－0006382　403.7/3734:2
新編分類飲冰室文集全編二十卷　梁啟超撰　清末上海廣益書局石印本　二十册

340000－1802－0006383　403.7/3734:3
新編分類飲冰室文集全編二十卷　梁啟超撰　清末上海廣益書局石印本　二十册

340000－1802－0006384　403.7/3775
頻羅庵遺集十六卷　(清)梁同書撰　清嘉慶二十二年(1817)仁和陸貞一刻本　五册

340000－1802－0006385　403.7/3917
點蒼山人詩集二卷　(清)沙琛撰　清刻本　一册

340000－1802－0006386　403.7/4000
綠卿簃詩初稾一卷續稾一卷　(清)李京廱撰　清光緒二十六年(1900)刻本　一册

340000－1802－0006387　403.7/4011
好雲樓初集二十八卷首一卷　(清)李聯琇著　清咸豐十一年(1861)刻本　一册　存四卷(一至三、首一卷)

340000－1802－0006388　403.7/4012
容齋千首詩八卷　(清)李天馥撰　清末鉛印本　一册　存一卷(七言絕)

340000－1802－0006389　403.7/4014
湘浦詩鈔二卷賦鈔一卷　(清)李廷芳著　清道光七年(1827)刻本　二册

340000－1802－0006390　403.7/4022
蜀輶吟草一卷　(清)李德儀著　清光緒二年(1876)刻本　一册

340000－1802－0006391　403.7/4022:1
瑤華閣詩草一卷詞鈔一卷補遺一卷　(清)袁綬撰　清末上海文明書局石印本　一册

340000－1802－0006392　403.7/4024
李舍人遺集二卷　(清)李結撰　清光緒二十二年(1896)宗鄴堂刻本　一册

340000－1802－0006393　403.7/4024:1
醉芸館詩集一卷　(清)李經世著　清光緒二十九年(1903)刻本　一册

340000－1802－0006394　403.7/4024:2
醉芸館詩集一卷　(清)李經世著　清光緒二十九年(1903)刻本　一册

340000－1802－0006395　403.7/4025
野香亭集十三卷　(清)李孚青撰　清末活字印本　三册　存九卷(丁卯、戊辰、己巳、癸酉、甲戌、乙亥、丙子、丁丑、戊寅)

340000－1802－0006396　403.7/4033
養一齋文集二十卷　(清)李兆洛撰　清光緒四年(1878)刻本　十册

340000－1802－0006397　403.7/4033:1
養一齋文集二十卷　(清)李兆洛撰　清光緒四年(1878)刻本　八册

340000－1802－0006398　403.7/4037
邁堂文畧四卷　(清)李祖陶撰　清道光十五年(1835)鷺洲書院刻本　一冊

340000－1802－0006399　403.7/4037:1
邁堂文畧四卷　(清)李祖陶撰　清同治七年(1868)刻本　三冊

340000－1802－0006400　403.7/4039
瞿園詩草一卷　袁祖光撰　清光緒三十四年(1908)刻本　一冊

340000－1802－0006401　403.7/4039:1
瞿園詩草三卷　袁祖光撰　清光緒二十七年(1901)刻本　二冊

340000－1802－0006402　403.7/4040
燼餘集古文一卷　(清)李培著　(清)吳廷植編　清光緒二年(1876)刻本　一冊

340000－1802－0006403　403.7/4040:1
燼餘集古文一卷　(清)李培著　(清)吳廷植編　清光緒二年(1876)刻本　一冊

340000－1802－0006404　403.7/4040:2
燼餘集時文一卷　(清)李培著　(清)吳廷植編　**燼餘集時文附刊一卷**　(清)李世琦著　清光緒二年(1876)刻本　一冊

340000－1802－0006405　403.7/4043
十三峯書屋全集八卷　(清)李榕撰　清光緒二十五年(1899)袖海山房石印本　四冊

340000－1802－0006406　403.7/4044
紅豆村人詩稿十四卷　(清)袁樹撰　清光緒文奎堂刻本　三冊

340000－1802－0006407　403.7/4044:1
重鐫草堂外集十五卷　(清)檀萃撰　(清)吳並山評　(清)滇南蝶會諸老批點　清刻本　六冊

340000－1802－0006408　403.7/4048
袁文箋正十六卷補注一卷　(清)袁枚著　(清)石韞玉注　清刻本　一冊　存三卷(十五至十六、補注一卷)

340000－1802－0006409　403.7/4048:1
小倉山房全集四十四卷　(清)袁枚撰　清刻本　十二冊

340000－1802－0006410　403.7/4048:2
小倉山房文集三十五卷　(清)袁枚撰　清末石印本　八冊

340000－1802－0006411　403.7/4048:3
小倉山房四六八卷　(清)袁枚撰　清刻本　三冊　存六卷(一至六)

340000－1802－0006412　403.7/4048:4
補校袁文箋正八卷首一卷　(清)袁枚著　(清)汗漫山人補　(清)石韞玉注　清道光三年(1823)嶺南叢雅居刻本　八冊

340000－1802－0006413　403.7/4048:5
袁文箋正十六卷　(清)袁枚著　(清)石韞玉注　清光緒十四年(1888)上海蜚英館石印本　二冊

340000－1802－0006414　403.7/4048:6
增訂袁文箋正四卷補注一卷　(清)袁枚著　(清)魏大縉注　清末石印本　一冊

340000－1802－0006415　403.7/4048:7
袁文箋正十六卷補注一卷　(清)袁枚著　(清)石韞玉注　清嘉慶十七年(1812)刻本　八冊

340000－1802－0006416　403.7/4048:8
小倉山房文集三十五卷外集八卷　(清)袁枚撰　清刻本　十六冊

340000－1802－0006417　403.7/4048:9
小倉山房尺牘十卷讀外餘言一卷　(清)袁枚撰　清光緒文奎堂刻本　三冊

340000－1802－0006418　403.7/4048:10
袁文合箋十六卷　(清)袁枚著　(清)王廣業集注　清光緒八年(1882)刻本　六冊

340000－1802－0006419　403.7/4048:11
袁文箋正十六卷補注一卷　(清)袁枚著　(清)石韞玉注　清光緒十四年(1888)上海蜚英館石印本　五冊

340000－1802－0006420　403.7/4048:12

袁文箋正十六卷補注一卷　(清)袁枚著　(清)石韞玉注　清光緒十四年(1888)上海蜚英館石印本　二册

340000－1802－0006421　403.7/4048:13
袁文箋正十六卷補注一卷　(清)袁枚著　(清)石韞玉注　**增訂袁文箋注四卷**　(清)魏大縉注　清光緒十四年(1888)上海蜚英館石印本　三册

340000－1802－0006422　403.7/4048:14
袁文箋正十六卷補注一卷　(清)袁枚著　(清)石韞玉注　**增訂袁文箋注四卷**　(清)魏大縉注　清末上海鴻章書局石印本　五册

340000－1802－0006423　403.7/4048:15
袁文箋正十六卷補注一卷　(清)袁枚著　(清)石韞玉注　**增訂袁文箋注四卷**　(清)魏大縉注　清末上海鴻章書局石印本　五册

340000－1802－0006424　403.7/4048:16
袁文箋正十六卷補注一卷　(清)袁枚著　(清)石韞玉注　清光緒十二年(1886)步月山房刻本　八册

340000－1802－0006425　403.7/4048:17
小倉山房文集三十五卷　(清)袁枚撰　清末上海文明書局石印本　八册

340000－1802－0006426　403.7/4048:18
小倉山房文集三十五卷　(清)袁枚撰　清末上海文明書局石印本　八册

340000－1802－0006427　403.7/4048:19
小倉山房文集三十五卷　(清)袁枚撰　清末上海文明書局石印本　八册

340000－1802－0006428　403.7/4048:20
袁文箋正十六卷補注一卷　(清)袁枚著　(清)石韞玉注　清同治四年(1865)刻本　六册

340000－1802－0006429　403.7/4048:21
袁文箋正十六卷補注一卷　(清)袁枚著　(清)石韞玉注　清光緒十三年(1887)刻本　四册

340000－1802－0006430　403.7/4048:22
小倉山房文集三十五卷　(清)袁枚撰　清末上海校經山房成記書局石印本　六册

340000－1802－0006431　403.7/4048:23
小倉山房文選四卷　(清)袁枚著　清末上海廣益書局石印本　四册

340000－1802－0006432　403.7/4048:24
小倉山房詩集三十七卷　(清)袁枚撰　清刻本　八册　存二十四卷(五至十七、二十七至三十七)

340000－1802－0006433　403.7/4048:25
音註小倉山房尺牘八卷　(清)袁枚著　(清)胡光斗注　清光緒二十七年(1901)申昌書局石印本　二册

340000－1802－0006434　403.7/4058
味鐙聽葉廬詩草二卷　(清)李振鈞著　清光緒十五年(1889)刻本　二册

340000－1802－0006435　403.7/4058:1
味鐙聽葉廬詩草二卷　(清)李振鈞著　清光緒十五年(1889)刻本　一册

340000－1802－0006436　403.7/4058:2
味鐙聽葉廬詩草二卷　(清)李振鈞著　清光緒十五年(1889)刻本　二册

340000－1802－0006437　403.7/4058:3
味鐙聽葉廬詩草二卷　(清)李振鈞著　清光緒十五年(1889)刻本　二册

340000－1802－0006438　403.7/4061
李二曲先生集要五卷　(清)李顒撰　**楊愧菴先生集要五卷**　(清)楊甲仁撰　清光緒三年(1877)刻本　二册

340000－1802－0006439　403.7/4061:1
李二曲先生集要五卷　(清)李顒撰　**楊愧菴先生集要五卷**　(清)楊甲仁撰　清光緒三年(1877)刻本　二册

340000－1802－0006440　403.7/4061:2
二曲全集二十六卷　(清)李顒撰　清光緒二十六年(1900)湖南荷花池刻本　八册

340000－1802－0006441　403.7/4061：3
二曲全集二十六卷　(清)李顒撰　清小嫏嬛山館刻本　三册

340000－1802－0006442　403.7/4061：4
二曲全集二十六卷　(清)李顒撰　清小嫏嬛山館刻本　六册

340000－1802－0006443　403.7/4064
吟梅唫草一卷　李國模稿　清光緒三十三年(1907)活字印本　一册

340000－1802－0006444　403.7/4083
舒嘯樓詩稿四卷　(清)李曾裕撰　清同治九年(1870)刻本　二册

340000－1802－0006445　403.7/4092
敬業堂詩集五十卷　(清)查慎行撰　清刻本　十册

340000－1802－0006446　403.7/4200
休那遺稿十二卷詩集一卷貨殖傳評一卷外集三卷　(清)姚康撰　(清)姚灼編　清光緒十五年(1889)姚氏五桂山房活字印本　十二册

340000－1802－0006447　403.7/4200：1
休那遺稿十二卷詩集一卷貨殖傳評一卷外集三卷　(清)姚康撰　(清)姚灼編　清光緒十五年(1889)姚氏五桂山房活字印本　十一册

340000－1802－0006448　403.7/4210
彭剛直公詩集八卷　(清)彭玉麟撰　清光緒十七年(1891)謝文翰刻本　一册　存四卷(五至八)

340000－1802－0006449　403.7/4217
惜抱軒尺牘一卷　(清)姚鼐撰　清同治十二年(1873)刻本　一册

340000－1802－0006450　403.7/4217：1
惜抱軒尺牘八卷　(清)姚鼐撰　清宣統三年(1911)商務印書館鉛印本　二册

340000－1802－0006451　403.7/4217：2
惜抱軒尺牘八卷　(清)姚鼐撰　清宣統三年(1911)商務印書館鉛印本　二册

340000－1802－0006452　403.7/4217：3
惜抱軒文集十六卷後集十卷首一卷　(清)姚鼐撰　清光緒九年(1883)桐城徐氏刻本　六册

340000－1802－0006453　403.7/4217：4
惜抱軒文集十六卷後集十卷詩集十卷　(清)姚鼐撰　清同治五年(1866)省心閣刻本　八册

340000－1802－0006454　403.7/4217：5
惜抱軒文集十六卷後集十卷　(清)姚鼐撰　清刻本　四册

340000－1802－0006455　403.7/4217：6
惜抱軒文集十六卷後集十卷首一卷　(清)姚鼐撰　清光緒九年(1883)桐城徐氏刻本　六册

340000－1802－0006456　403.7/4217：7
惜抱軒稿四卷　(清)姚鼐撰　清光緒二年(1876)刻本　一册

340000－1802－0006457　403.7/4217：8
惜抱軒文集十六卷後集十卷首一卷　(清)姚鼐撰　清光緒九年(1883)桐城徐氏刻本　六册

340000－1802－0006458　403.7/4217：9
惜抱先生尺牘八卷　(清)姚鼐撰　清道光二年(1822)刻本　二册　存四卷(五至八)

340000－1802－0006459　403.7/4217：10
惜抱先生尺牘八卷　(清)姚鼐撰　(清)陳用光編　清宣統元年(1909)小萬柳堂刻本　四册

340000－1802－0006460　403.7/4217：11
惜抱先生尺牘八卷　(清)姚鼐撰　清同治二年(1863)刻本　二册

340000－1802－0006461　403.7/4217：12
惜抱軒文集十六卷後集十卷首一卷　(清)姚鼐撰　清光緒九年(1883)桐城徐氏刻本　四册

340000－1802－0006462　403.7/4217：13
惜抱軒文集十六卷後集十卷首一卷　(清)姚

鼒撰　清光緒刻三色套印本　二册　存四卷（文集八至九、後集三至四）

340000－1802－0006463　403.7/4222
二林居集二十四卷　（清）彭紹升著　清光緒七年（1881）刻本　六册

340000－1802－0006464　403.7/4222:1
二林居集二十四卷　（清）彭紹升著　清光緒七年（1881）刻本　八册

340000－1802－0006465　403.7/4222:2
測海集六卷　（清）彭紹升撰　清同治四年（1865）刻本　二册

340000－1802－0006466　403.7/4222:3
測海集六卷　（清）彭紹升撰　清光緒二年（1876）成都刻本　二册

340000－1802－0006467　403.7/4234
慎宜軒文五卷　姚永概撰　清光緒三十四年（1908）靈蘐室鉛印本　一册

340000－1802－0006468　403.7/4236
幸餘求定稿十二卷　（清）姚濬昌撰　清光緒十七年（1891）刻本　四册

340000－1802－0006469　403.7/4236:1
五瑞齋詩六卷續鈔九卷　（清）姚濬昌撰　**遠心軒遺詩一卷**　姚永楷撰　清光緒刻本　四册

340000－1802－0006470　403.7/4240
松風閣詩鈔二十六卷　（清）彭蘊章撰　清同治七年（1868）刻本　八册

340000－1802－0006471　403.7/4262
思復堂文存一卷詩選一卷　（清）姚景衡撰　清同治十二年（1873）安福縣署活字印本　一册

340000－1802－0006472　403.7/4299
中復堂全集九種附一種九十八卷　（清）姚瑩撰　清同治六年（1867）姚濬昌刻中復堂全集本　二册

340000－1802－0006473　403.7/4310
戴東原集十二卷　（清）戴震撰　清乾隆五十七年（1792）刻本　二册

340000－1802－0006474　403.7/4324
南山全集十六卷　（清）戴名世著　清光緒十六年（1890）活字印本　八册

340000－1802－0006475　403.7/4324:1
南山全集十四卷補遺三卷首一卷　（清）戴名世著　清末上海文瑞樓石印本　六册

340000－1802－0006476　403.7/4324:2
潛虛先生文集十四卷補遺一卷　（清）戴名世撰　清光緒十八年（1892）刻本　八册

340000－1802－0006477　403.7/4324:3
南山集十四卷補遺三卷　（清）戴名世撰　清光緒二十六年（1900）活字印本　八册

340000－1802－0006478　403.7/4324:4
南山集十六卷　（清）戴名世撰　清道光三十年（1850）活字印本　八册

340000－1802－0006479　403.7/4324:5
潛虛先生文集十四卷　（清）戴名世撰　（清）尤雲鶚編　清光緒十一年（1885）活字印本　八册

340000－1802－0006480　403.7/4324:6
南山集十四卷補遺三卷　（清）戴名世著　清光緒二十六年（1900）活字印本　八册

340000－1802－0006481　403.7/4324:7
南山集十六卷　（清）戴名世著　清光緒二十一年（1895）印鴻堂活字印本　八册

340000－1802－0006482　403.7/4324:8
潛虛先生文集十四卷補遺一卷　（清）戴名世撰　清光緒十八年（1892）刻本　八册

340000－1802－0006483　403.7/4327
西堂文集二十四卷　（清）尤侗撰　清刻本　一册　存四卷（西堂雜組一集一至四）

340000－1802－0006484　403.7/4362
裘文達公詩集十八卷　（清）裘曰修撰　清嘉慶七年（1802）刻同治十一年（1872）重印本　四册

340000－1802－0006485　403.7/4382
蓉洲初集六卷　(清)戴鈞衡撰　清道光十九年(1839)香月山房刻本　二册

340000－1802－0006486　403.7/4382:1
味經山館詩鈔六卷　(清)戴鈞衡箸　清咸豐二年(1852)刻本　一册

340000－1802－0006487　403.7/4382:2
味經山館文鈔四卷　(清)戴鈞衡撰　清咸豐三年(1853)刻本　二册

340000－1802－0006488　403.7/4382:3
味經山館文鈔四卷　(清)戴鈞衡撰　清咸豐三年(1853)刻本　二册

340000－1802－0006489　403.7/4411
翠巖室文稿僅存二卷翠岩室詩鈔三卷　(清)韓弼元撰　清光緒刻本　二册

340000－1802－0006490　403.7/4417
思不辱齋全集十五卷　(清)萬承風撰　清嘉慶二十一年(1816)刻本　十一册　缺一卷(賡颺集一)

340000－1802－0006491　403.7/4417:1
罙倦集□□卷　(清)蘇珮著　清刻本　一册　存五卷(十八至二十二)

340000－1802－0006492　403.7/4425
三徑草堂詩鈔四卷　(清)蔣師軾著　(清)蔣師轍編　清光緒十六年(1890)刻本　一册

340000－1802－0006493　403.7/4425:1
三徑草堂詩鈔四卷　(清)蔣師軾著　(清)蔣師轍編　清光緒十六年(1890)刻本　一册

340000－1802－0006494　403.7/4426
敬孚類藁十六卷　(清)蕭穆著　清光緒三十二年至三十三年(1906－1907)刻本　四册　存八卷(一、四至五、八至九、十四至十六)

340000－1802－0006495　403.7/4426:1
敬孚類藁十六卷　(清)蕭穆著　清光緒三十二年至三十三年(1906－1907)刻本　八册

340000－1802－0006496　403.7/4426:2
敬孚類藁十六卷　(清)蕭穆著　清光緒三十二年至三十三年(1906－1907)刻本　八册

340000－1802－0006497　403.7/4426:3
敬孚類藁十六卷　(清)蕭穆著　清光緒三十二年至三十三年(1906－1907)刻本　八册

340000－1802－0006498　403.7/4431
陶門弟子集十六卷　(清)蔡家琬撰　清嘉慶二十二年(1817)劉文奎局刻本　二册　存八卷(一至四、九至十二)

340000－1802－0006499　403.7/4431:1
變雅堂文集□卷　(清)杜濬撰　清刻本　一册　存二卷(一至二)

340000－1802－0006500　403.7/4432
香屑集十八卷首一卷末一卷　(清)黄之雋撰　(清)陳邦直注　清刻本　二册　存九卷(十至十八)

340000－1802－0006501　403.7/4432:1
香屑集十八卷首一卷末一卷　(清)黄之雋撰　(清)陳邦直注　清同治十三年(1874)刻本　四册

340000－1802－0006502　403.7/4437
過庭小稾一卷　(清)黄富民撰　清同治九年(1870)刻本　一册

340000－1802－0006503　403.7/4437:1
庸庵文編四卷續編二卷外編四卷海外文編四卷　(清)薛福成撰　清光緒十五年至十九年(1889－1893)無錫薛氏刻庸庵全集本　六册　存六卷(續編二卷、外編四卷)

340000－1802－0006504　403.7/4437:2
庸庵文外編四卷　(清)薛福成撰　清光緒十九年(1893)刻本　四册

340000－1802－0006505　403.7/4440
儀鄭堂殘稿二卷　(清)曹堉撰　**賜硯齋題畫偶錄一卷**　(清)戴熙撰　清道光、咸豐間上海徐氏刻同治補刻本　一册

340000－1802－0006506　403.7/4444
郘亭詩鈔六卷　(清)莫友芝撰　清咸豐二年(1852)刻同治五年(1866)補刻本　二册

340000－1802－0006507　403.7/4447
新樂府詞一卷　(清)萬斯同撰　清同治八年(1869)刻本　一册

340000－1802－0006508　403.7/4447:1
江上小蓬萊吟舫詩存十八卷詩餘二卷　(清)葉坤厚撰　清光緒九年(1883)刻本　十九册　缺一卷(詩存十二)

340000－1802－0006509　403.7/4448
忠雅堂詩集二十七卷補遺二卷詞集二卷　(清)蔣士銓撰　清嘉慶三年(1798)揚州刻本　十册

340000－1802－0006510　403.7/4448:1
忠雅堂詩集二十七卷補遺二卷詞集二卷　(清)蔣士銓撰　清嘉慶二十二年(1817)刻本　八册

340000－1802－0006511　403.7/4448:2
忠雅堂詩集二十七卷文十二卷補遺二卷詞集二卷　(清)蔣士銓撰　清刻本　六册

340000－1802－0006512　403.7/4448:3
玉餘尺牘附編八卷　(清)莊士敏撰　清光緒六年(1880)刻本　四册

340000－1802－0006513　403.7/4452
晚香亭詩鈔四卷　(清)蔡邦甸著　清光緒十八年(1892)天津石印本　四册

340000－1802－0006514　403.7/4462
兩當軒集二十二卷攷異二卷附録四卷　(清)黄景仁撰　清咸豐八年(1858)刻本　二册　存十二卷(十二至十七、攷異二卷、附録四卷)

340000－1802－0006515　403.7/4474
梨雲山館稾言四卷　(清)蓮橋居士編　清嘉慶二十一年(1816)刻本　四册

340000－1802－0006516　403.7/4482
讀白華草堂詩初集九卷二集十二卷苜蓿集八卷　(清)黄釗撰　清道光二十八年(1848)刻本　七册　缺四卷(二集一至四)

340000－1802－0006517　403.7/4483
雨亭尺牘六卷　(清)林欽潤著　清道光二十六年(1846)文德堂刻本　五册　缺一卷(五)

340000－1802－0006518　403.7/4491
欽齋詩稾四卷　(清)蘇惇元撰　清道光十三年(1833)刻本　一册

340000－1802－0006519　403.7/4491:1
欽齋詩稾四卷　(清)蘇惇元撰　清道光十三年(1833)刻本　一册

340000－1802－0006520　403.7/4494
范伯子詩集十九卷　(清)范當世撰　**蘊素軒詩四卷**　(清)姚倚雲撰　清光緒鉛印本　四册

340000－1802－0006521　403.7/4494:1
范伯子詩集十九卷　(清)范當世撰　**蘊素軒詩四卷**　(清)姚倚雲撰　清光緒鉛印本　一册　存六卷(七至十二)

340000－1802－0006522　403.7/4608
增訂柏藴皋全稿三卷　(清)柏謙著　(清)王約鰲編　(清)汪雲液增輯　清光緒二年(1876)四明茹古齋鉛印本　四册

340000－1802－0006523　403.7/4620
尚志居集八卷補遺一卷讀書記四卷　(清)楊德亨撰　清光緒九年(1883)刻本　二册　存七卷(七至八、補遺一卷、讀書記四卷)

340000－1802－0006524　403.7/4638
蜨庵賦鈔二卷　(清)楊棨著　(清)包國璋注　清咸豐十年(1860)刻本　二册

340000－1802－0006525　403.7/4661
水田居存詩三卷　(清)賀貽孫著　(清)李謙菴編　清同治九年(1870)刻本　三册

340000－1802－0006526　403.7/4662
楊愧菴先生集要五卷　(清)楊甲仁撰　清刻本　一册

340000－1802－0006527　403.7/4662:1
知白軒遺稿四卷　(清)楊景程著　清光緒十一年(1885)刻本　二册

340000－1802－0006528　403.7/4692
碧琅玕館詩鈔四卷續鈔四卷　(清)楊光儀撰

清光緒元年(1875)刻九年(1883)續刻本　二册

340000－1802－0006529　403.7/4698
知心集詩稿二卷　(清)楊炯鑑著　清末鉛印本　一册

340000－1802－0006530　403.7/4708
守一齋詩二卷詞一卷　(清)胡文鎬撰　清光緒元年(1875)刻本　一册

340000－1802－0006531　403.7/4708:1
守一齋詩二卷詞一卷　(清)胡文鎬撰　清光緒元年(1875)刻本　一册

340000－1802－0006532　403.7/4713
石笥山房文集五卷補遺一卷　(清)胡天游著　清宣統二年(1910)國學扶輪社鉛印本　四册

340000－1802－0006533　403.7/4713:1
石笥山房文集五卷補遺一卷　(清)胡天游著　清宣統二年(1910)國學扶輪社鉛印本　四册

340000－1802－0006534　403.7/4721
碧腴齋詩存八卷　(清)胡德琳著　清末上海文明書局石印本　一册

340000－1802－0006535　403.7/4724
綠蔭軒遺集六卷　(清)胡佩芳撰　清光緒二十三年(1897)金陵刻朱印本　四册

340000－1802－0006536　403.7/4733
印雪軒詩稿一卷　(清)胡鴻澤著　清光緒刻本　一册

340000－1802－0006537　403.7/4763
碧波詩選二卷　(清)胡恩溥撰　清道光三十年(1850)刻本　一册

340000－1802－0006538　403.7/4777
退補齋文存十二卷首一卷　(清)胡鳳丹撰　清同治十二年(1873)刻本　一册　存三卷(六至八)

340000－1802－0006539　403.7/4782
靈芝僊館詩鈔十二卷捲秋亭詞鈔二卷　(清)胡念修著　清光緒二十七年(1901)刻本　二册　存七卷(靈芝僊館詩鈔八至十二、捲秋亭詞鈔二卷)

340000－1802－0006540　403.7/4782:1
問湘樓駢文初稿六卷　(清)胡念修著　清光緒二十四年(1898)刻本　四册

340000－1802－0006541　403.7/4787
賜□閣外集二卷　(清)胡欽撰　清光緒三十三年(1907)鉛印本　一册

340000－1802－0006542　403.7/4830
八指頭陀詩集十卷集文一卷　(清)釋敬安撰　清光緒十三年(1887)刻本　二册

340000－1802－0006543　403.7/4830:1
八指頭陀詩集十卷集文一卷　(清)釋敬安撰　清光緒十三年(1887)刻本　二册

340000－1802－0006544　403.7/4909
香銷酒醒詞一卷曲一卷　(清)趙慶熺撰　清同治七年(1868)西泠王氏刻本　二册

340000－1802－0006545　403.7/4917
甌北選集五卷　(清)趙翼著　(清)張懷溎編　清嘉慶元年(1796)刻本　一册

340000－1802－0006546　403.7/4917:1
甌北詩鈔二十卷　(清)趙翼撰　清刻本　六册

340000－1802－0006547　403.7/4917:2
甌北詩鈔十七卷　(清)趙翼撰　清乾隆五十六年(1791)湛貽堂刻甌北全集本　八册

340000－1802－0006548　403.7/4967
遂園詩鈔六卷　(清)趙昀撰　清光緒二年(1876)刻本　一册

340000－1802－0006549　403.7/4993
獄鐙小稿三卷　(清)趙光祖著　清光緒七年(1881)刻本　一册

340000－1802－0006550　403.7/5044
全史宮詞二十卷　(清)史夢蘭撰　清咸豐六年(1856)刻本　四册

340000－1802－0006551　403.7/5045

漁洋山人精華錄訓纂十卷目錄二卷[王士禛]年譜二卷金氏箋註辨訛一卷 (清)惠棟撰 清乾隆紅豆齋刻本 十二冊

340000－1802－0006552 403.7/5045:1
漁洋山人精華錄訓纂十卷目錄二卷[王士禛]年譜二卷金氏箋註辨訛一卷 (清)惠棟撰 清乾隆紅豆齋刻本 十一冊 缺二卷(年譜二卷)

340000－1802－0006553 403.7/5247
授椽草堂詩稿□□卷 (清)□□撰 清稿本 一冊 存一卷(一)

340000－1802－0006554 403.7/5508
啗敢覽館稿一卷 (清)曹應鍾撰 清同治十一年(1872)刻本 一冊

340000－1802－0006555 403.7/5532
曹寅谷制藝四卷二集四卷三集四卷 (清)曹之升撰 清同治十三年(1874)四明茹古齋鉛印本 三冊 缺四卷(二集四卷)

340000－1802－0006556 403.7/5596
繡虎軒尺牘一集八卷二集八卷三集八卷 (清)曹煜著 清康熙二十九年(1690)傳萬堂刻本 八冊 存十六卷(一集一至二、七至八,二集三至六,三集八卷)

340000－1802－0006557 403.7/6010
古歡堂詩集十四卷文集二十二卷黔書二卷長河志籍考十卷蒙齋[田雯]年譜一卷 (清)田雯撰 清康乾刻德州田氏叢書本 九冊

340000－1802－0006558 403.7/6010:1
古歡堂文集二十二卷 (清)田雯撰 清康乾刻德州田氏叢書本 四冊 缺五卷(傳一卷、跋一卷、雜文三卷)

340000－1802－0006559 403.7/6022
摩圍閣詩二卷詞二卷 (清)易順鼎撰 清光緒八年(1882)刻本 一冊

340000－1802－0006560 403.7/6031
有懷堂詩集一卷文集一卷 (清)田肇麗撰 清乾隆七年(1742)刻德州田氏叢書本 一冊

340000－1802－0006561 403.7/6044
景惠室詩存一卷 (清)易虆撰 清光緒二十七年(1901)刻本 一冊

340000－1802－0006562 403.7/6428
吟梅山人刪存近草不分卷 (清)吟梅山人撰 清抄本 一冊

340000－1802－0006563 403.7/6682
哀鳴集二卷 (清)嚴釗撰 清宣統二年(1910)鉛印本 一冊

340000－1802－0006564 403.7/6724
盩厔路閏生先生餞秋試詩不分卷 (清)路德撰 清光緒十三年(1887)刻本 一冊

340000－1802－0006565 403.7/6724:1
盩厔路閏生先生餞秋試詩不分卷 (清)路德撰 清光緒十三年(1887)刻本 一冊

340000－1802－0006566 403.7/6724:2
檉華館試帖彙鈔輯注十卷 (清)路德著 清道光刻本 十冊

340000－1802－0006567 403.7/6724:3
檉花館試帖輯注二卷 (清)路德著 (清)謝紹瑗輯注 清道光十一年(1831)朱棻刻本 一冊

340000－1802－0006568 403.7/7110
揅經室一集十四卷二集八卷三集五卷四集二卷四集詩十一卷續集十一卷再續集七卷外集五卷 (清)阮元撰 清儀徵阮氏刻文選樓叢書本 十二冊 存二十七卷(揅經室一集十四卷、二集八卷、三集五卷)

340000－1802－0006569 403.7/7110:1
揅經室一集十四卷二集八卷三集五卷四集二卷四集詩十一卷續集十一卷再續集七卷外集五卷 (清)阮元撰 清道光刻本 十八冊 缺十八卷(續集十一卷、再續集七卷)

340000－1802－0006570 403.7/7111
翊翊齋遺書三種四卷 (清)馬翮飛撰 清光緒刻馬氏家刻集本 一冊

340000－1802－0006571 403.7/7111:1

翊翊齋遺書三種四卷 (清)馬翮飛撰 清光緒刻馬氏家刻集本 一冊

340000－1802－0006572 403.7/7120
淡園文集一卷外編一卷附録一卷 (清)馬徵麐撰 清光緒思古書堂刻本 三冊

340000－1802－0006573 403.7/7120:1
淡園文集一卷外編一卷附録一卷 (清)馬徵麐撰 清光緒思古書堂刻本 一冊 存一卷(淡園文集一卷)

340000－1802－0006574 403.7/7120:2
淡園文集一卷外編一卷附録一卷 (清)馬徵麐撰 清光緒思古書堂刻本 一冊 存一卷(淡園文集一卷)

340000－1802－0006575 403.7/7120:3
淡園文集一卷外編一卷附録一卷 (清)馬徵麐撰 清光緒思古書堂刻本 一冊

340000－1802－0006576 403.7/7121
護送越南貢使日記一卷 (清)馬先登編 清同治八年(1869)關中馬氏敦倫堂刻馬氏叢刻本 一冊

340000－1802－0006577 403.7/7143
抱潤軒文集十卷 馬其昶著 清宣統元年(1909)安徽官紙印刷局石印本 一冊

340000－1802－0006578 403.7/7144
可久處齋文鈔八卷 (清)馬樹華撰 清咸豐刻本 二冊

340000－1802－0006579 403.7/7167
樊榭山房文集八卷續集十卷 (清)厲鶚撰 清嶺南雲林閣刻本 四冊

340000－1802－0006580 403.7/7167:1
樊榭山房全集四十卷附二卷 (清)厲鶚撰 清末上海文瑞樓石印本 十冊

340000－1802－0006581 403.7/7167:2
樊榭山房全集四十卷附二卷 (清)厲鶚撰 清末上海文瑞樓石印本 十冊

340000－1802－0006582 403.7/7167:3
樊榭山房文集八卷續集十卷詩集□□卷 (清)厲鶚撰 清乾隆四十三年(1778)刻本 五冊 存二十三卷(樊榭山房文集八卷、續集十卷、詩集六至十)

340000－1802－0006583 403.7/7172
重訂厲廉州先生詩全集八卷 (清)厲同勳著 清同治刻本 四冊 存五卷(藉花小室詩鈔二卷、寄蠡詩鈔一卷、還珠堂和陶百詩鈔一卷、斷梗吟一卷)

340000－1802－0006584 403.7/7218
開懷籟草稿不分卷 (清)劉雲錦撰 清末抄本 一冊

340000－1802－0006585 403.7/7229
劉茮雲先生遺集四卷首一卷 (清)劉傳瑩撰 清末鉛印本 一冊

340000－1802－0006586 403.7/7229:1
劉茮雲先生遺集四卷首一卷 (清)劉傳瑩撰 清末鉛印本 一冊

340000－1802－0006587 403.7/7229:2
劉茮雲先生遺集四卷首一卷 (清)劉傳瑩撰 清末鉛印本 一冊

340000－1802－0006588 403.7/7230
青藜閣詩鈔一卷 (清)劉鴻庚撰 清光緒二十四年(1898)刻本 一冊

340000－1802－0006589 403.7/7233
讀書日記六卷 (清)劉源淥著 清雍正刻本 一冊 存二卷(三至四)

340000－1802－0006590 403.7/7244
海峰先生文十卷詩六卷 (清)劉大櫆撰 (清)徐宗亮編 清同治十三年(1874)刻本 六冊

340000－1802－0006591 403.7/7244:1
海峰文集八卷 (清)劉大櫆著 清刻本 六冊

340000－1802－0006592 403.7/7244:2
海峰文集八卷詩集十一卷 (清)劉大櫆撰 清同治十三年(1874)刻本 八冊

340000－1802－0006593 403.7/7244:3

海峰先生文十卷詩六卷 （清）劉大櫆撰 （清）徐宗亮編 清同治十三年（1874）刻本 六册

340000－1802－0006594 403.7/7244:4
海峰先生文十卷詩六卷 （清）劉大櫆撰 （清）徐宗亮編 清末時還書屋活字印本 八册

340000－1802－0006595 403.7/7244:5
海峰詩集十一卷 （清）劉大櫆撰 清刻本 四册

340000－1802－0006596 403.7/7244:6
海峰先生詩六卷 （清）劉大櫆撰 （清）徐宗亮編校 清刻本 二册

340000－1802－0006597 403.7/7244:7
劉海峰稿四卷 （清）劉大櫆撰 清光緒元年（1875）刻本 三册

340000－1802－0006598 403.7/7244:8
海峰先生詩集十卷 （清）劉大櫆著 清光緒二十五年（1899）刻本 二册

340000－1802－0006599 403.7/7244:9
海峰先生文十卷詩六卷 （清）劉大櫆撰 （清）徐宗亮編 清同治十三年（1874）刻本 六册

340000－1802－0006600 403.7/7244:10
海峰詩集十一卷 （清）劉大櫆撰 清刻本 四册

340000－1802－0006601 403.7/7244:11
海峰先生文十卷詩六卷 （清）劉大櫆撰 （清）徐宗亮編 清同治十三年（1874）刻本 六册

340000－1802－0006602 403.7/7244:12
養晦堂詩集二卷文集十卷思辨錄疑義一卷 （清）劉蓉著 清光緒三年（1877）刻本 二册 存四卷（養晦堂詩集二卷、文集三至四）

340000－1802－0006603 403.7/7247
蕙圃寄唫十卷首一卷遺一卷外一卷 （清）劉夢熊撰 清嘉慶刻本 四册

340000－1802－0006604 403.7/7277
孟塗前集十卷後集二十二卷文集十卷駢體文二卷遺詩二卷 （清）劉開撰 （清）余瑞璋胡承弼校 清道光六年（1826）姚氏檗山草堂刻光緒十五年（1889）補刻本 九册

340000－1802－0006605 403.7/7277:1
孟塗前集十卷後集二十二卷文集十卷駢體文二卷遺詩二卷 （清）劉開撰 （清）余瑞璋胡承弼校 清道光六年（1826）姚氏檗山草堂刻光緒十五年（1889）補刻本 九册

340000－1802－0006606 403.7/7277:2
孟塗前集十卷後集二十二卷文集十卷駢體文二卷 （清）劉開撰 （清）余瑞璋 胡承弼校 清道光六年（1826）姚氏檗山草堂刻本 八册

340000－1802－0006607 403.7/7277:3
孟塗前集十卷後集二十二卷文集十卷駢體文二卷 （清）劉開撰 （清）余瑞璋 胡承弼校 清道光六年（1826）姚氏檗山草堂刻本 二册 存十卷（孟塗前集十卷）

340000－1802－0006608 403.7/7277:4
孟塗前集十卷後集二十二卷文集十卷駢體文二卷 （清）劉開撰 （清）余瑞璋 胡承弼校 清道光六年（1826）姚氏檗山草堂刻本 七册 缺二卷（駢體文二卷）

340000－1802－0006609 403.7/7277:5
孟塗前集十卷後集二十二卷文集十卷駢體文二卷遺詩二卷 （清）劉開撰 （清）余瑞璋胡承弼校 清道光六年（1826）姚氏檗山草堂刻光緒十五年（1889）補刻本 四册 存十六卷（後集一至六、十七至二十二，駢體文二卷、遺詩二卷）

340000－1802－0006610 403.7/7277:6
孟塗前集十卷後集二十二卷文集十卷駢體文二卷遺詩二卷 （清）劉開撰 （清）余瑞璋胡承弼校 清道光六年（1826）姚氏檗山草堂刻光緒十五年（1889）補刻本 九册

340000－1802－0006611 403.7/7277:7

孟塗前集十卷後集二十二卷文集十卷駢體文二卷　（清）劉開撰　（清）余瑞璋　胡承弼校　清道光六年（1826）姚氏檗山草堂刻本　八冊

340000－1802－0006612　403.7/7474
三魚堂文集十二卷外集六卷附錄一卷　（清）陸隴其撰　（清）侯銓編　**賸言十二卷**　（清）陳濟編　清同治七年（1868）刻本　六冊

340000－1802－0006613　403.7/7474:1
三魚堂文集十二卷外集六卷附錄一卷　（清）陸隴其撰　清刻本　八冊

340000－1802－0006614　403.7/7474:2
三魚堂文集十二卷　（清）陸隴其著　清末掃葉山房石印本　一冊　存四卷（一至四）

340000－1802－0006615　403.7/7481
善卷堂四六十卷　（清）陸繁弨撰　（清）吳自高注　清乾隆刻本　二冊

340000－1802－0006616　403.7/7481:1
善卷堂四六十卷　（清）陸繁弨撰　（清）吳自高注　清乾隆刻本　四冊　缺一卷（一）

340000－1802－0006617　403.7/7503
秣陵集六卷附二卷　（清）陳文述撰　清光緒十年（1884）淮南書局刻本　三冊

340000－1802－0006618　403.7/7503:1
西泠閨詠十六卷　（清）陳文述撰　（清）龔玉晨編　清光緒十三年（1887）西泠翠螺閣刻本　六冊

340000－1802－0006619　403.7/7507
古漁詩槩六卷　（清）陳毅撰　清刻本　二冊

340000－1802－0006620　403.7/7510
陳文恭公手札節要三卷　（清）陳弘謀撰　清同治七年（1868）崇文書局刻本　一冊

340000－1802－0006621　403.7/7510:1
陳文恭公手札節要三卷　（清）陳弘謀撰　清同治二年（1863）邵州官廨刻本　一冊

340000－1802－0006622　403.7/7510:2
陳文恭公手札節要三卷　（清）陳弘謀撰　清同治七年（1868）崇文書局刻本　一冊

340000－1802－0006623　403.7/7510:3
陳文恭公手札節要三卷　（清）陳弘謀撰　清同治七年（1868）崇文書局刻本　一冊

340000－1802－0006624　403.7/7510:4
散原精舍詩二卷　陳三立撰　清宣統二年（1910）鉛印本　二冊

340000－1802－0006625　403.7/7510:5
散原精舍詩二卷　陳三立撰　清末鉛印本　二冊

340000－1802－0006626　403.7/7510:6
陳文恭公手札節要三卷　（清）陳弘謀撰　清光緒三十二年（1906）刻本　一冊

340000－1802－0006627　403.7/7510:7
陳文恭公手札節要三卷　（清）陳弘謀撰　清同治七年（1868）刻本　一冊

340000－1802－0006628　403.7/7514
印鴻廬遺詩一卷　（清）陳雨樵撰　清光緒活字印本　一冊

340000－1802－0006629　403.7/7514:1
午亭文編五十卷　（清）陳廷敬撰　（清）林佶編　清康熙五十八年（1719）林佶刻本　二十三冊　缺一卷（一）

340000－1802－0006630　403.7/7522
陳檢討集二十卷　（清）陳維崧撰　（清）程師恭注　清康熙三十三年（1694）刻本　四冊

340000－1802－0006631　403.7/7522:1
陳檢討集二十卷　（清）陳維崧撰　（清）程師恭注　清康熙三十三年（1694）有美堂刻本　六冊

340000－1802－0006632　403.7/7522:2
陳檢討集二十卷　（清）陳維崧撰　（清）程師恭注　清康熙刻本　六冊

340000－1802－0006633　403.7/7522:3
陳檢討集二十卷　（清）陳維崧撰　（清）程師恭注　清康熙三十三年（1694）刻本　五冊　缺四卷（十一至十四）

340000－1802－0006634　403.7/7522:4
陳檢討集二十卷　(清)陳維崧撰　(清)程師恭注　清刻本　一册　存五卷(十六至二十)

340000－1802－0006635　403.7/7522:5
陳檢討集二十卷　(清)陳維崧撰　(清)程師恭注　清康熙三十三年(1694)刻本　三册　存九卷(一至二、十至十三、十八至二十)

340000－1802－0006636　403.7/7522:6
湖海樓全集五十卷　(清)陳維崧撰　清光緒十七年至十九年(1891－1893)弇山鐸署刻本　十六册

340000－1802－0006637　403.7/7522:7
陳檢討四六二十卷　(清)陳維崧撰　(清)程師恭注　(清)陳明善校閲　清末鴻章書局石印本　八册

340000－1802－0006638　403.7/7522:8
陳檢討四六二十卷　(清)陳維崧撰　(清)程師恭注　(清)陳明善校閲　清末鴻章書局石印本　八册

340000－1802－0006639　403.7/7522:9
陳檢討四六二十卷　(清)陳維崧撰　(清)程師恭注　(清)陳明善校閲　清末上海文瑞樓石印本　八册

340000－1802－0006640　403.7/7522:10
陳檢討四六二十卷　(清)陳維崧撰　(清)程師恭注　清末上海文瑞樓石印本　八册

340000－1802－0006641　403.7/7522:11
陳檢討四六二十卷　(清)陳維崧撰　(清)程師恭注　清末上海文瑞樓石印本　八册

340000－1802－0006642　403.7/7522:12
陳檢討四六二十卷　(清)陳維崧撰　(清)程師恭注　清末上海文瑞樓石印本　七册　缺三卷(十八至二十)

340000－1802－0006643　403.7/7522:13
陳檢討集二十卷　(清)陳維崧撰　(清)程師恭注　清刻本　三册　存九卷(二至三、十一至十四、十八至二十)

340000－1802－0006644　403.7/7522:14
陳檢討集二十卷　(清)陳維崧撰　(清)程師恭注　清刻本　四册　存十三卷(四至十六)

340000－1802－0006645　403.7/7527
松田遺集二卷　(清)陳紀著　清末活字印本　一册

340000－1802－0006646　403.7/7527:1
松田遺集二卷　(清)陳紀著　清末活字印本　一册

340000－1802－0006647　403.7/7530
培遠堂手札節存二卷　(清)陳宏謀著　清同治十三年(1874)刻本　二册

340000－1802－0006648　403.7/7530:1
培遠堂手札節存二卷　(清)陳宏謀著　清同治三年(1864)刻本　二册

340000－1802－0006649　403.7/7530:2
簡學齋館課賦鈔一卷　(清)陳沆著　清刻本　一册

340000－1802－0006650　403.7/7531
不求安居吟草一卷　(清)陳守吾著　清末木活字印本　一册

340000－1802－0006651　403.7/7531:1
不求安居吟草一卷　(清)陳守吾著　清末木活字印本　一册

340000－1802－0006652　403.7/7531:2
不求安居吟草一卷　(清)陳守吾著　清末木活字印本　一册

340000－1802－0006653　403.7/7531:3
不求安居吟草一卷　(清)陳守吾著　清末木活字印本　一册

340000－1802－0006654　403.7/7531:4
不求安居吟草一卷　(清)陳守吾著　清末木活字印本　一册

340000－1802－0006655　403.7/7531:5
不求安居吟草一卷　(清)陳守吾著　清末木活字印本　一册

340000－1802－0006656　403.7/7531:6
不求安居吟草一卷　(清)陳守吾著　清末木活字印本　一冊

340000－1802－0006657　403.7/7531:7
不求安居吟草一卷　(清)陳守吾著　清末木活字印本　一冊

340000－1802－0006658　403.7/7531:8
不求安居吟草一卷　(清)陳守吾著　清末木活字印本　一冊

340000－1802－0006659　403.7/7531:9
不求安居吟草一卷　(清)陳守吾著　清末木活字印本　一冊

340000－1802－0006660　403.7/7531:10
不求安居吟草一卷　(清)陳守吾著　清末木活字印本　一冊

340000－1802－0006661　403.7/7531:11
不求安居吟草一卷　(清)陳守吾著　清末木活字印本　一冊

340000－1802－0006662　403.7/7531:12
不求安居吟草一卷　(清)陳守吾著　清末木活字印本　一冊

340000－1802－0006663　403.7/7531:13
不求安居吟草一卷　(清)陳守吾著　清末木活字印本　一冊

340000－1802－0006664　403.7/7531:14
不求安居吟草一卷　(清)陳守吾著　清末木活字印本　一冊

340000－1802－0006665　403.7/7531:15
不求安居吟草一卷　(清)陳守吾著　清末木活字印本　一冊

340000－1802－0006666　403.7/7531:16
不求安居吟草一卷　(清)陳守吾著　清末木活字印本　一冊

340000－1802－0006667　403.7/7531:17
不求安居吟草一卷　(清)陳守吾著　清末木活字印本　一冊

340000－1802－0006668　403.7/7531:18
不求安居吟草一卷　(清)陳守吾著　清末木活字印本　一冊

340000－1802－0006669　403.7/7531:19
不求安居吟草一卷　(清)陳守吾著　清末木活字印本　一冊

340000－1802－0006670　403.7/7531:20
不求安居吟草一卷　(清)陳守吾著　清末木活字印本　一冊

340000－1802－0006671　403.7/7531:21
不求安居吟草一卷　(清)陳守吾著　清末木活字印本　一冊

340000－1802－0006672　403.7/7531:22
不求安居吟草一卷　(清)陳守吾著　清末木活字印本　一冊

340000－1802－0006673　403.7/7531:23
不求安居吟草一卷　(清)陳守吾著　清末木活字印本　一冊

340000－1802－0006674　403.7/7531:24
不求安居吟草一卷　(清)陳守吾著　清末木活字印本　一冊

340000－1802－0006675　403.7/7531:25
不求安居吟草一卷　(清)陳守吾著　清末木活字印本　一冊

340000－1802－0006676　403.7/7531:26
不求安居吟草一卷　(清)陳守吾著　清末木活字印本　一冊

340000－1802－0006677　403.7/7531:27
不求安居吟草一卷　(清)陳守吾著　清末木活字印本　一冊

340000－1802－0006678　403.7/7531:28
不求安居吟草一卷　(清)陳守吾著　清末木活字印本　一冊

340000－1802－0006679　403.7/7535
東塾集六卷申範一卷　(清)陳澧撰　清光緒十八年(1892)刻本　二冊

340000－1802－0006680　403.7/7538
星齋文稾初刻不分卷二刻不分卷塾課不分卷　(清)陳兆侖撰　(清)蔡玉堂　(清)顧一經　(清)蔡肯堂評注　清光緒二十年(1894)湖南書局刻本　六冊

340000－1802－0006681　403.7/7540
東觀存稿一卷　(清)陳壽祺撰　清刻本　一冊

340000－1802－0006682　403.7/7543
枕善堂尺牘一隅二十卷　(清)陳大溶著　清道光十九年(1839)刻本　六冊　存七卷(一至七)

340000－1802－0006683　403.7/7548
求志居集三十二卷　(清)陳世鎔撰　清道光二十五年(1845)刻本　十二冊

340000－1802－0006684　403.7/7575
陳大士稿六卷　(明)陳際泰撰　(明)艾南英評　清刻本　七冊

340000－1802－0006685　403.7/7575:1
陳大士稿六卷　(明)陳際泰撰　清刻本　二冊

340000－1802－0006686　403.7/7575:2
陳大士稿六卷　(明)陳際泰撰　清刻本　五冊　存五卷(大學、中庸、上論、上孟、下孟)

340000－1802－0006687　403.7/7581
知味軒啟事四卷稾言四卷　(清)陳毓靈撰　清道光二十三年(1843)刻本　十冊

340000－1802－0006688　403.7/7714
經韻樓集十二卷　(清)段玉裁著　清道光元年(1821)刻本　六冊

340000－1802－0006689　403.7/7714:1
可石小草二卷　(清)段琦撰　清嘉慶元年(1796)刻本　二冊

340000－1802－0006690　403.7/7733
同心之言集一卷　(清)段永源著　清道光二十八年(1848)刻本　一冊

340000－1802－0006691　403.7/7748
堅石山館詩稾二卷　(清)周嘉益撰　清同治九年(1870)刻本　一冊

340000－1802－0006692　403.7/7772
周武壯公遺書九卷首一卷外集三卷別集一卷附錄一卷　(清)周盛傳撰　(清)周家駒編　清光緒三十一年(1905)刻本　十冊

340000－1802－0006693　403.7/7772:1
周武壯公遺書九卷首一卷外集三卷別集一卷附錄一卷　(清)周盛傳撰　(清)周家駒編　清光緒三十一年(1905)刻本　十冊

340000－1802－0006694　403.7/7773
浩山詩鈔一卷　(清)歐陽述纂　清光緒刻本　一冊

340000－1802－0006695　403.7/7774
共城從政錄一卷　(清)周際華著　清道光十九年(1839)刻本　一冊

340000－1802－0006696　403.7/7774:1
海陵從政錄一卷　(清)周際華著　清道光十九年(1839)刻本　一冊

340000－1802－0006697　403.7/7780
增訂周犢山全稿三卷　(清)周鎬著　清同治十三年(1874)四明茹古齋鉛印本　二冊

340000－1802－0006698　403.7/7784
周太史稿三卷二集二卷憩雲書屋賦一卷木天清課詩賦二卷　(清)周鎮南撰　清道光刻本　六冊

340000－1802－0006699　403.7/8013
養拙齋詩存五卷　(清)曾元澄撰　清末鉛印本　一冊

340000－1802－0006700　403.7/8021
觀劇絕句三卷　(清)金德瑛撰　清光緒三十四年(1908)葉氏觀古堂刻本　一冊

340000－1802－0006701　403.7/8025
今雨堂詩墨續編四卷　(清)金甡著　(清)姚祖同　(清)汪賢書注　清乾隆五十年(1785)刻本　二冊

340000－1802－0006702　403.7/8025

增訂今雨堂詩墨注四卷 (清)金甡著 (清)洪鍾注 清乾隆三十四年(1769)刻本 二册

340000－1802－0006703 403.7/8027
三弓園詩編三卷 (清)金秉彝撰 清光緒九年(1883)刻本 一册

340000－1802－0006704 403.7/8030
鮚埼亭集三十八卷首二卷 (清)全祖望撰 (清)史夢蛟校刊 清嘉慶九年(1804)刻本 十册

340000－1802－0006705 403.7/8043
曲園擬墨一卷 (清)俞樾撰 清光緒十八年(1892)浙江書局刻本 一册

340000－1802－0006706 403.7/8043:1
曲園課孫草正續一卷 (清)俞樾撰 清光緒十三年(1887)上海鴻文書局石印本 一册

340000－1802－0006707 403.7/8043:2
曲園課孫草一卷續刻一卷附刻一卷 (清)俞樾撰 清光緒八年(1882)金陵刻本 一册

340000－1802－0006708 403.7/8043:3
曲園課孫草一卷續刻一卷附刻一卷 (清)俞樾撰 清光緒二十二年(1896)刻本 二册

340000－1802－0006709 403.7/8043:4
春在堂詩編六卷 (清)俞樾撰 清同治七年(1868)刻本 二册

340000－1802－0006710 403.7/8047
道生堂小題二集六卷 (清)鍾聲撰 清同治十三年(1874)刻本 一册 存二卷(一至二)

340000－1802－0006711 403.7/8064:7
曾文正公詩集四卷 (清)曾國藩撰 (清)李瀚章編 (清)王定安增輯 清同治十三年(1874)刻本 一册

340000－1802－0006712 403.7/8064
求闕齋文鈔不分卷 (清)曾國藩撰 (清)方宗誠編 清同治十一年(1872)刻本 二册

340000－1802－0006713 403.7/8064:1
曾文正公文鈔四卷 (清)曾國藩撰 清光緒二十六年(1900)刻本 四册

340000－1802－0006714 403.7/8064:2
曾文正公文鈔四卷附刻一卷 (清)曾國藩撰 清同治十二年(1873)醉六堂刻本 二册

340000－1802－0006715 403.7/8064:3
曾文正公家書十卷家訓二卷 (清)曾國藩撰 清光緒五年(1879)傳忠書局刻本 十一册

340000－1802－0006716 403.7/8064:4
曾文正公家書十卷家訓二卷 (清)曾國藩撰 清光緒五年(1879)傳忠書局刻本 十一册

340000－1802－0006717 403.7/8064:5
曾文正公書札三十三卷 (清)曾國藩撰 (清)李瀚章編 清光緒二年至三年(1876－1877)傳忠書局刻本 十六册

340000－1802－0006718 403.7/8064:6
曾文正公書札三十三卷 (清)曾國藩撰 (清)李瀚章編 清光緒二年至三年(1876－1877)傳忠書局刻本 十九册

340000－1802－0006719 403.7/8074
可儀堂全稿不分卷 (清)俞長城撰 清光緒二十二年(1896)刻本 四册

340000－1802－0006720 403.7/8247
道生堂全稿初集不分卷二集不分卷三集不分卷 (清)鍾聲撰 清光緒十五年(1889)兩儀書局刻本 六册

340000－1802－0006721 403.7/8247:1
道生堂全稿初集不分卷二集不分卷三集不分卷 (清)鍾聲撰 清光緒十五年(1889)文湘書局刻本 六册

340000－1802－0006722 403.7/8247:2
道生堂全稿初集不分卷二集不分卷三集不分卷 (清)鍾聲撰 清同治八年(1869)刻本 二册

340000－1802－0006723 403.7/8308
錢牧齋文鈔不分卷 (清)錢謙益撰 清宣統元年(1909)國學扶輪社鉛印本 四册

340000－1802－0006724 403.7/8308:1
錢牧齋文鈔不分卷 (清)錢謙益撰 清宣統

元年(1909)國學扶輪社鉛印本　四冊

340000－1802－0006725　403.7/8324
錢文敏公全集三十卷　(清)錢維城著　(清)錢維屏　(清)錢維喬編　清乾隆四十一年(1776)刻本　六冊

340000－1802－0006726　403.7/8333
田間文集三十卷[錢澄之]年譜一卷　(清)錢澄之撰　清宣統二年(1910)錢氏振風學社活字印本　八冊　缺三卷(十四至十六)

340000－1802－0006727　403.7/8333:1
藏山閣文存六卷詩存十四卷田間尺牘四卷　(清)錢澄之著　清光緒三十四年(1908)鉛印本　一冊　存十四卷(詩存十四卷)

340000－1802－0006728　403.7/8333:2
藏山閣文存六卷詩存十四卷田間尺牘四卷　(清)錢澄之著　清光緒三十四年(1908)鉛印本　二冊　存十四卷(藏山閣文存六卷、詩存七至十四)

340000－1802－0006729　403.7/8333:3
藏山閣文存六卷詩存十四卷田間尺牘四卷　(清)錢澄之著　清光緒三十四年(1908)鉛印本　四冊

340000－1802－0006730　403.7/8354
甘泉鄉人稿二十四卷　(清)錢泰吉撰　清同治十一年(1872)刻本　五冊

340000－1802－0006731　403.7/8354:1
甘泉鄉人稿二十四卷　(清)錢泰吉撰　清同治十一年(1872)刻本　五冊

340000－1802－0006732　403.7/8702
日知堂集四卷首一卷　(清)鄭端撰　清同治十三年(1874)刻本　二冊

340000－1802－0006733　403.7/8702:1
日知堂集四卷首一卷　(清)鄭端撰　清同治十三年(1874)刻本　二冊

340000－1802－0006734　403.7/8702:2
日知堂集四卷首一卷　(清)鄭端撰　清同治十三年(1874)刻本　二冊

340000－1802－0006735　403.7/8718
巢經巢詩鈔九卷　(清)鄭珍撰　清咸豐四年(1854)刻本　二冊

340000－1802－0006736　403.7/8718:1
巢經巢詩鈔九卷　(清)鄭珍撰　清光緒二十三年(1897)刻本　一冊

340000－1802－0006737　403.7/8720
缾水齋詩集十七卷別集二卷詩話一卷　(清)舒位撰　清光緒十二年(1886)刻本　六冊

340000－1802－0006738　403.7/8720:1
缾水齋詩集十七卷別集二卷詩話一卷　(清)舒位撰　清光緒十二年(1886)刻本　七冊

340000－1802－0006739　403.7/8722
魯山集六卷梁園集五卷　(清)鄭鑾撰　清道光二十六年(1846)刻本　二冊

340000－1802－0006740　403.7/8724
固菴自定草四卷人天清籟集一卷養初子筆記一卷　(清)舒紹基著　清宣統元年(1909)金陵曼陀羅花室鉛印本　二冊

340000－1802－0006741　403.7/8724:1
固菴自定草四卷人天清籟集一卷養初子筆記一卷　(清)舒紹基著　清宣統元年(1909)金陵曼陀羅花室鉛印本　一冊　缺二卷(固菴自定草一至二)

340000－1802－0006742　403.7/8741
海藏樓詩□□卷　鄭孝胥撰　清光緒三十二年(1906)鉛印本　一冊　存一卷(一)

340000－1802－0006743　403.7/8767
晚學齋詩初集二卷二集十二卷續集一卷文集二卷　(清)鄭由熙著　清光緒二十二年(1896)刻本　一冊　存一卷(初集一)

340000－1802－0006744　403.7/8767:1
晚學齋詩初集二卷二集十二卷續集一卷文集二卷　(清)鄭由熙著　清光緒二十四年(1898)刻本　七冊

340000－1802－0006745　403.7/8799
板橋詩鈔三卷詞鈔一卷小唱一卷家書一卷題

畫一卷　(清)鄭燮著　清乾隆司徒文膏刻本　二冊

340000－1802－0006746　403.7/8799:1
板橋集六編　(清)鄭燮著　清末鑄記書局石印本　三冊　存三編(詩鈔一至二、家書一編)

340000－1802－0006747　403.7/8799:2
板橋集六卷　(清)鄭燮著　清清暉書屋刻本　四冊

340000－1802－0006748　403.7/8799:3
板橋集六卷　(清)鄭燮著　清清暉書屋刻本　四冊

340000－1802－0006749　403.7/8848
韞山堂時文初集一卷二集二卷三集一卷　(清)管世銘著　清光緒六年(1880)湖南書局刻本　四冊

340000－1802－0006750　403.7/8848:1
韞山堂時文初集一卷二集二卷三集一卷　(清)管世銘著　清光緒六年(1880)湖南書局刻本　四冊

340000－1802－0006751　403.7/8848:2
韞山堂時文初集一卷二集二卷三集一卷　(清)管世銘著　清光緒六年(1880)湖南書局刻本　四冊

340000－1802－0006752　403.7/8848:3
韞山堂時文初集一卷二集二卷三集一卷　(清)管世銘著　清光緒六年(1880)湖南書局刻本　四冊

340000－1802－0006753　403.7/9010
閑齋詩集後編□□卷　(清)光聰誠撰　清末刻本　一冊　存四卷(一至四)

340000－1802－0006754　403.7/9600
偶抄不分卷　(清)小眠齋座主編　清抄本　一冊

340000－1802－0006755　403.7/9748
大雲山房文稾初集四卷二集四卷　(清)惲敬著　清光緒十四年(1888)官書處刻本　八冊

340000－1802－0006756　403.7/9748:1
大雲山房文稾初集四卷二集四卷　(清)惲敬著　清光緒十四年(1888)官書處刻本　八冊

340000－1802－0006757　403.7/9748:2
大雲山房文稾初集四卷二集四卷　(清)惲敬撰　清光緒十四年(1888)官書處刻本　七冊　缺一卷(初集一)

340000－1802－0006758　403.7/9748:3
大雲山房文稾初集四卷二集四卷　(清)惲敬著　清光緒十四年(1888)官書處刻本　八冊

340000－1802－0006759　403.7/9748:4
大雲山房文稾初集四卷二集四卷　(清)惲敬著　清光緒十四年(1888)官書處刻本　八冊

340000－1802－0006760　403.7/9748:5
大雲山房文稿初集四卷二集四卷言事二卷　(清)惲敬著　清嘉慶二十年(1815)刻同治二年(1863)補刻本　十冊

340000－1802－0006761　403.8/4234
慎宜軒詩八卷　姚永概著　清宣統二年(1910)安徽官紙印刷局鉛印本　一冊

340000－1802－0006762　403.8/4234:1
慎宜軒詩八卷　姚永概著　清宣統二年(1910)安徽官紙印刷局鉛印本　一冊

340000－1802－0006763　404/4021
新刻重校增補圓機活法詩學全書二十四卷新刊校正增補圓機韻學活法全書十四卷　(明)李衡編　(明)王世貞增補　清刻本　二冊　存四卷(三至四、十九至二十)

340000－1802－0006764　404.1/0054
昭昧詹言十卷續八卷續錄二卷　(清)方東樹撰　清光緒十七年(1891)刻本　六冊

340000－1802－0006765　404.1/0054:1
昭昧詹言十卷續八卷續錄二卷　(清)方東樹撰　清光緒十七年(1891)刻本　六冊

340000－1802－0006766　404.1/0054:2
昭昧詹言十卷續八卷續錄二卷坿錄一卷坿考一卷　(清)方東樹撰　清宣統元年(1909)安

徽官紙印刷局鉛印本　一册　存四卷(續錄二卷、坿錄一卷、坿考一卷)

340000－1802－0006767　404.1/0054:3
昭昧詹言十卷續八卷續錄二卷　(清)方東樹撰　清光緒十七年(1891)刻本　六册

340000－1802－0006768　404.1/0054:4
昭昧詹言十卷續八卷續錄二卷　(清)方東樹撰　清光緒十七年(1891)刻本　六册

340000－1802－0006769　404.1/1248
四六叢話三十三卷選詩叢話一卷　(清)孫梅編　清光緒七年(1881)吳下刻本　十二册

340000－1802－0006770　404.1/2599
朱飲山千金譜二十九卷三韻易知十卷　(清)朱夔著　(清)楊廷茲編　清乾隆三十七年(1772)刻本　十五册

340000－1802－0006771　404.1/4054
重刊李扶九原選古文筆法百篇二十卷首一卷　(清)李扶九編　(清)黄仁黼批　清光緒八年(1882)滇南書局刻本　四册

340000－1802－0006772　404.1/4431
錦字箋四卷　(清)黄澐纂　清康熙二十八年(1689)聚錦堂刻本　一册　存二卷(一至二)

340000－1802－0006773　404.1/8296
詩歸五十一卷　(明)鍾惺　(明)譚元春編　明崇禎十四年(1641)刻本　四册　存十一卷(古詩歸一至十一)

340000－1802－0006774　404.1/8296:1
詩歸五十一卷　(明)鍾惺　(明)譚元春編　明刻本　十三册　缺九卷(唐詩歸二十一至二十三、三十一至三十六)

340000－1802－0006775　404.1/8608
文料珠璣十二卷　(清)知味齋主人編　清光緒十七年(1891)刻本　二册

340000－1802－0006776　404.1/8709
文學典林六卷　(清)鄭文煥編　清嘉慶十年(1805)集古堂刻本　二册

340000－1802－0006777　404.3/1043
五代詩話八卷　(清)王士禛編　清末上海朝記書莊石印本　四册

340000－1802－0006778　404.3/1043:1
帶經堂詩話三十卷首一卷　(清)王士禛撰　清末埽葉山房石印本　十册

340000－1802－0006779　404.3/1043:2
帶經堂詩話三十卷首一卷　(清)王士禛撰　清末埽葉山房石印本　十册

340000－1802－0006780　404.3/1043:3
帶經堂詩話三十卷首一卷　(清)王士禛撰　清同治十二年(1873)廣州藏脩堂刻本　十二册

340000－1802－0006781　404.3/1197
小滄浪詩話四卷　(清)張燮承纂　清咸豐九年(1859)刻本　二册

340000－1802－0006782　404.3/1197:1
小滄浪詩話四卷　(清)張燮承纂　清咸豐九年(1859)刻本　一册　存二卷(一至二)

340000－1802－0006783　404.3/2801
彙纂詩法度鍼八集三十三卷首一卷　(清)徐文弼編　清乾隆二十三年至二十四年(1758－1759)刻本　八册

340000－1802－0006784　404.3/2801:1
彙纂詩法度鍼八集三十三卷首一卷　(清)徐文弼編　清乾隆二十三年至二十四年(1758－1759)刻本　八册

340000－1802－0006785　404.3/3404
北江詩話六卷　(清)洪亮吉撰　清宣統元年(1909)掃葉山房石印本　二册

340000－1802－0006786　404.3/3484
蘇詩查注補正四卷　(清)沈欽韓撰　清光緒二十年(1894)刻廣雅書局叢書本　二册

340000－1802－0006787　404.3/3484:1
蘇詩查注補正四卷　(清)沈欽韓撰　清光緒十四年(1888)刻本　四册

340000－1802－0006788　404.3/4013
虞伯生選杜律七言註三卷　(清)查弘道

（清）金集補　清初刻本　二冊

340000－1802－0006789　404.3/4041
分類詩腋八卷　（清）李楨編　清嘉慶二十二年（1817）聚賢堂刻本　四冊

340000－1802－0006790　404.3/4047
榕城詩話三卷　（清）杭世駿撰　清刻本　一冊

340000－1802－0006791　404.3/4048
隨園詩話十六卷補遺四卷　（清）袁枚著　清宣統元年（1909）上海鑄記書局石印本　四冊

340000－1802－0006792　404.3/4048:1
隨園詩話十三卷補遺十卷　（清）袁枚撰　清刻本　七冊

340000－1802－0006793　404.3/4048:2
隨園詩話十六卷補遺十卷　（清）袁枚著　清同治十年（1871）刻本　五冊　缺六卷（補遺五至十）

340000－1802－0006794　404.3/4917
甌北詩話不分卷　（清）趙翼撰　清掃葉山房石印本　一冊

340000－1802－0006795　404.3/4917:1
甌北詩話十卷續二卷　（清）趙翼撰　清嘉慶七年（1802）湛貽堂刻甌北全集本　一冊　存六卷（一至六）

340000－1802－0006796　404.3/6617
滄浪詩話註五卷　（宋）嚴羽撰　（清）胡鑑注　清光緒石印本　一冊　存二卷（四至五）

340000－1802－0006797　404.3/7204
詩學含英四卷　（清）劉文蔚編　清末廣益書局石印本　一冊

340000－1802－0006798　404.3/7530
詩比興箋四卷　（清）陳沆撰　清光緒九年（1883）刻本　二冊

340000－1802－0006799　404.3/7530:1
詩比興箋四卷　（清）陳沆撰　清光緒九年（1883）刻本　二冊

340000－1802－0006800　404.3/7530:2
詩比興箋四卷　（清）陳沆撰　清光緒九年（1883）刻本　一冊　存二卷（一至二）

340000－1802－0006801　404.3/7545
壽松堂詩話四卷　（清）陳來泰撰　清咸豐刻本　一冊

340000－1802－0006802　404.4/1086
分韻詩賦題解統編一百六卷　（清）王曾景編　清光緒石印本　二冊　存三十一卷（二十一至五十一）

340000－1802－0006803　404.4/1157
平仄彙考五卷　（清）張拱辰輯　清道光六年（1826）刻本　一冊　存二卷（一至二）

340000－1802－0006804　404.4/2680
有正味齋試帖詩註八卷　（清）吳錫麒著　（清）吳清學　（清）吳清漣等注　清道光八年（1828）同文堂刻本　二冊

340000－1802－0006805　404.4/2680:1
有正味齋試帖詩註八卷　（清）吳錫麒著　（清）吳清學　（清）吳清漣等注　清道光八年（1828）同文堂刻本　二冊　存四卷（一至四）

340000－1802－0006806　404.4/2711
詩句題解韻編五集□□卷　（清）倪承瓚纂　清光緒八年（1882）申報館活字印本　三冊　存三卷（一、四、六）

340000－1802－0006807　404.4/3844
詩法入門三卷首一卷　（清）游藝編　清乾隆二十四年（1759）寶仁堂刻本　一冊

340000－1802－0006808　404.4/3844:1
詩法入門四卷　（清）游藝編　清末石印本　一冊　存二卷（三至四）

340000－1802－0006809　404.4/4635
青雲集分韻試帖詳註四卷　（清）楊逢春　（清）蕭應櫆輯　（清）沈品華注　清光緒六年（1880）刻本　二冊

340000－1802－0006810　404.4/4635:1
青雲集分韻試帖詳註四卷　（清）楊逢春

(清)蕭應櫆輯　(清)沈品華注　清光緒刻本　一册　存二卷(三至四)

340000－1802－0006811　404.4/4942
趙氏聲調譜三卷談龍錄一卷　(清)趙執信撰　清光緒四年(1878)刻本　一册

340000－1802－0006812　404.4/7584
增補詩句題解韻編□□卷　(清)陳劍芝　(清)葉湘秋　(清)顧芷卿編　(清)朱春舫增輯　清刻本　一册　存一卷(十七)

340000－1802－0006813　404.5/0442
謝疊山先生文章軌範七卷　(宋)謝枋得撰　清光緒元年(1875)湖北崇文書局刻三色套印本　二册

340000－1802－0006814　404.5/1243
文選考異四卷　(清)孫志祖編　清嘉慶四年(1799)桐川顧氏刻讀畫齋叢書本　一册　存二卷(三至四)

340000－1802－0006815　404.5/3708
制義叢話二十四卷題名一卷　(清)梁章鉅撰　清咸豐九年(1859)知足知不足齋刻本　八册

340000－1802－0006816　404.5/3708:1
制義叢話二十四卷題名一卷　(清)梁章鉅撰　清咸豐九年(1859)知足知不足齋刻本　八册

340000－1802－0006817　404.5/3708:2
制義叢話二十四卷題名一卷　(清)梁章鉅撰　清咸豐九年(1859)知足知不足齋刻本　八册

340000－1802－0006818　404.5/3708:3
制義叢話二十四卷題名一卷　(清)梁章鉅撰　清咸豐九年(1859)知足知不足齋刻本　八册

340000－1802－0006819　404.5/3808
分類緘腋四卷　(清)涂謙著　清道光二十九年(1849)經綸堂刻本　四册

340000－1802－0006820　404.5/4430
新刻時用繪意雲箋四卷　(清)蔣守誠編　清康熙二十八年(1689)張自文刻本　一册　存二卷(一至二)

340000－1802－0006821　404.5/4910
孟子文評不分卷　(清)趙承謨撰　清末上海交通圖書館石印本　四册

340000－1802－0006822　404.5/4910:1
孟子文評不分卷　(清)趙承謨撰　清末上海交通圖書館石印本　四册

340000－1802－0006823　404.5/4921
編集王用儀時文序不分卷　(□)趙衡等撰　清刻本　四册

340000－1802－0006824　404.5/6030
東萊先生古文關鍵二卷　(宋)吕祖謙評　(宋)蔡文子注　(清)徐樹屏考異　清光緒二十四年(1898)江蘇書局刻本　二册

340000－1802－0006825　404.5/7246
文心雕龍十卷　(南朝梁)劉勰撰　(清)黃叔琳注　(清)紀昀評　清道光十三年(1833)三味堂刻本　四册

340000－1802－0006826　404.5/7246:1
文心雕龍十卷　(南朝梁)劉勰撰　(清)黃叔琳輯注　清乾隆六年(1741)養素堂刻本　四册

340000－1802－0006827　404.5/7246:2
文心雕龍十卷　(南朝梁)劉勰撰　(清)黃叔琳輯注　清乾隆六年(1741)養素堂刻本　一册

340000－1802－0006828　404.5/7246:3
文心雕龍十卷　(南朝梁)劉勰撰　(清)黃叔琳注　(清)紀昀評　清道光十三年(1833)兩廣節署刻朱墨套印本　二册

340000－1802－0006829　404.5/7246:4
文心雕龍十卷　(南朝梁)劉勰撰　(清)黃叔琳注　(清)紀昀評　清道光十三年(1833)兩廣節署朱墨套印本　四册

340000－1802－0006830　404.5/7246:5

文心雕龍十卷 (南朝梁)劉勰撰 (清)黃叔琳輯注 清乾隆六年(1741)養素堂刻本 一冊 存四卷(一至四)

340000－1802－0006831 404.5/8724
求是齋律賦說二卷 (清)鄭先樸著 清光緒十一年(1885)刻本 一冊

340000－1802－0006832 405.1/1036
國朝詞綜四十八卷明詞綜十二卷 (清)王昶纂 清同治四年(1865)刻本 九冊

340000－1802－0006833 405.1/1150
詞選二卷 (清)張惠言編 **茗柯詞一卷** (清)張惠言撰 **立山詞一卷** (清)張琦撰 **續詞選二卷附錄一卷** (清)董毅錄 清末官書處刻本 二冊

340000－1802－0006834 405.1/2528
詞綜三十八卷 (清)朱彝尊編 **明詞綜十二卷國朝詞綜四十八卷二集八卷** (清)王昶編 清嘉慶蘇州綠蔭堂刻本 二十二冊

340000－1802－0006835 405.1/2528:1
詞綜一百六卷 (清)朱彝尊 (清)王昶編 清光緒二十八年(1902)刻本 二十四冊

340000－1802－0006836 405.1/2816
閨秀詞鈔十六卷 徐乃昌編 清宣統元年(1909)刻本 四冊

340000－1802－0006837 405.1/2816:1
小檀欒室彙刻閨秀詞十集一百十二卷 徐乃昌編 清光緒二十一年至二十二年(1895－1896)南陵徐氏刻本 十二冊 存七十卷(一至七十)

340000－1802－0006838 405.1/4443
微雲榭詞選五卷 樊增祥編 清光緒三十四年(1908)望江誦清閣鉛印本 一冊 存二卷(一至二)

340000－1802－0006839 405.144/7730
絕妙好詞箋七卷續鈔二卷 (宋)周密輯 (清)查為仁 (清)厲鶚注 清末掃葉山房石印本 四冊

340000－1802－0006840 405.17/5010
裁雲閣詞鈔六卷曲一卷 (清)秦雲撰 清同治七年(1868)刻本 一冊

340000－1802－0006841 405.23/2604
夢窗甲乙丙丁稿四卷補遺一卷札記一卷 (宋)吳文英撰 清光緒三十年(1904)四印齋刻本 二冊

340000－1802－0006842 405.23/6015
珠玉詞鈔一卷補鈔一卷 (宋)晏殊著 清光緒十一年(1885)刻本 一冊

340000－1802－0006843 405.27/3124
彈指詞三卷補遺一卷附刊一卷 (清)顧貞觀著 清光緒四年(1878)枕經葄史齋刻本 二冊

340000－1802－0006844 405.27/3132
藕絲詞四卷 (清)汪淵撰 清光緒七年(1881)新安茹古堂刻本 一冊

340000－1802－0006845 405.27/3132:1
藕絲詞四卷 (清)汪淵撰 清光緒七年(1881)新安茹古堂刻本 一冊

340000－1802－0006846 405.27/3132:2
藕絲詞四卷 (清)汪淵撰 清光緒七年(1881)新安茹古堂刻本 一冊

340000－1802－0006847 405.27/3132:3
麝塵蓮寸集四卷末一卷 (清)汪淵撰 (清)程淑注 清光緒十六年(1890)染翰齋刻本 二冊

340000－1802－0006848 405.27/3132:4
麝塵蓮寸集四卷末一卷 (清)汪淵撰 (清)程淑注 清光緒十六年(1890)染翰齋刻本 二冊

340000－1802－0006849 405.27/3132:5
麝塵蓮寸集四卷末一卷 (清)汪淵撰 (清)程淑注 清光緒十六年(1890)染翰齋刻本 二冊

340000－1802－0006850 405.27/3148
悔翁詩餘五卷 (清)汪士鐸撰 清光緒九年

(1883)張士珩刻本　一冊

340000－1802－0006851　405.27/4073
零錦集詞槁二卷　(清)袁學瀾撰　清末蘇州文學山房刻本　二冊

340000－1802－0006852　405.27/4712
長安宮詞一卷　(清)胡延撰　清光緒二十八年(1902)刻本　一冊

340000－1802－0006853　405.27/5524
珂雪詞二卷補遺一卷　(清)曹貞吉著　清光緒二十七年(1901)刻吳氏石蓮庵刻山左人詞叢書本　二冊

340000－1802－0006854　405.27/6672
餐花吟館詞鈔四卷　(清)嚴駿生撰　清嘉慶江寧顧晴崖刻本　二冊

340000－1802－0006855　405.3/1190
詞源二卷　(宋)張炎著　清光緒八年(1882)娛園刻本　一冊

340000－1802－0006856　405.3/4031
曝書亭集詞注七卷　(清)李富孫纂　清嘉慶十九年(1814)刻本　二冊

340000－1802－0006857　405.3/4031:1
曝書亭集詞注七卷　(清)李富孫纂　清嘉慶十九年(1814)刻本　四冊

340000－1802－0006858　405.3/4031:2
曝書亭集詞注七卷　(清)李富孫纂　清嘉慶十九年(1814)刻本　八冊

340000－1802－0006859　405.4/1003
詞譜四十卷　(清)王奕清等撰　清康熙五十四年(1715)刻本　二十冊

340000－1802－0006860　406.2/1035
雲林別墅繪像妥註第六才子書六卷首一卷　(元)王實甫撰　(清)鄒聖脈注　清乾隆五十三年(1788)刻本　三冊　缺一卷(二)

340000－1802－0006861　406.2/1035:1
雲林別墅繪像妥註第六才子書六卷首一卷　(元)王實甫撰　(清)鄒聖脈注　清乾隆五十三年(1788)刻本　一冊　存二卷(一、首一卷)

340000－1802－0006862　406.2/1035:2
雲林別墅繪像妥註第六才子書六卷首一卷　(元)王實甫撰　(清)鄒聖脈注　清刻本　一冊　存一卷(一)

340000－1802－0006863　406.2/1035:3
雲林別墅繪像妥註第六才子書六卷首一卷　(元)王實甫撰　(清)鄒聖脈注　清乾隆五十三年(1788)刻本　一冊　存二卷(一、首一卷)

340000－1802－0006864　406.2/1035:4
此宜閣增訂金批西廂四卷首一卷末一卷　(元)王實甫撰　(清)金聖嘆批　清刻本　三冊　存三卷(一至二、首一卷)

340000－1802－0006865　406.2/1035:5
雲林別墅繪像妥註第六才子書六卷首一卷　(元)王實甫撰　(清)金聖嘆批　(清)鄒聖脈注　清刻本　一冊　存一卷(一)

340000－1802－0006866　406.2/4443
重刊芝龕記樂府六卷首一卷　(清)董榕撰　清光緒十五年(1889)刻本　六冊

340000－1802－0006867　406.2/5010
新刻秦雪梅三元記全部六卷　(□)□□撰　清活字印本　一冊

340000－1802－0006868　406.2/8634
異方便淨土傳燈歸元鏡三祖實錄二卷　(清)釋智達撰　(清)德日閱錄　清初刻本　二冊

340000－1802－0006869　406.3/1028
桃花扇四卷　(清)孔尚任撰　清刻本　三冊　存三卷(二至四)

340000－1802－0006870　406.3/1090
擬進呈楊忠湣蚺蛇膽表忠記二卷　(清)丁耀亢撰　清同治十一年(1872)刻本　二冊

340000－1802－0006871　406.3/1292
桃花扇傳奇四卷首一卷　(清)孔尚任編　清光緒二十一年至三十三年(1895－1907)蘭雪堂刻本　四冊　缺一卷(四)

340000－1802－0006872　406.3/3663
牡丹亭還魂記二卷　(明)湯顯祖編　清末木石居影印本　四冊

340000－1802－0006873　406.3/3663:1
按對大元九宮詞譜格正全本還魂記詞調二卷　(明)湯顯祖撰　清末刻本　二冊

340000－1802－0006874　406.3/3663:2
湯義仍先生紫釵記二卷　(明)湯顯祖編　明張弘毅著壇刻玉茗堂四種傳奇叢書本　二冊

340000－1802－0006875　406.3/4037
風箏誤傳奇二卷　(清)李漁撰　清康熙世德堂刻笠翁傳奇十種本　一冊

340000－1802－0006876　406.3/4037:1
玉搔頭傳奇二卷　(清)李漁編　清康熙世德堂刻笠翁傳奇十種本　二冊

340000－1802－0006877　406.3/4448
蔣鉛山九種曲十三卷　(清)蔣士銓填詞　清咸豐刻本　八冊

340000－1802－0006878　406.4/4442
目連救母幽冥寶傳一卷　(□)地藏古佛撰　清光緒十八年(1892)刻本　一冊

340000－1802－0006879　406.52/2444
新選告曹全傳□□卷　(清)□□撰　清末刻本　一冊　存一卷(上)

340000－1802－0006880　406.6/1040
新刻百大人私訪全本三卷吳大人私訪漢口道情全本二卷　(□)□□撰　清光緒刻本　一冊

340000－1802－0006881　406.6/1120
新刻張舜卿翠花記四卷說唱破肚記全本一卷張元海羅裙記全本一卷　(□)□□著　清末刻本　一冊

340000－1802－0006882　406.61/4694
廿一史彈詞註十一卷　(明)楊慎編著　(清)張三異增定　(清)張仲璜注　清乾隆五十一年(1786)刻本　八冊

340000－1802－0006883　406.61/4694:1
廿一史彈詞註十一卷　(明)楊慎編著　(清)張三異增定　(清)張仲璜注　清雍正五年(1727)樹玉堂刻本　七冊　存八卷(四至十一上)

340000－1802－0006884　406.61/7729
天雨花三十回　(清)陶貞懷撰　清光緒十七年(1891)刻本　十三冊　存十五回(一至二、四至九、十二、十五至十七、二十一至二十二、二十四)

340000－1802－0006885　406.61/7729:1
天雨花三十回　(清)陶貞懷撰　清光緒十七年(1891)刻本　二冊　存三回(二至三、十五)

340000－1802－0006886　407.2/0000
兒女英雄傳評話四十回　(清)文康撰　(清)還讀我書室主人評　清刻本　三冊

340000－1802－0006887　407.2/0000:1
兒女英雄傳四十回　(清)文康撰　清末鉛印本　一冊　存二回(三十四至三十五)

340000－1802－0006888　407.2/0568
新鐫全像通俗演義隨煬帝艷史四十回　(明)齊東野人撰　清刻本　八冊　缺五回(一至五)

340000－1802－0006889　407.2/0821
新刻鍾伯敬先生批評封神演義二十卷一百回　(明)許仲琳撰　(明)鍾惺批評　清刻本　一冊　存十回(三十一至四十)

340000－1802－0006890　407.2/0821:1
新刻鍾伯敬先生批評全像封神志傳□□卷　(明)許仲琳撰　清刻本　一冊　存一卷(八)

340000－1802－0006891　407.2/1124
新鐫玉茗堂批點按鑑參補北宋楊家將傳十卷五十回　(明)斫石山樵訂正　清刻本　一冊　存二十五回(二十六至五十)

340000－1802－0006892　407.2/1408
雙鳳奇緣傳二十卷八十回　(清)雪樵主人撰　清道光刻本　二冊　存三十二回(一至三

十二)

340000－1802－0006893　407.2/2781
紅樓夢補四十八回　(清)歸鋤子撰　清道光十三年(1833)刻本　十一冊　存三十三回(一至十二、十九至三十、三十四至三十六、四十至四十二、四十六至四十八)

340000－1802－0006894　407.2/2836
繡像京本雲合奇蹤玉茗英烈全傳十卷八十回　(明)徐渭編　清刻本　一冊　存十六回(一至十六)

340000－1802－0006895　407.2/3140
東周列國志二十三卷一百八回　(明)馮夢龍著　(清)蔡奡評點　清刻本　一冊　存五回(十六至二十)

340000－1802－0006896　407.2/3140:1
東周列國全志二十三卷一百八回　(明)馮夢龍著　(清)蔡奡評點　清刻本　五冊　存四十六回(六十三至一百八)

340000－1802－0006897　407.2/3140:2
東周列國全志二十三卷一百八回　(明)馮夢龍著　(清)蔡奡評點　清末石印本　五冊　存四十二回(九至五十)

340000－1802－0006898　407.2/3478
繡像中東大戰演義四卷三十三回　(清)洪興全撰　清光緒石印本　二冊　存二十二回(十至十九、二十二至三十三)

340000－1802－0006899　407.2/4054
新鐫全像武穆精忠傳八卷　(清)李春芳撰　清刻本　一冊　存二卷(五至六)

340000－1802－0006900　407.2/4474
說唐前傳十卷六十八回　(清)如蓮居士編　清乾隆刻本　一冊　存十四回(一至十四)

340000－1802－0006901　407.2/4474:1
說唐薛家府傳六卷四十二回　(清)如蓮居士編　清刻本　一冊　存二卷(五至六)

340000－1802－0006902　407.2/5510
增評補圖大觀瑣錄一百二十卷首一卷　(清)曹霑撰　清末鉛印本　一冊　存一卷(首一卷)

340000－1802－0006903　407.2/5514
增評補圖石頭記一百二十卷首一卷　(清)曹雪芹撰　(清)東洞庭護花主人評　(清)蛟川大某山民加評　清光緒二十六年(1900)石印本　十一冊　缺二十四卷(二十五至四十、八十一至八十八)

340000－1802－0006904　407.2/5514:1
紅樓夢一百二十回　(清)曹雪芹撰　(清)高鶚續撰　清三讓堂刻本(一至五、三十一、一百九至一百二十為補配)　十三冊　存八十回(一至五、七至二十一、三十一至三十七、四十一至四十八、五十四至五十八、七十一至九十一、九十八至一百四、一百九至一百二十)

340000－1802－0006905　407.2/6075
第一才子書十六卷一百二十回　(明)羅貫中撰　(清)毛宗崗評　清末鉛印本　十五冊

340000－1802－0006906　407.2/6075:1
四大奇書第一種五十一卷一百二十回　(明)羅貫中撰　(清)毛宗崗評　清光緒三十三年(1907)澹雅書局刻本　十六冊

340000－1802－0006907　407.2/6075:2
第一才子書六十卷一百二十回　(明)羅貫中撰　(清)毛宗崗評　清光緒三十二年(1906)益元堂書局刻本　十二冊

340000－1802－0006908　407.2/6075:3
四大奇書第一種二十三卷一百二十回　(明)羅貫中撰　(清)毛宗崗評　(清)金聖歎批點　清順治元年(1644)刻本　一冊　存六回(一至六)

340000－1802－0006909　407.2/6075:4
四大奇書第一種五十一卷一百二十回　(明)羅貫中撰　(清)毛宗崗評　清順治元年(1644)刻本　九冊　缺十五回(一百六至一百二十)

340000－1802－0006910　407.2/6075:5
四大奇書第一種□□卷□□回　(明)羅貫中

撰　(清)毛宗崗評　(清)金聖歎批點　清刻本　三冊　存二十回(三十三至四十七、六十三至六十七)

340000－1802－0006911　407.2/6075:6
四刻按鑑演義全像三國英雄志傳□□卷　(明)羅貫中撰　明萬曆美玉堂刻本　一冊　存四卷(十三至十六)

340000－1802－0006912　407.2/7216
西遊原旨二十卷一百回　(清)劉一明注　清合川會善堂刻本　八冊　存四十一回(三十四至五十、六十一至六十五、七十一至八十六、九十八至一百)

340000－1802－0006913　407.2/7253
新刻古本劉成美忠節全傳二十五卷　(□)□□撰　清刻本　一冊　存三卷(二十三至二十五)

340000－1802－0006914　407.2/7540
都市新談八卷六十回　(清)陳森撰　清光緒三十一年(1905)上海書局石印本　七冊　缺一卷(三)

340000－1802－0006915　407.2/7540:1
品花寶鑑六十回　(清)陳森撰　清道光刻本　十二冊

340000－1802－0006916　407.2/7770
新鍥重訂出像註釋通俗演義東西晉志傳十二卷　(明)陳氏尺蠖齋評釋　清味經堂刻本　十二冊

340000－1802－0006917　407.2/8061
邱真人西遊記一百回　(清)含晶子評注　清光緒十八年(1892)刻本　二十冊

340000－1802－0006918　407.2/8604
經國美談前後編四十五回　(日本)矢野文雄纂　雨塵子譯　清光緒二十八年(1902)上海商務印書館鉛印本　一冊

340000－1802－0006919　407.2/9498
新刻增刪二度梅奇說六卷　(清)惜蔭堂主人編　清刻本　一冊　存三卷(四至六)

340000－1802－0006920　407.2/9890
新刻粉粧樓傳記□□卷　(清)□□撰　清刻本　一冊　存十七卷(十五至三十一)

340000－1802－0006921　407.3/2287
耳食錄二十卷　(清)樂鈞著　清道光四年(1824)刻本　一冊　存二卷(一至二)

340000－1802－0006922　407.3/2860
柳崖外編八卷　(清)徐昆撰　清乾隆五十七年(1792)刻本　一冊　存二卷(一至二)

340000－1802－0006923　407.3/3036
龍圖公案八卷　(明)安遇時著　明末清初刻本　四冊

340000－1802－0006924　407.3/3036:1
龍圖公案十卷　(明)安遇時撰　清刻本　一冊　存三卷(六至八)

340000－1802－0006925　407.3/3140
情天寶鑑二十四卷　(明)馮夢龍編　清末石印本　三冊　存十二卷(九至十三、十八至二十四)

340000－1802－0006926　407.3/3140:1
情天寶鑑二十四卷　(明)馮夢龍編　清末石印本　四冊　存十二卷(七至十八)

340000－1802－0006927　407.3/4442
聊齋志異新評十六卷　(清)蒲松齡著　(清)王士正　(清)但明倫評　清道光二十二年(1842)刻朱墨套印本　四冊　存四卷(一、三、九、十六)

340000－1802－0006928　407.3/4442:1
聊齋志異新評十六卷　(清)蒲松齡著　(清)王士正　(清)但明倫評　清道光二十二年(1842)刻朱墨套印本　二冊　存二卷(三、十一)

340000－1802－0006929　407.3/4442:2
聊齋志異新評十六卷　(清)蒲松齡著　(清)王士正　(清)但明倫評　(清)呂湛恩注　清末鉛印本　二冊　存二卷(十五至十六)

340000－1802－0006930　407.3/4442:3

聊齋志異□□卷 (清)蒲松齡著 (清)王士正評 清刻本 一册 存一卷(十五)

340000－1802－0006931 407.3/4442:4

詳註聊齋志異圖詠十六卷 (清)蒲松齡著 (清)吕湛恩注 清末石印本 七册 存十四卷(三至十六)

340000－1802－0006932 407.3/5848

古今奇觀四十卷 (明)抱甕老人編 清刻本 一册 存三卷(二十八至三十)

340000－1802－0006933 501/0031

稗海七十種四百四十七卷 (明)商濬編 (清)李孝源重訂 清乾隆據振鷺堂版修補刻本 八十一册 缺十卷(博物志十卷)

340000－1802－0006934 501/0034

玲瓏山館叢書六十六種 (清)文選樓編 清光緒十五年(1889)文選樓刻本 三十二册 缺十卷(廣雅十卷)

340000－1802－0006935 501/1004

增訂漢魏叢書九十種三百九十三卷 (清)王謨編 清光緒六年(1880)三餘堂刻本 五十六册 缺三十三種一百十九卷(焦氏易林一,易傳三卷,詩傳孔氏傳一卷,詩説一卷,韓詩外傳十卷,春秋繁露一至六,釋名四卷,竹書紀年二卷,穆天子傳六卷,十六國春秋五至十六,元經薛氏傳一至六,新語二卷,新書十卷,説苑一至三、十三至十六,淮南鴻烈解十八至二十一,新論十卷,顏氏家訓上,傅子一卷,道德經評注二卷,古今注三卷,詩品三卷,書品一卷,尤射一卷,述異記二卷,續齊諧記一卷,搜神記八卷,搜神後記二卷,還冤記一卷,神異經一卷,海内十洲記一卷,别國洞冥記四卷,枕中書一卷,佛國記一卷)

340000－1802－0006936 501/1004:1

增訂漢魏叢書九十六種四百七十四卷 (清)王謨編 清宣統三年(1911)上海大通書局石印本 八册 存五十四種二百四十三卷(説苑二十卷,淮南鴻烈解二十一卷,法言十卷,申鑒五卷,論衡三十卷,潛夫論十卷,中論二卷,中説二卷,風俗通義十卷,人物志三卷,新論十卷,顏氏家訓二卷,參同契一卷,陰符經一卷,風後握奇經一卷、續圖一卷、八陣總述一卷,素書一卷,心書一卷,孫子二卷,列子八卷,傅子一卷,道德經評注二卷,古今注三卷,中華古今注三卷,博物志十卷,文心雕龍十卷,詩品三卷,書品一卷,尤射一卷,拾遺記十卷,述異記二卷,續齊諧記一卷,搜神記八卷,搜神後記二卷,還冤記一卷,神異經一卷,海内十洲記一卷,别國洞冥記四卷,枕中書一卷,佛國記一卷,伽藍記五卷,三輔黄圖六卷,水經二卷,星經二卷,荊楚歲時記一卷,南方草木狀三卷,竹譜一卷,禽經一卷,古今刀劍錄一卷,鼎錄一卷,天祿閣外史八卷,輶軒絕代語一卷,鄴中記一卷,博異記一卷,世本一卷)

340000－1802－0006937 501/1004:2

增訂漢魏叢書八十六種四百五十三卷 (清)王謨編 清乾隆五十六年(1791)刻本 六十三册 缺二十九種一百十一卷(詩傳孔氏傳一卷,詩説一卷,韓詩外傳十卷,毛詩草木鳥獸蟲魚疏二卷,白虎通德論四卷,穆天子傳六卷,吴越春秋六卷,西京雜記六卷,漢武帝内傳一卷,飛燕外傳一卷,雜事祕辛一卷,華陽國志十四卷,高士傳三卷,蓮社高賢傳一卷,神僊傳十卷,新語二卷,淮南鴻烈解二十一卷,參同契一卷,陰符經一卷,風後握奇經一卷、續圖一卷、八陣總述一卷,古今注三卷,海内十洲記一卷,别國洞冥記四卷,枕中書一卷,佛國記一卷,南方草木狀三卷,竹譜一卷,禽經一卷,鼎錄一卷)

340000－1802－0006938 501/1004:3

增訂漢魏叢書八十六種四百五十三卷 (清)王謨編 清光緒二年(1876)紅杏山房刻民國四年(1915)蜀南馬湖盧樹柟修補印本 五十二册 存四十五種二百二十二卷(白虎通德論四卷、釋名四卷;越絕書十五卷、吴越春秋六卷、西京雜記六卷、漢武帝内傳一卷、飛燕外傳一卷、雜事祕辛一卷、華陽國志十四卷、十六國春秋十六卷、羣輔錄一卷、英雄記鈔一卷、神仙傳一至七;孔叢二卷、詰墨一卷,新語二卷,新書十卷,新序十卷,説苑二十卷,申鑒五卷,風俗通義十卷,人物志三卷,新論十卷,參同契一卷,陰符經一卷,風後握奇經一卷、續圖一卷、八陣總述一卷,素書一卷,心書一卷;古今注三卷、博物志十卷、詩品三卷、書品一卷、尤射一卷、拾遺記十卷、搜神記八卷、搜神後記二卷、還冤記一卷、神異經一卷、海內十洲記一卷、別國洞冥記四卷、枕中書一卷、佛國記一卷、三輔黄圖六卷、荊楚歲時記一卷、南方草木狀三卷、天祿閣外史八卷)

340000－1802－0006939　501/1004:4
增訂漢魏叢書八十六種四百五十三卷　(清)王謨編　清乾隆五十六年(1791)刻本　九冊　存十九種三十九卷(周易略例一卷、古三墳一卷、詩傳孔氏傳一卷、詩說一卷、韓詩外傳十卷、大戴禮記卷一、獨斷一卷、忠經一卷、孝傳一卷、釋名四卷、華陽國志一至四、中說二卷、水經二卷、星經二卷、荊楚歲時記一卷、南方草木狀三卷、竹譜一卷、古今刀劍錄一卷、鼎錄一卷)

340000－1802－0006940　501/1010
當歸草堂叢書八種十六卷　(清)丁丙編　清同治錢塘丁氏刻本　四冊　存五種七卷(童蒙訓二卷、溫氏母訓一卷、松陽鈔存二卷、切近篇一卷、忱行錄一卷)

340000－1802－0006941　501/1122
正誼堂全書六十八種五百二十六卷首一卷末一卷　(清)張伯行編　(清)楊浚重編　清同治五年(1866)福州正誼書院刻八年至九年(1869－1870)續刻本　一百六十冊

340000－1802－0006942　501/1122:1
正誼堂全書六十八種五百二十六卷首一卷末一卷　(清)張伯行編　(清)楊浚重編　清同治五年(1866)福州正誼書院刻八年至九年(1869－1870)續刻本　二百冊

340000－1802－0006943　501/2057
崇文書局彙刻書三十一種二百八十三卷　(清)崇文書局編　清光緒湖北崇文書局刻本　八十冊

340000－1802－0006944　501/2509
槐廬叢書初編十二種三十六卷二編十種五十六卷三編八種四十六卷四編九種四十二卷五編七種五十六卷　(清)朱記榮編　清光緒吳縣朱氏槐廬家塾刻本　三十二冊　存二十二種九十二卷(李氏易解賸義三卷,尚書餘論一卷,詩辨說一卷,饗禮補亡一卷,公羊逸禮攷徵一卷,弟子職集解一卷,□經筆記一卷,世本二卷,楚漢春秋一卷、疑義一卷、攷證一卷,楚漢諸侯疆域志三卷,括地志八卷、補遺一卷,金石三例續編十卷;九經古義十六卷,十三經詁答問六卷,古易音訓二卷,京畿金石考二卷,平津讀碑記八卷、續記一卷,周髀算經二卷、音義一卷、校勘記一卷,數術記遺一卷,九數外錄一卷,呂子校補二卷、續一卷,芳茂山人文集十二卷)

340000－1802－0006945　501/2712
後知不足齋叢書初編二十五種七十八卷　(清)鮑廷爵編　清光緒十年(1884)常熟鮑氏刻本　三十二冊

340000－1802－0006946　501/2714
知不足齋叢書三十集一百九十六種七百九十五卷　(清)鮑廷博編　(清)鮑志祖續　清乾隆至道光長塘鮑氏刻本　二百四十冊

340000－1802－0006947　501/2741
藕香零拾三十九種一百二卷　繆荃孫編　清光緒至宣統刻本　二十二冊　缺九種二十四卷(遼東行部志一卷、偽齊錄二卷、寓庵集八卷、菊潭集四卷、蘇穎濱年表一卷、孫淵如先生年譜一卷、曾公遺錄殘三卷、古泉山館題跋二卷、破鐵綱二卷)

340000－1802－0006948　501/2816
鄦齋叢書二十種四十七卷　徐乃昌編　清光緒二十六年(1900)南陵徐氏刻本　八冊

340000－1802－0006949　501/2816:1
積學齋叢書二十種六十三卷　徐乃昌編　清光緒南陵徐氏刻本　十六冊

340000－1802－0006950　501/2816:2
積學齋叢書二十種六十三卷　徐乃昌編　清光緒南陵徐氏刻本　十六冊

340000－1802－0006951　501/3133
藝苑捃華四十八種九十七卷　（清）顧之逵編　清同治七年（1868）刻本　十八冊　缺三十四卷（搜神記五至八、神仙傳五卷、槩覽闕史上、諸皋記一卷、博異志一卷、李泌傳一卷、仙吏傳一卷、英雄傳一卷、劍俠傳一卷、柳毅傳一卷、虯髯客傳一卷、馮燕傳一卷、蔣子文傳一卷、杜子春傳一卷、龍女傳一卷、本朝詩鈔小傳三、國朝麗體金膏一、說鈴六卷、竟山樂錄四卷）

340000－1802－0006952　501/3143
秘書二十八種□□卷　（清）汪士漢編　清嘉慶十年（1805）刻本　十一冊　存九十一卷（汲塚周書十卷、白虎通德論二卷、山海經一至四、桂海虞衡志一卷、穆天子傳六卷、博物志十卷、高士傳三卷、中華古今注三卷、吳越春秋六卷、劍俠傳四卷、博異記一卷、風俗通義四卷、竹書紀年二卷、晉史乘一卷、列仙傳二卷、集異記一卷、三墳一卷、楚史檮杌一卷、古今注三卷、續齊諧記一卷、小爾雅一卷、詩品三卷、夏小正四卷、大戴禮記十三卷、拾遺記一至四）

340000－1802－0006953　501/4001
函海一百五十二種八百六十一卷　（清）李調元編　清道光五年（1825）李朝夔補刻本　一百六十四冊　缺十三卷（華陽國志一至四、龍龕手鑑四卷、升庵先生［楊慎］年譜一卷、奇字名十一至十二、蠢翁詞二卷）

340000－1802－0006954　501/4064
集虛草堂叢書甲集九種七十卷　李國松編　清光緒合肥李氏刻本　二十四冊

340000－1802－0006955　501/4064：1
集虛草堂叢書甲集九種七十卷　李國松編　清光緒合肥李氏刻本　二十四冊

340000－1802－0006956　501/4428
求實齋叢書十五種二十五卷　蔣德鈞編　清光緒十七年（1891）湘鄉蔣氏求實齋刻本　十冊

340000－1802－0006957　501/4430
長恩書室叢書甲集十種四十卷乙集九種二十四卷　（清）莊肇麟編　清咸豐四年（1854）新昌莊氏過客軒刻本　十四冊　缺二卷（靈棋經二卷）

340000－1802－0006958　501/4457
三長物齋叢書二十六種二百六十四卷　（清）黃本驥編　清道光湘陰蔣環刻光緒四年（1878）古香書閣印本　六十冊

340000－1802－0006959　501/4748
宜稼堂叢書七種二百五十六卷　（清）郁松年編　清道光上海郁氏刻本　六十四冊

340000－1802－0006960　501/7123
龍威祕書十集一百六十九種三百二十五卷　（清）馬俊良編　清乾隆五十九年（1794）石門馬氏大酉山房刻本　五十一冊　存一百八十卷（一集十九種五十二卷、二集十三種二十四卷、三集八種十七卷、七集二十五種三十一卷、八集十一種三十一卷、九集六種十三卷、十集一種一至十二）

340000－1802－0006961　501/7241
聚學軒叢書第一集八種三十九卷　劉世珩編　清光緒貴池劉氏刻本　一冊　存三種七卷（國志蒙拾二卷、歲星表一卷、清白士集校補四卷）

340000－1802－0006962　501/7535
房山山房叢書十一種十八卷　陳洙編　清宣統至民國江浦陳氏刻民國九年（1920）彙印本　二冊　缺八卷（媕雅堂詩集八卷）

340000－1802－0006963　501/7550
湖海樓叢書十二種一百十卷　（清）陳春編　清嘉慶蕭山陳氏湖海樓刻本　三十二冊

340000－1802－0006964　502/4923
涇川叢書四十四種五十六卷　（清）趙紹祖（清）趙繩祖編　清道光十二年（1832）涇縣趙氏古墨齋刻本　十六冊

340000－1802－0006965　502/4923：1
續涇川叢書七種二十七卷　（清）趙紹祖（清）趙繩祖編　清道光十二年（1832）涇縣趙

氏古墨齋刻本　八册

340000－1802－0006966　503/0064
桐城方氏七代遺書二十種二十六卷　(清)方昌翰編　清光緒十四年(1888)刻本　十册

340000－1802－0006967　503/0064:1
桐城方氏七代遺書二十種二十六卷　(清)方昌翰編　清光緒十四年(1888)刻本　十册

340000－1802－0006968　503/1058
項城袁氏家集七種　(清)丁振鐸編　清宣統三年(1911)清芬閣鉛印本　四十九册　缺八卷(端敏公遺著函牘一,文誠公遺著函牘二卷,閣學公遺著書劄四卷、遺錄一卷)

340000－1802－0006969　503/2661
二程全書七種六十七卷　(宋)程顥　(宋)程頤撰　(宋)朱熹編　清康熙石門呂氏寶誥堂刻本　十三册　缺一卷(周易傳四)

340000－1802－0006970　503/2661:1
二程全書六種六十六卷　(宋)程顥　(宋)程頤撰　(宋)朱熹編　清同治十年(1871)六安求我齋刻本　九册　缺十四卷(周易程氏傳四卷、河南程氏經說八卷、粹言二卷)

340000－1802－0006971　503/2661:2
二程全書七種六十七卷　(宋)程顥　(宋)程頤撰　(宋)朱熹編　清小嫏嬛山館刻本　十二册

340000－1802－0006972　503/2661:3
二程全書六種六十六卷　(宋)程顥　(宋)程頤撰　(宋)朱熹編　清同治十年(1871)六安求我齋刻本　二十册

340000－1802－0006973　503/2661:4
二程全書七種六十七卷　(宋)程顥　(宋)程頤撰　(宋)朱熹編　清光緒三十四年(1908)澹雅局刻本　二十册

340000－1802－0006974　503/4064
合肥李氏三世遺集二十四卷　李國傑編　清光緒三十年(1904)合肥李氏刻本　十一册　缺二卷(李光禄公遺集五至六)

340000－1802－0006975　503/4468
寧都三魏全集三種五十九卷附三種二十四卷　(清)林時益編　清易堂刻本　十六册　存三十四卷(魏叔子文集外篇二十二卷、日錄三卷,魏興士文集六卷,魏昭士文集一至三)

340000－1802－0006976　503/7774
家蔭堂彙存七種十二卷　(清)周際華編　清咸豐八年(1858)周灝刻本　七册

340000－1802－0006977　503/8341
寶山錢氏家集九種九卷　(清)錢衡璋編　清光緒寶山錢氏刻本　一册

340000－1802－0006978　504/0440
忠武侯諸葛亮孔明先生全集四種十八卷　(三國蜀)諸葛亮撰　(清)張澍編　清同治元年(1862)聚珍齋木活字印本　八册

340000－1802－0006979　504.1/1700
邵子全書三種二十四卷　(宋)邵雍撰　明萬曆三十四年(1606)徐必達刻本　一册　存一卷(十六)

340000－1802－0006980　504.1/7734
廬陵周益國文忠公集十四種二百五卷首一卷末一卷　(宋)周必大撰　清道光二十八年(1848)歐陽棨瀛塘別墅刻咸豐元年(1851)續刻本　四十册

340000－1802－0006981　504.1/8073
率祖堂叢書八種附刻六種八十一卷　(宋)金履祥撰　清雍正至乾隆金華金氏刻光緒十三年(1887)鎮海謝駿德補刻本　十四册　缺三十二卷(資治通鑑前編十八卷、舉要三卷、首一卷,金華王魯齋先生傳集二卷,金華徵獻略十至十二、十六至二十)

340000－1802－0006982　504.2/1032
王文成公全書七種三十八卷　(明)王守仁撰　清同治、光緒間刻本　二十四册

340000－1802－0006983　504.2/1032:1
王文成公全書七種三十八卷　(明)王守仁撰　清同治、光緒間刻本　二十四册

340000－1802－0006984　504.2/1032:2

王文成公全書七種三十八卷　（明）王守仁撰　清同治、光緒間刻本　二十四册

340000－1802－0006985　504.2/1032:3

王文成公全書七種三十八卷　（明）王守仁撰　清同治、光緒間刻本　二十四册

340000－1802－0006986　504.2/4700

少室山房筆叢十二種四十八卷　（明）胡應麟撰　清光緒廣雅書局刻民國九年（1920）番禺徐紹棨彙編重印本　八册

340000－1802－0006987　504.3/0030

柏堂遺書八種附一種一百五十四卷　（清）方宗誠撰　清光緒桐城方氏刻本　四十一册　缺十三卷（春秋集義十二卷、孝經章義一卷）

340000－1802－0006988　504.3/0030:1

柏堂遺書八種附一種一百五十四卷　（清）方宗誠撰　清光緒桐城方氏刻本　五十二册　缺二十八卷（讀文章本原三卷，説詩章義三卷，志學錄八卷、續錄三卷，俟命錄十卷，吳竹如先生年譜一卷）

340000－1802－0006989　504.3/0030:2

柏堂遺書八種附一種一百五十四卷　（清）方宗誠撰　清光緒桐城方氏刻本　五十册

340000－1802－0006990　504.3/0044

抗希堂十六種一百五十六卷　（清）方苞撰　清光緒二十四年（1898）嫏嬛閣活字印本　六十四册

340000－1802－0006991　504.3/0044:1

抗希堂十六種一百五十六卷　（清）方苞撰　清康熙至嘉慶桐城方氏抗希堂刻本　三十六册　缺四種六十八卷（春秋直解十二卷、春秋通論四卷、春秋比事目錄四卷、禮記析疑四十八卷）

340000－1802－0006992　504.3/0044:2

抗希堂十六種一百五十六卷　（清）方苞撰　清光緒二十四年（1898）嫏嬛閣活字印本　二十五册　存十一種四十五卷（離騷經正義一卷、春秋直解十二卷、春秋通論四卷、春秋比事目錄四卷、禮記析疑一至二、儀禮析疑十七卷、喪禮或問一卷、左傳義法舉要一卷、史記注補正一卷、删定管子一卷、删定荀子一卷）

340000－1802－0006993　504.3/0054

方植之全集十四種六十八卷　（清）方東樹撰　清光緒刻本　三十一册　缺二卷（攷槃集文錄一、述恉一卷）

340000－1802－0006994　504.3/0070

章氏遺書二種十一卷　（清）章學誠撰　清道光十二年至十三年（1832－1833）章華紱刻本　五册

340000－1802－0006995　504.3/0070:1

章氏遺書二種十一卷　（清）章學誠撰　清道光十二年至十三年（1832－1833）章華紱刻本　五册

340000－1802－0006996　504.3/0070:2

章氏遺書二種十一卷　（清）章學誠撰　清道光十二年至十三年（1832－1833）章華紱刻本　五册

340000－1802－0006997　504.3/1053

船山遺書五十七種二百九十六卷　（清）王夫之撰　清同治四年（1865）湘鄉曾國荃金陵刻本　六册　存三十五卷（莊子解三十三卷、莊子通一卷、愚鼓詞一卷）

340000－1802－0006998　504.3/1053:1

船山遺書五十七種二百九十六卷　（清）王夫之撰　清同治四年（1865）湘鄉曾國荃金陵刻本　八十二册　缺十種五十七卷（詩經稗疏四卷，詩經攷異一卷，詩經葉韻辨一卷，詩廣傳五卷，讀通鑑論三十卷、末一卷，永曆實錄七至十一，張子正蒙注八至九，楚辭通釋二至三、六至七，薑齋文集補遺三卷，龍舟會雜劇一卷）

340000－1802－0006999　504.3/1053:2

船山遺書五十七種二百九十六卷　（清）王夫之撰　清同治四年（1865）湘鄉曾國荃金陵刻本　四十六册　存二十七種一百十五卷（周易内傳六，周易内傳發例一卷，周易大象解一

卷,周易稗疏二卷,周易考異一卷,周易外傳七卷,書經稗疏四卷,尚書引義六卷,禮記章句一至二十一、四十一至四十九,春秋稗疏二卷,春秋世論五卷,續春秋左氏傳博議二卷,讀四書大全說一至二、五至八,四書稗疏一卷,四書攷異一卷,說文廣義三卷,讀通鑑論十至三十、末一卷,蓮峯志五卷,張子正蒙注二至六,思問錄內篇一卷、外篇一卷,俟解一卷,噩夢一卷,黃書一卷,識小錄一卷,夕堂永日緒論內編一卷、外編一卷,南窗漫記一卷,龍舟會雜劇一卷)

340000－1802－0007000　504.3/1053:3
船山遺書五十七種　(清)王夫之撰　清同治四年(1865)湘鄉曾國荃金陵刻本　二十八冊　存三十四種

340000－1802－0007001　504.3/1092
景紫堂全書十一種附五種八十二卷　(清)夏炘撰　清咸豐至同治刻同治元年(1862)彙印本　二十三冊　缺一卷(釋字)

340000－1802－0007002　504.3/1218
孫先生遺書四種七卷　(清)孫雲錦撰　清宣統二年(1910)張謇鉛印本　四冊

340000－1802－0007003　504.3/1218:1
孫先生遺書四種七卷　(清)孫雲錦撰　清宣統二年(1910)張謇鉛印本　四冊

340000－1802－0007004　504.3/2553
朱文端公藏書十三種一百八十三卷　(清)朱軾撰　清康熙至乾隆刻本　五十八冊　缺五種四十一卷(春秋鈔十卷、首一卷,張子全書十五卷,顏氏家訓二卷,歷代名儒傳八卷,歷代名臣傳續編五卷)

340000－1802－0007005　504.3/2632
桐城吳先生全書五種十八卷　(清)吳汝綸撰　清光緒三十年(1904)王恩紱刻本　十一冊　存一卷(夏小正私箋)

340000－1802－0007006　504.3/2632:1
桐城吳先生全書五種十八卷　(清)吳汝綸撰　清光緒三十年(1904)王恩紱刻本　七冊　存十一卷(文集四卷,尺牘五卷、補遺一卷、諭兒書一卷)

340000－1802－0007007　504.3/2744
紀慎齋先生全集十九種　(清)紀大奎撰　清嘉慶十三年(1808)刻咸豐二年(1852)補刻本　四十五冊　缺五卷(老子約說四卷、俞氏參同契發揮五言註摘錄一卷)

340000－1802－0007008　504.3/2747
安吳四種三十六卷　(清)包世臣撰　清同治十一年(1872)包誠刻本　十六冊

340000－1802－0007009　504.3/2747:1
安吳四種三十六卷　(清)包世臣撰　清同治十一年(1872)包誠刻本　十六冊

340000－1802－0007010　504.3/3133
介亭全集九種三十一卷　(清)江濬源著　清同治十三年(1874)江潮刻本　八冊

340000－1802－0007011　504.3/3137
古愚老人消夏錄十七種六十七卷　(清)汪汲撰　清乾隆至嘉慶古愚山房刻本　六冊　存七種十七卷(詞名集解六卷、續編二卷,宋樂類編二卷,南北詞名宮調彙錄二卷,院本名目一卷,雜劇待考一卷,琴曲萃覽一卷,樂府標源二卷)

340000－1802－0007012　504.3/3191
亭林遺書十種二十七卷　(清)顧炎武撰　清初吳江潘氏遂初堂刻本　五冊　存十三卷(九經誤字一卷、石經考一卷、金石文字記六卷、韻補正一卷、昌平山水記二卷、譎觚十事一卷、顧氏譜系考一卷)

340000－1802－0007013　504.3/3191:1
顧亭林先生遺書十種二十七卷補遺十一種十五卷　(清)顧炎武撰　清蓬瀛閣刻吳縣朱記榮增刻光緒三十二年(1906)彙印本　十六冊

340000－1802－0007014　504.3/3191:2
顧亭林先生遺書二十二種附錄三種四十六卷　(清)顧炎武撰　清末上海文瑞樓石印本　十二冊

340000－1802－0007015　504.3/3191:3
顧亭林先生遺書二十二種附録三種四十六卷　（清）顧炎武撰　清末上海文瑞樓石印本　十二册

340000－1802－0007016　504.3/3191:4
顧亭林先生遺書十種二十七卷補遺十一種十五卷　（清）顧炎武撰　清蓬瀛閣刻吳縣朱記榮增刻光緒三十二年（1906）彙印本　一册　存三種三卷（京東考古録一卷、山東考古録一卷、譎觚十事一卷）

340000－1802－0007017　504.3/3191:5
顧亭林先生遺書二十二種附録三種四十六卷　（清）顧炎武撰　清末上海文瑞樓石印本　五册　存九種二十三卷（亭林詩集五卷、亭林餘集一卷、亭林軼詩一卷、亭林文集六卷、菰中隨筆一卷、救文格論一卷、亭林雜録一卷、金石文字記六卷、石經考一卷）

340000－1802－0007018　504.3/3308
二思堂叢書六種五十一卷　（清）梁章鉅撰　清光緒元年（1875）福州梁氏刻本　十六册

340000－1802－0007019　504.3/3404
洪北江全集二十一種附二種　（清）洪亮吉撰　清光緒三年（1877）授經堂刻本　八十册

340000－1802－0007020　504.3/3603
湯文正公遺書六種三十三卷附一種一卷　（清）湯斌撰　清乾隆十七年（1752）刻道光七年（1827）補刻本　六册　存九卷（潛庵先生遺稿五卷、疏稿一卷、潛庵文正公家書一卷、困學録一卷、志學會約一卷）

340000－1802－0007021　504.3/3603:1
湯文正公全集四種三十九卷　（清）湯斌撰　清同治九年（1870）蘇廷魁等刻本　三十二册

340000－1802－0007022　504.3/3603:2
湯文正公全集四種三十九卷　（清）湯斌撰　清同治九年（1870）蘇廷魁等刻本　二十七册　缺五卷（湯子遺書一至五）

340000－1802－0007023　504.3/4048
隨園三十種二百五十六卷　（清）袁枚編　清光緒十五年（1889）文奎堂刻本　八十册

340000－1802－0007024　504.3/4048:1
隨園三十種二百五十八卷　（清）袁枚編　清同治五年（1866）三讓睦記刻本　七十八册　缺十卷（詩話補遺十卷）

340000－1802－0007025　504.3/4048:2
隨園三十六種二百六十六卷　（清）袁枚撰　清光緒十九年（1893）石印本　九册　缺二種三十四卷（新齊諧二十四卷、續新齊諧十卷）

340000－1802－0007026　504.3/4048:3
隨園三十六種二百六十六卷　（清）袁枚輯　清光緒十九年（1893）石印本　五册　存十六種六十三卷（小倉山房詩集十八至三十七、補遺二卷，紅豆村人詩稿十四卷，碧腴齋詩八卷，何南園詩選二卷，筱雲詩集二卷，湄君詩選二卷，繡餘吟稿一卷，素文女子遺稿一卷，綠秋草堂詞一卷，樓居小草一卷，盈書閣遺稿一卷，玉山堂詞一卷，崇睦山房詞一卷，過雲精舍詞二卷，碧梧山館詞二卷，隨園瑣記二卷）

340000－1802－0007027　504.3/4217
惜抱軒遺書三種十二卷　（清）姚鼐撰　清光緒五年（1879）桐城徐宗亮刻本　四册

340000－1802－0007028　504.3/4217:1
惜抱軒遺書三種十二卷　（清）姚鼐撰　清光緒五年（1879）桐城徐宗亮刻本　四册

340000－1802－0007029　504.3/4217:2
惜抱軒全集十種八十八卷　（清）姚鼐撰　清同治五年（1866）省心閣刻本　十八册

340000－1802－0007030　504.3/4217:3
惜抱軒全集十種八十八卷　（清）姚鼐撰　清同治五年（1866）省心閣刻本　十六册

340000－1802－0007031　504.3/4217:4
惜抱軒全集十種八十八卷　（清）姚鼐撰　清同治五年（1866）省心閣刻本　二十四册

340000－1802－0007032　504.3/4217:5
惜抱軒全集十種八十八卷　（清）姚鼐撰　清

同治五年(1866)省心閣刻本　二十冊

340000－1802－0007033　504.3/4217:6
惜抱軒全集十種八十八卷　(清)姚鼐撰　清同治五年(1866)省心閣刻本　十六冊

340000－1802－0007034　504.3/4217:7
惜抱軒全集十種八十八卷　(清)姚鼐撰　清同治五年(1866)省心閣刻本　九冊　存二種三十四卷(惜抱軒文集十六卷、文後集十卷,惜抱軒筆記八卷)

340000－1802－0007035　504.3/4299
中復堂五種三十七卷　(清)姚瑩撰　清同治六年(1867)刻本　十六冊

340000－1802－0007036　504.3/4299:1
中復堂全集九種附一種九十八卷　(清)姚瑩撰　清同治六年(1867)姚濬昌安福縣署刻本　二十八冊

340000－1802－0007037　504.3/4299:2
中復堂全集九種附一種九十八卷　(清)姚瑩撰　清同治六年(1867)姚濬昌安福縣署刻本　二十八冊

340000－1802－0007038　504.3/4299:3
中復堂全集十三種附一種九十九卷　(清)姚瑩撰　清同治六年(1867)安福刻本　三十九冊　缺二卷(中復堂遺稿續編二卷)

340000－1802－0007039　504.3/4299:4
中復堂全集十種九十卷　(清)姚瑩撰　清同治六年(1867)安福刻本　十六冊　缺三種二十七卷(東槎紀略五卷、康輶紀行十六卷、姚氏先德傳六卷)

340000－1802－0007040　504.3/4310
戴氏遺書十五種一百卷　(清)戴震撰　清乾隆曲阜孔氏刻本　二十四冊

340000－1802－0007041　504.3/4327
西堂全集三十一種附一種一百三十八卷　(清)尤侗撰　清康熙刻本　二十六冊　存一百十九卷(西堂雜組一集八卷、二集八卷、三集八卷,西堂剩稿二卷,西堂秋夢錄一卷,西堂小草一卷,論語詩一卷,右北平集一卷,看雲草堂集八卷,述祖詩一卷,於京集五卷,哀弦集二卷,擬明史樂府一卷,外國竹枝詞一卷,百末詞五卷,艮齋倦稿詩集十一卷、文集十五卷,艮齋雜說十卷,看鑑偶評五卷,明史擬稿六卷,外國傳八卷,宮閨小名錄五卷,湘中草六卷)

340000－1802－0007042　504.3/4327:1
西堂全集三十一種附一種一百三十八卷　(清)尤侗撰　清康熙刻本　十冊　存二十五卷(西堂雜組一集八卷、二集八卷、三集八卷,西堂剩稿下)

340000－1802－0007043　504.3/4327:2
西堂全集三十一種附一種一百三十八卷　(清)尤侗撰　清康熙刻本　二十五冊　存十五種六十二卷(西堂雜組一集八卷、二集八卷、三集八卷,西堂剩稿二卷,西堂秋夢錄一卷,西堂小草一卷,論語詩一卷,右北平集一卷,看雲草堂集八卷,述祖詩一卷,於京集五卷,哀弦集二卷,擬明史樂府一卷,外國竹枝詞一卷,百末詞五卷、詞餘一卷,性理吟一卷、後性理吟一卷,湘中草六卷)

340000－1802－0007044　504.3/4327:3
西堂全集三十一種附一種一百三十八卷　(清)尤侗撰　清康熙刻本　三十二冊　存十四種六十卷(西堂雜組一集八卷、二集八卷、三集八卷,西堂剩稿二卷,西堂秋夢錄一卷,西堂小草一卷,論語詩一卷,右北平集一卷,看雲草堂集八卷,述祖詩一卷,於京集五卷,哀弦集二卷,擬明史樂府一卷,外國竹枝詞一卷,百末詞五卷、詞餘一卷,湘中草六卷)

340000－1802－0007045　504.3/4327:4
西堂全集三十一種附一種一百三十八卷　(清)尤侗撰　清康熙刻本　二冊　存六卷(外國竹枝詞一卷;百末詞一、五,詞餘一卷;性理吟一卷、後性理吟一卷)

340000－1802－0007046　504.3/4327:5
西堂全集三十一種附一種一百三十八卷　(清)尤侗撰　清康熙刻本　二冊　存九卷

（百末詞五卷、詞餘一卷，性理吟一卷、後性理吟一，湘中草一）

340000－1802－0007047　504.3/4327：6
西堂全集三十一種附一種一百三十八卷　（清）尤侗撰　清康熙刻本　十六冊　存六十一卷（西堂雜俎一集八卷、二集八卷、三集八卷，丁堂剩稿下，西堂秋夢錄一卷，西堂小草一卷，論語詩一卷，右北平集一卷，看雲草堂集八卷，述祖詩一卷，於京集五卷，哀絃集二卷，擬明史樂府一卷，外國竹枝詞一卷，百末詞五卷、詞餘一卷，性理吟一卷、後性理吟一卷，湘中草六卷）

340000－1802－0007048　504.3/4438
黃梨洲遺書十種四十六卷　（清）黃宗羲撰　清光緒三十一年（1905）杭州群學社石印本　十二冊

340000－1802－0007049　504.3/4462
林文忠公遺集四種四十一卷　（清）林則徐撰　清光緒三山林氏刻本　一冊　存三卷（滇軺紀程一卷、荷戈紀程一卷、林文忠公政書蒐遺一卷）

340000－1802－0007050　504.3/6034
羅忠節公遺集八種十八卷　（清）羅澤南撰　清刻本　五冊　缺四種七卷（人極衍義三卷、西銘講義一卷、小學韻語一卷、羅忠節公［澤南］年譜二卷）

340000－1802－0007051　504.3/7548
求志居全集十種附一種六十四卷　（清）陳世鎔撰　清道光至光緒獨秀山莊刻本　十二冊　缺十三卷（求志居集二十八至三十六、外集一卷、時文一卷、補一卷、行述一卷）

340000－1802－0007052　504.3/7548：1
求志居全集十種附一種六十四卷　（清）陳世鎔撰　清道光至光緒獨秀山莊刻本　二十四冊

340000－1802－0007053　504.3/8043
德清俞蔭甫所著書二十二種一百四十二卷　（清）俞樾撰　清同治十年（1871）刻本　四十五冊　缺三種十一卷（春在堂隨筆六卷、春在堂尺牘三卷、袖中書二卷）

340000－1802－0007054　504.3/8043：1
春在堂全書二十九種四百三十二卷　（清）俞樾撰　清光緒十五年（1889）刻本　九十八冊　缺六卷（賓萌集補一卷、楹聯錄存四卷、四書文一卷）

340000－1802－0007055　504.3/8047
古歡室全集四種九卷　（清）曾懿撰　清光緒刻本　二冊　存四卷（詩集三卷、浣月詞一卷）

340000－1802－0007056　504.3/8064
曾文正公全集十四種一百六十九卷首一卷　（清）曾國藩撰　（清）李瀚章輯　清光緒十四年（1888）鴻文書局鉛印本　二十八冊　存十二種一百四卷（奏稿一至六、十三至三十，經史百家雜鈔一至二十三，經史百家簡編二卷，鳴原堂論文二卷，詩集四卷，文集四卷，書劄十七至三十三，雜著四卷，求闕齋讀書錄一至五，求闕齋日記類鈔二卷，［曾國藩］年譜十二卷，孟子要略五卷）

340000－1802－0007057　504.3/8064：1
曾文正公全集十六種一百八十七卷首一卷　（清）曾國藩撰　（清）李瀚章輯　清同治至光緒傳忠書局刻本　七十一冊　存十種一百二卷（曾文正公奏稿一至三十五，經史百家雜鈔二十六卷，經史百家簡編二卷，鳴原堂論文二卷，曾文正公詩集三卷、文集三卷，曾文正公雜箸二卷，求闕齋讀書錄十卷，求闕齋日記類鈔二卷，曾文正公［國藩］年譜十二卷，曾文正公大事記四卷；首一卷）

340000－1802－0007058　504.3/8064：2
曾文正公全集十六種一百八十七卷首一卷　（清）曾國藩撰　（清）李瀚章輯　清同治至光緒傳忠書局刻本　一百三十二冊

340000－1802－0007059　504.3/8064：3
曾文正公全集十六種一百八十七卷首一卷　（清）曾國藩撰　（清）李瀚章輯　清同治至光緒傳忠書局刻本　六十冊　存八十七卷（曾

文正公奏稿三十卷，曾文正公文集四卷，曾文正公書札一至十、二十八至三十三，曾文正公批牘一至五，曾文正公雜箸四卷，求闕齋讀書錄十卷，曾文正公［國藩］年譜十二卷，孟子要略五卷、附錄一卷）

340000－1802－0007060　504.3/8333
桐城錢飲光先生全書三種十三卷　（清）錢澄之撰　清同治二年（1863）桐城斟雉堂刻本　二十四册

340000－1802－0007061　504.3/9083
持雅堂全集三種二十六卷　（清）尚鎔撰　清光緒五年（1879）盱南三餘書屋刻本　八册

340000－1802－0007062　505/4409
廣治平略正集三十六卷續集八卷　（清）蔡方炳撰　清光緒廣百宋齋鉛印本　一册　存八卷（續集八卷）

340000－1802－0007063　505/4409:1
廣治平略三十六卷　（清）蔡方炳撰　清刻本　十一册　缺二卷（八至九）

340000－1802－0007064　505/7164
玉函山房輯佚書五百九十四種七百四十一卷　（清）馬國翰輯　清光緒十年（1884）楚南書局刻本　一百十八册　缺十五種十七卷（周易探元三卷、周易元義一卷、周易新論傳疏一卷、周易新義一卷、易纂一卷、周易劉氏注一卷、漆雕子一卷、宓子一卷、景子一卷、世子一卷、魏文侯書一卷、李克書一卷、公孫尼子一卷、內業一卷、讕言一卷）

340000－1802－0007065　505/7164:1
玉函山房輯佚書五百九十四種七百四十一卷　（清）馬國翰輯　清光緒十年（1884）楚南書局刻本　一百二十册

340000－1802－0007066　508.12/3134
陰陽五要奇書六種三十一卷　（明）江之棟輯　（清）顧鶴庭重輯　清乾隆五十五年（1790）姑蘇顧氏樂真堂刻本　八册

340000－1802－0007067　508.12/3134:1
陰陽五要奇書六種三十一卷　（明）江之棟輯　（清）顧鶴庭重輯　清乾隆五十五年（1790）姑蘇顧氏樂真堂刻本　十册

340000－1802－0007068　509.454/7548
皖江三家詩鈔四卷　（清）陳世鎔編　清道光刻本　一册

340000－1802－0007069　509.454/7548:1
皖江三家詩鈔四卷　（清）陳世鎔編　清同治十三年（1874）刻民國四年（1915）印本　一册

340000－1802－0007070　509.7/1010
西泠詞萃六種九卷　（清）丁丙編　清光緒錢唐丁氏刻本　四册

340000－1802－0007071　509.8/4448
藏園九種曲十四卷　（清）蔣士銓填詞　清乾隆刻本　九册

書名筆畫字頭索引

一畫

二畫

三畫

四畫

五畫

六畫

七畫

八畫

九畫

十畫

十一畫

十二畫

十三畫

十四畫

十五畫

十六畫

十七畫

十八畫

十九畫

二十畫

二十一畫

二十二畫

二十三畫

二十四畫

二十六畫

三十畫

書名筆畫索引

一畫

二畫

三畫

四畫

五畫

六畫

七畫

八畫

九畫

十畫

十一畫

十二畫

十三畫

十四畫

十五畫

十六畫

十七畫

十八畫

十九畫

二十畫

二十一畫

二十二畫

二十三畫

二十四畫

二十六畫

三十畫